金水年鉴

JINSHUI YEARBOOK 2020

2020

郑州市金水区地方史志办公室 编

方志出版社
Publishing House of Local Records

图书在版编目（CIP）数据

金水年鉴.2020 / 郑州市金水区地方史志办公室编
.-- 北京：方志出版社，2020.7
ISBN 978-7-5144-4262-5

Ⅰ.①金… Ⅱ.①郑… Ⅲ.①区（城市）—郑州—2020—年鉴 Ⅳ.①Z526.14

中国版本图书馆 CIP 数据核字（2020）第 139049 号

金水年鉴（2020）

编　　者：郑州市金水区地方史志办公室
责任编辑：陈　菁

出 版 者：方志出版社
地址　北京市朝阳区潘家园东里 9 号（国家方志馆 4 层）
邮编　100021
网址　http://www.zgfzcb.cn
发　　行：方志出版社图书经销中心
电话　（010）67110500
经　　销：各地新华书店
排　　版：北京乾达文化艺术有限公司
印　　刷：河南瑞之光印刷股份有限公司

开　　本：889 × 1194　　1/16
印　　张：25.5
字　　数：632 千字
版　　次：2020 年 7 月第 1 版　2020 年 7 月第 1 次印刷
印　　数：001 ~ 500 册

ISBN 978-7-5144-4262-5　　**定价**：300.00 元

金水区政区图

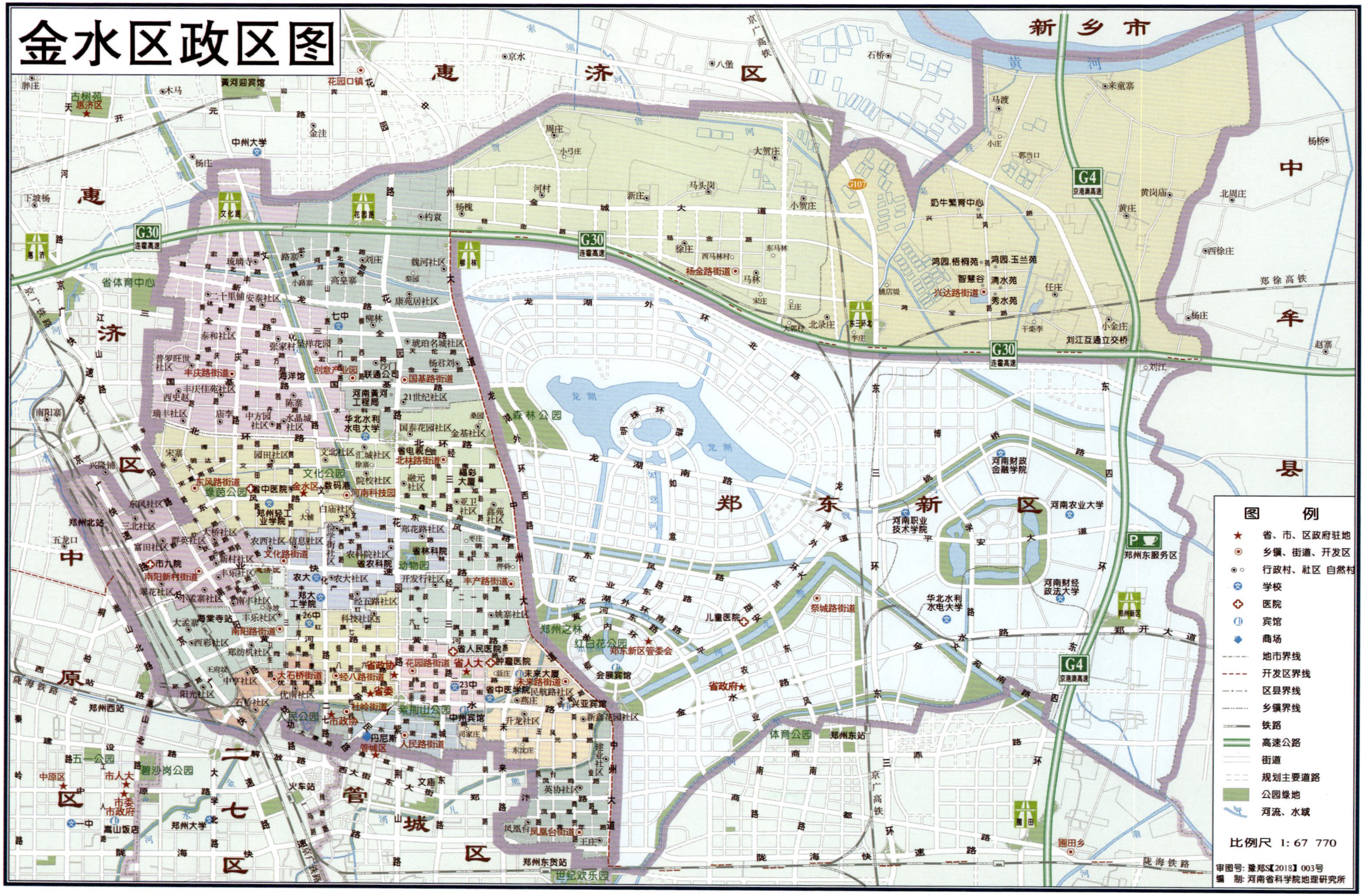

新乡市
惠济区
中牟县
郑东新区
中原区
二七区
管城区
图例
省、市、区政府驻地
乡镇、街道、开发区
行政村、社区 自然村
学校
医院
宾馆
商场
地市界线
开发区界线
区县界线
乡镇界线
铁路
高速公路
街道
规划主要道路
公园绿地
河流、水域
比例尺 1: 67 770
审图号：豫郑S【2018】003号
编制：河南省科学院地理研究所

▲2 月 18 日，金水区第十一届纪律检查委员会第四次全体会议

▲3 月 5 日，科技园区党工委组织“学雷锋”广场活动

▲ 4 月 11 日，郑州警备区政委白江民（左一）等向民兵分队授旗

▲ 5 月 18 日，“金水师生共庆六一　献礼祖国七十华诞”合唱快闪 活动（一）

▲ 5 月 18 日，“金水师生共庆六一　献礼祖国七十华诞”合唱快闪活动（二）

▲ 5 月 28 日，金水区人民路街道办事处为烈属、军属和退役军人等家庭悬挂光荣牌启动仪式

▲ 6 月 17 日，民政部党组成员、副部长王爱文（后排右一）一行到凤凰台街道办事处调研聋人慈善工作

▲ 6 月 28 日，金水区检察院举办庆“七一”合唱比赛暨表彰大会

▲ 6 月 28 日，金水区教育系统纪念中国共产党成立 98 周年暨“七一”表彰大会在金水区艺术小学举行

▲ 7 月 1 日，金水区举办区直机关庆祝建党 98 周年表彰会暨红色故事展演

▲ 9 月，区环境保护局“不忘初心、牢记使命”主题教育活动

▲ 10 月 21 日，未来路街道办事处“不忘初心、牢记使命”主题教育活动，组织科级领导及中层干部赴革命根据地听老党员讲革命故事

▲ 8 月，“当好东道主，文明迎盛会”宣传活动

▲ 1 月 22 日，区执法局与丰产路小学开展“小手拉大手　文明办我走”活动

▲ 3 月 7 日，郑州市公安局东风路分局在“三八”节来临之际，组织 30 多名女警举办警营插花活动

▲ 3 月 20 日，国家知识产权局专利局人事教育部协作中心人事处处长隋翔宇到金水区创意园区调研

▲ 4 月 7 日，佛得角、苏里南、斐济三国的驻华大使、大使夫人到金水区花园路街道办事处农业院社区感受基层妇联工作

▲ 5 月 31 日，金水区法院和河南省实验小学联合举办“少年儿童走进法庭”观摩活动

▲ 5 月 31 日，金水区妇联庆“六一”亲子农场农作体验活动

▲ 6 月 16 日，金水区安全生产月“宣传咨询日”活动

▲ 8 月 12 日，金水区科技局联合 UFO 共享办公开展“金水创客领袖 200”加速营活动

▲ 8 月 16 日，柳林公安分局举行第 11 届全国少数民族传统体育运动会安保誓师大会

▲ 10 月 25 日，丰庆路街道慰问辖区环卫工人

▲ 5 月 10 日，红色文艺轻骑兵广场文艺会演

▲ 金水区庆“五一”国际劳动节职工文化进企业会演

▲ 金水区“出彩金水”戏迷擂台赛（一）

▲ 金水区“夕阳红”艺术团在公园和郑州公安局文艺小分队一起为群众演出 郭文贺 摄

▲ 金水区“出彩金水”戏迷擂台赛（二）

▲ 老有所乐 郭文贺 摄

▲ 国基路街道举办“幸福中国年　欢喜闹元宵”文艺活动

▲ 7 月 28 日，金水区“迎民族盛会 · 庆七十华诞”合唱比赛

▲ 第七届中国（郑州）国际街舞大赛总决赛现场

▲ 第七届中国（郑州）国际街舞大赛总决赛参赛照

▲ 东风渠生态长廊

▲ 金水区夜景

▲ 郑州国际金贸港效果图

▲ 在建中的马林小学

▲ 在建中的任庄学校

▲ 建业凯旋广场 郭文贺 摄

▲ 金水区文博广场 郭文贺 摄

▲ 南阳路公安分局参观郑州公安廉政教育基地

▲ 11 月 1 日，洒水车雾状洒水作业

▲ 政一街三角公园

▲ 11 月 1 日，整装待发的垃圾清运车

编辑说明

一、《金水年鉴》以马克思列宁主义、毛泽东思想、邓小平理论、“三个代表”重要思想、科学发展观、习近平新时代中国特色社会主义思想为指导，坚持唯物主义和历史唯物主义立场、观点和方法，继承、发扬我国优秀文化传统，认真学习宣传贯彻党中共十九大精神，为各级党政机关、研究部门和社会各界人士及中外投资者了解金水、研究金水、建设金水提供丰富的地情资料。

二、《金水年鉴》是中共郑州市金水区委、郑州市金水区政府领导下，金水区地方史志办公室编辑的年度地情书。《金水年鉴（2020）》全面、系统地记述2019年度内金水区政治、经济、文化等方面的基本情况。

三、《金水年鉴（2020）》采用分类编辑方法，主要内容划分为篇目、类目、条目三个层次。篇目、类目标题使用不同的字体、字号。条目是记述的基本单位，其标题用黑体字外加【 】表示。正文后设置主题词索引，主题词索引标目按汉语拼音声母音序分类排列。

四、《金水年鉴（2020）》共设25篇，即特载、大事记、区情概要、组织机构、中共郑州市金水区委、金水区人民代表大会、金水区人民政府、政协郑州市金水区委员会、纪检监察、群众团体、法治、军事、农业和农村经济、工业和信息化、商贸、财政·税务、经济管理与监督、交通管理、城乡建设与管理、科教文卫、社会事业、园区建设、街道、附录、索引。除文字内容外，为增强实用性、资料性，书中还载录领导活动、城乡面貌及辖区特色彩色图片，力求图文并茂，形象生动。

五、《金水年鉴（2020）》由区直各部、委、办、局、各垂直单位及各街道办事处组织供稿，并经各单位领导审核签字后编辑入鉴，少数内容为编者收集资料自撰，力求编辑内容准确、可靠。

《金水年鉴（2020）》中有些数据由于来源和使用角度不同，统计方法和项目内涵不同，因而不完全一致。在引用书中数据时，应以金水统计公报资料为准。

《金水年鉴》编辑部

目 录

区委重要会议

组织工作

宣传工作

统战工作

档案工作

老干部工作

编制工作

党校工作

绩效考核工作

社区发展治理

金水区人民代表大会

综　述

重要会议

金水区人民政府

政府工作

政务服务

机关事务管理

政府采购

公务接待

金融服务工作

社会公共管理

信访工作

政协郑州市金水区委员会

综　述

重要会议

纪检监察

群众团体

总工会

共青团

军 事

武装工作

人民防空

农业与农村经济

农 业

畜 牧

水 利

生态建设

行政执法

农村集体经济

工业和信息化

工业和信息化工作

中小企业服务

经济管理与监督

综　述

市场监督管理

应急管理

消防工作

市场发展

审　计

投资评审

交通管理

交通运输

数字化城市管理

郑州市金达房地产开发有限公司

郑州市金水建设综合开发有限公司

科教文卫

科学技术

教育体育

文化旅游

医疗卫生

医疗保障

社会事业

人力资源和社会保障

民政工作

爱国卫生运动

退役军人事务

园区建设

科教园区

河南科技园区

国家知识产权创意产业试点园区

滨水产业带

金水区自贸办

街 道

丰庆路街道

国基路街道

经八路街道

文化路街道

人民路街道

花园路街道

杜岭街道

南阳路街道

大石桥街道

南阳新村街道

丰产路街道

东风路街道

未来路街道

北林路街道

凤凰台街道

杨金路街道

兴达路街道

附 录

组织机构

特 载

区委常委会2019年工作报告

——在区委第十一届十次全会上

中共金水区委书记　陈宏伟

（2020年4月7日）

2019年是新中国成立70周年，是决胜全面建成小康社会的关键之年，也是金水在领跑中部城区发展征程中巩固发展、砥砺前行的突破之年。一年来，区委常委会高举习近平新时代中国特色社会主义思想伟大旗帜，深入贯彻习近平总书记在中部崛起工作座谈会上的重要讲话精神和考察调研河南重要讲话精神，认真落实中央和省委、市委各项决策部署，聚焦“领跑中部城区发展、打造高品质现代化城区”，以高质量发展为根本方向，以高水平推进对外开放为突破，以服务保障全国少数民族传统体育运动会为契机，团结带领全区上下，凝心聚力、真抓实干，经济社会持续健康发展，党的建设全面加强，领跑中部城区发展的优势更加明显、动力更加强劲、基础更加坚实。

一年来，我们始终在发展中高擎旗帜，抓牢思想政治引领，持续推动习近平新时代中国特色社会主义思想的实践伟力在金水有力彰显。坚持把学习贯彻习近平新时代中国特色社会主义思想作为首要政治任务和重大政治责任，在读原著、学原文、悟原理的同时，与总书记视察河南和郑州工作系列重要讲话精神、中共十九届四中全会精神贯通起来学习、统筹起来把握，主动加强自学、以会代训领学、走进党校讲学、基层宣讲促学、交流研讨互学，第一时间学习贯彻总书记重要讲话和指示精神，时刻向以习近平同志为核心的党中央对标看齐。全年组织区委理论中心组集体学习15次，举办“名家讲坛”5场，组建区委宣讲团进机关、进街道、进社区、进企业广泛宣讲，开展“百姓宣讲直通车”活动12场、“万名党员进党校充电计划”36期、“党的创新理论万场宣讲进基层”活动206场，用活用好“学习强国”学习平台，从理论中找方向、在学习中找对策，广大党员干部越学越觉得有信心，越学越觉得有力量，为领跑发展强化了思想引领，夯实了政治根基。

一年来，我们始终在发展中自我革新，抓牢初心、使命、担当，通过主题教育激发起全区上下越是艰难越向前的奋斗精神。把主题教育作为推动全面从严治党向纵深发展的重要契机，把牢根本任务，坚持“四个注重”，将学习教育、调查研究、检视问题、整改落实四项重点措施贯通起来统筹推进，推动广大党员干部集中“补钙”、党性“回炉”，党性教育向常态化延伸。打牢“学”这个基础，县处级党员干部真脱岗、真封闭，集中学习7天，交流研讨3次，实地瞻仰中原英烈纪念馆、豫西抗日纪念馆等，带动各级党组织书记上党课484场，自上而下营造了浓厚的学习氛围。突出“查”这个关键，创造性制定《统筹推进调查研究、检视问题、整改落实的工作方案》，聚焦事关经济社会发展的全局性问题，聚焦解决群众最急、最忧、最盼的问题，列出3大方面、9大类、41项重点课题，党员干部主动认领、有的放矢，累计开展实地调研1688次，发现整改问题1623个。抓实“改”这个牵引，扎实开展“8+1”专项整治，深入实施“解民忧、纾民困、暖民心”行动，中小学午间配餐、老旧小区改造升级、无主管楼院视频监控技防建设等681项民生实事顺利解决，群众的获得感、幸福感、安全感不断提升。体现“效”这个目的，出台《关于在城市有机更新中加强党建引领　提升居民自治能力的意见》、深化“一征三议两公开”工作法、试点“民生实事项目区人大代表票决制”，把“当下改”的举措同“长久立”的机制结合起来，推动主题教育成果真正转化为推动经济社会发展高质量的实际成效。

一年来，我们始终在发展中明晰路径，抓牢领跑发展目标，以坚定的战略定力和深远的战略谋划为金水发展的实践体系增添了丰富内涵。深入贯彻中央和省市委决策部署，紧盯“三个阶段、三步走”目标体系，进一步对金水发展把脉定向、精准定位，明确2019年“巩固发展领跑中部城区发展决定性态势”的鲜明主题。在此基础上，主动承接郑州“中优”发展布局，在十一届九次全会上提出“发挥优势、拉高标杆，打造高品质现代化城区”，丰富和升华了“领跑中部城区发展”的实质内涵，形成了互为支撑、共成体系的奋斗目标与工作导向。谋划编制《高质量发展三年行动计划》，持续运用“项目化推进、台账式管理”的工作方法，进一步健全了“重点工作推进领导小组牵头、专项指挥部集中统筹、常委会组成人员集体观摩点评、周考核、月排名、季通报”等工作机制，极大丰富了领跑中部城区发展实践内涵，为新时代金水各项工作指明了前进方向、带来了重大机遇、注入了强劲动力！

一年来，我们始终在发展中服务大局，抓牢应有应尽责任，为第十一届全国少数民族传统体育运动会成功举办提供了金水方案、展现了金水担当。把铸牢中华民族共同体意识贯穿服务保障民族盛会全过程，全区动员、全民行动、全力以赴，圆满完成了各项服务保障任务。常委会组成成员身先士卒、县处级干部全员上阵，24小时常驻驻地酒店，全程“点对点”“一对一”服务，用心用情把“宾至如归”做到了极致；政法、信访、应急、卫生、市场监管等部门守土负责、守土尽责，防风险、除隐患、保平安；1.8万名志愿者遍布城区、热情服务，成为一道靓丽的风景线；全区上下舍小家、顾大家、加班加点，打赢了环境综合整治大会战，圆满实现了“四个满意”的办会目标，被省委、省政府授予集体三等功。

一年来，我们始终在发展中牢记宗旨，抓牢“中优”功能定位，城市有机更新蹄疾步稳，高品质现代化城区风貌掀开新的篇章。全区上下抢抓迎接服务保障全国少数民族传统体育运动会的重要契机，以序化保畅通、以洁化提品质、以绿化增颜值、以亮化美环境，全力推进城市环境综合整治提升，深入开展市容市貌清洁、道路病害治理等“六大攻坚行动”，完善实施财政投入保障、城管交警联动执法等“六大工作机制”，拆除违建30.9万平方米，修复道路3万平方米，清理占道、突店经营1.7万处，整治广告标牌4.2万处，全天候、全区域、全要素做好城市管理工作，城区环境“一天一个样、每天不一样”。在此基础上，加快推进“三项工程、一项管理”、未来路等主干道示范段打造全速实施，马渡等城乡接合部改造深入推进，“千百十”道路创建扎实开展，全区633条路段中39条达到卓越标准，217条获评优秀路段，经六路、经一路等一大批“可阅读、可流传、可观赏”的精品街区一步一景、处处皆景，成为城区新名片；老旧小区改造全面铺开，累计完成79个小区、121.3万平方米改造任务，纬二路26号院、化纤厂家属院改造成为全市样板。社会关注度最高、投入强度最大、设计施工最精、改造面积最多的工人新村片区改造效果初现。城区面貌焕然一新、城区功能焕然一新、人居环境焕然一新。

在抓好大事要事的同时，区委常委会坚持把握全局、聚焦中心、统筹推进各项工作。

一、盯紧高质量发展这一要务，领跑发展的基础支撑和质量效益成色更足

面对错综复杂的经济形势和风险叠加的严峻考验，强力实施“项目建设六大战役”[1]，以项目带动稳增长、促转型、调结构，推动经济发展实现新突破。地区生产总值连续10个季度保持7.5%以上的增速，总量达1740亿元，固定资产投资保持了7.2%的增长；在全面减税降费的宏观背景下，财政总收入达到245.8亿元，地方一般公共预算收入完成65.76亿元，同比增长7.1%。主要指标全部高于全省、全市平均增速，经济发展“运行平稳、质效提升、后劲增强”，巩固了领跑中部城区发展的决定性态势。

（一）新型城镇化建设提质增效，基础支撑更加坚实。紧盯以建为主、加速回迁、提升品质的阶段任务，攻坚安置房建设。全年新建成安置房389.2万平方米，顺利回迁1.4万人，整体回迁率达到90%；出让土地2544亩，供地量再创历史新高。网签安置房9261套，成功为琉璃寺、白庙315套安置房办理不动产证，为全市安置房产权证办理探索了经验；制定出台《金水区安置房交房标准指南》，全方位规范了公配设备、建设材质和装饰标准，有效保证了安置房品质。强力推进市政设施建设，桑园南路等61条道路开工建设，浩天路等19条道路建成通车，经一路等75条道路完成改造，四环线、大河路快速化等市政重点工程征迁大头落地，城区综合承载力显著提升。

（二）现代产业体系加快构建，质量效益持续提升。服务业强区优势更加突显，世界500强德国思爱普、今日头条、百度百家号等一批知名企业相继落户，新认定市级总部企业6家，占全市增量的三分之一强，推动现代服务业增加值突破1100亿元，对经济增长贡献率超过75%。新兴产业发展势头迅猛，信息安全产业被纳入全市信息技术服务产业“双高地一基地”和全省新兴战略性五大产业集群，优质链条企业增至33家，主营业务收入突破100亿元；共享生态科技产业城仓展服务中心顺利投用，智能制造、智能物流、智能服务三大模块体系全面形成。平台聚集效应加速释放，金水科教园区成功纳入国家大数据（河南）综合试验区，河南科技园区主营业务收入和税收双双实现两位数增长，国家知识产权创意产业试点园区新入驻IPRdaily等优质企业37家，中部知识产权运营中心建设取得突破性进展，成功获批国家知识产权强县工程示范县（区）。

（三）开放创新活力加速释放，发展要素持续聚集。自贸区块建设取得关键突破，区域航空限高获批，投资建设合作协议正

---

[1] 新型成效的歼灭战、现代化产业体系构建突破战、开放创新阵地战、城区品质提升突击战、生态环境攻坚战、民生改善持久战。

式签订，全面进入实质性建设快车道；在全省率先出台《企业集群注册管理办法》，首创“四免+定制”[1]服务模式，累计注册企业428家、注册资金134.7亿元；成功搭建中欧、中俄自由贸易合作平台，在“一带一路”沿线国家布局10万平方米海外仓和21个境外办事处，初步构建了“海外园区+境外办事处+海外仓”的海外运营体系，带动全区外贸进出口突破100亿元，超过市内其他五区总和。自创区科技支撑作用日益凸显，以“四个一批”建设为载体，新增院士工作站3个、国家级孵化器2个、科技型企业371家、高新技术企业137家，万人有效发明专利拥有量达到21件，荣获“中国最具价值投资城区”称号。

（四）生态环境治理不断加强，环境状况明显改善。深入贯彻习近平生态文明思想，坚持“治”“建”并举，强力推进环境治理和生态建设。空气质量持续好转，持续加强与$PM_{2.5}$专家组合作，对39家涉气污染源企业实行在线监测，狠抓工地扬尘和“散乱污”企业整治，全时段、全方位、全领域做好大气污染防治工作，空气优良率位居全市第二。生态水系不断完善，全力以赴开展黄河湿地生态修复工作，132处点位问题全部销号，2座污水处理站建成投用，贾鲁湖景观岛初具规模，建成区全面消除黑臭水体，顺利通过县域节水型社会创建工作省级验收。国土绿化加速推进，打造园林单位（小区）101个，建成开放公园游园45个，营造街道“微景观”121处，新增绿地214.5万平方米，绿地率、绿化覆盖率、人均公园绿地面积等指标全部超过国家生态园林城市标准。垃圾分类全面铺开，覆盖率达70%，无害化处理率达100%，群众环保意识更加强烈，城区环境更加宜居。

（五）全面深化改革步伐加快，发展动力持续增强。把改革作为破解难题、激发活力、优化营商环境的关键一招。街道体制改革顺利完成，事业单位改革稳步开展，行政效能大幅提升。市属11所初中正在移交，教育管理体制调整改革顺利推进。“放管服”改革深入推进，政务服务网络实现五级联动，推行“一口受理”“容缺审批”和“无差别受理”机制，企业开办时间压缩至2个工作日，工程项目区管权限审批时限压缩50%。民生事项办理双休日不间断，实现“周末不打烊”。深入开展走访企业服务活动，帮助企业争取各类扶持资金2.8亿元，融资近40亿元。营商环境持续优化，全区实有企业14.7万家，占全市1/4，支持鑫苑服务上市港交所，实现境外上市企业零的突破，助力全省首颗卫星“国智恒好年景中原金水一号”成功发射。

二、聚焦群众幸福这一追求，领跑发展的民生注脚和共享体系更加完善

区委常委会始终把群众的期盼作为工作的着力点和落脚点，围绕实现“五个全覆盖”，累计投入52.4亿元用于改善民生，占到区级财力的74.5%，切实让改革发展成果惠及更多群众。基础保障更加有力，新增就业再就业2.96万人，建成保障性住房7230套，累计发放各类补贴救助金3042万元，城镇居民和农村居民人均可支配收入分别达到49832元与28112元，位居全省第一。社会服务更加均衡。新投用学校6所、新增普惠性幼儿园16所，拓展优质学位11610个，中小学午餐供餐、课后服务覆盖率分别达64%、28%，成功举办第四届全国中小学（幼儿园）品质课程研讨会，金水教育品牌更加响亮。新开建社区卫生服务机构5家，标准化改造4家，新建成日间照料中心（托老站）11个，家庭医生服务团队签约61.35万人、签约率47.12%，更多的医疗资源和养老服务延伸到群众家门口。惠民设施更加完善，市民公

[1] 办理业务免预约、企业法人免到场、注册地址免检查、开户费用免收取、金融服务“量身定制”的服务模式。

共文化服务活动中心主体完工、正在装修扫尾，党群服务中心新开工4个、建成3个、累计投用6个，新建基层综合文化服务中心12个、城市书房4个，便民服务体系日趋完善。停车泊位、垃圾转运站、公厕等一大批市政设施加快建设，城区承载能力持续提升。社会治理更加高效，深入开展“扫黑除恶”专项斗争，深化“警地联勤大巡防”治安联防模式，全面铺开社区智能化视频监控网络建设，加大金融风险专项整治力度，有效化解信访突出问题，严厉打击恶意欠薪行为，妥善处置各类群体事件，营造和谐、稳定、有序社会环境。严格落实安全生产工作“党政同责”“一岗双责”，探索实施“互联网+安全生产监管”工作新模式，持续推广微型消防站建设，安全防控水平不断提高。加快“互联网+明厨亮灶”建设，全面实行食品安全“6S管理”，全力保障群众“舌尖上的安全”，辖区群众安全感和满意度持续提升。把结对帮扶卢氏县官道口镇、杜关镇脱贫作为义不容辞的责任和义务，实施“六大帮扶工程”，推动21个具体帮扶项目，助力助推脱贫攻坚。

三、强化民主法治建设这一保障，领跑发展的共同意志和统一行动持续凝聚

区委常委会把发展社会主义民主法治作为推动各项事业发展的重要保障，坚持党的领导、人民当家做主、依法治区有机统一，更好地凝聚共识、共推发展、促进和谐。

支持区人大及其常委会依法行使职权。定期听取区人大全面工作汇报，对加强新形势下人大工作进行安排部署。区人大及其常委会充分发挥监督、讨论、决定重大事项、人事任免等职能作用，围绕助推金水领跑发展履职尽责。全年听取和审议“一府两院”专项工作报告22项，审查批准民生领域重点项目43项，任免地方国家机关工作人员284人次，针对国土绿化提升、水污染防治“一法一条例”、垃圾分类等工作开展视察、执法检查117次，创新设立科技创新、城市管理等10个行业人大代表联络站，在全市率先开展“迎民族盛会、庆七十华诞”城市环境综合整治提升代表主题实践活动，助推全区各项重点工作有序开展。

支持和保证人民政协依章履行职能。深入贯彻落实中央和省委关于新时代加强与改进人民政协工作的意见，将政协党建工作纳入党委工作总体布局、一体谋划，全面落实街道政协工作召集人制度。区政协及其常委会主动服务全区工作大局，认真履行政治协商、民主监督和参政议政职能，围绕知识产权产业发展、“医养结合”养老模式、老旧小区改造、大气污染防治攻坚等全区重点工作开展专题协商2次、组织视察调研32次、办复提案172件，围绕全区夜间经济培育等事关全区发展的重大课题，提出了一大批有价值、有分量的建议案，为区委民主决策、科学决策提供了强有力的智力支撑。

巩固发展最广泛的爱国统一战线。加强与党外代表人士的团结合作，强化对新的社会阶层人士的思想政治引领，围绕区委、区政府中心工作建言献策，提高履职水平。落实“亲”“清”要求，积极构建新型政商关系，促进非公有制经济健康发展。开展民族团结进步创建活动，促进各民族交往、交流、交融。严格落实省委“五级书记抓宗教”要求，进一步健全宗教工作三级网络两级责任制，持续巩固依法规范宗教专项行动成果。积极推进群团改革，增强群团组织的政治性、先进性、群众性，群团组织桥梁纽带作用得到充分发挥。落实党管武装政治责任，深入开展双拥共建，融合工作深入发展。

全面深入推进依法治区。成立区委全面依法治区委员会，全面完成深化司法体制改革，建立健全法治建设责任体系和工作机制，加强对依法治区工作的统筹协调。常态化组织“普法讲师团巡回讲法”活动，积极开展星级规范化司法所创建，深化提升公共法律服务实体平台建设，推

动“七五”普法深入顺利开展，被全国普法办公室授予“全国‘七五’普法中期先进区”荣誉称号。

四、扛稳全面从严治党这一责任，领跑发展的党建基础和作风基石愈加稳固

区委常委会始终把抓好党建作为“最大政绩”，抓主业、担主责、唱主角，切实加强对党建工作的领导和组织推进，着力提升党建科学化水平，不断巩固发展全区风清气正、心齐气顺、干事创业的良好政治生态。

（一）抓机制促落实，扛稳管党治党主体责任。坚持把党的建设与经济发展相统筹，把党的建设与经济工作按同等权重纳入综合绩效考核，引导各级树牢“抓好党建是最大政绩、推进发展是第一要务”的理念。坚持党建各项工作“一盘棋”，进一步充实完善全面从严治党责任清单、问题清单、整改清单，健全区委定期听取区人大、区政府、区政协、区法院、区检察院党组工作汇报制度，深化下级党组织定期向上级党组织报告工作制度，强化监督检查、突出问题整改、层层传导压力。坚持每年与各街道和区直单位签订目标责任书，建立街道党工委书记抓基层党建工作实绩档案，开展“三级联述联评联考”，健全落实各级党组织书记抓党建工作述职评议与基层党建项目常态化观摩制度，构建以上率下、上下联动的党建责任体系，使党委管党建、书记抓党建的责任落细落实、落地生根。

（二）抓宣传重引导，维护意识形态领域安全。大力弘扬社会主义核心价值观，在中央、省、市各类媒体发稿9640篇，精心组织中华人民共和国成立70周年系列庆祝活动，成功举办“我和我的祖国”“奋进新时代”等宣传教育活动，强化舆论引导，激扬群众爱国主义的硬核力量。连续第7年举办中国（郑州）国际街舞大赛，常态开展“送文化进基层”“红色文艺轻骑兵”活动，培育健康文明、昂扬向上的群众文化。稳步推进新时代文明实践所、街道（社区）学雷锋“文明使者”志愿服务站建设，筑牢宣传阵地。深入实施市民公共文明素养提升行动，顺利通过全国文明城市复审，市民文明素质和社会文明程度进一步提升。落实意识形态工作责任制，建立健全意识形态工作责任制考核体系和联席会议制度，完善舆情研判、评估、预警、调处等工作机制，深入开展网络空间专项规范整治，意识形态领域态势持续向好。

（三）抓基层打基础，提升党组织政治能力。持续推广“党建工作代表大会”“居民代表大会”两项制度，持续深化“星级楼组”创建、党建“智库”体系建设两项机制，以老旧小区改造为突破口，探索创新党建引领居民自治新途径，基层治理能力更加优化。以“三级抓村”机制为抓手，结合乡土人才回归、扫黑除恶等工作，常态化开展“逐村（社区）观摩、整街道推进”活动，推动4个软弱涣散村党组织转化升级，枲村入选首批省级农村基层党建示范村，村党组织战斗堡垒更加巩固。持续深化“321”工程和“一二六”工作法，新培育UFO共享办公、信大捷安等新领域党建工作品牌，圆满承办全市非公党建巡回宣讲活动启动仪式，基层党建覆盖更广、品牌更响。严格落实“双推双评三全程”制度，实行发展党员全程纪实制度，党员管理水平有效提升。

（四）管好人用对人，全面加强干部队伍建设。深入贯彻习近平总书记选人用人重要思想，认真落实好干部标准，鲜明倡树重实绩、重实干用人导向，让政治强、作风实、不张扬的干部挑重担。以机构改革为契机，持续加强领导班子建设，有序推动区直与街道交流，着力配优各级领导班子。规范干部选任管理监督，严格落实防止“带病提拔”实施办法和“干部选拔任用工作程序”等制度机制，严把干部选任关口。持续推进干部人事档案再审核、干部学历学位清查、干部档案数

字化建设等工作，严格执行领导干部个人有关事项报告制度，实现从严监督管理干部常态化。

（五）抓纪律转作风，营造清明清廉政治生态。从严抓责任，严格执行《关于强化领导班子成员党风廉政建设“一岗双责”的实施办法》，加强对落实情况的监督检查，累计问责党风廉政建设失职失责领导干部25人，从严整治管党治党“宽、松、软”问题。从严抓作风，贯彻落实中央“基层减负年”部署，严查空泛表态、应景造势、敷衍塞责、出工不出力等突出问题，制定出台为基层减负的实施细则，大幅压缩会议、文件、督查考核数量，让基层干部腾出更多时间和精力抓落实。从严抓巡察，创新运用“一托N、大带小、交叉巡、一体化”的工作新模式，对6个街道和58个村居党组织开展常规巡察，对16个区直单位组织巡察“回头看”，梳理和反馈问题928个，整改925个，整改率达到99.7%，充分发挥了巡察利剑作用。从严抓执纪，开展5批次中央八项规定精神、查纠“四风”集中整治，下发督办通知23份，约谈相关负责人16名；充分运用监督执纪“四种形态”，抓早抓小，防微杜渐，全区纪检监察机关运用监督执纪“四种形态”处理231人次，其中，实践第一、第二种形态处理人数占比达到了84.4%，实现了监督执纪由“惩治极少数”向“管住大多数”拓展。坚持力度不减、节奏不变，持之以恒惩治腐败，立案审查调查49件69人，给予党纪政务处分78人，依法留置8人，移送检察机关审查起诉7人，累计查办“涉黑”涉恶腐败案件4起，查处“保护伞”5人，持续推动纪律监督、监察监督、派驻监督、巡察监督统筹衔接、形成合力，促进党内政治生态不断净化、持续优化。

一年来，区委常委会始终保持“打铁必须自身硬”的高度自觉，以更高的标准严格要求，为全区作出表率、树好标杆。带头严肃党内政治生活，坚持过好双重组织生活，认真落实“三会一课”制度，坚持民主集中制原则，既充分发扬民主，又善于集中统一，严格按程序办事、按规矩办事，各位常委相互配合、相互支持，形成了分工协作、团结干事的良好氛围。带头改进作风，始终坚持以人民为中心，坚持群众路线，带头深入基层、深入一线调查研究，从严落实中央八项规定及其实施细则精神，自觉抵制“四风”，倡树新风正气。带头廉洁自律，严格落实党风廉政建设责任制，严格遵守廉洁自律各项规定，注重家风家教，从严教育约束亲属和身边工作人员，坚决反对特权思想及特权现象，自觉接受各方监督，以勤政廉政的实际行动树立了区委常委班子的良好形象。

以上报告的是2019年区委常委会的主要工作。这些工作的推进和成绩的取得，是以习近平同志为核心的党中央举旗定向、掌舵领航的结果，是市委、市政府正确领导、具体指导的结果，是四个班子精诚团结、协同推进的结果，是广大党员干部砥砺前行、奋力拼搏的结果，区委全委会的同志们对我们的工作给予了真诚帮助和大力支持。成绩来之不易，必须倍加珍惜。

在总结工作的同时，分析存在的问题和不足，主要表现在：城市管理与高品质现代化城区要求不同步，城市精细化管理水平落后，区域环境、品味、秩序方面还有待提升。公共服务与高品质现代化城区要求不相符，民生保障水平不够高，历史欠账和公共服务短板还很多，离满足群众对美好生活的向往还有不小差距。城市形象与高品质现代化城区要求不匹配，缺少令人震撼的地标性建筑，没有呈现出省会城区高品质现代化的强大气场。对这些问题，我们高度重视，正在着力加以解决。希望同志们对区委常委会工作提出意见和建议。

政府工作报告

——在郑州市金水区第十三届人民代表大会第五次会议上

金水区人民政府区长　魏　东

（2020 年 5 月 24 日）

一、2019 年以来工作回顾

2019 年，是金水发展历程中具有深远影响的一年。这一年，习近平总书记视察河南，对河南、郑州工作及黄河流域生态保护和高质量发展作出重要指示，为新时代金水高质量发展提供了根本遵循。一年来，我们在市委、市政府和区委的坚强领导下，坚持以习近平新时代中国特色社会主义思想为指导，紧盯“实现领跑中部城区发展、打造高品质现代化城区”战略方向，不忘初心、砥砺奋进，顺利完成了区十三届人大四次会议确定的目标任务。

（一）领跑之势在内涵提质增长中全面巩固。经济实力持续攀升。初步核算，全区实现地区生产总值 1752.5 亿元，同比增长 6.7%；地方一般公共预算收入增长 7.1%，达到 65.8 亿元，其中税收占比达 94.5%；社会消费品零售总额增长 5%，固定资产投资增长 7.2%，城镇居民人均可支配收入和农村居民人均可支配收入分别增长 7.8% 与 8.5%，达到 49601 元、28224 元；综合经济实力稳居中部城区前列。

产业结构迈向高端。世界 500 强思爱普等知名企业相继落户，新认定市级总部企业 6 家、占全市增量的三分之一强。信息安全产业纳入全省新兴战略性五大产业集群，共享生态科技产业智能制造、智能物流和智能服务三大模块形成体系，软件与信息技术、互联网服务等行业营业收入增速分别达到 23.6%、10.5%。农科路酒吧休闲一条街晋升国家级特色商业街，税收超亿元楼宇达到 12 幢，现代服务业增加值突破 1100 亿元。

园区经济挺立潮头。金水科教园区进入国家大数据（河南）综合试验区核心区建设范围，中部网络安全产业园顺利落户，创新活跃的科技企业突破 600 家。河南科技园区搬迁改造全面启动，智汇城顺利开业运营，主营业务收入和税收双双实现两位数增长。国家知识产权创意产业试点园区新入驻今日头条、百度百家号等知识产权服务、新媒体文创企业 37 家，推动专利申请量达到 13558 件，成功获批国家知识产权强县工程示范县（区）。

（二）动力之源在改革创新引领中加速成型。涉企服务越改越优。深入推进“放管服”改革，全面推行政务服务周末“不打烊”，工程建设项目区级审批时限控制到 13 个工作日，企业开办时间缩短至 2 个工作日，366 个事项实现“最多跑一次”。深入开展走访企业服务活动，帮助企业争取各类扶持资金 2.8 亿元、融资近 40 亿元；新登记市场主体 4.6 万户，总量达到 22.5 万户，占全市的近 1/5；鑫苑服务在香港交易所上市，全省首颗卫星“国智恒好年景中原金水一号”成功发射。

开放大门越开越大。金水自贸区块开发模式和规划方案基本确定，进入开发建设新阶段；在全省率先出台企业集群注册办法，搭建中欧、中俄自由贸易合作平台，布局21个境外办事处和10万平方米海外仓，初步构建“海外园区＋境外办事处＋海外仓”的海外运营体系。新引进亿元以上项目20个，其中10亿元以上项目14个，招商引资实现了从“数量规模”向“质量结构”的重大转变。

创新动能越聚越强。突出自创区建设带动，新认定高新技术企业137家、科技型企业371家，总量分别达到351家和1302家，占全市的17.1%与21.3%。新增国家级孵化器2个、院士工作站3个、市级以上工程技术研究中心28个，推动23家中小企业成为“专精特新”企业。新引进高层次人才21人，新增技术交易机构60家，实现登记技术合同成交额16.4亿元，为全市最高。

（三）品质之区在精建细管严治中逐渐彰显。城区建设深入推进。庙李等5个项目安置房顺利分房，新回迁群众1.4万人；完成土地出让2544亩，再创供地量新高；新网签安置房9261套，并成功为琉璃寺、白庙等安置房项目办理不动产证。新建成道路19条、公厕32座，改造提升道路75条，增加公共停车泊位1.8万个，率先在全市设置限时免费停车泊位，群众出行更顺畅、生活更舒心。

城区更新有序实施。以服务保障全国民族运动会为契机，深入推进“三项工程、一项管理”，将道路、楼院和街区联动整治，推进线缆入地5.2万米，依法拆除违法建设30.9万平方米，顺利改造老旧小区79个，实施楼体夜景亮化238栋，打造优秀以上路段218条，“可阅读、可流传、可观赏”的精品街景成为金水靓丽风景线，让群众真切感受到了看得见、摸得着的改善和变化。

城区环境不断优化。坚持“治”“建”并举，贾鲁湖湿地初具规模，马渡污水处理站建成投用，40台锅炉完成综合改造，45个公园游园建成开放，162个区管工地全部纳入“八个百分之百”动态管理，214.5万平方米绿地扮靓城区，空气优良率位居全市第二，公园绿地服务盲区基本消除，建成区全面消除黑臭水体，辖区群众乐享更加清爽、舒适的生活环境。

（四）幸福之城在共建共治共享中持续提升。民生保障精准落地。深刻践行以人民为中心的发展思想，民生领域投入达到52.4亿元，增长6.7%，占一般公共预算支出的74.6%。开展技能培训和创业辅导5096人次，发放创业担保贷款1.93亿元，新增就业再就业29556人。新建保障性住房3663套，基本建成7230套，完成公租房实物配租847户。新建社区居家养老服务站11个，总医院南区医养结合项目顺利投用，养老服务、残疾人精准康复等专业社工服务全面展开。

公共服务优质均衡。新投用学校6所，新增普惠性幼儿园16所，扩充优质学位11610个；艺术小学等4所学校入选第一批省中小学数字校园标杆校；金水健儿在跳绳世界杯、世界荷球锦标赛中获得优异成绩，国家体育总局专程发来贺信。标准化改造社区卫生服务机构5家，家庭医生签约服务居民61.35万人。新建党群服务中心3个、城市书房4个，成功举办“我和我的祖国”群众性主题宣传教育等文化活动，以激扬风采献礼祖国七十华诞。

社会治理高效有序。严格落实安全生产责任制，成立14个专业委员会，建成34座微型消防站，应急处置能力和安全监管水平持续提升。突出食品安全标准化建设，8264家餐饮服务单位建成“互联网＋明厨亮灶”，2.9万余家食品经营单位达到“6S”标准。统筹推进社会矛盾化解，持续推进“扫黑除恶”专项斗争，免费为无主管楼院加装智能化安防系统，群众安全感、满意度明显提升。同时，国防动员、人民防空、民兵预备役、退役军人事务、双拥共建、地方史志和脱贫攻坚结对帮扶等工作都取得新成绩。

各位代表，过去的一年是极不寻常的一年，也是金水稳中求进、难中奋进的一年。我们始终牢记习近平总书记殷切期望，编制实施高质量发展三年行动计划，在全市打造国家高质量发展区域增长极中找准了新方位。我们深入开展“不忘初心、牢记使命”主题教育，扎实推进“解民忧、纾民困、暖民心”行动，集中解决681项群众关心关注的热点难点问题，汇聚起了新时代奋进创业的磅礴力量！我们以项目化、台账式坚决落实上级党委、政府决策部署和区人大及其常委会决议决定，318件人大代表建议及政协委员提案顺利办结。经济总量占全市的比重同比提高1.5个百分点，接连入选中国综合竞争力百强区和中国创新百强区，用艰辛努力打开了新局面，以工作实效赢得了主动权！

进入新的一年，面对突如其来的新冠肺炎疫情，我们深入学习贯彻习近平总书记重要讲话和指示批示精神，严格落实中央及省、市各项决策部署，坚定扛稳政治责任，紧紧依靠人民群众，迅速建立“四个防控体系”，众志成城守护城区安全、群众安康，到2月20日取得了无本地新增确诊病例的重大阶段性成效。我们因时因势及时调整工作着力点，统筹推进疫情防控和企业复工复产，深度开展“三送一强”活动，出台“金水十条”惠企政策，推动企业商户有序复工、正常运营，成功稳住经济社会发展基本盘。在此过程中，全区广大干部群众，尤其是医务工作者、社区工作者和志愿者，义无反顾地奋战在一线，用“虽千万人吾往矣”的大爱情怀与无畏担当，生动谱写了和平年代保家护国的壮丽篇章！

各位代表！这些成绩的取得，是以习近平同志为核心的党中央举旗定向、掌舵领航的结果，是省市和区委坚强领导、科学决策的结果，是全区上下团结拼搏、不懈奋进的结果。在此，我代表区人民政府，向奋斗在全区各条战线的干部群众，向人大代表、政协委员和各民主党派、工商联、无党派人士、人民团体以及辖区机关、部队、企事业单位，向为金水繁荣发展做出贡献的同志们、朋友们，表示衷心的感谢，并致以崇高的敬意！

在看到成绩的同时，我们也清醒地认识到，经济社会发展中还存在不少问题短板，主要是：经济稳定增长面临较大压力，营商环境与企业群众期望仍有差距，城区功能形象与高品质现代化定位尚有距离，民生事业发展均衡性还有欠缺，政府治理能力有待提升。对此，我们将高度重视，并在今后工作中切实加以解决。

二、2020年工作总体要求和主要预期目标

2020年是全面建成小康社会和“十三五”规划收官之年，更是应对疫情考验极不平凡的一年。当前，国际疫情持续蔓延，宏观经济形势更加复杂严峻，推动经济健康稳定增长面临前所未有的挑战。我们务必增强忧患意识、强化创新思维，积极应变、笃定前行，努力在新时代中干出新作为、新征程中彰显新担当！

政府工作的总体要求是：坚持以习近平新时代中国特色社会主义思想为指导，深入贯彻习近平总书记系列重要讲话，特别是关于河南和郑州的重要讲话指示精神，认真落实中央及省市各项决策部署，树牢新发展理念与以人民为中心的发展思想，在疫情防控常态化前提下，坚持稳中求进工作总基调，紧盯决胜全面领跑中部城区发展奋斗目标，聚焦“六稳”工作、“六保”任务，以高质量发展三年行动计划为引领，统筹推进八个方面重点工作，着力打造高品质现代化城区，努力在郑州加快建设国家中心城市、形成更高水平的高质量发展区域增长极中做出贡献、走在前列。

经济社会发展的主要预期目标是：地区生产总值增长6.5%左右，地方一般公共预算收入增长3%左右，居民人均可支配收入增速与经济增长保持同步，全

社会研发投入经费增长15%左右，城镇登记失业率控制在4%以内；节能减排、环境保护等指标完成市定目标，各项社会事业取得新进展。

三、2020年政府工作主要任务

为顺利实现预期目标，我们将扭住发展不放松，抓住关键带全局，突出重点求突破，全力以赴做好以下八个方面的工作：

（一）聚焦经济平稳健康发展，坚决夺取疫情防控和经济社会发展“双胜利”。坚持大战大考“两手抓、两手硬”，抓好疫情防控工作不松懈，推动经济社会发展再加力，努力在常态化疫情防控中不断夯实高质量发展的坚实基础。

慎终如始抓好疫情防控。始终坚持外防输入、内防反弹，抓实抓细防控机制、防控措施、防控保障三个常态化，突出社区楼院、医院学校等重点场所，强化重点人员闭环管控，不断巩固防控成果，为经济社会秩序全面恢复提供有力保障。坚持预防为主的卫生与健康工作方针，创新爱国卫生运动方式方法，完善公共医疗卫生服务和应急管理体系，提高应对重大突发公共卫生事件的能力水平；深化家庭医生签约服务，联合二、三级医院开展远程医疗服务，实现健康档案等信息共享共认，持续促进全民健康。

千方百计扩大有效投资。抢抓国家实施更加积极有为的财政政策机遇，高质量编制经济社会发展“十四五”规划，争取更多项目进入国家和省市大盘子。围绕信息基础设施等“新基建”领域和公共卫生等补短板领域，做好项目谋划包装，全力再储备一批中央投资和专项债券项目。抓好重大项目跟踪服务，力促郑州国际金贸港等55个项目开工建设，加快嘉里中心等116个在建项目进度，推动辉瑞医疗电子产品科研中心等15个项目建成投产。

多措并举提振消费市场。实施消费提升行动，大力发展“新零售”，加快健康医疗、养老托幼等生活性服务业精细化发展，培育定制消费、体验消费等新增长点，着力适应群众多元化消费需求。打造夜经济示范区，按照“政府搭台、企业主体、市场运作”的思路，制定夜经济发展专案，探索开展“外摆位”和延时营业试点，开展夜品、夜购、夜游、夜健项目，将花园路商圈、农科路酒吧一条街等区域打造为夜间消费“打卡地”。营造舒心消费环境，支持大型购物中心、热门美食区域升级功能设施，并增加停车位、延时保洁等配套服务，打造繁荣有序的城市消费场景。

（二）聚焦做大做强产业引擎，切实在推动高质量发展上取得新成效。坚持把现代服务业高质量发展作为主攻方向，突出产业生态打造，让产业链、服务链、创新链衔接更紧密、更有力。

实施现代服务业提质扩张行动。发挥金融支撑作用。积极引入创业投资、股权投资等金融机构，高效运作重点产业知识产权运营基金等产业基金，全力打造“金融+科技+总部”集聚区，力争金融业增加值占服务业增加值的比重达到30%。强化数字经济发展方向。依托思爱普智慧企业创新赋能中心等项目，积极开展企业“上云”行动，鼓励创新5G应用模式，争取形成5G+政务服务、5G+城市管理等应用示范试点，着力向数字化、网络化、智能化发展转型。打造楼宇经济发展高地。建立楼宇经济服务联盟，引导高技术服务、创意设计等生产性服务业向楼宇集聚，力争打造总部楼宇、特色楼宇3幢，区级税收超百万元楼宇突破140幢。

实施新兴产业提速壮大行动。突出信息安全产业提能级，强化“专业孵化器+产业示范园区+规模化产业基地”递进发展模式，支持重点企业布局安全云平台、安全操作系统等关键领域，力争集聚信息安全优势企业50家以上，形成集聚发展的强劲态势。突出共享生态科技产业成规模，加快共享生态科技产业城等项目建设，建立亚欧跨境电商大数据共享中心，着力在提供数字化解决方案、建立标准化产品体系等方面取得突破，引领生产和流通领域新业态蓬勃发展，力争产业生态共享企业突破100家。突出知识产权创意产业塑特色，积极推动好莱坞泛娱乐国际文化创意产业园建设招商、中部知识产权运营中心正式运营，开展知识产权金融创新，力争新引进知识产权服务、文化创意设计企业20家以上，打造全省知识产权保护和创意产业新高地。突出前沿技术加速产业化，以中部数字互动中心和区块链培训学院为载体，推动大数据、物联网、区块链、人工智能与虚拟现实融合发展，加快形成“技术研发 + 人才培育 + 项目输出”的产业发展模式。

实施优势企业提优发展行动。全力推动企业稳产达产，以常态化开展“三送一强”活动为载体，深化落实国家和省市支持政策，细化落实“金水十条”支持措施，设立6000万元的应急转贷周转资金，帮助市场主体渡过难关、稳定发展。全力扶持优质企业上市壮大，依托全市“千企展翼”行动计划，建立金水金融大数据库，强化上市挂牌“绿色通道”机制，力争1家企业主板上市、5家企业成为上市挂牌后备企业。全力引导中小微企业快速成长，支持企业走“专精特新”发展之路，打造具有自主知识产权及核心竞争力的技术产品，着力培育一批主业突出、创新能力强的行业排头兵，力争新增品牌企业5家以上。

（三）聚焦加快城市有机更新，切实在提升城区功能品质上实现新突破。深入落实“中优”城市发展布局，聚焦“双改”要求，全力推进大棚户区改造和“三项工程、一项管理”，推动城区形态更新、业态更新、功能更新。

高品质建设优化城区格局。注重提升回迁群众生活品质，严把安置房建设质量关，有序推进配套设施建设，力争年内大铺等6个项目主体封顶，构袁等5个项目顺利回迁。持续提升城区功能品质，深入落实市委建设“轨道上的城市”工作要求，一体化推进“轨道交通 + 枢纽节点 + 区域路网”建设，认真抓好轨道交通6、7、8号线征收工作，新建、续建道路92条，建成通车龙津路与连霍高速立交，切实以综合交通体系开发建设引领区域发展。全面提升核心板块建设品质，围绕打造沿黄科创带，加快推进郑州国际金贸港和金科智汇城片区两个核心板块建设发展，全力打造城区开发建设的新亮点、经济增长的支撑点。

高标准更新塑造城区风貌。深入落实“两优先、两分离、两贯通、一增加”建设理念，联动实施“一环十横十纵”和支路背街综合改造，统筹推进路面修复、管线迁改、立面整治等工作，年内，一期4条主干道和49条支路背街完成改造，二期4条主干道开工建设。严格按照“最多改一次”原则和“一拆五改三增加”要求，深入推进老旧小区综合改造，有序推进既有建筑节能改造、既有住宅加装电梯等专项改造，持续完善物业管理服务，打造环境整洁、功能完善、管理有序、群众满意的居住小区。坚持全面规划、分步实施，大力开展城乡接合部综合改造，积极推进示范区规划建设，年底前建成2座水处理站和9条道路。

高效能治理提升城区服务。以塑造街区景观为重点，聚焦美丽街区建设，强化“序化、洁化、绿化、亮化”，推动市容环境整治向背街小巷延伸、绿化美化向街角空地拓展、城市管理向精细化精准化转变，创建优秀、卓越和极致路段214条，使城区更加整洁、有序、舒适、愉悦。以打造美丽天际线为目标，坚持“拆、建、管”并举，加快推进33条道路架空线缆入地改造，保持查违、控违高压态势，不断提升重点道路、河渠、公园周边的夜景照明效果，全力打造城区靓丽夜景。以培育生活新风尚为引领，加大生活垃圾分类宣传和督导，建成投用1座大型生活垃圾分拣中心与2座生活垃圾转运站，力争分类覆盖率达到95%以上。

（四）聚焦推进开放创新双驱动，切实在激发城区内生动力

上展现新作为。坚持把开放创新作为不竭动力，着力以开放促创新、促发展，走出一条内陆城区开放发展、创新发展的新路子。

拓展对外开放“互联互通”大格局。坚持“线上线下”同步发展，加快金水自贸区块土地等手续办理，全面启动主体建设；积极打造金水自贸线上虚拟园区，力争落户国际化总部企业6家，线上园区注册企业突破1000家。坚持“境内境外”协调并进，探索“电商平台+产业基地”合作模式，集聚国际贸易和跨境电商企业200家以上；支持优势企业设立“一带一路”出海联盟，继续拓展布局境外办事处，力争运行海外仓30万平方米。坚持“监管服务”并轨运行，动态监测企业运营信息，实行风险分级实时预警，形成“线上监管服务”新模式；落实外商投资准入负面清单，推动设立跨境电子商务海关监管查验中心，形成更加公平、开放的市场环境。

构建创新创业“协同合作”大生态。紧盯研发平台建设，依托骨干企业，实施工业检测、物联网等领域重大技术攻关，新建院士工作站2个、新型研发机构2个、市级以上工程技术研究中心20个。聚力创新主体培育，实施创新龙头企业培育工程，加快推进研发成果产业化，引导中小科技企业围绕龙头协作配套、集聚发展，力争新培育区级创新龙头企业3家，高新技术企业、科技型中小企业分别达到400家、1500家，着力形成龙头引领、链条延伸、集群共进的发展局面。强化创新资源引进，探索设立金水创新学院，鼓励专业机构代管、托管孵化载体，引进高层次人才60名以上，新增孵化载体7家、在孵企业（项目）突破3200家。

形成招商建设“一体推进”大统筹。聚焦新兴产业培育。健全专业化招商队伍和常态化招商机制，强化定向招商，依托风投招商，努力推动信息安全、新材料和视觉识别三个领域进入“国家队”，虚拟现实增强现实、区块链、人工智能和物联网四个领域，成为全省“领头羊”。突出精准对接招商。瞄准处于价值链顶端、具有产业链号召力的龙头企业，力争新引进中天利高纯纳米材料技术中心等一批重大项目，签约总金额突破290亿元。做实落地跟踪服务。严格执行“五职招商”责任制和“三位一体”项目推进机制，深入开展签约项目落地全程服务和专项督查，切实提高合同履约率、资金到位率、项目投用率及效益产出率。

（五）聚焦营造最优发展环境，切实在积蓄壮大发展势能上增创新优势。坚持以制度建设为主线持续深化改革，深入落实《优化营商环境条例》，全力打造国际化营商环境新高地。

用改革营造一流环境。以巩固提升工程建设项目审批制度改革成效为重点，设立工程建设项目投资专区，推行并联办理模式，打造“一个窗口”提供综合服务、“一张表单”对外公示、统一系统办理的综合审批模式。以深化商事制度改革为切入点，实施企业开办“肩并肩”辅导机制，全力推进社保、税务、刻章“一站式”办理，提供一套公章免费刻制服务，力争企业开办事项一天之内全部办结。以深入落实“双随机、一公开”监管机制为抓手，积极推行信用监管和大数据监管，持续提升事中事后监管效能，着力做到监管到位、执法必严，坚决避免多头执法、重复检查。

用改革提升政务服务。持续深化“放管服”改革，深入推进“最多跑一次”改革，聚焦“马上办、网上办、就近办、一次办”，大力推进“四减一提”，加快构建“宽进、快办、严管、便民、公开”的政务服务新机制。全面实行“一站式”办理模式，推行“前台综合受理、后台分类审批、统一窗口出件”集成办事服务，建立“一整件事情”标准流程，确保不少于300个“一件事”一个窗口、一个流程办结。大力推行“互联网+”政务服务，以审批智能化、服务自助化、移动App为重点，建立24小时自助服务区，推动实体大厅、网上平台、移动客户端、自助终端“四端”

一体化建设，力争区级审批事项基本实现“网上办”，真正让群众办事像“网购”一样方便。

用改革破解机制障碍。深化预算管理改革，全面推进预算绩效管理，持续扩大预决算公开范围，切实把财政资金的每一分钱“都用在刀刃上”。推行政府采购制度改革，加快建设政府采购合同融资服务平台，持续提升政府采购数字化、信息化水平，全力打造“阳光采购”。加快农村集体产权制度改革，积极探索农村集体经济新模式、新机制，确保有条件的村组全部改革到位。抓好基层医疗卫生机构改革，完成社区卫生服务站和村卫生室改制，着力构建与群众健康需求相适应的社区卫生服务体系。

（六）聚焦补齐短板、夯实基础，切实在做优高品质生态环境上迈出新步伐。深入贯彻习近平总书记黄河流域生态保护和高质量发展座谈会重要讲话精神，统筹推进生态环境保护，让良好的生态环境成为辖区群众生活质量的增长点。

以最大担当推进沿黄生态保护。围绕全市打造黄河流域生态保护和高质量发展核心示范区，加大黄河湿地巡查保护力度，全面完成黄河湿地公园、沿黄生态廊道等工程涉及的各项任务。加快推进可视化监控系统河渠沿线和涉气企业全覆盖，推动监管平台之间数据互通共享，实现企业在线运营情况、环保风险点现场情况可视化实时监管。坚持节水优先，实施全社会节水行动，确保通过水利部节水型社会建设达标县（区）复核。

以最严标准推进污染防治攻坚。坚持大气污染防治的标准化、规范化、精细化，实施工业企业“亩均论英雄”综合评价，高效推进工地扬尘、挥发性有机物、非道路移动机械等专项整治，全力把污染指标降下来、空气质量提上去。深化“四水同治”和“河长制”管理，大力开展入河排污口动态监管整治，常态化推进“清四乱”，实现全域消除黑臭水体。加强土壤污染防治和分类管理，创新智能手段监管危险废物，有效管控建设用地土壤环境风险。

以最强举措推进全域增绿扩绿。围绕增加可视绿量，全域推进国土绿化提速行动，加速推进精品街道树穴连通，全面完成京港澳高速等交通路网沿线绿化提质，新营造、抚育森林1000亩，逐步构建覆盖全区的绿色生态网。围绕提升生态景观，加快推进石沟河和索须河故道上下游河道联通、水草种植及河岸绿化，推动郊野公园完成次峰土方消纳及山体整理，逐步塑造“城在水畔、人在园中”的秀美画卷。

（七）聚焦解决痛点难点问题，切实在满足群众美好生活期盼上交出新答卷。坚持把群众对美好生活的向往作为奋斗目标，多办民生实事，多解民生难题，持续增进民生福祉。

优质发展社会事业。认真抓好最低生活保障工作，推动城乡低保、慈善帮扶、临时救助、医疗救助有机互动，坚决保障好困难群众基本生活。继续推进基础教育质量提升行动，积极发展学校共同体，深化“强校带新校、扶弱校”，推动公办中小学生午餐供应和课后延时服务全覆盖，促进中小学优质特色发展。全面投用市民公共文化服务活动中心，新建3个城市书房、16个党群服务中心，办好群众性文化活动，打造展示中原文化的“新窗口”。

系统深化社会治理。坚持和发展新时代“枫桥经验”，畅通、完善群众诉求表达、利益协调、权益保障渠道，全力实现“排查全覆盖、纠纷全介入、问题不激化、矛盾不上交”。以创建国家安全发展示范城市和省级食品安全示范县（区）为引领，扎实开展安全生产专项整治三年行动，狠抓学校配餐、网络送餐等质量安全监管，纵深推进“扫黑除恶”专项斗争，不断增强社会治安防控整体性、协同性、精准性，确保城区安全、社会安定、群众安宁。

加强国防动员、人民防空、民兵预备役、退役军人事务等工作，深入开展双拥共建；大力践行社会主义核心价值观，支持总工会、青年团、妇联、工商联等人民团体发挥桥梁纽带作用，抓好审计、民族、宗教、地方史志、机关事务和脱贫攻坚结对帮扶等工作。强化统计工作，做好第七次人口普查。

（八）聚焦转变作风提升效能，切实在强化政府自身建设上取得新进展。始终把群众期盼记在心头，把发展使命扛在肩上，创新行政方式，奋力建设新时代人民满意的服务型政府。

坚持以“对党忠诚”坚固政治底色。始终把政治建设摆在首位，探索建立“不忘初心、牢记使命”长效机制，不断增强“四个意识”、坚定“四个自信”、做到“两个维护”，在思想上政治上行动上同以习近平同志为核心的党中央保持高度一致。坚决落实中央和省市区委决策部署，确保习近平总书记系列重要讲话指示精神在金水落地生根、结出丰硕成果。

坚持以“法治思维”规范行政行为。始终把依法行政作为政府工作的基本准则，严格按照法定权限行使权力、履行职责。认真执行区人大及其常委会决议决定，自觉接受人大法律监督、政协民主监督和监察监督，主动接受社会与舆论监督，高质量办理人大代表议案建议及政协委员提案。全面推进政务信息公开，规范公正文明执法，带动全社会更好尊法守法。

坚持以“担当为民”推动工作落实。始终把抓好落实作为政府工作的主旋律，大力践行“一线工作法”，倡导“说干就干、马上就干”的工作作风，用广大干部真诚付出的辛苦指数，换取群众安居乐业的幸福指数。健全政策落实的责任机制、常态长效的督导机制和关心关爱干部职工的激励机制，鼓励大家敢担当、善作为，让干部职工有更多的时间与精力谋发展、抓落实。

坚持以“清正廉洁”筑牢拒腐防线。始终严格落实党风廉政建设责任制，从严贯彻中央八项规定及其实施细则精神，大力纠治“四风”，坚决整治侵害群众利益的不正之风和腐败行为。树牢带头过紧日子的思想，压减一般性支出15%以上。加强对项目审批、工程建设、政府采购等重点环节和领域的监管，切实把权力关进制度的笼子，全力维护风清气正的良好政治生态。

各位代表，艰难困苦，玉汝于成；大战大考，更显担当。让我们紧密团结在以习近平同志为核心的党中央周围，在市委、市政府和区委的坚强领导下，牢记使命责任，保持奋进姿态，以坚如磐石的信念和坚韧不拔的毅力，迎难而上，锐意进取，奋力夺取疫情防控及经济社会发展“双胜利”，着力在打造高品质现代化城区征程中迈出新的更大步伐，努力为郑州加快建设国家中心城市、打造国家高质量发展区域增长极做出新的更大贡献！

大事记

1月

2日 区长魏东在区政府712会议室召开金水区经济工作推进会。区政府领导杨洁、王浩、刘运泽出席会议。区直各相关部门、各街道办事处主要负责人参加会议。会上，区发改统计局主要负责人通报了金水区2018年经济指标完成情况、2019年重点项目谋划情况和第四次全国经济普查工作开展情况；区委常委、区政府常务副区长杨洁对当前全区经济运行重点工作进行了安排部署；区长魏东作了重要讲话。

5日 区长魏东带队督导金水区交通干线沿线绿化提升工作。实地察看了京广铁路沿线综合整治进展，认真听取了相关工作汇报。

8日 区长魏东调研金水区教育工作。在认真听取了区教体局2018年党建引领教育发展、师资队伍建设、学校建设和2019年工作谋划汇报后，魏东指出：各有关部门要紧紧围绕“公平普惠、优质多样、充满活力、人民满意”的发展目标，坚持教育优先发展战略，科学谋划、综合施策、积极推进，努力办好人民满意的教育。一要深入探索金水教育发展方向、发展思路，着力在教育教学、体育艺术发展、校园周边环境整治、校外培训机构治理等方面下真功夫，不断放大发展优势，持续巩固教育发展成果。二要对标先进地区教育发展理念和成果，认真梳理金水教育发展短板，立足实际、找准契机、强化措施、破解难题，推动金水区教育工作全面发展。三要持续加大教育资金投入，加快推进学校建设步伐，不断优化教育资源配置，着力提升教育质量，精心打造教育品牌，积极回应辖区群众关切的热点问题，切实提升群众获得感和幸福感。

同日 从2018年度国家科学技术奖励大会上获悉，金水区河南省农科院、河南农业大学主持的两个项目获得国家科技进步奖二等奖。

10日 金水区召开2018年度党建工作责任制述职评议会议。会议由区委副书记李伟革主持，区长魏东作总结讲话。市委组织部电教中心副主任樊勇，党管处副处长李光，区委常委、区委党的建设工作领导小组成员，区直各单位党组织负责人，各街道党工委书记，部分“两代表一委员”和基层党员群众代表参加了会议。

会上，17个街道党工委书记和区直机关党工委书记、区教体局党组书记分别就2018年落实基层党建、党风廉政建设、意识形态责任制情况进行述职。区委常委、区纪委书记、区监察委员会主任赵惠玲，区委常委、宣传部部长杨林，区委常委、组织部部长时博，分别从3个方面工作对19家述职单位逐一进行了点评，肯定成绩实事求是，指出问题不留情面，取得了聚焦问题、“红脸出汗”的效果。随后，市委组织部电教中心副主任樊勇就此次述职评议工作进行了点评讲话，充分肯定了金水区基层党建工作取得的成绩，耐心指出了党建工作中存在的问题和不足，并对下一步党建工作提出了具体可行的建议及要求。同时，与会人员通过填写测评表，对各街道党工委书记、区直机关党工委书记、区教体局党组书记抓基层党建工作情况进行了现场评议。

12日 “献礼建国70周年”金水区教育艺术节教师合唱比赛在文化路第一小学翰林校区举办。市教育局副调研员王克杰、区政府领导王珂出席会议。全区48支队伍、3000余名教师参赛。

王珂代表区政府向大赛的举办表示祝贺并致词，向参与该次活动的全体教师们致以问候。王珂强调：教师合唱比赛是金水区教育艺术节一项重要赛事和传统活动，是进一步加强合唱师资建设、推进学生合唱工作的重要途径，更是提升教师艺术素养、加强学校美育教育的有效载体，希望参加团队在比赛中相互借鉴、共同提高，进一步推进全区学校艺术教育工作取得新的成绩、新的发展。

大赛以“不忘经典咏经典，砥砺前行谱华章”为主题，特邀中国合唱协会理事长、歌唱家李培智，中国合唱协会顾问智颖文、中国人民解放军政治部战友文工团指挥家许愿等国内著名专家担任评委。比赛内容包括必选曲目和自选曲目。

17日 金水区社工人才孵化中心启动仪式在南阳新村街道党群服务中心举行。区委组织部、区文明办、南阳新村街道、共青团金水区委、区民政局、区社会工作指导中心相关负责人员及绿城社工党支部成员、工作团队、社区社工代表、志愿者代表40余人参加活动。

金水区社工人才孵化中心是由金水区人才办、金水区民政局、南阳新村街道共同打造的首个专门针对社工和志愿服务骨干人才的培养、使用、激励等综合性人才服务平台。致力于将中心打造成社工和志愿者的“人才培养基地、人才管理与使用基地、人才联动示范基地、社会实践基地、人才品牌推广基地”5个基地。中心启动以后，为全市乃至全省志愿从事社会工作的社会各界人士提供了社会工作专业培训、社工考前培训、社工及志愿者实务实践和实习机会与服务，为各类持证社工提供督导服务。

21日 天津市文明办主任刘志刚带队到金水区观摩指导文明创建工作。省文明办、市文明办相关人员陪同考察。

考察团一行先后到花园路街道省供销社社区、北林路街道鑫苑社区，实地参观文明创建工作。

在花园路街道省供销社社区，考察团实地考察了《郑州市文明行为促进条例》、社会主义核心价值观公益广告等在社区的宣传落实情况，听取了社区人员对社区党的组织架构、区域党建共建单位共驻共建、在职党员志愿者到社区的报到、在职党员结对帮扶、护草护绿等活动的开展情况。

在北林路街道鑫苑社区，重点考察北林路“爱心便民服务联盟”商业步行街、学雷锋志愿服务站、社区服务中心。详细听取了文明社区创建工作做法和细节，了解到社区强化党组织核心，抓住培育与践行社会主义核心价值观主线，开展各类志愿服务活动等情况。

23日 全市既有建筑节能改造工作现场会在金水区召开。市、区领导孙建功、梁远森、杨琦、何守华出席会议。

25日 区长魏东一行调研金水区道路亮化工作。区委副书记李伟革一同调研。区政府办、城管局主要负责人陪同调研。

魏东一行深入人民路、杜岭街道办事处，实地察看了顺河路、西里路等沿线道路亮化工作。魏东指出：要深入贯彻市委、市政府及区委、区政府的工作部署要求，充分依托“路长制”工作机制，加大重点区域、重点路段亮化提升工作力度，扎实做好日常管养，保障亮化效果，全面提升城区形象和品位，真正把城市精细化管理工作做实做细，确保辖区居民度过一个安静、祥和、亮丽的春节。

28日 省人社厅就业办公共就业服务处处长张水泉带领市人社局党组成员、副局长娄渊胜，航空港区、中原区、惠济区、管城区、二七区就业工作负责人一行到金水区调研劳务派遣行政许可工作。区人社局负责人陪同。

调研组指出：要将劳务派遣行政许可事项全部纳入“一网通办”事项，加强移交衔接，提升服务水平，推进审批服务便民化；要按照分级负责的原则，落实工作责任，规范劳务派遣行政许可的程序和条件，严格办结时限与事后监管；要按照“谁审批、谁负责”“谁审批、谁管理”的原则，强化对劳务派遣单位的服务和管理，严格许可条件，强化许可管理，建立行政许可备案制度，努力打造高效、便民、廉洁的服务环境。

同日 “中国·郑州狮王争霸赛”在金水区文博广场开幕。活动由郑州市委宣传部、金水区人民政府主办，金水区委宣传部、金水区文化旅游局承办，河南省龙狮龙舟运动协会、郑州市金水文化投资有限公司共同协办。

活动现场，来自全省10个地市的16支南北舞狮参赛队表演了三狮踩球、360度转体等精彩节目，为广大市民营造欢乐祥和、团结奋进、充满年味儿的新春氛围。通过活动，传承弘扬了优秀的传统文化，唱响了爱党、爱国、爱社会主义的新时代主旋律，引导市民听党话、跟党走，为新时代中原更加出彩凝神聚力。

29日 河南科技园区管委会党工委主任张双喜主持召开园区2018年度工作总结会暨2019年工作谋划会。区政府领导崔文修出席会议。园区全体干部职工参加会议。

30日 区委书记陈宏伟带队走访慰问辖区驻军部队，向驻地官兵致以问候和节日的祝福。区领导魏东、薛燕、武建民、李继东、曹可艳、周学军、赵德武、何守华等参加慰问。区退役军人事务管理局、经八路街道主要负责人参加。

2月

1日 省商务厅流通业发展处处长梁荣华一行到金水区检查大型商超安全生产工作。实地检查了丹尼斯大卫城、郑州百货大楼的安全生产工作。

2日 金水区举行2019年新春团拜会。会议采取视频形式，主会场设在区机关三楼多功能厅，各街道、设有视频会议室的区直机关单位均设立分会场。全区副县级以上领导，区人大常委会、区政府办公室主任，区政协秘书长、办公室主任，区四大班子办公室副主任，区委各部门主要负责人，区委常委所在部门常务副职，各街道党政正职，区直机关各单位主要负责人，区纪委监委班子成员，区委巡察办主任、各巡察组组长，区人大常委会各工作委员会主任，部分市区人大代表，区政协各专门委员会主任，部分市区政协委员，各垂直单位、辖区各公安分局主要负责人，辖区部分企业主要负责人，部分驻区金融机构负责人，慈善人士代表以及社会各界代表在主会场就座。各街道办事处班子成员，社区书记、主任，科室负责人，设有视频会议室的区直单位班子成员、科室负责人在分会场就座。

会上，与会人员观看了《金水区2018年经济社会发展回顾纪实片》后，区委副书记、区长魏东致新年贺词。

魏东强调：2019年要牢记使命、践行嘱托，始终以习近平新时代中国特色社会主义思想为指导，深入贯彻中央和省委、市委决策部署，奋力开创社会主义现代化强区建设新局面。要砥砺奋进、克难攻坚，紧紧围绕郑州国家中心城市建设和“四重点一稳定一保证”工作总格局，高质量打赢项目建设六大战役，持续补短板、破瓶颈、强优势，全面巩固发展领跑中部城区发展决定性态势。要矢志不渝、初心不改，深刻践行以“人民为中心”的发展思想，全心全意办好每一件民生实事，让辖区群众享有更多、更直接、更实在的获得感、幸福感、安全感。

3日 区委书记陈宏伟一行慰问金水区一线岗位干部职工，并向他们致以新春的祝福。区委副书记、区长魏东，区委副书记李伟革，区委常委、常务副区长杨洁，区委常委、区委办公室主任曹可艳，副区长闵武杰一同慰问。

10日 区委书记陈宏伟，区委副书记、区长魏东主持召开城市精细化管理座谈会，区委副书记李伟革、副区长闵武杰、部分区直单位和街道主要负责人参加了座谈会。

会议围绕“坚持‘标准化、规范化、常态化’进一步深化提升以‘路长制’为载体的城市精细化管理工作”这一主题，听取了区城管局、区爱卫办、区数字化管理中心等区直部门以及部分街道在城市精细化管理工作中存在的问题和建议，并就区委、区政府近期拟出台的“路长制”深化提升、环卫体制改革、交通秩序综合治理、“门前四包”、楼院卫生治理等专项工作方案广泛征求意见，充分进行研究论证。关于下一步城市精细化管理工作，区委书记陈宏伟提出，一是迅速进入工作状态。坚决将“推进城市精细化管理，实现市容、市貌的大变样、大提升、大发展”作为全年工作主题和重心，下决心、下功夫抓紧抓好。全区上下要迅速摆脱节日状态，全身心地投入到具体工作中，迅速掀起大抓城市精细化管理的新高潮。二是加快推进城管体制改革。按照城市精细化管理的标准和要求，调整、明确职能部门与街道的城市管理权限，将部分道路的清扫及保洁权限移交街道，制定完善的权事清单、作业标准、考核体系，以城管体制改革带动城市精细化管理效率、效益的全面提升。三是统筹做好重点工作。以“路长制”为抓手，结合城管体制改革工作，不断加大资金投入，加强人员配备，动员社会力量，建立年轻化、职业化、规范化的城市管理人员队伍，最大限度地发挥“1+2+N”工作模式的作用和成效。加强同交警部门的沟通和协调，加快停车场建设，科学设置停车泊位，推进智慧停车系统建设，探索建立多方联动的工作机制，加大对机动车乱停乱放的治理力度。同时在全区范围内开展道路基础设施集中治理行动，短时间内全面修缮道路破损、坑槽、塌陷等问题。

最后，会议要求，要充分吸收座谈会各方面意见和建议，抓紧时间修改、充实各项专项工作方案，于2月12日召开城市精细化管理大提升工作动员会，在全区范围内进行再动员、再部署、再落实，推动城市精细化管理各项工作落到实处。

同日 市长王新伟、副市长黄卿、市城管局局长李雪生到金水区督导清除冰雪工作。区长魏东深入一线现场指挥调度。

全区各责任单位结合市容环卫大提升检查以及“路长制”工作，迅速出动除雪应急队伍，对辖区主要街道、重点区域和背街小巷进行了融雪施撒、机械铲除、人工清扫，积极做好清除冰雪工作。

18日 金水区在郑州嘉里中心建设项目现场举行了2019年第一批重点项目集中开工仪式。区委书记陈宏伟，区委副书记、区长魏东，区委副书记李伟革，区政协主席武建民，区委常委、常务副区长杨洁，金水科教园区管委会主任李小虎，区委常委、区委办公室主任曹可艳出席仪式，区直相关部门、各街道主要负责人及开工项目单位负责人参加仪式。仪式由区委常委、常务副区长杨洁主持。

参加此次集中开工活动的郑州嘉里中心、张家村城中村改造、沙门学校、京港澳高速绿化提升等16个项目，总投资344.6亿元，年度投资51.2亿元，涵盖民生建设、生态环境优化、城区品质提升等多个领域，充分体现了金水区以开工促建设，以建设谋发展，大力支持重点项目建设的决心和信心。这些项目的开工建设不仅对产业优化升级和城区功能完善有着积极的促进作用，更对全区重点项目建设起到了很好的引领与导向作用。

19日 “我们的中国梦——文化进万家”2019年第七届金水群众文化艺术节暨第十九届民间艺术大赛在文博广场拉开序幕。来自辖区17个街道办事处的民间艺术团队，近万名辖区居民欢聚一堂，通过舞龙舞狮、猜灯谜、书画笔会、广场舞等传统民间活动，共度元宵佳节。

26日 省住建厅副厅长郭风春带领全省城市建设管理观摩团到金水区观摩百城建设提质工程和“路长制”工作。市、区领导黄卿、王春晓、李雪生、魏东、闵武杰陪同观摩。

观摩团一行实地察看了纬二路26号院安全防卫设施、道路整修、雨污管网、电动车棚、入户花园、文化墙面等院区改造提升成果，沿街参观了政一街以“路长制”为载体的市容、市貌提升工作落实情况，现场观看了“路长制”工作宣传片，认真听取了金水区相关工作汇报。观摩团对金水区依托“路长吹哨、部门报到、单位集合”的“路队制”和实施净化、文化、美化、亮化、绿化、常态化“六大工程”的做法给予了高度评价。郭风春指出：全省上下要以此次观摩为契机，坚持教育引导与依法严管相结合，进一步开拓思路、积极探索，对标先进查找不足，互促共进协同发展，深入推进以“路长制”为载体的市容、市貌大提升工作，全面推动城市高质量管理和发展，不断提高群众获得感、幸福感。

27日 郑州市金水区第十三届人民代表大会第四次会议开幕。大会开幕式由大会主席团常务主席薛燕主持。金水区区长魏东代表区人民政府向大会作《政府工作报告》。报告共分“2018年工作回顾”“2019年工作总体要求和主要预期目标”“2019年政府工作主要任务”和“全面加强政府自身建设”4个部分。

魏东指出：2018年是金水区全面贯彻中共十九大精神的开局之年，在市委、市政府和区委的坚强领导下，金水区高举习近平新时代中国特色社会主义思想伟大旗帜，深入贯彻中共十九大精神及习近平总书记视察指导河南、郑州时的重要讲话精神，按照市委“四重点一稳定一保证”❶工作总格局，紧盯区委“实现两个率先、领跑中部城区发展”奋斗目标，围绕高质量发展主题，突出巡视整改落实，振奋干事激情，汇聚赶超力量，巩固了经济社会健康快速发展的良好态势，顺利完成了区十三届人大二次会议确定的目标任务。全年实现地区生产总值1378.8亿元、增长9.5%，财政总收入248.5亿元、增长10.8%，地方一般公共预算收入61.4亿元、增长10.7%，社会消费品零售总额730.9亿元、增长7%，全社会固定资产投资增长10.1%，主要指标全部位居中部城区前三。特别值得关注的是，地区生产总值在千亿级规模的基础上一年一个百亿台阶持续攀升、持续跨越，带动人均地区生产总值突破10万元，成功入选《2018年中国百强区发展白皮书》，综合排名第25位，为中部六省城区最高。

大会书面听取了《关于郑州市金水区2018年国民经济和社会发展计划执行情况与2019年国民经济和社会发展计划（草案）的报告》《关于郑州市金水区2018年财政预算执行情况和2019年财政预算（草案）的报告》。

该次人代会继续采取网络视频的形式进行直播，让全区人民第一时间了解大会实况，把握金水改革发展的脉搏。

3月

1日 区委书记陈宏伟带

❶ 新型城镇化、产业发展、开放创新、生态建设“四大重点”工作和维护社会大局稳定、强化党建保证。

队督导金水区国土绿化建设工作。区领导李伟革、曹可艳一同督导。

在实地察看了市民文化公园建设项目和连霍高速、京港澳高速两侧绿化提升工程，详细了解了国土绿化节点（森林氧吧项目）建设内容，认真听取了工程进展情况汇报及当前亟待解决的问题后，于连霍高速东三环出入口节点建设工地召开现场协调会。会上，陈宏伟指出：一是国土绿化建设工作是当前改善辖区生态环境的重要举措，各单位务必要紧紧围绕“六化”工作要求，按照“增绿、增湿、增量”整体部署，以“廊道林荫化”为切入点，积极沟通，协作互助，强力推进高速廊道绿化提升工作；二是本着一切为了人民，一切从群众利益出发的原则，做好村民群众的拆迁安置及安全稳定工作，脚踏实地为民办好事、做实事，让国土绿化建设成果切实惠及民生；三是各施工单位要紧抓春季造林有利时机，科学设计，合理施工，加大人力、物力投入，迅速掀起国土绿化新热潮，按时保质完成工程建设。

同日 区长魏东在区政府712会议室召开金水区2019年经济普查、重点项目建设暨经济运行“开门红”推进会。区政府领导杨洁、王浩、刘运泽、崔文修出席会议。区直各相关部门、各街道办事处主要负责人参加会议。

在逐一听取了各有关部门和街道办事处相关工作汇报，安排部署了一季度“开门红”各项工作后，魏东指出：要深入贯彻省、市会议精神，严格按照区委、区政府2019年工作部署，进一步提高认识，统一思想，坚定信心，压实责任，认真做好第四次全国经济普查，统筹安排好重点项目推进等工作，确保实现一季度“开门红”。一要集中精力，积极作为，全面加强普查队伍建设，狠抓工作薄弱环节和突破点，严格按照时间节点高质量完成普查登记工作。二要突出重点，强化督查，狠抓绩效考核，紧盯目标不放松，紧跟步伐求提升，确保重点项目建设顺利推进。三要增强信心，精准发力，全力推动建筑业、商贸业、房地产业等领域平稳健康发展，为全年经济社会发展开好头、起好步。

4日 区长魏东陪同副市长吴福民一行到金水区调研郑州商都历史文化区宫殿区项目。

在实地察看了项目进展情况，认真听取了相关工作汇报后，吴福民指出：各相关职能部门要加强协调配合，明确职责分工，科学统筹安排，加快施工进度，确保按照时间节点完成任务。同时，要加大与文物部门的沟通力度，尽早开展文物发掘工作，确保项目建设顺利推进。

14日 市政府副秘书长、市交通运输局局长翟政到金水区调研重点项目建设。区政府领导许忠、毛国安陪同调研。

在实地察看了迎宾路与连霍高速互通式立交、G107东移至四港联动大道连接线新建工程、龙源十三街下穿连霍项目建设情况，认真听取了相关工作汇报后，翟政强调，各相关部门要沟通协作、齐心协力、加大力度、攻坚克难，全力保障工程质量，确保按照时间节点完成项目建设。同时，要严格落实“8个100%”[1]要求，切实做好降尘措施，统筹推进项目建设和环境治理，最大限度地保证群众利益，努力打造民心工程。

20日 区十三届人大常委会第十七次会议在区机关一楼西厅会议室举行。会议由区人大常委会主任薛燕主持，区人大常委会领导李贻忠、许贵舟、燕建华、杜艳洁、张华、冯景义、张涛、杨旗及其他常委会组成人员共34人出席会议。

会议深入学习贯彻十三届全

[1] 工地周边100%围挡、各类物料堆放100%覆盖、土方开挖及拆迁作业100%湿法作业、出入车辆100%清洗、施工现场路面100%硬化、渣土车辆100%密闭运输、建筑面积1万平方米以上及涉土后方作业的施工工地100%安装在线视频监控。

国人大二次会议精神。

审议确定2019年度向区人大常委会述职并接受评议的由金水区选举产生的郑州市十五届人大代表，审议批准金水区人民政府2019年政府投资项目年度计划。

区人民政府常务副区长杨洁、区监察委员会副主任刘建伟、区人民法院院长蔡理亮、区人民检察院副检察长梁运芳、人大各街道工委主任、区人大常委会各委室副主任、区纪委监察委驻人大机关纪检监察组组长、区发改统计局有关负责人，以及1名市人大代表、2名区人大代表列席会议。3名公民旁听会议。

同日 由区人民政府主办，区民政局、花园路街道办事处承办，团区委、区残联、区妇联等协办的金水区第五届“社工宣传周”暨《河南省志愿服务》宣传活动启动仪式在紫荆山公园成功举办。省民政厅社会组织管理局副局长尹华明、省民间组织管理局副调研员戚炜东、省社会工作教育协会秘书长闻英、副区长张川出席活动。辖区社工机构、社区社会组织、志愿者团队代表参加活动。

仪式上，张川首先代表区政府向大会致开幕词，简要介绍了金水区社会工作和志愿服务工作取得的主要成绩，并表示金水社会工作发展将继续创新领跑、充分发挥专业社工的作用，深入探索社工引领志愿者模式，推进社会工作与志愿服务工作融合发展。随后，与会领导分别向大会致辞并提出希望。

此次活动主题为“同心追梦新征程，社工志愿在行动”，于3月20日—26日开展“社工志愿进校园”“社工志愿进机关”“社工志愿进社区”“社工志愿进企业”的“四进”宣传活动，让更多的群众深入了解社会工作和志愿服务，营造有利于社会工作、志愿服务发展的舆论氛围及社会环境。

26日 市委组织部副部长史传春一行到未来路街道辖区中共潢川县驻郑州流动党员工作委员会调研指导工作。区委常委、组织部部长时博陪同调研。

史传春一行在参观了各功能馆室的建设情况，了解潢川县驻郑州流动党员党工委的组织设置、制度建设、工作保障以及流动党员的管理教育、组织活动开展等相关情况后，对潢川县驻郑州流动党员党工委的工作开展情况给予肯定。史传春指出：一是潢川县在流动党员管理教育上取得了成功经验，打破了原有的传统方法，提供了可借鉴、可推广的模式；二是作为流入地要切实做好配合和服务工作，通过组织联建、活动联搞等多种形式，运用组织生活、党员活动日、主题党日等多种载体，让党员感受到党组织的关怀与温暖；三是要做好潢川县驻郑州流动党员工作委员会的坚强组织后盾，积极为驻郑州流动党员党工委和流动党员提供便利服务，共同努力为信阳地区的乡村振兴及脱贫攻坚工作做出应有的帮助与贡献。

28日 2019全市普通中小学德育建设会议在金水区艺术小学召开。市教育局局长王中立、常务副局长刘鹏利、副调研员王克杰、副处级专职督学王海花、区政府领导王珂出席会议。各县（市、区）教体局主要负责人、市教育局各相关处室负责人，市教育局及各县（市、区）教体局直属中小学校、幼儿园相关负责人，区属学校相关负责人等900余人参加会议。

29日 由郑州市信息化促进会和金水区共同主办的“5G连接未来·AI赋能制造”融合创新发布会在河南外包产业园成功举办。省、市、区领导朱鸣、李鹏、马全志、范昕、魏东、李小虎、赵高翔、王浩出席会议。区工信局、科技局、科教园区管委会及产业联盟、行业协会、重点企业负责人等300余人参加会议。

会上，金惠新悦信息发布了5G工业智能检测与大数据分析公共服务平台——金惠工业云脑。

区长魏东代表区委、区政府致辞并指出，金水区深入贯彻习近平总书记及省委、省政府，市委、市政府的战略方针政策，始终坚持以国家自主创新示范区建设为引领，以提升科技创新能力为主线，以加快人工智能与实体经济深度融合为方向，集中打造信息安全、共享生态科技、虚拟现实等新兴产业集群，推动实现科技成果转化、应用示范、产业升级的良性互动。金惠工业云脑的正式启动是国内第一个基于5G的“智能+”传统制造重大应用示范，成为金水乃至全市、全省产业转型升级的新引擎。金水将一如既往地支持企业创新发展，持续完善科技创新服务体系，全力打造最佳服务、最好生态、最优环境，努力实现共谋发展、共创未来。

会上，郑州金惠新悦信息科技有限公司分别与郑州市信息化促进会、中国移动通信集团河南有限公司、郑州大学、建设银行河南省分行进行了现场签约，达成了战略合作。

4月

3日 金水区与市教育局签署战略性教育合作框架协议。市、区领导王中立、张大龙、曾昭传、魏东、王珂出席签约仪式。

区长魏东代表区委、区政府感谢市教育局多年来对金水区的指导和支持。金水区始终把教育摆在优先发展的战略位置，不断深入推进素质教育工作，切实发挥教育的基础性、先导性、全局性作用，突出抓好名师名校长培养、教育信息化发展、优质教育资源布局等工作。该次签署教育合作框架协议，为金水教育改革发展提供了新的机遇，搭建了新的平台。

市教育局局长王中立表示，近年来，金水区在学校建设、师资建设、阳光体育、评价育人改革等方面取得了较好成绩，在促进全市义务教育优质均衡发展中挑大梁、走前头。双方将在扩大优质教育资源、加强教师队伍建设、提升教育信息化和国际化等方面展开深度合作，市教育局将充分发挥在教育、教学、科研、师资建设、高中教育、国际教育等方面优势，进一步支持金水区促进义务教育优质均衡发展，加快实现教育现代化步伐、建设教育强区，着力在全省乃至全国范围内打造金水教育优质名片，为加快郑州国家中心城市建设做出郑州教育应有的贡献。

4日 为认真贯彻落实《“健康中国2030”规划纲要》《国务院关于进一步加强新时期爱国卫生工作的意见》《郑州市卫生城市管理办法》等要求，区爱卫办在文博广场开展以“共推‘厕所革命’，共促卫生健康，维护人人健康，迈向全面小康”为主题的第31个爱国卫生月和第70个世界卫生日集中宣传活动。副区长闵武杰出席活动。区直各相关部门、各街道办事处相关负责人参加活动。

活动通过搭建展板与宣传标语、设立义诊咨询台、发放宣传手册和宣传品，向广大群众深入宣传了环境卫生整治行动、病媒生物防治、疾病预防、健康保健以及控烟健康等知识，引导群众自觉革除乱扔、乱吐、乱贴、乱画等陋习，倡导科学、健康、文明的生活方式和良好卫生习惯，提高广大群众的“社会大卫生”意识及自我保健能力。区爱卫办还以爱国卫生月宣传为契机，加大健康教育宣传力度和宣传范围，走进社区开展健康讲座及健康宣传，持续开展“捡纸屑、捡烟头、捡垃圾”活动与“全城清洁”活动，进一步巩固国家卫生城市创建成果，扎实推进郑州健康城市建设。

10日 国家市场监管总局食品经营监管司正局级食品专员陈谞、二司餐饮二处处长肖钧元，教育部体卫艺司处长王允一行到金水区调研校园食品安全工作。省、市、区领导王建防、李建霞、张松安、赵高翔、王珂陪同调研。

在实地察看了河南省实验中学、正弘国际小学、河南省实验幼儿园食堂“互联网+明厨亮灶”，认真察看了食品加工环境、原料购进台账、食品留样、陪餐制度落实等情况，详细询问了学校落实食品安全主体责任落实情况后，调研组对金水区校园食品安全工作给予了充分肯定。调研组强调：学校食品安全是食品安全监管工作的重中之重，各级各部门要牢固树立食品安全红线意识，时刻敲响警钟，加大对食品流通的日常管理，层层压实责任，强化自查自纠，全面落实食品安全校长负责制，严格防控校园食品安全风险，确保广大师生饮食安全和身体健康。

11日 上海赛领并购资本管理有限公司总经理韩长印带领中欧商学院企业家代表团一行到金水科教园区考察访问。金水科教园区管委会主任李小虎、副主任王浩陪同。

在实地参观了郑州信大捷安技术股份有限公司，认真听取了园区及企业相关工作介绍后，代表团对园区在产业发展方面取得的成绩给予了高度赞扬，并表示，园区发展速度快，建设标准高，产业定位清晰。希望双方进一步加强交流，积极探索深层合作机制，共同推动园区产业转型升级。同时，代表团还将积极推进企业落户园区，支持园区发展壮大。

12日 市委副书记、组织部部长焦豫汝一行到金水区调研人才工作。区委书记陈宏伟，区委副书记李伟革，区委常委、区委组织部部长时博，金水科教园区管委会主任李小虎陪同调研。

焦豫汝一行先后参观了郑州信大捷安技术股份有限公司、河南华中生物技术研究院、郑州优碧科技股份有限公司、中科院过程所郑州分所、山谷网安科技股份有限公司、中原信息安全产业展示中心等项目，听取了马现通、周超、王智华、张锁江等高层次人才代表关于企业在科技成果转化、人才政策落实、人才培养引进等情况的汇报，并对金水科教园区坚持以产引才、产才融合发展的做法给予肯定。

在调研中，焦豫汝与企业人才亲切的交谈，详细询问了外地人才在郑州工作中遇到的问题，并希望他们能发挥自己的专业技术才智，为郑州发展做出积极贡献，建议海归人才要充分利用自身资源优势，在国际技术交流合作中发挥桥梁和纽带作用，带动国外优质技术资源与项目落户郑州。

同日 市委常委、市委政法委书记于东辉一行到金水区调研问题楼盘化解攻坚工作。区委常委、区委政法委书记卢书选，区政府领导何守华陪同调研。

于东辉一行先后实地察看了康宁南洋风情项目、清华紫光苑项目、科创smart公馆项目3个问题楼盘的进展情况，详细了解了项目建设中存在的困难和问题，听取了项目负责人具体情况的汇报。

随后，于东辉在区政府301会议室召开座谈会。会议首先听取了金水区问题楼盘化解攻坚工作的情况汇报，重点了解了截至年底暂不具备化解条件的8个问题楼盘情况，分析了存在的问题。卢书选详细汇报了几个疑难问题楼盘形成的主要原因，解决的困难所在，提出了相应的意见建议。

于东辉在讲话中，就问题楼盘化解提出五项要求：一是认识要到位。要把问题楼盘化解攻坚作为一项政治任务，从讲政治的高度真正重视起来。二是目标要完成。问题楼盘化解存在困难是必然的，要树立必胜的信心，深入进去吃透情况，找准问题的关键点，采取针对性强的措施，确保完成9月底前化解到位的目标任务。三是症结要找准。每个项目都有其特点，要分析矛盾类型，善于抓住主要矛盾，找到具体的破解办法，集中智慧解决难题。四是联动要积极。各职能部门要全力做好问题解决的指导和帮助，积极为问题楼盘的解决出主意、想办法、找出路。县区要主动和职能部门对接，形成解决问题、化解矛盾的合力，开动脑筋解决问题。五是责任要压实。要切实把问题楼盘楼化解工作的责任压死，各级各单位要主动担当，发挥敢啃硬骨头的精神，积极作为。在国庆节前化解不了，又引发有不良影响的信访事件的，要追究责任；对工作推进不力，责任不实，化解效果不明显的，也要问责。

15日 4月15日是第四个全民国家安全教育日。上午9点，以“坚持总体国家安全观，着力防范化解重大风险，喜迎中华人民共和国成立70周年”为主题的“金水区国家安全教育日集中宣传活动”在文博广场举行，区委书记陈宏伟专门到场参观指导活动开展，全区10家区直单位、17个街道参加了活动。

17日 市委副书记、市长王新伟带领市住房保障局、城管局、城建局等相关部门负责人，市城乡社治委、百城办分管领导，到金水区调研老旧小区整治提升工作。副市长吴福民参加调研。区委书记陈宏伟，区委副书记、区长魏东，区政府领导何守华陪同调研。

王新伟一行实地察看了化纤厂家属院，听取了金水区老旧小区整治提升的整体情况汇报，了解了化纤厂家属院整治过程中的亮点和经验。王新伟对金水区老旧小区整治过程中总结的党建引领、发动群众、汇集民意、形成合力的先进经验表示了肯定，并指出老旧小区整治提升是一项惠民利民工程，是满足群众对美好生活需要的具体行动，各级各部门要坚持以人民为中心的发展思想，以共建、共治、共享的理念，把老旧小区整治提升成环境整洁、功能完善、管护到位、业主满意的“幸福家园”，努力让群众生产生活更舒心、更悦心。

就做好下一步工作，王新伟要求：一是要加快整治推进，提高标准、提高质量，2019年年底前要完成老旧小区整治任务的90%以上；二是要坚持规划引领，在提升硬件基础设施的同时，按照便民、利民、惠民原则，统筹规划提升社区的软硬件设施，结合小区条件开设“智慧书屋”，加强文化特色建设，满足群众的文化、生活等多元化新需求；三是要坚持统筹推进，老旧小区整治要与“路长制”相结合，街景打造与建筑节能改造、背街小巷整治、水电气暖改造工作同部署、同推进，做到步调一致、表里如一、相得益彰，打造高标准示范区。

19日 区长魏东在区机关318会议室会见奕恩现实（EON Reality）公司全球总裁Dan · Lejerskar一行，双方就加强合作事宜进行深入交流。区政府办、科技局、自贸办、开发公司主要负责人陪同会见。

20日 金水区“诵读中华经典阅享金水书香”颁奖典礼暨第十一届全民读书节启动仪式在绿荫公园举办。市文化广电和旅游局调研员李宏勇、区政府领导王珂出席活动。

26日 金水区举行2019年“红色文艺轻骑兵”暨送文化进基层演出活动启动仪式，活动由区委宣传部、区文化旅游局、丰庆路街道主办，区文化馆、丰庆路街道瑞丰社区承办。区委常委、宣传部部长杨林出席仪式。

活动现场，来自全区的10个“红色文艺轻骑兵”小分队为现场观众带来精彩的演出，在歌伴舞《我和我的祖国》中，仪式圆满结束。

5月

2日 市委副书记、市长王新伟到金水区调研城市精细化管理工作。区委书记陈宏伟，区委副书记、区长魏东，区政府副区长闵武杰陪同调研。

在实地察看农科路周边行道树及道路提升工作及东风路周边街头景观打造工作后，王新伟强调，一是加快推进背街小巷整治。要注重规划设计，对标国内外先进城市设计理念，学习借鉴先进经验，坚持高质量规划引领，把地域特色、文化品位与社区、街道的历史相结合，全面做好背街小巷改造工作。同时，要坚持“一征三议两公开”，征求意见的过程也是群众参与的过程、思想统一的过程、支持的过程，要充分依靠群众、发动群众，激发群众参与城市管理的积极性，提高群众的幸福感和获得感。二是要加快推进车辆乱停乱放整治。各区、开发区要结合自身实际，在道路上合理施划停车泊位，加快实施地下停车场和立体停车场建设，对市里确定的严管路，要严格规范停车秩序，体现严管的效果。要加快智慧停车系统建设，确保全市全面推开，解决停车难问题，为群众出行提供便利。三是要继续加强城市精细化管理。要把“千百十”工程迅速推开，严格按标准打造，确保每个区都有极致路，全市有千条优秀路、百条卓越路和十条极致路。要突出文化元素上墙，在创意上下功夫，突出设计感和品位。

6日 区委书记陈宏伟，区委副书记、区长魏东到金水科教园区调研产业项目进展情况。金水科教园区管委会主任李小虎陪同调研。

在到共享生态科技产业城实地察看了F2C全域供应链仓展中心和AGA机器人代替人工搬运智能仓，听取了该项目进展情况及跨境物流业务洽谈引入情况的汇报后，陈宏伟指出，共享生态科技产业城项目是金水区重点推进的省级重点项目，园区管委会、街道及项目单位要齐心协力、密切配合，紧盯时间节点，抢抓项目工期，加快建设进度，争取早日出形象，为打造两大千亿级产业集群提供重要项目支撑。

10日 区长魏东在区机关301会议室主持召开市民文化公园项目评审会。副区长闵武杰出席会议。省城乡规划设计研究总院生态空间与园林规划分院、市园林设计院、河南农业大学和区政府办、城管局、金达公司相关负责人参加会议。

12日 5月12日是第11个全国防灾减灾日，2019年主题为“提高灾害防治能力，构筑生命安全防线”。为进一步宣传和普及灾害常识、防灾减灾知识、避灾自救互救技能，提高全民风险防范意识、知识水平及避灾自救能力，推动全区防灾、减灾、救灾工作不断发展，5月10日上午，金水区在曼哈顿商业广场、河南全民健身广场分别举办了“5·12”防灾减灾日集中宣传活动。区领导杨洁、杨旗、闵武杰、王居良在各分会场出席活动。区直各相关部门、各街道办事处及辖区部分群众、志愿者参加活动。

13日 金水区为烈属、军属和退役军人等家庭悬挂光荣牌启动仪式在文博广场举行。区委常委、区人武部政委李继东，区人武部部长周学军，区人大常委会副主任张涛，区政协副主席王静出席启动仪式，并入户为“光荣之家”代表刘金亭悬挂光荣牌。

14日 全区宣传思想文化战线增强“脚力、眼力、脑力、笔力”教育实践工作会议在区机关一楼西厅召开。区委常委、宣传部部长杨林出席会议并讲话，各街道宣传委员，区委宣传部、区文化旅游局相关人员参加会议。

会上宣读了《全区宣传思想文化战线增强“脚力、眼力、脑力、笔力”教育实践工作实施方案》，并就如何开展好该次教育实践工作做出安排部署。

15日 扬州市委统战部副部长顾元周一行到金水区新的社会阶层人士实践创新基地参观调研。市委统战部副部长王丽，区委常委、统战部部长付建峰陪同调研。

考察组一行先后到全国新的社会阶层人士统战工作实践创新基地——“河南街舞联盟”旗下的河南街舞文化艺术中心、UFO.WORK共享办公进行实地参观，听取了河南街舞文化的起源与创新做法，UFO.WORK共享办公运营模式、发展理念、党建工作和企业文化建设情况汇报后，对金水区新阶层人士实践创新基地建设工作给予了充分肯定，并表示，金水区在推进新的阶层人士统战工作的经验和做法值得学习及推广，之后会加强双方的沟通与联系，促进相互交流。

17日 金水区在文博广场举办了以“坚持以人民为中心化解信访突出问题”为主题的信访集中宣传活动。省信访局副局长姜晓萍、市信访局副县级督查专员王俊涛、副区长赵德武出席活动。区信访局、处非办、人社局、卫健委、退役军人事务局及辖区17个街道办事处相关负责人参加活动。

活动现场，通过搭设展板、

咨询台，发放宣传资料、宣传品，接受群众咨询等方式，向现场群众详细讲解了信访事项的工作流程和信访人的权利义务，帮助群众了解如何依法逐级信访、通过正当途径合理合法表达诉求、维护自身权利，积极引导群众信访可以由以往书信、走访等传统形式向手机短信、电子邮件、政务微博、微信公众号等新的诉求渠道转变，为群众反映诉求提供了更加多元、便捷、畅通的方式。通过该次活动，进一步规范了辖区信访秩序，提高了群众对信访工作的认知度、知晓度。

同日 由市科技局主办、金水科教园区协办的2019年郑州创新创业载体培训交流会在金水科教园区举办。市科技局副局长缑云峰、副区长赵高翔出席会议并致辞。各创新创业综合体建设运营、全市科技企业孵化器及众创空间相关负责人200余人参加会议。

会议对2018年度新认定的11个市级科技企业孵化器、25个众创空间进行了授牌，并就推进创新创业载体运营进行了专题培训。

培训旨在进一步加深各孵化载体对郑州市创新创业载体发展政策的了解，通过专题分享和经验交流，使参会企业对现阶段孵化载体的运营现状有了更全面的认识。下一步，金水科教园区将继续在推进资源配置要素集聚上下功夫，大力支持创新创业载体发展，围绕“提高增值服务能力、加强链接资源能力、尝试持股孵化能力、具备营造生态能力”四个能力建设，支持各类创新创业载体提升孵化质量和运营效果。

23日 市委常委、郑州警备区政委白江民一行到金水科教园区调研。区委常委、人武部政委李继东，金水科教园区管委会主任李小虎，区人武部部长周学军，创意园区管委会副主任高学锋陪同调研。

29日 由市污染源普查领导小组办公室主办、区污染源普查领导小组办公室承办的“第二次全国污染源普查”知识竞赛在江河宾馆举行。市生态环境局副局长赵凯、副区长闵武杰出席活动。市、区普查办技术专家组成评委组，各街道办事处150余人参加活动。

6月

4日 金水区在河南省人民大会堂开展危险废物管理提标专项整治动员暨规范化管理培训会。市生态环境局党组成员张建国、副区长闵武杰出席会议。区环保局、各街道办事处相关负责人、分管副职、社区专干及辖区机动车维修、印刷、加油站、搅拌站、实验室等产废企业和经营单位负责人共900余人参加会议。

12日 为迎接第16个“世界献血者日”，6月12日上午，区直机关工委、文明办、团区委、区红十字会、卫健委、事管局在区机关大院联合开展无偿献血暨造血干细胞采集活动。副区长、区红十字会党组书记、会长张川出席活动，并加入了“中国造血干细胞捐献者资料库”。

活动当日共有117名志愿者参加了无偿献血，献血量达39500毫升，其中41名志愿者加入了“中国造血干细胞捐献者资料库”。

同日 金水区2019年度政府购买社工服务签约仪式在区机关一楼西厅举行。副区长张川出席会议。区直各相关部门、街道办事处、12个中标社工机构负责人以及在岗社工代表参加会议。

据悉，金水区2019年度政府购买社工服务使用财政专项资金1520万元，购买40个社工服务项目和50个社工服务岗位，引进200余名专业社工助力实施“善治金水”社会治理创新工程，并将全区各重点、热点、难点工作中民生需求迫切、亟须专业服务的事项进行分析整合，推进社工专业服务全面介入支持，形成覆盖全区社会治理各个领域的社工服务与支持体系，健全完善金水区民生保障及服务网络。

14日 焦作市温县县委书记毛文明带领考察团一行8人到金水区考察学习，区委书记陈宏伟，区委副书记李伟革，创意园区管委会主任王爱辉，金水科教园区管委会主任李小虎，区委常委、区委办公室主任曹可艳，区副县级干部毛国安参加考察。

考察团先后到国家知识产权创意产业试点园区和金水区科教园区，实地考察学习金水区在科技产业创新、产业园区建设等方面的先进经验，并对两地共建的飞地经济产业园——金水·温县新兴科技产业园建设情况进行了深入的探讨与交流。

在国家知识产权创意产业试点园区，考察团一行认真观看了园区宣传片，实地考察了 yes！众创空间、中国郑州（创意产业）知识产权快速维权中心等产业项目；在金水科教园区，考察团实地参观了河南新科技市场、金科·智汇谷等项目，并对金水区在规划建设、经济发展、招商引资、政策扶持、人才引进等方面取得的成果表示赞赏。活动结束后，考察团表示要进一步借鉴金水区创新意识和勇气以及优良的工作作风。最后，双方希望两地进一步增强交流和沟通，相互学习，优势互补，加强区域合作，建好飞地园区，携手共谋发展，实现互利共赢。

16 日 由金水区人民政府、市信息化促进会主办，河南东陆高科实业股份有限公司承办的中国地下空间产业发展峰会在金水区顺利召开。省、市、区领导刘辉、朱凤臣、魏东、赵高翔出席会议。国内 100 余家能源供应、管道制造、测绘信息企业代表参加会议。

会上，区长魏东代表区委、区政府向大会召开表示祝贺并致辞，他指出：近年来，金水区紧紧围绕“实现两个率先领跑中部城区发展”总体目标，突出智慧城市建设和新型产业培育，引进了东陆高科等行业龙头企业与中石化地球物理、南方测绘等一批知名企业，形成了以地下空间开发利用为主导的产业集群及产业联盟，有力推动了经济社会健康快速发展。下一步，金水将大力推进地下空间产业加快发展、创新发展、持续发展，为企业提供更加优良的投资兴业、创新创业环境。

活动中，辖区企业东陆高科与金惠科技、信大捷安、中石化地球物理公司、中煤（西安）地下空间科技公司等重要合作伙伴联合发起成立了“地下空间产业联盟”，与会的多家国内知名企业加入联盟阵营，标志着中国智慧城市地下空间产业进入了协作发展的新时期。

同日 金水区在文博广场举办 2019 年安全生产宣传咨询日活动。市应急管理局调研员潘建华，区委常委、常务副区长杨洁，区政协副主席王静出席活动。区安委会成员单位、各街道办事处相关负责人参加活动。

18 日 “智联万物，数创中原”2019 河南物联网创新大会在金水科教园区新科技市场举办。省、市、区领导陈志强、李翔、王浩出席会议。园区各物联网企业代表共 200 余人参加了会议。

会上，省科技厅副厅长陈志强向大会举办表示祝贺并致辞，他强调，河南省已将物联网作为新一代信息技术发展的重点之一，在《河南省科技创新“十三五”规划》《河南省推动物联网发展加快培育新业态新模式行动指南（2017—2020 年）》《河南省 2019 年信息化推进工作实施方案》等文件中都进行了详细部署。希望金水科教园区继续在云计算、物联网等新兴产业领域积极探索和实践，力争在产业规模、技术创新、行业应用等方面取得新突破。

该次大会由金水科教园区、区科技局主办，旨在进一步促进物联网与实体经济深度融合，助力物联网全生态系统打造。大会紧紧围绕工业物联网、大数据、人工智能、智慧城市等前沿领域，先后举办了物联网中国创新大赛、发展论坛等一系列重要活动，吸引了来自全国 52 个物联网领域的优质项目参赛。

21 日 金水区在郑州文博广场举行“社会组织齐唱红歌”主题党日活动暨“红色爱心传递”社会组织党建系列活动启动仪式。市民政局民间组织管理办公室主任魏益红，区委副书记李伟革，区委常委、宣传部部长杨林，副区长张川出席活动，金水区社会组织的400余名党员、入党积极分子参加活动。

同日 区长魏东在区政府712会议室主持召开第11届全国少数民族传统体育运动会筹备会。区政府领导王珂出席会议。区对口接待单位工作领导小组成员单位参加会议。

26日 河南科技园区召开全体党员大会，热烈庆祝中国共产党成立98周年。区政府领导张双喜、崔文修出席会议。园区各支部50余名党员参加会议。

7月

1日 为庆祝中国共产党成立98周年，回顾党的光辉历程，传承红色基因，7月1日下午，在区机关三楼多功能厅举办区直机关庆祝建党98周年表彰会暨红色故事展演。市直机关工委副书记乔成田，区委书记陈宏伟、薛燕、赵惠玲、杨林、付建峰、王爱辉、李继东、时博、李小虎出席活动，各街道党工委书记，区直各机关党组织书记、副书记、党员代表等400余人参加活动。会议由区委书记陈宏伟主持。

大会表彰了区直机关先进基层党组织、优秀共产党员和优秀党务工作者，旨在进一步增强基层党组织的凝聚力与战斗力，发挥共产党员先锋模范带头作用，激励党员不忘初心、牢记使命。随后，与会领导和党员共同观看了《可爱的中国》《为人民服务》等12个节目的展演，同大家一道缅怀党的历史，回顾中国共产党98年来走过的光辉历程，激励、动员全区各级党组织及全体共产党员，牢记党的光辉历史，发扬党的优良传统，带领全区人民为巩固、发展领跑中部城区发展决定性态势的目标而努力奋斗。

2日 省残联党组书记、理事长王丽一行到2019年皆福特殊儿童家长互助中心和童心家园互助中心调研残疾儿童康复工作。市残联党组书记、理事长张群保，区委书记陈宏伟，区委常委、区委办主任曹可艳，副区长张川参加调研。在实地察看了儿童康复机构运营情况，听取了工作汇报后，王丽对2019年的机构发展历程，整体运营情况给予高度赞扬，并就机构运营过程中遇到的困难和问题，提出具体建议，引导机构要继续加强自身建设，为残疾儿童及其家长提供更高质量的服务，推动残疾儿童康复工作更好、更快的发展。

区委书记陈宏伟表示，金水区委、区政府将继续高度重视残疾人事业发展，优化惠残政策，加强资源整合，结合街道党群服务中心在资金、场地、项目上全力支持残疾儿童康复工作，推动全区儿童康复服务工作迈上新台阶。

5日 2019年召开居民楼院环境整治提升专项工作会，区委常委、组织部部长时博，区政府副县级干部何守华出席会议，区住房保障办、爱卫办、社治委、城管局等相关单位和各街道主要负责人与分管副职参加会议。

会议传达部署了《金水区居民楼院环境整治提升工作实施方案》，详细介绍了《居民楼院环境卫生检查标准》，针对下一步工作，时博强调，一是要提高认识，高度重视。要充分认识这次居民楼院环境整治提升工作的重大意义，为少数民族运动会、新中国成立70周年提供服务保障。二是要明确任务，突出重点，各单位要迅速扎实开展工作，加强领导、强化意识，重点区域专人负责，进度日汇报。三是要统筹协调，形成合力。将居民楼院环境整治提升和老旧小区整治提升紧密结合，与其他专项小组统筹衔接，不重复建设、不浪费资源，确保打赢居民楼院环境整治提升攻坚战。

9日 区委常委、统战部部长付建峰带队，邀请辖区新的社会阶层代表人士35名，赴省博物院参观由省档案馆举办的“不忘初心、牢记使命”主题教育档案文献展。该展旨在进一步加强对全区新的社会阶层人士思想政治的引导，增进思想认同、政治认同和情感认同。文化路街道、区委统战部机关党员干部参加活动。

16 日 2019“郑创汇”国际创新创业大赛 7 月赛决赛在 UFO.WORK 共享办公紫荆山社区圆满举行。市科技局局长夏扬、副局长缑云峰，副区长赵高翔出席大会。

18 日 2019 年金水区校园足球“满天星”暑期训练营暨教练员培训营在郑州丽水外国语学校举行开营仪式。省、市、区领导聂世忠、郭蔚蔚、王克杰、王珂出席活动。区教体局主要负责人及金水区足球特色学校负责人、训练营运动员、教练员共 200 余人参加了活动。

26 日 区委书记陈宏伟，区委副书记、区长魏东带领区四大班子慰问团前往河南省军区、河南省消防救援总队、郑州警备区、空军航空兵某旅等驻军部队进行走访慰问，向部队首长和全体官兵送上节日祝福与崇高的敬意。区委副书记李伟革，区委常委、区委办公室主任曹可艳，区人武部部长周学军，副区长张川等领导及相关单位主要负责人随团参加慰问活动。

8月

3 日 金水区召开全区城市环境综合整治提升观摩点评会。区委常委会组成人员、相关区级领导，区环境综合整治指挥部办公室、各专项小组负责人及区直有关部门、各街道主要负责人参加会议。会议分为两个阶段。

第一阶段，实地察看了辖区 14 家赛事酒店及 2 个国控点周边环境整治情况。

第二阶段，在区机关一楼东厅召开会议。会议通报了全区承接赛事酒店内部整治情况，总结点评了全区城市环境综合整治提升工作开展情况及承接赛事酒店周边区域整治情况。

就近期城市环境综合整治提升工作，区委书记陈宏伟强调，一是进一步提高站位。自环境综合整治提升工作动员会召开后，全区上下行动迅速，全民发动，全员参与，环境整治工作取得阶段性成效，但离省市的要求和群众的期望还有很大差距，各单位要提高认识、高标准站位，坚决克服麻痹、懈怠情绪，立足常态化开展工作，以更高标准、更严要求，推进环境整治提升工作。二是进一步理清工作思路。各街道、各委局要统筹抓好全域综合整治提升工作，做到心中有数。要整体提升，坚决做到全辖区、全覆盖、无死角、无盲区，实现全区整体环境整洁有序；要重点整治，突出 14 家赛事服务宾馆酒店、4 个商圈、14 所医院和 24 条保障路段等重点区域，以更高、更严的标准要求，查漏补缺，力求做到序化、洁化、绿化、亮化；要标本兼治，继续加大“千百十”路段创建力度，严格按照既定计划，推进精品街区打造；要统筹考虑老旧小区改造工作，认真谋划，谋而后动，快谋快动。三是进一步完善工作机制。各专项小组要进一步研究完善各项工作机制，制定具有针对性的指导方案和统一规范的标准，保证综合整治提升工作整体有序、高效推进。各街道要根据自身实际情况，健全完善工作机制，明晰责任，充分调动全员积极性，形成全民参与、齐抓共管的良好氛围。

6 日 金水区 2019 年新入职教师岗前培训班顺利开班。区政府领导王珂出席开班仪式。483 名在职教师、优秀毕业生参加了培训。

10 日 金水区召开第 11 届全国少数民族传统体育运动会开幕式倒计时 30 天动员暨第五次城市环境综合整治提升工作周点评会。区委书记陈宏伟主持会议并发表重要讲话。

区委常委会组成人员、相关区级领导，区环境综合整治指挥部办公室、各专项小组负责人及区直有关部门、各街道主要负责人参加会议。

12 日 以“新时代，新青年，新文艺，新街舞”为主题，由中国舞蹈家协会、共青团中央社会联络部指导，中国舞蹈家协会街舞委员会发起，联合新浪微博主办，联手中共郑州市委宣传部、金水区人民政府共同打造的首届“中国街舞盛典”在郑州举行，标志着WDG第七届中国（郑州）国际街舞大赛圆满闭幕。

该次大赛于2019年6月在全国范围内火热开启，先后在国内外14个城市掀起热潮。参赛人数由2013年第一届的2000多人增加到2019年2万多人，观众达到20万人次。总决赛期间，开幕式、颁奖典礼、街舞委员会年会、HIPHOP文化产业博览会、街舞文化产业发展高峰论坛等一系列以街舞文化为核心的项目有序开展。首届“中国街舞盛典”评选出“中国街舞行业年度影响力人物”“最佳贡献”“十佳舞者”等奖项，用于表彰和鼓励街舞行业内有突出成绩及贡献的个人、团队、机构等。

中国舞蹈家协会主席冯双白，省委统战部副部长梁险峰，团省委副书记李丽，市委常委、统战部部长杨福平，市委常委、宣传部部长黄卿，区委书记陈宏伟，区委副书记、区长魏东，区委副书记李伟革，区人大常委会主任薛燕，区委常委、宣传部部长杨林，区委常委、统战部部长付建峰，区人大常委会副主任燕建华，区政协副主席王静，区政府副县级干部王珂出席活动。

16日 市生态环境局党组书记潘冰一行到金水区观摩并召开全市非道路移动机械污染管控推进会。副区长闵武杰出席会议。市、区相关部门负责人参加会议。

18日 2019年第七届中国（河南）创业者大会在河南郑州国际会展中心隆重举行。该届大会由郑州金水科教园区主办，河南省信息安全产业协会等11个协会联盟承办，河南省信息安全产业示范基地等19个专业园区及企业共同协办。来自国内外62个城市、100余位业界知名人士、500余家企业、2000余名政商界精英及创业者参加了该届大会。

科技部全国科技振兴城市经济研究会理事长胥和平，工信部信软司副司长王建伟，工信部网络安全局副局长杨宇燕，中国科学院院士张锁江、邓子新、陈润生，英国利物浦大学副校长席西民，阿里巴巴集团副总裁库伟等嘉宾，以及省商务厅厅长张延明，省科技厅厅长马刚，省工信厅副厅长朱鸣，市长王新伟，副市长史占勇，区领导陈宏伟、魏东、李小虎、曹可艳、赵高翔等出席大会。

张延明、马刚在致辞中表示，河南正处于转变发展方式、优化经济结构、转换增长动能的关键期，迫切需要以“创新、创业、创造”支撑高质量发展。站位新时代，河南将秉承互惠合作、互利共赢理念，以更加开放的胸襟、更加务实的举措、更加优良的环境，加快构建有利于创新、创业、创造的生态体系，充分释放创新、创业、创造潜力，努力让创新、创业、创造蔚然成风。河南有基础、有条件、有机遇推动创新、创业、创造提速增效，邀请各界朋友持续关心关注河南、助力助推河南，共同谱写“中原更加出彩”的时代篇章。

王新伟代表市委、市政府向参会嘉宾表示欢迎。并指出，近年来，郑州市认真贯彻落实习近平总书记“营造有利于创新创业创造的良好发展环境”的指示要求，坚持把创新作为引领发展的第一动力，以建设国家极具活力的创新创业中心为主线，积极汇聚创新要素、厚植创业文化、提升创造实力，大力引进“四个一批”，有力激发了创新活力。该大会聚焦人工智能、大数据、云计算、5G应用等新技术、新业态、新模式，积极探寻创新、创业、创造的新机遇、新路径，共同助力以创新驱动发展、以创业激活经济、以创造提升价值，邀请各界人士到郑州共享发展机遇、共创美好未来、共同助力郑州国家中心城市高质量建设。

据悉，中国创业者大会是以打造内陆创业者开放高地、引领创业新态势为目标，致力于为全球创业者提供一个沟通交流的平台。大会自2014年开始已连续举办六届，累计邀请692位演讲嘉宾，参会报名人数超过34万名，覆盖企业达47万家，与552家媒体达成合作，其影响力逐渐从地方延伸至全国进而辐射全球，已成为中部地区最具规模、最有影响力的创业者盛会，是河南开放创新高地的“新标签”。

该届大会以“创新·创业·创造”为主题，定位于5G时代下的新经济、新科技、新模式，着重在人工智能（AI）、大数据、云计算、5G商用、数字经济、电子商务、新媒体生态建设、共享经济、网络安全等新兴领域的探索，“优化创业环境，积聚创新资源，为创新谋发展”，是对该届大会主题的生动诠释。大会设定“1+3+46”的新模式，即1个主会场、3个平行论坛、46个特色展区，将从多维度、多视角向与会嘉宾展示一个开放创新、“一带一路”国际合作的新河南。

19日 河南省信息安全产业示范基地开园暨签约仪式在郑州金水科教园区举行。中国工程院院士、国家信息化专家咨询委员会委员、国家三网融合专家组成员沈昌祥，省国家保密局局长沈文胜，省工业和信息化厅副厅长朱鸣，市人民政府副市长史占勇，市委网信办主任卢士海，区领导陈宏伟、魏东、李小虎、赵高翔等出席活动。

在签约仪式上，中国电信集团系统集成有限责任公司河南分公司、中国信息通信研究院、武汉安天信息技术有限责任公司、珠海高凌信息科技股份有限公司、沈阳东软系统集成工程有限公司、鹤壁国立光电科技股份有限公司分别与郑州金水科教园区管委会签署合作协议，落地河南省涉密专用信息设备应用示范基地、中部大数据创新中心、安天河南区域总部、网络空间拟态防御安全产业基地、东软河南信息安全研发实验中心、河南省企业技术中心等多个重大项目。

信息安全产业作为郑州金水科教园区重点打造的千亿级产业集群之一，近年来发展速度不断加快，建设规模持续扩大。截至年底，已入驻郑州信大捷安信息技术股份有限公司、山谷网安科技股份有限公司、河南拓普计算机网络工程有限公司、河南中原申威信息科技有限公司、郑州金惠新悦信息科技有限公司等一批重点信息安全类企业，初步形成了较完整的信息安全产业链，已逐步成为信息安全科研、教育、人才和产业的重要集聚区。

河南省信息安全产业示范基地作为信息安全产业集聚的重要载体空间和产业运营基础，由金水区政府与河南投资集团合作开发。项目依托合作双方的平台资源，围绕信息安全产业集聚区建设一个中心任务，重点布局“专业孵化器+产业大厦+产业基地”三层信息安全产业建设体系，开展安全芯片、网络安全、安全终端、安全服务、云计算与大数据安全、工业信息安全六大信息安全产业提升工程，搭建以创新为主线的产业、研发、技术、人才、资本、政策六大支撑保障平台，构筑信息安全产业创新发展生态。一期项目计划于2020年中旬整体建成运营，预计能为社会提供7000余个就业岗位，新增年产值超过百亿元。

之后，郑州金水科教园区将依托河南省信息安全产业示范基地，集聚行业龙头企业，汇聚省内外科研、人才等优势资源，力争5年内新增国家级研发平台5~10个，建成国内重要的信息安全公共技术共享平台5~10个，国家级信息安全实验室和研发中心等技术创新平台5~10个；引培主营业务收入过亿元的国内龙头骨干企业不少于300家，关联产业配套链条企业500余家；用5年时间建成在全国有重要影响力和竞争力的千亿级信息安全产业示范基地。

29日 金水区举办区委中心组（扩大）学习暨2019年第五期“名家讲坛”专题讲座，杭州国际城市学研究中心战略合作处处长、浙江省城市治理研究中心办公室主任毛燕武教授受邀到金水授课。讲座由区委副书记李伟革主持，金水区四大班子领导、各单位部分现职科级干部及社会治理相关工作人员共450余人参加了该次专题讲座。

9月

3日 由郑州市人民政府办公厅绿城公仆志愿服务队、金水区人民政府主办，郑州市人民政府办公厅政务公开办公室、金水区人民政府办公室承办的“迎民族盛会庆七十华诞”《中华人民共和国政府信息公开条例》进社区暨绿城公仆志愿服务宣传活动在文博广场举行。市、区领导张晓英、张丽华、段文平、杨洁出席活动。区直各相关部门、街道办事处相关负责人参加活动。

4日 金水区2019年教师节庆祝暨表彰大会在区机关三楼多功能厅举行。区委书记陈宏伟，区委副书记、区长魏东，区委副书记李伟革，区人大常委会主任薛燕，区政协主席武建民，区委常委、常务副区长杨洁，区人大常委会副主任燕建华，区政协副主席刘凌云，区政府副县级干部王珂出席会议，各街道党工委书记，区直有关单位主要负责人，区教体局班子成员及各中心校，局属各中小学（幼儿园）校长（园长、主任）、书记，受表彰的教师代表等400余人参加大会。

5日 为深入贯彻落实《中华人民共和国慈善法》，迎接“中华慈善日”的到来。金水区在文博广场开展了“助力脱贫攻坚创建慈善城市”2019“全民慈善一小时”公益慈善活动。区委副书记李伟革出席活动并致开幕辞。

12日 金水区召开“不忘初心、牢记使命”主题教育工作会议。市委第三指导组组长、市委市直机关工委副书记尹红卫，副组长、市绩效办副主任黄莹，市委第三指导组其他成员参加了该次会议。会议由区委副书记、区长魏东主持，区委书记陈宏伟对主题教育进行动员。

20日 中国中部科技互动数据中心（IDC）在区政府318会议室举行揭牌仪式。区长魏东、副区长赵高翔，美国EON Reality公司总裁Dan.Lejerskar、亚太副总裁Pontus Appelqvist、中国区总经理刘班出席仪式。区科技局、商务局、自贸办、金达房地产公司主要负责人参加活动。

中国中部科技互动数据中心（IDC）位于区市民公共文化服务活动中心科技馆内，旨在通过最前沿的VR/AR展示及技术转移、本地产业人才培养、专业研发技术引进及本地企业孵化培育等，与其他产业相结合，孵化更多先进的、新型的、有价值的产业应用，从而促进区域产业向多元化、全球化发展。该中心建成后，可为群众提供生动有趣的体验式科普教育场所，提升群众对虚拟现实及增强现实新技术、新产品的认知，并为金水区打造一个集展示、教育、研发、孵化于一体的国际化虚拟现实及增强现实产业服务平台。

24日 金水区2019年秋季科级干部主题教育培训班在区委党校正式开班，区长魏东出席开班仪式并为学员进行了专题授课。

27日 为庆祝人民政协成立70周年，回顾人民政协70年走过的光辉历程，展望人民政协事业发展的美好前景，表达广大政协委员、各界人士爱党爱国的真挚情怀，区政协举办庆祝人民政协成立70周年书画摄影展。区委书记陈宏伟，区委副书记李伟革，区政协领导武建民、王居良、宋红霞、王静、刘凌云参观展览。

29日 为庆祝新中国70华诞，展示河南省中小学书法教育成果，由省教育厅主办，省基础教育教学研究室、省书法教育专业委员会、区教体局承办的庆祝新中国70华诞全省中小学“墨香书法展示”交流会在金水区文化绿城小学和文化路第三小学顺利举行。省、市、区领导谢玉安、蒋笃运、李新中、毛杰、宋华、亓国瑞、闫俊山、李海龙、王丽霞、王海花、魏东、王珂出席活动。区教体局主要负责人及来自全省各地书法实验校代表等190人出席了活动。

30日 为庆祝中华人民共和国成立70周年，大力弘扬社会主义核心价值观，共抒爱国情怀，金水区举行“同升国旗同唱国歌”主题活动暨升国旗仪式。

10月

1日 庆祝中华人民共和国成立70周年大会、阅兵和群众游行等系列重大活动在北京天安门广场隆重举行，中共中央总书记、国家主席、中央军委主席习近平出席大会并发表重要讲话。

区委办公室组织开展主题党日活动，集中收听收看庆祝中华人民共和国成立70周年大会直播。区委书记陈宏伟，区委副书记李伟革，区委办党支部书记、常务副主任刘智勇以普通党员身份参加主题党日活动。区委“不忘初心、牢记使命”主题教育第六巡回指导组到会指导，区委办公室全体党员干部参加活动。

8日 金水区举行欢迎仪式，热烈欢迎参加新中国成立70周年国庆大阅兵活动的教练员胡鹏飞载誉归来，区人武部政委曹红学出席仪式。

胡鹏飞作为参加新中国成立70周年大阅兵活动唯一一名金水籍的教练员，自2005年入伍以来多次执行国家重大任务。退伍后，胡鹏飞被国基路街道吸收为基干民兵，并任国基路街道基干民兵训练总教练员。工作之余积极参与民兵训练和社会活动，多次受到上级武装部门的表彰。

欢迎仪式上，曹红学亲自为胡鹏飞佩挂了“参加阅兵光荣”的绶带，听取了他在阅兵期间的经历和感受。并指出，一是要向胡鹏飞学习，学习其刻苦训练，不怕困难的吃苦精神，学习军人令行禁止的纪律意识，学习部队点滴养成的优秀习惯。二是要弘扬好阅兵精神，无私奉献精神，进一步加强国防建设，增强国防观念，学习国防教育理论，积极投身国防建设，为国效力。三是要在全社会树立热爱国防，建设国防和保卫国防的意识，时刻准备着捍卫我国领土。

曹红学要求街道要积极为胡鹏飞及其家庭解决好生活中实际的问题和困难，做好退伍军人及家属后方保障工作。

12日 金水区第2期中青年干部培训班举行开班仪式，区委副书记、党校校长李伟革出席开班仪式。

14日 金水区在区机关大院举行2019年“郑州慈善日”现场捐赠仪式，全区副县级以上领导干部和区直机关各单位、各街道代表共400多人参加仪式，捐赠仪式由区委常委、常务副区长杨洁主持，区委副书记李伟革作重要讲话。

随后，全区副县级以上领导干部、区直机关各单位和各街道代表进行了现场捐赠。

19日 区长魏东在区政府712会议室会见俄罗斯ULMART集团合伙人穆萨耶夫·阿里汗一行。金水海关关长张宏强、市商务局副局长曹宏伟、副区长赵高翔陪同会见。

魏东对俄罗斯ULMART集团一行表示欢迎，并简要介绍了金水经济社会发展情况。魏东表示，希望进一步深化与俄罗斯ULMART集团的沟通交流，积极推进务实、友好、共赢的合作，实现共赢发展。

穆萨耶夫·阿里汗表示，对金水发展充满信心，将充分发挥自身优势，推进双方合作，实现合作共赢。

20日 金水区在区机关三楼多功能厅举办庆祝金水区2019年“敬老月”活动先进表彰暨文艺会演。市民政局养老服务处处长王中华、区委副书记李伟革、区人大党组成员杨旗、区政协副主席刘凌云、区政府副县级干部王珂参加活动。

21日 金水区群团干部综合素能培训班在厦门大学物理科学与技术学院开班。区委副书记李伟革、厦门大学物理科学与技术学院党委书记林奋强出席开班仪式。全区共55名群团干部及相关领导参加该次培训。

25日 由省教育厅、《人民日报》少年客户端主办，人民日报社河南分社、金水区政府承办，纬五路一小协办的“学习新思想，做好接班人”主题阅读活动推进会暨人民日报少年客户端河南频道启动仪式在金水区纬五路一小举行。省、市、区领导刘颖、闫俊山、史芳、王丽霞、王海花、王珂、赵伟峰及《人民日报》少年客户端总编辑王彦田、人民日报社河南分社社长龚金星出席启动仪式。区教体局主要负责人及学校师生代表共200余人参加了活动。仪式上，与会领导共同为《人民日报》少年客户端河南频道揭牌并向大会致辞。省委宣传部新闻处处长刘颖向活动举办表示祝贺并指出：省委宣传部将大力支持《人民日报》新媒体事业，全力支持《人民日报》少年客户端河南频道的宣传报道，希望全省孩子们用好《人民日报》少年客户端，学好新时代知识，做新时代好少年。

27日 第二届中国·河南招才引智创新发展大会金水专场活动在科教园区河南外包产业园会议中心顺利举行。郑州市人才工作领导小组办公室主任李晓龙，市人社局副局长申顺建，区委常委、组织部部长时博，科教园区管委会主任李小虎参加活动。

活动首先安排专家、学者进行了实地参观，涵盖了大数据、人工智能、生物医学、环保工程等多个领域的专家、学者参加了参观活动。专家、学者实地参观了金科智汇谷、河南省信息安全产业示范基地、郑州金惠新悦计算机系统工程有限公司、信大捷安技术股份有限公司等项目，全面了解了郑州金水科教园区在科技成果转移转化、新型研发机构培育、协同创新发展等重点领域所取得的成就，和在信息安全、视觉大数据、智能巡检机器人等领域的战略布局，对园区优越的区位优势、良好的创业环境表现出浓厚的兴趣。

参观结束后，举行了招才引智创新发展座谈交流会。会上，申顺建介绍了郑州市、金水区情和近年所取得的成就以及人才工作发展现状，欢迎专家、学者及各类人才在郑州建设国家中心城市、金水建设高品质现代化城区的历史进程中大展宏图、建功立业。随后，李小虎表示，郑州金水科教园区作为金水区强投资、强结构、促发展的主阵地和引领全区发展的催化剂、助推器，区位优势与生态禀赋优势得天独厚，园区欢迎更多的商界精英、有志之士到金水科教园区考察访问、投资兴业、创新创业，园区将本着互惠互利的原则，与各位专家、学者、精英人士精诚合作。

随后，河南省社会科学院副院长王承哲作了主旨发言，同济大学特聘教授、医学和药学博士徐国彤，河南省中尧企业管理咨询有限公司软件技术部总监赵利林，无锡矽鼎科技创始人陈海雷分别就“基于干细胞的视网膜变性治疗方法研究及转化”“大数据高速存储和备份系统”“5G智慧物联在智能化当中的应用”等项目进行了演讲和推介。

最后，与会专家与企业代表开展项目洽谈。与会专家、学者均表示，金水区作为郑州市的中心城区，空间布局科学、产业培育系统、公共服务完善、政策保障有力，是一块创新、创业的热土。郑州金水科教园区以“一区引领、双自联动、三化并进、四链融合”为发展思路，以“四基地、一中心、两集群”为产业定位，产业转型升级迅速，发展势头强劲，核心竞争力不断提升，即将成为未来金水区乃至郑州市创新驱动发展的新高地。

11月

3日 由上海市教科院、金水区政府主办，区教体局、区教育发展研究中心、郑州未来教育研究院和中小学（幼儿园）品质课程联盟承办的第四届全国中小学（幼儿园）品质课程研讨会开幕式在省人民大会堂举行。省、市、区领导毛杰、王北生、闫俊山、李海龙、王中立、王海花、魏东、王珂，以及人民教育出版社党委委员、总编辑郭戈，上海市教育科学研究院普通教育研究所所长汤林春出席开幕式。区教体局主要负责人及来自全国课程领域专家、学者、教育行政领导、学校校长、骨干教师等共2300余人参加活动。

开幕式上，魏东代表区委、区政府向大会顺利召开表示祝贺并致辞，他表示：课程作为学校办学理念、育人目标和教育内容的主要载体，是决定学校人才培养、教育质量与教育水平的最基本要素。课程品质作为基础教育的重中之重，上接国家意志，下连教书育人，内促教师发展，外牵学校改革，全方位地支撑着学生的学习和成长，关系着国家的未来、民族的希望。金水区作为国家中心城市郑州市的中心城区，长期以来始终把教育摆在优先发展的战略位置，坚持系统设计，注重继承创新，立足“促进学生身心健康发展、学校高质量发展”，持续探索课程改革的创新思路与方法，着力推进全科育人、全程育人、全员育人，不断提高教育教学质量。共同探讨教育教学和课程建设的新理念、新思路、新方法，促进以学习为中心的课程变革。

金水区以《区域学校课程建设深度变革之金水路径》为题，总结回顾了 18 年来的新课程改革之路，重点介绍了“金水区提升学校课程品质的研究与实践”等 4 个项目，以及“着力学校文化建构”等五大行动，充分展现了金水教育人的创新与追求。

6 日—7 日 区长魏东带领相关部门赴上海参加第二届中国国际进口博览会。金水科教园区管委会主任李小虎、副区长赵高翔一同前往。

魏东与思爱普（SAP）全球副总裁胡安德（Andreas.Hube）成功签约，达成战略合作协议，标志着思爱普中国郑州智慧企业创新赋能中心项目正式落地金水，共同打造“政企产学研”创新产业生态圈，持续推动全省企业数字化转型。

活动期间，区长魏东走访了中达电通股份有限公司（台达集团）和中微半导体设备（上海）有限公司，听取了企业负责人关于产业研究领域、技术应用方向及成果的介绍，考察了企业研究成果与成品生产线，并就大力发展高技术服务、总部经济等主导产业，推进建设高端装备制造业强区与企业进行深入探讨，达成广泛共识。

该届博览会，金水区共有 588 家企业报名参会，占全市近 1/5。会议期间，金水区企业现场签约德国思爱普（世界 500 强）等项目 14 个，累计签约金额 3.29 亿元，签约数量和金额均位居全市前列。

7 日 阿里巴巴集团战略发展部总监王延哲、智慧建筑事业部总监李芒、投资专家曾翊玮一行到金水区考察调研。金水科教园区管委会副主任王浩及市、区大数据管理局相关负责人陪同考察。

在实地走访了杨金高科技创业产业园、河南信息安全产业示范基地、河南外包产业园、西亚斯科技园，详细了解了各园区环境及产业布局情况后，考察团对金水区产业发展给予充分肯定。王浩表示：希望双方进一步加强沟通交流，共同助推产业持续升级、做大做强。

同日 由 IEEE 智能交通系统学会、中国自动化学会主办，郑州市金水区人民政府、中国自动化学会区块链专业委员会、控制网（kongzhi.net）、《自动化博览》承办的 2019 国家网络安全峰会（郑州）暨 2019IEEE 服务运筹、物流与信息化国际会议在郑州市召开。区委常委、常务副区长杨洁，中国自动化学会会士、中国自动化学会监事长、中国科学院自动化所研究员王飞跃出席会议。来自全球网络安全领域的用户单位、系统集成商、生产厂商、设计院、大学及科研单位的近 300 人参加会议。

会上，杨洁代表金水区政府向大会致辞，他强调：随着 5G 商用步伐加快，网络安全问题已经成为大家关注的焦点。国家网络安全峰会的主题——“共筑网络安全赋能智能时代”，既高度契合网络安全和智能经济发展战略，也是助推金水信息安全产业发展的重要举措。未来，金水愿与各方携手、共同努力，推进信息安全等重点产业加快发展、创新发展、持续发展。

会议同时举办了项目推介活动，UU 跑腿、锐之旗教育事业部、百度、金惠新悦等企业到现场分享了《基于大数据的安全运营与创新》《加快推进河南教育信息化均衡建设解决方案》与《人工智能和实体经济深度融合》的项目实践。

峰会以“共筑网络安全赋能智能时代”为主题，从技术创新、产业发展和商业实践等方面全方位解读全球网络安全最新政策，探讨网络安全前沿技术与产业发展态势，旨在推动全球范围内政、产、学、研、用各界在网络安全领域的交流及合作，推动网络安全产业向更宽领域、更深层次、更高质量发展，助力郑州打造网络安全产业高地。

9日 河南信息安全产业发展研讨会暨河南省信息安全产业协会会员大会在金水区召开。省工信厅副巡视员白布刚、金水科教园区管委会主任李小虎、副区长赵高翔、金水科教园区管委会副主任王浩出席会议。省市各相关部门、郑州信息化专家委员会专家、省内信息安全骨干企业及信息安全产业协会会员企业百余家单位共160余人参加了会议。

会上，白布刚强调，近年来，郑州金水科教园区在信息安全产业发展方面取得了优异成绩，集聚了信大捷安、金惠、山谷网安、拓普等30余家信息安全骨干企业，构建了“安全芯片+安全终端+安全平台+安全服务”的全产业链条，创建了省、市两级信息安全产业示范基地，正在加快创建国家信息安全产业示范基地。希望园区再接再厉，加快出台、完善产业发展规划、支持政策及管理办法，营造良好发展环境，专家与企业家一道，省市联动，凝神聚力，携手打造“信安河南，云安中国”特色名片，努力把园区建成国内领先、国际知名、千亿级的全国数字经济和信息安全产业新高地，争创国家级信息安全产业示范基地或示范城市。

随后，王浩就园区发展做宣传推介，相关企业负责人针对河南省信息安全产业示范基地政策进行解读。

会议期间，与会专家、企业家就如何打造信息安全产业高地、打通产业上下游、健全产业链、形成产业生态体系等专题进行了研究和建言献策，并实地参观了金科·智汇谷、河南省信息安全产业示范基地建设项目。

19日 金水区在科教园区管委会会议室举办城镇小区配套幼儿园签约仪式。区政府领导王珂出席签约仪式。区教体局、创意园区管委会及相关街道办事处主要负责人、村委会、开发建设单位负责人参加活动。

在认真听取金水区大棚户区改造项目配套幼儿园移交情况汇报后，王珂指出：学前教育是终身教育的开端，对学前教育的重视程度关系社会未来。各有关部门要持续关注发展学前教育，不断扩大公办学前教育资源供给，大力发展园区教育事业，尽快让园区群众享受到学前教育发展的“红利”，全面提升辖区群众的教育获得感。

活动中，区教体局与相关街道办事处、开发建设单位三方签订了新庄幼儿园、杨槐幼儿园、北录庄幼儿园、姚店堤幼儿园和任庄小金庄幼儿园5所幼儿园移交协议。

新庄、杨槐等5所幼儿园是金水区首批移交至区教体局，并用于办成公办幼儿园的城镇小区配套幼儿园，有效提高了全区公办幼儿园占比和普惠性幼儿园覆盖率，激发带动小区配套幼儿园移交的积极性，对全面提升辖区学前教育配套服务水平、满足辖区群众优质化教育需求具有重要意义。

22日 为全面贯彻落实习近平总书记视察河南时的重要讲话精神及在黄河流域生态保护和高质量发展座谈会上的讲话精神，践行省委常委、市委书记徐立毅调研全市国土绿化及国家生态园林城市创建的工作要求，区委书记陈宏伟带领全区副县级以上领导与部分区直机关主要负责人共计150余人，到京港澳高速国土绿化义务植树点参加2019年冬季义务植树活动。

活动共计栽植银杏、栾树、女贞等各类乔木530余株、6000平方米，所有苗木均按“一穴一株”放置到位，逐株固定，打好支架，并于栽植覆土后及时浇透水，确保苗木成活率。截至年底，全区大力开展国土绿化工程建设，先后完成铁路、生态廊道以及高速路网绿化提升，累计栽植雪松、银杏、栾树、石楠等乔木约 8.6 万株，铺设地被约 25.6 万平方米，完成绿化提升约 200 万平方米。

27 日 住房和城乡建设部建筑节能与科技司副司长陈默到金水区调研老旧小区综合改造工作。区委副书记李伟革、区政府副县级干部何守华陪同调研。

调研团一行实地察看了化纤厂家属院，详细了解了小区内道路、绿化、垃圾分类、建筑外立面等综合改造情况。听取了全区老旧小区综合改造工作的现状及下一步改造计划汇报后，调研团对全区综合改造提升工作表示充分肯定，并就好下一步工作指出，老旧小区综合改造工作要因地制宜、分类施策，同时要统筹谋划，整体推进，实现资源共享，避免重复施工和资源浪费，力求通过老旧小区改造工作来提高人民群众居住的幸福感、获得感。

12月

4 日 区农委组织开展了为期 3 天的 2019 年度农资生产经营企业法律法规暨安全生产工作培训。辖区内 270 家农药、肥料、兽药、种子等农资生产经营企业负责人参加培训。

5 日 市人大常委会副主任王广灿、市教育局副调研员花林昌带领市人大代表一行 40 余人到金水区考察龙门实验学校，调研市重点民生实事推进情况。区委常委、常务副区长杨洁，区人大常委会副主任许贵舟、燕建华陪同考察。

9 日 市委副书记、市长王新伟到金水区调研老旧小区综合改造工作。市委副书记、组织部部长焦豫汝，区委书记陈宏伟，区委副书记、区长魏东，区政府副县级干部何守华参加调研。

在实地察看了纺机前街 2 号院综合改造项目施工现场情况，听取相关工作整体进展汇报后，王新伟对金水区老旧小区综合改造工作取得的成效予以充分肯定，并强调，要深入学习贯彻习近平总书记视察河南重要讲话精神，坚持以人民为中心的发展思想，以“三项工程、一项管理”为重点，着力推动城市功能、品质、形象全面提升，让群众有更多获得感、幸福感、安全感。就如何做好下一步综合改造工作指出，要坚持“以人为本、规划引领、科学组织、高质高效”的建设总要求和“群众路线、单位协同、依法依规、示范带动”的基本工作方法，遵循“尊重民意、科学设计、优化功能、多方参与”原则，围绕“一拆五改三增加”改造内容，因地制宜，分类施策，用“钉钉子”精神和“绣花匠心”功夫，实现城市形象持续提升。

17 日 区长魏东到文化绿城小学调研“中央厨房 + 卫星厨房”模式供餐工作。区政府领导王珂一同调研。区政府办、教体局主要负责人参加调研。

在实地察看了该校“卫星厨房”建设、使用和管理情况，深入了解了学生实际用餐情况与感受后，魏东对该校“中央厨房 + 卫星厨房”供餐模式给予充分肯定，并指出，各有关部门要密切结合学生成长特点和营养需求，科学制定食谱，确保合理均衡，严把食材源头关、食品加工关，切实加强供餐操作环节精细化管理，全力做好学生午餐供应保障，让广大群众享有更多获得感、幸福感、安全感。

同日 2019 年度“河南好人榜”正式发布，金水区红十字会孝慈志愿者服务队队长张菊入选，被评为“助人为乐好人”。

张菊投身公益事业 22 年，带领一众爱心人士，全身心投入到扶老、助残、救孤、助学、济困、寻亲、赈灾等各项红十字志愿服务活动中，受到了社会各界的广泛认可和高度评价，先后获得了“中国红十字会优秀志愿者”“全国最美家乡人提名奖”等荣誉称号。

21 日 金水区在区机关三楼

多功能厅举办《郑州市城市生活垃圾分类管理办法》集中培训会。副区长闵武杰出席会议。区直各相关部门、各街道办事处相关负责人及各社区主任参加培训。

培训邀请了市分类办主任王福深，围绕《郑州市人民政府令第236号》《郑州市城市生活垃圾分类管理办法》，深刻阐释了垃圾分类知识，生活中常见误区，正确垃圾分类方法、途径及措施，引导广大干部职工充分认清生活垃圾分类的重要性和必要性，明确了行业主管部门，尤其是各街道办事处应履行的责任，坚定不移在思想上与行动上，从“被动分类”转化为“主动分类”。

24日 全国普法办下发《关于通报表扬“七五”普法中期先进集体和先进个人的决定》，对全国52个法治宣传教育先进城市、307个法治宣传教育先进县（市）区、870个法治宣传教育先进集体和1200名法治宣传教育先进个人进行通报表扬。其中，金水区被授予“全国‘七五’普法中期先进县（市、区）”荣誉称号。

29日 区文化旅游局在区图书馆举办了2019年度“阅读之星和志愿服务之星”颁奖典礼。获奖者及读者代表共计90余人参加活动。

活动共评出50名“阅读之星”、20名“志愿服务之星”，并组织优秀代表进行了交流发言。活动的开展，促使更多的家庭与书为友，让读书成为一种习惯，积极鼓励群众多读书、读好书，带动引导更多群众参与到“关爱他人、关爱社会、关爱自然”的志愿服务活动中来，为构建文明和谐社会贡献力量。

区情概览

自然环境

【地理位置】 金水区位于郑州市东北部，东临郑东新区，南连管城回族区、二七区，西接中原区，北靠惠济区。地理坐标为北纬30° 50'~34° 57'、东经113° 40'~113° 47'。辖区东西最大距离22.9公里，南北最大距离17.2公里，总面积136.66平方公里。

【地质、地貌】 金水区处在华北沉降带开封拗陷区西南边缘过渡地带，是黄河冲积扇形平原南翼的顶端。全区属平原洼地，为黄河冲积平原，局部有盐碱和风成粉细沙丘堆积。地势西高东低。

【气候】 金水区地处北温带和亚热带气候的过渡带，属半干旱、半湿润大陆性季风气候，四季分明，日照时间长，热量充足，自然降雨偏少。主要气候特征是：春旱多风，冷暖无常；夏炎多雨，水热同期；秋凉清爽，日照充足；冬季干燥，风多雪少。

【河流】 全区境内河流有黄河、贾鲁河、东风渠、金水河、熊耳河、七里河、贾鲁支河7条。其中，黄河流经辖区马渡、三坝等村，境内河段长7公里；贾鲁河、东风渠、金水河、熊耳河、七里河、贾鲁支河全部流入淮河。

建置区划

【概况】 至2019年年底，金水区共辖文化路、南阳新村、经八路、大石桥、人民路、花园路、杜岭、南阳路、丰产路、北林路、未来路、东风路、兴达路、国基路、凤凰台、杨金路、丰庆路17个街道办事处，40个行政村，174个社区，常住人口133.3万人。总面积136.66平方公里，其中，城区面积78.37平方公里。

【建置沿革】 金水区建于1960年4月（时称金水人民公社），由七一、紫荆山、人民路、杜岭、黄河路、文化区、郑纺机、岗杜、南阳新村9个街道分社和海滩寺农业分社组成。1961年8月，金水人民公社改成金水区，9个街道分社改成杜岭、人民路、花园路、经八路、文化路、南阳路、南阳新村7个街道办事处，农业分社改建成金水农业公社。1980年，成立刘寨街道办事处。1984年，成立大石桥街道办事处。1987年，郑州市进行区划调整，撤销金海区、新密区和郊区，成立邙山区。刘寨街道办事处划归邙山区，原郊区的柳林乡、祭城乡、姚桥乡以及原金海区的庙李乡划归金水区。2000年5月，撤销海滩寺乡，成立丰产路街道。全区辖9个街道，3个镇，1个乡。同年9月，区四大班子机关由文化路106号迁至东风路16号新址办公。2002年8月，新设立未来路、北林路、东风路3个街道办事处。同年年底，全区辖12个街道，3个镇，1个乡。2005年11月，撤销姚桥乡，设立龙子湖街道办事处。同年年底，全区辖13个街道，3个镇。2006年4月24日，郑州市撤销金水区祭城镇，同时设立祭城路、凤凰台街道办事处。2010年11月，金水区将祭城路、龙子湖2个街道管辖范围内连霍高速公路以北区域的北录庄村、任庄村、马渡村、来童寨村、黄庄村、黄岗庙村、小金庄村以及连霍高速以南、京港澳高速以东区域的刘江村、马楼村、柳园口村、贾陈村、徐庄村共12个行政村整建置划出，设立兴达路街道。同年11月，郑州市将祭城路街道办事处、龙子湖街道办事处从金水区划出并归郑东新区管辖。2011年4月，郑州市撤销金水区庙李镇、柳林镇，实行城市管理体制，同时，设立丰庆路、国基路和杨金路3个街道办事处。设立的丰庆路街道办事处，以庙李镇行政区域为丰庆路街道办事处管辖区域；设立的国基路街道办事处，以柳林镇中州大道以西区域为国基路街道办事处管辖区域；设立的杨金路街道办事处，以柳林镇中州大道以东区域为杨金路街道办事处管辖区域。

人文历史

【区名故事】 金水区是郑州市中心城区，因流经辖区、起源于春秋战国时代的金水河而得名。相传，金水河这一名字和中国古代郑国丞相子产执政清明紧紧相连。春秋战国时期，现今郑州一带的郑国，有一位著名的政治家子产，在他执政的26年期间，励精图治，廉洁奉公，为当地百姓办了一件又一件的好事。他去世时，老百姓为了表示对他的纪念和不舍，纷纷拿出家中的金银首饰为其送葬，子产的子女不肯接受，老百姓便将金银首饰统统投入河中，以这种方式祭奠子产，这条河也因为珠宝的绚丽光芒泛起了金色的斑斓，因此得名金水河。

【历史文化】 金水区是河南省委、省军区所在地，也是全省政治、经济、文化、金融和信息中心，素有河南省行政区之称。金水区历史悠久，发掘文化遗产丰富。1964年，在金水区柳林镇大河村与杨槐村接壤处的一座自然土岗上，发现大河村遗址，经考古发掘，该遗址包含着仰韶文化、龙山文化和夏商文化3个时期的内容，出土文物丰富，特别是中国最早的彩陶上绘有天文图像、中国古代彩陶之冠——“双连壶”、中国最早的碳化高粱籽粒、中国最古老的莲子、中国最早的鸟蛋等独具特色的文物。1974年，在金水区杜岭街道办事处张砦南街出土2件商兽面乳钉纹铜方鼎，比著名的司母戊鼎还早，为商代铜器之罕见，是商王室的“重器”，属稀世瑰宝。其中，大的铜方鼎被命名为“杜岭一号”，现存中国国家博物馆；小的铜方鼎被命名“杜岭二号”，被河南省博物院收藏。

【古迹寻觅】

燕庄毛主席纪念亭　1970年5月，为纪念毛泽东主席视察燕庄10周年，在毛泽东主席视察的地方修建了一座纪念亭，亭高10米，底座直径5米，坐高1.2米，亭中央是六角形砖结构柱体，周围有六根红漆木柱，亭顶是琉璃瓦六角挑檐。

千年皂角树　在兴达路街道办事处北来童寨村，现存有一株约30米高的千年皂角树，树围约4米。相传这棵皂角树与宋高宗赵构有关。赵构为宋徽宗第九子，被封为康王，靖康年间出使金国途经此处，把马拴在皂角树上稍作休息，这株树长于黄河岸边，历经千年而不枯，现已长成参天大树，成为当地世代相传的神树。

凤台荷香　凤凰台村，位于凤凰台街道办事处辖区，过去这被称为“东湖”，明、清以前的凤凰台，不仅盛产大米莲菜，有凤台荷香之称，也是一个布满亭台楼榭，宛如仙境的游览胜地，曾被誉为郑州八景之一。

王府坟　南陵王朱睦模（周定王的五世孙），其墓址位于王府坟村，墓碑碑文记录南陵王生平事迹，长达1400余字。

胡公祠 位于杜岭街道辖区西太康路人民公园南门。1936年，爱国将领冯玉祥为纪念胡景翼（曾追随孙中山参加辛亥革命）而修建。

彭公祠 又称铭功园，位于杜岭街道辖区西太康路人民公园西门，为纪念民国11年（1922年）保卫郑州的将领彭象乾团长及其阵亡将士而建。

黄岗庙 辖区黄岗庙村因此庙而得名。据出土石碑记载，后周显德年间，名为天齐王庙；明嘉靖年间，名为黄岗庙。黄岗庙村建村有490年以上。

经济社会发展

【概况】 2019年，金水区实现地区生产总值1752.5亿元，同比增长6.7%；地方一般公共预算收入增长7.1%，达到65.8亿元，其中税收占比达94.5%；社会消费品零售总额增长5%，固定资产投资增长7.2%，城镇居民人均可支配收入和农村居民人均可支配收入分别增长7.8%、8.5%，达到49601元、28224元；综合经济实力稳居中部城区前列。2018年，金水区成为河南省唯一入选《2018年中国百强区发展白皮书》的区，位列全国百强区第25名。

【产业建设】 新兴产业蓬勃发展，信息安全产业纳入全市信息技术服务产业“双高地一基地”和全省新兴战略性五大产业集群；共享生态科技产业城仓展中心建成运营，智能制造、智能物流和智能服务三大模块形成体系。总部企业加速聚集，德国思爱普、今日头条等知名企业相继落户，新认定市级总部企业6家，占全市增量的三分之一强，推动现代服务业增加值突破1100亿元。楼宇经济持续发力，税收超亿元楼宇达到12幢，荣获“中国最具价值投资城区”称号。园区经济挺立潮头，金水科教园区进入国家大数据（河南）综合试验区核心区建设范围，国家知识产权创意产业试点园区新入驻IPRdaily等知名知识产权服务企业37家，河南科技园区主营业务收入和税收双双实现两位数增长。

【城区建设】 城区建设深入推进，突出安置回迁，389.2万平方米安置房主体封顶，1.4万名群众乔迁新居，9261套安置房顺利网签，315套安置房完成不动产证办理；突出抓基础强配套，新建成道路19条、公共停车泊位1.8万个，改造提升道路75条。城区更新有序实施，全面推进“三项工程、一项管理”，拆除违建30.9万平方米，打造卓越路段39条、优秀路段217条，亮化改造楼体238栋，营造街道“微景观”82处，“可阅读、可流传、可观赏”精品街景成为城区靓丽风景线。被省委、省政府授予“全国少数民族传统体育运动会筹办工作集体三等功”。城区生态持续改善，改造锅炉40台，200处区管工地实现“8个100%”动态管理全覆盖，空气优良率全市第2；建成投用污水处理站2座，建成区全面消除黑臭水体；建成开放公园、游乐园45个，新增绿地214.5万平方米，公园绿地服务盲区基本消除。

【民生保障】 持续把稳就业摆在突出位置，新增就业再就业29556人，扶持大学生创业项目132个，发放融资担保贷款1.93亿元。加大住房保障力度，新建保障性住房7230套，公租房实物配租847户。完善便民服务网络，新建社区日间照料中心（托老站）11个，区总医院南区医养结合项目顺利投用，北林路街道入选全国智慧健康养老示范街道；建成党群服务中心3个，开展政务、医疗等服务活动4500余场次，惠及群众55万人次；新建成基层综合文化服务中心12个、城市书房4个，市民公共文化服务活动中心运营在即，群众文化生活更加丰富。坚持教育优先，新投用学校6所，新增普惠性幼儿园16所，区属中小学午餐供应覆盖率达到64%，金水健儿在跳绳世界杯、世界荷球锦标赛中获得优异成绩，国家体育总局专程发来贺信。加快公共医疗供给，新建社区卫生服务机构5家、标准化改造4家。

【开放创新】 以自贸区建设为引领，开放门户越开越大，自贸区块在全省率先出台《企业集群注册管理办法》，累计注册企业428家、注册资金134.7亿元，在俄罗斯等10个国家、地区布局10万平方米海外仓和21个境外办事处；新引进中部网络安全产业园等10亿元以上项目14个，总签约金额280亿元。突出自创区建设带动，创新动能越聚越强，新认定高新技术企业137家、科技型企业371家，增长均超40%，新增国家级孵化器2个、院士工作站3个、市级以上工程技术研究中心（重点实验室）28家，带动全年发明专利申请量超过4500件，获批国家知识产权强县工程示范县（区）。涉企服务越改越优，企业开办时间缩短到2个工作日，工程建设项目区管审批事项控制在13个工作日，协调解决企业反馈意见建议300多条，推动23家中小企业成为“专精特新”企业，国基集团获评市长质量奖，鑫苑服务在香港交易所上市。

【社会治理】 坚持完善社区治理体系，打造省级规范化社区15个、市级示范社区4个。成立14个安全生产专业委员会，创建13家全市首批双重预防体系建设示范单位，建成34座微型消防站，应急处置能力和安全监管水平持续提升。突出食品安全标准化建设，38个农贸市场和大型商超建成信息化追溯体系，8264个餐饮服务单位建成“互联网+明厨亮灶”。深入开展“人民满意接访窗口”创建活动，全力推进问题楼盘突出信访问题化解，省级交办案件化解率达93%。加强社会治安巡逻防控，为50个老旧小区加装脸抓拍识别等智能化安防系统，群众安全感明显提升。

中共郑州市金水区委

综　述

【概况】2019年，金水区委坚持以习近平新时代中国特色社会主义思想为指导，深入贯彻习近平总书记在中部崛起工作座谈会上的重要讲话精神和考察调研河南、郑州重要讲话精神，认真落实中央决策与省市委部署，聚焦郑州国家中心城市建设，围绕“实现两个率先、领跑中部城区发展”目标，以高质量发展为主攻方向，团结带领全区上下凝心聚力、真抓实干，经济社会持续健康发展，党的建设全面加强，领跑中部城区发展的基础更加坚实、优势更加凸显、后劲更加充沛。

【机构设置】区委办公室是区委的综合办事机构，行政编制16人，含单列编制7人。挂牌单位有金水区委外事工作委员会办公室、金水区档案局；内设综合科、值班室、信息调研科、文秘科、政研科、法规科、督查室、全面深化改革科、国家安全科、外事工作科、档案监督管理科、目标考评科；下属事业单位有督查室、党史研究室、目标考评委员会办公室。主要职责是：围绕区委的中心工作，积极主动地参与政务，充分发挥参谋助手、督促检查、综合协调和后勤保障作用，全面做到服务上级党委、服务本级党委、服务基层和群众“三个服务”。

【文秘政研】持续提升以文辅政能力，做到参谋有为。一是公文制发精简高效。严格执行中央八项规定、主题教育专项整治和“基层减负年”建设要求，出台《关于落实中央及省委、市委解决形式主义突出问题为基层减负规定措施的实施细则》，统筹制定年度发文计划，坚决执行“十不发”负面清单制度，指导全区各级各单位严把制发关口、严守行文规则、严控公文数量，全年以区委名义（含区委办和党政联合发文）印发的可精简类文件共70件，同比下降36%，有效完成精简目标，做到了工作推进保障和基层减负落实两不误。二是文稿质量不断提高。坚持站在全局的高度研究谋划区委工作重点和推进对策，正确传达上级精神、准确体现领导意图、如实反映基层情况，文稿的时代性、科学性、指导性不断增强。全年完成区委主要领导讲话等文稿300余篇，起草审核区委文件160余份，编发区委常委会会议纪要26期，同时在上级报纸杂志上发表署名文章10余篇。

【信息调研工作】坚持高效准确，提升信息服务水平。坚持抓住重点、关注热点、剖析难点、捕捉亮点，突出做好预警性、前瞻性、建设性、紧急性信息的收集报送，确保信息及时畅达。全年上报市级以上各类信息700余条（篇），在区机关网“金水报道”栏目刊发信息850余条，信息报送数量持续增长，选编质量不断提高。

【深化改革】 坚持把准方向，系统谋划部署五大领域、20项重点改革专项和一批事关战略布局、长远发展、人民福祉的重要改革任务。突出改革重点，深化“双自联动”叠加优势，率先在全省出台《金水自贸区块企业集群注册管理办法》，自创区创新引领型企业数量再创新高。深化投融资体制改革，科教园区PPP项目入选财政部、省财政厅PPP管理系统。深化以“路长制”为载体的城市精细化管理改革，强力推进城市环境综合整治提升活动。圆满完成重大赛事、重大节庆活动各项保障任务，强力推进“三项工程一项管理”，开展“千百十”创建活动，城区面貌和人居环境持续改善。深化医疗卫生体制改革，与省市同步启动城市公立医院综合改革，成为全省首个加入国家级远程医疗协同平台的县区。深化协商民主制度改革，新阶层人士实践创新基地试点建设工作受到中央统战部副部长邹晓东肯定。机构改革任务按时序进展，7个群团组织全面完成换届，职能作用更加优化。

【外事】 依规做好外事工作。一是严格落实涉外管理。全面贯彻落实上级关于加强因公出国管理的有关规定，认真落实年度出访计划，严格审核审批，进一步规范因公出国（境）请示件报送有关事项，严格按上级出国（境）专项工作的要求，及时上报团组证件、总结和经费使用情况等。全年共办理因公出国团组1个3人次，随团9个16人次，审核办理外国人到郑州邀请2人次。认真完成2020年党政干部因公出国（境）计划申报工作。二是积极开展领事保护宣传月活动，制定《金水区海外领事保护宣传月活动实施方案》，制作《领事保护和协助手册》《中国企业海外安全风险防范指南》5000多份，全区共投放宣传标语50条、海报1.46万份、宣传资料1.7万份。三是积极开展辖区涉外企业摸底调查，全区共摸排出涉外企业154家，已全部建立台账，为金水区与“一带一路”沿线国家经贸和人文领域项目交流打下基础。四是积极整合全区外语人员资源。对全区外语人员资源进行摸底统计，共登记外语翻译26名，协助完成翻译志愿者队伍建设，为高质量推进对外开放和“一带一路”国际合作提供人才支撑。五是扎实开展规范公共领域外语标识工作，下发了《关于规范全区公共服务领域外语标识的实施方案》的通知，积极配合市委外事办及市直各责任单位在全区行政区域内对公共场所使用的外语标识名称进行排查纠错，推动错误标识及时修正、规范使用。

【档案工作】 持续提高档案管理服务水平。在档案电子化处理工作方面，坚持规范、安全、高效的原则，分重点、分步骤开展工作，为档案馆查阅利用提质增效。2019年，圆满完成了包括区纪委、团区委、区环保局、区民政局等11家单位的档案以及全区90%婚姻档案的数字化处理，共计60.31万页、1614盒、260卷。筹备举办了“档案见证金水改革开放成果”宣传活动，依托现有档案资源，以宣传展板为载体，用生动、翔实的图片资料展示金水区改革开放以来的成就与变化，同时进一步宣传普及档案法律法规等内容。

【督查】 持续狠抓区委决策落实，做到督查有力。着力抓好区委决策部署的跟踪督查，坚持把贯彻落实区委重要会议文件和重要工作部署、重要决定事项作为督查重点，共编发《金水督查》及日询问事项报告单723期，“督查事项通知单”638期，有力保障重点项目、民生工程、社会稳定、巡视整改等一系列大事、要事、实事按时序进展的同时，全区文件、会议、督查精简情况均超额完成市定目标，切实减少了基层负担。

【国家安全工作及宣传】 统筹推进全区各重点领域国家安全工作。一是认真贯彻落实市委国家安全委员会第一次全体会议精神情况，成立了区委国家安全委员会，作为议事协调机构推动工作落实，圆满完成了区委国家安全委员会第一次会议的筹备工作，为维护国家安全、确保社会大局和谐稳定提供坚强保证。二是扎实开展国家安全教育日宣传活动，出台了《金水区2019年全民国家安全教育日集中宣传活动方案》，制作了30平方米的高清LED大屏、宣传版面50余块、国家安全标语条幅30余副，累计发放各类宣传品10万余份，全区机关干部和辖区群众5000余人次参与活动，有效引导了机关干部与辖区群众自觉遵守国家安全法律法规，自觉维护国家安全，在辖区内营造了“国家安全、人人有责”的浓厚社会宣传舆论氛围。三是全力做好人民广场安全稳定保障工作，成立了区人民广场现场应急指挥部，对辖区进行了全面排查，并制定了保障工作方案，活动当日安排备勤民警100余人、巡防队员200余人、特勤队员60人维护现场安全，确保了人民广场现场秩序稳定。四是抓好国家安全危机管控工作。在全区实施信访矛盾大排查大化解活动，出台了《市督查组交办重点人员“四定四包”台账》《特定利益群体重点人“四定四包”台账》《信访重点人员“四定四包”台账（自排查）》，进一步明确了各案件的分包责任，并将该项工作统一纳入国家安全危机管控。对排查出的71起突出隐患均按照“四定四包”要求，逐一落实，切实维护社会大局安全稳定。五是积极推进国家安全情报信息报送工作。按照市委国安委文件精神，对全区各街道和相关单位下发了《关于进一步做好国家安全情报信息报送工作的通知》，明确了分管领导及信息员，同时出台了《金水区国家安全情报信息报送工作要求》，进一步明确了国家安全情报信息报送的时间和工作任务。全年上报各类信息25篇，做到及时发现、及时处理，有效发挥了情报信息在维稳工作中的重要作用。

【机要保密】扎实做好机要工作。以制度保障、技术提升、队伍建设、纪律约束为重点，强化宣传教育、监督检查力度，全年共办理各类电报781份，未发生一起失（泄）密事件。

【党史工作】持续做好党史研究、宣传、编纂工作。充分发挥党史工作资政育人作用，全面完成了工作目标任务。整理编辑了区委、区委书记大事记以及《金水年鉴》区委部分的资料，积极配合市委党史研究室完成《郑州市委工作纪实》，做好市委党史研究室安排的党史3卷编写工作；坚持做好党史资料的征集、整理和编纂，实现了数字化管理；以新中国成立70周年为契机，组织全区51所中小学，开展“祖国在我心中”主题演讲比赛，教育引导全区青少年从小学习做人、立志，努力成长为担当民族复兴大任的时代新人。

【目标考评】有序做好目标责任考核工作。制定本年度区直单位、街道综合工作考核评价办法和重点工作推进方案、考核办法，进一步修订、完善街道综合工作考核评价办法，依据区域特色与工作重点差异化设置权重，为该次考核工作提供科学遵循。

【组织协调】一是活动接待、会务事务保障严谨有序。严格控制会议数量，切实提高会议实效，圆满完成了省市主要领导到金水区调研考察的接待服务工作，以及区委十一届八次、九次全会及常委会、区委主题教育动员会、年度总结表彰大会、重点工作观摩点评会、领导干部会等24次大型会议的组织筹备、服务保障工作。积极做好区四大班子领导工作的协调安排，区委主要领导、区委重点工作安排实行每周上报、定期通报机制，合理安排区领导公务活动，全年服务区领导出席全区各类工作会议、调研活动百余次，保障了全区正常公务活动的顺利开展。二是协调服务作用有效发挥。突出研究部署，年初组织召开全区党办系统工作会议，进一步凝聚共识、突出重点、形成合力，为党办系统工作扎实开展奠定了坚实基础；坚持“大统揽、大统筹、大统管”理念，围绕2019年的工作重点和工作任务，主动与市直部门对接、与区直部门衔接，形成了上下联动、左右协调、齐抓共管、合力推进的良好局面，各项工作有序推进；做好群众来信来访服务，在重大会议、重要节庆等重点时期，协同有关部门调处矛盾、化解纠纷，确保社会大局和谐稳定。三是应急值守更加规范。严格落实24小时值班和节假日领导带班制度，完善突发事件应急处置机制，打造了信息畅通、反应迅速、协调有序、运转高效的值班工作格局。在全区范围印发突发事件信息搜报、值班应急工作制度，法定节假日值班工作实行节前安排、节中督查、节后通报，并对在值班工作中存在问题的单位及个人进行督促整改，切实保障上级党委值班应急要求在金水落到实处。

（撰稿：刘　静　审阅：王　飞）

区委重要会议

【2018年度党建工作责任制述职评议会议】 1月10日，金水区召开2018年度党建工作责任制述职评议会议。会议由区委副书记李伟革主持，区长魏东作总结讲话。市委组织部电教中心副主任樊勇，党管处副处长李光，区委常委、区委党的建设工作领导小组成员，区直各单位党组织负责人，各街道党工委书记，部分“两代表一委员”和基层党员群众代表参加了会议。

会上，17个街道党工委书记和区直机关党工委书记、区教体局党组书记分别就2018年落实基层党建、党风廉政建设、意识形态责任制情况进行述职。区委常委、区纪委书记、区监察委员会主任赵惠玲，区委常委、宣传部部长杨林，区委常委、组织部部长时博，分别就3个方面工作对19家述职单位逐一进行了点评，肯定成绩实事求是，指出问题不留情面，取得了聚焦问题、“红脸出汗”的效果。随后，市委组织部电教中心副主任樊勇就述职评议工作进行了点评讲话，充分肯定了金水区基层党建工作取得的成绩，耐心指出了党建工作中存在的问题和不足，并对下一步党建工作提出了具体可行的建议及要求。同时，与会人员通过填写测评表，对各街道党工委书记、区直机关党工委书记、区教体局党组书记抓基层党建工作情况进行了现场评议。

【金水区总工会第二次代表大会】 1月19日，金水区总工会第二次代表大会开幕。大会的主要任务是全面总结区总工会一大以来的工作，研究部署今后五年金水区总工会工作的目标和任务，选举产生区总工会第二届委员会与经费审查委员会。

郑州市人大常委会副主任、市总工会主席赵新中，市总工会副主席宋少丹出席大会开幕式，区委书记陈宏伟出席并讲话，区领导李伟革、薛燕、武建民、赵惠玲、付建峰、杨洁、李继东、时博、曹可艳参加开幕式。

宋少丹代表郑州市总工会对大会召开表示祝贺，对金水区工会一大以来的工作给予肯定，他强调，各级工会要深入学习贯彻习近平新时代中国特色社会主义思想和中共十九大精神，牢牢把握工会工作正确的政治方向，广泛开展群众性建功立业竞赛活动，引导广大职工在金水实现领跑发展进程中发挥主力军作用，切实做好职工维权服务工作，不断提升职工群众的获得感、幸福感、安全感，持续深化工会改革，切实增强工会组织的政治性、先进性、群众性，深入推进工会党的建设，为新时代工会工作提供坚强保障。陈宏伟讲话。区总工会主席李劲松主持并代表区总工会第一届委员会作题为《高举旗帜，履职担当，团结动员全区广大职工为实现“两个率先、领跑中部城区发展”目标而努力奋斗》的工作报告。团区委书记王倩代表各人民团体致贺词。154名会员代表出席大会。

【区委十一届八次全会暨区委经济工作会】 1月22日，金水区召开区委十一届八次全会暨区委经济工作会议。

会议听取和审议了区委常委会2018年工作报告，审议了区委常委会2018年抓党建工作情况专题报告、区委2019年工作要点、高质量打赢项目建设六大战役实施意见，全面总结2018年全区经济工作、安排部署2019年工作任务，审议并表决通过中国共产党郑州市金水区第十一届委员会第八次全体会议决议。

区委书记陈宏伟代表区委常委会向大会报告2018年工作。区委副书记、区长魏东总结2018年经济工作、安排部署2019年工作任务。

区委第十一届委员会委员、候补委员出席会议。不是区委委员、区委候补委员的副县级以上现职领导，区委办常务副主任，区人大常委会、区政府办公室主任，区政协秘书长、办公室主任，区四大班子办公室副主任，区委各部委由区领导担任正职的常务副职，各街道党政正职，区直机关各单位主要负责人，区纪委、监委领导班子成员，区委巡察办主任，区委巡察组组长，区人大常委会、区政协各工作（专门）委员会主要负责人，金水税务局、金水规划分局、金水区消防救援大队、辖区各公安分局、市场管理处、郑州交巡警支队一大队、郑州交巡警支队四大队、郑州交巡警支队五大队主要负责人，服务业企业代表参加会议。

【金水区科学技术协会第四次代表大会】 1月23日，金水区科学技术协会第四次代表大会召开。大会全面总结了区科协三大以来的工作，研究部署今后五年金水区科协工作的目标和任务，选举产生了金水区科协第四届委员会。市科协主席吴予红、区委副书记李伟革出席开幕式并讲话，区委常委、区委组织部部长时博出席闭幕式并讲话。区领导薛燕、武建民、赵惠玲、付建峰、杨洁、李继东、时博、曹可艳出席。大会由科协主席冯晓翠主持。

吴予红代表市科协对大会胜利召开表示祝贺。她指出，金水区科协紧紧围绕金水区委、区政府工作中心，通过科普信息化建设，创建社区、校园科普E站，为公众提供实时、精准的科普服务；通过征集企业技术难题，及时与上级科协学会对接开展“院士专家企业行”；通过深入实施《全民科学素质行动计划纲要》，精心打造社区科普大学特色品牌。金水区科协连续3年被评为“全国科普日特色活动优秀单位”，连续5年被评为“省级优秀组织单位”。

李伟革代表区委、区人大、区政府、区政协向大会的召开表示祝贺。全区各级科协组织紧紧围绕区委、区政府的中心工作，务实创新，担当作为，特别是在促进科学技术进步、科技人才成长、全民科学文化素质提高等方面充分发挥独特优势和重要作用，可以说是定位准确、组织得力、职能相彰、成效显著。全区广大科技工作者勇于实践、敢于超越，创新热情和创造活力持续涌流，为金水科技、经济、社会发展各项事业贡献了智慧与力量。

李伟革在讲话中对全区各级科协组织和广大科技工作者提出殷切希望和要求：一是坚持党的领导、勇担使命，当好科技工作者思想政治的引领者。二是坚持克难攻坚、勇攀高峰，当好创新驱动发展的攻坚者。三是坚持创新载体、普惠服务，当好全民科学素质提升的推动者。

冯晓翠主持并代表科协第三届委员会向大会作题为《凝心聚力展现新作为，勇于担当建功新时代，为金水“实现两个率先、领跑中部城区发展”提供智力支撑》工作报告。大会选举产生了金水区科协第四届委员会主席、副主席、常务委员。区领导燕建华、赵高翔、徐建军出席。

时博代表区委、区政府向大会的圆满成功，向选举产生的区科协第四届委员会全体委员表示祝贺。并就做好新形势下科协工作提出要求：一是充分发挥科技创新“主力军”作用，在助推金水实现高质量发展上展现新作为。要扎实推进创新驱动助力工程，要加快实现科技成果转移转化，要充分激发科技人才创新活力。二是充分发挥科学普及“主阵地”作用，在提高全民科学素质上实现新突破。要落实好全民科学素质行动计划方针，要广泛开展科普宣传活动，要强化科普基础设施建设。三是充分发挥科协组织桥梁与纽带作用，在加强自身建设上实现新提升。围绕区委、区政府的工作大局，找准职责定位、创新工作方法、完善服务机制，进一步加强自身建设，不断增强对科技工作者的吸引力、凝聚力。要持续深化科协改革，要着力提升服务能力，要大力选树先进典型，进一步增强广大科技工作者的荣誉感和责任感，让“尊重劳动、尊重知识、尊重人才、尊重创造”蔚然成风。

【金水区妇女第八次代表大会】 1月25日，金水区妇女第八次代表大会开幕。大会全面总结区第七次妇女代表大会以来的工作，研究部署今后5年金水区妇联工作的目标和任务，选举产生金水区妇联第八届执行委员会。区委副书记、区长魏东，市妇联主席、党组书记马斐颖出席开幕式并讲话。大会由区妇联主席马晓宇主持。

马斐颖代表市妇联对金水区各级妇联组织近年来所取得的成绩给予肯定，并强调各级妇联组织要增强政治性，引领广大妇女最广泛、最紧密地团结在以习近平同志为核心的党中央周围；要增强先进性，聚焦国家中心城市建设，引领广大妇女勇做走在时代前列的奋进者、开拓者、奉献者；要增强群众性，坚持以人民为中心的工作理念，让妇女群众的获得感、幸福感、安全感更加充实，让妇女群众的权益，更有保障、更可持续；要激发创新活力，把改革创新作为妇联发展第一动力，使妇联组织在新时代更加健壮、更具活力。

魏东在讲话中指出，当前，中国特色社会主义进入了新时代，省委、市委分别发出了“让中原更加出彩”“高质量建设国家中心城市”的号召，区委提出了“全面领跑中部城区发展”“建设社会主义现代化强区”的奋斗目标，完成这个使命需要全区广大妇女的广泛参与和共同奋斗，同时也为广大妇女施展才华提供了广阔舞台与发展空间。全区妇女要不负重托、胸怀大局，抓住机遇、勇于担当，自觉投身到推动金水领跑发展的工作中，用勤劳和智慧创造无愧于时代的新业绩，谱写巾帼更加出彩的新篇章。一是始终坚定理想信念，在民族伟大复兴中勇担巾帼之责。二是积极投身火热实践，在推动领跑发展中激扬巾帼之志。三是担当文明建设重任，在弘扬社会新风中奉献巾帼之力。四是实现全面发展进步，在自尊、自立、自强中彰显巾帼之美。

针对金水区妇联事业如何高质量发展，魏东指出，一是全区各级党组织要从战略和全局的高度充分认识做好新时代妇联工作的重要性，进一步加强及改进对妇联工作的领导，支持妇联组织依照法律与规章独立自主、创造性地开展工作，及时研究解决妇女工作中的困难、问题，为妇联工作提供有力支持、保障；要大力倡导尊重妇女、关心妇女、保护妇女的社会风尚，推动全社会形成尊重妇女地位、关心妇女事业、支持妇女工作的良好氛围，为金水区妇女事业发展创造更加良好的社会环境。二是全区各级妇联组织要始终坚持党的领导，要把区委的各项决策部署转化为广大妇女的自觉追求和实际行动；要坚持把联系和服务妇女作为生命线，深入了解妇女需求，反映妇女心声，帮助创业就业，支持参政议政，切实维护广大妇女儿童权益；要不断深化妇联改革，围绕“强三性”“去四化”，创新方式方法、改进工作作风、加强队伍建设，提高做好妇女工作的能力和水平，努力使各级妇联组织成为区委更加坚强的“工作助手”与广大妇女更加信赖的“温暖之家”。

魏东呼吁社区各界女性要更加紧密地团结在以习近平同志为

核心的党中央周围，不忘初心、牢记使命，改革创新、砥砺奋进，不断开创妇女事业新局面，为金水领跑中部城区发展，加快推进郑州国家中心城市建设，助力中原更加出彩做出新的更大贡献。

大会审议并通过《不忘初心，砥砺前行，团结带领金水妇女坚定听党话、跟党走为金水区“实现两个率先、领跑中部城区发展”贡献巾帼力量》的工作报告、《金水区妇女第八次代表大会选举办法（草案）》、《大会选举总监票人、监票人名单（草案）》和《工作报告的决议》。大会选举产生金水区妇联第八届执行委员会委员，通过召开金水区妇联第八届执行委员会第一次会议，以无记名投票的方式选举产生金水区妇联主席、副主席、兼职副主席、挂职副主席、常委。

区领导魏东、李伟革、薛燕、武建民、赵惠玲、杨林、付建峰、王爱辉、杨洁、时博、杜艳洁、张川、宋红霞、王静、刘凌云、李劲松出席大会开幕式，金水区41名科级女干部、曾经在区妇联工作的领导和各群团组织的负责人、部分男性公民代表共300余人参加会议。

【2019年新春团拜会】 2月2日，金水区举行2019年新春团拜会。会议采取视频形式，主会场设在区机关三楼多功能厅，各街道、设有视频会议室的区直机关单位均设立分会场。全区副县级以上领导，区委办常务副主任，区人大常委会、区政府办公室主任，区政协秘书长、办公室主任，区四大班子办公室副主任，区委各部门主要负责人，区委常委所在部门常务副职，各街道党政正职，区直机关各单位主要负责人，区纪委、监委领导班子成员，区委巡察办主任、区委巡察组组长，区人大常委会各工作委员会主任，部分市区人大代表，区政协各专门委员会主任，部分市区政协委员，各垂直单位、辖区各公安分局主要负责人，辖区部分企业主要负责人，部分驻区金融机构负责人，慈善人士代表以及社会各界代表在主会场就座。各街道办事处班子成员，社区书记、主任，科室负责人，设有视频会议室的区直单位班子成员、科室负责人在分会场就座。

会上，与会人员观看了《金水区2018年经济社会发展回顾纪实片》后，区委副书记、区长魏东致新年贺词，指出2018年是令人难忘的一年，也是令人振奋的一年，更是金水经济社会各方面发生深刻变化、具有里程碑意义的一年。一年来，在市委、市政府的坚强领导下，全区上下踏着新时代的伟大节拍，紧盯“实现两个率先、领跑中部城区发展”奋斗目标，持续推进“两个提升”、优化“三大板块”、打赢“四大战役”、实施“五个覆盖”，聚精会神抓党建，一心一意谋发展，推动地区生产总值、财政总收入重回中部城区首位，主要指标全部进入前三，全面形成了领跑发展的决定性态势。

魏东指出，新的一年要牢记使命、践行嘱托，始终以习近平新时代中国特色社会主义思想为指导，深入贯彻中央和省委、市委决策部署，以奋斗者、奋进者、搏击者的姿态，一鼓作气、一抓到底、一往无前，奋力开创社会主义现代化强区建设新局面。砥砺奋进、克难攻坚，紧紧围绕郑州国家中心城市建设和“四重点一稳定一保证”工作总格局，高质量打赢项目建设六大战役，持续补短板、破瓶颈、强优势，全面巩固发展领跑中部城区发展决定性态势。要矢志不渝、初心不改，深刻践行以人民为中心的发展思想，全心全意办好每一件民生实事，让辖区群众享有更多、更直接、更实在的获得感、幸福感和安全感。

【深入推进“路长制”市容市貌大提升活动誓师大会】 2月13日，金水区召开深入推进“路长制”市容市貌大提升活动誓师大会。会议传达贯彻落实全市深入推进“路长制”市容市貌大提升动员会精神，对全区城市精细化管理工作进行再动员、再部署。会议采取视频形式，全区副县级以上领导，各街道办事处党政正职及二级路长，区直有关部门主要负责人，区城管局副科级以上干部，环卫所所长、公司经理、区综合执法大队副科级以上干部，区爱卫办、区住建局、区市场监管局、区数字化班子成员在区机关三楼多功能厅主会场参会。各街道副科级以上干部、各社区（村）书记、主任、城管科科长、辖区公共单位主管领导、社区所有工作人员在各街道办事处分会场参会。会议由区委书记陈宏伟主持。

会上，区委副书记李伟革通报了金水区城市环境卫生精细化管理周（1月29日—2月3日）考核成绩，为10条红旗路段和10条黑旗路段所在街道办事处分别颁发红旗与黑旗，部分街道代表分别作表态发言。副区长闵武杰对全区“路长制”工作进展情况进行了通报，并对《关于进一步深化“路长制”提升城市精细化管理工作的实施方案》等4个方案进行了解读。

区委副书记、区长魏东传达了省、市相关会议精神，并针对金水区城市精细化管理各项工作进行了部署。魏东指出，要有坐不住、等不起的危机意识，找准问题、找准不足，切实增强危机感和紧迫感，坚持目标导向与问题导向，深入开展系列整治活动，推动城区面貌、形象、品位全面改观及持续提升。要有精益求精、追求卓越的品质意识，全心全意、加大投入，认真把握4个方案中工作标准、行动效率、制度落实等关键点，全力走出一条具有金水特色的精细化管理之路，全面展现领跑中部城区发展新风采，全力促进城区环境质量和风貌形象再上新台阶。要有事不过夜、立刻就办的落实意识，立即行动、全力攻坚，把抓落实作为一切工作，尤其是城市管理工作的“生命线”，时刻保持“闻令即动、雷厉风行”的精神状态，“一抓到底、办就办好”的做事风格，进一步加强组织领导，强化协调配合，推动共治共建，切实把各项工作抓牢抓实、抓细抓好，全面开创城市精细化管理大提升活动的新局面。

关于全区下一步城市精细化管理工作，区委书记陈宏伟强调，城市管理是城区政府永恒的主题，要把城市管理作为一项常项工作、常态工作、基础性工作、保底性工作，常抓不懈，抓紧抓好。全区上下要提高认识、统一思想、拉高坐标、狠抓落实，努力提升金水区城市的市容、市貌和城区形象，营造安全、整洁、有序、文明的城区环境，使全区广大人民享有更多的获得感、幸福感、安全感。

一是提高认识。城市环境是经济、社会发展的内在需要，城市管理、环境卫生既是生产力也是竞争力，提升环境卫生质量的问题，是上级有要求、群众有期盼、自身有需求。要把城市管理工作，作为基本任务、常项工作、常态工作、抗压工作来做，全面提升城区治理水平，实现市容、市貌大提升。

二是提升标准。要找准问题，找准办法，不断完善提升标准、完善规范，强化标准意识，按照“道牙无痕、设施整洁、路无杂物、路面整洁”标准，“良好、优秀、卓越、极致”四个层次要求，形成一套完整、统一的城市精细化管理的标准体系，实现城市管理的规范化、精细化、长效化。

三是加大投入。加大对“路长制”、“门前四包”、车辆管理、环卫保洁等方面的投入，最大限度增加人员、经费、设备，确保路段城市管理巡查员在岗在位，确保全区保洁全覆盖。

四是完善机制。各单位要进一步提高认识，深入研究《环卫体制改革实施意见》等4个文件，结合单位实际，积极谋划，建立完善机制，为实现城市管理的规范化、精细化和长效化提供保障，推动城市管理长期、长效、常态。

五是突出重点。针对深入推进“路长制”，要进一步细化“1+2+N”工作模式，固化组织构架，明晰权责边界。针对道路交通秩序整治，要按现有设计的框架体系和“路长制”模式，管理好、落实好。要与交警部门充分衔接，发挥现有停车泊位作用，增加新建停车泊位数量，加大执法处罚的力度。针对“门前四包”，要持续加强宣传教育，建立责任体系，全面加强管理，对沿街单位及商业门店“门前四包”履行情况进行四星评定，评定情况与诚信体系建设、文明单位创建挂钩。针对环卫体制改革，要按照“政府主导、重心下移、费随事转、属地管理”的工作原则，建立完善区、办事处、社区三级环卫保洁联动工作机制，责权、实权、事权相统一，实现环境卫生管理区域全覆盖。

六是严格考核。要把考核、督导、奖惩机制建立起来，进一步增加城市管理的分值，严格落实红黑旗奖惩工作机制，做到梳理榜样、鞭策后进，营造比学赶超的浓厚氛围，努力把城市管理好、治理好。

最后，陈宏伟要求，全区上下要迅速从过年状态切换到工作状态，坚决克服“不到十五年不完、年未过完懒干事”的心态，立即收心归位，进入作战状态，迅速投入工作，强力推进当前各项重点工作落实，为实现全年目标任务开好头、起好步。

【十一届区纪委四次全会】 2月18日上午，十一届区纪委四次全会召开。全会回顾总结了2018年全区党风廉政建设和反腐败工作，安排部署了2019年工作任务。区委书记陈宏伟出席全会第一次会议并作重要讲话。区委常委、区纪委书记、区监委主任赵惠玲主持会议。

全区副县级以上领导干部出席会议。十一届区纪委委员、区监委委员，区人大常委会、区政府办公室主任，区政协秘书长、办公室主任，区委常委所在部门常务副职，各街道党政正职，区直各单位党组织主要负责人，区委巡察办主任、副主任，各巡察组组长、副组长，各垂直单位主要负责人，各街道纪工委书记，区纪委监委机关各室部负责人，各派驻纪检监察组组长，区直各单位分管纪检监察工作的副职，各垂直单位分管纪检监察工作的副职参加会议。

陈宏伟强调，要以习近平新时代中国特色社会主义思想为指导，贯彻落实十九届中央纪委三次全会、十届省纪委四次全会和十一届市纪委四次全会精神，以永远在路上的坚韧与执着，扎实推进全面从严治党，巩固发展反腐败斗争压倒性胜利，为“实现两个率先、领跑中部城区发展”提供坚强保证。

陈宏伟指出，过去的一年，金水以中央和省委巡视整改为契机，持续强化“四个意识”、坚定落实“两个维护”，切实推动中央和省市委决策部署在金水落地见效。把公道、正派作为干部工作的核心理念，贯穿选人用人全过程，以重基层、重一线、重实干、重实绩的用人导向，营造干的氛围、弘扬干的作风；把党的领导、从严要求贯穿村（社区）“两委”换届全过程，严把政治关、廉洁关、形象关，严厉打击拉票贿选等违纪违法行为，换出了严的纪律、换出了好的风气、换出了新的面貌。通过深化纪检监察体制改革，推进监察监督向街道、村居延伸，“四个全覆盖”权力监督体系更加完善；通过以案促改完善风险防控、扎紧制度笼子，教育党员干部知敬畏、存戒惧、守底线；通过精准运用“四种形态”，在严厉惩处极少数的同时教育管住大多数；深入开展落实中央八项规定精神“回头看”，深入实施群众身边不正之风和腐败问题专项治理，持续加大案件查处力度，保持高压反腐态势，形成了有力震慑，党员干部在严格监督下开展工作的自觉性普遍增强，风清气正、干事创业的良好政治生态得到持续巩固，为全面形成领跑中部城区发展决定性态势提供了坚强保证。就贯彻落实中央和省市纪委全会精神、推动全区全面从严治党向纵深发展，陈宏伟强调以下三点：

一要以更高的政治站位，准确把握全面从严治党越往后越严的新趋势。

二要以更严的标准要求，推动全面从严治党向纵深发展。第一，要以党的政治建设为统领，努力营造“三个氛围”。要坚定践行习近平新时代中国特色社会主义思想，持续营造学的氛围。要进一步严明政治纪律和政治规矩，持续营造严的氛围。要强化责任担当，持续营造干的氛围。第二，要坚决整治形式主义、官僚主义，确保中央和省市决策部署落地见效。第三，要做细做实权力运行监督体系，不断提高监督实效。第四，要坚定不移正风反腐，持续净化政治生态。

三是以更强的责任担当，把全面从严治党各项任务落到实处。第一，要扛稳压实主体责任。第二，要细化落实监督责任。第三，各级领导干部要当好表率。第四，从严从实加强纪检监察队伍建设。

第二次会议上，赵惠玲代表区纪委常委会作题为《坚持稳中求进勇于担当作为　加快推动新时代纪检监察工作高质量发展》的工作报告，对全区党风廉政建设和反腐败工作进行了系统总结与全面部署。会议在分组充分讨论后，审议通过了赵惠玲所作的工作报告。

就贯彻落实全会精神，赵惠玲要求，一要认真学习、把握要义，深刻领会全会精神。当前，全面从严治党向纵深推进，监察体制改革和派驻机构改革基本完成，反腐败力量全面整合，监察监督、派驻监督全面推开，全区纪检监察干部要着眼新形势、新任务、新要求，以高度的政治责任感和强烈的历史使命感，采取召开专题会议、研讨交流等多种形式，学深悟透中央、省、市、区纪委全会精神，全面准确把握精神实质，并结合实际提出切实管用、具体可行的落实举措，不允许简单地以召开会议代替贯彻落实。二要统筹谋划、狠抓落实，扎实推动各项工作开展。要对标中央、省、市纪委和区纪委全会部署，紧密结合实际情况，坚持问题导向、目标导向，找准工作切入点与结合点，高起点、高标准谋划好年度工作，并细化分解任务，明确时间节点，层层压实责任，确保全会部署落到实处。要主动担当作为，认真履职尽责，确保监督到位、执纪到位、处置到位。要从坚持政治原则、严明政治纪律的高度，坚决破除工作不实的形式主义和维护群众利益上不作为、假作为的官僚主义，把每项工作抓扎实、抓具体、抓深入，一步一个脚印，积小胜为大胜，不断把全面从严治党引向深入。三要改进作风、担当尽责，自觉树立纪检监察干部良好形象。纪检监察机关作为党和国家监督专责机关，要时刻保持清醒头脑，时刻严格要求自己，时刻自觉接受监督，严守政治纪律与政治规矩，在原则问题及大是大非面前，在各种诱惑、人情干扰面前，立场坚定、旗帜鲜明，以坚强的党性、高尚的品格、良好的形象投身于各项工作，为扎实推进全面从严治党、巩固发展反腐败斗争压倒性胜利再立新功。

【金水区 2018 年度目标总结表彰暨 2019 年工作推进大会】 2 月 19 日上午，金水区在机关三楼多功能厅召开 2018 年度目标总结表彰暨 2019 年工作推进大会。会议由区委副书记李伟革主持。

区委副书记、区长魏东总结 2018 年工作，安排部署 2019 年任务。魏东提出，一是成绩鼓舞人心，务必在坚定信心中昂扬斗志。2018 年，金水区在产业转型发展、开放创新、大棚户区改造、“路长制”工作、民生实事、巡视整改等方面取得了出彩的成绩，各项指标重回中部城区首位，主要指标全部进入中部城区前三，全面形成了领跑发展的决定性态势。二是目标催人奋进，务必在把握形势中激发动力。2019 年，要置身高质量发展竞争大局，面临领跑发展、拉高标杆、群众期盼的压力，审视全局，抢抓国家战略机遇、不断增强基础条件优势、持续浓厚比学赶超氛围，切实把压力、机遇、优势转化为项目实体，转化为发展动能，把领跑发展、高质量发展推向前进。三是任务刻不容缓，务必在全力推动高质量发展中攻坚突破。要攻坚突破重大项目建设，要攻坚突破群众安置回迁工作，要攻坚突破自贸区和自创区建设，要攻坚突破城区承载功能建设，要攻坚突破生态建设，要攻坚突破民生实事，做到每天都是节点、全年都在冲刺，确保全面巩固发展领跑中部城区发展决定态势。

区委常委、常务副区长杨洁宣读有关表彰决定，受表彰的先进单位代表和先进个人代表上台领奖。各街道向区委、区政府递交2019年度目标责任书，部分单位进行表态发言。

最后，围绕2019年工作开展，区委书记陈宏伟强调，要把规划图变成施工图，要把时间表变成计程表，要担当作为、务实重干、狠抓落实。

一是紧盯目标抓落实。要巩固发展领跑中部城区发展决定性态势不动摇的总体目标，按照“三个阶段、三步走”目标体系，树立大局意识、宏观意识，要坚定信心、狠抓落实，巩固发展决定性态势不动摇；要明确任务导向，责任细化到人，时间量化到天，确保目标任务按时完成。

二是聚焦重点抓落实。各单位要集中火力、全部消灭、决战决胜，打赢新型城镇化建设歼灭战；要集中兵力、瞄准一点、打开缺口，打赢现代产业体系构建突破战；要坚强阵地、依托阵地、以守为攻，充分利用双区叠加和三大园区优势，立足优势、发挥优势、放大优势，建设产业发展新高地，打赢开放创新阵地战；要加快市政基础设施和公共配套设施建设，要强力推进以“路长制”为载体的城市精细化管理，补短板、改面貌，加快形成领跑中部城区发展的城区形象，打赢城区品质提升突击战；要认识到攻坚战反映生态建设的艰巨性，下大决心、花大力气，推动生态环境质量持续改善、全面提升，打赢生态环境攻坚战；要围绕“满足人民群众对美好生活向往”这一主题，高质量推进37个总投资189亿元的民生项目，打赢民生改善持久战。

三是项目统领抓落实。要始终把“项目化推进，台账式管理”作为根本工作方法和工作路径，进一步加大项目建设力度，坚持突出项目引领作用、带动作用，把项目建设作为全区经济社会发展中的关键核心；要抓住218个重点项目建设，全力以赴抓进度，确保金水区重点项目建设第一季度“开门红”。

四是完善机制抓落实。要持续坚持“党委加强领导、政府充分履职、人大、政协共同参与的责任明晰、工作有序、运转高效”的工作推进机制，要持续坚持区级重点工作推进机制，要切实加强领导，实施项目化推进，加快分管领域各项工作的推进落实，按时间节点有序推进目标任务实现。要坚持督查机制，加大督查力度，两办督查室要盯紧、盯死、盯牢，严查落实。要完善奖惩分明的考核机制，10个工作推进小组要按照既定推进方案和考核办法抓好执行，坚持定期组织专项观摩会、召开点评会，要俯下身子抓推进、抓落实。

五是担当作为抓落实。全区各级领导干部要树立责任意识、担当意识，充满激情、主动靠前，撸起袖子加油干，一级带着一级干、一级干着一级看，在全区上下形成苦干、实干、敬业、奉献的良好气氛。要以“全球眼光、国际标准、金水特色”，拔高坐标、定标准，严格要求抓标准，持之以恒守标准。要勇于担责、担难、担险，始终把责任扛在肩上，为实现巩固发展领跑中部城区发展决定态势提供源源不断的战斗力。

【政协郑州市金水区第九届委员会第三次会议】 2月26日上午，中国人民政治协商会议郑州市金水区第九届委员会第三次会议在区机关三楼多功能会议厅开幕。大会应到委员246人，实到236人，符合规定人数。

区政协主席武建民代表区九届政协常务委员会向大会作工作报告。

区政协领导王居良、宋红霞、王静、刘凌云、徐建军、赵海叶、李劲松，秘书长张书林参会。王居良主持开幕大会。

金水区区长魏东代表金水区委发表讲话。区委副书记李伟革，区人大常委会主任薛燕以及区委、区人大常委会、区政府、区纪委、区人武部、区法院、区检察院、辖区公安分局的领导出席大会。

出席大会开幕式的还有往届区政协主席、副主席崔文彩、赵学礼、赵松龄、王志业、张清芳、左进军、孙鲜龙。各街道党工委书记、区直机关各单位负责人参加会议。

会议首先通过了本次会议议程。武建民在报告中指出，2018年，区九届政协常委会坚持以习近平新时代中国特色社会主义思想为指导，全面贯彻落实中共十九大精神，深入学习贯彻习近平总书记关于加强与改进人民政协工作的重要思想，围绕团结和民主两大主题，聚焦区委、区政府中心任务，以加强新时代人民政协党的建设工作为统领，以服务改革发展为主线，认真履行职能，展现政协作为，为全面形成领跑中部城区发展决定性态势做出了积极贡献。报告从六个方面回顾了2018年的工作：一是加强党的领导，坚定政治方向；二是紧扣发展大局，广泛协商议政；三是发挥独特优势，加强民主监督；四是积极参政议政，回应民生关切；五是提升服务水平，汇聚发展合力；六是顺应时代需要，强化自身建设。

关于2019年工作，报告指出，2019年是新中国成立70周年，是人民政协70周年华诞，也是金水区加快推动高质量发展、巩固领跑中部城区发展决定性态势的重要一年。区政协及常委会要坚持以习近平新时代中国特色社会主义思想为指导，认真学习贯彻中共十九大，十九届二中、三中全会精神，全面贯彻中央、省委、市委、区委经济工作会议精神，牢牢把握团结民主两大主题，以全面加强政协党的建设为统领，以服务高质量发展为主线，以助力改善民生为重点，积极履行政治协商、民主监督、参政议政职能，主动发挥协调关系、汇聚力量、建言献策、服务大局的作用，进一步开创新时代全区政协工作新局面。要坚持思想武装，正确履职；坚持党的领导，忠诚履职；坚持围绕中心，精准履职；坚持团结民主，为民履职；坚持固本强基，高效履职。为实现全区经济社会高质量发展做出新的、更大的贡献，以优异成绩献礼新中国和人民政协成立70周年。

受政协郑州市金水区第九届委员会常务委员会委托，区政协副主席宋红霞以书面形式向大会报告区政协九届二次会议以来提案工作情况。区政协九届二次会议以来，共提出提案180件，经提案审查委员会审查立案116件，转社情民意64件。截至年底，提案已全部办理完毕，委员们对提案答复均表示满意。

中共金水区委副书记、区长魏东代表区委在大会开幕会上指出，过去的一年，区委、区政府咬定“实现两个率先、领跑中部城区发展”的奋斗目标，克难攻坚、真抓实干，经济社会发展取得令人欣喜的成绩。充分肯定了全区各级政协组织和广大政协委员为金水领跑中部城区发展决定性态势做出的重要贡献。对做好新时代政协工作提出四点意见与委员们共勉，一是坚定跟随核心，巩固坚如磐石的政治定力；二是聚力服务中心，绽放百花齐放的履职活力；三是广泛汇聚同心，构筑共谋发展的强大合力；四是始终不忘初心，练就担当作为的过硬能力。

大会还听取了区政协常务委员王旭、王宏睿所作的述职报告，同时对2018年度优秀政协委员、优秀政协提案进行了表彰。

【郑州市金水区第十三届人民代表大会第四次会议】 2月27日，郑州市金水区第十三届人民代表大会第四次会议开幕。大会应到代表301名，实到269名，符合法定人数。

大会开幕式由大会主席团常务主席薛燕主持。金水区区长魏东代表区人民政府向大会作《政府工作报告》。报告共分“2018

年工作回顾”“2019 年工作总体要求和主要预期目标”“2019 年政府工作主要任务”和“全面加强政府自身建设”4 个部分。

2018 年，实现地区生产总值 1378.8 亿元、增长 9.5%，财政总收入 248.5 亿元、增长 10.8%，地方一般公共预算收入 61.4 亿元、增长 10.7%，社会消费品零售总额 730.9 亿元、增长 7%，全社会固定资产投资增长 10.1%，主要指标全部位居中部城区前三。

2019 年政府工作的总体要求是：坚持以习近平新时代中国特色社会主义思想为指导，全面贯彻中共十九大，十九届二中、三中全会和省委、市委、区委全会精神，深入落实习近平总书记视察指导河南时的重要讲话精神，牢固树立新发展理念和“以人民为中心”的发展思想，准确把握稳中求进总基调、奋发有为总要求，紧紧围绕郑州国家中心城市建设和“四重点一稳定一保证”工作总格局，牢牢盯住“实现两个率先、领跑中部城区发展”奋斗目标和“一二三四五”发展路径，以高质量发展为根本方向，以“双自联动”为引领，突出改革开放，突出创新驱动，突出民生提质，坚持“项目化推进、台账式管理”，保持经济持续健康发展和社会大局稳定，巩固领跑中部城区发展决定性态势，以优异成绩庆祝中华人民共和国成立 70 周年。

2019 年要全力以赴做好以下六个方面的工作：一是聚焦新型城镇化建设，全力拓展高质量发展的新空间；二是聚焦现代产业体系构建，全力开启高质量发展的新引擎；三是聚焦开放创新双驱动，全力增创高质量发展的新优势；四是聚焦壮大民营经济，全力夯实高质量发展的新根基；五是聚焦生态文明建设，全力强化高质量发展的新保障；六是聚焦增进民生福祉，全力提升高质量发展的新成效。

大会书面听取《关于郑州市金水区 2018 年国民经济和社会发展计划执行情况与 2019 年国民经济和社会发展计划（草案）的报告》《关于郑州市金水区 2018 年财政预算执行情况和 2019 年财政预算（草案）的报告》。

该次人代会继续采取网络视频的形式进行直播，让全区人民第一时间了解大会实况，把握金水改革发展的脉搏。

大会主席团成员和区级领导在主席台就座。

出席区政协九届三次会议的政协委员，区直部门有关负责人，以及受到邀请的区级离退休老同志、市人大代表和社会各界代表列席大会。

【区委中心组集中学习会议】 3 月 8 日下午，金水区召开区委中心组集中学习会议。区委中心组成员（全区副县级以上领导）参加了学习。

区委副书记李伟革领学《人民日报》评论员文章《坚持知行合一　主动担当作为——论学习贯彻习近平总书记在中青年干部培训班上重要讲话》；区委常委、区委宣传部部长杨林领学“习近平同志在中央政治局第十二次集体学习时的讲话”；区委常委、区委办公室主任曹可艳领学《关于做好 2019 年全国两会期间值班带班信访稳定和安全生产等工作的通知》。

会后，区委书记陈宏伟就近期几项重点工作着重强调：一是信访稳定工作。要严格按照工作要求，切实做好接访工作，为老百姓真正解决问题、诉求。要深入到办事处一线，对信访稳定情况，尤其是重点人、信访老户的稳控情况进行过问、督促、抽查，做到亲自联系、当面疏导，督促办事处相关部门落实好稳控责任，坚决避免因监管疏忽出现问题。二是城市精细化管理工作。以“路长制”为载体的城市管理是一项长期工作，一级路长要充分了解工作责任、具体分管道路、“1+2+N”工作模式和考核体系，落实好工作职责。三是秋冬季大气污染防治工作。面对大气污染防治工作的严峻形势，要把重点放在工地的管理上，对辖区所有工地加强管理，包括地铁工程，严格按“8 个 100%”，达不到标准坚决予以停工。四是铁路沿线及高速公路两侧国土绿化工作。铁路沿线及高速公路两侧国土绿化工作任务重，季节性也很强。争取在4月上旬以前提前完成任务，不错过绿化工作季节节点。五是第四次经济普查工作。国家的经济普查是中央决策参考依据，也是地区经济总量的支撑体系。做好第四次经济普查工作，对金水区当前以及今后经济发展、指标完成、实现领跑发展意义重大。六是项目推进工作。金水区领跑发展目标的顺利实现，经济社会各项指标的不断提升，没有项目做支撑，一切都无从谈起。项目是一切问题的核心和根本。七是第一季度经济运行“开门红”。确保第一季度各项工作，特别是经济运行实现“开门红”，既是金水区的阶段工作目标，也是实现全年目标任务的重要基础。区级领导要切实履职尽责，发挥模范带头作用，深入分包联系街道一线，了解、指导、督促、推动各项工作，全力保障金水区2019年各项目标任务能够顺利圆满完成。

【十一届区委常委会第九十二次（扩大）会议】 3月12日上午，金水区召开十一届区委常委会第九十二次（扩大）会议。传达学习习近平总书记在参加十三届全国人大二次会议河南代表团审议时的重要讲话精神，研究部署金水区贯彻落实意见。

会议强调，全区上下要及时传达、深入学习习近平总书记重要讲话精神，切实统一思想和行动，把习近平总书记指示、要求，中央精神，省委、市委工作部署在金水区落到实处。区委书记陈宏伟主持会议，区委理论学习中心组成员出席会议，各街道党工委书记、区直机关各单位主要负责人等列席会议。

李伟革、张川、冯景义、王居良以及区农委、兴达路街道主要负责人作了发言。

会议指出，习近平总书记参加河南代表团审议并发表重要讲话，充分体现了习近平总书记对河南的高度重视、亲切关怀和亲切期望。全区上下要认真结合学习体会，深入贯彻习近平总书记重要讲话精神，做到“三牢记、三努力”。一是要牢记总书记对河南工作的总体要求，更加坚决贯彻落实中央和省委、省政府战略部署，更加坚决贯彻新发展理念和以人民为中心的发展思想，更加坚决打好三大攻坚战，更加坚决推进全面从严治党，以高度的思想和行动自觉推进中央决策、省市委部署在金水区落地见效，努力推进各项工作沿着总书记指引的方向阔步前行。二是要牢记习近平总书记关于“三农”工作的重要部署，重点围绕城乡统筹发展、农业增效、农民增收、农村环境改善、深化农村改革、乡村治理创新等方面，提高认识、调整偏差，结合金水区领跑中部城区发展补短板、增后劲、强支撑的现实需求，纠正“三农”工作在金水区发展中比重小的错误思想，坚持把习近平总书记的指示要求落到实处，要有实力、有财力发展好关于“三农”问题的各项工作，努力在推动“乡村振兴”中取得新成效。三是要牢记习近平总书记关于“高质量发展”的殷殷嘱托，强化责任、勇于担当，按照“四重点一稳定一保证”工作总格局和“四问四标”工作要求，高质量打赢项目建设“六大战役”，以领跑的姿态，为全市走好转型发展的路子当先锋、做示范，努力在郑州高质量建设国家中心城市中贡献金水力量。

就如何贯彻好学习宣传工作，陈宏伟强调，一是要把学习宣传贯彻总书记重要讲话精神作为中心组理论学习、“两学一做”学习教育常态化、制度化的重要内容，制定学习计划，组织开展形式多样的学习交流活动，迅速掀起学习热潮。二是要组织开展专题学习，区委常委、区级领导要带头深入学习，先学一步、学深一层，带领好、组织好分管系统、分管领域的学习。三是要充分发挥《金水时讯》、微信公众号等各类媒体作用，集中做好宣传阐释，加大学习宣传力度，确保讲话精神在金水家喻户晓、深入人心。四是要把学习贯彻落实习近平总书记讲话精神与推进当前工作紧密结合起来，统筹抓好经济运行、项目建设、三大攻坚战、机构改革、安全稳定、民生实事、党的建设等各项工作，努力保持经济社会持续健康发展，维护社会大局和谐稳定，巩固发展领跑中部城区发展决定性态势，以更加优异的成绩迎接新中国70年华诞。

最后，会议就信访稳定、经济运行、重点项目建设、大气污染、“路长制”工作等方面的问题进行再安排、再部署。会议要求要切实提高政治敏锐性，紧紧围绕市委、市政府确定的“四零”目标，扎实做好信访工作。要攻坚突破重大项目建设，超前谋划、统筹安排，重点打赢项目建设“六大战役”，确保全面巩固发展领跑中部城区发展决定态势。要坚决打赢大气污染攻坚战，下大决心、花大力气，确保以最严的标准推进生态环境质量全面提升。要强力推进以“路长制”为载体的城市精细化管理，不断完善提升标准、完善规范，强化标准意识、常抓不懈，切实把全年各项工作做好。要把握关键时间节点，对照金水区经济运行第一季度“开门红”目标任务，保持势态、稳步增长，确保为全年目标任务完成打坚实基础。

【2019年第一季度重大项目观摩点评会】 4月3日，金水区召开2019年第一季度重大项目观摩点评会，对全区重点项目建设、大棚户区改造、城市精细化管理和生态建设等重点工作进行观摩点评，总结工作、查找不足，坚定信心，动员全区上下进一步盯紧项目，强化责任、抢抓时机、狠抓落实，确保各项工作按照时间节点加快推进，为全年巩固发展领跑态势奠定坚实基础。

会议分两个阶段进行。上午，与会人员先后到金水区部分重点项目进行实地观摩。下午，在区机关三楼多功能厅召开点评会议，会议由区委书记陈宏伟主持。

大会首先对金水区城市精细化管理、土地出让、国土绿化、“四经普”、两会期间信访稳定等几项工作进行通报表扬。

随后，区委副书记、区长魏东对全区第一季度工作进行总结点评，对第二季度工作进行安排部署。一是肯定成绩，正视问题，准确把握经济运行的态势和趋势。2019年以来，全区上下紧紧围绕“四重点一稳定一保证”工作总格局和“实现两个率先、领跑中部城区发展”总体目标，聚焦重点项目建设、大棚户区改造、城市精细化管理、生态绿化等重点工作，创新一线推进办法，有力地推动了各项工作的顺利开展；在充分肯定成绩的同时，要正确分析当前形势，对比市委、市政府的要求和金水的发展定位，清醒地认识到生态绿化推进速度、市容市貌提升品质等方面存在的差距和不足，必须倍加珍惜来之不易的良好形势，切实增强实现领跑发展的责任感、紧迫感、使命感。进一步坚定信心，主动作为，更加扎实有效地做好各项工作。二是精准发力，全面攻坚，确保实现“时间任务双过半”。第二季度是抢工期、赶进度、保增长的黄金时期和关键时期，全区各级各部门要紧抓领跑目标、项目建设、安置房建设、自创区及自贸区建设、城市精细化管理、安全稳定六个方面任务，持续深入推进“扫黑除恶”专项斗争治理，咬定全年工作目标，抓住关键、全力攻坚、奋力突破、全力决战，为完成全年目标任务奠定坚实基础。三是加压奋进，狠抓落实，全力推动经济社会发展再上新台阶。当前，各项工作已进入关键时期，各级各部门要进一步增强责任意识、担当意识，强化领导抓落实、紧盯目标抓落实、严格督查抓落实，凝心聚力、克难攻坚，以更加振奋的精神、更加有效的举措、更加务实的作风，加快推进各项重点项目再上新台阶。

最后，区委书记陈宏伟作讲话。他指出，第一季度，全区开局良好、态势喜人，各项工作成效显著，均实现了“开门红”。一方面，经济运行态势良好，持续保持了自2018年以来的良好发展态势，全区经济运行健康平稳，主要经济指标全线飘红，各项指标均衡的实现高幅增长，高于全市平均水平、高于年初奋斗目标；另一方面，干事创业精神状态良好，在以“路长制”为载体的城市精细化、土地出让、国土绿化、第四次经济普查以及两会期间信访稳定等工作任务重、难度大的情况下，全区党员干部苦干实干、敬业奉献，充分体现出干事创业的激情和饱满的精神状态，推动金水区各项工作呈现出好的气势、好的形势、好的态势。

就项目建设问题，陈宏伟强调，一是要以更高的站位抓项目。要抓住项目建设这个“牛鼻子”，抓住第二季度这个黄金期，聚焦项目、主攻项目、决战项目、分秒必争、拼尽全力，拿出势如破竹的气势，全力加快项目建设；要真落实、真操心，真正做到一切围着项目转，一切围着项目干，主动负责、主动担当，真操心、负全责，用心用力抓实抓好项目建设。

二是要以更新的理念抓项目。要既立足当前，又着眼长远，对近期确定的、具备条件的项目，要紧盯不放、大干快上、昼夜不停、快速推进，对长远项目，要牢固树立“功成不必在我的”的意识，结合实际、认真研究、提早谋划、打牢基础；要既突出重点、又统筹兼顾，始终明确工作重点就是项目推进和项目建设，同时还要统筹兼顾好大气污染防治、土方清运等问题，各家单位、各个项目要严格按照大气污染防治八个百分之百标准实施作业，精心组织、有序进行土方清运，避免“黑车”清运等乱象出现，确保清运工作紧张、高效、有序推进。

三是要以更实的举措抓项目。项目分包责任要明确，要按照“五个一”项目责任制要求，责任到人，分包区领导要深入一线，挂帅出征，责任单位主要负责人要发扬“钉钉子”精神，扑下身子、一抓到底。项目建设速度要快，要分秒必争、拼尽全力抢抓黄金期，昼夜不停、加班加点抢进度、抢工期，形成塔吊林立场面，掀起项目建设高潮。项目推进机制要顺，要抓调度，建立完善日通报、周例会、月总结、定期调度的工作制度，及时高效解决问题；要抓督查，对时间紧、季节性强的项目，要坚持日报制度，对重大工程类项目、重大产业项目要每周一督查，及时发现问题、督促落实；要抓考核，要将重大项目推进情况作为各单位季度考核、半年考核的重要依据，作为评判干部、任用干部的重要标准，做到奖优罚劣、奖勤罚懒。项目施工环境要优，要完善服务机制，自觉主动为项目搞好服务，全区上下要形成为企业服务、为项目服务的理念和氛围；要净化施工环境，严厉打击恶意阻工、强揽工程等影响经济发展环境的行为，要硬起手腕坚决治理，对个别典型问题要坚决问责，确保营造规范有序的施工环境。同时，区委、区政府将按照已出台的容错纠错机制，为敢于担当、负责的干部担当，切实消除顾虑。针对当前项目建设过程中影响较大的问题——国家大规模减税对金水区顺利完成财政收入的问题和房地产项目建设推进缓慢的问题，各相关单位要高度重视，增强风险意识，提早谋划解决国家减税政策对应措施，研究制定破解房地产严峻形势相关方案，加快推进项目建设，把项目建设作为一切工作的重中之重。

【“迎民族盛会，庆七十华诞”城市环境综合整治提升工作动员会】 以“迎民族盛会，庆七十华诞”为有利契机，为提升金水区城市环境综合质量，全面贯彻落实省、市关于“办好一个会，提升一座城”的总体要求，6月29日上午，金水区在区机关三楼多功能厅召开“迎民族盛会，庆七十华诞”城市环境综合整治提升工作动员会。全区副县级以上领导，区委办公室、区人大常委会、区政府、区政协相关负责人，各街道党政正职、区直机关各单位主要负责人，各垂直单位、各公安分局、交警大队主要负责人，区直有关单位负责人以及志愿者代表、新闻媒体代表参加会议。会议由区委副书记李伟革主持。

会上，首先由区委副书记、区长魏东就全面做好城市环境综合整治提升工作进行全面部署。他强调，一要充分认识到做好城市环境综合整治提升工作，是作为省会中心城区必须扛稳的政治责任。民族运动会的举办正临新中国成立70周年，是中国特色社会主义进入新时代后首次举办的综合性民族体育盛会，其举办规格高，保障标准严，政治意义重大。全区上下要提高政治站位，扛稳政治责任，迅速行动，以决战决胜的姿态和努力，把各项筹备工作做精做细，以万全准备、崭新形象、周到服务，办好民族运动会。二要充分认识到做好城市环境综合整治提升工作，是推进金水领跑中部城区发展的迫切需要。全区开展以“路长制”为载体的城市精细化管理工作以来成效显著，但仍存在诸多薄弱环节。如部分路面存在坑洼不平、绿化带还有黄土裸露、背街小巷清洗质量不高、城市家具维护管养不及时、道路指示标牌不清晰、工地管理不够规范、车辆乱停乱放等问题。要以该次城市环境综合整治提升为契机，坚决补齐基础短板，全面提升城区环境。三要充分认识到做好城市环境综合整治提升工作，是不断满足群众对美好生活需要的重要内容。要紧盯一个目标，突出亮点和乱点，对重点区域、重点部位、重点道路、重点节点进行高标准、全方位集中整治，推动城区环境持续提升。要抓好市容环境、交通秩序、园林绿化、城区亮化、居民楼院综合整治。要切实提升群众文明素养、大气环境质量、安全保障水平。各部门要细化落实责任，形成推进合力，营造浓厚范围，强化督查督导，鼓足干劲，扎实工作，打造“整洁、有序、舒适、愉悦”的城市环境，确保民族运动会顺利召开。

区城管局、区城管执法大队、区文明办、区保障办、人民路街道、丰产路街道押砦社区主要负责人就全力做好城市环境综合整治提升工作做了表态发言。

会议最后，区委书记陈宏伟就下一步如何做好工作提出八点要求。一是要提高站位。保障好第11届全国少数民族传统体育运动会顺利召开。二是要整体提升。各单位要全方位做好此次城市环境综合整治工作。三是要突出重点。要集中力量，治理乱点，打造亮点。四是要标本兼治。老旧社区改造、卓越路段创造是需要长期坚持的重点工作，是解决城市乱象的根本。五是要全民参与。要广泛动员社会各界力量、志愿者等共同参与到城市环境治理工作中，形成全民参与的良好氛围。六是迅速行动。以该次动员会为起点，立即在全区掀起城市环境综合整治提升新高潮，全力推进城市精细化管理工作。七是要督查考核。由区委督查室统筹，抽调区纪委监委等部门工作人员，组成区城市环境综合整治提升联合督查考核组，同时，建立以“区委、区政府主要领导观摩督导，分包区领导每周督导，区委、区政府联合督导组日常督导，责任主体单位自查督导”为主要内容的督导机制。八是要统筹兼顾。要树立“一盘棋”意识和全局观念，在抓好城市环境综合整治工作的同时，实现全区各项工作稳步推进，为辖区居民营造整洁、有序、舒适的社会环境。

【区直机关庆祝建党98周年表彰会暨红色故事展演】 为庆祝中国共产党成立98周年，回顾党的光辉历程，传承红色基因，7月1日下午，金水区举办区直机关庆祝建党98周年表彰会暨红色故事展演。市直机关工委副书记乔成田，区委书记陈宏伟、薛燕、赵惠玲、杨林、付建峰、王爱辉、李继东、时博、李小虎出席活动，各街道党工委书记，区直各机关党组织书记、副书记、党员代表等400余人参加活动。会议由区委书记陈宏伟主持。

大会表彰了区直机关先进基层党组织、优秀共产党员和优秀党务工作者，旨在进一步增强基层党组织的凝聚力和战斗力，发挥共产党员先锋模范带头作用，激励党员不忘初心、牢记使命。随后，与会领导和党员们共同观看了《可爱的中国》《为人民服务》等12个节目的展演，同大家一道缅怀党的历史，回顾了中国共产党98年来走过的光辉历程，激励和动员全区各级党组织与全体共产党员，牢记党的光辉历史，发扬党的优良传统，带领全区人民为巩固发展领跑中部城区发展决定性态势的目标而努力奋斗。

陈宏伟指出，全区各级党组织和广大党员要积极响应区委号召，紧紧围绕"实现两个率先、领跑中部城区发展"的奋斗目标，靠前站位、主动作为，勇于担当、克难攻坚，充分发挥了党组织的战斗堡垒作用和共产党员的先锋模范作用，推动各项事业持续突破、持续提升，不断开创党的建设与经济社会高质量发展的最好时期、最好局面。

【上半年经济形势分析及重点工作总结观摩点评会】 为全面总结上半年工作情况，分析研判工作形势，安排部署好下半年各项工作任务，确保各项重点目标任务按时间节点保质保量完成。7月27日，金水区召开上半年经济形势分析及重点工作总结观摩点评会。

全区副县级以上领导，区委办常务副主任，区人大常委会、区政府办公室主任，区政协秘书长、办公室主任，区委各部委由区领导担任正职的常务副职，各街道党政正职，区直各单位党政正职，区委巡察办主任、巡察组组长，各垂直单位，辖区各公安分局，郑州交巡警支队一、四、五大队主要负责人参加观摩或出席会议。

观摩中，与会人员先后到渠东路卓越路段、园田路3号院老旧小区改造项目等7个观摩点进行实地观摩，现场查短板、问题，制定措施。随后，当天下午召开分析会，听取了部分街道就上半年工作开展情况及下半年工作部署的情况汇报，有关区级领导对重点工作进行点评，通报表扬了在城市环境综合整治提升、拆迁清零等重点工作中表现突出的单位。

区委副书记、区长魏东对上半年工作进行总结点评，对下半年工作进行安排部署。一是全面盘点总结，上半年工作成绩亮点纷呈、可圈可点。主要经济指标增速快，重点项目建设快，两区建设进展快，安置回迁步子稳，产业升级转型稳，基础设施推进稳，城区环境面貌新，民生改善变化新，干部作风气象新，借力"三快""三稳""三新"，顺利实现了"时间任务双过半"。二是深入分析研判，推动经济社会高质量发展大有可为、未来可期。下半年工作要保持经济增长、新旧动能转换、持续提升城区环境品质的压力，抓住省市推动高水平对外开放带来的机遇，紧跟省市发展战略布局带来的优势，大力推动创新创业带来的潜力，加快实现领跑中部城区、推动经济社会高质量发展。三是狠抓执行落实，实现全年目标任务顺利完成。要突出优化环境保障工作，着力抓好城区品质提升、污染防治攻坚、优化营商环境、安全稳定等重点领域工作。要加大对外开放路径，加强重点项目建设，加快棚户区改造，加快土地挂牌进度。要快节奏、满负荷、高效率地推动工作，确保全年各项目标任务顺利完成。

区委书记陈宏伟就强力推进全年工作强调：一是肯定成绩，坚定信心。2019年上半年，全区各项工作呈现出态势喜人、质量优化、支撑有力、士气高涨的良好态势。

二是突出重点，统筹兼顾。加强经济监测，确保高质量发展。加快项目建设，为经济高质量发展提供长远支撑。突出环境整治提升，提高经济发展竞争力。狠抓大气污染防治，为经济发展提供生态环保容量。守住安全稳定红线，为经济高质量发展提供保障。

三是振奋精神、再创佳绩。全区上下要继续保持快节奏、满负荷的工作状态。把思想和行动统一到圆满完成全年目标任务上来，强化责任意识，迅速进入决战状态，各级领导要亲自上阵，既当指挥员，又当战斗员，以身率先、自加压力、狠抓落实，确保各项目标任务圆满完成，为来年良好开局起好步，为领跑中部城区发展做出应有的贡献。

【“不忘初心、牢记使命”主题教育工作会议】 9月12日上午，金水区召开“不忘初心、牢记使命”主题教育工作会议。市委第三指导组组长、市委市直机关工委副书记尹红卫，副组长、市绩效办副主任黄莹，市委第三指导组其他成员参加了此次会议。会议由区委副书记、区长魏东主持，区委书记陈宏伟对主题教育进行动员。

会上，在作完宣讲和先进事迹报告后，陈宏伟对先进事迹给予高度评价，并强调，一是把牢主题教育目标方向，深化思想共识。要牢牢把握深入学习贯彻习近平新时代中国特色社会主义思想这个根本任务，推动理论学习有收获；要牢牢把握共产党勇于自我革命这个优良传统，推动思想政治受洗礼；要牢牢把握以人民为中心的发展思想这个出发点，推动为民服务解难题；要牢牢把握狠抓落实这个落脚点，推动干事创业敢担当；要牢牢把握严守纪律规矩这个基本底线，推动清正廉洁作表率。二是抓住关键重点，严格标准要求。在学习教育上要做到真学、真信、真用，在调查研究上要做到求实、求透、求效，在检视问题上要做到从严、从实、从细，在整改落实上要做到真抓、真整、真改，在支部教育上要做到精准、精细、精确。三是扛稳政治责任，增强教育质效。从落实领导责任、强化典型引领、力戒形式主义、强化督促指导、坚持统筹兼顾等方面出发，高质量完成各项工作任务，确保主题教育不偏、不空、不虚，取得扎实成效。

【“同升国旗　同唱国歌”主题活动暨升国旗仪式】 为庆祝中华人民共和国成立70周年，大力弘扬社会主义核心价值观，共抒爱国情怀，9月30日上午，金水区举行“同升国旗　同唱国歌”主题活动暨升国旗仪式。全区副县级领导干部、区机关大院内单位全体工作人员参加升旗仪式。仪式由区委副书记、区长魏东主持，区委书记陈宏伟作重要讲话。

升旗仪式上，区委书记陈宏伟首先代表区四个班子，向奋战在全区各条战线上的党员干部群众，向关心支持金水发展的各级领导、各界人士，致以节日的问候和祝愿。

陈宏伟要求，要以庆祝新中国成立70周年为新的起点，进一步激发广大干部群众的爱国情感，激励全区上下以更加饱满的政治热情和务实作风，积极投身打造高品质现代化城区、加快实现领跑中部城区发展实践，共同谱写金水人民美好生活新篇章。一是爱国之情要更加坚定。要始终保持朴实、高尚的爱国情怀，把爱党、爱国、爱社会主义统一起来，唱响主旋律，弘扬正能量，培养爱国之情，砥砺强国之志，实践报国之行。二是发展步伐要更加坚实。要牢固树立新发展理念，坚持一张蓝图绘到底、保持定力不换频，准确把握金水当前发展面临的重大机遇和挑战，把“领跑中部城区发展”和“打造高品质现代化城区”贯通起来推动工作落实，久久为功、锲而不舍，不断开创金水发展新局面。三是民生关怀要更加温暖。要自觉践行以人民为中心的发展思想，把群众观点、宗旨意识深深植根于思想中、落实到行动上，想群众之所想，急群众之所急，解群众之所困，下决心解决好事关群众切身利益的热点、难点问题，带领金水人民群众创造更加幸福、美好的生活。四是实干姿态要更加昂扬。要始终保持时不我待的使命感、只争朝夕的紧迫感、舍我其谁的责任感，真抓实干、务实重干，奋力打造高品质现代化城区，加快实现领跑中部城区发展，努力在推动郑州国家中心城市建设中走在前列，为中原出彩、中部崛起做出贡献。

【优化营商环境暨招商引资大会】 为认真贯彻落实国家、省、市优化营商环境重大决策部署，努力营造一流营商环境，扩大招商引资成果，为打造高品质现代化城区、加快实现领跑中部城区发展提供有力支撑。10月31日上午，金水区召开全区优化营商环境暨招商引资大会。

会上，区委副书记、区长魏东对全区营商环境、招商引资工作进行安排部署，全区上下要将筑牢优化营商环境作为贯穿今后各项工作的“一号工程”的重要地位；要秉持以打攻坚战、持久战的姿态，以更大的力度、更实的举措推动金水区营商环境持续优化根本好转的坚定决心；要激扬切实以营商环境的新面貌激发高质量发展的新活力、构筑城区竞争的新优势的充沛信心。同时，要进一步明确要求、安排部署，突出重点、精准发力，以评促改、以评促优，对标先进、努力作为，以优化营商环境引领招商引资工作再上新水平，以高质量的营商环境和招商引资推动金水区的高质量发展。

区委书记陈宏伟就全面做好下一步工作强调指出，一是认清形势，把握大局，深刻认识优化营商环境、做好招商引资工作的重要性、必要性和紧迫性。全区上下要进一步提高站位，充分认识营造一流营商环境，做好招商引资工作是金水持续高质量发展的关键所在，要将其作为事关金水长远发展的大事要事，抓紧、抓实、抓好、抓出成效。要把优化营商环境作为“打造高品质现代化城区”的基础性、全局性、先导性工作，作为发展的“生命线”来抓，深刻认识优化营商环境的极端重要性和现实紧迫性，深化“营商环境就是生产力”的认识，以打攻坚战、持久战的姿态，以更大的力度、更实的举措推动金水区营商环境持续优化。

二是瞄准目标，突出重点，营造一流营商环境，提升城市“性价比”。要营造简洁、高效的政务环境。推动“审批型政府”向“服务型政府”转变，全力推进审批提速，最大限度整合并减少重复提交的申请材料，最大限度减少内部环节，最大限度压缩审批时限，以“最多跑一次”改革为契机，实现“一件事、一张网、跑一次、不见面”。要营造公平、公正的法治环境。做到公正司法、严格执法、加强普法，以法律为准绳、以政策为界限，杜绝用原则做交易、打政策擦边球，拿公权刷存在感、把简单问题复杂化等现象发生，确保各项工作合法合规，经得起群众的监督、市场的检验。要营造诚信文明的人文环境。建立健全文明提升的长效机制，深入践行社会主义核心价值观，让讲文明话、做文明事成为全社会的自觉行动，不断提升金水的文明程度。完善社会信用体系，加快推进联合征信系统建设，建立和完善企业、公民、社会组织等信用数据库，健全守信激励与失信惩戒制度，营造人人讲诚信、社会显文明的良好氛围。要营造宜居便利的服务环境。宜居的城市环境，完善的配套设施，优质的教育资源、医疗资源、文化资源、生态资源，为全区营商环境提供重要内涵和支撑。

三是抓住关键，强化举措，拓宽工作思路，提高招商引资实效。要突出重点招“大”商。把招大引强作为招商引资的重点，瞄准大型央企、行业领军企业，精心策划包装一批重大项目，有针对性组织开展专题招商活动，切实吸引聚集一批配套企业和项目落地，形成协同发展的“雁阵效应”。要抓住关键招“头”商。依据“头部”企业发展战略、产业布局和动态需求，同金水区区位、交通、经济等方面的优势与其发展战略相结合，找到契合点，做好全程服务，全面为企业将金水打造成为区域性总部基地保驾护航。要聚焦链条招“群”商。坚持传统产业改造升级和战略性新兴产业培育并重，将承接产业转移与推动产业升级、打造产业集群结合起来，积极与行业协会、产业联盟对接，与行业龙头企业洽谈，积极推进一些产业整链条招引、整集群入驻。

四是抓好组织领导，强化责任落实，为营造一流的营商环境提供有力支撑。要做好经济运行监控、监测工作。各单位要紧盯目标，加强监控，采取有力有效措施，确保全年目标任务圆满完成。要加快推进项目建设工作。各单位要抓住当前施工建设的黄金时期，在确保大气污染排放达标的前提下，相互协调、通力合作、比学赶超、全力加快建设进度。要把城市管理与文明城市创建有机结合起来。各相关单位要持续做好城市环境综合整治提升工作，巩固底线意识，强化举措、整体推进、稳步提升，确保国家文明城市复检复验顺利通过。要将主题教育工作落实落细。按照“四个贯彻始终”总要求，持续开展好调研成果研讨，结合以案促改检视、民主生活会等相关活动，将调研检视、整改落实相结合，充分让单位职工、辖区居民群众感受到主题教育的成果。

全区上下要认真学习贯彻习总书记考察河南时的重要讲话，认真落实省市有关会议精神，把优化营商环境、招商引资作为根本性、长远性、全局性的工作来对待，把优化营商环境、促进招商引资工作与主题教育结合起来，以更加饱满的热情、更加过硬的作风、更加有力的举措，争取环境优化、招商引资工作取得更好的成效，不断为金水实现领跑发展、打造高品质现代化城区集中优势奠定基础。

会上河南省城乡规划设计研究总院空间规划政策研究院院长、郑州市营商环境评价课题组负责人程智韬受邀作辅导报告。区住建局、市场监管局、政务服务办、自然资源局、文化路街道、兴达路街道作表态发言。

全区副县级以上领导，区委办常务副主任，区人大常委会、区政府办公室主任，区政协秘书长、办公室主任，区委各部委由区领导担任正职的常务副职，区委巡察办主任、巡察组组长，各街道党政正职、分管副职，区直各单位主要负责人，金水税务分局、金水规划服务中心、金水市场分中心、金水消防救援大队、金水社保中心、金水不动产中心负责人，辖区各公安分局主要负责人，交巡警支队一、四、五大队主要负责人，企业代表，新闻媒体代表参加会议。

【全区领导干部会暨2020年“双节”廉政谈话会】 12月31日上午，金水区召开全区领导干部会暨2020年“双节”廉政谈话会，传达学习市委十一届十一次全会精神，全力以赴打好年底“收官战”和新年“破局战”，确保2019年各项目标任务顺利完成，力争实现2020年一季度“开门红”，助力全年“满堂红”。

会上，区委副书记、区长魏东首先传达贯彻市委十一届十一次全会精神，安排部署全区需要高度关注、抓紧推进、确保完成的重点工作。一是坚决确保完成年度目标任务。各街道书记、主任务必要一线抓数据上报，区级分管领导务必要亲自抓对接，各领导小组务必要提前对接考核工作，确保全面完成年初预定目标。二是务必保证社会大局安全稳定。要深入开展隐患排查整治，严防各类安全事故发生；要系统化解信访突出问题，全力维护社会大局稳定；要坚决抓好社会治安综合治理，有效维护公共安全；要认真抓好舆情监控，全力做好应对处置。三是一刻不停高效推进“双改”工作。道路综合改造方面，要抓紧推进违建拆除、“住改商”治理等工作，为快速实施道路改造创造良好条件；老旧小区改造方面，要尽快完成违建拆除、管线对接等工作，春节过后必须全面启动；城乡接合部改造方面，要对照标准、加大力度，集中治理和整顿垃圾积存、扬尘污染等问题，坚决消除管理盲区、卫生死角；城市精细化管理方面，要以优秀路段打造为抓手，更大力度推动城区环境品质的持续改善、持续提升。四是协调联动开展专项行动。各级各部门要紧紧围绕“为民服务解难题”要求，聚焦与群众利益密切相关的城区建管、交通出行、教育医疗、政务服务等重点领域，认真开展排查，建立详细台账，加快整改。五是严格落实污染防控各项措施。各单位要牢固树立打“持久战”的思想，始终突出建筑工地、餐饮油烟、渣土运输等重点领域，落实好各项管控措施，确保秋冬季攻坚目标顺利完成，确保空气质量不断好转。六是深度谋划梳理2020年各项工作。各单位要围绕贯彻落实市委十一届十一次全会精神，结合实际情况，对2020年的工作再次进行系统梳理和谋划，着重谋划好、推进好一季度工作。要精心组织、加强调度，抓项目手续办理、抓开工前期准备，以重点项目的率先突破，推动实现一季度“开门红”。

就如何始终保持政治本色、严守忠诚干净担当，区委书记陈宏伟提出具体四点要求，一是正确认清形势，自觉做到令行禁止。中央、省、市各级强力落实中央八项规定精神的决心坚定、态度鲜明，正风肃纪的高压态势从未停歇，持续释放越往后执纪越严的强烈信号，全区党员干部要以未雨绸缪、居安思危的警惕感和危机感，保持战略定力、保持头脑清醒，刀刃向内、自我检视，用严的作风、严的纪律营造良好发展环境。二是严于正身律己，争做清正廉洁表率。全区领导干部要以“如履薄冰、如临深渊”的警醒，立正身、讲原则、守纪律、拒腐蚀，要心怀敬畏，破除不良心态；要从善如流，自觉接受监督；要严管厚爱，培育良好家风。三是落实“两个责任”，从严从实管党治党。全区各级党组织和党员领导干部要把落实管党治党责任作为最根本的政治担当，自觉把责任记在心上、扛在肩上，既要做管党治党的领导主体、责任主体，又要做落实主体、行动主体。要发挥“头雁效应”，管好带好队伍，夯实基层基础，坚决正风肃纪，以“钉钉子”精神打好作风建设持久战。四是主动担当作为，营造浓厚干事氛围。全区各级党组织和纪检监察机关、组织部门要充分发挥职能作用，牢固树立保护担当、激励担当、支持担当的鲜明导向，着力营造“当干部必作为、让干部敢作为、促干部想作为、使干部受监督”的良好氛围。

就做好当前重点工作，陈宏伟强调，一是做好经济运行监控，确保全年目标任务顺利完成。2019年全区经济运行整体平稳、好于预期、形势明朗，各相关单位、各街道办事处要对照各项目标任务，做细做实各类数据上报，推动全年各项目标任务不折不扣完成。二是做好一季度工作，确保实现“开门红”。要提前谋划好各类项目，早动手，早准备，精心组织，抓好项目开工前期准备，推进在建项目建设工作，确保一季度“开门红”。三是全力做好安全生产和信访稳定工作，确保社会大局稳定。各单位要从讲政治的高度，认真做好矛盾排查化解和安全隐患治理，要突出农民工工资拖欠、过渡费拖欠、问题楼盘等重点领域，逐个项目、逐个工地，深入细致开展排查整治，做到细之又细，全力维护社会大局稳定。四是妥善安排好贫困群体的生活问题。要对特殊困难群体、流浪乞讨人员等开展不间断排查，及时做好帮扶和救助，切实解决困难群体生活中的实际问题，确保生活困难、迫切需要帮助的群众温暖过冬、祥和过年。

同时，会议传达了省市纪委通报的4起典型案例和《关于进一步深化落实中央八项规定精神的实施意见》的文件精神。

全区副县级以上领导出席会议，区委办常务副主任，区人大常委会、区政府办公室主任，区政协秘书长、办公室主任，区委各部委由区领导担任正职的常务副职，区纪委常委、区监委委员，区委巡察办主任、副主任，巡察组组长、副组长，各街道党政主要负责人、纪工委书记，区直机关各单位党政主要负责人、纪检组长参加会议。

组织工作

【概况】 中共金水区委组织部是区委主管组织工作、干部工作和人才工作的职能部门。内设办公室（财务室）、研究室、组织一科、组织二科、干部一科、干部二科、干部监督科、干部教育科、人才工作科、公务员管理科、区直机关党建科、考核工作科 12 个科室。辖人才工作办公室、党员电化教育中心、大学生村官管理办公室、干部信息管理中心、非公有制企业党工委办公室 5 个二级机构，代区委管理区委编办、区老干局。

【主题教育】 把扎实深入开展主题教育作为首要政治任务。坚持提前布局打基础，第一批主题教育启动后，提前谋划，结合纪念新中国成立 70 周年、庆祝“七一”系列活动、保障第 11 届全国少数民族传统体育运动会等重点任务，做到理论学习先行、活动开展先行、梳理问题先行，总计梳理问题 269 条，3.23 万人次开展志愿活动，有效推动了全区党员干部先学起来、先动起来。坚持从严从实抓学习，把学习贯彻习近平新时代中国特色社会主义思想和总书记考察河南时的讲话精神作为重要内容，组织县处级干部 3 次 9 天真封闭、真研讨集中学习，全区科级以上党员干部、党组织书记上党课 484 场；开展“万名党员进党校充电计划”36 期，筑牢真学、真信、真用的思想根基。坚持统筹推进解难题，创造性制定统筹推进调查研究、检视问题、整改落实工作方案，聚焦事关全区经济社会发展的全局性问题，聚焦解决群众最急、最忧、最盼的问题，列出 3 大方面、9 大类、41 项重点课题，分领域细化城市道路综合改造等 378 项重点任务，累计开展实地调研 1688 次，整改问题 1623 个，群众关心、关切的中小学午间配餐覆盖 35 所学校，108 个老旧小区实现改造升级，50 个无主管楼院完成视频监控技防建设。

【党建工作】 科学制定 2019 年度党建工作目标及考核细则；认真组织开展各级述职评议；高质量组织开展专题民主生活会和组织生活会；精心组织开展迎“七一”系列活动；围绕“迎民族盛会 庆七十华诞”，广泛组织开展文明交通、全城清洁等党员志愿服务活动；深入开展软弱涣散党组织整顿，4 个软弱涣散村党组织全部“脱帽”；扎实开展乡土人才联络和回归工作，建立完善村级干部后备库、乡土人才库；每季度开展“逐村（社区）观摩”，6 月 18 日召开城市基层党建工作推进会，推广好的经验做法；统筹推进党群服务中心建设出新出亮，全区党群服务中心已建成投入使用 6 个，稳步建设 16 个；以党建为引领，以“两项制度”“两项机制”为抓手，充分整合辖区资源，积极培育居民自治队伍；发挥基层党组织自身优势和党员先锋模范作用，积极引导驻区单位、党员志愿者、居民群众、街区商户等各类组织和群体共同参与“路长制”工作与老旧小区改造，促进街区道路面貌改善，逐步实现老城区有机更新，形成“党员带头、群众参与、志愿服务、群众自治”的城市基层治理新格局。2019 年 12 月 27 日，全国城市基

▲ 5 月，全省社区（村）书记培训班多次到省委社区、鑫苑社区、农业院社区观摩学习社区党建工作

层党建创新论坛专门对金水区党建工作进行观摩。

【干部队伍建设】 树好选人用人导向，圆满完成全区党政机关机构改革中，新组建、合并、撤销、职责划转等单位领导干部的调整和配备；1月，对全区科级领导班子和科级干部进行年度考核，并对结果进行运用；积极配合做好市管干部考核工作；加强对区直部门派出机构干部的了解和管理，对各街道执法中队2018年的工作情况进行了调查评议；扎实做好公务员考核、备案、登记等工作；结合实际，制定全区公务员职务与职级并行实施方案，扎实推进职务与职级并行各项工作；积极配合市优秀年轻干部调研组做好调研工作；举办2期优秀年轻干部培训班；研究出台《关于加强中层干部队伍管理的意见》，进一步严格中层干部选任原则、资格条件、选任方式和程序，切实做好中层干部调整的预审备案；顺利完成干部人事档案数字化工作，干部人事档案管理进一步科学化、规范化；探索建立动态化干部监督电子系统；充分运用提醒、函询和诫勉，将干部监督管理工作抓在日常。

【干部教育工作】 围绕打造新时代高素质、专业化干部队伍，强化精准施训，在复旦大学和浙江大学举办党政正职研修班，通过集中授课、交流学习、实地考察，进一步提升党政正职的能力和水平；注重品牌打造，不断提升名家讲坛的质量，邀请中国人民大学教授金灿荣等5名知名专家、学者就“思想大解放引领发展高质量”等专题做了5期报告讲座，累计培训各级领导干部2200余人次；切实发挥党校的主阵地作用，举办春秋季科级干部主体班、2期中青年干部培训班，共培训218人次，区委书记陈宏伟、区长魏东以及各区委常委带头授课，在全市发挥了积极的示范作用；努力规范各类办班和调训工作，2019年累计审批32家单位共36个班次；全面实行“两考一诺”（“两考”即开班考试和结业考试，“一诺”即学员签订承诺书）制度，建立完善全流程链条式质量监管体系，得到市委组织部的高度认可；全年共抽调21名领导干部参加上级部门举办的专题培训，圆满完成上级部门调训任务。

【人才工作】 协调推进“智汇郑州”七个人才计划在金水的深入实施，全年成功申报郑州市高层次人才33人，入围评选郑州市“1125聚才计划”16人（团队），受理青年人才补贴2235人，入选人数位居全市前列；积极推进人才链、产业链、创新链、资金链的深度融合，全区经认定的省、市级院士工作站34个，科技型企业达699家；高标准承办中国·河南招才引智创新发展大会金水专场活动，邀请23名国内外高层次人才考察洽谈项目；认真完成河南省优秀专家申报以及博士服务团等日常工作；积极抓住春节各类人才返乡过节的有利时机，组织三大园区人才代表、各类乡土人才、金水籍青年人才代表56人开展3个层面的座谈会，慰问院士、辖区高层次人才18名；组织辖区47名高层次人才赴东北财经大学举办“弘扬爱国奋斗精神、建功立业新时代”主题教育培训班；充分发挥金水科教园区以及UFO.WORK共享办公党群人才服务中心的平台作用，举办各类活动30多场，进一步丰富服务人才的工作内涵。

【党员干部现代远程教育工作】 结合各街道党群服务中心建设，打造了东风路街道十二里屯社区、党建“壹号工厂”、丰庆路街道杲村党群服务中心等一批党建类学用示范基地；开展党员干部现代远程教育课件观摩评比活动，评选优秀党员教育电视片19部；围绕庆祝“七一”系列活动及“不忘初心、牢记使命”主题教育，遴选优秀共产党员拍摄制作《社区里的画卷——花园路街道通讯花园社区庆祝建国70周年》《在路上》《见证》等多部优秀电教片，并汇编制作《讲述身边的故事》视频图册集，向全区各街道、社区（村）、机关党支部发放学习；主动参与人民网“不忘初心、牢记使命”主题教育微视频展播活动，全市参展的18部微视频中，金水区提供了14部优质微视频；“金水区红色家园”微信公众号共编发169期、推送信息647条；上报绿城红信信息49篇，采用32篇，组织工作一周快报28篇。

【自身建设】开展“组工讲坛”22期，促进组工干部素能提升；丰富党员活动日载体，组织支部党员参加“不忘初心、牢记使命”展览等活动；举办2019年度全区组工干部培训班，全区146名组工干部参加培训，进一步提高组工干部党性修养和工作本领；精心谋划区级重点调研课题，梳理提炼调研报告中的有效做法，形成可借鉴、可复制、可推广的组工经验，发挥调研破局作用，助推问题攻坚；围绕新中国成立70周年庆典广泛开展征文活动，发掘身边先进典型事迹，进一步凝聚精神合力；狠抓机关规范化建设，进一步规范工作流程和办事程序，坚持用制度管人、用制度管事，进一步优化部门作风、提高工作质效；强化宣传力度，在《学习与研究》《中国人才》《组织人事报》《河南组工信息》等省内外刊物发文100余篇，选取3名表现突出的优秀组工干部，开展“新时代、新担当、新作为”优秀组工干部宣传。

（撰稿：周永杰　审阅：魏虎山）

宣传工作

【概况】中共金水区委宣传部是区委主管意识形态方面工作的职能部门，挂区新闻出版局、区精神文明建设指导委员会办公室、区互联网信息办公室牌子。区委网络安全和信息化委员会办公室设在区委宣传部，接受区委网络安全和信息化委员会的直接领导。区委宣传部下设办公室、意识形态工作科、理论信息科、新闻外宣科、网络安全信息科、文化文艺科、新闻出版科、精神文明协调科、精神文明创建科9个职能科室，并设有中共金水区委对外宣传办公室、郑州市金水区互联网信息办公室、郑州市金水区文化产业发展规划办公室等事业单位。

【意识形态工作】严格落实党委（党组）意识形态责任制，落实党委（党组）领导意识形态监管主体责任，强化组织领导，成立了由区委书记亲自抓、负总责的意识形态工作领导小组，统筹推进全区意识形态工作，区委定期召开常委会、中心组（扩大）学习会，层层传达学习上级有关文件以及全区加强意识形态工作有关文件精神。各基层党组织按照区委要求成立了相应的领导小组，指定专人负责该项工作，做到了工作有人抓、有人管、抓有目标、管有方向。建立健全金水区意识形态工作联席会议制度，全年召开4次意识形态联席会议，并采取实地参观与会议研讨相结合的形式对宗教领域、网络意识形态等方面问题进行了分析研判。完善考核评价体系，印发《金水区党工委（党组）意识形态工作责任制考核体系》《金水区防范化解意识形态领域风险工作方案》等文件，夯实全区意识形态制度基础。加强对讲座论坛、文艺活动、展览场馆等意识形态阵地的管理。组织开展金水区意识形态工作责任制培训班，举办金水区宣传思想文化系统增强“四力”教育实践工作培训班，切实提升全区意识形态工作能力水平。抓好“不忘初心、牢记使命”主题教育，研究制定区委中心组“不忘初心、牢记使命”主题教育集中学习研讨方案，制定课程计划，抓好各级党委中心组的学习研讨。通过参观廉政教育基地、观看纪录片、研讨交流等形式推动深入学习习近平新时代中国特色社会主义思想入脑入心。持续抓好巡视反馈意见整改落实，坚持巡视整改持续提升。建立台账制度，按时上报意识形态工作情况，全面压实意识形态领导责任，筑牢思想防线。

【理论学习】 推动习近平新时代中国特色社会主义思想学习宣传贯彻向纵深发展，扎实做好习近平新时代中国特色社会主义思想学习宣传和普及，组织区委中心组集中学习15次，成员撰写心得体会和调研文章110余篇。要求全区党员利用“学习强国”App学习平台进行每日学习，完成每日一题，分享每日学习心得，巩固学习成果。进一步强化理论宣讲，开展“党的创新理论万场宣讲进基层”206场，受众人数达1.8万人次。开展“百姓宣讲直通车”12场，受众人数5000余人次，实现理论武装全覆盖。

【对外宣传】 旗帜鲜明做好正面宣传，协调中央主要媒体及省、市级媒体加大对金水正面宣传报道力度。全区在传统媒体上发稿1974篇；网络发稿3175篇，中央级网络媒体报道转发428篇；《金水时讯》全年刊发42期，170个版面。陆续开设“不忘初心、牢记使命”“壮丽70年 奋斗新时代”等专栏。讲好金水故事，传播金水好声音，摄制《金水24小时》宣传片，举办“金水好故事”第二届微视频大赛，制作《奋进新时代》，回顾金水40年改革历程。制作《70年印象金水画册》为中华人民共和国成立70周年献礼。

【网络舆情】 共协调处理各类舆情信息、网络问政诉求140余件。切实加强互联网阵地管理，开展各类网络违法违规专项治理工作等。积极引导互联网企业加强党建工作，举办金水区互联网行业庆祝新中国成立70周年“祖国在我心中”征文暨朗诵比赛等。

【文化事业和文化产业】 切实推动文化建设高质量发展，继续深化全区文化体制改革。立足金水区资源优势，大力实施“文化+创意、文化+科技、文化+金融”战略。一方面全力发展文化产业。以项目为抓手推进文化产业高质量发展，开展“大调研、大走访”活动，把握辖区文化产业发展脉搏。抓好国家知识产权创意产业试点园区、中原大舞台、郑州大观音寺中原文化聚集区、郑州海洋馆（二期）等重点文化企业和项目建设，打造文化亮点品牌。先后组织辖区优秀企业参加宁波文博会、深圳文博会、中原（鹤壁）文博会，有效宣传、展示了全区文化产业发展的优秀成果和良好前景。另一方面大力实施文化惠民。全年组织开展6大类24项群众文化活动。其中WDG第七届中国（郑州）国际街舞大赛、2019第五届中国·郑州国际标准舞全国公开赛等为辖区居民带来丰富的文化大餐。组织开展“迎民族盛会·庆七十华诞”合唱比赛、“同升国旗、同唱国歌”活动、“我和祖国共成长”图片展、“出彩金水 聆听乡音”戏迷大擂台等群众性主题宣传教育活动，献礼祖国70华诞。同时，积极开展“红色文艺轻骑兵”活动500余场。

【精神文明建设】 大力实施新时代新人培育、红色基因传承、公民道德建设、公益宣传提质、基层宣传提升等工作。加强《郑州市文明行为促进条例》宣传教育，抓好四项集中治理行动，发

▲5月，“红色文艺轻骑兵”广场文艺会演

动群众推动共建共治，促进市民文明素养大提升。大力开展全国文明城市创建工作，组织召开金水区精神文明建设暨创建全国文明城市工作推进会，印发《金水区 2019 年深化文明城市创建工作实施方案》；全力推进志愿服务工作，整合志愿服务资源，融汇志愿服务渠道；促进“两个中心”建设，建立金水区新时代青少年文明实践中心站；做好未成年人思想道德建设，与相关部门联合开展“我们的节日”主题活动、“新时代好少年”选树活动等。

【新闻出版】 持续推进新闻出版市场管理，全年共办理出版物经营商户年度核检登记 268 家，新办出版物经营商户 110 家，年审其他印刷品企业 19 家。对全区 40 个行政村农家书屋累计发放图书 3800 余册。继续加大对市内数字影院的管理，累计发放电影专项资金 700 余万元，新办影院 2 家。继续实施农村电影公益放映，完成电影放映 480 场。

（撰稿：王　阳　审阅：赵伟峰）

统战工作

【概况】 中共金水区委统一战线工作部（以下简称区委统战部）是区委主管统一战线工作的职能部门，为正科级，挂金水区民族宗教事务局、金水区政府侨务办公室、中共金水区委台湾工作办公室（区政府台湾事务办公室）牌子。下设办公室、党外代表人士联络科、民族宗教科、新阶层人士联络科、港澳台和海外联络科、侨务科。

【基层民主协商】 一是调查研究成效显著。按照《中共金水区委同民主党派、无党派代表人士 2019 年协商计划》，组织民主党派代表人士协商调研课题，共收集整理各民主党派上报理论调研文章 10 篇，积极促进调研成果有效转化。二是党外智库不断健全。健全工作信息报送制度，更新无党派人士信息库，统计辖区符合要求的优秀年轻党外代表人士，邀请部分民主党派金水基层组织负责人到辖区街道调研结对共建建设情况。三是学习教育入脑入心。举办金水区党外人士培训班，组织辖区各民主党派基层组织骨干成员、辖区新的社会阶层代表人士 62 人，赴革命圣地井冈山进行学习教育；邀请民主党派知名专家、学者为主讲人，举办“统战大讲堂”系列讲座，围绕金水“凝心聚力，汇聚力量”的工作面向统战成员进行宣讲，受到广大统战干部的一致好评。四是特色活动丰富多彩。围绕中华人民共和国成立 70 周年，举办“统一战线庆祝新中国成立 70 周年摄影展”，共征集作品 312 幅，获奖作品 103 幅。参加全市统一战线庆祝中华人民共和国成立 70 周年、多党合作制度确立 70 周年系列活动，征集摄影作品 17 幅、文章 5 篇、书画作品 6 幅，推荐优秀民主党派人士演讲 3 人次。

【非公有制经济】 一是开展理想信念教育活动。与暨南大学联合举办 2019 年金水区非公企业家素能提升班。全年共举行非公经济领域培训 9 次，召开座谈会 7 次，开展各种活动 30 余次，参与会员企业 600 余家，广泛参与教育活动的非公企业人士达 5000 余人次。二是围绕中心工作，积极推进“双创”工作。组织各类活动 130 余场，有力地推动“双创”事业的发展。三是开展非公党建工作。指导各街道商会按时开展党课，定期传达和学习中央、省、市、区重大决策部署，举办读书月等活动，加强各街道商会党的理论学习。促进“两新”组织健康发展。四是大力推进商会建设。建立完善的数据库，将辖区会员企业基本资料录入数据库，已录入辖区 80% 的会员企业，通过多种渠道发现、考察具代表性非公企业和代表人士，充实扩大商会力量。

【新阶层人士】 一是做好实践创新基地工作。召开年度推进会，采取现场观摩、座谈交流、影像展示的方式，部署年度实践创新工作；依托街舞联盟、UFO 共享办公等实践创新基地，多次开展内容丰富的社会公益活动，并依托实践基地开展交流，全年共有江苏省扬州市、广西壮族自治区南宁市、河南省濮阳市濮阳县等12家统战系统单位到金水区进行调研学习交流。二是成立金水区新联会。积极梳理规章制度，筛选重点人士，通过博采众长开展会标征集工作，严格新联会会员入会审核，实地走访备选人26人，召开筹备会议等环节，于9月19日召开新联会成立大会。大会审议通过了《郑州市金水区新的社会阶层人士联谊会章程（草案）》及《选举办法（草案）》，选举产生了首届金水区新联会会长、副会长、常务理事、理事等人选，并举行了揭牌与颁发聘书仪式。三是丰富新阶层人士活动。全年共组织井冈山培训，参观“不忘初心　牢记使命”主题教育档案文献展，“庆祝新中国成立70周年主题摄影展”和观影活动，“文明交通绿色出行”“绿城使者”“法治体检”等志愿服务活动，新阶层讲堂、读书会等16场，辖区新的社会阶层人士1000余人次参加。四是积极探索新阶层统战工作发展新方向。8月6日，联合市律协率先成立郑州市律师行业统战工作金水联络站，入站律所11家，探索律师行业统战工作发展新方向。五是做好中央统战部副部长邹晓东一行到金水区调研工作。通过制作宣传视频、宣传册、宣传展板、打造基地氛围等，全力完成好中央统战部到金水区调研工作。

【民族、宗教工作】 措施更加扎实有效，局面更加和谐稳定。一是做好第11届全国少数民族传统体育运动会清真食品管理等保障工作。做好入驻酒店周边清真食品管理工作。对辖区14个接待酒店及周边114个清真餐饮门店实施地毯式排查，发现问题26条，对发现的问题建立台账，逐一整改，整改率达100%，确保少数民族清真餐饮各项要求达标；做好对口接待的朵哈酒店甘肃代表团146人接待保障工作，成立由区委常委、统战部部长任指挥长的工作指挥部。以“四个满意”为办会目标，严格执行“热情、周到、细致、暖心”接待要求，圆满完成了甘肃代表团的服务保障任务，受到省市相关部门和代表团人员一致好评。二是民族、宗教工作机制进一步完善。积极落实中央、省、市机构改革有关要求，达到了思想不乱、工作不断、队伍不散、干劲不减的要求，实现了机构改革与日常工作同推进、两不误；成立民族宗教工作领导小组，区委主要领导担任组长，立健全宗教三级网络两级责任制，建立健全民族、宗教工作联席会议制度，及时处理化解宗教方面的问题；摸清家底、防止反弹。对漏统计和新发现信教群众进行实名统计，截至年底已全部完成信教群众识别比对工作，并录入全省宗教事务平台，对取缔的私设聚会点落实包保责任制，确保私设聚会点不反弹。三是“两员”队伍工作效能不断提升。拨出专款为宗教助理员17人、协理员202人，全年发放补助286800元，并计划将专项补助经费列入财政预算，开展宗教干部及宗教界人士培训5次，对乡村“两员”培训2次，培训人数达600余人次。

【港澳台统战工作】 影响力辐射度更加广泛。一是落实机构改革要求，成立侨联组织。按照省市工作部署于10月30日召开金水区归侨侨眷代表大会，成立金水区侨联，选举出侨联委员42名，常务委员18名，秘书长1名，兼职副主席5名，副主席1名，大会选举李莉为金水区侨联主席。二是打造两岸交流工作品牌。打造未来路银基花园社区为对台基层交流基地，多次接待来自台湾的基层参访团，学习和交流社区建设的新做法与新经验，共同感受中原传统文化。三是优化台侨领域各项服务。做好帮扶工作。妥善解决涉台、涉侨帮扶信访件，全年处理民生类问题7件，解决企业发展类问题2件。机构改革后，统战部增加赴港澳的审批职能，全年共办理因公赴台批件4人次，赴港手续1人次，赴澳手续 3 人次。

【干部队伍建设】按照区委工作部署，扎实开展“不忘初心、牢记使命”主题教育。一是抓好学习教育、坚定理想信念。开展培训学习，举办井冈山党外人士培训班、“不忘初心、牢记使命”统战干部培训班。为全区经济社会高质量发展汇聚强大能量，开展“不忘初心、牢记使命”摄影展、“学习强国”App 学习、“挑战答题”活动和党员干部知识竞赛，参观焦裕禄、史来贺纪念馆，中原英烈纪念馆等主题教育基地，激发党员干部红色基因。二是开展调查研究，夯实基础基层。区委常委牵头成立调查研究工作小组，就工商联基层商会组织建设开展调查研究。班子成员结合自身分管领域，深入辖区街道、单位，就社区统战、民族、宗教等领域问题开展调研，形成调研报告 5 篇。各民主党派基层组织、统战系统干部上报调研文章 40 余篇。调研进一步摸清了家底，为开展工作提供了理论支撑。三是检视问题，刀刃向内，自我革命。召开党外人士座谈会，广泛征求意见与建议。征求各界党外代表人士意见建议近 20 条，并建立工作台账，有效推动了整改落实的针对性和实效性。四是整改落实突出为民强化服务。落实中央、省、市主题教育要求，成立了金水区侨联组织，引导侨联发挥作用，促进金水高品质现代化城区建设。扎实做好宗教和清真食品管理工作，让民族、宗教界人士充分感受到主题教育带来的新成效、新变化。

档案工作

【概况】2019 年 1 月，金水区档案局进行机构改革，在区委办挂牌。

【党建工作】一是认真组织召开民主生活会及组织生活会。每位党员干部都以普通党员的身份参加会议。在自我批评中，每位党员干部都能正确对待自己存在的问题和不足，客观地开展自我批评。在互相批评中都能本着互帮互助、共同提升的原则，认真诚恳地指出对方的不足。二是加强党风廉政建设工作，全面推进从严治党。严格执行中央八项规定，认真学习《中国共产党廉洁自律准则》《中国共产党问责条例》等相关规定以及省、市、区纪委相关文件精神。为贯彻落实班子成员“一岗双责”，主要领导与班子成员签订党风廉政目标责任书，分管领导分别对各自分管科室进行教育、提醒并实时记录。严格执行民主集中制，在“三重一大”决策上，凡属重大决策部署、重要干部任免、重大项目安排和大额资金管理使用，都能按照集体领导、民主集中、个别酝酿、会议决定的原则，由班子会集体讨论、研究作出决定。进一步加强全面从严治党制度保障，按照区委、区纪委工作要求，建立健全从严治党相关制度。年初，制定《2019 年金水区档案局党风廉政工作要点》《金水区档案局廉政风险点》，加强对领导干部落实廉洁自律规定情况的监督，抓好对领导干部个人事项报告、“一岗双责”等制度执行情况的落实。

2019 年，金水区档案局支部严格落实“三会一课”制度，认真开展好党员理论学习、主题党日等活动，把学习贯彻习近平新时代中国特色社会主义思想、中共十九大精神融入工作的各个方面。同时，积极开展多种形式的机关党建活动，组织全体党员干部观看《流浪地球》等爱国电影，赴中原豫西抗日纪念馆、董天知将军故居等地接受革命传统教育，组织参观省档案局和省博物院联合展出的“不忘初心、牢记使命”文献展，用丰富多彩的活动提高党内组织生活参与度，强化党员干部学习培训与实践锻炼，确保更好适应新形势、新任务、新要求。

【“不忘初心、牢记使命”主题教育】“不忘初心、牢记使命”主题教育开展以来，金水区档案局及时召开动员会，制定实施方案，安排部署工作。一是及时召开主题教育动员会及部署会。9月18日，召开“不忘初心、牢记使命”主题教育动员会，制定《中共郑州市金水区档案局党支部“不忘初心、牢记使命”主题教育实施方案》，成立金水区档案局“不忘初心、牢记使命”主题教育领导小组办公室。9月20日召开第一次工作部署会议，就如何贯彻落实好主题教育进行讨论，并逐句逐项对方案进行任务分解，夯实目标责任。9月21日召开第二次工作部署会议，明确时间节点，对准目标，主动认领工作任务，提高工作标准，梳理近期工作。二是召开主题教育学习研讨会。9月23日召开第一次集中研讨会并贯彻落实习近平总书记视察河南工作时的重要讲话精神；10月22日召开第二次集中研讨暨主题教育领导小组工作部署会；11月8日召开第三次集中研讨暨调研成果交流会。集中研讨会学习了习近平讲话精神、焦裕禄生平事迹等内容，领导班子全体成员还就当天学习的主题进行了交流发言。三是讲党课。根据“不忘初心、牢记使命”主题教育要求于9月29日、10月16日、10月21日开展领导干部讲党课专题活动，3位班子成员分别以《共产党员的责任与担当》《学习福建省公安厅数字化档案室建设实践与成效》《始终做到对党忠诚——“不忘初心、牢记使命”主题教育专题党课提纲》为题为全体党员干部讲党课。四是开展专题会议。10月23日，第九巡回指导组对金水区档案局2名科级干部、5名工作人员和10名办事处局委的档案员（服务对象）进行谈话；11月13日，组织全体党员干部召开对照党章党规找差距专题会议；11月20日下午，全体党员开展“初心使命四问党员”主题日活动。五是开展主题教育系列活动。到荥阳八路军后方医院遗址、黄河博物馆等红色教育基地参观学习，观看《我和我的祖国》《榜样4》等专题片，学习优秀党员黄文秀、张富清等人的优秀事迹，同时，还邀请优秀共产党员先进代表张美荣、区委党校徐兰英教授、郑州轻工业大学范巍伟教授为全体机关人员做专题报告。

【档案业务工作】 一是加强档案安全管理。高度重视档案的安全保管工作，认真执行档案安全保管的各项责任制度，定期检查库房安全，杜绝一切事故隐患；定期检查库房“九防”设备的使用情况，并及时添加补充。二是提高档案的查阅利用效率。为了方便群众查阅利用档案，设置了来电语音介绍功能，在档案馆一楼明显位置张贴悬挂郑州市各县区档案馆地址、电话以及婚姻登记处地址、电话，避免群众出现“多跑趟”现象。全年共接待查档者14122人次，利用档案14332卷次。在查档群众当中，以查阅各类与民生相关的专题档案为主，从查询到出具证明材料整个流程仅需要两分钟，真正地将便民、为民的高效服务落到实处。三是推进档案数字化工作。为了规范全区档案信息数字化标准，提高档案信息数字化水平，要求进馆档案必须完成数字化。2019年，已完成5万页数字化扫描工作，全年全区数字化已完成45.5万页全文扫描。

【档案宣传工作】 6月9日国际档案日，区档案局开展以“新中国的记忆”为主题的档案宣传，并通过设立咨询台、设置标语、放置展板、发放宣传资料等多种形式，向过往群众广泛宣传档案的重要性、档案与社会和公民的关系以及档案法律法规等知识。与丰庆路街道办事处联合组织了关于陈砦村、庙李村、二十里铺村和吴村等城中村改造前后变迁展。让群众进一步关注档案、走近档案，认识到档案的价值，提高全民档案意识。

（撰稿：李　瑾　审阅：孙俊美）

老干部工作

【概况】 中共金水区委老干部局是区委主管全区老干部工作的工作机关，为正科级，归口区委组织部管理。主要职责是贯彻落实中央、省、市、区关于老干部工作的方针、政策和规定，落实老干部的政治、生活待遇，做好离退休干部服务保障工作，负责老干部党组织建设，做好老干部思想政治工作。区委老干部局设3个内设机构，即办公室、政策待遇科、服务保障科。所辖二级机构为金水区老干部活动中心、金水区关心下一代工作委员会办公室。

【老干部政治待遇】 坚持完善政治理论学习制度。坚持以老年大学、老干部活动中心为主阵地，以专题辅导、座谈交流等方式组织老干部深入学习。认真落实离退休干部政治待遇，抓好离退休干部阅读文件、参加重要会议和重大活动工作，让老干部及时了解中央、省、市、区委决策部署与中心工作。

坚持深化老干部党建工作。开展离退休干部党支部建设调研，组织离退休干部党支部书记参加郑州市举办的离退休干部党支部书记培训班，发挥离退休干部党支部战斗堡垒和离退休干部党员的先锋模范作用。

在离退休干部中开展“不忘初心、牢记使命”主题教育。组织县处级离退休干部参观黄河博物馆、中原英烈馆等教育基地以及黄河沿岸建设，缅怀革命先烈、了解黄河文化。观看《榜样3》《初心永恒》等纪录片，学习发挥正能量先进典型张美荣的事迹。聘请省委党校教授刘媛媛为离退休干部作“传承红色基因、牢记初心使命”主题报告会，组织退休干部集中观看《我和我的祖国》电影，召开离退休干部座谈会，向老干部征求意见及建议等。邀请王宽、张美荣等先进典型人物为离退休干部作“不忘初心、牢记使命”主题教育报告会。

【老干部生活待遇】 落实老干部生活医疗待遇，及时调整离休干部护理费。加大对老干部的关爱力度，从优落实生活待遇各项政策。区委、区政府认真抓好离休干部“两费”保障机制和财政支持机制的落实工作。金水区离休干部“两费”落实一直保持100%。

着力推动全区离休干部“三个机制”建设；不折不扣地保障“两费”、护理费和生活补贴的按时发放，为企业改制与易地安置离休干部作了全方位服务；积极落实特困离退休干部帮扶机制，建立离退休干部特困帮扶基金，解决特困离退休干部后顾之忧；开展在职党员干部联系老干部活动。

经常走访看望异地安置在金水区的离休干部；到医院探视住院老干部50人次；协助有关单位妥善处理3名老干部去世的善后事宜。

加大为老干部办实事的工作力度。局领导利用春节等重大节日逐家逐户上门走访慰问老干部150余人次；建立了局工作人员联系分包离退休干部制度，不定期的到老干部家中走访，及时了解老干部所需所想，帮助老干部解决生活中的一些实际困难和问题。

【老干部活动中心】 精心组织开展丰富多彩的学习教育活动，免费开办老年人喜爱的葫芦丝演奏、书法培训交流、乒乓球训练、剪纸、老年瑜伽等培训班，200多名老干部参加了培训。同时还举办座谈会及扑克、麻将、门球、跳棋、书画、摄影等专题文体活动，每天参加学习活动的老干部达100多人。如“三八”妇女节组织区直机关离退休女干部进行花艺知识及插花的学习，“七一”前夕组织四大班子副处级以上老干部通过收看金水发展视频，让离退休干部了解金水的经济社会发展取得的新成就。重阳节举办系列文体活动，全区300多名老干部参加麻将、扑克牌、象棋、跳棋、乒乓球、书法等多项活动。

在全区离退休干部中开展“我和我的祖国”系列主题活动。组织开展“我看新中国成立70周年新成就”专题调研活动，组织离退休干部赴林州学习红旗渠精神。组织老干部开展好“讲变

▲ 3月7日，区委老干部局举办金水区离退休女干部“庆三八”艺术插花活动

▲ 5月10日，金水区老年大学书法班在区委老干部局活动中心举行开班仪式

化、看金水”活动，组织离退休干部对金水区的经济社会发展进行座谈，畅谈70年来的变化。在全区离退休干部中开展“赞颂祖国70年，讲金水好故事”活动。组织全区离退休干部围绕中华人民共和国成立70周年宣讲金水各个领域发生的巨大变化，取得的伟大成就。在全区离退休干部中开展“庆国庆、迎重阳”——“我和我的祖国文体活动”，展示金水离退休干部新风貌。

组织老干部参加重大会议及重要活动。2月，特邀39名离退休老领导参加区两会，听取报告，参与讨论，提出意见和建议。每月定期组织主题学习活动，加强离退休干部队伍的教育管理，激发他们继续发挥余热，为金水区经济社会发展做出更大贡献的信心。

【其他工作】 区关工委依托辖区“五老”资源，组建和完善各个社区“五老”队伍，建立“五老”宣讲团，进行中共十九大精神、爱国教育宣讲活动，组建课业辅导组、法制科普宣教组、网吧义务监督队、青春期关爱小分队等特色工作组，使老干部离岗不离职，充分发挥余热，发扬奉献精神，为关心下一代工作贡献自己的力量。全面提升青少年综合素养，培育新世纪“四有”新人，构建学校、社区、家庭“三位一体”的教育网络模式，把学校教育延伸到社区和家庭中，使学校教育、社区教育、家庭教育三方面实现良性互动，形成相互补充、相互促进的教育格局。在“六一”国际儿童节来临之际，金水区关工委和区老干部局等有关领导到金燕小学看望、慰问小朋友们，并送上慰问品表达节日的祝福。

【队伍建设】 在加强班子和自身队伍建设上，严格落实组织生活各项制度，建立个人监督报告制度，开展党的知识应知应会测试；切实做好意识形态、依法治区和平安建设等工作。

局机关坚持每周一集中学习制度与干部自学相结合，通过专题讲座、座谈讨论、撰写读书笔记等多种形式学习党的路线方针政策，学习习近平新时代中国特色社会主义思想、中共十九大精神、新党章等内容和老干部工作政策业务知识。组织全体党员通过观看红色电影、知识竞赛等多种形式使老干部工作人员的业务知识、思想理论建设得到提高。

扎实推进“不忘初心、牢记使命”主题教育。根据区委“不忘初心、牢记使命”主题教育领导小组安排，在全局开展“不忘初心、牢记使命”主题教育，成立领导小组、制定实施方案，坚持把学习教育贯彻始终、坚持把突出自身特色贯穿始终、坚持把调查研究贯穿始终、坚持把检视反思贯穿始终、坚持把整改落实贯穿始终，扎实推进主题教育的开展。党员干部理论学习得到新提升，达到学有所获、学有所用的目标，促使党员干部牢记初心使命，增强“四个意识”，坚定“四个自信”，做到“两个维护”，工作作风得到转变，营造出朝气蓬勃、勇挑重担、敢于担当、乐于奉献的工作氛围，推动了全区老干部各项工作高质量发展。

围绕重点、难点问题开展调研，努力开创信息调研宣传工作新局面。紧紧围绕当前老干部工作中的重点、难点问题，积极组织相关领导和工作人员，走进基层、走进社区、走进离退休干部家里，深入了解老干部的所思、所想、所忧，撰写出有一定理论水平、操作性较强的调研报告，为领导决策提供一手资料。认真抓好信息宣传工作，及时发现和反馈工作中的重要情况与动态。2019 年，共向省市区杂志、报纸、网络等报送刊发 80 多条信息和调研文章，有力地促进老干部工作开展。

（撰稿：李　婷　审阅：郑福海）

编制工作

【概况】 中共金水区委机构编制委员会办公室是中共金水区委机构编制委员会的办事机构，正科级规格。2019 年机构改革列为区委工作机关，归口区委组织部管理，挂金水区事业单位登记管理局牌子。截至年底，内设机构 4 个，即：综合科、机构编制科、监督检查科（法规科）、事业单位管理科。

【机构改革总体情况】 机构改革后，金水区共设置党政机构 36 个。党委机构 11 个，其中，纪检监察机关 1 个，工作机关 10 个：区委办公室（挂区委外事工作委员会办公室、区政府外事办公室、区档案局牌子）、区委组织部（挂区公务员局、区人才工作领导小组办公室、区直机关工作委员会牌子）、区委宣传部（挂区新闻出版局、区精神文明建设指导委员会办公室、区互联网信息办公室牌子）、区委统一战线工作部（挂区民族宗教事务局、区政府侨务办公室牌子）、区委台湾工作办公室（挂区政府台湾事务办公室牌子）、区委政法委员会、区委机构编制委员会办公室（挂区事业单位登记管理局牌子）、区委巡察工作领导小组办公室、区委老干部局、区委机要保密局（挂区国家保密局、区密码管理局牌子）、区委城乡社区发展治理委员会。政府工作部门 25 个：区政府办公室、区发展改革和统计局（挂区粮食和物资储备局牌子）、区教育体育局、区科学技术局、区工业和信息化局（挂区大数据管理局牌子）、区民政局、区司法局、区财政局、区人力资源和社会保障局、区自然资源局、区住房和城乡建设局、区交通运输局、区城市管理局（挂区城市综合执法局牌子）、区农业农村工作委员会（挂区扶贫办公室牌子）、区商务局、区文化旅游局、区卫生健康委员会、区退役军人事务局、区应急管理局、区审计局、区市场监督管理局（挂区知识产权局牌子）、区医疗保障局、区信访局、区人民防空办公室、区政务服务办公室。街道分为城区和涉农两类，统一设置 8 个内设机构和 2 家事业单位。统一设置的 7 个内设科室为：党政办公室、党建工作办公室、综合执法办公室、社会治安综合治理办公室（平安建设办

▲ 12 月 6 日，中共郑州市金水区委机构编制委员会第一次会议

公室、应急管理办公室）、区域发展办公室、区域建设办公室、城市管理办公室。分类设置的 1 个内设科室为：城区类街道为突出民生保障、城市管理、社区建设等职能因地制宜设置的社区治理办公室（公共服务办公室），涉农类街道为突出服务“三农”、乡村振兴、美丽乡村建设等职能设置的农业农村办公室（公共服务办公室）。统一设置的 2 家事业单位为：退役军人服务站、便民服务中心（党群服务中心、社区服务中心）。

【党政机构改革】 高度重视，加强组织保障。在区委领导下，机构改革伊始及时成立了党政机构改革领导小组，下设党政机构改革协调小组、政府机构改革专项小组及机构改革纪律监督小组。组织改革文件研究论证、听取意见、安排实施其他各环节工作；研究解决改革中遇到的突出问题，协调解决重大事项；加强机构改革的政治纪律、机构编制纪律、组织人事纪律、财经纪律和保密档案纪律，督促改革有序推进，从而保证了整个机构改革工作的顺利进行。学深悟透，科学制定改革方案。深入学习中共十九大及十九届二中、三中全会精神和《中共中央关于深化党和国家机构改革的决定》《深化党和国家机构改革方案》，严格按照省市机构改革部署要求，在总结历次机构改革经验的基础上，深入调研，拟订金水区机构改革方案，经区委常委会研究并报市委批复后，出台《郑州市金水区机构改革方案》，按要求率先完成了涉改部门机构挂牌、领导班子配备及人员转隶工作。分析研判，按时完成“三定”规定印发工作。紧紧抓住“三定”规定这一机构改革的“牛鼻子”，研究确定了“三定”规定制定原则、内设机构核定原则。区委编办会同相关部门及时召开“三定”规定制定工作推进会，成立 4 个“三定”审核组，分批次对各部门“三定”规定进行审核。截至 6 月底，36 个党政机构“三定”规定全部印发。强化管理，做好涉改事业单位调整工作。根据主管部门职能划转情况，在全面梳理职能的基础上，按照沟通对接、研究审定、正式移交的工作步骤，先后完成涉改单位的职责划转和近 500 人次的人员转隶。

【行政职能事业单位改革】 注重全面梳理，确保涉及单位应改尽改。严格按照“三对照”标准（对照法律法规及党中央、国务院有关规定，对照事业单位承担的职责，对照部门权责清单），对全区 300 余家事业单位进行全面梳理，通过梳理，90 余家事业单位被列入改革范畴。注重职能划转，确保行政职能回归机关。承担行政职能的事业单位，通过职能移交，写入部门“三定”规定，确保行政职能回归行政机构。截至年底，承担行政职能的事业单位行政职能已全部回归机关。

【街道体制改革】 提前谋划，因地制宜体现机构设置特色。按照上级政策要求，以“相对统一，体现特色”为原则，研究提出不同类型街道党政内设机构及事业单位设置意见。认真制定《金水区街道机构改革方案》，在严格执行上级批准的机构限额基础上，除规定必须设置的机构外，结合金水区实际，将街道分为涉农街道与城区街道。截至年底，17 个街道的机构挂牌、人员配备、职能划转等均已到位。能放尽放，扩大街道管理权限。通过收集各街道对急需的经济社会管理权限的意见及建议，并征求相关区直部门意见，按照有关政策规定，梳理出“能下放、能承接、急需用”的经济社会管理权限，拟订权限下放台账，通过选取试点街道，采用试点先行，以点带面，逐步推进重心下移，依法下放，确保集中资源倾斜基层、排忧解难服务基层，使基层治理水平得到显著提升。

【群团改革】 围绕群团组织“政治性、先进性、群众性”的改革要求，在区委和区委编委的领导下，优化群团机构设置，按照“精简、统一、效能”的原则，突显金水特色。为区总工会、团区委、区妇联 3 个群团机构重新核定单位主要职责及内设机构，进一步增强群团工作力量，圆满完成群团改革工作。

【机构编制监督检查】 开展党政机构改革专项调研督导。2019 年上半年，会同区委督查室、区财政局、区人社局等单位组成 3 个调研督导组，集中 3 天时间，对改革后的 36 个党政机构就单位挂牌、职责调整、人员划转、档案资产是否移交进行全面督导，保障机构改革工作稳步推进。持续开展机构编制审计工作。全年开展离任审计 15 人次，包含机关单位 12 家，事业单位 28 家，涉及实有行政人员 274 人，实有事业人员 770 人，出具机构编制审计报告 15 份。

▲ 12 月 6 日，省委编办到金水区开展街道机构改革专题调研

【事业单位登记管理】 圆满完成事业单位法人年度报告年检及公示工作。截至 2019 年 3 月底，严格按照相关规定和要求，对 282 家事业单位完成的年度报告进行检验，并将各单位年检报告在“事业单位在线”网站进行一键公示。及时完成机关、群团统一社会信用代码赋码变更工作。2019 年上半年，结合全区机关群团单位机构、法人变动情况，对申请统一社会信用代码赋码的单位及时审核办理，并发放统一社会信用代码证书。截至 2019 年年底，已完成 16 个（家）机关、群团单位统一社会信用代码赋码变更工作。

【中文域名管理】 一是做好中文域名续费工作。年初，将 2019 年中文域名所需费用纳入财政预算，按照到期时间和续费标准分批续费。二是加强党政机关和事业单位网站开办审核、资格复核、网站标识管理工作。按照《党政机关、事业单位和社会组织网上名称管理暂行办法》有关规定，对全区纳入机构编制管理的党政群机关事业单位进行网站开办核查。三是加强网站监管工作。利用网络浏览器，不定时的对网站进行搜查，防止不规范网站、“僵尸网”站等继续使用，进一步防范网络安全风险，提供坚强有力的网站安全保障。

【自身建设】2019年，以党的政治建设为统领，“提振精气神，归零再出发”，深入开展“不忘初心、牢记使命”主题教育，始终坚持把旗帜鲜明讲政治作为机构编制工作的生命线，切实加强队伍思想政治建设、党风廉政建设和能力素质建设，将中心组学习、意识形态学习、党员干部理论学习、干部学法、党风廉政建设等系统整合。以强党建为抓手，利用每周二下午、主题党日以及重要节假日时间节点，开展集中学习和素能提升活动，有效促进党建工作与机构编制工作深度融合，实现了以党建促工作发展，以工作发展提升党建水平的目标。截至年底，召开党员大会5次、支委会11次、专题党课5次；开展中心组学习6次，干部理论业务集中学习24次；累计传达学习纪检监察部门有关文件或会议精神10次，开展以案促改2次，廉政谈话7次；举办党员干部主题实践活动6次；健全值班制度、突发事件应急处理制度等规章制度。

（撰稿：郭奕慧　审阅：贯海波）

党校工作

【概况】中共金水区委党校是在区委直接领导下培养党员干部的学校，是党委的一个重要部门，是培训轮训党员干部的主渠道。内设3个科室，即：办公室、教研室、培训科。

2019年，区委党校以理论学习提高政治素质，以党内政治生活凝聚力量，以党风廉政建设严守底线，以主题教育锤炼党性，以意识形态工作举旗定向。区委党校超额完成省委组织部、省委党校、省财政厅《关于进一步加强县级党校主体班次培训工作的通知》中开展13期培训的任务要求，全年共举办各类主体班次19期，累计培训人员3124人；创新课程教学模式，把破冰团建、先进典型宣讲和案例教学融入主体班课程，加大金水区党政领导干部讲党课占党校主体班次总课时的比重，形成党政领导干部到党校讲党课常态化；打造2个党员干部教育现场教学点，创新自身特色教学体系；以基层宣讲拓宽理论宣传广度，充分发挥党校理论宣传主阵地作用，积极送课下基层，全年到区直单位、街道、社区和企业开展“送学上门”活动23场，受教育人数万余人；以“教学出题目，科研做文章，成果进课堂”为目标，围绕区委、区政府中心工作，深入基层，开展调研，全年共完成省、市、区级课题结项7个，立项5个；以科研促教学，以科研资政，以科研辅政，助推金水区发展，立足实际，征稿撰刊，提升校季刊《区情研究》质量。

▲6月19日，金水区优秀共产党员培训班学员赴红旗渠纪念馆进行现场教学

2019年，区委党校以提升教育培训质量为重点，以制度化、规范化建设为保障，以巡视整改工作为抓手，以党建工作统揽大局，紧密结合“不忘初心、牢记使命”主题教育，充分发挥党校教育培训干部与理论宣传主阵地作用，为全区党员干部素能提升

和金水区社会经济建设做出了应有贡献。

【干部教育】 2019年，区委党校在区委的支持和区委组织部的指导下，充分发挥干部培训主阵地作用，圆满完成各项培训任务，共举办各类主体班次19期，累计培训人员3124人次。其中包括2期科级干部主体班，105人；2期中青年干部培训班，113人；4期基层党组织书记培训班，293人；2期农村（社区）“两委”成员培训班，100人；1期优秀共产党员培训班，40人；2期党员发展对象培训班，393人；协助区直机关工委举办4期“万名党员进党校充电计划”培训班，1961人；举办2期机关入党积极分子培训班，119人。

创新教学方法和课程开发。一是在科级干部培训班和中青年干部培训班的课程设置上，采取“校内培训+异地教学+党性教育+调研实践”的模式。二是在完成规定动作的同时，2019年的主体班课程新增加“破冰团建”、围绕“不忘初心、牢记使命”主题教育邀请金水区先进典型宣讲、围绕“贯彻习总书记视察河南时的重要讲话精神”进行案例教学。三是针对基层党组织书记和农村（社区）“两委”成员的工作实际需要，委托成都城市社区学院等专业院校对参训学员进行业务培训和实地观摩教学。四是在所有主体班次中增设分组座谈或研讨活动环节，为学员提供交流经验、碰撞思想的平台。

打造自身特色教学点。根据《2018—2022年全国干部教育培训规划》《中共金水区委关于加强和改进新形势下党校工作的实施意见》的要求和中央、省、市委党校工作会议精神，以提升教学质量、拓展教学渠道、展示金水工作亮点和城区发展精神特质为目的，2019年区委党校自我加压，主动作为，在区委组织部、区委宣传部的支持下，在省、市委党校的指导下，打造2个党员干部教育现场教学点——凤凰台党群服务中心和晨钟教育集团。

教学管理更加规范。培训期间实行封闭管理，统一食宿，分组对学员进行考勤。配备专职班主任规范管理，对所有参训人员统一编号，设置座签，严格考勤，确保到课率。编印《学员手册》，明确培训纪律和各项管理制度。实行专职班主任制度，每期培训班安排一名专职班主任跟班听课，严格管理、随时抽查考勤，并于课后对无故缺勤的学员进行通报，确保出勤率。培训结束后进行结业考试，并将出勤情况和考试成绩报组织部备案，考勤、考试不合格者转下期继续培训。

【服务基层】 2019年，为进一步延伸党校课堂，服务基层，在校内教育培训基础上，围绕中共十九大精神、习近平新时代中国特色社会主义思想和“不忘初心、牢记使命”主题教育活动精神等党的创新理论，选派骨干教师组成讲师团，到区直单位、办事处、社区和企业开展“送教上门”活动23场次，受教育人数万余人。包括配合市委宣传部、区委宣传部组织的“党的创新理论进基层”宣讲活动，下基层送党课4场次；开展“不忘初心、牢记使命”主题教育宣讲19次。在教学管理和师资力量方面协助区直机关工委与各街道办事处举办入党积极分子培训以及“万名党员进党校充电计划”活动，累计培训人数1.2万人。同时配合区委宣传部开展“百姓宣讲直通车”进基层巡演活动，取得了良好的社会效益。

【调研工作】 2019年，区委党校紧紧围绕区委、区政府中心工作，着眼于人民群众关注的社会热点、难点问题，深入基层，深入群众，开展调查研究，共结项课题7项（区组织系统1项，市社科联1项，市委党校科研处3项，省社科联1项，省委党校1项），申报课题5项（市社科联1项，市委党校科研处3项，市委党校“六统筹”课题1项）。截至年底新申报课题均获批立项，各课题组正在加紧进行调研，努力形成一批有深度、有分量的科研成果，为区委、区

▲ 9 月 23 日，在区委党校党员活动室开展“不忘初心、牢记使命”主题教育活动

政府科学决策当好参谋。

在《区情研究》创刊基础上，着力提升质量。2019 年，区委党校以区委本年度工作要点、区全会精神、中青年干部成长和“不忘初心、牢记使命”主题教育工作为主题，内容及时跟进区委重大决策部署。截至年底，该刊物已印发 13 期，对区委、区政府工作起到决策咨询作用。

【队伍建设】 2019 年，区委党校多措并举持续强化干部队伍建设。一是立足学实学精开展业务学习。坚持校内常态学和外出培训相结合，引导教师真学实悟，准确把握党的理论精髓，讲好马克思主义这个真经。安排所有教师有计划、分批次到市委党校、北京大学、浙江大学、武汉大学、苏州大学等单位进行业务培训，通过培训学习，让教师真正学深、悟透、讲清，强化能力素质。2019 年，区委党校教师累计外出参加学习培训 17 人次。二是引进年轻教师，充实师资力量。为建立适应新时期干部教育培训要求的党校工作人员队伍，在区委、区政府的大力支持下，2019 年区委党校增加 4 个编制，其中公开招聘 2 名全日制研究生充实教师队伍，专业方向要求符合党校教学科研需要，具有中专以上教师资格证。三是完善师资库，优化教师结构。坚持不求所有，但求所用，坚持政治标准和业务标准，结合党校教学需求，选聘政治素质过硬、理论水平较高、善于讲党课的省、市委党校和辖区高校的知名教授担任党校兼职教师。截至年底，金水区委党校已建立了 97 人的兼职教师师资库，教师结构基本合理。

【制度建设】 2019 年，根据《中国共产党党校工作条例》相关精神要求，为推进区委党校干部教育培训工作制度化、规范化和科学化建设，形成有章可循、按章办事、规范高效的管理体制，区委党校进一步完善各项制度机制。一是进一步落实领导到党校讲党课制度。区党政领导干部讲课总课时达到党校主体班次总课时的 20%。除了区委书记陈宏伟、区长魏东等 13 位区委、区政府领导分别在全年不同班次为学员做了形势报告和专题辅导以外，区民政局、科技局、发改统计局、杜岭街道等部门主要负责人也分别到区委党校讲课。二是结合“不忘初心、牢记使命”主题教育修订校内规章制度。明确各科室职责和岗位责任，确定目标考核办法，努力做到在集体学习、教师培训、外出讲课、日常考勤、评先创优等工作方面做到有章可循、有据可依，并对各项工作任务目标细化、量化，做到有落实、有检查、有成效。

【基础设施建设】 截至年底，区委党校新校区建设整体框架已经完工，正在进行内部铺设及吊顶工作。总建筑面积 2.4 万平方米，配备有 70 平方米教室 4 间，300 平方米教室 5 间，370 平方米阶梯教室 1 间，1650 平方米大礼堂 1 间，250 平方米党性教育多功能室 1 间，150 平方米情景模拟室 1 间，109 平方米党的基础知识教学室1间，同时配套学员宿舍和食堂等设施，可满足200~300人同时培训，基本具备办学需要的食宿条件。

（撰稿：周　莉　审阅：秦历源）

绩效考核工作

【概况】 金水区绩效考核工作办公室成立于2011年3月，全供事业单位，隶属区委，由区委组织部代管，在区绩效考核工作领导小组的领导下开展工作。根据工作内容调整，重点对各街道、区直各单位的组织工作进行绩效考核，参与部分区委重点工作。

【组织工作考核】 根据《2018年组织工作目标完成情况评分细则》，按照区委要求，组织部机关相关科室和区机关工委对全区各单位党组织进行考核。做好组织系统2018年度绩效考核的组织协调、公信度测评、业绩过错申报初审把关和总成绩汇总核算等工作，确定绩效考核结果。考核成绩与单位的评优评先挂钩、与干部评优评先和干部管理挂钩，继续落实对考核成绩后两名的单位领导约谈制度，促进全区组织工作的健康开展。

【党建工作目标考核】 研究制定组织部2019年党的建设工作目标考核评分细则。根据细则规定，对全区各街道、区直单位党建工作进行综合打分。通过党建工作目标考核，落实党建工作责任，努力形成领导有力、责任明确、运转有序、保障到位的党建工作机制，使党组织的政治核心作用、战斗堡垒作用和共产党员的先锋模范作用得到充分发挥与体现。

（撰稿：张　静　审阅：周　丹）

社区发展治理

【概况】 中共金水区委城乡社区发展治理委员会（以下简称区委社治委）是2019年1月金水区机构改革中新组建成立的主管推进城乡社区发展治理工作的职能部门，列入区委工作机关。区委社治委下设1个二级机构，机关内设办公室、改革统筹科、社区党建科、社区发展服务科、社区治理科、社区人力资源科6个职能科室。主要职责是做好城乡社区发展治理工作的顶层设计，统筹推进城乡社区发展治理体制机制改革；牵头建立城乡社区发展治理资源统筹机制和人、财、物投入保障机制，统筹推进城乡社区有机更新；负责城乡社区公共服务平台建设和公共服务供给能力建设，完善城乡社区服务体系；牵头拟订城乡社区发展治理考核标准体系和评价体系，并组织实施等职能。

【社区治理工作机制改革】 区委社治委作为负责统筹指导城乡社区发展治理改革的部门，通过深化党建引领，强化顶层设计，科学谋划拟定政策，以实现社区治理体系和治理能力现代化为目标，推动金水区社区发展治理改革创新。结合市级出台的《深化党建引领深入推进城乡社区发展治理的实施意见》研究起草制定全区加强和完善城乡社区发展治理的具体措施，以通过健全完善发展治理体系、推进发展治理方式方法改革创新、提升发展治理水平、着力解决发展治理的重点难点问题等多方面深化改革，明确城乡社区发展治理的具体方向任务，使治理体系更加成熟定型，治理能力更为精准全面，居民群众对美好社区生活的需求得到较好满足。为切实推进社区减负提能，根据《郑州市社区法定工作事项和工作准入管理办法》，严格执行社区工作事项准入制度，使社区回归本位，不断增强社区自治和服务功能。创新社区发展治理工作推进机制，谋划起草城乡社区发展治理工作联席会议制度，以统筹资源，协调各方力量，推进社区治理工作改革，共同解决重大问题。探索建立以社区居民满意度为主要衡量标准的社区发展治理评价体系和评价结果公开机制，逐步完善街道办事处与基层群众性自治组织间的双向考评体系，以构建上下联动、各负其责、协调有序的城乡社区发展治理工作格局。

【机关规范建设】 社治委从组建之初就严格落实“把社治委建设成为高标准、规范化的党委工作部门”的要求，下大力气加强制度建设和队伍建设，为机关建设开好头、起好步。依据市委社治委“三定”规定，多次组织研究讨论，理顺区委社治委承担的主要职责，具体履行顶层设计、统筹协调、整合资源、重点突破、督导落实等职能，理顺和相关职能部门间的责任划分，合理制定区委社治委“三定”方案。根据班子成员各自特点，科学分工，发挥特长，做到分工明确，责任清晰。学习借鉴其他部门先进的机关制度建设经验，制定完善机关管理的政治学习、财务管理、干部人事、廉政建设、精神文明等各项制度，切实加强机关内部管理，提高机构运转效能。同时创新工作机制，根据社治委确定的主要职责：统筹人财物投入保障机制推进城乡社区的有机更新、建立城乡社区发展治理考核标准体系和评价体系、统筹实现辖区资源共建共享、建立社区工作者队伍管理体系、提升群众参与社区治理主动性和自治能力等。下设1个二级机构，区机关内部合理划分改革统筹、社区党建、社区发展服务、社区治理、社区人力资源等科室，明确各科室职责，全力确保社区发展治理工作顺利实施，全面提高工作效率。

【社区治理水平提升】 一是提升社区精细化治理能力。谋划金水区城乡社区发展治理规划导则，尊重社区历史、基础条件、自然禀赋，尊重社区发展的多样性和多元化，尊重社区居民的生产、生活习惯，科学确定城乡社区发展治理各个方面的规范、准则，建立各层级社区发展治理标准体系，为社区发展治理划定基准、确立标准、明确方向。充分利用各种社区治理清单进行定责、限权、划界，提升社区治理的精准化、精细化、精致化水平。二是推进省级规范化社区创建工作。2019年，按照“一有七中心”的标准，通过示范引领、现场观摩推动、会议点评等方法强力推进社区规范化建设工作，6月、9月2次组织人员对创建点位社区进行实地察看，督导创建进展，对存在问题下达督查通报，进行及时反馈，要求对照目标任务，紧扣时间节点，倒排工作计划，全力以赴抓好落实，全年共建成15个省级规范化社区并全部通过省民政厅暗访验收，不折不扣地完成了上级下达的目标任务。三是市级示范社区命名验收工作。按照《郑州市示范社区创建标准》要求，组织各街道对辖区社区进行自评打分推荐，结合相关职能部门的意见，综合各项指标，选取推荐经八路街道省委社区、花园路街道农业院社区、凤凰台街道凤凰城社区、北林路街道鑫苑社区4个社区为市级示范社区候选，并顺利通过市级验收，获得首批“市级示范社区”命名。通过强化典型选树，以点带面，进一步调动全区各社区参与城乡社区发展治理的积极性和主动性。

【社区服务能力提升】 一是社区服务场所改造提升。坚持建管用并重，统筹集聚各类资源，完善各项功能，统一标志标识，切实把党群服务中心打造成政治引领中心、便民服务中心。协调服务阵地，谋划功能布局，推动建成、投用区级党群服务中心6个，新增社区党群服务阵地3.06万平方米，升级改造1.34万平方米，累计服务居民15.7万余人次，党群关系持续提升。围绕老旧小区改造工作这一中心任务，结合市委社治委下发的《关于在老旧小区整治提升工作中推进社区党群服务中心亲民化改造，做好群众工作的通知》，安排部署社区党组织和各类社区社会组织积极宣传老旧小区改造政策，组织动员社区居民支持、参与老旧小区改造工作，采取“以奖代补”的形式激励街道在老旧小区改造中同步推进党群服务中心建设与亲民化改造。主动对接相关职能部门及街道，全面掌握已纳入老旧小区整治提升范围的新建、改（扩）建的通讯花园社区、戍院社区、甲院社区、彭公祠社区4个社区党群服务中心项目，建立工作台账，实施跟踪进展进度，并从建筑选址、建筑面积、服务功能和整体规划上严格标准，以人为本，实施改造工作。二是社区专业人才资源管理。针对社区工作者专业性不强、缺乏激励机制等问题，积极探索、起草社区专职工作者管理办法和职业化岗位薪酬体系指导意见，以通过畅通来源渠道、拓展发展空间等措施，建立机制合理、来源广泛、素质优良的专业化、职业化社区人才队伍。探索、鼓励、支持专职社区工作者按照规定程序选举成为社区党组织书记或居委会主任，将优秀的社区两委干部推荐到街道，纳入事业编制管理。三是社区相关经费保障。为保障社区更好地为群众提供服务，提高城乡社区公共服务和发展治理水平，积极谋划城乡社区服务专项资金改革，起草城乡社区服务群众专项经费使用和管理办法，探索实施保障资金与激励资金的双轨并行保障机制。全年向全区162个城市社区拨付市级服务群众专项工作经费1125万元，其中，对创文点位社区奖励资金243万元，对规范化社区创建奖励资金75万元。根据市级关于进一步加强村级组织运转经费保障工作的要求，向全区40个行政村拨付村办公经费、服务群众经费共计400万元，同时全面做好相关经费的监督管理工作。

【社区文明整治提升】 根据承担的社区文明整治提升任务，服务深化郑州全国文明城市创建的工作大局，积极开展城乡社区精神文明创建活动，对全区80个点位社区进行网上申报材料审核和上报，共上报6大项及临时加派分项任务图片150余张，全区社区党群组织建设等区级层面报告3篇。围绕庆祝中华人民共和国成立70周年、举办第11届全国少数民族传统体育运动会、文明城市创建等中心和重点工作，及时部署开展社区宣传，发放社区

▲ 3月13日，区委社治委组织召开城乡社区发展治理工作座谈会

▲ 11月4日，郑州市委社治委常务副主任王海江（右二）到金水区调研指导党群服务中心工作

宣传版面1820块，制定出台社区宣传栏建设标准，新建高规格宣传栏367个，申请市级奖补经费243万元。配合市委社治委，联合区文明办做好社区创文督办整改工作，组织全区牵头责任单位和点位社区负责人到花园路街道农业院社区集中观摩，现场誓师签订责任书109份，通过现场会、明察暗访、督办等多种形式督促整改市级通报6期、164项问题，确保任务指导到位、保障支持到位、督办落实到位，全面推动点位社区高标准打造。

（撰稿：李　成　审阅：袁小培）

金水区人民代表大会

综　述

【概况】 金水区人大常委会位于郑州市金水区东风路16号。下设五委三室，即：办公室、财经工作委员会、法制工作委员会、城建工作委员会、代表联络工作委员会、教科文卫工作委员会、信访办公室和老干部管理办公室。

2019年，区人大常委会在区委的坚强领导下，坚持以习近平新时代中国特色社会主义思想为指导，深入学习贯彻习近平总书记视察河南、郑州重要讲话精神，紧紧围绕区委中心工作，坚持守正创新，依法履行职责，召开常委会会议9次，开展视察、执法检查117次，听取和审议“一府两院”专项工作报告22个，作出决议决定6件，任免地方国家机关工作人员74人次，为促进全区经济社会高质量发展、推动基层民主法治建设做出了积极贡献。

结合区委工作重点、政府工作难点，确定了推动高质量发展、污染防治攻坚、科技创新等5个方面14项监督议题。认真落实重大事项向区委请示报告制度，就年度视察调研安排、重要监督事项、重大会议活动，向区委请示报告65次。驻金水区各级人大代表累计走访接待选民1082人次，为民办实事223件次，在驻区四级人大代表中深入开展“民生议题征集月”活动，征集141条民生实事建议。与市人大常委会联动开展国土绿化提升工作视察、水污染防治“一法一条例”执法检查，提出各类意见建议100余条。区十三届人大四次会议代表提出的149件建议全部办理完毕，并答复代表。2019年，依托各街道开展代表学习培训活动1000余人次，驻区各级人大代表参与履职活动2043人次，收集意见建议608条，为促进重点工作开展发挥了积极作用。

【代表议案及建议办理情况】 在区十三届人大四次会议上，大会主席团共收到区十三届人大代表提出的1件代表议案和148件建议、批评、意见。经大会主席团第二次会议审议，1件代表议案转作建议办理。根据建议内容，转交区人民政府办理的143件，其他有关机关、组织办理的5件。截至8月底，148件代表建议已经办理完毕。为进一步了解代表对建议办理的落实情况，自8月初起，区人大常委会代表联络工委分别向提出议案、建议的代表发出“金水区人大代表议案建议办理情况反馈意见表”148份，收回代表反馈意见表148份，对于承办单位的办理态度、办理结果，代表表示满意的148件，满意率100%。

【人大代表视察活动】 2月14日，区人大常委会组织部分常委会组成人员及市、区两级人大代表对金水区2018年国民经济和社会发展计划执行情况与2019年国民经济和社会发展计划（草案）、2018年财政预算执行情况和2019年财政预算（草案）进行视察。区人大常委会常务副主任李贻忠、副主任许贵舟参加视察。

3月13日，区人大常委会组织部分常委会组成人员和市、区两级人大代表视察金水区2018年政府投资项目计划执行情况和2019年政府投资项目计划（草案）。区人大常委会常务副主任李贻忠参加视察。

3月25日，区人大常委会组织驻金水区市人大代表到巩义市开展国土绿化提速行动视察。区人大常委会领导李贻忠、许贵舟、冯景义参加视察。

4月12日，区人大常委会组织部分常委会组成人员和市、区两级人大代表视察区人民检察院公益诉讼工作。区人大常委会党组成员杨旗参加视察。

5月9日，区人大常委会组织部分常委会组成人员和市、区两级人大代表视察金水区卫生健康工作开展情况。区人大常委会党组书记、主任薛燕，副主任燕建华参加视察。

5月16日，区人大常委会组织部分常委会组成人员和市、区两级人大代表开展金水区水污染防治“一法一条例”视察。区人大常委会领导薛燕、许贵舟、冯景义参加视察。

6月5日，区人大常委会组织部分常委会组成人员和市、区两级人大代表视察金水区城市垃圾分类与处置工作开展情况。区人大常委会副主任许贵舟参加视察。

6月19日，区人大常委会组织部分常委会组成人员和市、区两级人大代表视察金水区“七五”普法工作开展情况。区人大常委会党组成员杨旗参加视察。

6月25日，区人大常委会组织部分常委会组成人员和市、区两级人大代表视察金水区黄河内河、城市防汛工作开展情况。区人大常委会领导薛燕、李贻忠、许贵舟、燕建华、杜艳洁、张华、冯景义、张涛、杨旗参加视察。

6月26日，区人大常委会组织部分常委会组成人员和市、区两级人大代表视察金水区环境保护工作开展情况。区人大常委会副主任许贵舟参加视察。

6月27日，区人大常委会组织部分常委会组成人员和市、区两级人大代表视察金水区社区文化活动中心建设情况。区人大常委会副主任燕建华参加视察。

7月17日，区人大常委会组织部分常委会组成人员及市、区两级人大代表视察金水区2019年上半年国民经济和社会发展计划执行情况。区人大常委会党组书记、主任薛燕，常务副主任李贻忠参加视察。

7月18日，区人大常委会组织部分常委会组成人员及市、区两级人大代表视察金水区2018年财政决算和2019年上半年财政预算执行情况。区人大常委会常务副主任李贻忠参加视察。

7月18日，区人大常委会组织部分常委会组成人员及市、区两级人大代表视察金水区2018年财政预算执行情况审计报告。区人大常委会常务副主任李贻忠参加视察。

8月15日，区人大常委会组织市十五届人大代表开展城市环境综合整治提升视察。区人大常委会领导薛燕、许贵舟、燕建华、杜艳洁、冯景义、张涛、杨旗参加视察。

8月21日，区人大常委会组织部分常委会组成人员和市、区两级人大代表视察金水区楼宇经济工作情况。区人大常委会党组成员冯景义参加视察。

8月28日，区人大常委会组织部分常委会组成人员和市、区两级人大代表视察金水区科技创新与科技成果转化工作情况。区人大常委会副主任燕建华参加视察。

9月5日，区人大常委会组织部分常委会组成人员和市、区两级人大代表视察金水区十三届人大四次会议建议办理情况。区人大常委会领导薛燕、冯景义参加视察。

10月16日，区人大常委会组织部分常委会组成人员和市、区两级人大代表视察金水区市政道路建设与管理工作情况。区人大常委会副主任许贵舟参加视察。

10月18日，区人大常委会组织部分常委会组成人员及市、区两级人大代表视察区人民法院刑事审判工作开展情况。区人大常委会党组成员杨旗参加视察。

11月13日，区人大常委会组织部分常委会组成人员及市、区两级人大代表对金水区2019年度财政收支预算调整情况进行视察。区人大常委会常务副主任李贻忠参加视察。

11月13日，区人大常委会组织部分常委会组成人员及市、区两级人大代表对金水区2018年度区本级预算执行和其他财政收支审计查出问题整改情况进行视察。区人大常委会常务副主任李贻忠参加视察。

11月14日，区人大常委会组织部分常委会组成人员及市、区两级人大代表对金水区大棚户区改造安置房建设工作情况进行视察。区人大常委会副主任许贵舟参加视察。

12月17日，区人大常委会组织驻金水区市十五届人大代表开展集中视察活动。区人大常委会领导薛燕、冯景义参加视察。

重要会议

【区十三届人大常委会第十五次会议】 1月29日，区十三届人大常委会第十五次会议举行。会议由区人大常委会主任薛燕主持，区人大常委会领导李贻忠、许贵舟、燕建华、杜艳洁、张华、冯景义、张涛、杨旗及其他常委会组成人员共34人出席会议。

会议依法通过区政府和区人民检察院提请的任命。会议要求，新任命人员一是要提高认识，扎实履职。不忘初心、牢记使命，恪尽职守、无私奉献，发扬优良传统、倡导务实作风、扎实开展工作，共同开创金水区经济社会发展新局面。二是要提升素质，树立形象。坚持做勤奋学习的表率、真抓实干的模范，以优良的素质，展现人民公仆的良好形象，以务实的作风，创造为民履职的出色业绩。三是要依法行政，接受监督。牢固树立社会主义法治理念，全面增强执政本领；要尊重人大法律地位，做到重大事项主动报告，人大决议坚决执行，人大履职积极配合，不断为全区经济社会发展做出新的、更大的贡献。

会议同时传达学习河南省十三届人大二次会议精神。

常务副区长杨洁，区监察委员会副主任刘建伟，区人民法院院长蔡理亮，区人民检察院检察长王青，人大各街道工委主任，区人大常委会各委室副主任，区纪委监察委驻人大机关纪检监察组组长刘利辉，区政府办、区检察院有关负责人列席会议。

【区十三届人大常委会第十六次会议】 2月18日，区十三届人大常委会第十六次会议举行。会议由区人大常委会主任薛燕主持，区人大常委会领导李贻忠、许贵舟、燕建华、杜艳洁、张华、冯景义、张涛、杨旗及其他常委会组成人员共34人出席会议。

会议决定于2019年2月26日—28日召开区十三届人大四次会议，通过关于金水区第十三届人民代表大会第四次会议议程、日程草案和有关建议名单、草案，研究、审议区十三届人大四次会议的有关事项。

副区长赵高翔，区人民法院院长蔡理亮，区人民检察院检察长王青，人大各街道工委主任，区人大常委会各委室副主任，区委组织部、区发改统计局、区财政局有关负责人列席会议。

【区十三届人大常委会第十七次会议】 3月20日上午，区十三届人大常委会第十七次会议在区机关一楼西厅会议室举行。会议由区人大常委会主任薛燕主持，区人大常委会领导李贻忠、许贵舟、燕建华、杜艳洁、张华、冯景义、张涛、杨旗及其他常委会组成人员共34人出席会议。

会议深入学习贯彻十三届全国人大二次会议精神。会议要求，全区人大工作者一是要提高政治站位。认真学习、深刻领会习近平总书记在十三届全国人大二次会议期间的重要讲话，特别是参加河南代表团审议时的重要讲话精神，树牢“四个意识”，坚定“四个自信”，做到“两个维护”，增强做好新时代人大工作的责任感和使命感。二是要认真履行职责。深入学习贯彻习近平总书记关于坚持和完善人民代表大会制度的重要思想，依法行使监督、讨论决定重大事项，人事任免职权，为全区经济社会高质量发展提供有力保障。三是要增进群众福祉。坚持以人民为中心的发展理念，围绕人民群众关心关注的食品安全、教育、医疗、大气污染防治、保障房建设等热点、难点问题，开展视察调研，提出意见与建议，促进民生事业改善，不断增强辖区群众的幸福感、获得感、安全感。

会议审议确定了2019年度向区人大常委会述职并接受评议的金水区选举产生的郑州市十五届人大代表。会议要求，驻金水区市、区两级人大代表一是要持续加强学习，进一步明确工作职责，掌握履职方法，提升执行代表职务的能力和水平。二是要增强责任意识，立足本职岗位，发挥行业优势，助推发展、服务群众，展现人大代表履职为民的责任担当。三是要自觉接受监督，认真做好述职准备工作，按时参加述职评议活动，树立新时代人大代表的良好形象。

会议审议批准了金水区人民政府2019年政府投资项目年度计划。会议要求，区政府要紧紧围绕项目建设目标，创新工作方法，落实责任主体，完善监管体系，认真组织实施，确保政府投资项目按要求、按计划顺利推进，做到服务保障好、建设进度快、工程质量高，不断提升政府投资项目的经济效益和社会效益。

常务副区长杨洁、区监察委员会副主任刘建伟、区人民法院院长蔡理亮、区人民检察院副检察长梁运芳、人大各街道工委主任、区人大常委会各委室副主任、区纪委监察委驻人大机关纪检监察组组长、区发改统计局有关负责人，以及1名市人大代表、2名区人大代表列席会议。3名公民旁听会议。

【区十三届人大常委会第十八次会议】 5月30日，区十三届人大常委会第十八次会议举行。会议由区人大常委会主任薛燕主持，区人大常委会领导李贻忠、燕建华、杜艳洁、张华、冯景义、张涛、杨旗及其他常委会组成人员共34人出席会议。

会议表决通过了区人民检察院公益诉讼工作情况的报告。会议要求，区人民检察院一是要提升思想认识。站在保护国家利益和社会公共利益的高度，强化责任落实，把握公益属性，依法履行职责，更好地维护宪法法律权威和社会公平正义。二是要突出工作重点。聚焦生态环境治理、国有资产保护、食品药品安全等关键领域，围绕群众反映强烈、社会普遍关注的案件，履行诉讼职能，增强工作实效。三是要加强队伍建设。充实公益诉讼部门力量，开展职业技能培训，提升办案能力水平，打造一支政治强、业务精、作风正、工作实的专业人才队伍。

会议表决通过了区政府关于卫生健康工作情况的报告。会议要求，区政府及其有关部门一是要进一步强化组织领导。坚持以人民健康为中心，突出工作重点，深化体制改革，完善政策措施，严格监督管理，持续推动健康中国战略在金水区的贯彻实施。二是要进一步优化资源配置。根据金水区人口分布特点，合理布局、加快建设医疗健康设施，为人民群众提供全方位、全周期健康服务。三是要进一步凝聚工作合力。充分利用全市、全省大专院校资源，鼓励社会力量参与，通过技能培训、定向培养等方式，深化全科医生队伍建设，不断满足人民群众日益增长的健康生活需求。

会议依法通过了区人民政府、区人民法院、区人民检察院提请的任命。会议要求，新任命的人员要牢记誓词、铭记职责、践行使命，切实增强法治观念，主动接受人大监督，全心全意为人民服务，始终做到廉洁奉公、勤政为民，以强烈的责任担当、良好的精神状态、扎实的工作作风，在新的岗位上创造更加突出的业绩。

常务副区长杨洁，副区长张川，区监察委员会副主任刘建伟，区人民法院院长蔡理亮，区人民检察院检察长王青，人大各街道工委主任，区人大常委会各委室副主任，区纪委监察委驻人大机关纪检监察组组长，区政府办、区人民法院、区人民检察院、区卫生健康委员会有关负责人，以及 1 名市人大代表、2 名区人大代表列席会议。3 名公民旁听会议。

【区十三届人大常委会第十九次会议】 7 月 26 日，区十三届人大常委会第十九次会议举行。会议由区人大常委会主任薛燕主持，区人大常委会领导李贻忠、许贵舟、燕建华、杜艳洁、张华、冯景义、张涛、杨旗及其他常委会组成人员共 34 人出席会议。

会议深入学习贯彻习近平总书记对地方人大及其常委会工作的重要指示精神暨纪念地方人大设立常委会 40 周年座谈会精神。会议要求，各位常委会组成人员、全区人大工作者一是要提高政治站位。深入学习贯彻习近平总书记重要指示精神，增强“四个意识”，坚定“四个自信”，做到“两个维护”，自觉同以习近平同志为核心的党中央保持高度一致。二是要强化责任担当。深刻领会委员长栗战书在座谈会上提出的新要求，立足金水实际，发挥职能作用，推动中央决策部署在金水落地生根。三是要主动履职尽责。在助推改革发展中担当作为，在推动“两个机关”建设中开拓创新，为促进经济社会发展、保障改善民生做出新的、更大的贡献。

会议听取和审议了区政府关于 2019 年上半年国民经济和社会发展计划执行情况的报告。会议要求，区政府及其有关部门一是要持续提升科学发展水平。围绕全区发展大局，加快产业结构升级步伐，促进金水区经济社会高质量发展。二是要持续加大项目建设力度。强化目标管理，完善考核机制，扎实推进重点项目建设，增强经济发展后劲。三是要持续增强计划执行实效。科学研判经济运行走势，健全完善动态监测体系，确保全年各项目标任务按时完成。

会议听取和审议了区政府关于 2018 年财政决算和 2019 年上半年财政收支预算执行情况的报告，批准了金水区 2018 年度财政决算。会议要求，区政府及其有关部门一是要进一步加强预算管理，规范预算执行，不断增强预算编制的科学性和准确性。二是要进一步加大统筹力度，优化支出结构，将更多财力向民生领域倾斜，提高公共服务水平。三是要进一步增强保障能力，深化财税体制改革，推进预算绩效管理，健全债务预警机制，为全区经济社会高质量发展提供有力的资金保障。

会议听取和审议了区政府关于 2018 年度本级预算执行及其他财政收支的审计工作报告。会议要求，区政府及其有关部门一是要强化监督意识，完善运行机制，优化审计环境，提升审计工作整体水平。二是要突出审计重点，持续加大对重点领域、重点项目和政府性债务资金的审计力度，确保审计工作效果。三是要提高审计质量，对审计发现的问题，加强跟踪督查，确保整改到位，推动财政资金管理工作规范有序开展。

会议听取和审议了区政府关于“七五”普法工作情况的报告。会议要求，区政府及其有关部门一是要进一步强化组织领导。明确主体责任，规范普法内容，发挥成员单位作用，加强部门沟通交流，形成普法工作合力。二是要进一步突出工作重点。坚持分类施教，突出重点对象和“关键少数”，针对不同群体，开展个性化教育，持续提升普法效果。三是要进一步加大宣传力度。创新形式、拓展渠道，提升宣传效果，增强全社会的法治意识。

会议听取和审议了区政府关于环境保护工作情况的报告。会议要求，区政府及其有关部门一是要强化责任意识。深入贯彻落实习近平生态文明思想，完善财政保障机制，加大政策扶持力度，确保环境保护各项任务顺利完成。二是要聚焦关键领域。坚持全民共治、源头防治，为人民群众创造良好的生产、生活环境。三是要严格监督管理。落实环保责任，健全监管体系，促进金水区环境质量不断改善。

会议听取和审议了区政府关于社区文化活动中心建设情况的报告。会议要求，区政府及其有关部门一是要进一步提升思想认识。强化组织领导，加大资金投入，完善制度措施，狠抓责任落实，不断提高公共文化服务水平。二是要进一步完善硬件配置。科学规划，合理布局，加快场馆建设，为开展丰富多彩的群众性文化活动提供基础保障。三是要进一步创新服务机制。加强业务指导，整合优质资源，推进文化人才队伍建设，将金水打造成为群众满意的特色文化城区。

常务副区长杨洁，副区长闵武杰，区人民政府副县级干部王珂，区监察委员会副主任刘建伟，区人民法院院长蔡理亮，区人民检察院副检察长谷伟东，人大各街道工委主任，区人大常委会各委室副主任，区纪委监察委驻人大机关纪检监察组组长，区发改统计局、区财政局、区审计局、区司法局、区攻坚办、区文化旅游局有关负责人，以及1名市人大代表、2名区人大代表列席会议。3名公民旁听会议。

【区十三届人大常委会第二十次会议】 9月29日，区十三届人大常委会第二十次会议举行。会议由区人大常委会主任薛燕主持，区人大常委会领导许贵舟、燕建华、杜艳洁、张华、冯景义、张涛、杨旗及其他常委会组成人员共32人出席会议。

会议深入学习贯彻省委书记王国生在河南省纪念地方人大设立常委会四十周年座谈会上的讲话精神。会议要求，各位常委会组成人员、全区人大工作者一是要提高政治站位。深入学习贯彻习近平总书记视察河南重要讲话精神，扎实开展“不忘初心、牢记使命”主题教育，牢固树立“四个意识”，坚定“四个自信”，做到“两个维护”，提高运用党的创新理论指导实践、推动工作的能力，以扎实的作风确保习近平总书记重要讲话精神不折不扣地落地落实。二是要强化责任担当。深刻领会省委书记王国生对基层人大工作提出的新要求、做出的新部署，坚持党建引领、创新推动，依法履职、扎实工作，不断展现新时代基层人大工作者的新担当、新作为。三是要依法履职尽责。围绕市委、区委重大决策部署，确定监督议题，开展视察调研，发挥代表作用，为助推经济社会高质量发展、促进基层民主法治建设做出新的、更大的贡献。

会议听取和审议了区十三届人大四次会议代表建议办理情况的报告。会议要求，区政府及其有关部门一是要强化组织领导。健全领办制度，完善推进措施，将建议办理工作纳入目标考核体系，增强承办单位办理建议工作的积极性和主动性。二是要健全工作机制。明确责任主体，规范办理程序，真正把办理工作做细、做实、做好。三是要提升办理质量。主动和代表沟通，及时向代表反馈，落实好各项举措，提高办理工作实效。

会议听取和审议了区政府关于楼宇经济工作情况的报告。会议要求，区政府及其有关部门一是要进一步加强顶层设计。围绕打造高品质现代化城区的功能定位，完善思路、明确职责，科学引导、统筹布局，促进金水区产业结构加快转型升级。二是要进一步优化营商环境。加大扶持力度，整合楼宇资源，完善平台建设，搭建服务网络，以良好的营商环境吸引优秀企业入驻。三是要进一步强化队伍建设。结合金水区产业发展方向、企业服务需求、楼宇工作特点，打造作风优良、服务专业的楼宇经济工作队伍，为金水区楼宇经济发展提供良好保障。

会议听取和审议了区政府关于科技创新与科技成果转化工作情况的报告。会议要求，区政府及其有关部门一是要深化思想认识。转变工作职能，健全激励机制，加快构建科学完善的科技产业服务体系。二是要拓宽工作思路。坚持政府引导、市场运作，调动社会资源参与，支持和培育科技企业成长壮大。三是要提升发展水平。进一步完善政策措施，拓展服务载体，吸引高端科技人才、高新技术企业落户金水，为全区经济高质量发展提供有力支撑。

副区长赵高翔，区监察委员会副主任刘建伟，区人民法院院长蔡理亮，区人民检察院检察长王青，人大各街道工委主任，区人大常委会各委室副主任，区纪委监察委驻人大机关纪检监察组组长，区政府办、区楼宇办、区科技局有关负责人，以及2名区人大代表列席会议。3名公民旁听会议。

【区十三届人大常委会第二十一次会议】 10月12日，区十三届人大常委会第二十一次会议举行。会议由区人大常委会主任薛燕主持，区人大常委会领导李贻忠、许贵舟、燕建华、张华、冯景义、张涛、杨旗及其他常委会组成人员共33人出席会议。

会议听取和审议区人大常委会主任会议关于许可公安机关对金水区第十三届人民代表大会代表黄某某采取强制措施的议案，通过有关决定草案。

会议依法通过了区人民代表大会常务委员会《关于许可公安机关对金水区第十三届人民代表大会代表黄某某采取强制措施的决定（草案）》。

【区十三届人大常委会第二十二次会议】 11月28日，区十三届人大常委会第二十二次会议举行。会议由区人大常委会主任薛燕主持，区人大常委会领导李贻忠、许贵舟、燕建华、张华、冯景义、张涛、杨旗及其他常委会组成人员共35人出席会议。

会议审议通过了关于实施民生实事项目区人大代表票决制工作的决定。

会议听取和审议了区政府关于2018年度区本级预算执行和其他财政收支审计查出问题整改情况的报告、关于提请批准调整2019年度财政收支预算的议案、关于市政道路建设与管理工作情况的报告、关于大棚户区改造安置房建设工作情况的报告。会议要求，区政府要进一步优化支出结构，规范预算管理，强化审计监督，不断提升财政资金管理的科学化、规范化水平。要加强顶层设计，严格建设标准，强化工程监督，确保项目质量，把安置房、市政道路真正建设成为民心工程。

会议听取和审议了区人民法院关于刑事审判工作情况的报告。会议要求，区人民法院要优化审理程序，强化内部监督，完善考核体系，提升办案质量，保障当事人的合法权益，切实维护司法公正。

听取了金水区选举产生的部分市十五届人大代表述职报告并进行了评议。

会议依法通过了区人民法院、区人民检察院提请的任免事项。会议要求，新任命人员要牢记誓词、铭记职责、践行使命，主动接受人大监督，全心全意为人民服务，始终做到廉洁奉公、勤政为民、公正司法。

常务副区长杨洁，区监察委员会副主任刘建伟，区人民法院院长蔡理亮，区人民检察院检察长王青，人大各街道工委主任，区人大常委会各委室副主任，区审计局、区财政局、区住建局、区城管局、区城改办、区人民法院、区人民检察院有关负责人，以及4名市人大代表列席会议。3名公民旁听会议。

【区十三届人大常委会第二十三次会议】 12月19日，区十三届人大常委会第二十三次会议举行。会议由区人大常委会主任薛燕主持，区人大常委会领导燕建华、杜艳洁、张华、冯景义、张涛、杨旗及其他常委会组成人员共30人出席会议。

会议审议郑州市十五届人大代表黄保卫辞去代表职务事项。

会议表决通过了金水区人民代表大会常务委员会关于接受黄保卫辞去郑州市第十五届人民代表大会代表职务的决定。

（撰稿：苑　祯　审阅：臧跃鹏）

金水区人民政府

政府工作

【概况】 2019年实现地区生产总值1752.5亿元、增长6.7%；地方一般公共预算收入增长7.1%、达到65.8亿元，其中税收占比达94.5%；社会消费品零售总额增长5%，固定资产投资增长7.2%，城镇居民人均可支配收入和农村居民人均可支配收入分别增长7.8%、8.5%，达到49601元、28224元，综合经济实力稳居中部城区前列。

【产业发展】 产业结构迈向高端。世界500强思爱普等知名企业相继落户，新认定市级总部企业6家，占全市增量的三分之一强。信息安全产业被纳入全省新兴战略性五大产业集群，共享生态科技产业智能制造、智能物流和智能服务三大模块形成体系，软件和信息技术、互联网服务等行业营业收入增速分别达到23.6%、10.5%。农科路酒吧休闲一条街晋升国家级特色商业街，税收超亿元楼宇达到12栋，现代服务业增加值突破1100亿元。

园区经济挺立潮头。金水科教园区进入国家大数据（河南）综合试验区核心区建设范围，中部网络安全产业园顺利落户，创新活跃的科技企业突破600家。河南科技园区搬迁改造全面启动，智汇城顺利开业运营，主营业务收入和税收双双实现两位数增长。国家知识产权创意产业试点园区新入驻今日头条、百度百家号等知识产权服务、新媒体文创企业37家，推动专利申请量达到13558件，成功获批“国家知识产权强县工程示范县（区）”。

【改革创新】 涉企服务越改越优。深入推进“放管服”改革，全面推行政务服务周末“不打烊”，工程建设项目区级审批时限控制到13个工作日，企业开办时间缩短至2个工作日，366个事项实现“最多跑一次”。深入开展走访企业服务活动，帮助企业争取各类扶持资金2.8亿元、融资近40亿元；新登记市场主体4.6万家，总量达到22.5万家，占全市的近1/5；鑫苑服务在香港交易所上市，全省首颗卫星“国智恒好年景中原金水一号”成功发射。

开放大门越开越大。金水自贸区块开发模式和规划方案基本确定，进入开发建设新阶段；在全省率先出台企业集群注册办法，搭建中欧、中俄自由贸易合作平台，布局21个境外办事处和10万平方米海外仓，初步构建“海外园区＋境外办事处＋海外仓”的海外运营体系。新引进亿元以上项目20个，其中10亿元以上项目14个，招商引资实现了从数量规模向质量结构的重大转变。

创新动能越聚越强。突出自创区建设带动，新认定高新技术企业137家、科技型企业371家，总量分别达到351家和1302家，占全市的17.1%、21.3%。新增国家级孵化器2个、院士工作站3

个、市级以上工程技术研究中心28个，推动23家中小企业成为“专精特新”企业。新引进高层次人才21人，新增技术交易机构60家，实现登记技术合同成交额16.4亿元，为全市最高。

【城区品质】 城区建设深入推进。庙李等5个项目安置房顺利分房，新回迁群众1.4万人；完成土地出让2544亩，再创供地量新高；新网签安置房9261套，并成功为琉璃寺、白庙等安置房项目办理不动产证。新建成道路19条、公厕32座，改造提升道路75条，增加公共停车泊位1.8万个，率先在全市设置限时免费停车泊位。

城区更新有序实施。以服务保障为契机，深入推进“三项工程、一项管理”，将道路、楼院和街区联动整治，推进线缆入地5.2万米，依法拆除违法建设30.9万平方米，顺利改造老旧小区79个，实施楼体夜景亮化238栋，打造优秀以上路段218条，“可阅读、可流传、可观赏”的精品街景成为金水靓丽的风景线，让群众真切感受到了看得见、摸得着的改善与变化。

城区环境不断优化。坚持“治”“建”并举，贾鲁湖湿地初具规模，马渡污水处理站建成投用，40台锅炉完成综合改造，45个公园游园建成开放，162个区管工地全部纳入“8个100%”动态管理，214.5万平方米绿地扮靓城区，空气优良率位居全市第二，公园绿地服务盲区基本消除，建成区全面消除黑臭水体，辖区群众乐享更加清爽、舒适的生活环境。

【社会事业】 民生保障精准落地。践行以人民为中心的发展思想，民生领域投入达52.4亿元，增长6.7%，占一般公共预算支出的74.6%。开展技能培训和创业辅导5096人次，发放创业担保贷款1.93亿元，新增就业、再就业29556人。新建保障性住房3663套，基本建成7230套，完成公租房实物配租847户。新建社区居家养老服务站11个，总医院南区医养结合项目顺利投用，养老服务、残疾人精准康复等专业社工服务全面展开。

公共服务优质均衡。新投用学校6所，新增普惠性幼儿园16所，扩充优质学位11610个；艺术小学等4所学校入选第一批省中小学数字校园标杆校；金水健儿在跳绳世界杯、世界荷球锦标赛中获得优异成绩，国家体育总局专程发来贺信。标准化改造社区卫生服务机构5个，家庭医生签约服务居民61.35万人。新建党群服务中心3个、城市书房4个，成功举办“我和我的祖国”群众性主题宣传教育等文化活动，以激扬风采献礼祖国70华诞。

社会治理高效有序。严格落实安全生产责任制，成立14个专业委员会，建成34座微型消防站，应急处置能力和安全监管水平持续提升。突出食品安全标准化建设，8264家餐饮服务单位建成“互联网+明厨亮灶”，2.9万余家食品经营单位达到“6S”标准。统筹推进社会矛盾化解，持续推进“扫黑除恶”专项斗争，免费为无主管楼院加装智能化安防系统，群众安全感、满意度明显提升。同时，国防动员、人民防空、民兵预备役、退役军人事务、双拥共建、地方史志和脱贫攻坚结对帮扶等工作都取得新成绩。

【信息调研工作】 紧盯营商环境优化、城区环境改善等重点工作和群众关心的热点、难点问题，主动开展信息调研，编写有情况、有分析、深层次、高质量信息，努力为领导掌握实情、科学决策、推动工作提供较好的信息服务。全年累计编发区级信息1939条、《政府工作》19期,《专报信息》12期；上报省市信息755条,《市政府工作快报》采用信息112条。

【督查工作】 围绕政府工作报告、民生实事办理和政府决策部署狠抓落实，督促推动区政府系统贯彻落实好区委、区政府的决策部署。梳理省市政府工作报告涉及金水事项，分解区政府工作报告重点任务，建立146项重点事项工作台账。紧盯省市19项民生实事办理，逐项明确工作任务、制定工作计划、细化工作节点，推动普惠教育、卫生健康等18项实事顺利办结。同时开展各项综合类、专项类督查25次，下发《督查通知》24期，全面保障了市委、市政府转办的26个事项和“国务院互联网+督查平台留言办理”4个台账问题的顺利落实。

【电子政务工作】 按照新修订的《中华人民共和国政府信息公开条例》要求，积极调整政府信息公开工作的流程，及时更新信息公开指南和申请政府信息公开指南。全年主动公开政府信息5438条，依申请公开225条，办理答复225条，并在区政务服务内外网同步设立“中国（河南）自由贸易试验区郑州片区金水区块”专栏，更新各类信息5400余条，有效保障辖区居民对政府信息的知情权。

【议案提案办理工作】 围绕经济、教育、医疗、卫生、城市管理、环境治理等热点问题，组织召开人大建议交办工作会，明确44个部门和单位具体承办，实现省市区147份人大建议、168份政协委员提案办结率100%。以全市首批“民生实事项目人大代表票决制”试点为契机，收集整理代表、委员及群众意见建议190件，最终形成民生实事候选项目12项。

【法治政府建设工作】 以职能科学、权责法定、执法严明、公开公正、廉洁高效、守法诚信为目标，统筹推进行政复议、法治审核等工作。围绕做好涉法涉诉事项决策建议，回复涉法涉诉事项30余件，审核合同20余件，提出合法性建议10余件。以维护社会公正和稳定为目标，不断提升行政案件的处理能力与处理水平，全年共办理行政复议案件118起，办结106起，参与政府一审行政应诉案件247件、二审行政应诉案件406件，有效减少经济损失7000余万元。

（撰稿：刘浩博　审阅：宋振永）

政务服务

【概况】 区政务服务办公室成立于2019年1月，是区人民政府工作部门，正科级建制，下设综合科、审批改革协调科、政务监管科及数据应用科4个科室，所属事业单位为金水区政务服务中心，位于东风路科技一条街1号楼，办公面积约3000平方米。

2019年，区综合政务服务大厅受理各类审批服务事项近7万件，按时办结率100%；工程建设项目审批更高效，制定出台工程建设项目“一张表单”，全力推进“三减一优”，区管权限事项审批流程控制在15个工作日，同比减少50%，全流程审批可压缩至30~74个工作日；企业开办更便捷，设置企业开办专区，实现设立、税务、社保、刻章等业务集中办理；便民服务更贴心，针对“开餐饮店、开美容美发店”等7大办事主题，试点推行“一窗受理、综合辅导、并联审批、统一出证”的“一件事”并联审批服务模式。

▲11月11日，召开金水区“放管服”改革工作例会

【一体化政务服务格局】 开展政务服务网上平台建设，提前完成事项梳理录入、要素完善、流程配置，确定区级政务服务事项756项；“四级四同”政务服务事项延伸到街道和社区，实现省政务服务网与市四级联动系统的打通，确定基层政务服务事项60项，完成编制实施清单10740项；推进“互联网+监管”系统平台建设，组织开展业务培训、认领监管事项目录清单、编制检查事项实施清单，采取周通报、日汇总等督查机制，完成检查、处罚、强制及其他监管行为事项覆盖数为596项，监管行为汇聚总量5.3万余条；推进“三集中，三到位”（指部门许可职能向一个科室集中，审批科室向政务大厅集中，审批事项向网上办理集中，做到事项进驻大厅到位，审批授权窗口到位，电子监察到位），各街道办事处及区直各有关单位设立相应的行政审批服务科室，区综合政务服务大厅事项进驻率85%，一窗受理率60%，达到省定目标。

【多样化便利服务】 持续做好“减证便民”，定期清理、合并各类不必要证明材料，每月定期汇总各街道开具证明情况，每季度检查证明档案；开展“午休不间断”“周末不打烊”行动，区综合政务服务大厅实现工作日午间可办理，7月20日起，区综合政务服务大厅，社保大厅，不动产大厅，出入境接待大厅，交警一、五大队服务大厅涉及五大类民生事项实现双休日可办理，深受辖区企业群众好评。增设触摸查询一体机、自助拍照机、税务自助办理机、24小时自助存取件柜、共享手机充电等智能化设备，设置休息等候区、母婴室、咨询台等便民设施，优化办事预约、取号咨询、办事引导、免费复印等常规服务，提供“党员帮办服务”“残障群体绿色通道服务”“自助照相”“微信预审”“代跑代办”等贴心服务。2019年，累计为办事群众提供免费邮寄5次，免费复印打印5万多份，自助上网2万余次，自助取件服务10次，自助拍照500余张。

▲ 8月16日，召开全区提升网上政务能力暨推进放管服改革工作会议

【“一站式”实体服务平台】 加快进驻新综合政务服务大厅步伐，借鉴经验科学谋划，打造高标准智能化服务大厅，进一步优化业务办理区、咨询辅导区、自助服务区、休闲等候区等区域布局，合理扩容业务办理区，可实现130个办理窗口、36个后台审核区同步办公；拓展24小时自助服务区，容纳30台自助设备，确保政务服务“不断档”。

（撰稿：许云飞　审阅：李书乐）

机关事务管理

【概况】 郑州市金水区直属机关事务管理局（以下简称区事管局）位于东风路16号，组建于1986年，是区级机关后勤事务管理职能部门，正科级建制。内设办公室、综合科、文明科、物业科、安保科、节能科等。主要履行机关国有资产管理、机关文明创建、机关公共机构节能、机关绿化、会议服务、安全保卫、消防监控、基础设施建设等后勤管理保障工作。

2019年，区事管局先后被中央文明办命名为“全国文明单位”，被郑州市政府通报表彰1次，被郑州市事管局授予市级“节水型单位”荣誉称号。

【干部队伍建设】 一是区事管局始终坚持以习近平新时代中国特色社会主义思想武装头脑、指导实践、推动工作，着力提高党员干部职工思想政治素养、政策理论水平和业务工作能力，努力在工作上求质量，学习上求实效。区事管局党组通过落实每周一、三、五全体人员集中学习制度和每周二、四个人自学制度，把中共十九大精神和“不忘初心、牢记使命”主题教育学习教育落到实处。2019年，共组织集中学习70余次，赴红色革命教育基地培训4次，开展在职党员进党校培训4批次，组织党组书记讲党课2次。二是积极开展“创先争优”活动，局党组坚持以“作风建设年”活动为主线，着力营造争当优秀共产党员、职业道德先进个人，争创精细化管理先进集体、安全生产先进集体的良好氛围。2019年，区事管局被市委、市政府记集体三等功1次，先后评选出郑州市“职业道德双十佳先进个人”1人，郑州市“五一劳动奖章”获得者1人，金水区优秀共产党员1人；局属外包服务公司获得办事群众赠送锦旗3面。

【精神文明建设】 2019年是金水区事管局创建全国文明单位复检之年，验收时间紧、创建任务重。自2019年6月中旬接到测评标准后，区事管局立足新起点，把握新要求，调整完善了全国文明单位创建工作实施方案和工作要点，扎实推进精神文明建设各项工作，成立了机关精神文明宣传组、机关卫生检查评比组、文字材料档案组、网络文明宣传组等多个专项工作组，形成了分工明确、各司其职、组织有序、上下联动的精神文明工作网络，为全国文明单位创建工作提供了坚强的组织保障。2019年11月2日，区事管局顺利通过全国文明单位考核组检查验收。

▲ 10月14日，金水区事管局党支部组织“学习强国”答题挑战选拔赛

【工作机制创新】 区事管局党组先后对局属职能科室的岗位设定及年度工作目标进行重新梳理规范，新增区事管局财务管理制度、合同管理制度、楼顶安全管理制度、监控管理制度、国旗管理制度等二十余项规章制度，形成了权责明晰、分工合理、运转顺畅的工作管理机制。建立完善了机关事务管理巡查、督查、考核、奖惩机制，要求分管副职每周至少两次巡查分管工作，科室负责人每周至少三次巡查本科室负责区域，办公室每月至少一次全区域督查外包服务区域，初步实现了对区机关办公区域内存在的问题“早发现、早处理、早解决”。扎实开展机关事务服务标准化、法治化、专业化建设，围绕管理服务标准化、工作举措精细化、保障维护专业化的要求推进机关事务服务工作，重点完善物业、膳食、高低压、水电、电梯等外包服务公司服务标准流程，从源头加强金水区机关外包

服务项目流程管理和服务规范，努力提升外包服务公司工作效率，杜绝区机关安全生产隐患。

【办公用房、公务用车管理】 区事管局先后对全区84家区直单位，17个街道办事处的办公用房进行了全方位测绘统计，顺利上报了国家机关事务管理局要求统计的金水区党政机关办公用房相关数据，并依托测绘数据及时更新了金水区党政机关办公用房管理系统内相关数据。截至年底，全区101家单位所有办公用房已全部测绘到位，全区各单位能够按照党政机关办公用房使用标准做到不超标配备办公用房。

围绕公务用车管理标准化、制度化建设和公务用车日常监督管理、保障要求，及时制定印发《金水区党政机关机关公务用车管理暂行办法》，确保金水区新型公务用车管理机制初步建成。暂行办法出台后，区事管局将全区除侦查办案等保密车辆外所有公务车辆纳入公务用车平台管理，实现了金水区“公务用车用于公务，公务有公务用车保障”的管理机制，对公务用车管理起到了积极作用。截至2019年12月，金水区公务用车管理平台共向区纪委监委作风建设监督检查提供疑似异动使用公务用车线索4起，向区纪委党风室移交举报电话线索2起，全年在重大节日及重污染天气条件下开展公务车辆停驶封存7次，组织全区公务用车集中张贴公务用车标识1次。

【公共机构节能建设】 区事管局研究制定《2019年金水区公共机构节能工作考核办法》和《金水区公共机构垃圾分类工作实施方案》，通过在区直机关公共区域设置关于节电、节水、节粮、绿色办公、低碳出行、垃圾分类等主题的节能宣传展板，在电子显示屏滚动播放节能宣传标语和节能宣传视频，积极推进节能宣传培训、垃圾分类、能源审计等工作。2019年10月，顺利通过郑州市水平衡测试考核组检查验收，荣获郑州市机关单位首批“节水型单位”荣誉称号。截至2019年，区直机关办公区域综合能耗同比2018年下降2.8%，人均能耗同比下降1.9%，用水同比下降1.5%。

【机关后勤保障建设】 一是通过丰富饭菜时令品种、优化餐厅就餐环境、开展后厨培训比武、新增特色美食小吃等一系列创新举措，提升机关餐厅膳食服务水平。截至2019年12月，区事管局新建机关餐厅2个，新增就餐人数1000余人，机关大院职工餐厅就餐人数同比2018年增加30%以上。二是新建机关智能停车管理系统，启动私家机动车辆连续停放不得超时72小时、临时来访机动车辆连续停放不得超过8小时的管理机制，组织人员集中清理非机动车停车场内100余辆无主废旧电瓶车、自行车，持续推进代客泊车服务和车辆指挥服务。建立、完善门卫、巡逻、消防、监控动态跟踪联动机制，严格落实安保和消防设施配备标准，重点加强机关出入人员及电动车停放管理，有效提升区机关平安建设工作。三是对机关

▲7月17日，区事管局组织举行金水区公共机构节能志愿服务宣传月活动

大院停车标识和导视系统进行更新升级，对破损的人行步道、绿化侧石、地下积水点进行修复改造，对常年损坏的道路照明和楼体照明系统进行集中整修；在区机关集中设立机关文化长廊、机关文化宣传版面30余处，全年共组织开展宣传新中国成立70周年成就展、河南省文明单位诚信公约、郑州市文明行为促进条例等公益活动展4次；完成绿化补植200余株，绿篱400平方米，草坪800平方米，使区机关整体环境进一步美化，舒适度进一步提升。四是有序组织东风路机关餐厅建设、金水区总医院机关餐厅建设、区机关综合楼内外修缮、区机关餐厅天然气配套建设等办公用房升级改造项目；圆满完成区退役军人管理局、区交通局、区纪委巡察人员宿舍、区自然资源局等多家单位办公用房集中整修工作；顺利改造东风路2号、3号、4号楼年久失修的高度压配套设施，使区机关所有合署办公区域均配备职工餐厅，机关办公环境得到明显改善。

（撰稿：李一曼　审阅：张　旗）

政府采购

【概况】 金水区政府采购中心成立于2004年9月，正科级单位。2019年，中心共接到采购批复项目108项，政府投资预算总金额为10813.89万元，实际采购金额为9945.7万元，节约政府资金867.75万元，共向各大相关媒体网站发布采购信息800余条。采购范围涉及购买社工岗位、物业管理、电脑、家具、公车租赁、印刷、资产评估等方面。

【重点亮点工作】 中心深入贯彻中央关于深化政府采购制度改革的新精神，积极落实财政部《关于促进政府采购公平竞争优化营商环境的通知》和《河南省财政厅关于优化政府采购营商环境有关问题的通知》等文件精神，进一步规范政府采购流程，提升服务质量，结合“不忘初心、牢记使命”主题教育整改落实，把提升营商环境作为主题教育整改落实的重要突破口，深化“放管服”改革、优化政府采购营商环境取得实效。一是简化流程，及时贯彻落实政府采购新政，取消政府采购项目开标前供应商报名，领取招标文件时不要求供应商提供各种证明材料，实现投标人少跑路，为潜在供应商积极参与政府采购提供便利。二是保障公平竞争权，全面放开政府采购准入条件。根据《中华人民共和国政府采购法》等有关法律法规，中心规定凡在本单位开展的政府采购项目一律不得以不合理的条件对供应商实行差别待遇或歧视待遇、限制供应商自由参与政府采购活动。三是降低交易成本，明确为中小微企业松绑减负。全面取消招标文件收费，规定所有采购项目的招标文件免费领取，不收取任何费用。通过公开渠道能查到的信息，不要求供应商在标书中提供证明材料。所有政府采购项目取消收取投标保证金、履约保证金。四是规范信息公开，按照政府采购全过程信息公开的目标导向，依法在区政府采购网公开政府采购项目信息，实现从采购预算、采购过程到采购结果的全过程信息公开。五是发挥政府采购惠企职能，所有政府采购项目实行对小型和微型企业给予6%~10%的价格扣除，用扣除后的价格参与评审。在政府采购活动中优先采购国产产品和节能、环保、自主创新等产品，为促进民营企业和小微企业积极参与政府采购活动保驾护航。

【优化政采环境】 中心以中央关于深化政府采购制度改革的新精神为指导，落实李克强总理在政府工作报告中对政府采购落实政策功能、扶持民营企业发展提出的新要求。在业务工作上，一是严格把关采购需求，合理制定评分标准，严格规范评审程序，为各部门购买符合需求的货物、服务，保证机关有序运转，保障区委、区政府重点项目工程顺利运行。二是注重发挥政策功能，落实扶持中小企业发展和创新、节能环保等政策，将政策目标嵌入采购需求，并将各采购品具体的技术、服务等需求要素化，优化评价权重设计。三是积极探索推进“政府采购业务全流程电子化操作”，政府采购信息全部网上公示，做到“应公尽公”，供应商“最多跑一次”成为常态，提高企业参与政府采购的积极性，营造公开透明、公平竞争的政采环境。

【加强监督管理】 中心采取多项措施加强对政府采购活动的监督管理。一是建立采购当事人（包括采购人、供应商、政府采购中心、评审专家）廉洁自律承诺制度，有效预防和遏制采购各阶段商业贿赂行为。二是做到透明招标。在开标现场架设了高清视频摄像头，对评标全过程进行360° 全方位、无死角实时监控，进一步规范投标人和评委专家行为，最大限度降低人为因素干预招投标工作，做到让采购人放心，供应商安心。三是以政府采购信息化建设为工作重点。所有采购项目采购信息、评标结果公示均在规定媒体实行网上公布，重大项目实行专家论证，项目主要技术参数上网公示，让社会和媒体共同监督，实现采购信息的公开透明。

【“不忘初心、牢记使命”主题教育】 自“不忘初心、牢记使命”主题教育开展以来，中心牢牢把握“守初心、担使命、找差距、抓落实”总要求，不分阶段、不分环节，深入查找检视问题，中心职员思想受到触动和洗礼，提升了党性意识与责任意识，努力实现了理论学习有收获、思想政治受洗礼、干事创业敢担当、为民服务解难题、清正廉洁做表率的具体目标。坚持在抓实学习教育上发力，以更强的自觉武装理论。通过读原著、学原文，集中研讨，专题学习等形式，不断将理论学习入脑入心、学深悟透。支部注重开展红色教育，不断创新主题党日活动载体，使党员干部进一步坚定理想信念。坚持在调查研究上发力，以更实的作风促成果转化。通过采取座谈会、发放征求意见表、实地考察、个别访谈等调研方式，广泛听取各方面的意见与建议，收回征求意见表100余份，共查摆和检视出问题7个，提出整改措施15条。坚持在认真检视反思上发力，以足够的决心将整改落到实处。中心把深化“放管服”改革、提升营商环境作为此次主题教育整改落实的重要内容，明确整改重点。积极落实政府采购中央、省、市最新政策，取消项目保证金，简化政府采购流程，取消招标文件收费，积极为中小企业营造宽松的政府采购环境。

【干部队伍建设】 中心认真贯彻新时代党的组织路线要求，多举措加强干部队伍建设，着力打造一支忠诚、干净、担当的干部队伍，为政府采购事业发展提供坚实的组织保证。一是加强领导班子建设，发挥引领示范作用。中心领导班子始终以习近平新时代中国特色社会主义思想为指导，自觉树牢“四个意识”，带头落实“两个维护”，以新担当、新作为抓好上级各项工作落实。二是强化学习教育培训，提升干部理论素养。以突出理想信念教育、作风教育、专业知识教育为抓手，有计划地安排中心干部参与政治理论、红色教育、警示教育学习。深化学习教育、筑牢思想根基；并适时选派优秀干部参加上级组织的各类业务培训班，有效提高干部队伍的业务能力和工作素养。三是加强制度建设，廉洁干部队伍。2019年，中心修订了《采购中心聘用人员管理办法》《采购中心财务内部控制办法》等4项制度，以制度有效防控廉政风险。在强化不敢腐的基础上，努力构建不能腐、不想腐的有效机制，推动全面从严治党向纵深发展。四是完善考核评价机制，增强干部工作动力。不断完善考核评价机制，统筹考量干部的担当作为、履职尽责情况，从严把握评优标准。注重强化考核结果运用，实行绩效考评结果与年度考核评优相挂钩，有效地激发干部工作干劲和动力。

（撰稿：董小霞　审阅：岳　娜）

公务接待

【概况】金水区接待办公室（以下简称金水区接待办）为区政府直属事业单位，正科级规格，事业编制 8 名，内设综合科、接待一科、接待二科。2019 年，金水区接待办承接接待任务总计 86 批次。

【重点工作】2019 年，先后接待郑州市目标考核组、广东省佛山市顺德区人大、徐州市睢宁县人大、沈阳市政府等各类党政考察团，圆满完成了己亥年黄帝故里拜祖大典，第七届中国（郑州）国际街舞大赛，第七届中国创业者大会，河南省外包产业园集中签约仪式，全区第一、二、三季度重大项目观摩会，国家审计署、河南省审计厅对金水区的调研抽查等大型会议、活动的服务保障工作，圆满保障了市委组织部年轻干部调研组在金水的考察调研、第 11 届全国少数民族传统体育运动会贵州团的服务保障等工作。在“不忘初心、牢记使命”主题教育工作开展期间，金水区接待办参与区委领导集中学习研讨的服务保障工作，提前联系车辆、学习场所等，积极和组织部、宣传部对接，了解具体要求与细节，为保障服务做好全面准备，共保障区委领导集中学习研讨 3 次 7 天。加强车辆管理，保障行车安全。为全面保障区委、区政府调研、考察等用车，细化责任，加强对驾驶员的教育，按照金水区接待办《公车使用管理制度》的要求，认真做好用车登记、行车记录登记等日常工作，严格公务用车审批程序，确保公务用车及时、安全，保证了区直各单位，特别是区委、区政府领导调研、考察的需要。2019 年度共保障区委、区政府用车 242 次。圆满完成了第 11 届全国少数民族传统体育运动会金水各项工作及贵州团的对口接待服务保障工作。在民族运动会后期表彰中，金水区政府获得了河南省集体三等功，花园路办事处等 8 家单位获得郑州市集体三等功，区接待办等 13 家单位获得了河南省通报表扬，区事管局等 3 家单位获得郑州市通报表扬，120 人获得了市级以上先进个人称号。

【认真贯彻落实中央八项规定】2019 年，进一步严格落实中央八项规定及实施细则精神以及当前接待工作的新要求，完善公务接待审批流程和公务接待财务报销流程，使接待工作的各项内容和环节规范管理，人、财、物之间的衔接更趋合理，工作运行高效顺畅，确保了各项接待任务万无一失。在工作中，把公务接待放到全区工作大局中去思考、去谋划，把服从、服务于全区经济社会发展作为接待工作的根本出发点和立足点，认真做好每一次公务接待活动。

【党建工作】坚持把学习作为提高党员干部素质的重要手段，坚持每周集中学习制度，采取集中学习、个人自学、组织讨论等多种形式，认真组织党员干部学习党章、党规、中共十九大报告、十九届四中全会精神、习近平新时代中国特色社会主义思想、习近平总书记重要指示批示精神和习近平总书记视察调研河南郑州时的重要讲话精神等，并有针对性地对党员干部学习情况进行检查，坚持党员学习笔记签阅制度，结合单位工作实际，加强专业知识的培训学习。2019 年 7 月，根据单位实际情况，对党员活动室进行统筹布置，制作版面、党旗，购买会议桌椅等，夯实了党员活动阵地。认真落实党风廉政建设主体责任，层层签订党风廉政建设目标责任书，班子成员按照党风廉政建设“一岗双责”的要求，3 月，与分管科室分别签订了“一岗双责”目标责任书。认真开展“以案促改”工作，通过典型案例通报，观看警示教育片等方式，结合单位工作实际，组织班子成员之间、班子成员与分管科室负责人之间进行谈心谈话。在重要节日来临前夕，班子成员都要与分管科室人员进行节前廉政谈话，正确引导党员干部廉政过节，确保不出现违纪行为。认真落实中央八项规定有关要求，严格落实公务接待标准和审批制度，严格落实“三重一大”要求。

【意识形态工作】 结合上级要求，年初制定《接待办2019年宣传工作意见》，利用每周例会时间，加强党员干部政治理论学习，不断提高党员干部思想政治、业务和文化素质。坚持中心组每月集中学习制度，记好学习笔记，党组书记定期签阅，确保学习效果。及时完成信息报送工作。加强意识形态教育，定期召开意识形态工作专题会议，研究意识形态工作中存在的问题，充分利用微信、座谈讨论等形式开展意识形态教育，引导党员干部树立正确的“三观”。

【“不忘初心、牢记使命”主题教育】 制定《接待办党支部“不忘初心、牢记使命”主题教育工作方案》、集中学习研讨方案、具体学习安排等，按照区委主题教育领导小组工作安排，认真落实“规定动作”，积极开展“自选动作”，认真开展调研成果转化交流、班子成员集中学习研讨、对照党章找差距专题会议、主题党日、调查研究、检视整改等活动，把检视整改贯穿主题教育始终。按照“守初心、担使命、找差距、抓落实”的具体要求，积极开展“8+1”项专项整治和“旧账清零”工作，共整理各类专项整改台账5个，问题22条。截至年底，班子及班子成员检视问题8条，整改落实8条，共完成调研报告3篇、讲授专题党课3次，开展集中学习研讨3次7天。对2018年区委巡察工作中没有整改到位的问题进行完善，截至年底，巡察发现的问题已经全部整改到位。

【干部队伍建设】 一是加强规章制度建设。修订完善自身公务接待制度，使公务接待诸多环节管理更规范、更高效、更顺畅。二是强化干部队伍建设。提高接待人员的政治素质，使之有坚定的政治信念和鲜明的政治立场，遵纪守法、爱岗敬业，为接待工作无私奉献。三是加强作风建设。严格按照中央八项规定和省市区各项规定的具体要求，认真对照自身工作，进一步强化作风建设，提高思想意识，强化纪律意识，尽职尽责的做好接待工作。在接待工作中树立大局意识，做到令行禁止，认真执行各项规章制度。针对每一次接待任务，积极想办法，协调各方面的关系，采取有效措施，确保接待工作的顺利实施。

（撰稿：寇　丹　审阅：赵灵妮）

金融服务工作

【概况】 金水区人民政府金融服务办公室成立于2010年11月，于2015年6月加挂区地方金融监督管理局牌子，隶属区人民政府办公室，下设综合科、银保证券科、融资与上市科、担保小贷科及处非科5个科室，具体承担辖区金融方面职责。截至2019年年底，全区共有上市公司3家，其中，境内上市企业2家，境外上市企业1家，境内上市在审企业1家，境外上市在审企业1家。“新三板”挂牌企业25家，中原股权交易中心挂牌企业680家，位居全省第一。

【多层次资本市场】 健全多层次资本市场，做好企业上市工作。完善上市挂牌工作制度。联合街道办事处相关科室，对上市挂牌后备企业实行区级—街道两级管理。建立上市挂牌后备制度和上市挂牌风险防范制度，由所在地街道办事处负责对已挂牌和挂牌后备企业的工商、税务等方面进行日常检查并定期上报，有效掌握企业实际经营情况，最大限度防范已挂牌企业出现退市、融资、业务等风险。2019年，全区新增香港交易所上市公司1家，省定重点上市后备企业9家，中原股权交易中心挂牌企业340家。

【防范金融风险】规范两类机构，做好日常监管。要求两类机构按月上报网络统计数据和银行对账单，并对上报数据进行分析汇总，对出现数据异常的机构进行实地察看或高管约谈，定期召开两类机构监管会议，规范公司经营行为，强化风险控制。对全区未取得融资担保业务经营许可证，但实际上经营融资担保业务的住房置业担保公司（中心），经营债券发行保证、融资担保业务的信用增进公司，经营汽车消费贷款担保业务的汽车经销商、汽车销售服务商等机构，为各类放贷机构提供或变相提供融资担保服务的客户推介、信用评估等四类金融机构进行排查登记。成立典当行年审领导小组，聘请会计师事务所对辖区18家典当行进行审计，并进行现场调查。依法采取差别化处置措施，打击非法、保护合法，规范经营、强化监管，进一步清理整顿辖区互联网金融从业机构。组织办事处对辖区2394家经营范围涉“金融”“投资”字样的企业进行摸排，签订“扫黑除恶”专项斗争承诺书100多份。取缔9家非正常经营网络借贷机构。

【服务实体经济】依托金融港，全面收集中小企业融资需求，有效整合银行、证券等金融机构资源，向辖区中小企业提供银行贷款、基金管理、上市服务、项目托管、融资租赁等服务，不断拓宽服务范围。一是举办政银企对接会，帮助企业融资。多向联动，邀约省、市相关单位及辖区银企，引导金融机构与企业直接对话，为辖区小微企业融资难、融资贵等问题提供切实有效的解决方案。全年共举办各类活动33场，为1298家企业融资8.58亿元；孵化科技企业40家，申请知识产权132个。二是建立“金融港”微信公众号，提供线上服务。公众号以普及金融知识、解读金融政策、探索金融创新为主要内容，以提高群众金融风险防范意识、提升企业管理者的融资能力为主要目的，以打破银企信息不对称为最终目标，利用企业管理者和投资者的碎片化时间，将正确的金融知识与理念传播给受众。截至年底，公众号发布文章数量1446篇，总阅读量692003次，有效粉丝9053人。

（撰稿：王　鹏　审阅：杨涵媛）

社会公共管理

【概况】郑州市金水区社会公共管理办公室成立于2015年3月，正科级，隶属区人民政府办公室，受区委、区政府双重领导，负责统筹协调全区社会公共管理和基层网格化管理工作，并代管金水区联动指挥中心。机关内设4个科室，即：秘书科，综合管理科、平台管理科、督查考评科。2019年，全区网格化管理工作围绕持续规范提升的总体要求，认真谋划，科学实践，取得稳步有序地推进。

【网格基础建设】一是及时更新全区网格数据信息，并根据《郑州市金水区机构改革方案》及网格化管理工作实情，对网格化管理工作下沉职能部门进行调整，调整后的区直下沉职能部门共23个。二是指导各街道充分发挥辖区公共单位、楼栋长及“五老”的优势和作用，积极开展形式多样的基层网格群众自治活动，并从各类群众自治队伍中评选出100名文明市民进行表彰奖励。三是不断加大督查考核力度，落实未报信息核查制度，每月定期对平台上报问题进行核查比对，并依据考核结果按时发放社会管理考勤奖和协管人员经费。

【问题排查整治】通过制定专项方案、规范交办流程、强化分析研判等举措，不断加大对城市管理、大气污染防治、市场监管和民生服务类问题的排查整治及交办督办工作力度。2019年，各级网格依托平台上报各类问题37738起，处置办结33755起，办结率89.4%；受理市长热线、市长信箱、区长信箱等渠道群众反映问题30380起，处置办结30379起，办结率99.9%；通过民生热线“63981890”解答群众咨询问题260余次，切实处置化解了一大批涉及群众切身利益的问题。

【道路交通秩序综合整治及城市精细化管理“路长制”工作】根据区委、区政府工作安排，道路交通秩序综合整治和城市精细化管理“路长制”工作融入网格管理。区社管办在平台增设专项问题上报类别，纳入“网格长”日常巡查。2019年以来，各级网格上报城市精细化“路长制”相关问题8527起，处置办结7854起，办结率92.1%；接听并转办辖区地铁口反映问题1284次，切实解决了一大批群众关心的问题。

【党群服务中心建设】通过细化目标任务、强化督促协调、加大资金保障、发挥亮点示范带动作用、定期实地办公、下达督查通知等措施，居住区级党群服务中心建设稳步推进。同时，为加快构建便民服务网络，形成完善的便民服务体系，结合工作实际，区社管办研究制定了《金水区党群服务中心建设三年行动计划（2020年—2022年）》，全力推进党群服务中心建设。截至年底，2019年共新选址7处，开工建设4处，建成投用1处；共发放建设补贴资金526万余元，运营补贴370万元；共开展党务类、政务类、文体休闲类、教育类、医疗卫生类、养老助残类6大类服务活动约4500余场次，服务党员、群众约55万人次。

【“不忘初心、牢记使命”主题教育】召开专题会议，成立主题教育领导小组，制定专项方案，扎实开展主题教育。一是围绕主线深学细悟。先后组织党员到中原英烈馆、黄河博物馆、廉政教育基地等集中参观学习14次，组织观看《我和我的祖国》《我们走在大路上》《初心永恒》等电影，坚定理想信念。购买理论书籍30本，引导党员读原著、学原文、懂原理。二是聚焦解题寻策问道。结合区委关于社会治理和党群服务中心建设指示精神，班子成员通过实地调研、座谈交流等方式到相关街道展开调研，共征集18条建设性意见，及时汇总梳理，提出解决方案，积极推动调研成果转化。三是找准差距，推动整改。召开对照党章党规找差距专题会议，对各渠道反馈的问题建立台账。通过完善上下班签到制度、建立机关党建“灯下黑”整改台账、缩短平台事件反馈时间、加大党群服务中心建设督促力度等方式，推动问题整改取得实效。

（撰稿：陶　冶　审阅：李　玲）

信访工作

【概况】2019年1月，中共郑州市金水区委、金水区人民政府信访局，更名为金水区信访局，为区政府工作部门。内设办公室、网信征办科、接访办案科、督查督办科、联席协调科。下设二级机构金水区矛盾纠纷排查调处中心。2019年，在群众信访事项中，问题楼盘、城建拆迁、劳资纠纷等类信访事项较多，2019年来访总量与2018年基本持平，但群众通过网上信访、手机短信等渠道反映问题总量呈明显上升趋势。

【群众信访】全区信访工作紧紧围绕维护全区社会大局稳定的总目标，先后开展了问题楼盘专项整治、以“重点领域、重点问题、重点群体、重点人员”为重点的“四大攻坚”、重复信访问题专项治理等一系列专项整治活动，全面完成了上级交办的信访事项办理任务，有效化解了一批较突出的矛盾纠纷，完成了年初上级下达的信访工作目标任务，重大时期信访保障工作得到上级的肯定。

【主要措施】2019年，金水区信访工作着力突出新中国成立70周年和第11届全国少数民族传统体育运动会等重大节点时期社会大局的稳定，切实拓宽和畅通信访渠道，认真做好区级领导接

▲ 5 月 17 日，举办“坚持以人民为中心，化解信访突出问题”集中宣传活动

访、领导包案化解信访问题工作；不断加强网上信访事项办理、手机短信信访事项及时处理，努力提升信访事项处理的群众满意度；深入开展矛盾纠纷大排查大化解，集中力量开展一系列专项整治活动，全力化解问题楼盘、劳资纠纷、拆迁安置、非法集资等信访突出问题，着力规范信访秩序，切实坚持信访工作党委、政府责任制，加强日常考核，加强基层基础工作；举办了阳光信访、依法信访广场集中宣传活动，坚持依法信访、逐级走访宣传日常化，做好依法分类处理信访问题工作，着力提升信访工作信息化水平，增强与信访群众的互动。

【信访机制建设】 2019 年，金水区信访局与金水区司法局联合出台《人民调解参与信访工作的意见》，同时在区信访接待大厅设立了调解工作室，以便为有调解意愿的信访群众及时提供调解服务。

【创新工作模式】 在全区各级信访接待场所开展“人民满意接访窗口”创建活动，重点围绕优美的接访环境、优质的接访服务、高效的问题处理等方面。在市信访局组织的活动中，金水区信访接待大厅和丰庆路街道接访大厅的办事效率得到了充分肯定。

（撰稿：张　雷　审阅：李洪星）

政协郑州市金水区委员会

综　述

【概况】 政协郑州市金水区委员会是金水区的政治协商、民主监督、参政议政机关，办公地点位于东风路16号。下设办公室、老干部管理办公室和经济科技、民主法制、委员管理联络、港澳台侨、文教卫生、城建环保、学习文史提案7个专门委员会。2019年，在中共金水区委的坚强领导下，政协郑州市金水区委员会高举习近平新时代中国特色社会主义思想伟大旗帜，深入贯彻落实中共中央和省市区委重大决策部署以及中央、省委政协工作会议精神，以加强党的领导、强化党的建设为引领，以提质增效为导向，在建言资政与凝聚共识上双向发力，全区政协工作彰显了新担当、干出了新样子，为全区经济社会高质量发展做出了积极贡献。区政协九届三次会议以来，共收到委员提案203件，立案172件，截至年底已全部办理完毕，政协委员智囊团的作用日益增强。

【政治建设】 牢牢把握人民政协是政治组织的根本属性，切实树牢“四个意识”，坚定“四个自信”，做到“两个维护”，确保政协维护核心、服务中心、凝聚人心的政治方向始终坚定不移。

始终坚持党对政协的全面领导。坚持把党的领导作为最大的政治原则。区政协党组发挥领导核心作用，自觉坚持和维护区委的领导，不折不扣传达贯彻区委决策部署，及时向区委报告工作；政协党组年度工作要点、协商工作计划及常委会工作报告提交区委常委会会议讨论审议；全体会议、常委会会议和委员培训等事项均事先向区委请示报告；坚持政协全会、外出考察和学习培训时设立临时党组织，严肃党内政治生活，严格日常监督管理，做到了在区委统一领导下，主动负责、协调一致地谋划和推进各项工作，确保党的领导落实到政协工作的各方面全过程。

强化创新理论武装。组织全体政协委员、政协机关干部和街道政协工作召集人，认真学习贯彻习近平新时代中国特色社会主义思想，特别是习近平总书记关于加强和改进人民政协工作的重要思想，深入贯彻落实中共十九届四中全会精神，深刻领悟中央、省委政协工作会议精神。发挥人民政协教育引领的重要平台作用，全年共组织10次党组理论中心组学习、8次学习研讨、72次机关和委员集体学习，召开5次常委会会议、8次主席会议、16次党组会议，举办29场政情通报会，推进机关干部和委员同步学习，努力把党的指导思想与党的主张转化为思想政治共识。

深入开展“不忘初心、牢记使命”主题教育。按照中共中央和省市区委统一部署，紧扣“守初心、担使命，找差距、抓落实”总要求，扎实推进主题教育各项工作。区政协党组充分发挥表率作用，带头学习、研讨、检视、整改，班子成员领衔开展专题调研，形成调研报告4篇，解决群众反映强烈的问题13个。政协机关、各界别深入开展政治理论学习，共组织集中学习36次、专题研讨5次、讲党课4次，接受革命传统教育7次。高质量开好区政协党组专题民主生活会、机关支部组织生活会，制定检视剖析问题清单，广泛征集意见建议，推动主题教育走深走实，确保各项整改任务落地见效。

【建言资政】 2019年，常委会紧跟区委、区政府工作节奏，聚焦抓重点、补短板、强弱项等重大问题，深入协商、集中议政，强化监督推动落实，举行2次专题协商会，组织18次对口协商和提案办理协商，提交6份专项课题提案，在围绕中心服务发展上展现新作为。

助推经济高质量发展。围绕区委、区政府中心工作，就知识产权产业、发展地方政府投资基金、培育发展夜间经济等方面，组织相关专家委员领衔开展专题调研，积极为金水经济发展出实招。《知识产权助力金水经济高质量发展研究》《政府投资基金模式研究及河南实践》《金水区培育发展夜间经济问题研究》等建议案得到区委、区政府主要领导的批示。区政协经科委联合金水科教园区管委会、新科技市场举办“新经济形势下的税务思维”主题讲座，100余名企业代表参与，经济界委员王占伟发表主旨演讲，帮助企业掌握税收新政策，规避运营风险。联络委组织委员就创新创业载体建设开展视察、对口协商，委员提出了加强新媒体宣传推介、落实专项扶持政策等意见与建议。针对《关于切实提升民营企业支持力度的提案》，区工信局加大对民营企业的服务力度，为387家企业办理中小微企业划型，帮助民营企业在招投标领域享受相关扶持政策。

助推打造高品质城区。聚焦城区环境综合改造工作，围绕“三项工程一项管理”，以“深化、提升城区精细化管理”为议题组织开展集中调研，充分学习借鉴上海、苏州、杭州等先进城区管理经验，从智慧城区建设、市容市貌、道路交通、垃圾分类及处理、老旧小区改造与微更新、网格精细化管理、城市保洁7个方面把脉问诊，广泛听取意见，形成协商共识，协商成果得到有关部门的重视和采纳。区政协港澳委、城建委围绕城中村改造、大棚户区安置房建设、市政工程提升、城市精细化管理开展专题视察，为城市建设管理建言，全方位助力金水区城市能级增强、环境优化和品质提升。针对《停车难及马路停车问题的提案》，区有关部门因地制宜，多策并举。2019年，全区新增停车泊位10000余个、施划1100余个夜间限时免费停车泊位，在纬一路等4条道路、546个停车泊位开展智慧停车试点。

助推城区社会治理。着眼提升城区社会治理水平，把《以枫桥经验为引领　开创金水区基层社会治理现代化新局面》列为年度重点协商议题。学习借鉴这一自基层发起、继而全国推行的社会治理范例，科学研判金水区在社会治理方面的经验和短板，在深入开展专题调研的基础上，提出完善公共安全管理体系、构建科技支撑体系、构建依法治理体系等六条建议，并在中共十九届四中全会召开后及时进行补充完善。区委对建议案进行批转，要求有关部门“要在今后尤其2020年工作谋划、安排中充分研究、吸纳借鉴”。区政协民法委围绕社区矫正、法律援助等议题开展专项视察，为补齐基层社会治理短板献智献策；组织部分社科界律师委员参加区检察院创建全省人民满意的政法单位考核评议座谈会，为促进依法行政和勤政廉政出谋划策。

【民生优先】 常委会把民生问题作为政协工作的出发点和归宿，围绕同人民群众生产生活切身利益相关的重点、热点问题，开展了一系列具有监督性的调研、视察、对口协商、提案督办及反映社情民意等履职活动，让群众真正感受到政协“温度”。

协商监督突出民生议题。聚焦生活环境改善，城建委组织委员为深入推进氮氧化合物减排、扬尘污染治理、国土绿化提速、“河长制”等工作积极建言。关注老年人事业，民法委就《河南省老年人权益保障条例》落实情况开展调研，提出加大投入、科学分类、精准养老等意见与建议。文教委紧盯优先发展教育、医疗事业，聚焦消除义务教育大班额工作、医养结合发展等热点问题组织委员开展视察，提出了落实专项扶持政策、提升管理服务水平等方面的意见与建议。联络委组织委员视察全区信息安全产业重点企业，提出将高科技质检技术应用于食品安全检测，建立食用农产品快检筛查体系等建议。南阳路街道、北林路街道精选“老旧小区改造及物业管理、校外托管机构的管理与服务”等民生实事进行视察调研，提出意见与建议40多条。一年来，全区各级政协组织共开展视察调研32次，一批富有建设性、可行性的意见建议已转化为具体举措，有力促进了群众关心的民生“小”事、实事的解决。

提案办理协商聚焦民生难题。区政协常委会把组织开展提案办理协商作为推动提案工作新发展的主抓手，不断完善提案审查协商交办机制、优化提案高层次协商办理机制，使提案办理的过程逐步成为回应群众呼声的过程，成为社会各界围绕发展集思广益、凝聚共识的过程，推动了92件事关民生提案的有效落实。如《用教育信息化手段有效扩大优质教育资源覆盖面》的提案，区教体局积极探索信息技术与教育教学融合新路径，大力提升教育信息化应用创新水平。截至年底，优胜路小学等8所学校的未来教室、14所学校网络升级、文化路第三小学“智慧校园”等项目已建成并投入使用；15所学校试点应用“腾讯智慧校园”，有效提高学校教学教务管理效率。

公益帮扶办好民生实事。一年来，广大委员积极发挥主体作用，各界别活动组充分发挥专业优势，用心用情开展扶贫帮困、捐资助学、法律援助、公益培训、送医送教等活动，为群众办好事、办实事33件，捐款捐物达80余万元。文化艺术、新闻出版界委员赴登封市塔水磨村，帮助村民解除3万余株软籽石榴树苗防冻“土衣”，进行浇水灌溉。李柯霖委员带领风马旗救援队，开展“应急安全知识”公益讲座100余场，受益群众1万余人次。文化艺术界秦国定、张艳红委员开展戏曲文化进校园、进社区义务演出，为学生、群众带去美好的艺术享受。教育界周宝荣等委员不忘立德树人初心，牢记教书育人使命，捐建“开明书屋”，对乡村教师进行公益培训、义务授课。社科界陆咏歌委员带领金博大律师事务所22位律师签约未来路街道11个社区，担任公益法律顾问，为居民免费提供法律服务。医药卫生界陈小兵、王祥麒、王瑞等委员定期开展委员义诊，举办医疗健康知识科普讲座8场次，普及科学养生知识，为健康中国贡献政协力量。

【团结民主】 常委会牢牢把握团结和民主两大主题，发挥人民政协“重要阵地”“重要平台”“重要渠道”作用，充分调动一切积极因素，广泛凝聚各界共识，形成了汇聚同心同向、团结奋斗、共谋发展的强大合力。

增强文史宣传的感召力。顺应新时代政协党建工作和文史工作发展的新要求，整合历届区政协文史资料，建成了政协党建文史资料室。通过“扬帆起航、与时俱进、科学发展、继往开来”4个主题板块，共展出图片215幅、实物18件，全方位记载了区政协成立35年来的奋斗历程和履职风采，发挥了文史工作“存史、资政、团结、育人”的重要作用；开展“走进金水政协——庆祝人民政协成立70周年”系列活动，共征集理论文章和委员履职故事151篇；举办政协知识竞赛、书画摄影展，展出社会各界人士书画摄影作品120幅。通过一系列活动，多维度展示历届区政协和委员围绕中心、服务大局的光辉足迹和精神风貌，极大地激发广大委员的履职热情与奋进力量。

增强协作平台的凝聚力。组织召开界别座谈会6次，举办“不忘初心、牢记使命”主题教育宣讲、“委员讲堂”10场，参与群众达500人次。通过讲好中国故事、政协故事，宣传党和国家大政方针，成为政协广泛凝聚共识的鲜活载体。统筹界别优势，探索委员互助发展机制，企业家委员共开展9次见面会，通过政协平台，在交流互鉴中实现优势互补、资源共享、合作共赢。进一步深化“委员进社区”活动，全年累计接待群众约170人次，为促进民生问题解决、维护社会和谐稳定架起“连心桥”。

增强合作交流的影响力。加强与省市政协和外地政协的联谊协作。积极配合省、市政协开展履职活动，做好省、市政协领导到金水区调研政协党的建设、街道“委员之家”建设工作，协助省、市政协开展“加强思想政治引领、广泛凝聚共识”“路长制”、平安建设、民族、宗教等重点工作专题调研6次，上报调研文章4篇。进一步做好外地政协调研考察的接待工作，2019年，共接待石家庄、洛阳、常州、蒙城、朔州等17批次约180人次的省内外政协考察团，深入交流、探讨开展新时代政协工作的经验做法，扩大金水对外的知名度和影响力。

【自身建设】 常委会主动适应政协新方位新使命，坚持守正出新、固本培元，突出政治标准，严格教育管理，全面加强自身建设，政协组织的整体效能显著提升。

党的建设得到全面加强。政协党组扎实履行全面从严治党主体责任，带头严肃党内政治生活，坚持过好双重组织生活，认真落实“三会一课”制度，坚持民主集中制原则和“三重一大”集体决策制度。落实意识形态工作责任制，坚决守住方向、立场和底线。带头履行“一岗双责”，严格遵守中央八项规定，组织典型案例学习10次，认真开展以案促改。统筹推进政协机关党的建设和机关支部规范化建设，把加强机关党建纳入党组议事日程，每半年听取机关总支部工作汇报，提出意见与要求；指导机关开展“不忘初心、牢记使命”主题教育，召开专题组织生活会，带头开展批评与自我批评。建立党组成员联系党员委员、党员委员联系党外委员制度，推进政协党的工作的有效覆盖。

委员队伍活力持续增强。完善领导班子联系常委、常委联系委员、专委会服务委员等制度，畅通专委会、界别、委员之间的联系渠道，将住金水区的121名市政协委员对应编入街道，探索开展联合履职。按照“懂政协、会协商、善议政，守纪律、讲规矩、重品行”的要求，举办4期委员集中轮训，参加委员190人次。完善政协领导走访看望委员制度，密切与委员的联系沟通，共走访委员80人次，听取他们对政协工作的意见建议，增强了委员的荣誉感、责任感。开展委员履职量化考评，年度履职情况在政协全会上书面通报。对履职优秀的25名委员进行表彰，进一步激发委员履职的主动性和积极性。此外，按照区委意见和《中国人民政治协商会议章程》规定程序，增补委员10名、辞免委员8名，优化了委员队伍结构，保障了委员主体作用的更好发挥。

街道政协工作机制逐步健全。区委专题召开政协工作召集人制度落实座谈会，明确17个街道专职党工委副书记担任住街道政协委员活动召集人。研究制定政协委员活动召集人制度。以“党建+政协”为引领，全面开展街道“委员之家”建设提升活动，各街道依托党群服务中心打造“委员之家”服务平台，截至年底已完成10个。组织委员依托“委员之家”平台开展学习、调研、走访，搜集社情民意和提案线索，积极反映群众呼声，充分发挥委员为民代言作用。2019年4月18日，省政协主席刘伟在郑州调研政协党建工作时，到凤凰台、未来路街道深入了解“委员之家”建设、政协工作召集人制度等情况，并给予了充分肯定。

政协机关整体效能稳步提升。召开加强自身建设主题常委会会议，修订区政协《全体会议工作规则》等工作制度16项，提高了政协工作科学化、规范化水平。落实专委会向常委会述职制度，加强专委会基础性作用。深入推进政协机关思想政治建设、组织建设和作风建设，规范机关干部学习培训、视察调研、考勤考核等制度，提高会务服务、文稿起草、老干部服务、后勤保障等工作效率。机关各委（室）充分发挥统筹协调和服务保障职能，主动加强与党政职能部门和界别之间的对口协调联系，进一步提升了服务发展、服务基层、服务委员的能力，提升了政协机关的整体形象。支持区纪委监委派驻区政协机关纪检监察组履行职责，营造了勤勉干事、风清气正的良好政治生态。

重要会议

【区政协九届九次常委会会议】 1月24日上午，区政协召开九届九次常委会会议。区政协领导武建民、王居良、宋红霞、王静、刘凌云、徐建军、李劲松，秘书长张书林以及区政协常务委员出席会议，区政协各专门委员会、各街道分管政协工作的人员和3名向常委会述职委员列席会议。

会议传达学习了中共中央办公厅《关于加强新时代人民政协党的建设工作的若干意见》和中共河南省委办公厅《关于加强新时代人民政协党的建设工作的实施意见》精神；听取了王瑞、何泽军、寇明怀3位委员的述职报告；听取了区政协经科委等6个专门委员会和丰庆路等6个工作委员会2018年度工作报告；协商了区政协常委会工作报告和提案工作报告；协商决定了政协郑州市金水区第九届委员会第三次会议常委会工作报告报告人和提案工作情况报告报告人。

武建民表示，加强政协党的建设是以习近平同志为核心的党中央对新时代人民政协工作做出的重要部署，对指导政协工作开展具有深远重大的意义。希望各位常委以习近平新时代中国特色社会主义思想为指导，切实提高政治站位，深刻认识加强政协系统党的建设重大意义，以彻底的自我革命精神，把政协系统党的建设工作抓起来、抓上去、抓到底。委员中的党员更要充分发挥先锋模范作用，团结带领全体委员，推动金水区政协事业再上新水平，努力为实现金水高质量发展做出更大贡献。

【区政协九届十次常委会会议】 2月19日下午，区政协召开九届十次常委会会议。区政协主席武建民主持会议，区政协领导王居良、宋红霞、王静、刘凌云、徐建军、李劲松，秘书长张书林以及区政协常务委员出席会议，区政协各专门委员会主任、各街道分管政协工作的人员列席会议。

会议审议通过了区政协九届十次常委会会议议程；审议通过了辞免政协委员、常务委员名单，增补政协委员名单；听取了政协郑州市金水区第九届委员会第三次会议筹备工作情况的汇报；协商决定了召开政协郑州市金水区第九届委员会第三次会议的日期及会期；协商通过了政协郑州市金水区第九届委员会第三次会议有关文件。

武建民强调，政协全会是展示政协整体形象、展现委员精神风貌的重要窗口。希望全体委员自觉强化责任意识、纪律意识，从严要求，认真履责，确保全会开出质量、开出水平、开出影响。武建民还就做好全会工作提出三点要求：一是要加强党的领导。中共党员委员要牢记党员身份，服从临时党委的领导，充分发挥表率作用，带头遵守政治纪律和政治规矩，带头履行委员职责，带头参加各项会议和活动，确保大会纪律严明、风清气正。二是要严肃纪律要求。全体政协委员，特别常委和列席会议的人员都要严格遵守纪律，确保政令畅通、令行禁止，坚决杜绝任何不文明、不守纪、不合规的行为。三是要搞好组织服务。大会秘书处要切实担负起牵头抓总的责任，加强组织调度，搞好统筹协调，精心安排好各项活动。大会工作人员要明岗定责，密切配合，不折不扣地做好会务服务工作，确保不出现任何差错和疏漏，为参会人员提供热情周到、耐心细致的服务，为会议创造有序、安全的环境。

【区政协九届十二次常委会会议】 6月11日上午，区政协召开九届十二次常委会会议，会议以加强自身建设为主题。区政协主席武建民主持会议并作讲话，区政协领导王居良、宋红霞、王静、刘凌云、徐建军、李劲松，秘书长张书林以及区政协常务委员出席会议。区政协各专门委员会主任、各街道政协工作召集人列席会议。

会议审议通过了区政协九届十二次常委会会议议程；审议通过了《中国人民政治协商会议郑州市金水区委员会全体会议工作规则》以及修订后的《中国人民政治协商会议郑州市金水区委员会常务委员会工作规则》《中国人民政治协商会议郑州市金水区委员会专门委员会通则》；安排部署了“委员之家”建设工作。

武建民强调，完善政协制度体系，是贯彻习近平总书记关于加强和改进人民政协工作重要思想的有力举措，是落实政协章程、提高政协工作质量的必然要求，对于推进新时代政协事业发展具有重要意义。各位常委要带头遵守制度，坚定执行，提高落实力，发挥示范带动作用。全面提升“委员之家”建设水平，是落实两个意见精神的需要，是基层实践探索推广的需要，是服务委员联系群众的需要。各街道政协工作召集人要切实扛起责任，结合街道实际，严格按照进度有效推进，条件成熟一个、提升一个，努力实现“委员之家”建设全覆盖、水平大提升，将“委员之家”真正建成委员学习交流、加强团结联谊、密切联系群众、积极建言献策的重要履职平台。班子成员、各专委会要按照分包联系制度，加强督促指导，培育先进典型。

武建民在总结讲话中指出，加强政协自身建设，是担当新时代政协工作新使命、推动工作全面提质增效的现实需要，并围绕加强自身建设提出五点意见：一要始终坚持党的领导这个根本；二要牢牢把握学习、创新、团结三项要求；三要坚持用规范、标准、效果提升履职水平；四要坚持做到责任、使命、品行“三个着力”；五要积极推进街道政协工作创新实践。

【区政协九届十三次常委会会议】 10月10日上午，区政协召开九届十三次常委会会议。区政协领导武建民、王居良、宋红霞、王静、刘凌云、徐建军、李劲松，秘书长张书林以及区政协常务委员出席会议；区委常委、常务副区长杨洁应邀参加会议；区政协各专门委员会主任、各街道政协工作召集人和相关局委负责人列席会议。

会议听取了杨洁关于全区经济社会发展情况的通报，传达学习了中央政协工作会议暨庆祝中国人民政治协商会议成立70周年大会会议精神、中共金水区委十一届九次全体（扩大）会议精神，通报了区政协“不忘初心、牢记使命”主题教育工作开展情况，协商通过了向区政协九届十四次常委会会议述职的委员名单，向全体会议述职的常务委员名单。

会上，全体政协常委围绕高品质现代化城区打造、基层社会治理、老旧小区改造、优化营商环境等事关金水经济社会发展中的热点问题踊跃发言，提出了厚植校园文化，加大老旧小区交通、消防投入力度，科技创新引领城市品质提升，引进先进产业技术平台壮大市场主体等意见建议。杨洁表示，委员们提出的意见建议切合金水发展实际，抓住了当前发展中的重点、难点，针对性强、可行性高，为区政府下一步工作提供了参考。区政府将高度重视，以问题为导向，抓好落实，希望政协委员们一如既往地支持区政府的工作，多提宝贵意见，共同为打造高品质现代化城区，加快实现领跑中部城区发展战略目标而不懈努力。

武建民表示，2019 年以来，区政府及组成部门积极抢抓发展机遇，有效破解发展难题，为打造高品质现代化城区做了大量扎实有效的工作。全体常委要认真履职，全力支持区委、区政府的工作，要紧扣区委第十一届九次全体（扩大）会议确定的目标任务，以“不忘初心、牢记使命”主题教育为契机，加强学习，增强履职责任感，强化质量意识，努力提高协商议政实效。

（撰稿：高超新　审阅：张学亮）

纪检监察

【概况】 中共金水区纪委和金水区监察委员会合署办公，履行纪检、监察两项职责，实行“一套工作机构，两个机关名称”，下设办公室、组织部、宣传部、调研法规室、纪检监察干部监督室、党风政风监督室、信访室、案件监督管理室、案件审理室、第一至第十纪检监察室、机关党委20个内设机构，下设事业单位调整改革工作持续推进。向区级党和国家机关派出纪检监察组18个，向街道派出监察专员办公室17个。

根据省委《关于建立市县党委巡察制度的意见》文件精神，2015年9月成立了由区委常委、区纪委书记为组长，区委常委、区委组织部部长为副组长的巡察工作领导小组，领导小组下设“一办四组”，即：1个区委巡察办、4个区委巡察组。2019年度机构改革后，巡察办下设综合科、督查科、协调科和巡察中心。

【政治建设】 牢记政治使命，强化政治担当，着力推进政治监督具体化、常态化。坚持党的领导。重大事项、重要工作及时向区委和市纪委监委请示报告，把脉全区政治生态，协助区委推进全面从严治党。2019年，共向区委常委会提交党风廉政建设议题15个，确保审查调查、体制改革、人员招录、以案促改等重点工作顺利推进。坚持向区委和市纪委监委请示报告重要问题线索处置工作，重要案件处理决定及时报请区委研究、市纪委协审，将党的领导落实到监督执纪全过程。强化政治监督。按照中央纪委工作部署，加强对污染防治、减税降费、优化营商环境、巡视巡察整改等重大决策部署落实情况的监督检查，查处重复领取黄标车补贴问题8件、提醒谈话8人。跟进解决京港澳高速绿化工程拆迁不力问题，查办阻挠施工、违纪违法村干部6人。深入落实习近平总书记重要批示要求，持续深化人防系统腐败问题专项治理，督促完善人防工作制度，对重点岗位人防干部进行提醒谈话，对发现的问题线索认真核查。严明政治纪律。严肃党内政治生活，加强对新形势下党内政治生活若干准则、加强党的政治建设的意见等落实情况的监督，现场监督各单位民主生活会召开情况，督促增强党内政治生活的严肃性和战斗性。坚持从政治纪律角度审视违纪违法问题，对违反政治纪律的苗头问题抓早抓小，对违反政治纪律的案件坚决查办。认真落实“纪检监察机关意见必听，线索具体的信访举报必查”要求，整体把握、动态研判领导班子、党员干部廉政情况，严把表彰奖励、干部选任、出国出境等党风廉政意见回复关，共回复党风廉政意见3095人次。

【体制改革】 把深化改革作为重大政治任务，着力提升改革效能。优化机构设置，充实干部队伍。结合全区机构改革，进一步优化纪检监察机构设置和职能配置，对委机关内设机构和事业单位优化调整。认真落实赵乐际同志考察河南讲话精神，采用公开招录、遴选等方式，积极解决空编空职问题，补充工作人员22名，组织调配任命科级干部8名，空编率下降至3.67%。规范工作流程，强化内部监督。深入学习监督执纪工作规则、监督执法工作规定，完善落实规则规定的实践路径、配套和保障措施，加强对措施使用、程序手续、办案安全、涉案财物等监督管理，强化对自身执纪执法权力的约束。协助市纪委开展“四书对照”专题调研，为规范撰写起诉建议书、起诉意见书等提出了建设性意见。发挥反腐败协调小组统筹作用，组织公检法机关学习法法衔接规定和操作要求，围绕涉嫌职务犯罪案件移送后跟踪了解等问题开展调研交流，形成了《关于办理职务犯罪案件有关问题的会议纪要》，有效推进了纪法贯通、法法衔接。深化派驻改革，推进常态监督。完善派驻工作领导体制和运行机制，研究起草《关于深化区纪委监委派驻机构改革的实施意见》，进一步理顺派驻监督方式方法、日常管理机制和工作保障机制，派驻组与委机关、监督单位之间的沟通联系机制逐步完善，区属企业全部纳入派驻监督范围。各派驻组发现、研判、处置问题能力逐步提升，常态化监督推进到各监督单位重点部门、重点岗位、重点人员。抓好基层基础，强化工作保障。督促加强街道纪检监察机构和队伍建设，持续深化“三转”，指导各街道设立办案谈话室，基层办案数量和监督效能大幅攀升。

【日常监督】 强化监督职能，推动纪律监督、监察监督、派驻监督、巡察监督协调衔接、形成合力，把权力置于严密监督之下。注重整合监督力量。采取现场交办线索、联动同步监督、开展推磨互查等方式，推动“四个监督”贯通融合、同向发力，有效解决了监督重复、监督空白和整改不力等问题。注重强化日常监督。主动扛起监督责任，从细处入手，从小事抓起，盯紧关键节点，盯住关键事项，综合运用信访受理、约谈提醒、谈话函询、批评教育、责令整改等方式，充分用好纪检监察建议书、以案促改通知书、巡察反馈意见书等措施，加强对党员和公职人员特别是领导干部的监督，发现苗头果断纠正、轻微违纪及时处理、严重违纪决不姑息，实现严惩极少数、管住大多数、标本一起治。全年运用“四种形态”处理231人次，第一、二、三、四种形态分别占比65.4%、19%、5.2%、10.4%。注重强化管党责任。统筹贯通党风廉政建设“两个责任”和“一岗双责”，强化重点抽查、推磨互查，及时发现和纠正管党治党责任落实不力问题。开展“十封信”征信送信活动，组织全区党员干部向党委书记、纪检组长、班子成员、村支部书记、村监委会主任等肩负“一岗双责”的十类关键人写一封信，信件择优评选后印发各单位领导班子成员，用党言党语、纪言纪语唤起初心使命、唤醒责任担

▲9月2日，金水区纪委书记区监委主任赵惠玲（左三）与“十封信”部分获奖者合影

当，该项活动被“学习强国”转载报道。认真贯彻新修订的问责条例，对唤而不醒、失职失责的25名领导干部实施问责。注重延伸监督触角。在深入调研、摸清情况的基础上，研究制定村（社区）监委会建设指导意见，为做实基层监督提供了有效遵循。精选试点、示范带动，引领村（社区）监委会步入规范化建设轨道。面向全区村（社区）监委会成员开展《难忘的监督二三事》征文活动，挖掘典型事例，激发担当作为。

【落实中央八项规定】 认真贯彻习近平总书记“锲而不舍、持续发力、再创新绩”重要批示精神，严格落实中央八项规定及其实施细则精神，坚持做到率先垂范。区纪委监委从自身抓起，带头查摆解决“四风”问题。精简会议次数，压缩会议时间，提高会议效率。严格文件制发必要性审核，严控发文数量。优化文件发放方式，委机关各部门需要发放文件材料由委办公室统一发布领取通知，统一安排领取时间，解决了基层为领文件反复跑腿、影响工作的问题。坚决克服“指尖上的形式主义”，解散微信工作群11个，整合微信工作群5个。采取个别谈话、不打招呼检查等方式了解基层工作，改变单纯看材料、听汇报等重“痕”轻“绩”倾向，树立重实干、重实绩的鲜明导向。践行廉洁节俭理念，制定经费管理、公车使用、办公用品耗材采购等制度14项，坚决防止奢侈浪费、违规违纪行为。从严查纠突出问题。坚持日常监督和专项检查相结合，紧盯关键时间节点，锁定易发反弹问题，在全区开展违规公款吃喝、公车私用、私车公养、利用名贵特产特殊资源谋取私利、“天价烟”背后“四风”问题等专项治理活动，及时通报典型案例，持续释放纠“四风”一刻不松、一严到底的强烈信号。针对政策落实走样、监管责任缺失等问题，倒查追究问题背后的形式主义、官僚主义问题，坚决整治对党中央重大决策部署不敬畏、不在乎、喊口号、装样子等突出问题。开展区两会期间会风会纪督查，点名道姓通报批评违反会风会纪人员12名。督促健全长效机制。立足常态长效，提请区委常委会研究制定《关于进一步深化落实中央八项规定精神的实施意见》，划清纪律红线，细化具体要求。督促职能部门开展公务用车、公务接待、政策落实等突出问题专项治理，完善工作机制，强化刚性约束，节俭廉洁务实的好作风、好习惯逐渐形成。

【巡察工作】 深入学习贯彻全国巡视、市县巡察工作会议精神，坚定不移深化政治巡察。突出巡察政治导向。以“两个维护”为根本任务，聚焦被巡察党组织职责使命，查找纠正政治偏差。先后组织开展3轮巡察，巡察街道办事处6个、行政村和社区58个，对16家区直单位开展巡察“回头看”，共发现问题914个，从时间节点看，中共十八大至十一届区委首轮巡察期间问题549个，十一届区委首轮巡察至中共十九大期间问题211个，中共十九大以来至省委巡视期间问题107个；从类别上看，党的领导弱化问题224个，党的建设缺失问题396个，全面从严治党不力问题294个。在巡视震慑和政策感召下，1名干部主动到巡察组投案。向区纪委、区委组织部等移交问题线索28件，立案4件，给予党纪处分3人，政务撤职1人，问责处理20人。推动巡察与其他监督贯通融合。推动巡察监督与纪检监察、组织、审计、信访等监督方式的贯通融合，将发现的共性问题列为纪检监察机关、组织部门日常重点监督事项。协调相关部门提供专业支持，拓宽发现问题渠道，借势借力解决问题、推动改革。强化巡察整改和成果运用。改进反馈机制，对问题较多的单位，巡察工作领导小组主要负责人参加反馈会，进一步增强反馈的严肃性和权威性。对巡察发现的共性问题在区级层面进行专项整治，先后启动城市管理外包服务、社区托老站功能发挥、农村财务规范管理、工作人员借调管理等7项专项整治。将巡察整改作为“不忘初心、牢记使命”主题教育的重要检视内容，由各巡回指导组对整改落实情况和未巡先改情况进行督导督办，确保问题整改全见底，整改成效不反弹。建立巡察整改“双公开”制度，督促做好党内公开和党外公开，接受干部群众监督。

【以案促改】 始终保持斗争定力，做到纪法双施双守，强高压态势、强教育挽救、强以案促改，用好治标利器，夯实治本基础，提升反腐成效。坚定不移减存量、遏增量。完成信访检举举报平台建设和信访接待大厅扩建升级，完善来信、来访、网络、电话“四位一体”的信访举报受理平台，接收业务内信访举报244件，处置问题线索160件，立案审查调查49件，给予党纪政务处分78人，其中重处分31人；依法留置8人，移送检察机关审查起诉7人，挽回经济损失1316.8万元。加强对处分决定执行情况的监督检查，制定《关于规范处分决定执行的说明》，确保处分决定不折不扣执行到位。着力实施“铁案工程”。认真落实惩前毖后、治病救人方针，严格依规依纪依法履行职责，将思想政治工作贯穿审查调查全过程，努力实现教育人、转化人、挽救人的工作目标。认真贯彻中央纪委关于确保审查调查“双安全”的要求，加强审查调查安全工作，开展安全隐患大排查大整改，突出抓好“走读式”谈话安全管控。强化审查调查安全知识测试和安全责任落实，为谈话场所配备看护队员、医护人员，完成谈话场所智能化升级改造。采取“各纪检监察室交叉推磨互查＋审理部门复核把关”模式，对2018年来181个案件，逐案开展质量互查互评，现场反馈、督促整改评查发现的问题，评出了新鲜经验、评出了办案标准、评出了彼此差距，评出优秀案件主办人9名、优秀案件主审人2名、案件质量评查能手6名。持续深化以案促改和廉政教育。按照中央纪委关于深化以案为鉴、以案促改的工作安排，规范提升以案促改方式方法，坚持一案一总结，推动案发单位、系统加大改革力度，促进权力公开，补齐制度短板。精心筛选身边违纪违法典型案例汇编成《以案说纪》小册子，向全区党员干部发放，用身边事教育身边人。坚持宣布处分决定和以案释纪、以案说法、以案促改同时进行、一体安排，实现以案促改制度化常态化。拍摄的微视频《我们的“配齐”》在中央纪委国家监委网站播出，制作的警示教育片《“耗”损的人生》，再次为全区党员干部敲响了警钟。立足纪检监察职责，守好意识形态主阵地，充分运用新媒体和传统媒介，宣讲纪法条规，讲好廉洁故事，弘扬廉洁文化，厚植廉洁土壤。

【维护群众利益】 向群众身边不正之风和腐败问题亮剑，维护群众切身利益。严肃查处民生领域腐败案件。聚焦教育医疗、环境保护、食品药品安全等重点民

▲ 5月16日，金水区纪检监察系统2018年度案件质量评查总结表彰会议

生领域，严肃查处贪污贿赂、截留挪用、加重群众负担等群众身边的腐败问题。专项整治漠视侵害群众利益问题。按照中央纪委统一部署，以解决干部作风问题为突破口，坚持问题导向，立足“监督的再监督”，督促职能部门履职尽责，全面排查整治侵害群众切身利益的突出问题，有效解决了噪音扰民、社区托老中心管理不规范、医疗卫生场所监管不力等群众反映强烈的问题，取得了可评判、可感知的明显成效。坚决查处“涉黑”、涉恶腐败和“保护伞”。找准“扫黑除恶”与反腐败工作的结合点，与政法机关密切协作，建立线索双向移送、协同查办案件等机制，重拳打击“涉黑”、涉恶腐败。中央扫黑除恶督导组转交的73件问题线索全部办结。对公安机关立案的“涉黑”、涉恶案件同步介入、逐案筛查，深挖彻查背后的“保护伞”。专项斗争以来，查办“涉黑”、涉恶腐败问题4起，查处“黑恶势力”“保护伞”5人，向公安机关移交“涉黑”、涉恶问题线索16件。集中治理重复信访举报突出问题。以解决问题为导向，加强综合分析、全面核查，动态督导、及时反馈，列入省台账的20件重复信访举报全部报结。推行信访问题分析筛查机制，妥善解决群众反映的信访疑难问题。创设纪检监察业务外信访问题快速分流机制，搭建起群众顺畅反映问题、快速解决问题的“连心桥”。

【队伍提升】 按照讲政治、练内功、提素质、强本领的队伍建设要求，强化政治能力，深入开展“不忘初心、牢记使命”主题教育，系统学习习近平新时代中国特色社会主义思想，深入体悟习近平总书记重要讲话和指示批示精神。区纪委常委会先后6次召开专题会议，带头学习研讨、带头调查研究、带头检视问题、带头整改落实，高质量、一体化推进边学边查边改，形成高质量调研成果9项，解决影响纪检监察工作高质量发展的突出问题22个，办理惠民实事23件，取得了坚定信仰、锤炼党性、提振精神、涵养正气的教育效果。强化履职本领。通过开设机关大讲堂、组织全员培训，持续强化党性教育、纪法培训、技能培训和安全培训。坚持以考促学、以学促干，全年组织培训38期、4368人次，组织测试23场、1741人次。持续补短板强弱项，对照“6-45+2”问题清单，建立台账、对账销号、逐项整改，办案安全、措施使用等业务工作中的突出问题得到有效解决。强化自我监督。开展干部家访和谈心谈话活动，全面掌握每名干部的思想动态和生活状况。主动引入外部监督，完成区监委第一届特约监察员选聘工作。认真履行主体责任，对照反面典型案例，在全系统深入开展以案促改，教育纪检监察干部以案为戒、守住底线，提高“免疫力”、防范被“围猎”。严格审查调查措施使用审批和监管，确保执纪执法权力受到严格监督和约束。对出现违纪苗头的纪检监察干部及时谈话函询、约谈提醒，坚决防止“灯下黑”。强化信息化建设。区纪委监委门户网站建成使用，纪检监察内网升级改造全面完成，纪检监察综合办公系统建设稳步推进，基层综合业务应用系统试点工作基本完成，信息技术保障水平持续提升，为提高工作效率、突破疑难案件提供了重要支撑。

（撰稿：李安明　审阅：赵建英）

群众团体

总工会

【概况】 金水区总工会是主管全区工会工作的区委组成部门。位于郑州市东风路16号，成立于2002年。内设一个二级机构，即困难职工帮扶中心。

2019年，区总工会自觉围绕全区中心工作，深入学习宣传贯彻中共十九大和十九届三中、四中全会精神，大力加强工会党组织建设，持续提高班子战斗力，在加强基层工会组织建设、保障和改善职工群众生活、维护职工合法权益、提高工会组织凝聚力与战斗力中不断发力，为全区经济社会发展做出积极贡献。先后获得了“全国基层职工互助保障考核优秀单位”“河南省财务工作先进集体”“郑州市职工普惠服务工作先进单位”等荣誉称号。

【工会组织】 加强组织建设，夯实工作基础。落实群团改革要求，完成区总工会换届。以非公有制经济组织、社会组织为重点，完成建会150家，发展会员1万余人（含农民工会员）。加强工会干部队伍建设，组织了2期街道工会主席、1期社会化工会工作者培训班，积极组织基层工会干部参加全市的工会干部履职能力、业务素能提升、财务经审等培训。建立了社会化工会工作者队伍，充实了基层工会工作力量。

【职工建功立业活动】 丰富精神文化生活，宣传、教育、引领职工。2019年，开展了“中国梦、劳动美、工会情”系列演出送基层、女职工“逐梦新时代·巾帼绽芳华”读书征文、“全民健身，低碳生活”女职工健步走比赛、“爱满绿城”单身职工相亲交友联谊等文化体育活动，丰富了职工的精神文化生活。围绕以“路长制”为载体的城市精细化管理工作，开展金水区最美劳动者评选，4月26日，召开第四届金水区最美劳动者表彰大会，25人接受了表彰。组织职工志愿服务队参与“迎民族盛会、庆七十华诞”城市管理综合提升工作。开展“庆祝新中国成立70周年知

▲ 4月26日，第四届金水区最美劳动者表彰大会

识竞赛活动”，深入学习、宣传贯彻习近平新时代中国特色社会主义思想、中共十九大精神和70年伟大成就。区总工会与区发改统计局、区大项目办联合举办了“六比一创”建功立业劳动竞赛活动，共有48个在建工程职工参加了质量、安全、测量、电工等项目比赛；与区卫健委、区妇联联合举办了妇幼健康技能竞赛，通过技能竞赛，进一步团结、动员、激励广大职工在全区重点项目建设中建功立业，为金水区的经济发展做出贡献。

【职工普惠服务】 在双节、“三八”节、“五一”节期间共慰问一线职工、困难职工、单亲困难女职工5000余人次。结合“迎民族盛会、庆七十华诞”城市管理综合提升工作，在“夏送清凉”活动中慰问一线志愿者5000名。25名困难职工子女通过“金秋助学”活动顺利进入大学学习。升级改造户外劳动者“爱心驿站”25个，并重点打造7个示范站。为21名省、市困难劳模发放困难补助金11.5万元，为38名市级以上劳模进行健康检查，为148名市级以上劳模免费办理意外保险。为1.72万名在职职工办理职工互助保障，救助大病会员29人次，发放补助金21.08万元。开展了“绿色出行”普惠活动，为1.95万名工会会员发放补贴107.88万元。

【职工权益维护】 完善维权机制，加大帮扶维权力度。坚持主动依法科学维权，各基层工会签订并备案集体合同、工资专项集体合同585份，涵盖各类非公经济组织和社会组织达到6331个，覆盖职工7.1万人。开展了女职工维权行动月、《中华人民共和国宪法》宣传日集中活动，提高职工法律意识。积极参与瀚海美尚建设项目“7·14”安全生产事故调查，保障伤亡职工赔付及时到位。

▲ 金水区“全民健身，低碳生活”女职工健步走比赛现场

【党建工作】 加强党的建设，引领工会工作高质量发展。认真开展“不忘初心、牢记使命”主题教育，严格按照区委主题教育工作安排，把学习教育、调查研究、检视问题、落实整改贯彻始终。严肃党内政治生活，党员政治素质不断提升。落实党风廉政建设责任制和“一岗双责”，集中学习违反中央八项规定典型案例，抓好以案促改。按照派驻纪检组要求制作《金水区总工会权力运行材料汇编》，按时上报“三重一大”事项，严格规范区总工会工作流程。

【其他工作】 统筹安排，全面推进工会工作。加强基层工会经费监督和管理，对10个基层工会进行了工会经费使用和计拨审计。在工会财务和资产管理工作中，认真管好、用好工会经费，做好工会资产清查工作。加强调查研究，开展产业工人队伍思想状况、职工队伍稳定状况、八大群体建会入会等调研活动，了解职工思想和工作状况，并积极向上反映，为工会工作决策提供参考。

（撰稿：王卓然　审阅：原晓青）

共青团

【概况】 金水区团委是主管全区共青团工作的区委组成部门。位于东风路16号，成立于1960年5月。2019年，团区委深入学习中共十九大精神，积极践行习近平新时代中国特色社会主义思想，以聚焦中心工作和服务青年为主线，以非公团建为突破口，积极扩大团组织有效覆盖，不断激发团组织生机活力，对照年初工作目标狠抓落实，各项工作平稳推进。2019年，先后被评为“第11届全国少数民族传统体育运动会筹办工作先进集体”“郑州市百万职工技能比武活动校园大赛优秀组织单位”，培育出3个郑州市青年文明号及1名郑州市青年岗位能手。

▲ 1月21日，在区机关三楼多功能厅共青团郑州市金水区第九次代表大会开幕

【思想建设】 深入开展“不忘初心、牢记使命”主题教育。开展理论学习23次，其中书记讲党课3次；检视自身查摆问题19个，其中班子和班子个人分别自查问题3个且基本整改完毕，查找“灯下黑”问题13个，已整改9个，其余4个需长期坚持；开展“解民忧、纾民困、暖民心”行动，班子梳理措施3个并有效落实，组织机关党员进社区服务6次，完成楼道卫生维护、道路单车摆放，政策宣讲讲解等便民服务10余项，发放宣传彩页230余份；开展单身青年联谊会、创业指导讲座等活动10余场，立足本职解决青年群众最急、最忧、最盼问题。

引领思想政治学习，守好初心。开展“我与祖国共奋进——国旗下的演讲”特别主题团日、《我和我的祖国》观影、青年大学习讲座等活动近20次，组织团员青年1260余人参加，线上共开展学习活动40余次，组织团员青年5000余人次参加。关注国家大事，通过微信公众平台发布正面社论，坚持做好正面引领，并主推亮点工作动态，坚持传递共青团正能量。全年共在微信微博平台发布内容550余条，在纸媒刊登新闻信息40余次。

【团组织建设】 持续强化基层团组织建设。一是联合区委组织部印发《关于规范各单位机关团组织调整设置工作的通知》，推动全区团组织架构逐步完善。二是推进智慧团建工作，为辖区内流动团员信息的及时登记录入提供保障，做好团员关系转接的线上线下同步操作，保障流动团员的“安家”和“搬家”，全区202个社区全部实现团组织覆盖，8所区属中学、5所区属民办中学全部建立团组织，并录入智慧团建。三是非公团建成为亮点，2019年共迎接团中央副书记奇巴图、团中央基层建设部部长齐虎、团省委书记王艺等各级领导调研10余次，并得到高度认可。

强调实效注重实干，勇担使命。按照基层建设基石工程工作要求，不断强化青年之家“门店”作用，打造青年之家云平台17个，平均每个月至少组织开展各类活动2次。在学校，严格入团程序、压缩入团比例、规范入团档案，并全力做好学社衔接工作。2019年，共发放入团志愿书申请表854份，学社衔接率98.7%。在新兴领域，成立中国共产主义青年团中国舞蹈家协会街舞河南联盟委员会，并结合全区共有24个社工机构的实际情况，对“金水社工”组织进行整合，成立行业协会联合团工委，下设15个团支部，共有团员239名。在非公企业领域，构建区域化、集群式、嵌入式的非公团建网格。在建业集团、河南国基集团、郑州卡卡时尚文化发展有限公司等知名企业成立团组织，在优埃富欧共享办公创新成立联合团支部，正式拉开金水区非公团建的崭新格局。全年共新成立非公企业团组织20余个。

【思想引领】 在学校，线上线下同步开展青年大学习行动，打通青年思想理论武装工作“最后一公里”；组织开展特别主题团日活动，激发青少年爱国热情与民族自豪感；在校外，开展青年大学习讲座，讲好党史、国史、国情形势，强化团员青年“四个意识”，增强“四个自信”；在机关，推进意识形态工作责任制落实，主动召开意识形态联席会专题研究意识形态工作、分析研判意识形态形势、讨论意识形态风险，带领机关党员干部牢牢把握正确政治方向。此外，拍摄的红歌传唱宣传视频被“学习强国”河南学习平台采用。

【志愿服务】 组织共青团系统团员青年开展志愿者招募、文明宣传、交通引导、社区楼院清扫等活动共计80余场，其中团区委组织开展30余场。作为少数民族运动会协调筹备小组成员单位，先后组织观众4360名参加到开闭幕式活动中，安全、顺利完成工作任务，受到省市通报表扬。依托“青柠计划”，开展“全城清洁、文明交通、单车共享明天同行”等系列活动180余场，组织青年志愿者3200余人次，对4500余辆乱停乱放电动车、自行车进行整理，在50多个楼院进行大扫除。组织青年志愿者1200余人次围绕文明金水主题开展志愿服务活动30余次，发放宣传手册6000余份，号召大家争做文明金水的宣传者、实践者和维护者。开展“绿色出行”“绿风尚”等主题宣传活动10余场，组织青年志愿者500余人次，倡导绿色出行理念。共组织36所高校的849名青年志愿者参与“关爱母亲河”活动，清理河堤垃圾120余袋。组织学生青年、少先队员、机关党员400余人，开展共建“青年林”活动，共栽种树苗11亩、700余株。

【特色活动】 一是选先树优传承“五四”精神。举行纪念“五四”运动100周年主题团日活动暨金水区青年榜样颁奖仪式，对第十四届“金水区十大杰出青年”“金水区优秀青年”进行表彰，为青年树立前行“标杆”。二是为党庆生喜迎新中国七十华诞。联合17个街道团工委开展红歌接力传唱活动，献礼党的生日，青情告白祖国。三是开展“不忘初心、与爱同行”——2019“温暖冬天”活动。积极为

▲ 12月2日，开展“不忘初心、与爱同行”——2019“温暖冬天”活动

贫困青少年发放物资260余套，切实帮助贫困家庭青少年温暖过冬，助力青少年成长成才。

（撰稿：张文婕　审阅：王　倩）

妇女联合会

【概况】 金水区妇女联合会位于东风路16号，成立于1960年，是区委领导下的全区各族各界妇女的社会群众团体，是党和政府联系妇女群众的桥梁与纽带。2019年，区妇联坚持以习近平新时代中国特色社会主义思想为指导，深入贯彻中共十九大精神及习近平总书记视察河南、郑州工作时的重要讲话精神，围绕“实现两个率先、领跑中部城区发展”及打造高品质现代化城区工作目标，深化“不忘初心、牢记使命”主题教育，着力聚焦保持和增强政治性先进性群众性，着力加强妇联组织党的建设，着力加强妇女思想政治引领，着力联系服务好妇女群众，着力推动妇联改革在基层落地，积极团结带领广大妇女为保障全区经济社会平稳较快发展与社会大局稳定贡献巾帼力量。全年荣获“第七届中国慈善项目交流展示会优秀参展机构”“全省妇联读书活动最佳组织单位”“宣传工作先进单位（省妇联）”“郑州市妇联目标考核先进单位”“2019年郑州市少年儿童‘心中有祖国、心中有他人’主题教育活动优秀组织单位”“郑州市儿童工作先进集体”和“郑州市百万妇女健身活动展示大赛优秀组织奖”等全国及省市区级荣誉近20项。

【妇联组织建设】 强化妇女组织与阵地建设。推进群团改革在基层妇联落实，全面适应新时期妇联工作的需求。成功召开金水区妇女第八次代表大会，选举产生金水区妇联新一届领导班子。召开了八届执委二次、三次、四次会议，充分发挥各行业优秀女性在各级妇联组织中的作用，切实发挥兼职副主席和执委的带动辐射作用。按照中央、省委、市委、区委的决策部署，群团改革各项工作扎实有序推进。落实《关于深化党建带妇建进一步加强新领域新业态新阶层新群体妇联组织建设的意见》文件精神，建立河南省第一家网上妇联组织，妇联组织向“四新”领域延伸；积极推行妇联“四组一队”工作模式，全区已有187个村（社区）组建“四组一队”。形成区域内各单位、各组织、各领域的女性共同参与、开放互动、全面覆盖的妇联工作新局面。持续完善提升阵地建设，把“妇女之家”建设作为提升妇联工作的有效载体，依靠党建带妇建，规范完善“妇女之家”建设，充分发挥对妇女群众的宣传引导、联系服务等方面作用，形成“妇联在您身边，服务随时相伴”的温暖氛围，让全区妇女在“家”中“增本领、提素质、受关爱、享温暖”。

扎实做好妇女思想政治引领。在妇女群众中广泛开展中共十九大精神、习近平新时代中国特色社会主义思想大宣讲活动，带领广大妇女听党话跟党走。利用新媒体平台、大宣讲、巾帼宣传队等资源，邀请“活力金水”宣讲团开展宣讲活动，深入学习黄文

▲ 1月25日，金水区妇女第八次代表大会开幕

秀等典型事例，开展诵读家书活动，传承红色基因，做好对广大妇女的思想政治、意识形态的引领，推动学习贯彻习近平新时代中国特色社会主义思想往深里走、往实里走、往心里走。新媒体助力，引领妇女思想建设。

激发党建工作活力。党建活动内涵丰富新颖，认真贯彻落实“迎民族盛会　庆七十华诞”城市环境综合整治提升方案，主动深入社区、街道、项目点开展多种形式的党员志愿活动，以“巾帼心向党　礼赞新中国”为主题，开展建党98周年系列活动，开展家风家教宣传月、革命传统教育讲座，参观豫西抗日教育基地，举办“昂首新时代　巾帼志愿者健步走”体验城区新变化活动，关怀慰问老党员及爱国爱党广场电影放映等活动；到反邪教教育基地、廉政教育基地、革命英烈馆、二七纪念馆等地参观学习。

【女性素质提升】 深入开展“巾帼文明岗”创建活动，引导激励妇女创造一流业绩，引领广大妇女树立和践行新发展理念。评选表彰巾帼文明岗10个、巾帼建功先进个人35名、巾帼建功先进集体10个，激励妇女在各行各业实现自我突破，勇于进取。

【双创服务工作】 开展全民技能振兴工程妇女培训班6期，300余人参训，积极向妇女群众宣传小额担保贷款政策。举办“三八”女性就业专场招聘会，1000多人达成就业意向。参与举办“第五届郑州大中城市名企联合招聘会”，为失业女性搭建就业平台。

【服务妇女儿童】 持续实施巾帼维权行动。深入开展“法进万家”活动，开展法治宣传教育，增强妇女法律意识，提升依法维权能力，为弱势群体提供法律援助，以家庭婚姻为重点做好调解疏导工作，认真接待妇女群众来电来访，及时化解矛盾纠纷，做到事事有落实，件件有回音。

呵护妇女儿童健康。以妇女老人儿童为重点，积极举办健康知识讲座，普及健康知识，提升群众健康素养。先后举办各类健康教育活动20余场，联合区慈善总会开展“善行金水·关爱女性”慈善项目救助活动。宣传普及“两筛”“两癌”政策，提高群众对“两筛”和“两癌”的知晓率、参与度，切实推动省市重点民生实事工作。配合市妇联救助罹患“两癌”女性54名，协助每人成功申领救助金1000~10000元不等。

科学规划家庭妇儿工作。完成2018年度金水区妇女儿童发展规划报告。

广泛开展各类主题活动。开展“三八”节女职工趣味运动会、主题摄影大赛、“爱岗敬业勇担当，平凡故事共分享”活动；开展亲子农场耕种体验、人工智能编程学习、舞台话剧演出、百名儿童百米长卷绘中华等儿童主题实践活动；开展“缤纷夏日　快乐相伴”、“快乐成长，暑我精彩”暑期公益课堂等暑教活动以及社区文明礼仪讲座。评选表彰“十佳家长”和“十佳儿

▲5月31日，组织开展“六一”儿童节系列活动——“看我七十二变”人工智能编程学习

童”各10名，“优秀家长”37名，“优秀儿童”78名，“最美母亲”40名，“最美绿色家庭”65户，“最美廉洁家庭”45户，和睦家庭50户。

开展儿童防溺水等安全教育活动。开展未成年人防溺亡宣传、安全教育宣讲80余场，发放宣传页1700份、张贴宣传海报500余份、印发致家长的一封信1350份，不断增强青少年儿童安全防范意识和能力。

【政府十件实事】 2019年金水区“儿童之家”项目新建3个，提升5个，并对已建的“儿童之家”进行走访调研，实地指导工作和活动开展，使“儿童之家”发挥“辐射性”服务作用，让辖区儿童在家门口得到妇联的关爱。“绿城妈妈”项目新建3个，提升9个，主要开展清洁家园、垃圾分类、环保酵素制等五大环保行动，以便民服务的方式将绿色理念融入社区、根植于群众日常生活，使环境治理、生态建设的“神经末梢”活跃起来，强化美丽金水建设基础。

【助力中心工作】 持续开展巾帼志愿服务。联合各街道妇联、巾帼志愿者、绿城妈妈志愿者围绕城市环境综合整治提升和迎接第11届全国少数民族传统体育运动会，累计开展各类志愿服务行动1800余场，发动志愿者8000余人次，辐射群众30000余人次。日常各项巾帼志愿服务工作不间断开展，促进和服务各项中心工作。

对外展示金水区发展成果。配合全国、省市妇联开展三国驻华女外交官走进基层“妇女之家”活动，通过展现新时代社区女性及家庭风采，互通妇女工作的经验，对外展示金水区妇女工作成绩和良好的经济社会发展成就。女外交官们在随后召开的“2019‘一带一路’她消费·她经济·她出彩”合作论坛上，对中国社区取得的成绩赞赏有加。

彰显金水女性时代风尚。以建党98周年和新中国成立70周年为主题分别拍摄宣传片《巾帼心向党 礼赞新中国》《最美芳华》，均获得金水区宣传部“金水好故事”微视频展播好故事作品奖，其中《巾帼心向党 礼赞新中国》荣登“学习强国”河南学习平台。通过各级妇联组织动员各界女性“唱响祖国颂歌、讲好中国故事、写出家国情怀、献礼祖国华诞”，积极营造共庆祖国华诞、共享祖国荣光、共铸复兴伟业的热烈氛围，进一步团结动员广大妇女坚定不移跟党走，奋力建功新时代，为谱写新时代、新篇章贡献巾帼力量。

（撰稿：刘逢君 审阅：王 晓）

科学技术协会

【概况】 金水区科协成立于1978年，是中共金水区委领导下的全区科技工作者的群众团体，是党和政府联系科学技术工作者的桥梁与纽带，发展科学技术事业的助手，团结和依靠广大科技工作者，积极开展科普宣传、科技咨询、科技示范，促进科学技术与生产力的结合。

2019年，区科协先后荣获“2019年全国科普日活动优秀组织单位”“2019年河南省全民科学素质网络竞赛优秀组织单位”“河南省青少年科技创新大赛优秀组织单位”“2019年河南省农村科普工作先进单位”等荣誉和称号。

【党建工作】 政治引领、凝心聚力，政治性进一步增强。一是把“不忘初心、牢记使命”主题教育作为重要的政治任务，扎实开展学习教育、调查研究、检视问题、整改落实。共开展集中学习16次、调研3次，形成调研报告3个，收集班子检视问题6条，班子成员检视问题13条，截至年底已整改19条。二是提高政治站位，进一步落实党建工作主体责任。年初，专题研究制定2019年党建工作要点、理论学习计划、全面从严治党主体责任清单等，并利用“学习强国”

平台，督促党员干部开展自学活动。完善“三会一课”等制度，严格执行双重组织生活会制度，全年召开专题民主生活会2次，专题组织生活会和民主评议党员2次。三是履行全面从严治党主体责任，与班子及中层干部逐级签订《党风廉政建设“一岗双责”目标责任书》，常态化落实落细“一岗双责”工作职责。全年召开专题会议4次安排部署党风廉政工作，并在节假日等关键节点进行集体廉政谈话，进行再提醒、再教育。四是强化意识形态落实，团结带领广大科技工作者听党话跟党走。一方面主动出击，切实加强对外宣传。全年在《河南科技报》《郑州日报》《郑州晚报》及网络新媒体推介报道金水区科普活动、科技工作者事迹、先进经验14篇，提升了科协的公众形象及公信力。另一方面，反邪教协会开展揭批邪教组织专项活动，共开展各种讲座、专题教育45场，受众群体30万人次，提高辖区居民以及在校大学生的反邪防邪意识。

【社区科普大学】 持续做好社区科普大学示范点建设，让科普惠及民生。作为区科协践行党的群众路线、联系居民群众的有效载体，社区科普大学开展了“低碳行科普游、乐享花绘郑州”、“老花镜”科普知识答题活动、“我与社区科普大学”征文活动、社区科普大学骨干培训、教学观摩、教研沙龙等活动，组织开展科普文艺进社区集中示范演出活动2场，保持社区科普大学蓬勃向上的发展势头。2019年，21所分校共计完成科普课程567节，其中实践课189节，第二课堂活动168次，累计培训学员达2.1万余人次。

▲ 科普志愿者向居民发放印有科普宣传标语的科普宣传品

【科普惠农兴村】 深入实施科普惠农兴村计划，服务乡村振兴战略。2019年，积极参加“三下乡”集中示范活动，在杨金路街道、兴达路街道开展农村电商知识培训2场，共计参训农民800余人次。

【青少年科普工作】 举办青少年科技创新大赛，获得市级一等奖26项，省级一等奖13项，区科协被评为省级优秀组织单位。组织辖区部分学校参加2019年郑州市青少年机器人竞赛活动，区科协荣获“市级优秀组织单位”称号。联合6家科技企业在纬三路小学开展“科普进校园、科学润童心”庆六一科普嘉年华活动，让学生实际体验3D绘画笔、飞机大战编程等60多种科技仪器。组织辖区5所小学开展科幻画优

▲ 神奇科普大篷车促体验

秀作品展览并开展科幻画在线智能画展，为学校送去了科普小册子和科幻画书籍共2000余本。组织辖区46所学校开展了科普剧展演、参观科普教育基地、科普知识公开课等系列活动。科普大篷车、科普剧走进校园，为文源小学第二届科技节助力。

【主题科普活动】 以“礼赞共和国，智慧新生活”为主题，联合多部门开展2019年金水区全国科普日活动，并扩展活动内涵，开展科普公益电影放映、书画比赛等共40场形式多样、内容丰富的全国科普日重点活动，网上申报全国科普日重点活动32项。

【科普信息化建设】 科普信息化建设持续推进。实施“互联网+科普”工程，积极建设科普信息化传播平台。截至年底，全区建立科普中国e站40多个，各e站针对不同人群，多渠道、多载体、多阵地实现推广应用。2019年，利用手机持续推送科普专栏，积极参加市科协举办的“老花镜科普”有奖竞赛活动，发放《2019年郑州市社区科普大学科普知识竞赛题库》，金水区被评为“2019年河南省全民科学素质网络竞赛优秀组织单位”。

【服务科技工作者】 履行好“四服务”职能，服务好科技工作者。举办2019年“全国科技工作者日”系列活动。一是联合郑州市营养协会在河南智业科技发展有限公司举办“果蔬营养与健康”知识讲座。二是积极开展慰问科技工作者服务，听取专家在工作中遇到的困难和存在的问题以及对科协工作意见与建议。三是组织科协委员参观企业，体验河南心理健康产业发展有限公司开展的VR体验等活动。四是组织辖区2家企业积极参与2019世界传感器大会及企业技术难题征集活动。

【其他工作】 增强履职能力，科协形象进一步提升。一是年初完成换届工作。大会选举产生了新一届科协委员、常委和领导班子，落实了专兼挂，落实了委员、常委比例，为全区科协事业谱写新的华章奠定了坚实基础。二是加大群团联合工作力度，全区各群团部门首次联合举办群团干部培训班，在厦门大学举办2期培训，共120余名群团干部参加。

（撰稿：杜　焕　审阅：左献伟）

工商业联合会

【概况】 金水区工商业联合会是中国共产党金水区委领导的金水区工商界组成的人民团体和民间商会，是党和政府联系非公有制经济人士的桥梁与纽带，是政府管理非公有制的有力助手，位于东风路16号。2019年，被评为“2018—2019年度全国‘五好’县级工商联”称号。

【教育实践活动】 2019年，工商联认真开展以习近平新时代中国特色社会主义思想和中共十九大精神为指导，以“不忘创业初心、接力改革伟业”为主题的非公经济人士理想信念教育实践活动。工商联根据市委统战部要求，将此项工作作为2019年的重点工作来抓，以创新培训班、研讨会、主题沙龙、企业家大讲堂等多种形式开展活动。截至年底，区工商联、各街道商会、直属商会，共举行培训9次，座谈会7次，开展各种活动30余次，参与会员企业600余家，广泛参与教育活动非公企业人士5000余人次。理想信念教育实践活动的开展有效提升了广大非公经济人士的思想素质，增强了他们对党和政府支持非公经济发展政策的理解，激发了干事创业的积极性及主动性，使全区非公经济始终保持蓬勃向上的良好势头。

【服务非公企业】 加强政策利好政策信息宣传。积极发挥桥梁和纽带作用，多次组织全区非公经济代表人士中共十九大精神、非公经济健康发展相关的专题研讨会，组织开展省、市、区有关惠及民营经济发展的政策解读宣讲会。同时积极梳理有利于促进全区非公经济健康发展的利好政策信息和法律法规，制成《促进民营经济健康发展系列政策汇编》发放到会员企业家手中，向全区非公经济人士做好传达与宣传工作。

做好商会会员调研工作。7月，中共金水区委常委、统战部部长付建峰，统战部常务副部长沈建忠，金水区工商联主席李江波，金水区工商联党组书记张祖卿，金水区工商联秘书长董泽胜一行到慧谷幼发拉底孵化器、大山教育总部、温岭商会、花卉业商会等6家会员企业和商会调研考察。

加强合作，促进民营经济发展。6月，区工商联与区检察院联合召开了服务民营经济发展座谈会。座谈会上企业家结合自身行业企业领域踊跃发言，并提出了有可行性的意见和建议，座谈会取得良好效果，同时区工商联与区检察院联合签发了《服务民营经济加强工作联系工作意见》，使民营企业家学习和了解了检察机关出台的服务民营经济措施，增强法律意识，做合法合规经营的典范。区工商联发挥联系民营企业的桥梁与纽带，与区检察院等其他部门做好工作对接，通过加强联系合作、沟通协调、服务引导和帮助解决具体问题，共同促进金水区民营经济发展。同时，与市工商联共同组织多次“优化营商环境，促进非公企业发展”主题座谈会及“名家讲坛”，广泛征集非公企业家的困难和诉求并向相关部门反映，得到企业会员的一致好评。

【“不忘初心、牢记使命”主题教育】 一是10月开展非公企业会员“读书月”活动。购买《习近平新时代中国特色社会主义思想学习纲要》《习近平谈“一带一路”》等书籍，发放给有党组的会员企业，经过2个月的学习，提高了非公企业中党员的党性修养，引领其对党的路线、方针政策有更深刻的认识和理解。二是配合统战部支部，积极参加其组织的培训学习，参加“不忘初心、牢记使命”统战干部培训班，为全区经济社会高质量发展汇聚强大能量。参加“不忘初心、牢记使命”摄影展，观看系列爱国电影，重温共产党员初心使命，组织党员参加“学习强国”“挑战答题”活动和党员干部知识竞赛，参观焦裕禄同志纪念馆、史来贺同志纪念馆、中原英烈纪念馆等主题教育基地，激发党员干部红色基因。三是讲好“四个故事”，坚定理想信念。重温老一辈革命家和共产党人的英雄事迹与革命初心，对照党章党规找准差距，及时整改。组织党员收看《初心永恒》《决胜时刻》《红色故事》，使大家心灵受到震撼、思想得到升华，从自身本职工作出发，为金水做贡献。

【教育培训】 11月10—16日，金水区工商联在暨南大学举办为期一周的“2019年度金水区民营企业家综合素能提升班”，课程主要为改革开放40周年的经验与总结、时政热点经济分析等企业家关注的内容，由工商联主席及机关工作人员，以及非公企业家共计 50 人参加了培训。12 月，区工商联主办“经济新常态背景下的企业财税问题及解决方案”主题讲座，参加培训非公企业百余家、140 余人。

【廉政建设】 工商联坚持以习近平新时代中国特色社会主义思想和中共十九大精神为指导，牢固树立“四个意识”，践行“两个坚决维护”，全面落实中共八项规定，压实党组的主体责任，建立党员领导干部“一岗双责”工作机制，层层签订“一岗双责”目标责任书和“2019 年工商联全体干部廉洁从政承诺书”，落实制定一系列党风廉政建设规章制度，从制度上杜绝腐败现象发生；每季度召开党风廉政建设工作专题会议，对每季度发现的问题，及时建立台账，整改任务明确到个人，确保整改到位。在重要时间节点，及时召开党组会议安排部署党风廉政、节前谈话提醒、以案促改等工作，做好党员领导干部廉洁自律的“最后一公里”工作。

【光彩事业】 2019 年，采取多种形式，组织和引导辖区非公经济会员企业广泛参与“精准扶贫”“光彩事业”“感恩行动”等公益活动，培育企业弘扬扶贫济困的传统美德，实现企业发展和社会受益的双赢。一是积极为企业搭建“政策咨询、人员培训、创业扶持、法律维权”四大平台，组织非公企业参与街道商会开展的“春风行动”“春暖行动”“非公企业人才交流会”等活动，共提供就业岗位 4675 个，实际安排就业人数 4500 个，在缓解社会就业压力方面发挥重要作用。二是围绕“爱心助学、爱心送医、爱心帮困、爱心助教、爱心助残、爱心助孤”六大主题，引导非公经济人士参与“同心光彩行动”“同心感恩行动”“同心扶贫行动”，坚持开展以百企帮百村、帮扶千名贫困学子、帮扶万人就业为主要内容的“百千万”活动。10 月，郑州亿杰实业有限公司向当地和困难群众捐款 300 余万元。金水区泰顺商会会长张德意和常务副会长张细勇被评为“爱心公益奖”，监事长林昌仁的企业专门成立“扶贫车间”，理事长陈家水“三兄弟”登上“中国好人榜”等，展示了会员企业情系民生，回报社会的精神风貌，树立了良好的商会形象。2019 年，捐款捐物合计 342 万余元，帮扶 5100 人次。

（撰稿：王　悦　审阅：李江波）

残疾人联合会

【概况】 金水区残疾人联合会（以下简称残联）成立于 1991 年 6 月，内设办公室、康复科、组联科、教就科；另设二级机构金水区残疾人劳动就业服务所。2019 年，区残联共办证、换证 2267 人次，其中，视力残疾 207 件，听力残疾 311 件，言语残疾 22 件，肢体残疾 1159 件，智力残疾 259 件，精神残疾 214 件，多重残疾 95 件。

【调研纪实】 12 月 1 日，在第 28 个“国际残疾人日”到来之际，河南省副省长戴柏华，省政府副秘书长黄东升，省残联党组书记、理事长王丽，郑州市副市长马义中，市残联党组书记、理事长张群保等省、市领导到金水区调研残疾人工作，区长魏东、副区长张川陪同调研。戴柏华一行首先到金水区凤凰台街道办事处党群服务中心，调研便民服务、残疾人康复、就业培训、辅具免费租赁、书画交流活动等方面的工作，慰问参加康复训练、就业培训和书画交流等活动的残疾人与助残志愿者，后到残疾人家中慰问并察看无障碍改造情况。调研结束后戴柏华一行对金水区的残疾人工作给予充分肯定。

【残疾人补贴发放】 残疾人各类补贴发放工作常态化推进，享受重度残疾人护理补贴 2594 人、困难残疾人生活补贴 991 人，共发放“两项补贴”资金 425.724 万元；享受重度残疾人特殊生活补贴 1077 人，发放补贴资金 828.7

万元；享受“三无”残疾人生活救助25人，发放救助补贴14.7万元。燃油补贴发放，2019年经区残联审核，符合条件的燃油补贴人数为99人，发放专项补贴25740元；残疾人通信信息消费补贴，享受通信信息消费补贴的人数为1249人，发放专项补贴44.964万元；“绿城通关爱IC卡”办理，加强“绿城通关爱IC卡”工作的宣传，让辖区残疾人都能享受到免费乘坐城市公共交通工具的惠残政策，全年共年审关爱卡2924张、新办理关爱卡554张。

【“阳光家园计划”托养服务】 根据中央下拨用于“阳光家园计划”托养项目的资金使用要求，区残联已通过购买服务的形式为残疾人提供托养服务，为辖区236名困难残疾人提供生活照料、家政服务、康复理疗等方面的服务，残疾人可以根据自身情况确定服务项目和服务方式。

【残疾人证发证】 2019年是残疾人证十年期满换证的一年，区残联作为第三代（智能化）残疾人证发放试点区，自9月1日起，辖区新办证残疾人均发放第三代（智能化）残疾人证。该证为卡片式，内置芯片可以读取残疾人基本信息，方便残疾人携带。

【残疾儿童残疾预防筛查和康复】 区残联主动与省、市残联对接，借助新出台的省、市、区残疾儿童康复救助政策，依托金水区总医院专业的儿童康复治疗科室和下属的12个社区卫生服务中心开展小儿早期筛查与干预治疗等，推动政策在金水区及时落地。2019年1—11月，共计筛查25000余人次，筛查出发育异常患儿1200余人次，门诊康复干预530人次，住院康复治疗670人次。

▲ 8月23日，在金水区总医院南院区经八路社区卫生服务中心开展金水区残联“残疾预防日”宣传教育暨孤独症家长培训活动

【就业培训】 通过年初对残疾人就业及职业技能培训意向调查，根据残疾人的需求，积极采取措施，开展形式多样的就业培训，举办了插花、手工布艺、扇面画、香包制作、扎染、烘焙等一系列技能培训班6期，培训残疾人学员432人，实现就业204人。

【教育救助】 区残联建立了教育救助和教育补贴制度，对在校残疾学生和接收残疾学生的学校给予救助和补贴，全年共救助在校残疾学生227人，发放救助补贴15.45万元；补贴金水区利智学校特教经费5.7万元。

【康复工作】 0～14岁贫困残疾儿童康复救助。区残联多渠道开展残疾儿童康复救助政策宣传，积极开展残疾儿童康复需求筛查。截至年底，已筛查符合条件的0～6岁残疾儿童187名、7～14岁残疾儿童33名，为4名听力残疾儿童成功验配人工耳蜗，均已进入康复机构进行康复训练。

低保精神病救助。全年累计救助220人次，发放专项救助资金25.02万元。“以奖代补”救助发放。2019年，各办事处共上报符合条件的重度精神残疾人200人，累计发放专项补贴60万元。

临时性救助。惠及一户多残、多重一级、临时救助等残疾人家庭118户、427人，发放救助资金48.87万元。

【孤独症儿童家长培训】 8月23日和11月13日分别在经八路卫生服务中心和河南省康复教育研究中心邀请河南省儿童青少年心理健康协会会长、副主任医师、心理治疗师霍继红为辖区孤独症儿童家长进行孤独症领域知识的培训并现场进行疑问解答，疏导孤独症儿童家长的心理压力，带领家长进行减压训练，帮助他们树立生活信心。

【其他活动】 围绕“助残日”“爱耳日”“残疾预防日”“国际残疾日”等特殊节日，开展系列活动。一是5月16日是“全国助残日”，区残联在文化广场举办大型广场文艺演出及义诊活动，为辖区残疾人进行政策宣传、康复知识普及等。二是开展走访慰问。对辖区7家康复、托养机构和110户困难残疾人家庭进行了慰问，送去了米、面、油等慰问品。三是表彰一批在扶残助残工作领域中表现突出的先进单位和先进个人，激励广大残疾人工作者更好地服务于残疾人，推动辖区残疾人事业的健康发展。四是5月17日组织辖区利智学校50名智障学生参加中智协举办的“牵着蜗牛去散步”全国性公益活动。五是自7月开始开展的残疾人“文化周”及“五个一”进家庭活动，共举办广场文艺演出、电影进社区、游园、读书会等8场文体活动，丰富辖区内残疾人文化生活。

（撰稿：杜　立　审阅：席秀卿）

红十字会

【概况】 金水区红十字会内设2个职能科室，即办公室、业务科。现有干部、职工5人，中共党员3人（含退休党员1人）。2019年，区红十字会在区委、区政府的正确领导和市红十字会的业务指导下，以中共十九大精神为指导，紧紧围绕区委、区政府中心工作和年初制定的工作计划任务，勤奋工作，认真履行职责。以弘扬“人道、博爱、奉献”的红十字精神为己任，大力加强组织建设，深入开展人道救助，规范应急救护培训，努力实践为政府分忧、为群众解难。

【组织建设】 做好会员和志愿者资料库的管理工作，完善志愿者管理办法，对新招募志愿者及时登记造册。2019年，区红十字会共有志愿者服务队14支，志愿者1300余人。成立了红十字志愿者工作委员会，设立了志愿者服务基地6个，积极开展扶老、助残、救孤、助学、济困、寻亲、赈灾等各项公益活动，建立了稳定的红十字志愿者队伍，多次被评为“志愿服务先进集体”。积极开展募捐筹资工作。组织志愿者服务队积极联系各大爱心单位捐款捐物，并在辖区公共场所设置捐款箱。2019年，共募集捐款40551.5元。

【“三救三献”工作】 应急救护培训能力不断提升。区红十字会先后走进机关、社区、学校、企事业单位等，免费为机关干部、学生、社区居民、红十字志愿者等开展培训，普及应急救护知识和心肺复苏、气管异物、包扎止血、骨折固定、搬运等实际操作技能；并对金水区特殊岗位的巡防队员、中小幼教师、区直机关及街道办事处工作人员、红十字志愿者等逐批次开展应急救护员培训。2019年，完成培训3000人，并全部颁发中国红十字救护员证。此外，还组织开展“博爱家园”应急救护培训项目，免费为社会培训应急救护师资12名，培训急救员268名。为助力2019全国少数民族运动会，组织应急救护师资对全区招募的第11届全国少数民族传统体育运动会城市志愿者5234人进行了免费培训，为每个志愿者发放《金水区市民防灾减灾应急手册》。

应急救援服务体系不断完善。建立健全应急援救志愿服务体系，研究制定了《金水区红十字会自然灾害和突发事件应急预案》，明确专人负责。并为金水区红十字会风马旗应急救援志愿者服务队配备国际先进专业装备，加强日常训练和应急救援演练，确保在自然灾害及事故灾难等诸多突发性事件发生时，能够以最短的时间，最高的效率参与到各项应急救援工作当中。

人道救助志愿服务不断深入。区红十字志愿者的足迹遍布全省各县市区，相继为贫困户、孤寡老人、农民工、残障儿童、造血干细胞捐献者等家庭送春节慰问品，为2019郑开国际马拉松赛开展红十字救护员培训，组织30余名红十字志愿者参加马拉松志愿服务。组织全体党员到登封市唐庄镇塔水磨村慰问抗战老兵，为抗战老兵送去米、面、油等慰问品。组织志愿者在东风路街道办事处文化广场开展爱心义演募捐活动，为许昌禹州市花石镇冯家门村17岁重型再生障碍贫血患者冯洋硕募集医疗善款6395元。开展“点滴爱心　助力高考”志愿服务活动，组织5000辆爱心送考车队在高考期间招手即停，免费接送考生。在郑东新区龙子湖公园开展以“预防儿童走失”为主题的公益宣传活动，来自郑州高校社团的近200名志愿者为寻亲家长提供志愿服务，帮寻子家长将采血化验DNA信息入库，并呼吁全社会关注被拐儿童和失孤家庭。联合河南财经政法大学、广东医科大学、郑州工程技术学院等高校社团到平顶山叶县千兵营小学开展了以“结伴同行脱贫路，携手共筑支教情”为主题的暑期支教活动。联合省会郑州18个爱心组织，共同为申请求助的周口鹿邑重伤农民朱洪延在北三环瀚海北金广场举办大型公益义演义卖活动，发起线上线下募捐活动，共募集捐款15万余元。2019年，共组织开展各种志愿服务120余次，参加人数6000多人次。

“三献”工作开展稳中求进。区红十字会高度重视“三献”工作的开展，设计制作了“造血干细胞捐献宣传单”“遗体器官捐献宣传单”“遗体器官捐献调查问卷”，分别于“世界红十字日”和“世界献血者日”组织开展无偿献血暨造血干细胞采集。2019年，共有568人参加了无偿献血，献血总量达19万余毫升，其中123人加入“中国造血干细胞捐献者资料库”。此外，还积极组织开展遗体和器官捐献宣传动员工作，建立健全遗体捐献制度，并组织志愿者走上街头和社区开展遗体和器官捐献问卷调查，知晓率达到90%以上。对捐献角膜的志愿者王红梅遗体举行遗体安葬仪式，协调郑州福寿园，以公益出让的形式免费为其提供墓地一块，省市区红十字会相关领导和志愿者代表参加安葬仪式。组织开展造血干细胞志愿者入库回访工作，回访志愿者500多例。组织对金水区62名造血干细胞捐献者进行跟踪拍摄，收集影像资料，为筹备郑州市300例捐献纪念活动和印制《大爱无疆　生命相“髓”》宣传册做准备。

【红十字青少年】 区红十字会积极开展红十字进校园活动，引领广大青少年投身红十字运动。联合团区委组织辖区青少年共计1万人参加全国红十字青少年自救互救知识竞赛，有效地提高了辖区青少年的应急救护知识，并荣获《中华人民共和国红十字会法》暨红十字青少年自救互救知识竞赛最佳组织一等奖。此外，开展人道救助项目进校园试点工作，组织应急救护培训师资和造血干细胞培训师资走进郑州市第76中学、黄河路一小、黄河路二小等学校开展培训。联合郑州航院红十字会，发起了蒲公英健康成长课堂项目，相继走进河南省第二实验中学附属小学、农业路小学开展“防性侵”健康大讲堂知识培训。

【红十字宣传】 2019年，区红十字会共在各级各类新闻媒体刊发新闻稿件110余篇，其中，《中国红十字报》2篇,《河南日报》4篇,《郑州日报》11篇,《郑州晚报》4篇，人民网8篇，其他新闻媒体90余篇。充分利用“学雷锋纪念日”“防灾减灾日”“世界红十字日”“世界献血者日”“99公益日”，深入社区、走上街道向群众积极宣传红十字相关知识，发放宣传资料1500余份。联合郑州市红十字会分别在金水东路河南省人民政府机关大院和纬二路省政府机关老办公大院举办纪念“世界红十字日”宣传活动，开展无偿献血暨造血干细胞采集活动。联合区应急管理局在曼哈顿广场举办“防灾减灾日”宣传活动，为过往群众发放宣传资料和宣传品，并为群众讲解应急救护知识技能。由区红十字会推选的《盛开在脱贫攻坚一线上的“菊花”》荣获河南省第二届“博爱中原　文明河南红十字好故事”一等奖。

【“结伴同行脱贫路”工作】 为破解村民脱贫意识不强，缺乏技术等难题，区红十字会积极拓展社会资源，在对口帮扶的塔水磨村开办道德讲堂8期，邀请道德模范孟鑫、孟祥庄，河南电视台金牌调解员何玲、王瑞萍，传统文化讲师戴玉峰等到村里讲课，实施智志双扶，帮助困难家庭树立脱贫信心；发挥志愿者自身的特长和优势，邀请志愿者到村里开展教育、种植、养殖、电商等技术帮扶，或在亲情陪伴中对贫困户进行心理疏导、精神激励；邀请旭辉农业与塔水磨村签订对口帮扶协议，多次到塔水磨村开展农业种植、家庭养殖业免费指导。组织志愿者为对口帮扶的省级贫困村塔水磨村种植3万多株软籽石榴树树苗；为该村开展金秋助学，联系爱心企业出资6.9万元，为23名贫困大学生每年每人提供3000元的助学金；联合郑州普瑞眼科医院到帮扶村开展义诊义治，并为该村6名贫困白内障患者实施了免费复明手术，为3500多名中小学生开展视力屈光检查，为800名患有近视的中小学生申请公益项目近视眼镜，为100名老人申请免费的老花镜；积极与公益企业和爱心人士对接，常年免费为该村贫困老人提供风湿、高血压药品、卫生纸、护理垫、成人纸尿裤、湿巾等，为贫困家庭赠送棉衣、棉被、米、面、油等药品及生活用品，为大病患者发起网络众筹，线上线下筹集善款。2019年，为对口帮扶村募集款物折合人民币达150多万元，减轻了病痛和贫困家庭的生活压力。为提高农村孩子的阅读量，开阔视野，相继为中牟县大孟镇土寨村小学、卢氏县官道口镇、杜关镇援建豪华型红十字博爱书屋5个，捐赠学习机400余台，折合人民币20余万元。积极动员爱心企业，为登封市东华镇南店小学捐赠了200套课桌椅，价值2万余元。联合河南生命圈中医药研究院发起了“三个百工程”救助项目，免费在全省救助100例0～5岁烧烫伤儿童，免费救助100名70岁以上褥疮患者，免费救助100例建档立卡贫困痔疮患者，截至年底，项目落地郑州新华中医院实施。联合拍翼教育河南分中心，发起红十字拍翼博爱扶智项目，已免费为河南省卢氏、汝州、淮滨、林州等地13个贫困乡村小学各捐赠1套价值15.6万元的教学软件，折合人民币约202.8万元。

【红十字“五进社区”】 区红十字会积极组织志愿者参加郑州市养老照护师资和护理员培训班，依托受培训的护理员，组建养老照护志愿服务队2支，开展社区养老照护志愿服务，深入150户老年家庭开展入户调查，摸清老人们的基本需求，为辖区居民提供基本的老年人健康保健、护理、康复等知识和技能培训等服务；依托社区居民服务场所，在社区积极开展提高社区居民的应急救护知识、提升防灾避险技能、慢性病防控知识等各类培训；动员社区红十字志愿者，针对困难家庭开展社会救助，对辖区居民提供社会救助和帮扶，将红十字精神扎根于基层，服务于群众，提升居民幸福感，满意度。

（撰稿：黄一洁　审阅：张红丽）

法治

政法委及综治

【概况】 中共金水区委政法委员会是党领导和管理政法工作的职能部门与重要组织形式，金水区委政法委下设办公室、政治处、维稳处突科、维稳风险评估科、综治指导科、基层社会治理科、平安创建科、反邪教协调科、政治安全科、法治信访科。

【安全稳定】 持续深化“属地管理、源头控制、联动配合、分类分层分级管控”工作机制，严格落实24小时值班、日报告零报告、领导带班和“四定四包”制度，有效做好各类重点人员的稳控工作，统筹做好不稳定因素排查、会场和驻地周边社会治安综合治理、矛盾纠纷化解等工作。全年共有效处置堵门堵路、非法聚集等群体性事件120余起，依法打击寻衅滋事、干扰党政机关办公秩序违法行为63人次，依法打击非访违法行为70人次、训诫187人次。持续加大疑难案件的化解力度，一批积案和突出问题实现了真正化解，例如先后成功化解了上访20多年的李某某、德邦快递员死亡索赔和杨金路工地农民工死亡索赔事件，妥善处置了杨金路、大石桥、未来路等街道辖区项目拖欠农民工工资案等。通过一系列强力措施，圆满实现了各级两会、第11届全国少数民族传统体育运动会和新中国成立70周年期间“金水零干扰”的目标，有力维护了全区社会大局持续稳定的良好局面。

【“扫黑除恶”专项斗争】 多次召开专题会议研究部署中央“扫黑除恶”督导“回头看”反馈意见整改工作，确保全区“扫黑除恶”专项斗争工作深入推进。积极营造氛围，举办“以案释法”系列宣讲教育活动4次，充分运用传统和网络媒体，采取网上与网下、平面与立体相结合的宣传手段，营造全民参与的良好氛围；加强线索管理，进一步完善“涉黑”、涉恶线索收集、交办、核查、反馈、奖励机制；加强源头治理，建立行业主管部门与政法机关联席会议制度，建立重点领域排查整治机制、治安乱点整治机制，夯实行业主管部门主体责任；聚焦深挖根治，持续深入开展“打财断血”工作，先后开展了代号“铁拳”的打击非法收车“黑恶”犯罪专项行动、代号“亮剑”的打击农村“黑恶”犯罪行动、代号“飓风”的打击“六黑”专项行动，以及“平安守护”行动。截至年底，全区共摸排“涉黑”、涉恶、涉乱问题线索940条，核查办结913条。打掉“黑恶势力”犯罪团伙13个（其中，“涉黑”3个，恶势力集团2个，恶势力团伙8个），共抓获犯罪嫌疑人480人，判决85人，冻结查封“涉黑”、涉恶资金300余万元。

【社会治安综合治理】 立体化治安防控体系得到进一步完善。按照“全域覆盖、全网共享、全时可用、全程可控”的要求，持续完善“雪亮工程”建设，开展视频监控补盲建设，新加装100路人脸识别抓拍系统，新联网1256路高清探头。为50个案件高发的老旧小区、无主管楼院安装人脸抓拍识别门禁系统，着力提高治安防范能力，该系统安装后侵财类案件发案率下降40%以上。2019年，通过视频监控系统累计发现案件线索1723条，抓获犯罪嫌疑人779人，刑事拘留306人，行政拘留210人，抓获逃犯144人，强制戒毒25人。同时，以社区巡防力量为依托，深入发动群众开展群防群治工作，巡防队伍累计抓获各类违法犯罪嫌疑人213人，协助公安机关破获案件120起，发现火灾隐患3.2万处。在做好社区巡逻防范工作的基础上，区巡防队伍积极服务和配合敏感节点与重要活动安保维稳、大气污染治理、村民分房等专项工作近30次，发挥了应有的作用。

专项治理成效得到进一步提高。针对电信网络诈骗案件高发的问题，牵头建立了打击治理电信网络新型违法犯罪联席会议制度，深入开展“万人签名防诈骗、全面行动保平安”系列宣传活动，将新媒体宣传和传统宣传相结合，深入开展防诈骗宣传教育进学校、进社区、进楼栋，并发送了100万条防范电信诈骗的宣传短信，提高群众防范意识。针对盗窃电动车等侵财类案件高发的问题，坚持“巡力跟着警情走”原则，对无主管楼院、商圈、医院周边等高发案、易发案区域，采取定位岗及夜晚警灯闪烁的方式开展巡逻防范，提高巡逻的密度与频度，不断提高街面巡逻防控“见巡率”，现场抓获犯罪嫌疑人35人，刑事拘留11人，治安拘留21人。同时，平安创建、“六员”进校园、预防未成年人溺亡、严重精神障碍患者管控、铁路护路、禁毒、巡消一体化等一系列平安建设专项工作成果突出；人民调解、行政调解、司法调解衔接联动更加顺畅，矛盾纠纷大排查大化解百日行动战果突出，“民转刑”案件得到有效预防；还为辖区居民购买了治安综治财产保险、精神病人肇事肇祸责任险，通过一系列的专项行动和专项治理，群众安全感、满意度得到了进一步提高。

【政法队伍建设】 坚持用习近平新时代中国特色社会主义思想凝心聚力，突出党建引领作用，坚持全面从严治党，加强党支部建设，认真贯彻落实“三会一课”制度。深入开展“不忘初心、牢记使命”主题教育，把学习教育、调查研究、检视问题、整改落实贯穿全程，教育引导政法委工作人员守初心、担使命、做贡献。始终把抓好政法队伍党风廉政建设作为重要政治任务，严明党的政治纪律和政治规矩，深入贯彻落实中央八项规定与实施细则，持续加强以案促改警示教育，定期开展廉政谈话、提醒，切实增强廉洁自律意识。全面落实政法领域意识形态责任制，加强意识形态领域情况综合分析研判，切实加强意识形态阵地建设。通过多种措施，教育引导政法干部树牢“四个意识”，增强“四个自信”，践行“两个维护”，确保政法队伍沿着正确的政治方向履行职责使命。

（撰稿：邢旭东　审阅：付　嵩）

公　安

·金水路分局·

【概况】 2019年，金水路分局以第11届全国少数民族传统体育运动会和新中国成立70周年大庆安保维稳工作为主线，以防范化解各类重大风险为基点，抓党建、带队建、促工作、保平安，忠实履行维护国家政治安全和社会稳定的职责使命，圆满完成了各项工作任务。

【维护政治安全】 强化反恐维稳工作。2019年，分局有关部门共搜集上报情报信息960条，其中，被省公安厅采纳73条，查实各类专案情报信息210条、重点人员信息176条。针对敏感节点，分局具化方案，严防死守，累计出动警力上万人次，对辖区重点区域开展现场稳控处置，确保了安全稳定。分局年内破获省督案件2起、自侦案件3起，破获有关案件4起，刑事拘留1人、行政拘留11人；依法处理16人，对辖区反恐重点单位开展安全防范检查，下达《整改通知书》12份，对2家单位处以行政警告。

落实重点人员管控。对各类重点人员开展现实走访谈话1000余次，更新完善信息80条，排查人员488人，落地查控900余人次，无一失控漏管。

严密现场警卫措施。2019年，分局累计出动警力2041人次，圆满完成警卫任务46次，并圆满完成省市两会、己亥年黄帝故里拜祖大典、第11届全国少数民族传统体育运动会火炬传递、郑州马拉松等重要会议活动的安保警卫任务，确保警卫对象的绝对安全，确保活动赛事的顺利进行。

【打击违法犯罪】 打防多发性违法犯罪取得实效。2019年，分局共刑拘“盗抢骗”犯罪嫌疑人385人、逮捕169人、移送起诉214人，打掉盗窃团伙8个、诈骗团伙15个。辖区侵财类警情呈现持续下降趋势，曾连续六周稳定在60起以下，治安3个中队均实现了“日零发案”的历史性突破。分局全年接报侵财类警情3887起，同比2018年的5750起下降32.4%。

综合打击工作始终走在全市前列。2019年，持续开展“平安守护”“雷霆行动”等系列专项行动。全年共刑事拘留犯罪嫌疑人692人、批准逮捕350人、移送起诉519人，行政拘留违法人员625人，抓获网上在逃人员105人，打击效能较2018年进一步提升。2019年，分局共刑事立案2120起，同比2018年下降51%。

“扫黑除恶”专项斗争取得阶段性成果。2019年，共受理中督、部督、厅督重点“涉黑涉恶”线索19条，全部按时办结。并成功打掉“涉黑”团伙3个、“黑势力”犯罪团伙3个，侦破系列案件14起，抓获涉恶犯罪人员26人、移送起诉5人、判决16人、取保候审5人。“扫黑除恶”工作成绩位居全市前列。

电信诈骗犯罪得到初步遏制。全年受理电信诈骗案件573起，打掉电信诈骗犯罪团伙86个，破获电信诈骗案件2595起；刑事拘留电信诈骗犯罪嫌疑人295人，同比上升10%。电信诈骗案件发案总量和涉案资金实现“双下降”，打击效能实现“双提升”。

刑事技术工作进一步夯实。全年刑事案件现场勘验对应率达到100%，“查一建一”建档4500人，指纹比中52起，DNA破案76起，打击处理违法犯罪人员手机通信录信息采集率达到99.3%，Antu视频系统共录入案件视频1881起，为一线侦查破案提供了有力的技术支撑。

打击经济犯罪工作推进扎实有力。2019年，分局经侦大队共受理立各类经济犯罪案件172起，其中，涉众型案件19起，批转案件64起；依法立案侦查268起，不予立案32起；破案133起，刑事拘留158人、取保62人、逮捕107人、移送起诉156人，协助外埠经侦案254起。在2019年度全省经侦“论剑”比武中，分局经侦大队荣获第三名的优异成绩。

【夯实基层基础】 坚持以党建为引领。斥资对重点社区警务室进行规范化升级改造，健全了党组织架构，开辟了党组织活动园地，丰富了党建文化，优化了社区警务工作环境，完善了社区警务工作设施，使得社区警务工作面貌焕然一新，“一格一警”工作机制更加规范，特色亮点进一步突出。

坚持以人民为中心。针对群众办证办事费时跑腿的情况，分局主动创新举措，引进“自助警务”服务设施，在部分具备条件的警务室开设“24小时警务自助服务区”，群众可在家门口24小时自助申办居住证、签注港澳通行证、领取制好的身份证，缩小了“一格一警”便民服务圈，极大地方便了群众。

坚持以科技为支撑。为了强化基层基础、深化“一格一警”，分局积极运用大数据、物联网等新技术，推进智能小区建设。通过扩大监控探头和视频卡口的覆盖面，实现“人过留影、车过留牌、通信留痕”，进而实现对社区人、物、事、情的全要素管控，有效挤压了违法犯罪活动空间，为群众安居乐业营造良好的环境。为充分发挥“一格一警”作用，联动各方资源，分局坚持“脚板+科技”的工作模式，积极探索治安防控新模式，协调资金为网格辅警新增50部新版“辅警通”，实现社区警务移动办公、信息数据即时采集，大大提升了“一格一警”社区警务工作的效率。

通过一年来的努力工作，分局“一格一警”社区警务工作的特色品牌雏形展露，涌现出了以工业院社区、民航社区为代表的一批全市标杆式社区警务室。上级领导、外省市公安机关、郑州市兄弟单位及海外同行先后26批次到分局交流学习工作经验，受到了广泛赞誉，彰显了郑州公安形象。

【加强社会管控】 加强社会面巡逻防控。2019年，分局各巡逻组共接处各类警情13266起，现场调处9418起，警情反馈率、回访满意率均达到100%。辖区全年未发生有影响的重特大案事件。

加强视频巡查作用。2019年，累计发现异常情况328起、案件线索240条、维稳线索25条，抓获违法犯罪人员199人，其中，刑事拘留93人，行政拘留64人，抓获各类网上逃犯53人。同时，为群众提供视频查询服务1406人次，帮助群众找回遗失物或走失人员579起。

加强社区治安防范。通过开展拉网式的内部单位安全大检查，对存在隐患的单位下发《责令限期整改治安隐患通知书》2388份。对存在隐患拒不整改的46家单位和25名单位负责人，依照《企业事业单位内部治安保卫条例》进行了处罚，罚款金额共计52.57万元。同时，抓好护校安园不放松，加强对学校周边治安综合治理。年内，分局治安部门适时组织开展了安全生产事故隐患大暗访、大排查、大整治、大执法攻坚行动，有效杜绝了安全事故的发生。结合“百万警进千万家”活动，分局治安各部门印发海报、制作展板、编排节目、举办讲座，广泛开展反诈防诈宣传活动。举办各类培训、小课堂76场次，发放宣传页18.2万份，制作宣传展板及标语253个，排查化解矛盾纠纷93起。

加强重点行业场所日常监管。分局严格落实对公共娱乐场所的日常治安监督管理责任，年内对辖区30家（次）娱乐场所重新进行了等级评定；共出动警力1000余人次，开展零点夜查60余次，开展行业专项集中清理清查12次；处罚娱乐场所从业单位30家次；组织黄赌警情高发场所约谈会12场次，约谈场所11家。全年检查旅馆业720家，处罚140家；组织开展旅馆业前台操作人员培训会、接待境外人员旅馆业前台人员培训会各2次，累计培训前台操作人员780余人，发放前台人员上岗证560余件；组织召开旅馆业负责人治安管理会议24场次，予以年审121家，新增审批10家。进一步规范严格涉危爆物品管理，召开经营业主治安管理会议4次，签订《治安管理责任书》100余份，开展涉危爆物品行业专项清理清查10次。全年无危爆物品失控漏管现象，未发生涉枪涉爆案件。

加强消防安全监督管理。认真落实应急消防转隶过渡期的消防监督管理责任，全年开展消防专项行动6次，消防检查单位及场所10205家次，发现火灾隐患25583处，下发《责令改正通知书》7528份；立案处罚6928起，下发《行政处罚决定书》6893份，罚款22.34万元；消防拘留25人，同比2018年上升166%。辖区全年共发火灾41起，同比2018年下降10.48%。

加强实有人口管理。2019年，

分局深入推进户籍制度改革，不断提升管理服务水平。辖区在册常住人口218288人（其中，男性106726人，女性111562人）。辖区登记外籍人士116人，办理港澳台居住证76张、边境通行证513张、临时身份证561张、异地身份证1015张，审核签发二代身份证79459个，审核主项变更材料576份。全年新登记录入流动人口25005人，注销流动人口15207人，办理居住证5435个，注销居住证2537个，录入实有房屋1009个、用工单位1003家，通过“郑州市警民通”微信端审核流动人口信息2811条。

【安保工作】 制定《金水路分局第11届全国少数民族传统体育运动会安全保卫工作总体方案》《金水路分局第十一届全国少数民族传统体育运动会火炬传递活动安保方案》等文件，为全局协调一致推进安保工作健康有序进行奠定基础。

加强组织领导。成立系列重要安保工作领导小组。分局班子成员分工负责，各单位主要负责人上阵，分成14个工作组协同开展工作。在组织上、力量上、责任上保障了安保工作的有力开展。

层层全面动员。8月9日上午，分局在省人民会堂三楼多功能厅召开重要安保动员誓师大会，对第11届全国少数民族传统体育运动会暨中华人民共和国成立70周年大庆安保进行了全面动员，近300人面对党旗庄严宣誓。分局向3个战区授予党员突击队战旗，各队室向分局递交了《安保责任书》。

树立规范形象。民族运动会期间，分局规范打造5个驻地安保指挥部。7月下旬进行系统调研规划，并以河南饭店驻地安保指挥部为蓝本，进行初始示范打造。为把最佳的精神面貌展现给全国各民族参赛嘉宾，分局党委高度重视参勤民警的礼节、礼仪、礼貌问题，专门邀请河南警察学院专家举办安保警务礼仪专题讲座，对各民族风俗禁忌、公共礼仪等进行了全方位的培训，对执勤期间的着装、装备等进行了统一规范。

强化安全管控。累计出动警力1.35万人次、组织综治力量1.64万人次，对辖区324家内部单位、217个娱乐服务场所和特种行业、16家物流寄递单位、15家剧毒（易制爆）化学品从业单位、508个居民楼院、2683个门面房和40栋商业楼等开展了全面的大排查大清查大整改，动态排查各类隐患3106处，动态清零、动态管控重点人员400余人次，严密管控520余人次，确保安全万无一失。

密织防控网络。安保期间，分局根据上级统一部署，启动一级勤务模式。各警种实行动态接警模式，警车全部上路，关笛亮灯，围绕辖区住地周边、广场游园、商场市场等重点区域开展巡逻工作。各社区警务室民警最大范围发动组织辖区内保部门、保安员、巡防队员等群防群治力量，佩戴红袖标，深入辖区楼院、商铺等区域，开展网格化巡逻，确保辖区社会治安大局的持续平稳可控，警情发案量维持低位水平，无重大刑事案件发生，无造成社会影响的恶劣案事件发生。

强化战时保障。为规范执勤形象，根据上级要求，分局斥资近40万元为参勤民警及辅警量身定制了安保执勤便装。协调宾馆酒店，解决民警和支援学员的就近食宿问题。并多方筹措资金100余万元，为每位民警配发警用数模电台，为每位跟车安检民警配备了警用4G执法记录仪，提升了安保装备水平，保障安保信息通畅。在广泛开展战时一线慰问的同时，分局提升战时伙食保障标准，将全局每人每天15元的伙食标准提高至35元。

突出党建引领。分局坚持以党建为引领，按照“一名党员、一面旗帜，一个组织、一座堡垒”的标准，在各个安保战斗实体成立临时党支部，组建党员突击队，通过战时行动检验党性、锤炼党性。通过党组织的有力牵引，广大党员民警冲锋在前、示范引领，带动安保工作扎实的开展。

分局的安保工作，得到上级机关和领导的充分肯定。分局被省公安厅授予“成绩突出集体”荣誉称号，被市公安局荣记集体三等功。1人被省公安厅评为成绩突出个人，3人被市局荣记个人三等功，9人获得市政府嘉奖，5人被提请市局嘉奖。此外，5个集体、25名民警、29名辅警荣获分局先进称号。

【推进执法规范】 开展新颁布法律法规培训。针对2018年年底修订的《中华人民共和国刑事诉讼法》《公安机关办理行政案件程序规定》，分局执法执纪监督室采取法制民警分包的办法，组成3个小组分头对各办案单位开展对口培训。

建立法治分包联系制度。分局法制部门进一步强化法制民警执法服务和监督一体意识，明确工作职责、分包责任与联系单位，实行“一对一”24小时指导服务，基本形成职责明确、联系紧密、便于工作的分包联系制度。

规范接处警工作。分局党委高度重视受立案改革工作，成立专门机构负责对每日接处警工作进行核查，并及时下发通报，督促有关单位及时整改，确保接处警工作规范高效。分局还将执法记录仪配发至每位民警，在各驻地配置采集站，实现执法记录仪自动存储、自动上传、自动充电。

加强执法信息化建设。分局执法执纪监督室充分利用省市一体化警综平台执法监督模块，并借助市局数据天平预警信息，对各单位接报警、受立案、采取强制措施等执法行为进行全方位监督，及时提醒督促整改执法问题。在“执法音视频电子证据系统”考核中，分局案件关联率逐季提高，达到99%以上。

确保执法安全。2019年，分局执法办案中心承接10人以上团伙案件办理23起，累计讯（询）问各类人员1123人次，建卡登记1055人次，未发生任何执法安全责任事故。

加强执法监督提高办案质量。2019年，调阅评查刑事卷宗110余件、行政卷宗50余件；核查各类警情52140起，其中，刑事类警情21450起，行政类警情3236起，发现并督促整改各类问题2986个。在2019年全市公安机关执法质量考评中，分局办案质量被评为优秀档次。

严肃执法过错责任追究。2019年，分局以信访线索为切入点，认真开展案件集中评查，累计认定执法过错案件6起，通报批评9人，达到了“警示一批、教育一批、整改一批”的效果。

推进刑事案件“两统一”制度落实。2019年，共接收法院移交刑事案件29起，较2018年增加61%。

2019年，分局应诉行政诉讼案件12起，其中，驳回8起，撤诉1起，待判决3起；接受行政复议案件8起，维持7起，自撤1起；接受刑事复议案件10起，均予维持；接受国家赔偿复议并诉讼案件1起，予以驳回。

【队伍建设】 认真开展第二批“不忘初心、牢记使命”主题教育。共上报工作材料20余篇，编发工作简报15篇，撰写工作汇报和调研分析报告20余篇，收集民警心得体会280余篇。

狠抓公安基层党的建设。在健全分局党支部建设的基础上，分局认真落实“三会一课”制度要求，在各驻地及社区警务室建设党建文化墙。分局把党员教育管理抓在日常，进一步规范党费收缴管理，对269名党员的党组织关系进行逐一摸排，完善党员管理系统，建立党员先锋考核体系。结合建党98周年系列活动，积极开展发展新党员、亮身份当先锋、领导干部大走访等活动，营造出浓厚的党建工作氛围。

落实全面从严治党方针。年初，召开全面从严治党工作会议，定期召开全面从严治党专题会议和落实意识形态工作责任制专题汇报会。年内，共召开党建专题推进会5次，专题民主生活会3次，围绕年度全面从严治党工作要点，明确了24项责任事项。围绕“纪律作风提升年”活动和“不忘初心、牢记使命”主题教育的专项整治工作任务，聚焦涉及的8项整治内容，积极开展自查自纠、交叉互查、督导检查。积极建立个人风险防控机制和容错纠错机制，对各党支部书记、党员民警进行谈心谈话50人次，为从严治党奠定了强有力的思想基础。

进一步强化党风廉政建设。2019年，分局共组织廉政教育26次。并进一步压实“一岗双责”，完善廉政风险防控机制，认真抓好中央八项规定精神“回头看”工作，坚决杜绝违反财经纪律、违规使用办公用房、违规使用公务用车、违规公务接待、违规操办婚丧嫁娶等问题发生。

严格队伍管理，强化督察检查。2019年，分局督察部门坚持定期或不定期对各单位内部管理、执法行为、纪律作风、大型活动等工作进行现场督察，累计发现问题140余个，下发督察通报30期，予以分局范围通报批评37人，实施禁闭5人。共受理各类群众投诉、批转投诉22件，涉及执法不作为、执法乱作为、执法不规范及失职渎职等问题，被上级核查认定有责的投诉案件4起，全部追责到位。

积极落实从优待警措施。2019年，分局千方百计落实从优待警措施。在做好特困慰问、英烈抚恤等工作的同时，通过战时慰问、送奖到一线，把党委的关怀和温暖及时传递给民警。分局切实保障民警依法履行职务，2019年依法刑事拘留妨害公务犯罪嫌疑人8人，行政拘留阻碍执行职务违法人员6人，行政警告1人，有效维护了民警的合法权益。一系列从优待警措施的落实，进一步凝聚了警心，提升了战斗力。

（撰稿：黄　涛　审阅：冯献彬）

·东风路分局·

【概况】 郑州市公安局东风路分局辖区面积21平方公里，实有人口46.2168万人，其中，常住人口20.7898万人，暂住人口25.427万人，管辖居民楼院228个，租赁房屋20.3793万间，内部单位119个（其中，大中专院校7所，中小学17所，幼儿园40所，党政机关5家，加油气站11个，医疗卫生类5家，商场市场22个，电影院5个，企事业单位7家），旅游景点1家，金银珠宝店7个，金融网点54个，旅馆业51个，网吧34个，物流寄递业78个，娱乐场所8家。

【安保维稳工作】 东风路分局圆满完成了全国两会、省两会、第11届全国少数民族传统体育运动会、新中国成立70周年大庆等重大政治活动的安保维稳任务，实现了任务目标，维护了辖区的政治安全、社会稳定，做到了善始善终、万无一失。

【严厉打击违法犯罪】 东风路分局先后开展了“平安守护”，“雷霆”，严厉打击、严密防范多发性侵财类案件，“云剑”，“决战四季度、打赢收官战”冲刺会战，交通违法集中整治等专项行动，深度挤压违法犯罪分子在辖区的活动空间。全年实现现行命案发一破一；共刑事拘留犯罪嫌疑人384人、逮捕213人、移送审查起诉256人、行政拘留违法人员570人、收容教育违法人员16人；破获案件301起，破案率达27.06%。

强力推进“扫黑除恶”专项斗争。对9条公安部督导线索、8条省厅督办线索、25条市局转办线索、6条智能举报平台进行核查，核查率为95%；侦破了1起涉嫌套路贷团伙，刑拘28人，逮捕22人。

突出打击重点，开展专项行动。一是围绕电信诈骗、扒窃、盗窃电动车等多发性侵财类案件，全年刑事拘留172人，逮捕88人，起诉101人，打击3人以上犯罪团伙16个，抓获团伙犯罪嫌疑人119人，破跨区域系列案件3串；打掉一批高危地区网络诈骗团伙和郑州本地“公司化”网络诈骗团伙，严厉打击黑广播、伪基站及侵犯公民信息犯罪，刑拘犯罪嫌疑人108人，破案39起。二是以

▲ 1 月 29 日，东风路分局在弘润华夏大酒店举办“新起点·新跨越”2019 颁奖典礼暨 2018 年度工作总结表彰大会

“云剑”行动为抓手，抓获各类逃犯 85 人。三是严厉打击涉黄涉赌，刑事拘留犯罪嫌疑人 65 人，行政拘留 168 人，收容教育 2 人，净化了社会风气。四是积极开展交通违法集中整治行动，对商户、居民违法行为批评、教育、整改次数 2014 次，到居民区、商户、学校定期开展宣传教育活动 124 次，支援妨碍交警执法行为 8 次，教育交通违法人员 1043 人，治理违章停车 12493 辆。

强化刑侦基础工作。一是坚持如实立案。2019 年立案率达到 100%。二是坚持现场必勘。确保现场勘查率、录入率达 100%，现场提取率达到 50% 以上。2019 年，共勘查各类现场 400 起，勘察率超过 100%。三是坚持信息必采、信息必录、信息必比。盗抢骗类案件现场痕迹物证提取率中指纹提取率 8.01%，足迹提取率 44.54%，DNA 提取率 54.09%，均达到了提取标准，相比 2018 年有所突破，指纹提取率还要继续提高。“查一采一”工作中，DNA 送检超过 3600 余份，利用 DNA 生物物证比中 37 起，指纹比中 35 起，真正起到技术服务侦查破案的作用。

【社会治安防控体系】 东风路分局坚持“打防并重，以防为先”的原则，以“社区治安防控为点，路面治安巡防为线，三色管理覆盖全面”的工作理念，统领辖区社会治安防控体系建设，逐步探索创立社区与路面无缝衔接、有效协同的立体化社会治安防控体系。

持续深化“三色管理”工作模式。不断拓展“三色管理”覆盖面，重点落实规范区域、单位、场所治安防控的主体责任，根据居民楼院、内部单位和公共场所的治安、消防状况优劣，分别实行“红、黄、绿”三色评级、差异化管理，通过规范完善对区域、单位、场所的社会治安防控措施，实现对辖区居民楼院、内部单位、公共场所等的有效管理。

严格落实“一格一警”工作机制。紧扣“小事不出网格、大事不出社区”的工作目标，细化职责分工，明确任务要求，将治安防控、娱乐服务场所和特种行业管理、消防监督处罚、矛盾纠纷调处、治安防范提示等工作细化在社区、网格当中。一是组织开展社区巡逻防控。二是健全完善单位内部治安防控网。三是加强大型活动安保。四是大力开展防电诈工作。

创新实有人口管理模式。依托“三色管理”模式，以“数据型警务”为引领，坚持“脚板＋科技”，实现智慧社区防控系统建设与创新，探索建立了“白名单”制度下的人脸识别防范系统。通过前期在白庙、森林半岛、瀚宇天悦（二期）等社区进行试点，实现了实有人口管理、人房管理、重点管控、图像轨迹等智慧化管理功能。

健全完善“警地联防”巡逻防控模式。分局整合交管巡防大队、武装巡逻队、特勤大队和东风路、丰庆路 2 个办事处巡防中

▲ 3 月 14 日，东风路分局民警走进社区，开展两会精神宣讲

队等 200 名警地力量，有效遏制各类违法犯罪活动的发生。2019 年，街面盗抢骗各类治安刑事警情同比大幅下降，发案数下降 19%；通过巡逻盘查抓获各类违法犯罪嫌疑人 10 人，其中，刑事拘留 3 人，治安拘留 5 人，抓获逃犯 2 人，调解各类纠纷 2000 余起。与此同时，以交管巡防大队为班底，组织精干警力成立便衣巡逻队，采用车巡、步巡相结合的形式，重点围绕金水区委、区政府，绿荫公园，白庙水厂，郑州华润燃气公司第二储备站等辖区要害部位，不间断地开展常态化的巡逻防控，确保上述要害部门的绝对安全。

【执法规范化建设】 2019 年，东风路分局致力于制定基层急需、贴近实战、管用好用的执法制度和工作规范，切实解决执法中的突出问题，不断提高队伍执法规范化建设水平。一是完善执法制度建设。积极适应刑事诉讼以审判为中心的改革需要，完善以证据为中心的执法办案标准体系，研究制定常见多发、重大疑难以及新型复杂案件证据收集、固定、保存、审查等环节的执法规范。坚持执法卷宗统一保管制度，有针对性地开展取保候审问题专项清理活动，专题解决“保而不侦”问题。二是强化执法监督管理。2019 年，共审核刑事拘留 384 人，行政拘留 570 人，强制戒毒 24 人，收容教育 16 人，逮捕 213 人，移送审查起诉 256 人，行政复议 9 起，行政诉讼 11 起，未出现败诉。三是加强执法信息建设。推进执法办案系统深度应用，加强网上执法巡查考核。强力推动音视频电子证据系统，在每起警情和每一起案件中，民警 100% 配备使用执法记录仪，实现对执法活动全覆盖、全流程管控。建立完善公、检、法电子卷宗，实现公检法部门之间对案件证据信息的交流共享。四是强化执法场所安全管理。强化执法办案场所使用管理，落实公安部《公安机关执法办案场所办案区使用管理规定》和“四个一律”工作要求，推进执法办案场所规范管理使用，确保不发生执法安全事故。五是强化执法主体能力建设。强化领导干部学法用法和全警执法大培训，将公安常用法律法规与常见执法突出问题作为教育培训的重要内容，突出培训重点对象，改进培训方式方法，提高培训的针对性和实效性，切实提高全局民警的责任意识、证据意识，有效提升分局整体执法办案水平。六是强化警务督察工作。采取日常督察、重要时间节点检查和专项督察相结合的方法，运用设置模拟警情、随警督察、随机回访、随机抽查、现场督察和暗访督察等形式，针对执法规范化、值班备勤、街面巡控、社会面控制、枪支管理、警用车辆管理使用、内部安全防范以及不作为、慢作为问题开展督察工作。确保政令、警令畅通和各项公安工作的顺利进行。

【公安行政管理工作】 东风路分局夯实警务基础工作，不断提高公安行政管理和服务能力。

强化实有人口管理。加强对重点人员的管理工作，辖区重点人口共计 77 人，其中，五类重点人 52 人，精神病人 6 人，非访重点人 3 人等全部落实了严格管控措施，坚决杜绝重点人员对社会安全和稳定造成影响。做好辖区流动人口管理工作，2019 年，登记流动人口信息 47426 条，注销 5924 条，登记实有房屋信息 5855 条，注销 2040 条，受理居住证 11348 人，注销居住证 5469 人。

强化物品管理。全面加强民爆物品、烟花爆竹、枪支弹药、管制器具、剧毒、易致爆危险化学品、散装汽油的管理工作，加强对“黑加油站（点）”的打击工作，确保不打响、不炸响，全力维护辖区治安大局稳定。2019 年，共行政拘留 16 人、刑事拘留 1 人，扣押非法售油的流动加油车辆 15 辆。

强化场所监管。对辖区内部单位、旅馆业、足疗沐浴业和歌舞娱乐场所等进行高标准、全方位监管。2019 年，检查辖区旅馆业 2000 余家次，取缔 1 家、关停 1 家、行政拘留 3 人；检查网吧 780 余家次，罚款 2 家；检查 KTV 等娱乐场所 230 余家次，关停 2 家。同时加强消防监管，2019 年，共检查单位 6458 家次，发现 7574 处消防安全隐患，下发 5085 份责令整改通知书，隐患现已全部整改完毕，下发 3483 份行政处罚决定书，罚款个人 2342 人次、单位 1 家次，警告 1140 人次，罚款 128550 元，行政拘留 39 人，责令停产停业 1 家，全年未发生亡人火灾。

强化物流寄递业管理。全面落实对辖区 60 家物流业公司、23 家寄递业公司的日常检查制度，彻底澄清底数，完善工作台账，逐一签订责任书，实施动态管控。2019 年，共对物流寄递业公司检查 1500 余次。

有效提升服务水平。一是组织户籍民警定期培训学习。定期组织户籍民警利用下班后的时间进行学习培训，提升业务水平，以便更好、更快的为群众服务。二是升级改造硬件设施。东风路户籍服务站搬迁至新的办公地点，升级改造硬件设施，新购置自助拍照、办理身份证、领取身份证、户口办理等自助设备。2 个户籍服务站全部完成改造，有效提升了服务效率。三是落实“就跑一次”工作。全面落实节假日预约办公、自助办理户籍业务等措施，让群众一次就能把业务办好，同时为群众入户办理业务，有效提高了辖区群众的满意度。2019 年，办理户口业务 32556 件，本地身份证 18075 份，异地身份证办理共计办证 2863 份，其中，省内 2488 份，省外 375 份，网上预约业务 1680 份，接受“就跑一次”咨询 1640 次。

【队伍正规化建设】 东风路分局始终将队伍的正规化建设作为带队伍、出成绩的根本保证。2019 年，民警个人中，1 人荣立二等功，4 人荣立三等功，13 人荣获个人嘉奖，2 人获评“全市公安机关优秀共产党员”。

强化教育管理，坚持从严治警。以“不忘初心、牢记使命”主题教育和“两学一做”学习教育常态化为载体，将学习贯彻落实中共十九大和十九届二中、三中、四中全会精神，习近平新时代中国特色社会主义思想作为首要任务来抓，精心安排、周密部署，使全体民警在思想、作风和工作上都得到了新的提高。

开展岗位练兵，提升实战水平。2019 年，共组织开展了 14 期集中练兵活动，民警的警容警姿、队列动作、基础体能得到有效提升；参加市公安局“党建引领争做出彩郑州公安人”集中轮训 9 期，参训民警实战技能得到全面提升；将练兵融入日常，开展社区警务、极端案事件处置、涉众类经济犯罪案件办理、案件审核、讯问技能、在押人员管理、执法办案流程、现场保护、警务技战术练兵。强化安全教育，配齐武器警械和防护装备，教育引导民警克服麻痹思想与侥幸心理，纠正不良执法执勤习惯，避免可防性伤亡。

强化正面宣传，树立良好形象。分局充分借助微博、微信公众号等新型媒介，从多角度、深层次地宣传了分局公安业务和队伍建设成效。全年在中央、省、市主流媒体发稿344篇，通过分局“东风警事”微信微博发稿152篇，弘扬主旋律，传播正能量。

（撰稿：李　科　审阅：丁配杰）

·丰产路分局·

【概况】丰产路分局辖区面积约14.5平方公里，常住人口17.6万余人，暂住人口16.4万余人，居民楼院334个，大中专院校16所，中小学校（含幼儿园）63所，商（市）场12个，金融单位69家，医院9所。分局下设四队一室，即：警务综合大队、执法执纪监督室、案件侦办大队、治安管理服务大队和交管巡防大队。现有正式民警175人，辅警193人。

【维护社会稳定】以做好新中国成立70周年大庆安保维稳工作为主线，扎实开展“践行新使命、忠诚保大庆”主题实践活动，忠实履行维护国家政治安全和社会稳定的职责使命。定期开展反恐防范检查。下发隐患整改通知书183份、存在隐患163处，通过社区民警督促整改，为第11届全国少数民族传统体育运动会和中华人民共和国成立70周年大庆安保活动奠定坚实基础。积极落实各类指令。全年接受上级各级指令443次，落地查证270人次，特别是在全国两会、民族运动会和70周年大庆安保期间，所有指令均在第一时间内落实稳控措施并上报，未发生失控、漏管现象。全力以赴推进国保工作。围绕重大节日、重要事件和敏感时期，加强情报信息收集工作，为上级部门及时采取有效措施提供可靠的信息保证。配合辖区党委、政府部门，依法妥善处置各类事件43起，排除各类不安定因素200余起。分局176名民警全部安装、注册外管通App，并应用于实际工作中，全年共通过App核查外国人2376人次，单月核查人员始终排名全市序列第一名。

【打击违法犯罪】落实以人民为中心的发展思想，重点打击“黑恶”势力、“盗抢骗”等多发性侵财犯罪。全年刑拘319人，逮捕156人，起诉256人，公诉244人，行政拘留486人，有效遏制了各类案件的高发趋势，群众安全感和幸福指数逐步提升。始终保持对“黑恶”犯罪的严打高压态势。建立“黑恶”线索研判会商机制，做好线索收集与研判打击的衔接，结合辖区实际有针对性的摸排线索，成立专案组，实施打击，打掉2个恶势力犯罪集团，判决九类涉恶罪名个案37人，11条重点线索查结率达到100%，涉枪线索查结率达到100%。打击侵财犯罪实现新跨越。不断完善打击“盗抢骗”犯罪实战侦查工作机制，促进合成作战后台力量与一线打击力量的衔接，更快地破大案，更多地破“小案”。先后成功侦破“2018网售假彩票特大诈骗案件”等一大批大案要案。侦破“2004·3·14”故意杀人命案积案。在连续保持命案发一破一的基础上，实现了积案全破。持续强化“黄赌毒”打击整治。以专项行动为主线加压推进，对每起黄赌警情以督办单形式下发开展二次查处，跟踪处置结果，做到露头就打、除恶务尽。全年共接到批转涉黄涉赌线索264条，下发督办通知书12份，涉黄涉赌刑事拘留23人，行政拘留167人。经侦工作开创新局面。贯彻落实市局关于严厉打击金融民生领域经济犯罪的重要部署，以“正规化、专业化、职业化”为方针，于4月9日组建一支经侦专业队，承接分局受案在侦的“非法集资”案件2起，新立案件3起，抓获主要嫌疑人12人，完成率达80%以上。

【社会治安防控】紧密结合立体化信息化社会治安防控体系建设，织密织牢公共安全网络，切实提升社会治理水平。推进“一标三实”基础信息数据质量提升。利用新版社区警务信息系统，对辖区内遗漏、新增、变更的“一标三实”基础信息开展全面采集，全面完成数据清理、新旧警综平台数据转换工作，全年登记采集标准地址 147 条，实有房屋采集 3571 条，实有人口采集 7402 人，筛选户籍数据 62000 余条，实有单位采集 1189 家，注销 54 家，从业人员采集 25090 人。开展写字楼清理清查工作。组织全体社区民警和网格辅警在辖区全面开展写字楼清理清查活动，共清查写字楼 71 栋，排查公司 3000 余家并建立底册。切实加强出租房屋、用工单位流动人口管理。对辖区房东、房屋租赁中介机构、物业公司、用工单位等未按规定登记上报流动人口信息的依法予以处罚，2018 年，全年共登记房屋 3084 所，登记流动人口 42394 人，办理居住证 6278 张，签注 7753 张。紧盯消防管理。全年检查单位 9439 家，整改火灾隐患数 11617 处，消防处罚 3232 起，罚款 2282 起 219400 元，警告 951 起，拘留 68 人。推行电动车“车卫士”物联网防盗工程。大力宣传电动车车牌的安装工作，辖区设置安装点 10 个，印发宣传页 20000 余份，张贴通知 200 余份，安装电动车车牌 6 万多个。同时大力推进上牌电动车布控破案方法的学习，截至年底，共追回被盗电动车 20 余辆。

【公共安全治理】 围绕新中国成立 70 周年大庆和第 11 届全国少数民族传统体育运动会 2 项重大安保活动，全力投入到隐患清零任务中，确保了敏感节点的绝对安全。严密内部单位、重点部位安全防范。持续加强对党政机关和水电气暖设施“硬目标”，校园、医院、广场等人员密集场所“软目标”的安全防范，在清隐患、化风险上最大限度地“减存量、控增量、防变量”，深入开展“校园及周边安全建设年”专项行动，扎实开展第六轮银行业金融机构安全评估，充分运用信息系统，强化单位内部安全防范。对辖区不落实单位内部治安保卫措施的单位加大处罚力度，全年对辖区内部单位检查 1392 个次，发现隐患 443 处，当场整改隐患 121 处，下发责令限期整改通知书 332 份，共立行政案件 24 起，行政处罚 24 家单位，开具大罚单罚款 26 万元。严密重点物品管控。以实名制登记管理为抓手，严格落实枪支弹药、危爆物品、管制器具、散装汽油等重点物品安全监管责任，紧盯生产、运输、储存、销售等各个环节，全面加强日常流向登记和安全管理。全年共对重点物品从业单位检查 192 家次，发现隐患 3 处，当场整改 2 处，下发责令限期整改通知书 1 份，限期整改到位 1 家，治安拘留非法储存、运输危险物质 57 人。注重群防群治力量建设。依靠基层组织，发挥社区民警指导作用，最大限度地挖掘退伍军人、老党员、治安积极分子、治安志愿者等社会资源，开展多种形式的群防群治队伍建设，共有治安信息员 928 名，信息员提供信息 8000 余条，全面的掌握辖区各类不稳定因素和潜在的隐患。严密行业场所和新业态治安管理。加强旅馆、娱乐等传统行业治安管理，探索研究无证旅馆、民宿等难点问题管理办法，探索建立实名登记备案、信息采集共享、技术监测预警等公共机制，定期组织前台人员进行培训，督促社区民警坚持每月至少 2 次检查，对违反“四实”登记的依法严格处理，消除治安管理盲区，提高动态化管理水平。全年组织前台人员培训 6 次，培训合格 228 人，共对辖区特种行业检查 3936 家次，共行政立案 29 起，行政拘留 17 人，取缔 3 家，行政处罚 18 起，罚款 7.07 万元。落实消防日常监督管理。明确消防主体责任，调整列管消防重点单位 66 家，与辖区六类单位签订消防安全责任书 2200 份。共检查各类场所、单位 10543 家（个），整改隐患 12468 处，消防拘留 80 人，消防处罚量完成 2617 起，警告 877 起，罚款 1741 起，罚款 168050 元。通过强力执法，及时消除隐患并促使辖区单位和物业公司重视消防工作，积极履行消防安全职责，从而使辖区火灾防控工作得到有力推进，火灾警情较2018年下降超过50%。

【社会防控体系建设】 全面落实重要目标和人员密集场所的安全防范措施，强化区域警务协作联动，辖区立体化、信息化社会治安防控体系得到逐步完善。推进“一格一警”数字化工作。组织社区民警和辅警全面清理已采集录入的“一标三实”基础信息，对虚假信息予以删除注销，对历史信息进行核对更新，确保已采集的基础信息真实、准确、鲜活。“一标三实”数据纠错，共计34981条，实有人口变更纠错2561人，实有房屋变更纠错356间，实有单位纠错214家。“一标三实”电子门牌号统计，共计4060条，核实辖区商铺6777间，小区以及建筑物220栋，变更警综商铺室号3608间，上报支队门牌号制作总数4060个。切实加强流动人口管理。全年流动人口信息平台暂住人口登记录入56700人，办理居住证6180个，建立出租房屋档案2455份，登记单位1681家，注销暂住人口数4183人，注销居住证数1400人，注销单位1748家，入户核实登记27751户。推进智能平台使用。全年使用次数55734次，人均使用率达100%，重点人员32人，全部管控并录入平台内；排查矛盾纠纷40360次，化解40228次；推送工作提醒事项18793条，推送工作提醒事项办理18207条，推送待办工作任务办理达到100%。开展扫雷专项行动。为进一步遏制电信网络诈骗案件高发态势，提升打防电信网络诈骗能力，统一部署开展“扫雷”行动，组织对辖区写字楼、商业小区内的投资理财类公司进行摸排，发现疑似有问题的企业73家，工作人员291人。联合作战打掉1家位于苏荷中心楼的信和国际平台公司保健品销售诈骗公司，刑拘7人。按照市局的统一部署，年底在辖区全面开展防诈反诈宣传活动，印制各类宣传页2万余份，宣传条幅300余副，使防诈宣传全覆盖，提升群众的防诈意识，并在辖区金成时代广场小区集中开展反诈宣传活动，民警通过发放宣传页、建立防诈微信群、签订防诈责任书、防诈宣传进校园等多种形式，开展宣传活动，有效地降低辖区诈骗案件的发案率，赢得辖区群众好评。加强治安重点区域整治。每季度确定侵财类刑事案件高发场所、部位作为重点区域挂牌整治，明确责任社区警务室、责任社区民警，完善落实打防互动机制，提请开展综合治理，验收合格予以摘牌，确保重点区域季度考核侵财案件同比下降10%，共整治治安重点区域4个，达到治理预期效果。大力开展交通违法整治工作。按照市局《城区道路交通秩序综合治理工作实施方案》要求，开展交通整治，交管巡防大队与交警九大队召集联席会议，讨论制定可行的治理方案，培训大中队领导学习2次，组织民警培训4次，悬挂条幅1000副，张贴通告1454张，对商户、居民违法行为进行批评、教育，并督促其整改次数2014次，到居民区、商户、学校定期开展宣传教育活动124次，教育交通违法人员1043人，治理违章停车10401辆。创新便民举措。推广“智汇郑州”人才引进政策，在多次走访调研的基础上，将市外迁入受理审批时限从省厅规定的20个工作日缩短为3个工作日；在省人才交流中心设立专门户籍受理窗口，当场受理并办理落实人才的户口迁入手续，使人才申请落户的时限从之前的40个工作日实现当场办理、当场领取准迁证。2019年，分局户籍大厅共办理各项业务95221笔，办理身份证39109张，其中，省内异地证12047张，全国异地证1175张，复核2019年以来的市外迁入材料12024份。

【执法执纪监督】 将执法规范化作为重点工作之一，强调法律知识的更新与巩固，强调执法能力的逐步提升，强调执法办案的精准考评，强调法治指导执法办案的重要作用，扎实推进执法规范化进程。创新执法培训形式。全年利用丰产执法培训云系统，在多媒体培训教室组织各单位民警开展法律应知应会考试3次，编写执法培训动态39期，适时更新法律法规学习资料，敦促全体民警持续不断地学习新法律法规，拓展法律知识、强化法律思维，更好地服务公安执法办案的新实际。强化法治人才支撑。鼓励分局民警个人深造提升，鼓励民警参加全国司法考试，截至年底已有5人通过全国司法资格考试，5人获得公安部高级执法资格，为分局的主项业务奠定强力的法律人才支撑。持续推行执法办案积分考核。坚持每月统计公示，保证执法办案积分考核的精准与客观，全面客观地评析每名民警和每个单位的工作。通过精准考评办案民警的办案数量与质量，让民警能够从执法办案积分的考核中找到差距，思考努力的方向，便于个人执法办案的提高，从而推动分局中心工作。逐步规范办案区管理。办案区实行三班运转，定人定岗专职管理，通过检查发现问题、解决问题、避免问题。

【公安队伍建设】 把政治建设放在首位，毫不动摇地坚持和加强党对公安工作的绝对领导、全面领导，增强“四个意识”，坚定“四个自信”，做到“两个维护”，不折不扣地把党中央关于公安工作的路线方针政策和重大决策部署贯彻落实到位。扎实开展“不忘初心、牢记使命”主题教育。全面对标实施方案，督导全体党员学习习近平总书记重要讲话论述不少于60篇。把学习教育、调查研究、检视问题、整改落实贯通起来，有机融合、统筹推进，督导下属9个党组织相继开展对照党章党规找差距活动，党员干部检视自身存在问题400余条，深刻剖析背后原因，并制定可行性整改措施200余条，从解决群众的操心事、烦心事、揪心事入手，采取一系列创新措施，有力地促进了公安执法和服务水平的再提升。强化全警实战教育训练。以“干什么、练什么，缺什么、补什么”为原则，以基础理论知识、警务技能战术、基础体能、素能养成、业务技能为主要内容，出台翔实可行的“大练兵大轮训大比武”实施方案。组织全体民警深入开展全警大练兵、大轮训、大比武活动，一线民警参训率达到100%，在全年警务实战考核中取得本序列第二名的好成绩。狠抓正风肃纪。全力开展“争创无违纪所队”活动，进一步提升全体民警及辅警的遵纪守法意识，强化分局各级党组织和党的领导干部落实管党治党、管警治警政治责任，逐级签订《丰产路分局2019年度党风廉政建设暨全面从严治党治警责任书》。深入开展“警示教育”活动，组织观看典型案例教育片3次，组织参观廉政教育基地2次，确保全员参与活动。坚持严格管理与关心厚爱相结合、作风养成与集中整治相结合、从严执纪与强化问责相结合，年内配合上级纪委查究违法违纪问题3起3人，自办案件3起起，诫勉谈话3人，有力维护了队伍肌体健康。狠抓减负松绑和爱警暖警政策落实。注重科学用警，合理安排勤务，强化后勤保障，使广大民警始终保持旺盛斗志和持久战斗力，抓好民警休假、健康体检、生病看望慰问等制度落实，年度休假率达到24.85%（受重大安保影响），体检率达到100%，看望慰问35人次；开展典型选树活动，大力倡导正能量，年度全局获个人三等功5人，个人嘉奖9人，河南省三八红旗手1人，郑州市优秀青年民警1人，郑州市公安局党员之星1人、优秀共产党员2人、党员先锋岗1个、先进党支部1个。认真贯彻落实公安部维权工作规定。依法严厉打击暴力袭警等违法犯罪活动，及时查处暴力袭警、诬告、陷害等造成民警精神压力的案件，全年共办理民警维权案件5起，涉及阻碍民警执法的违法行为人7人，其中，治安拘留6人，罚款1人，民警执法权益得到有力维护。

（撰稿：陈　飞　审阅：陈建平）

·柳林分局·

【概况】 柳林分局位于郑州市金水区花园北路139号，分局辖区面积66.53平方公里，辖区内常住人口8万人，流动人口20余万人。内设警务综合大队、执法执纪监督室、执法管理服务大队、案件侦办大队和交管巡防大队，现有民警（职工）159人。

【党建工作】 2019年，认真落实主体责任抓好全面从严治党治警工作。思想认识和责任意识进一步提升。年初结合学习贯彻中纪委十九届三次全会精神，5月结合学习贯彻全国公安工作会议精神，分局党委以中心组（扩大）学习形式先后2次组织了全面从严治党专题学习教育，通过带头学理论、强思想、找差距，分局党委班子成员和各队（室）党支部书记进一步深化了对全面从严治党治警重要性的思想认识。3月底和4月初，分局分别召开了2019年度党风廉政建设暨从严治党治警专题党委会与动员部署大会，及时组织传达学习全市公安工作会议精神及党风廉政建设会议精神，对照市局方案制定下发了分局2019年责任分工、任务清单，明确了持续贯彻“抓党建、带队建、促工作、保平安”思路要求、持续强化“两个责任”确保履行职责、持续严格纠治问题倡树清风正气的工作指导思想，调整充实了分局全面从严治党领导小组成员及办公室成员，制作悬挂了“组织领导架构图”和“责任落实表”“工作进度表”，5个支部书记分别与分局党委签订了责任书，并集体面对党旗进行了郑重承诺。组织民警通过参加市局公安大讲堂专家讲座和党建引领实战练兵培养出彩郑州公安人集中轮训、分局组织的政治教育学习以及在“学习强国”平台与教育网络学院上的个人自学，使民警在读原著、学原文、悟原理中坚定了信仰信念、筑牢了忠诚根基。认真学习贯彻中共中央《关于加强党的政治建设的意见》，积极开展坚决维护党中央集中统一领导专题学习教育；扎实组织学习贯彻全国公安工作会议精神，把全体民警思想高度统一到习近平总书记的重要讲话精神上来，结合庆祝建党98周年组织观看红色电影《八子》，局长姬勇斌给全体民警上《坚守初心跟党走，担当使命保平安》专题党课。

维护党规党纪的力度进一步加大。分局党委深刻分析总结近年来在加强全面从严治党上存在的经验教训，坚持以党委班子、支部班子和中队长以上领导干部为重点，通过召开2018年度专题民主生活会与专题组织生活会，共查找分析了在严守政治纪律及政治规矩存在等4个方面的突出问题，对标对表狠抓整改落实。结合开展“纪律作风提升年”活动，认真组织学习《中国共产党党内监督条例》及新修订的《中国共产党纪律处分条例》，召开党委扩大会，对照坚持“五个必须”剖析了在“七个有之”方面的问题。

强堡垒、争先锋的氛围进一步浓厚。分局党委把加强基层组

▲ 警民和谐一家亲

织作为落实全面从严治党治警的重要内容，扎实组织开展深入学习贯彻《中国共产党支部工作条例（试行）》“争创先进党支部、争当优秀共产党员”活动。建立常态化党课学习教育、党建业务培训、主题党日活动开展工作制度，大力开展“党员之星”“业务标兵”等先进评选活动，不断增强党员民警的身份认同感、组织归属感和形象责任感。按照“党建引领、业务主导、各有侧重、结合紧密”的思路，把党建队建评比考核与公安业务评比考核紧密结合起来，有效解决党建工作务虚化、边缘化和“纸上化”现象。分局党委学习《中国共产党支部工作条例（试行）》图片被市局主页“公安要闻”栏目刊发。抓好5个党支部“分类定目标、晋位抓提升”，2019年“七一”，分局上报的先进党支部、优秀党务工作者和优秀党员民警均被市局表彰，充分展示了分局党委抓基层组织建设的成果。

【党风廉政建设】 严整改促廉洁的成效进一步彰显。1月25日下午，分局召开了领导干部廉政谈话会，组织观看了警示教育片，姬勇斌代表党委、以书记的名义对30余名中队长以上领导干部进行了廉政谈话，提出了具体要求。督促分局执法执纪监督室对分局每个单位各个岗位进行廉政风险评估，根据确定的风险等级制定相应的防控措施，同时研究制定《柳林分局运用监督执纪“四种形态”、强化执纪问责推进纪律作风建设实施办法》，使防险防控和惩治教育有机结合、互相补充，确保了队伍安全。扎实组织开展“纪律作风提升年”活动暨争创无违纪所队活动，以分局近三年来民警发生违纪违法案例为主要内容进行警示教育，分局党委与各队（室）负责人逐一签订《争创无违纪所队责任书》，各队（室）在单位醒目位置悬挂、摆放争创无违纪所队计时牌。组织全体民警、辅警严肃认真开展个人作风体检查，共查找整改问题526条。开展执行中央八项规定及实施细则专项整治，深入查改3个方面、10个具体问题，党委班子成员带头深入基层一线抓好整改落实，树立了带头整改问题的良好形象。从严格会风会纪入手狠抓过硬作风养成，对在会议期间随意离开会场、随意接打电话和玩手机等痼疾顽症指名道姓进行批评，严明在完成本职工作、开展大型活动和值班备勤等大项工作中的纪律规定，对3名违反工作纪律的民警进行了通报批评，树立了狠抓问题整改的鲜明导向。

【“不忘初心、牢记使命”主题教育】 9月14日，召开动员部署大会。紧紧围绕抓好学习教育、深入调查研究、检视突出问题、狠抓整改落实这4项重点任务，把牢目标方向，落实规定动作，严格标准要求，创新方式方法，取得了一定的效果。

学习方面。通过指定专项内容、安排专题党日、指定专人领学“三专”措施抓好集中学习和个人自学。截至10月22日，各单位集中学习均在5次以上，民警个人自学在20次以上。为全体党员民警上《践行初心、担当使命，维护平安、提升绩效，为柳林分局荣誉而战》专题党课。组织党员民警到郑州公安廉政警示教育基地开展警示教育。灵活形式开展红色教育，9月30日组织民警及家属观看红色电影《我和我的祖国》，10月17日组织50余名党员民警代表到郑州市档案馆开展了“弘扬革命精神、坚定理想信念”主题党日活动，10月21日分局党委围绕“传承红色基因、牢记初心使命”主题开展了专题学习研讨交流。

调查研究方面。10月以来，4名党委班子成员先后到柳林村拆迁居民集中居住区、金水科教园区、郑州客运北站、郑州七中等7个不同类型的单位和居民社区进行了调研。10月15日，邀请辖区部分人大代表、政协委员、群众代表到分局座谈。主题教育开展以来，共收集整理了6个方面17条意见、建议，已及

▲ 警务实战掠影

时答复或协调解决 12 条。10 月 23 日上午，针对近期分局治安大队民警队伍士气不高、绩效提升乏力的现状，召开了治安大队民警代表调研座谈会，寓教育督导于谈心谈话之中，收到了较好效果。

整改落实方面。针对分局公安工作和民警队伍中存在的差距不足，明确提出了要整改的 10 个方面的具体问题。做到边学边改、边查边改、边议边改、即知即改。分局党委主动承担起前三个季度打击犯罪工作绩效落后较多的责任，召开了专题党委民主生活会进行了“六对照六反思”，着重查摆了班子成员在务实、实干、担当等方面存在的问题，制定出 7 项具体整改措施。

【亮点工作】 针对分局辖区金水区艺术小学、新柳路小学周边卖食品小吃和儿童玩具的小店铺、小摊点多，存在消防安全隐患、食品卫生安全隐患及玩具安全隐患的问题。分局联合金水食药环局、国基路党工委联合开展了综合整治治理。安排社区民警发动学校及学生家长成立志愿护校队，每天进行清理检查。10 月 16 日，分局民警经过前期侦察及布控守候，在分局辖区沿黄快速路附近的 1 个市场内一举捣毁 1 个销售不合格牛肉的窝点，现场查获不合格牛肉数量多达 2000 吨，涉案金额高达 1 亿元，涉案嫌疑人袁某、黄某某、陈某某、王某等 5 人已被刑拘，案件正在进一步审理中。

【“三重一大”工作】 2019 年，柳林分局按照《全省公安机关领导班子“三重一大”事项监督办法（试行）》和市局党委关于执行“三重一大”事项有关规定的部署要求，认真贯彻全面从严治党精神，结合实际对重大决策、重要干部任免奖惩、重大项目安排和大额度资金使用等事项坚持集体领导、民主集中、个别酝酿、会议决定的原则议事决策，有效提高了“三重一大”事项科学决策水平，强化了决策风险防范，促进了廉洁从政，实现了全年无违纪违法行为发生。

健全组织，提高站位。分局成立了以局长姬勇斌为组长的落实“三重一大”事项领导小组，组织党委班子成员和全体干部认真学习“三重一大”的重要内容及贯彻落实精神。把正确解决和处理好“三重一大”事项，把坚持贯彻、落实好“三重一大”民主决策制度，作为党务政务重点工作摆上议事日程，作为党风廉政建设重点工作常抓不懈，确定了“强化责任，完善制度，民主集中，公开透明”的工作思路。强化责任即强化领导班子贯彻“三重一大”制度的组织责任、推动责任、执行责任；完善制度即细化、量化“三重一大”决策制度，使之既成为制约不良党风政风的“紧箍咒”，又成为指导党务政务的“指南针”；民主集中即事先要经过充分酝酿，广泛征求意见，经过会议集体研究，最后形成决策；公开透明即坚决实行政务公开、党务公开，重大事项决策不仅实现结果公开，更注重过程环节的公开。

健全制度，科学管理。分局

党委将“三重一大”制度与班子建设、党风廉政建设和推进公安事业发展紧密结合起来，将“三重一大”列为班子建设与领导述职述廉的重要内容，对涉及公安事业发展中的重大事项以及关系民警职工切身利益的重要问题，坚持集体领导、集体决策。围绕“三重一大”制度，分局始终做到“四个坚持”，即坚持民主集中制、坚持群众路线、坚持依法决策、坚持责任追究的办事原则。在此基础上，健全完善了《财务管理制度》《分局党委议事规则》《“三重一大”表决制度》等，并细化和明确了“三重一大”的决策范围、决策程序、议事规则、责任追究等，切实理清工作思路，量化工作任务，规范工作程序，明确工作方向。

政务公开，民主透明。坚持政务依法公开。涉及“三重一大”事项的决策，对凡是涉及需要干部职工了解、知情和参与的事项，都一律公开。坚持工作例会。由分局党委班子成员和各队室负责人（有时扩大到中队长）参加。党委班子成员在会上及时传达上级党委、政府部门的文件精神和要求，市局、分局近期重点工作安排，听取工作的进展、规划，对工作的意见、建议，妥善安排各项工作。坚持群众评议。对与民警职工密切相关的，如干部推荐、年度考核、立功受奖等事项，坚持进行民主评议，并在一定范围进行公示，扩大群众的参与度，保证结果公正、程序透明。坚持对外公开。对涉及需要向广大民警职工和社会公开的各类政策、信息，在法律法规、规章制度保密要求权限内予以公开，凡是单位尚未决策或分歧较大的重大事项，严格进行保密。

严格程序，科学决策。科学梳理和明确“三重一大”的内容。把分局涉及“三重一大”的事项进行细化。并在此基础上规范程序，执行集体决策制度。按照“三重一大”的要求，分局十分重视决策过程，重点做好过程管理，提升决策的科学性和合规性，降低决策风险。

强化监督，严格问责。充分发挥组织监督职能的作用，把党风廉政建设的要求贯穿于“三重一大”民主决策的各个环节之中，做到决策运行中有监督机构参与，对落实情况和决策质量进行全程监督。把贯彻执行“三重一大”民主决策制度作为领导班子日常建设的重要内容，作为党风廉政建设“述廉、评廉、考廉”的重要条件，作为考核、评价领导班子和班子成员的主要依据。自觉接受群众监督。把“三重一大”民主决策制度贯彻执行情况纳入党务政务公开内容，让群众对决策效果进行评审，把群众的认可程度作为评价决策是否正确的主要依据。对“三重一大”民主决策的内容、决策程序、执行程序、执行情况建立考核追究制度，对不能很好实行“三重一大”民主决策，个人擅自决策或集体用权失范的，坚持严肃的问责追究。

（撰稿：张向三　审阅：姬勇斌）

·未来路分局·

【概况】 未来路分局成立于2010年11月5日，由原金水公安分局的未来大道派出所、凤凰台派出所、刑侦七中队、刑侦九中队合并组建而成。分局下设有四队一室（分别为警务综合大队、交管巡防大队、案件侦办大队、治安管理服务大队、执法执纪监督室）和临时机构打击非法集资专案组。分局机关以及警务综合大队、交管巡防大队、案件侦办大队、执法执纪监督室办公地点在玉凤路与青年路交叉口向东100米路南；治安管理服务大队办公地点在凤台路与商城路交叉口西北角。未来路分局辖区东起中州大道，西至东明路，南至货栈街，北到纬五路，辖区总面积约10.2平方公里，截至2019年12月31日，辖区内共有党政军国家机关8个，企事业单位56家，中小学、幼儿园26所，医院或医疗服务站11所（个），银行49个，金银珠宝店3个，加油站2个，大中型商市场14个。

共有常住人口30499户、89070人，寄住人口8220人，暂住人口46726人。辖区共分16个社区，网格96个，已建成警务室15个。

【社会稳定工作】 加强情报信息搜集。坚持以维护社会面稳定为目标，全面加强各类预警性信息的收集和上报，提供等级情报2条，公安部采用情报2条，省厅采用情报40余条，上报市局反邪教线索3条。为党委、政府和上级公安机关决策提供了及时、准确的依据。

加强重点人员管控。2019年，共管控各类关注人员150余人次，查获关注违法人员7人，破获关注人员刑事案件8起，刑事拘留关注人员2名，立案侦查4起，遣返原籍2人，关注人员无因失控漏管被市局通报的情况，各类重要会议和大型活动期间没受到来自辖区的干扰。

强化重点物品安全监管。进一步落实从业单位主体责任，采取物联网技术进行源头控制、流向管控、实名登记，严防危爆物品非法流散社会。持续开展缉枪治爆、管制刀具治理等整治行动，积极会同行业主管部门开展清理清查、集中整治、打击处罚。

加强寄递物流企业安全监管。与辖区寄递物流企业逐一签订责任书，详细掌握经营范围，对从业人员逐人见面，全面采集信息，登记率和责任书签订率达到100%。积极配合邮政、交通等部门全面落实寄递物流100%实名制，寄运物品100%先验视、后封箱，邮件、快件100%通过X光机安检的“三个100%”要求，对落实不到位的，严格依法依规处罚。督促寄递物流企业强化内部管理，完善硬件设施，落实可疑情况报告制度和发往重点敏感地区物流货物备案登记制度，压实企业安全管理责任。

及时化解矛盾纠纷。按照“底数清、情况明、早发现、早处理”的原则，不断加大矛盾纠纷的排查和化解力度，经受住了来自社会各界的多重考验，圆满完成了各项安保任务。

加强信访工作。2019年以来，河南省信访系统转交信访件27起，市局信访系统转交案件55起。分局开门接访、接待人数70余人，特别是在中华人民共和国成立70周年大庆及第11届全国少数民族传统体育运动会中，没有发生一起来自未来路分局辖区的干扰，圆满地完成了70周年大庆与第11届全国少数民族传统体育运动会期间安保任务。经过全年的努力，取得了信访工作绩效考评第三名的好成绩。

做好警卫工作。2019年未来路分局接市局警卫工作指令6起，郑州银行杯马拉松安保任务1次，其他类安保任务5次。各类警务任务均圆满完成。

【严厉打击和严密防范工作】 始终保持严打高压态势。2019年，未来路分局共立各类刑事案件2355起，破各类刑事案件768起，破案率33%。共刑事拘留451人，逮捕284人，取保候审169人，监视居住5人，起诉318人，公诉311人，抓获各类网上在逃人员70余人，在全市绩效考核序列排名中名列前茅。

深化打击效能，着力在保民生上发力。一是打造命案攻坚机制，夯实破案根基。2019年全年无现行命案，始终把命案、积案侦破摆在突出位置。二是持续推进，全面突破，严打“黑恶势力”犯罪。2019年，未来路分局共侦办恶势力犯罪集团1个，涉恶团伙1人，破获涉恶案件20起，抓获“涉黑”、涉恶违法犯罪人员9人。三是围绕重点，强力督办，精准打击“盗抢骗”犯罪。2019年，“盗抢骗”案件共立案1739起，破案650起，破案率37%；先后打掉扒窃团伙4个，诈骗团伙3个；破获“盗抢骗”系列案件1串18起。抓获“盗抢骗”嫌疑人189人，起诉“盗抢骗”人数184人，重刑11人。

深化攻坚掘进，着力在“云剑”行动上增效。2019年，未来路分局共打掉6个电信诈骗团伙。

2019年7月，未来路分局一举打掉1个特大网络诈骗团伙，抓获方某等61名嫌疑人。此外，未来路分局还破获了李某某被诈骗案、汉关文化公司涉嫌诈骗案，李某等人诈骗案、袁某某等人诈骗案、陈某某被诈骗案等多起电信诈骗案件，为维护群众财产安全保驾护航。二是全链条打击套路贷犯罪。2019年，未来路分局共打掉5个团伙，抓获犯罪嫌疑人29人，破获案件45起，查封扣押冻结涉案资产101万元。三是全力缉捕各类逃犯。2019年，未来路分局共逃犯到案62人，抓获逃犯18人。

严厉打击经济犯罪。未来路分局专案组新立非法集资案件2起，新结非法集资案件2起，结案率达100%，圆满完成省厅市局下达的立案案件结案率80%的目标。截至年底，立案侦查案件14起，案前调查案件38起。抓获并刑拘犯罪嫌疑人60余人，抓获网上逃犯4人，起诉10起50人，打击非法集资案件工作绩效取得本序列第一名。全年共接待其他经济类犯罪案件101起，其中，受理60起（信用卡诈骗39起，职务侵占19起，传销2起），新立案件21起，云端行动取得全市本序列第三名，侦破传销案件1起，被省厅采用传销技战法文章3篇。2019年，专案组共查封土地5块、房产45套，冻结现金1700万元，追缴现金300余万元，冻结股权970万元，扣押资产价值8000余万元。

严厉打击涉枪涉爆违法犯罪。积极认真核查市局下发的各项攻坚指令和涉枪线索的查证，全面推进打击网络贩枪专项行动。市局下发的涉枪线索全部查结，并公诉1名涉枪犯罪嫌疑人。深入推进“治爆缉枪”专项行动，强化“清查收缴、专项治理、枪爆管控、源头打击、安全监管”五项举措，加大涉枪涉爆案件查处力度，严格落实案件督办、线索核查、举报奖励、责任倒查制度，严打、严防、严控涉枪涉爆违法犯罪。

深入开展禁毒行动。不断加大对毒品违法犯罪的打击力度，2019年，共破获毒品刑事案件6起，抓获犯罪嫌疑人6名，行政拘留违法嫌疑人5人，强制隔离戒毒18名。

深化科技配侦。2019年，利用指纹比中抓获44人，利用DNA比中抓获45人，“一长四必”成绩并列序列第二；安图视频录入率、视频串并案、人像会战排序列第一。信息情报口全年累计审核案件2386起，违法建档人数481人，发起侦查协作392起，接受外地发送协查152起，整理打击处理血样人数约895人，手机信息（SIS）采集数982人，“查一采一”3120人。

深化扫黄禁赌工作。未来路分局成立工作专班，通过开展社区警务、社会面巡逻等工作，对辖区内的涉黄涉赌情况进行认真分析研判，并结合以往的案件线索、人员、场所等情况，按照“破大案、打幕后”的工作思路，及时有效开展打击查处，稳步推进“扫黄禁赌”专项行动的开展。先后打掉黄赌窝点70余个，行政拘留178人，刑事拘留35人，逮捕29人，起诉34人，收容教育9人。

严厉打击食药环违法犯罪。紧紧围绕与广大人民群众日常生活和生命健康息息相关的食品、药品、环境污染等案件，精心组织，主动出击，担当尽责。2019年，未来路分局共刑事拘留食药环案件嫌疑人6人，逮捕3人，起诉5人。

积极推进辖区视频监控平台建设。先后安装摄像头520个、人像卡口40个，整合辖区监控2655个摄像头。加大楼院和住宅小区智能管理力度，组建视频监控平台管理队伍，坚持警情指导警务的原则。监控平台和视频监控队组建以来，先后打掉多个盗窃团伙，抓获扒窃和盗窃电动车嫌疑人165人，破获扒窃和盗窃电动车案件300多起，通过人像卡口信息抓获网上逃犯98人，辖区的扒窃案件同比下降65%，盗窃电动车案件同比下降47%，人民群众安全感、满意度显著提升。

认真做好接处警工作。坚持

有警接警，无警巡逻原则。2019年，共接警54563起，现场调处率约等于83.16%。同时做好“四色预警”工作。每天及时查获并上报“四色预警”人员信息，并及时对每天处警的警情进行反馈录入。2019年，共查获“四色预警”人员4686人。

强化警情研判分析。未来路分局坚持每周对辖区警情进行研判分析，每周例会进行通报，通过研判分析，及时调整打防警力部署，做到警力随着警情走。

【公安基层基础建设】 开展“一标三实”基础信息采集活动。2019年，新警综系统新采集1636条标准地址，实有人口87476人，实有房屋55429间，实有单位19151个，从业人员16446人。

开展“一格一警”工作。依据《郑州市公安局“一村（格）一警”社区警务室（站）建设规范及标准》，截至年底，未来路分局已为18名社区民警均配备了“警务通”，96名网格辅警配备了警用平板电脑，“警务通”“辅警通”手机100%配备到位，实现警务信息的采集、录入、查询等信息化建设应用工作。2019年，共管理治安重点人员20人，共使用“警务通”手机开展消防一般单位检查15652次，重点内保单位418次，一般内保单位582次，开展警民恳谈会、治保主任或单位保卫组织负责人例会及安保人员培训、法律宣传栏更新、中小学法治辅导课等441次。

组织开展内部单位安全防范等级化管理工作。安排社区民警重新对全市企事业单位摸底调查、登记造册。逐级落实管控责任和单位安防主体责任，治安保卫重点单位管控率达到100%。建立健全联席会议制度。社区民警以社区为单位建立联席会议制度，每季度召开一次联席会。在市局治安系统业务绩效考核中处罚内部单位、场所35家，共罚款35.1万元，重点单位下发《责令限期整改治安隐患通知书》391份。

加强户籍窗口服务。2019年，对户籍的便民服务项目进行的升级改造。2个户籍服务站都增加各种自助服务终端机器，增加了户籍服务窗口，缩短了辖区居民在办理户籍业务的等待时间；增加了省内“一站式”迁移服务系统，减少河南省内群众往返办事次数，减低了河南省内居民户口迁移的成本；同时“互联网+”平台和预约平台的网络服务，让辖区居民在家就可以网上预约办理。2019年，共办理身份证9151人，临时身份证4117人，签发准迁证5232张，市外迁入5683人，出生1665人，死亡154人，迁出市外1237人。

大力开展户口清理整顿工作。逐步核查2017年以来市外迁入的各类户口档案5000余份，涉及8500余人次。清理年满18周岁无照片人员95人，清理死亡未销户口105人、双重户口76人。截至2019年12月31日，辖区总人口30499户、89070人，其中，男性42017人，女性47053人。

强化信息采集工作。2019年，未来路分局交巡大队民警每日通过警务通采集信息，共采集信息988380条，其中，人员信息441177条，车辆信息547203条。

【公安行政管理工作】 加强消防安全管理。2019年，未来路分局组织民警消防业务培训15次，召开派出所消防监督执法例会4次。共检查单位9346家（次），下发《责令改正通知书》6522份，拘留33人，发现火灾隐患14321处，督促整改火灾隐患14321处。

严格场所特业、重点行业管理。严格场所办证和登记备案，每月至少对辖区内公共场所检查2次；动员公共场所安装技防监控设施，配备安检门、金属探测器等安检设备；敦促公共娱乐场所配备专业保安，对场所中发生的违规行为，做到发现一起，查处一起。2019年以来，未来路分局通过强化管理，辖区娱乐服务场所和特种行业、重点行业管理责任更加明确，服务更加到位，管理更加规范。

加强流动人口的管理。2019

年，共登记实有房屋1570个，注销房屋98个，登记用工单位306家，注销用工单位11家，登记流动人口9195人，注销流动人口1116人。办理居住证4407个，注销居住证685个，签注居住证8220个。

认真组织交通整治。2019年，未来路分局“三教育一采集”共采集信息1314条，纠章违法停车18104次。

【执法规范化建设】 推进“两统一”制度，提升执法效能。依托执法办案平台实现了办理案件100%网上实时流转、审批、监督，实现刑事案件统一法律审核、统一入口出口。2019年，共受理行政诉讼8起，已判决6起，无败诉案件。

加强执法培训，提高民警执法素质与执法质量。组织民警参加全省公安民警第十一批基本级、第七批高级执法资格考试，现分局基本级执法资格通过率为98%。同时严格按照市局《民警法律知识学习与考核方案》要求，结合分局实际，制定了2019年度法律知识学习和考核方案，对全体民警进行线上培训与集中培训相结合、工作时间学习与业余时间学习相结合、法律学习培训与各警种的业务教育培训相结合的方式，以考促学，整体推进，务求实效。

严格执法质量考评，促进规范执法。每周进行受立案材料上传和行政、刑事案件卷宗材料上传情况抽查并通报整改，每月对本月行政、刑事案件进行执法质量考评。

严格管理使用执法办案中心（区）。严格按照“四个一律”的标准，完善执法办案中心管理制度，严格遵守《公安机关执法办案场所办案区使用管理规定》，规范执法、文明执法、安全执法。形成案件及人员进入办案场所、人身检查、暂存物品、视频资料刻盘、资料留存等使用管理机制，每周对办案中心（区）的使用情况进行检查并周通报讲评，最大限度防止执法安全事故和执法不规范行为发生。

做好受立案中心工作。通过对2019年的受立案工作进行全面检查，共检查案件1000余起，发现问题160起。2019年，共受理行政复议案件10起，维持8起，2起自行撤回复议。积极与金水区委法制办对接，共向区委法制办报备依法行政案件12期，在年底依法行政考核中取得优异成绩，得到金水区法制办的一致好评。

【队伍正规化建设】 扎实开展“不忘初心、牢记使命”主题教育。成立领导小组。结合自身实际，出台了《郑州市公安局未来路分局“不忘初心、牢记使命”主题教育实施方案》，将各项任务信息分解、明确到人。主题教育期间，分局坚持把学习教育、调查研究、检视问题、整改落实、推动公安工作高质量发展贯穿主题教育始终。分局和下属各党支部共组织党员干部集中学习137次，参加人员2389人次。开展先进典型教育7次，参加人数150人次，开展形势政策教育、警示教育9场次，参加人数175人次；分局班子成员确定调研课题6个，提出好点子、好建议5个，打通工作堵点3个，办惠民实事4件，发现好经验、好典型4个；中心组成员按照“四个对照”“三个摆进去”要求，对标对表查找问题，班子查找共性问题6个，班子成员查找个性问题6个，其中，对照党章党规找差距专题会议上领导班子查找共性问题2个、个性问题2个。收集各类意见建议19条，问题清单列出数量50个；针对检视问题提出整改措施50条，已落实整改41条；建立落实重大部署工作台账10条，已全部整改完毕；“旧账清零”行动梳理问题19条，已整改完毕17条；“解民忧、纾民困、暖民心”行动梳理问题12条，已全部整改到位。

抓实党建工作，以党建引领工作。积极组织开展党员活动日、重大安保任务期间火线入党、文明单位创建和对口扶贫工作，认真落实从严治党主体责任，使党建工作步入了制度化、规范化轨道。

加强队伍日常管理。积极研究加强队伍教育管理的方法举措，多次利用召开中层干部会、周讲评会等时间对民警和辅警队伍进行教育引导，有序推进公务员平时考核，使队伍管理更加严格规范，队伍管理水平进一步提升。

强化素质强警工作。组织民警开展“五会一能”训练并参加市局组织的考核，有力地提升了民警体技素质。

强化舆论宣传。围绕中心工作，撰写推送宣传报道36篇，被纸媒和网络媒体转载92篇，被市局转载36篇。

强化纪检、督察工作。一是认真贯彻落实中央八项规定、公安部“三项纪律”相关规定，严格支部书记“一岗双责”，签订《党风廉政建设责任书》和《廉洁从政承诺书》。通过开展“以案促改”教育警示活动，使全体民警受警醒、知敬畏、存戒惧、守底线，切实把惩治腐败的“治标”成果转化为“治本”之策，实现了“全年队伍无违纪”的工作目标。二是组织开展集中整治不作为、乱作为问题专项督察行动。活动期间，预警信息问题整改700余件，抽查发现问题150余起，逐一督促及时整改。三是认真受理核查群众举报投诉。2019年，未来路分局接市局转来投诉件27起，“12389”群众举报投诉及市局督察支队投诉电话转来200余起，案件核查督办率达到100%。四是深入开展“转强促”专项督察活动。2019年，未来路分局先后组织开展常态化检查20余次，严查“四风”以及民警酒后驾车、携枪饮酒、失泄密等问题。

维护民警正当执法权益工作。2019年，未来路分局为民警、辅警维权6次，刑事拘留妨碍公务嫌疑人4人，行政拘留妨碍执行公务嫌疑人1人，有力地维护了民警、辅警的合法权益。

（撰稿：袁　健　审阅：刘卫民）

·南阳路分局·

【概况】 2010年11月郑州市公安局南阳路分局（派出所）成立，设局长、政委各1人，副局长4人，民警114人。内设警务综合大队、执法执纪监督室、案件侦办大队、交管巡防大队、治安管理服务大队5个机构。

辖区北至农业路，东到健康路，南至金水河，西至陇海铁路线，面积8.7平方公里，所辖行政区域为金水区南阳路街道办事处和大石桥街道办事处。

2019年，南阳路分局以党建工作为引领，认真开展“不忘初心　牢记使命”主题教育，着力锻造“四个铁一般”高素质公安队伍，强力推进“扫黑除恶”、“平安守护”、“雷霆行动”、“云剑”行动、道路交通秩序综合整治提升等专项工作的开展，坚决完成了辖区第11届全国少数民族传统体育运动会和新中国成立70周年大庆安保维稳工作任务，有力地守护了辖区安全稳定，服务了辖区人民群众。

【社会稳定工作】 在辖区持续巩固“公安分局同办事处联动、警

▲ 南阳路分局召开第11届全国少数民族传统体育运动会安保誓师大会

务室同社区联勤、网格与重点单位场所小区等联防”的“三联防线”，确保辖区政治安全稳定。年内，共行政拘留187人，强制戒毒28人，刑事拘留209人，逮捕112人，移送起诉167人，抓获逃犯60人。

【社会治安管理】认真落实“两任”工作机制。分局20名社区民警在社区全部落实兼职副书记制度。20名社区民警和71名网格辅警每天登陆平台开展工作，每天通报平台应用情况。每月对每个网格辅警的“一标三实”信息采集录入情况进行统计和抽查。按照街不漏巷、巷不漏院、院不漏楼、楼不漏户、户不漏人的原则，对辖区的出租房屋和流动人口进行检查登记，定期对流动人口信息的变动情况进行核对，做到“人来登记、人走注销”。积极构建社区巡防、网格巡防、内部单位巡防三级巡防体系，以侵财类警情防范为主要目的，最大限度地挤压犯罪空间，每周根据警情研判情况制定各社区的巡逻计划，确定巡逻时间、地点，警力始终跟着警情走。全面加强旅馆业“四实”治安管理水平，强化消防安全管理工作。

【公安行政管理】深化“放管服”，推进“就跑一次”工作，对入户走访登记的流动人口开辟办证绿色通道，由网格辅警依据登记的信息直接办理后送到群众手中；同时推进户口清理整顿常态化，对重户口开展专项清理，解决无户口人员登记户口问题，努力实现户口和公民身份号码准确性、唯一性、权威性。提升户籍窗口服务效率，进一步细化业务办理流程，提高业务水平，简化办事程序，缩短办理时限，给群众提供最大方便。尤其对在户口办理中需要社区民警先期调查的事项，户籍室专门进行了汇总和整理，对全体社区民警进行发放与培训，要求社区民警在群众有需要时及时进行调查并向户籍室进行反馈，争取在最短时间内办理完毕。2019年，通过网络视频回复群众业务咨询52人次，向群众及时提供帮助和服务。深入开展道路交通秩序综合整治工作。共教育、劝阻和纠正各类违章人员2500余人次，对违章行人和非机动车驾驶员进行“三教育一采集”407人次。

【执法规范化建设】充分发挥职能作用，严格按照法定程序审核案件。2019年，共审核行政案件111起，审核刑事案件157起。共下发《执法监督意见书》8份。对执法办案场所的使用管理情况进行全方位监督，截至年底，分局2个执法办案场所全部通过市局法制支队验收。强化执法主体能力建设，不断提升民警执法素质。同时完善应诉机制，共办理9起行政复议案件和5起行政诉讼案件，均胜诉。

【公安队伍建设】认真开展学习教育活动，重点组织开展了“践行新使命、忠诚保大庆”“不忘初心、牢记使命”主题教育实践活动，认真学习领会习近平总书

▲ 10月25日，南阳路分局组织党员民警到河南（豫西）抗日根据地纪念馆开展“不忘初心、牢记使命”革命传统教育

记重要讲话精神，专题学习中共十九届四中全会精神，学习习近平总书记考察调研河南、郑州时重要讲话精神；认真学习党章、《关于新形势下党内政治生活的若干准则》、《中国共产党纪律处分条例》，进一步增强全警的“四个意识”，坚定“四个自信”，做到“两个维护”。认真落实“三会一课”等党内制度，每个月的党员活动日、主题党日组织开展集中学习、重温入党誓词、集中宣誓、缴纳党费等活动。每月在分局全体民警、辅警中开展“党员之星”“严打之星”“严防之星”“业务标兵”“优秀辅警”等各类先进的评选活动，积极营造党员民警争当先锋、争做合格党员的氛围。扎实开展大练兵等素质强警工作，共组织进行14次集中练兵活动；共组织18名民警参加6期市局举办的“党建引领 实战练兵 培养出彩郑州公安人”集中轮训。狠抓党风廉政建设，深入开展纪律作风提升年活动，重点开展了“纪律作风提升年”活动和“无违纪所队争创”活动，打造过硬公安队伍。

（撰稿：张建松　审阅：赵书文）

·文化路分局·

【概况】郑州市公安局文化路分局管辖金水区的中西部，东起花园路、经三路，西至南阳路、嵩山路，南起红旗路、红专路、农业路，北至三北小区北围墙、原江海啤酒厂家属院北围墙、东风路。辖区面积约18.7平方公里，常住人口198353人，暂住人口121255人。辖区内有社区28个，家属楼院374个，辖区内部单位共计151家（所），其中，幼儿园37所，中小学22所，大中专院校6所。

2019年，文化路分局在分局党委的领导下，推动各项工作全面提升，全体民警勠力同心，圆满完成了一系列重大安保任务，辖区社会治安大局平稳、有序，绩效考核序列排名再攀历史新高，位居市局第二序列第三名。其中，高质量公安建设排名第一，严厉打击违法犯罪、安全管理、重点项目及专项工作均位居前列。被市局评为“打击处置非法集资工作、禁毒工作先进单位”，多个队（室）被省厅、市局表彰，1人被省政府表彰，2人申报一等功和二等功，6人荣立三等功。

【社会稳定工作】2019年，文化路分局站位国家安全大局，从大处着眼、从小处入手，持续抓牢风险防范控制，始终树牢“总体国家安全观”，坚持把国家安全、社会稳定、人民幸福作为公安工作的宗旨，着力在政治领域、社会领域、反暴恐领域、公共安全领域等重点环节上推出新举措、抓出新成效，并圆满完成了习近平总书记视察调研河南、中华人民共和国成立70周年、专题宣介会、第11届全国少数民族传统体育运动会、外国元首出访等一系列规格高、规模大的重大警务活动。2019年，文化路分局辖区未发生暴恐案件，未发生有影响的群体性事件和大规模的集访、闹访事件，未发生重大亡人火灾事故及其他安全事故。

▲2月22日，文化路分局组织开展2019大练兵活动

【打击违法犯罪】 2019年，文化路分局以“扫黑除恶”专项斗争为主线，加大对电信诈骗、侵财、非法集资、盗窃等犯罪的打击力度，出重拳、守平安，持续增强辖区群众安全感、获得感、幸福感。辖区八类重特大刑事案件和暴力犯罪案件全部得到及时侦破，侦破率达到100%；全年核查侦办上级“涉黑”、涉恶转办线索23条，公安部、省厅转办“黑恶”线索转办核查率达到100%；经侦专案组案件办结率连续三年达到双100%，成绩在市局绩效考核中位居第二序列第三名。全年刑事拘留437人，同比上升42.3%；行政拘留349人；公诉302人，同比上升15.7%，其中，盗抢骗185人，同比上升22.5%，有力地打击了违法犯罪活动，维护了辖区平安。

【社会治安管理】 群防群治方面。文化路分局开展群防群治工作，积极排查化解各类矛盾纠纷。各社区组建内部单位巡逻队和义务巡逻队80多支、信息员870人，佩戴“红袖箍”，在辖区的各大商场、居民小区进行巡逻。2019年，全局共排查矛盾纠纷3455起，化解3441起，化解率达到99.6%。

治安基础管理方面。一是强化出租房屋、流动人口管理工作。为进一步加强辖区内出租房屋和流动人口管理工作，规范租赁市场安全秩序，结合社会治安形势，社区民警对辖区所有出租房屋开展不间断的滚动排查、清查。二是加强重点人员的管理。按照分类评估、三级管控工作机制，确保重点人员不失控、不漏管。切实做到底数清、情况明，实现台账、档案、系统数据“三对照”，截至年底，文化路分局辖区共有7类重点人口208人，其中，五类重点人口192人，重性精神病人16人，已全部录入全国重性精神病人信息管理系统。三是加强治安乱点整治，强化特种行业、娱乐服务场所治安管理和阵地控制。2019年，分局按照市局要求，采取了“事前宣传、事中监督”的治理模式，每月对辖区的旅馆业、公共娱乐场所、网吧等行业进行了多轮次的检查，转变观念，灵活多变的治理特种行业和文化娱乐场所，有针对性、有重点的查处治安热点问题。全年共查处无证小旅馆19家，关停取缔行业场所5家，查处黄赌毒案件25起，打击处理黄赌人员94人，其中，治安拘留72人，逮捕22人。四是加强物流寄递业管理。分局针对物流寄递行业监管滞后、网点分布杂乱、实名验视落空、治安防范薄弱，极易成为贩运销赃、售假运输、运毒、侵财等违法犯罪渠道的现状，积极创新，推进物流、寄递行业安全管理，对全局所辖35家物流寄递业公司落实“三个100%”制度，在收货、送货环节，督促从业人员对寄件人、收件人基本信息进行详细登记采集，确保“物品清白、信息清楚、流向清晰”，从源头上遏制利用物流、寄递行业违法犯罪的活动，取得了一定的效果。

【消防安全管理】 2019年，本着“安全第一、预防为主、防消结合”的工作方针，文化路分局消防工作继续坚持全面管理、重点排查、适时开展专项治理行动的工作思路，进一步提高消防隐患整治力度，进一步加大消防知识宣传力度，形成全民参与、齐抓共管、共同监督、共同维护的工作局面。全年共发现火灾隐患18453处，督促整改18453处。下发行政处罚决定书3100份，拘留44人，罚款总金额496450元。

【社区警务工作】 强力推进省厅“一村（格）一警”工作。一是根据各社区的不同情况，因地制宜地开展一系列便民利民的活动。如：根据国贸商圈人员流动量大、治安状况复杂的情况，开展防诈骗和“扫黑除恶”宣传活动，依托“一格一警”，动员全体社区民警带领网格辅警、协管员下沉到社区，联合小区物业等单位，利用公示栏张贴反诈宣传页、通过LED电子大屏幕滚动播报反电信诈骗宣传片，到人员密集的广场小区向群众发放宣传彩页；二是借助全国民警“六员进校园”送平安系列主题宣传活动和全国中小学生安全教育工作部署，发挥“一格一警”工作优势，联合郑州市金水区消防大队、南阳新村办事处、共青团郑州市委等单位将此项活动逐步推进，努力打造校园安全共建、共治、共享，进一步加强校园安全教育宣传，安全防范意识和自我防护能力；三是动员全民“参与禁毒斗争，构建和谐社会”，提高辖区居民识毒、防毒、拒毒能力。治安管理服务大队联合南阳新村街道办事处举办禁毒宣传活动，向辖区群众发放禁毒宣传册，深入讲解禁毒的重要性，进一步引导群众重视毒品的危害。近年来，依托“一格一警”工作，分局共组织各类宣传活动上百场，在各类媒体上发表文章一百余篇。四是强化“一标三实”基础信息滚动排查、采集。

【便民服务工作】 一是结合“不忘初心、牢记使命”主题教育活动，真正让“就跑一次”便民利民措施落地生根、惠及群众。文化路分局在辖区东西方向各选2个地点，安装了综合一体机和居住证自助签注机，解决群众开具证明、预约办证及居住证网上自助签注的问题。2019年，户籍室先后开展了5次“就跑一次”宣传活动，中考、高考期间，为学生办理身份证，开通了绿色通道，文化路户籍室被评为2019年“全市人民满意单位”。二是积极推进流动人口的社会化管理，落实出租房屋、用工单位、物业公司、房屋中介等流动人口治安管理责任。2019年，共登记暂住人口41782人，签注13017人。

【队伍管理工作】 2019年，文化路分局深入推进“纪律作风提升年”活动，全年民警队伍未发生任何违法违纪问题，实现了“零违纪”目标，为各项任务圆满完成提供了强有力保障。全年组织民警分4批赴郑州公安廉政文化警示教育基地开展警示教育，达到100%受教育。平时注重监督执纪“四种形态”，共约谈、函询8人次，编发典型案例通报8期，起到了较好的警示效果。分局纪委督察工作在2019年度市局绩效考评序列中均排名第一，信访工作在2019年度市局绩效考评序列中排名第二，队伍正规化建设绩效考评序列排名第二。

政治引领持之以恒。2019年，文化路分局始终把学习贯彻习近平总书记新时代中国特色社会主义思想作为首要政治任务，把“对党忠诚、服务人民、执法公正、纪律严明”作为根本遵循，把《中国共产党政法工作条例》作为工作准则，把“不忘初心、牢记使命”主题教育活动作为政治建警、宗旨育警、理论强警、思想聚警的战略举措，牢牢扛稳政治责任，勇于担当，忠诚履职，始终不渝坚持“公安姓党”政治属性和红色基因，始终坚定听党话、跟党走的政治自觉与行动自觉。

党的建设持之以恒。狠抓党建“一岗双责”制度落实，推进“三会一课”制度化、常态化。一方面深入开展“不忘初心、牢记使命”主题教育。着重突出抓理论学习、抓调查研究、抓检视

▲6月，文化路分局在高考期间执行安保任务

问题、抓整改落实的“四抓”动作，确保教育取得扎实效果；一方面以新时代党的建设为根本加强基层基础工作。按照“四有、五好、五化”支部建设标准，开展争创先进党支部评选活动。年度评出 1 个先进、4 个合格党支部，10 名先进党员。其中，2 人被市局评为“先进党员”，1 个党支部被市局评为“先进基层党支部”。根据市局党建规范提升方案要求，按照“两统一”“八有”等标准，不断推进分局党员活动室及支部党建宣传阵地建设，提升了党建基层基础水平。

党风廉政持之以恒。一年来，文化路分局党委始终坚持党要管党原则，严格履行全面从严治党主体责任，班子成员严格按照“一岗双责”要求，自觉将党建暨党风廉政建设与分管工作有机结合，对分管队（室）积极指导监督，推动各项工作落实。在“纪律作风提升年”活动中，党委充分发挥中心组理论学习示范带动作用，扎实开展各项活动，取得良好效果，分局民警队伍全年无违法违纪问题发生。

队伍管理持之以恒。严格按照市局队伍建设任务，扎实抓好各项工作的落实，把队伍管理与“不忘初心、牢记使命”主题教育活动结合开展，不断推进队伍训练、警务实战建设，确保队伍忠诚、干净、担当、廉洁。不断挖掘、提炼内部先进民警的典型事迹素材，加大媒体宣传推广，做好宣传推介，不断提升影响力，增强全体民警的荣誉感、归属感、成就感。

素质提升持之以恒。按照市局 2019 年度“大练兵大轮训大比武”活动部署要求，文化路分局共组织 16 次大练兵集中训练，培训民（辅）警 1100 余人次；积极参与市局各类培训，安排 42 名民警参加市局组织的各类业务培训班 29 期，5 人参加警衔晋升培训，6 期 11 人参加反恐业务培训班和反恐能力素质提升专题培训班。在市局组织开展的 3 次警务实战技能集中考核中，均取得较好成绩。

【执法规范化建设】 2019 年，在法治方面，文化路分局重点突出“真抓实严”。一是将执法监督工作抓在平时，严在日常。二是重视受立案环节的监督，每周对受立案工作进行通报，每月抽查讲评，及时发现问题并通报全局。三是把法治工作与投诉工作相结合，及时发现瑕疵，提前弥补漏洞。四是注重法治日常指导和专项指导，法核民警提前介入案件办理，靠前服务，发现问题、整改问题。五是加强对执法办案区安全隐患的检查、排查，针对检查发现的问题，逐一研究制定整改措施，限期整改完毕。

（撰稿：张晓玲　审阅：孙伟功）

检　察

【概况】 2019 年，区检察院以习近平新时代中国特色社会主义思想为引领，全面贯彻中共十九大和十九届二中、三中、四中全会精神，紧紧围绕“规范提升当标兵，创新驱动作引领，努力建设全国一流基层检察院”工作目标，讲政治、顾大局、谋发展、重自强，奋力谱写新时代金水检察新篇章。共受理提请逮捕犯罪嫌疑人 2118 人，受理移送审查起诉 2440 人；经审查，依法批准逮捕 1505 人，提起公诉 2292 人。

【刑事检察】 严厉打击各类刑事犯罪。2019 年，共受理提请逮捕犯罪嫌疑人 2118 人，受理移送审查起诉 2440 人；经审查，依法批准逮捕 1505 人，提起公诉 2292 人。突出打击严重影响人民群众安全感的犯罪，批准逮捕“两抢一盗”、诈骗犯罪嫌疑人 360 人。加大对“黄赌毒”等损害社会道德风尚犯罪的打击力度，批准逮捕组织卖淫、开设赌场、贩卖毒品等犯罪嫌疑人 130 人。

积极参与反腐败工作，与区监察委签订《办理职务犯罪案件有关问题会议纪要》，建立监督检查无缝对接机制，受理监委移交案件 10 件 12 人，全部提起公诉。

纵深推进“扫黑除恶”专项斗争。充分发挥专业化一体化办案优势，坚持“是‘黑恶’犯罪一个不放过，不是‘黑恶’犯罪一个不凑数”的原则，共受理提请批捕10件48人，提起公诉7件28人；办理的曹某等13人“黑社会”团伙以套路贷方式发放小额贷款、暴力催收、残害群众案，2名主犯被判处23年有期徒刑，其余被告人均被判处实刑。深入推进“打伞破网”工作，移交保护伞线索3件，从源头上铲除“黑恶”势力滋生土壤。扎实推进“三书一函”工作，逐案分析案件成因和行业监管漏洞，发出检察建议3件，促进重点行业领域综合治理。办理财产刑执行监督38人，涉及执行财产798万元，通过“打财断血”彻底摧毁“黑恶”势力经济基础，防止死灰复燃。成立“扫黑除恶”宣讲团，深入街道社区，广泛宣讲“扫黑除恶”打击战果、法律知识，积极参与基层治理。

深入开展社会矛盾化解工作。进一步树立“少捕慎诉”理念，有效减少社会对立面，促进和谐稳定，对涉嫌犯罪但无逮捕必要的572人作出不批捕决定，对犯罪情节轻微、社会危害较小的89人作出不起诉决定；办理羁押必要性审查140人，采纳122人，同比上升69.4%；探索“认罪认罚案件量刑建议精准化”，案件适用率提升至74.7%，量刑建议采纳率达95.8%，实现嫌疑人认罪、被害人认可、社会舆论认同，在全省认罪认罚推进会上作经验介绍。

▲ 2月28日，金水区检察院联合河南省郑州未成年犯管教所邀请涉罪未成年人和其家长参加“3+1”教育改造模式实践活动

精心呵护未成年人成长。结合性侵未成年人犯罪连续大幅增长的形势，探索“一站式”询问，有效避免对未成年被害人的心理造成二次伤害，办理性侵未成年人犯罪案件37件69人，发送检察建议2件，积极督促相关问题整改，“没完没了”推动最高检“一号检察建议”落实。深化“3+1”帮教模式，引入未成年人保护司法社工，打造集办案、帮教、法治宣讲于一体的未成年人帮教基地，2000余名学生接受法治教育；参加央视“守护明天”法治宣讲，联合郑州未管所成立“手拉手预防未成年人违法犯罪宣讲团”，向22所学校派出法治副校长，共举办法治宣讲39次。对辖区午托行业开展调研，促进午托班无证经营问题整治，区人大常委会评议院公益诉讼检察工作时给予了充分肯定。帮教案例被最高检、团中央被评为未成年人检察十大社会支持体系建设工作典型案例，未成年人检察部门荣获“全国青少年维权岗”称号。

【民诉检察】 民事行政诉讼监督有新进步。受理一审民事生效裁判监督案件90件，提请抗诉9件，采纳6件，提出再审检察建议10件，法院全部采纳。办理二审民事生效判决监督案件75件，办结30件。受理民事执行监督案件7件，发出检察建议7件，全部被采纳。受理行政非诉执行监督案件15件，发出检察建议15件。办理的丁某申请民事监督案，解决了困扰当事人近30年的房产纠纷，最终实现案结、事了、人和。

【公益诉讼检察】 坚决落实中共十九届四中全会关于开展公益诉讼检察工作部署，摸排线索47件，立案39件，发送诉前检察建议 30 件；积极推动“携手清四乱，保护母亲河”专项行动整改落实，24 处违法建筑已清理完毕，黄河湿地得到修复保护；办理的省人民医院附近“黑救护车”非法救治、营运案件，已向郑州市卫健委发出诉前检察建议。深化“保障千家万户舌尖上的安全”专项行动，依法打击教育医疗、环境保护、食品药品安全等民生领域的刑事犯罪 9 件 15 人，切实回应人民群众现实需求。如在办理的袁某等 6 人走私价值 400 余万元牛肉系列案中，联合区市场监督管理局在元旦、春节期间开展“肉类及其制品安全”专项整治活动，切实保障人民群众餐桌安全。

【刑事执行检察】 刑事执行监督有新成效。充分运用社区矫正智慧检察系统，强化社区矫正监督，发出检察建议 15 份。审查减刑、假释、暂予监外执行案件 156 件，纠正减刑、假释不当行为 40 件。加强监管活动和刑罚执行监督，共向监管场所发出检察建议 14 件，全部采纳。认真做好特赦工作，共审查 57 人，占全市的 45%。办理的康某某假释监督案被评为全国指导性案例。

【控申检察】 深化涉法涉诉信访机制改革，落实检察长接访制度和首办责任制，践行新时代“枫桥经验”，邀请金牌调解员参与重大信访案件化解，妥善处置群众来访 300 余人次；开展“温情司法关爱岗”活动，为“因案致贫”的 9 名刑事被害人发放救助金 5.2 万元；扎实做好“群众来信件件有回复”工作，不折不扣完成“七日内程序性答复、三个月内办理过程或结果答复”要求，共办理实体、网络群众来信 162 件，无一起信访转人访案件，最高检调研后给予充分肯定，相关经验被最高检察院转发。

【队伍建设】 坚持把政治建设摆在首位。扎实开展“不忘初心、牢记使命”主题教育，把“四个意识”“四个自信”“两个维护”体现在具体检察工作中，把党的领导体现到检察工作各领域各方面各环节。严格贯彻上级精神，完成内设机构改革，推进人员分类管理，加强员额制改革配套机制建设，确保检察改革落地落实。加强领导班子建设，严格落实民主集中制和领导干部个人有关事项报告制度，推行班子成员重点工作负责制，争做从严治党、争先创优的带头人。落实“一三五六”党建工作体系，深化“四级联动、八方共建”大党建工作格局，研发“党员积分管理星级评价系统”，持续建强基层组织，使每个党支部都成为党的战斗堡垒，有效巩固党建工作成果。

持续推进能力素质建设。开展实训小课堂，组织员额检察官讲授认罪认罚、重大监督事项案件化办理等业务知识。将“检答网”集萃问答和最高检编发的指导性案例、精品案例上传“法律法规掌上学”App，供全院干警随时随地学习。鼓励干警加强调查研究，承担最高检理论研究课题，着力培养专家型人才，努力实现从工匠到大师的转变。以

▲ 1 月 10 日，金水区检察院参加 2019 年郑州市文化科技卫生“三下乡”集中示范活动

"诉辩大赛"为龙头，开展业务培训和实战练兵，提升干警专业本领，1名干警被评为"全省公诉人与律师论辩大赛"最佳辩手。积极参与品牌创建活动，"智慧金检"品牌被评为首届全省检察机关重大创新品牌项目，因工作成绩突出，被省检察院记"集体二等功"。

突出纪律作风建设。制定《党风廉政建设责任目标量化考核实施细则》，开展"周周讲纪律""以案促改"教育，建立廉政风险"月控季评"工作机制，常态化、制度化开展批评和自我批评。严格执行"三个规定"，加强警示教育，强化日常监督，确保检察权依法规范行使。出台《关于自觉接受派驻纪检监察组监督的规定》，构建派驻纪检组监督与内部监督相结合的监督新格局，认真贯彻《检务督察条例》，从上下班纪律、会风会纪、警车管理等小事抓起，驰而不息正风肃纪，工作经验被最高检转发。严格落实中央八项规定及其实施细则精神，开展"基层减负年"自查自纠专项行动，会议数下降33%，发文数下降31%。

自觉诚恳接受外部监督。坚持重大案事项及时向区委、区人大常委会请示报告，认真落实区十三届人大历次会议精神。持续开展"检察开放日"等活动，走访、邀请全国省市区人大代表158人次，征求并落实意见、建议23条；定期通报检察工作，为区人大代表、政协委员订阅法律类报纸杂志500余份；认真办理代表建议、委员提案及区人大常委会转交案事件，做到件件有落实、事事有回音。深化检务公开，发布重大案件信息164件、法律文书1820件、案件程序性信息3350件。在省级以上媒体发稿66篇，"金水检察"官方微信公众号发布新闻310篇，总阅读量20万人次，连续15年被评为"全国检察宣传先进单位"。

（撰稿：刘和勇　审阅：韩　洁）

法　院

【概况】 2019年，郑州市金水区人民法院共受理各类案件90839件，案件数量继续位居全省基层法院首位，同比增长18.96%，结案81920件，同比增长21.22%，结案率90.18%，同比提高1.68%。2019年，金水区人民法院被最高法院及人力资源和社会保障部评为"全国法院'基本解决执行难'工作先进单位"，并作为全国基层法院唯一代表赴京领奖。还因审判管理成效显著，被最高人民法院评为"第一届全国法院审判管理优秀业务单位"。

【主题教育】 金水区人民法院高度重视"不忘初心、牢记使命"主题教育，成立了由一把手挂帅、院党组成员全部参加的领导小组，制定《中共郑州市金水区人民法院党组关于开展"不忘初心、牢记使命"主题教育的实施方案》，召开动员会，要求全体干警提高政治站位，深刻理解在法院开展主题教育的重大意义，把思想和行动统一到中央精神上来，坚持高标准、重实效，推动第二批主题教育高质量开展。

坚持主题、主线，推动真学、真信、真用。金水区人民法院全体干警积极参与学习研讨，撰写学习笔记，通过集体学习、个人自学、研讨交流、聆听专题讲座，赴郑大干部培训中心封闭学习，到黄河博物馆、中原英烈纪念馆、郑州市政协文史馆进行实地党性教育，观看爱国影片《我和我的祖国》等多种形式，强化理论武装，进一步坚定了"初心""使命"，增强了贯彻落实习近平总书记重要指示精神的自觉性和坚定性。坚持问题导向，深入开展调查研究。金水区法院从"扫黑除恶"、审判执行、信息化建设、党的建设、诉讼服务、信访稳定等方面拟定8个调研题目，分别由党组成员担任课题负责人，相关职能部门参与，深入一线，确保找准工作中存在的问题和不足，拿出破解难题的硬招、实招，推动各项工作落地落实。坚持找准查实，深刻检视剖析问题。金水区法院党组带头检视问题，梳理出在理论学习、审判管理、队伍管理、司法改革、

▲ 9月18日，金水区人民法院召开“不忘初心、牢记使命”主题教育动员部署会

规范执行5个方面的21项具体问题，逐一确定整改目标和措施、完成时限、责任人，明确整改进度。院党组召开了主题教育专题民主生活会，围绕学习研讨中查摆的问题、对照党章党规找出的问题、调研发现的问题、群众反映的问题、谈心谈话指出的问题，做到了自我剖析严肃认真，相互批评敢于直言。坚持从严从实，全力抓好整改落实。各党组成员紧扣各自调研课题，结合分管工作和职责，重点围绕调研中发现的主要问题、原因剖析及对策措施，拿出行之有效的整改方案，坚持一开始就改起来，把整改贯穿始终，确保各项工作整改落地落实，做到问题不解决不松劲、解决不彻底不放手、群众不认可不罢休。

【刑事审判】 金水区法院依法惩治各类刑事犯罪，维护社会稳定，全年共受理刑事案件2006件，审结1805件。依法妥善处理非法集资等涉众型犯罪，审结非法集资案件77件；涉及未成年人刑事案件79件。持续深挖彻查隐性“黑恶”势力及“保护伞”，察觉“涉黑”、涉恶违法犯罪新动向，统一思想认识、统一政策把握、统一法律适用，确保专项斗争始终在法治轨道上运行。2019年，共审结“涉黑”、涉恶案件15件，严惩“涉黑”恶犯罪分子88名，其中，对“涉黑”组织犯罪的高某某等16人判处一年四个月至十六年不等的有期徒刑，有力保障了辖区经济正常发展秩序。

【民商事审判】 金水区法院共受理民事案件40887件，审结37299件。努力发挥民事审判化解矛盾、促进发展职能，切实保护老妇幼合法权益，依法保障民生权益，稳固家庭堡垒，营造和谐友善氛围，规范民间融资秩序，依法保障金融安全，营造良好信用环境。案件审理繁简分流、轻重分离，快慢分道，建立专业化、类型化快审团队。2019年受理的杨某某诉杜某某等235名被告高空坠物伤人一案，涉及人数众多，矛盾突出，经不懈努力，历时3个月促成双方和解。为维护诚信诉讼制度和公平有序的诉讼环境，严厉打击利用“约定管辖”进行虚假诉讼、恶意诉讼等严重损坏司法公信力的行为，首次对王某某在民事诉讼中的虚假陈述行为进行司法惩戒。

【行政审判】 金水区人民法院推进依法行政，保持司法和行政良性互动，建立行政审判与行政执法联席会议制度，共同促进法治政府建设。全年共受理各类行政案件727件，审结639件。积极建立与行政机关的经常性联络及沟通机制，完善行政审判与行政执法联席会议制度；积极鼓励行政机关负责人出庭应诉，2019年行政首长出庭32人次；加大行政争议判前协调力度，共促成和解、撤诉74件；推进依法行政，审结国家赔偿与司法救助案件8件；深化府院良性互动，倾力打造良好司法、执法环境，共同促进法治政府、法治社会建设。

【执行工作】 金水区法院共受理

▲ 5 月 21 日，金水区人民法院未成年人案件综合审判庭的干警到金水区文化路第二小学开展“护苗 2019 绿书签”专项行动

执行案件 44437 件，执结 39351 件。在执行攻坚取得阶段性成果之后不松劲、不懈怠，继续加强执行震慑力，杜绝“执行难”反弹。一是创新执行办案机制。不断优化执行团队办案模式，对执行案件分类型、分层次，实现执行案件集中管理、分类执行、协同高效的效果。加强立审执衔接配合，每季度组织召开立审执协调会，研判分析问题，持续推进“四定”办理模式，加大执行力度。二是加强质效综合管理。开发有财产案件推进系统，督办超节点案件，共发放督办函 423 件，让整个案件推进过程“看得见、摸得着、管得住、查得到”，有效避免案件超期。整合传统查控工作队伍，实行线上委托异地现场调查，共计异地委托查询公积金、不动产案件 9580 件，拘传人数 207 人，极大地缩短了执行时间。完善归口管理、分室办理、跟踪督促的执行督办工作机制，严格管控案件质量，提高案件督办效率。实行日通报、周点评制度，每天制作《金水执行动态抽查通报》，每周制作《执行质效考核通报》，发现问题及时整改。全力化解超长期未结案件，每周进行超长期未结案件进展情况通报，取得良好效果。三是保持执行高压态势，组织开展“百日提质增效”“涉民生专项执行”“腾房大会战”等专项执行活动 10 余次，司法拘留 1121 人，限制高消费 34315 人次，将 8473 人纳入失信被执行人名单。审结拒不执行判决、裁定罪案件 25 件，其中，判处实刑 18 件，另外 7 件案件的被执行人主动履行完毕。四是推进有财产案件处置，组织被执行财产处置专题研讨会议 10 余次，逐个解决疑难案件，加快推进有财产案件处置进程，提高处置效率。实行有财产案件筛选汇报制度，每两周由专人汇报有财产案件进展情况。2019 年筛选出有财产案件共计 1380 件，其中涉及不动产 697 套，均已进入挂拍程序。

【司法改革与机制创新】 金水区人民法院不断加大审判方式改革力度，力求审判工作新突破。一是优化资源配置精简机构。2019 年上半年，在理顺职能、优化分工的基础上，金水区人民法院机构改革圆满完成，将原来的 32 个部门整合为 10 个部门和 2 个派出法庭，实行扁平化管理。简化管理层级，提高运行质效，实现了对现有司法资源的重组和优化。同时根据改革后的内设机构设置，对人员进行科学调整，保障骨干人才向一线审判执行工作倾斜。二是积极发挥审判管理部门审判监督管理职责，制定收结案计划，实现每月均衡收结案。严格落实入额院庭长带头办案制度，院庭长带领审判团队办理疑难、复杂和有重大社会影响案件；健全审判权运行机制，围绕员额法官组建配置合理、权责明确的“1+N”办案团队；严格管理审限，规范信息录入，分解审判质效指标；建立审判执行质效月点评制度，每月评选办案标兵、优秀书记员等；对立案、结案、质效指标落后情况进行原因分析，提出改进办法，不断提升审判执行质效；通过“四评查”，查找案件审执中的质量问题和薄弱环节，切实提高法官办案水平。三是全面落实司法责任制。明确“审理者裁判、裁判者负责”原则，保障了法官独立行使审判权，院庭长不再审签法官的裁判文书。同时建立完善院庭长监督管理制度，积极推动审委会运行模式进行改革和专业法官会议建设，有效防范充分放权后可能出现的案件质效滑坡、监督管理弱化情况，确保审判质效提升。

【便民措施】 金水区人民法院坚持司法为民，力求推动更加便民、利民的诉讼服务改革。一是建设现代化立案管理服务体系。落实立案登记制，坚持“有案必立、有诉必理”，依法保护当事人合法权益，决不让“立案难”再回头。大力推广网上立案、跨区域立案、移动微法院，群众足不出户就可办理立案手续，让数据多跑路，群众少跑腿。全年共计网上立案 6023 件，并进行了首次网上跨省域立案。全面推广支付令制度，实现快结快执，减少群众诉累，及时保护群众合法利益，全年共发出支付令 906 份。二是实现诉调高效衔接。按照“调解优先，诉讼断后”的互动式纠纷解决原则，构筑高效诉前调解平台，组成专业化“调解智库”，发挥其调解特长，融合行政机关、第三方调解组织等各类调解力量，积极调处各类矛盾纠纷，建立完善诉调对接机制，将诉前调解中心整合融入诉讼服务中心，成立诉调速裁团队，与调解员、立案团队协调配合，由员额法官提供调解全程指导、调解结果合法性审查、调解结果司法确认等支持，力促纠纷及时、有效化解。2019 年，共诉前调解了 15355 件纠纷，既和谐高效的化解了纠纷，也让新收民事案件的增长幅度由近几年的 20% 以上转变为降低 1.33%。三是打造“一站式”诉讼服务中心，下含立案、送达、保全、诉调速裁、诉讼事务、技术、信访 7 个专业团队。建立集立案登记、诉前调解、诉前保全、速审速裁、材料收转、委托送达、委托鉴定、信访接待、档案管理等多功能于一体的大诉讼服务体系。为群众提供网上立案、网上查询、调解、联系法官等“一站式”服务，通过网络、手机 App 等方式实现智慧便民服务。对内通过整合非审判事务、购买社会服务等方式实现减轻法官负担，达到增质提效的目的。对外为群众提供从法律咨询至定纷止争的全流程、全方位的“一站式”诉讼服务，让群众办事少跑路或者不跑路，实现对内对外双优服务，增质提效。

【法院队伍建设】 金水区人民法院大力加强队伍建设，不断提高司法水平。一是强化思想政治学习，认真落实党组中心组学习制度。年初制定学习计划，组织中心组集中学习 12 次，扩大化学习 3 次，召开研讨会 4 次，组织培训 4 次，邀请专家、学者授课 4 次，切实增强学习的针对性、实效性，不断放大示范引领作用。同时严格落实“三会一课”制度。要求全体党员深入学习习近平新时代中国特色社会主义理论思想，院机关党委定期检查笔记，积极组织党员干警参加区委“万名党员进党校”集中学习活动，加强党员教育，提高党员素质。二是加强党风廉政建设。严格按照区委、区纪委监委和上级法院要求，聚焦党风廉政建设与反腐败工作中心任务，纳入总体规划，统一部署、统一检查、统一考核，做到刀刃向内、刮骨疗毒。全面落实党风廉政建设主体责任和“一岗双责”，党组成员分别签订了《落实全面从严治党主体责任书》《“一岗双责”目标责任书》，厘清责任边界，明确责任内容，层层传导压力，形成了院长带班子、班子带中层、中层带干警，全院上下齐心协力谋发展的良好局面。积极开展反腐倡廉教育，深入贯彻中央八项规定，强化节日期间廉洁自律，认真开展整治“帮圈文化”专项排查、严禁“三同”办案以案促改、规范净化办公环境等活动，在“严”和“实”上下功夫。2019 年，中央、省委巡视法院问题清单中的25项问题已全部办结，纪检监察信访举报案件已办结265件，切实加大对顶风违纪案件的查处力度，警告处分1人，诫勉谈话5人，提醒谈话10人。三是不断开展业务培训，提高司法能力和水平。2019年，共组织干警赴河南省法官进修学院、浙江大学、苏州大学等地培训14期，参训人员595人次。充分发挥先进典型的示范引领作用，号召全院干警向全国模范法官李庆军学习“一心干事、一身干净”的精神。并相继发掘宣传了任俊英、余学锋、刘瑞、张江勇等先进法官的典型事迹，激励广大干警向先进学习，形成比、学、赶、帮、超的工作氛围，取得了丰硕成果。2019年，干警郭宏获“全国法院办案标兵”称号、曹春丽获“全省法院系统先进工作者”称号、潘瑞立“法院个人二等功”，另有多名干警获得市区多项荣誉。

【接受监督】 金水区人民法院坚持依靠人民推进公正司法，增强依法接受监督意识，自觉接受人大、政协及社会各界的监督，加强和改进各项工作。依法接受人大和政协的监督，坚决贯彻落实人大及其常委会的决议决定，主动向人大及其常委会报告全面工作与重大事项。全年共收到人大代表议案4件，政协提案3件；批办人大代表、政协委员关注案件22件，信访督办案件6件，均做到专人负责，逐案落实，及时跟进，按时认真回复。5月，接待全国、省两级人大代表、政协委员一行20余人到法院视察工作。10月，接受区人大代表对法院刑事审判工作情况进行视察评议。又于同月邀请人大代表、政协委员一行12人参加座谈会，广泛征求意见、建议，主动接受监督。加强沟通，健全检察监督工作机制，共同维护司法公平正义，慎重对待区检察院检察建议，并依据省检察院的意见，对2000余件民间借贷案件进行全面自查，严查是否存在虚假诉讼及其他违法行为。大力推进司法公开，丰富与各民主党派、工商联、无党派人士和人民团体的沟通联系，接受社会各界监督。全年共网上公开庭审3504次，裁判文书上网率由57.41%提高到89.92%，除涉及个人隐私、商业秘密的案件，已经全部公开，达到了以公开促公正的良好效果。

（撰稿：贾伟娜　审阅：李春强）

司法行政

【概况】 金水区司法局办公地点位于东风路16号，内设科室：政治部、办公室、行政执法管理科、法制法规指导科（行政审批服务科）、社区矫正中心、宣传教育科（依法治区科）、律师管理科、基层科；局属二级机构：法律援助中心；派出机构：17个司法所（金水辖区17个街道办事处各1个）；常设机构：中共郑州市金水区委全面依法治区委员会办公室。

【党建工作】 落实全面从严治党的新要求，认真开展“三会一课”，进一步全面加强全系统党的建设。2月25日，召开2018年度科级党员领导干部民主生活会，3月20日，召开组织生活会，民主评议党员。做好党员培养发展工作，截至年底，区司法局支部有党员64名。开展规范化基层党组织建设。每月21日按时开展党员活动日活动。2019年，局党支部被评为“区级先进基层党组织”。

【党风廉政建设及反腐倡廉】 年初，纪检组入驻区司法局，区司法局积极配合派驻纪检组工作。严格落实“一岗双责”责任制，领导干部根据工作实际及时书写“一岗双责”工作笔记。领导干部签订“一岗双责”责任书、党风廉政责任书。开展以案促改工作，每逢节日前开展廉政谈话。8月1日—31日，接受区委第一巡察组巡察整改“回头看”。12月5日，召开专题民主生活会，全体班子成员针对巡察整改督导“回头看”反馈意见深刻剖析问题产生的原因，按照时间节点推进整改方案落实，确保整改到位。

【全面深化机构改革】2019年，司法行政部门作为机构改革的涉改部门之一，区司法局党组主动担当起机构改革工作的领导责任，坚决执行区委、区政府的决策安排，积极参加区委编办协调会，积极与上级业务部门沟通联系，并根据工作实际，制定区司法局三定方案及规范所属事业单位设置方案并报区委编办审定。截至年底，原区政府法制办15项工作职责中的13项已划入区司法局，各项工作稳步推进中。另根据中共金水区第十一届委员会第七次全体会议关于《郑州市金水区机构改革方案》调整优化党政机构和职能，将区法治宣传教育和依法治区工作领导小组改为区委全面依法治区委员会，作为区委议事协调机构，区委全面依法治区委员会办公室设在区司法局。区依法治区工作领导小组原工作职责进行了调整，机构公章进行了统一更换。

【依法行政】开展行政执法监督，执法证办理相关工作。开展行政执法案卷审查备案，切实增强依法行政水平，提高决策水平。完善政府决策的法律监督。推行政务公开。严格执行规范性文件管理制度，及时审核公布规范性文件。推进阳光执法，将执法活动始终置于人民群众监督之下，实行执法公开、阳光执法。规范政府合同审核备案。截至年底，新办执法证17个，注销6个；共作出行政执法行为110697件；共审核规范性文件17件，重大决策1件，审核非规范性文件378件。全力化解社会矛盾纠纷。共收到依法行政申请125件，121件已在法定期间内办结。做出国家赔偿决定41件。审核政府合同11件，完成各单位合同季度备案工作。

【平台建设】推进“临街落地”便民服务窗口建设，区公共法律服务中心总面积160平方米，设置综合接待岗、法律咨询、法律援助、人民调解4个业务窗口，并配备相应的办公室、接待室、调解室和资料室等。接待大厅设立群众等候区、宣传资料存取栏、工作人员公示栏、相关制度上墙栏，设立意见箱并公布投诉电话，提供书写场所及饮用水服务等；专门设立“无障碍通道”，为特殊人群提供行动便利。全区17个街道办事处、202个社区（村）已经全部建成公共法律服务工作站、工作室。建成17个街道微信管理群、219个微信服务群，实现“微信群”24小时全天候不间断的法律服务。同时，聘请法律顾问95名，为每个村（居）配备法律顾问，覆盖率达到100%。2019年3月初，央视12套报道了金水区公共法律服务中心办理的未成年人彭某人身损害赔偿纠纷案件，起到了非常好的宣传效果。3月21日，市局宣教处带领《河南法制报》等媒体到中心开展“今日我当班”采访活动，于3月26日、3月28日在《河南法制报》等媒体进行报道，省厅、市局微信公众号也进行了推送报道。4月，《河南法制报》以“今天我当班，我在公共法律服务中心等你”为主题，分2期报道值班律师宋俊萍、人民调解员侯维旗在金水区公共法律服务中心值班接待群众、为民分忧解难、无偿帮助困难群众维权的典型案例，省厅、市局微信公众号及金水区的“法援掌中宝”相继进行了推送报道，展现了良好的公共法律服务品牌。9月，制作《金水区公共法律服务便民手册》3万份，发放给工作站、工作室，方便群众进一步了解公共法律服务事项，提升对公共法律服务的知晓率和首选率。2019年，全区三级公共法律服务平台共接待来访群众1698人次，办理援助案件53件，受理调解案件688件。

【普法依法治理】印发《2019年法治宣传教育和依法治区工作意见》《2019年领导干部学法计划》《2019“普法讲师团”巡回讲法活动通知》文件，部署全年工作。建立健全政府常务会议会前学法制度、领导干部年度学法制度、党委（组）中心组学法制度。政府常务会议会前学法每季度一次。领导干部学法、中心组学法采用自学和集中相结合的方式，每月学法一次。为县处级和科级领导干部免费发放学法用法书籍共3000余册，有效提高领导干部依法决策与依法执政能力。进一步推进宪法学习宣传活动，开展全民精准普法工作。向各街道、社区发放《中华人民共和国宪法》《十九大报告解读及劳动法常见问题》等普法宣传册、宣传品，开展“法律服务进基层”系列活动，深入居民楼院、广场开展各类法律宣传活动120多场次。组织开展“普法讲师团巡回讲法活动”170余场次。积极更新34个“法治长廊”普法宣传内容。新增的法治公园建成。

【人民调解】 持续推进司法所规范化建设，与各司法所签订了基层工作目标责任书，明确年度工作重点。1月，东风路司法所所长李湧涛被评为“全国优秀司法所所长”。积极开展星级规范化司法所创建。按照省司法厅《关于印发〈加强司法所建设三年行动方案〉的通知》要求，积极开展星级司法所创建，现全区17个司法所已创“三星规范化司法所”15个；“四星规范化司法所”9个；凤凰台、花园路、丰庆路3个司法所被评为全省首批“五星规范化司法所”。

建立健全人民调解组织机构，推进调委会规范化建设，积极拓展人民调解领域。1月，指导河南省租赁协会成立行业调委会。3月下旬，印发人民调解参与信访工作意见，建立区信访事项人民调解委员会，并在区信访大厅设立派驻调解室，选派2名综合素质高、业务能力强的调解员进驻。5月，建立区级联合调委会，设在区公共法律服务中心。

严格专职调解员队伍管理。年初，对全区专职调解员上年度工作进行了考核。4月1日—3日，分3期对全区近600名专职人民调解员、行业调委会调解员进行了全员业务培训。4月下旬至5月中旬，组织各司法所对专职调解员选聘、人员管理、生活补贴发放、考勤纪律、人员在岗等情况梳理自查。基层科5月下旬深入各办事处开展督查，全面了解核实专职调解员管理、人员在岗及工作情况。开展自查及抽查等工作，未发现专职调解员生活补贴发放违规违纪现象。学习推广“枫桥经验”，整合资源，健全机制，着力化解矛盾纠纷。日常排查与重点排查相结合，重点组织开展元旦、春节、两会期间矛盾纠纷排查、“人民调解促和谐，化解矛盾保平安”专项活动。3月15日，司法部人民参与和促进局、河南省司法厅组成的调研组到金水区调研人民调解工作。7月9日，郑州市司法局局长张江涛一行深入凤凰台司法所、派驻区法院诉前调解中心调解委员会、社区矫正中心调研基层司法行政及人民调解工作情况。7月12日，司法部人民参与和促进局到凤凰台司法所调研司法所规范化建设工作。积极争取区政府支持，落实人民调解委员会补助经费、政府购买服务专职调解员聘用经费、人民调解办案补贴和专家咨询费。按照司法部等六部委《关于加强人民调解员队伍建设的意见》，省司法厅、省财政厅《关于加强人民调解工作经费保障的实施意见》的要求，申请区政府以政府购买服务形式选聘专职调解员并已得到批复。2019年1月—10月，全区各级调解组织共调解矛盾纠纷5197起，调成5101起，调成率98%。

【社区矫正及安置帮教】 全力做好2019年春节和全国两会期间社区矫正安全稳定工作。扎实开展对社区服刑人员的排查走访、教育管控、化解疏导工作，严格落实日报告制度和值班（督查）制度，加强值班执勤，实现了敏感时期社区服刑人员“零发案”的工作目标。在春节前夕，联合郑州市社区矫正执法大队干警，对全区各司法所进行社区服刑人员集中管理，保障社区矫正工作的持续安全稳定，维护社会的稳定、和谐。为强化对社区服刑人员的管理工作，在已招聘 18 名社区矫正社会工作者的基础上又招聘了 7 名，派遣至社区矫正中心、各科室和各司法所，从事社区矫正工作。司法行政机关电子政务专网建设正在进行施工实施，已经实现了市到区再到司法所多级专网的联通。建立应急指挥中心。对之前各司法所独立安装的监控系统进行联网改造，建立金水区社区矫正应急指挥平台，与市局、省厅对接。开展全区酒驾社区服刑人员系列教育矫正活动。按照“规范、高效、便捷”的要求，建立完善“司法通”平台，通过信息化、标准化、智能化的高效管理平台，实现对矫正人员 24 小时定位管理。9 月 10 日—12 日，组织人员参加市司法局组织的 2019 年度全市社区矫正工作培训班。全力做好第 11 届全国少数民族传统体育运动会和“双节”期间社区矫正安全稳定工作。11 月 7 日，组织各司法所所长、助理员、社工等 85 人举行业务培训。为做好在矫社区服刑人员的监管工作，对全区在矫社区服刑人员进行不准出境通报备案和边控工作。3 月 6 日，迎接省司法厅党委书记陈红瑜调研社区矫正安全稳定工作。2019 年，全区累计接收社区服刑人员 439 人，累计解除矫正 367 人，截至年底在矫人员 523 人，开展社区矫正调查评估 440 次。对违反监督管理规定的社区服刑人员予以警告 65 人次。对违反监督管理规定社区服刑人员予以治安管理处罚 2 人，对暂予监外执行罪犯收监执行 1 人，对被撤销缓刑后脱逃、又被抓获的社区服刑人员收监执行 3 人。社区服刑人员未发生脱（漏）现象、未发生有影响的事件。

【法律服务】 律师管理工作。召开金水区律师工作会议，对 2019 年律师工作进行规划与部署。加强律师事务所党组织建设，做好律师党建固本强基工作。6 月 23 日在金水区属律师事务所党支部书记中组织开展“不忘初心、牢记使命”红色教育培训活动。坚持以律所为单位建立党支部，截至年底已建立 73 个律师事务所党支部（其中，独立支部 65 个，联合支部 8 个）。区属律师所律师参与信访局、政法委等部门案件协调会，提供意见、建议。推选出 2 名优秀律师加入金水区委统战部组织的金水区新的社会阶层人士联谊会。选派 174 名律师参与金水区普法讲师团巡回讲法活动。制定《金水区司法局关于民营企业公益法治体检专项活动实施方案》，1 月召开律师服务团队与金水辖区内民营企业的座谈会，针对民营企业不同的法治需求，开展一次免费全面法治体检。对全区 136 个区属律师事务所、1691 名律师的年检注册进行初审。组织全区律师参加河南省律协组织的“省会律师健步走”、郑州市“郑州市律协律师行业纪念建党 98 周年”歌咏比赛、金水区“迎民族盛会、庆七十华诞”活动合唱比赛、“感恩拜师活动”等系列活动，凝聚律师力量，坚定理想信念，展示律师风采。认真做好金水区优化营商环境相关工作，充分发挥法律服务职能，向区发改委推荐样本企业和优秀律师事务所，并认真做好相关调查及统计工作。加强对基层法律服务所的监管。组织基层法律服务工作者深入学习司法部修订的《基层法律服务所管理办法》《基层法律服务工作者管理办法》。做好基层法律服务年检注册工作。6 月 18 日，组织辖区 10 个基层法律服务所主任召开座谈会。2 月下旬至 3 月初，组织全区 10 个基层法律服务所、93 名基层法律服务工作者做好执业证年审工作，对年审申报材料进行了初审，报送市司法局审核注册。

【法律援助】 积极贯彻落实市委、市政府《关于完善法律援助制度的实施意见》文件精神，坚持“以人民为中心”的工作原则，全面开展法律援助应援尽援、应援速援、应援优援及刑事案件律师辩护全覆盖试点工作，主动作为，开拓创新，多措并举，建立高质量的法律援助志愿律师队伍，开通“法援掌中宝”微信公众号，建成法律援助“一刻钟”服务圈，扩大法律援助覆盖面，畅通申请渠道，加强案件质量监管，有效维护弱势群体的合法权益，保障法律正确实施，保障群众的美好生活，彰显社会公平与正义。2019年，共接待群众来访、来电法律咨询约7200人次，办理法律援助案件1651件（其中，民事案件779件，刑事案件872件），刑事认罪认罚提供法律帮助案件1521件（其中，审查起诉阶段943件，审判阶段578件），结案归档法律援助案件3560件，为困难群众挽回经济损失约1807.8万元，收到感谢信1封，致谢锦旗14面。

【新闻宣传】 积极组织全体人员下载并用好“学习强国”App，让习近平新时代中国特色社会主义思想真正入脑入心，让线上学习成为常态，将理论知识学习融于日常。区司法局办理的法律援助案件，3月4日在CCTV-12社会与法频道《大区小事》栏目中作为典型案例播出，不断提升司法行政工作在社会和群众中的影响力、知晓率。截至年底，共完成新闻宣传报道197篇，其中，国家级8篇，省级108篇，市级81篇。

【“扫黑除恶”专项斗争】 区司法局充分发挥自身职能优势，一是持续开展“扫黑除恶”专项斗争。各司法所对涉及“行凶作恶、暴力催债、涉黄涉毒、扰乱公共秩序”等违法犯罪行为的在矫社区服刑人员进行认真排查，对排查出的重点人员分别进行深入谈话并入户走访，重点人员均情况稳定，电话畅通，服从管理，无不良反应。二是认真梳理区属律师参与“扫黑除恶”专项斗争的工作部署情况，进一步健全“扫黑除恶”专项斗争工作台账，完成区属律所参与“涉黑”、涉恶案件338起的审核报备工作。三是深入开展“法律六进”活动，深入居民楼院、广场开展各类法律宣传活动150多场次，组织开展“普法讲师团巡回讲法活动”110余场次。

（撰稿：朱琳娜　审阅：翟　培）

军 事

武装工作

【概况】 金水区人民武装部，设军事科、政治工作科、保障科，代管金水区国防教育办公室。2019年，在郑州警备区党委和金水区委、区政府（郑东新区党工委、管委会）坚强领导下，始终坚持以习近平新时代中国特色社会主义思想为指导，深入贯彻习近平强军思想，紧紧围绕中央军委、军委国防动员部和河南省军区、郑州警备区年度工作部署，按照“突出党建、聚力备战、强化主责、打牢基础、发挥作用”总体思路，扭住根本、抓住重点、盯住落实。各项工作整体推进，平稳发展。

【人武部机构改革】 根据省军区系统力量编成和规模结构调整改革方案，区人武部编有现役干部、文职人员和职工三类人员，设军事科、政治工作科、保障科。主要担负国防动员、兵役征集、国防教育、国防设施保护、双拥工作等职能任务。2017年5月，区人武部按照调整改革后的新体制、新编制运行，为正团级单位，接受郑州警备区和金水区委、区政府的双重领导，是区委的军事部门、区政府的兵役机关。

【党建工作】 持续学习贯彻全军党的建设会议精神，着力增强政治定力、内在动力、工作能力和团结合力，党委委员定期讲党课，加强领导能力培训，严格党内政治生活。想方设法解决干部家属就业、子女入学等矛盾困难。部党委坚持把军委巡视反馈问题整改作为政治任务，举一反三，分2个批次从4个方面10条问题自行主动抓整改。多次召开党委会和全体党员大会，全面传达上级要求及首长指示，持续搞好再动员、再发动、再部署，做到思想高度统一、认识非常明确、行动特别自觉。通过明确时间节点、责任区分和标准要求，拉单列项、挂账销号，一条一条梳理完善，一个环节一个环节抓落实，确保问题及时整改。

【政治工作】 人武部始终坚持把思想政治建设摆在首位，持续加强理论武装。2019年，人武部能够紧跟习近平主席思想步伐学好系列重要讲话，重点突出习近平主席全面加强新时代军队党的领导和党的建设工作重要论述与坚持底线思维、着力防范化解重大风险重要指示，中共十九届四中全会精神，习近平主席在军委基层建设会议上的重要讲话等内容，深刻领会党中央、习近平主席重大决策部署，学习新思想、领会新理念、把握新要求，人武部“四个意识”和“四个自信”更加坚定自觉，“两个维护”和贯彻军委主席负责制思想愈发笃定笃行；认真学习贯彻“不忘初心、牢记使命”主题教育省军区意见和警备区方案，结合人武部实际科学筹划主题教育计划，扎实组织干部职工学习规定内容，积极参加上级集中授课辅导，深入开展课后讨论交流，引导大家不忘初心、牢记使命，把对红色文化的传承作为新一代“国动人”的信仰追随。坚持结合中心工作搞报道，全年在市级以上媒体发稿156篇，其中，国家级65篇，省级74篇，市级17篇，不断夯实广大民兵理论武装和思想根基，为抓好年度各项工作落实发挥了服务保证作用。

【练兵备战】 着眼应对多种安全威胁、完成多样化任务需要，结合使命任务，狠抓各项战备工作落实。坚持在节假日和敏感时期，组织开展形势战备教育，帮助干部职工了解当今局势、周边态势、国内形势，不断强化所属人员的忧患意识和职能意识。着眼形势发展变化，适时修订完善突发事件处置预案，尤其是针对辖区可能发生洪涝灾害的实际，针对性编写了《防汛抢险预案》，做到一案多情、一情多想，切实增强《防汛抢险预案》的针对性。坚持把军事训练作为提高核心能力的关键环节，坚持依法治训、按纲施训。依据训练与考核大纲，结合区域特点和任务，对民兵训练内容进行合理区分，增强训练的针对性及适用性。按照真打实备的要求，组织7支民兵新质力量分队，担负全市2019年首批轮训备勤任务，开展民兵反恐维稳综合演练，省军区副司令员、警备区首长机关和其他县（市、区）领导和人武部主官现场观摩了演练，省军区在全省民兵整组推进暨讲评电视电话会议上，组织观看了综合演练录像片，省军区首长在讲话中给予高度评价。7月3日，《解放军报》、人民网、新华网等媒体，以《信息时代国防动员转型三问》为题，予以整版报道。完成了军委国防动员部赋予的军兵种对口保障空军“伪装防护分队”和“通信保障分队”共80人的专业训练，民兵应急应战能力得到了大幅提升。

▲ 4月11日，组织金水区（郑东新区）2019年基干民兵集中点验与开训动员大会

【力量编建】 紧紧围绕使命任务和指示要求，统筹推进各项任务落实。按照“贴近需求、就近就便、专业对口、保证质量”的原则，适时调整优化组织布局，突出队伍整合，规范基层建设。依据《全军后备力量建设“十三五”规划》《民兵组织整顿工作实施办法（试行）》和河南省、郑州市《2019年民兵组织整顿工作实施方案》，采取筹划准备、动员部署、全面实施、检查验收4个步骤，狠抓民兵潜力调查、任务分解、编兵配干、装备配套、集合点验等环节的工作落实。11月28日，在省军区年度综合检查考评中，工作组对软件资料和人员编建情况给予高度肯定，总评为优秀。

【兵员征集】 按照“节点提前、工作提速、标准提高”的工作要求，坚持把征兵工作摆上重要位置，实现了大学生征集数量最多、比例最高，征兵宣传氛围最浓、热情最高，100%完成了18岁适龄青年兵役登记，征兵人数在2018年基础上又有新的提升，连续五年实现零退兵、零差错、零事故、零举报。为贯彻落实军委国防动员部“推动大学生征兵工作转型发展”指示要求，探索建立需求提报、定向补充、对口使用的精准征集模式，不断优化大学生征集学历层次、专业类别。围绕建立兵员征集“供给侧”与“需求侧”有效对接机制，联合辖区高科技企业研制开发了“精准征兵大数据决策辅助系统”，实现了对报名应征人员精准筛选、精准补充、精准动员、精准定兵、精准保障，得到了军委国防动员部、省军区首长高度肯定。8 月 21 日，《国防报》以《大数据精选优质“长城砖”》为题，头版头条予以报道。

▲ 9 月 21 日，开展“全军十大英模挂像进校园”活动

【国防教育】 紧紧围绕强化全民国防观念、唤醒忧患危机意识、培塑崇军尚武精神，积极创新思路方法，丰富拓展教育阵地，全年坚持依托区办报纸、网络、微信公众号、广场电子屏幕等新兴媒体平台，发布国防法规知识信息 10 万余条（次），张贴海报、悬挂条幅 2 万余张（副），发放宣传彩页 4 万余份；打造“金水征兵”微信平台、“郑州金水国防信息网”，自创办以来独立发表文章 1300 篇，转载文章 2600 篇，总阅读量达百万余人次；深入辖区 42 所大中小学校开展国防教育宣讲，赠送“全军十大英模挂像”850 幅，爱国主义书籍 5600 余套，受教育师生达 20 万余人；结合全区科级干部培训班、民兵集训、役前训练等时机，邀请知名教授进行国防教育讲座 30 次，在全区 17 个街道办巡回播放红色电影 150 场，受教育人群达 3 万余人；利用每年的春节、“八一”、“全民国防教育日”等重大节日和时机，在社区、广场、商业中心等人流密集的地方，进行实地宣传，制作国防教育展板 160 块，发放宣传手册 5300 余本；推广“学习国防”App 在线学习平台的使用，打造全区学习国防的主阵地，向数百万人传递了国防知识信息。

【拥军优属】 坚持党管武装原则，始终不忘拥政爱民，不断完善和发展新时代军政军民关系。认真落实议军会、武委会、现场办公、党管武装述职等党管武装制度，区委书记陈宏伟亲自组织四大班子领导，研究解决军改后辖区驻军土地置换、营区改建、兵员征集、军转安置、家属就业、子女入学和全面停止有偿服务等问题。先后走访了辖区内现役军人家庭，士官、义务兵家庭，定点帮扶贫困户 96 户，送去慰问金和慰问品等，总计慰问金额 454400 余元；协同区退役军人事务局，为全区现役和退役军人家庭悬挂“光荣牌”；协调区教育、人社等部门为 37 名军人子女入学托享受优待优惠政策，安置 14 名随军家属就业。

【支援地方建设】 自 2016 年以来先后投入 50 余万元，跨区帮扶荥阳市崔庙镇白赵村脱贫致富，援建水塔 1 座，安装节能路灯 77 盏，帮助引进种植油牡丹脱贫项目，帮扶困难群众 96 户；动员民兵积极参与“迎民族盛会 庆七十华诞”城市环境综合整治活动，配合交管部门查处交通违法行为 50 余起，协助完成园林绿化 3000 多平方米、清除违法建筑 100 余处、清理卫生死角 5000 多处；出动民兵应急力量120余人次，圆满完成中华人民共和国成立70周年国庆期间应急备勤任务。

（撰稿：仝翰林　审阅：付欣文）

人民防空

【概况】2019年，区人防办在区委、区政府的正确领导下，认真学习贯彻习近平总书记对人民防空的重要论述和中共十九大精神，坚持党对人民防空绝对领导，全面加强党的建设，紧紧围绕“战时防空、平时服务、应急支援”的人防三大使命任务，坚持科学发展、融合发展、创新发展的理念，大力推进人防工作建设，实现了人防工作改革创新的新飞跃。在中共金水区第十一届委员会第七次全体（扩大）会议关于金水区机构改革方案中，确定了区人防办仍为区国防动员委员会的常设办事机构，作为区政府工作部门。在3月11日召开的2019年度全省人民防空工作会议上，被评为“全省人防建设综合先进单位”。

【党风廉政建设】把学习贯彻习近平新时代中国特色社会主义思想，中共十九大精神，习近平总书记调研河南重要讲话精神，省、市、区委有关会议精神以及金水区紧紧围绕“建设高品质现代化城区、加快实现领跑中部城区发展”奋斗目标，统筹推进“中原更加出彩”作为单位重要学习内容。增强“四个意识”，坚定“四个自信”，做到“两个维护”，自觉在思想上政治上行动上同以习近平总书记为核心的党中央保持高度一致。充分利用领导班子中心组学习、周一党建集中学习、书记讲党课等活动开展学习。认真书写学习笔记、撰写学习心得，确保学习入脑入心。同时注重学习与日常工作相结合，与“不忘初心、牢记使命”主题教育相结合，加强统筹，搞好协调，合力推动单位各项工作稳步开展。

认真学习理论知识，提升干部职工素质。按照学习计划，结合实际，采取中心组学习、每周一上午集中学习、每周二下午集中收看学习视频资料、专业律师授课和自学相结合的形式，共组织中心组集中学习45次、党员干部集中学习70余次、“不忘初心、牢记使命”主题教育集中学习20余次、专业律师授课4次。积极引导干部职工深入学习中共十九大、习近平总书记考察调研河南时重要讲话精神、《关于新形势下党内政治生活的若干准则》、《中国共产党党内监督条例》、《中国共产党党员教育管理工作条例》、《中华人民共和国宪法》、《中华人民共和国合同法》、《中华人民共和国保密法》和省、市、区领导讲话精神，不断提高学习贯彻的自觉性与坚定性。

认真履行党风廉政建设“两个责任”和“一岗双责”。注重党风廉政建设，全面贯彻中央《关于实行党风廉政建设责任制的规定》，进一步明确领导班子、领导干部和党员干部在党风廉政建设中的责任，落实党委主体责任与纪委监督责任，签订《2019年度党风廉政建设“一岗双责”目标责任书》，层层压实全面从严治党主体责任及监督责任，建立有职必有责、有责要担当、失责必追究的责任机制。同时，单位主要负责人同所有班子成员、所有班子成员同各分管科室的人员，每月至少进行2次廉政谈话，切实落实“一岗双责”，实现党建与业务工作同步计划、同步部署、同步实施。

扎实做好基层组织建设和党员队伍建设工作，落实党建责任制。通过规范机关党建各项工作，不断夯实组织基础，充分发挥党员在单位建设发展中的模范带头作用。结合实际，制定机关学习制度，完善党内“三重一大”事项领导班子集体决策制度、党内监督制度等，认真规范实施，进一步提升党员工作执行力，进一步规范党费的收缴管理和使用工作。坚持学以致用，通过学习不断提高党员干部的政策理论水平、思想道德素质、科学文化素养和思维决策能力。同时积极融入区域化党建服务群众工作。参加所在社区“红心筑梦”

文明志愿服务团，以志愿服务有效载体为依托，开启区域化文明志愿者服务资源共享、组团发展的新局面。进一步提升党组织的战斗力和凝聚力，扩大思路视野，扎实推进党建文化建设。

制定“全面从严治党主体责任清单”，明确和规范领导班子及班子成员抓党建的具体任务与责任。坚持在国庆、春节等重要节庆前开展廉政谈话、案例剖析，做好节庆期间的反腐倡廉工作。利用班子民主生活会、支部组织生活会、平时谈心谈话等时机开展好经常性的批评和自我批评，让“咬耳扯袖”“红脸出汗”成为从严治党与监督执纪的常态。

【应急资源体系建设】 2019年全区新增人防警报设备4台。2019年，金水区共有固定警报设备63台，多媒体多功能警报设备1台，人防警报设备总数量位居全市第一。

严格按照《人民防空训练与考核大纲》要求，4月9日—19日，在郑州市青龙山庄举办人民防空训练与考核大纲培训班和人民防空集训培训班，来自全区相关区直单位、17个街道办事处以及人防办的工作人员共计120人次接受培训。通过集中队列训练和防空兵学院知名专家、学者的授课，磨炼提高金水区人防骨干力量的意志、品质。9月23日—27日，区人防办3名工作人员代表金水区参加2019年度郑州市人防办组织的集训，顺利完成集训任务，取得了优异成绩。

【人防工程安全生产】 金水区位于郑州市中心区域，现有早期人防工程年代久、数量多、分布散。根据区委、区政府关于做好年度早期人防工程防汛、安全、维护管理方面工作指示精神，在3月15日—6月15日，开展为期3个月的早期人防工程普查工作，切实做好全区早期人防工程安全管理工作，坚决预防和遏制重特大火灾与安全生产管理事故的发生。

坚持汛期战备24小时值班，领导亲自带班。制定完善的防汛处置预案，积极做好人防抢险物资储备及抢险队伍训练工作。4月10日，区人防办按照人防防汛抢险演练计划开展紧急拉动演练。20名防汛抢险队员携带发电机、抽水泵、电缆、铁锹、手推车等抢险物资在20分钟内到达指定抢险现场，圆满完成演练任务，有效检验了金水区防汛抢险队伍应急反应能力。

【人防服务民生】 2019年度金水区开放纳凉点和可避暑处2处，可容纳群众纳凉，并免费向纳凉群众发放纳凉扇子1500把，扑克牌2000副，防灾减灾知识手册3000余份，同时聘请专人负责维护纳凉点秩序，确保百姓健康、舒适、有序纳凉，受到群众的广泛好评。

人防防灾减灾宣传是增强人防影响力、扩大人防宣传教育覆盖面的重要渠道。区人防利用“5·12”防灾减灾日、“9·18”警报试鸣日、开放人防工程避暑纳凉等时间节点和工作契机，举办各种类型的人防集中宣传活

▲5月12日，在河南全民健身广场举行防灾减灾宣传活动

动。5月12日，区人防办联合经八路街道办事处、区卫健委、区消防大队、区红十字会风马旗应急救援志愿者服务队、区“红色文艺轻骑兵”文化馆军区社区老干部艺术团小分队，在位于黄河路与黄河南街的河南全民健身广场上举行防灾减灾集中宣传活动。

▲ 辖区居民、学生到金水区人防科普教育体验馆学习

坚持融合发展理念，以金水区人防科普教育体验馆为依托，大力推进人防宣传教育工作。10月31日，上海市民防教育培训中心调研组与省人防办有关人员一行8人到金水区人防办考察调研人防宣传教育工作。调研组实地参观了集互动体验、科普教育、避暑纳凉等功能于一体的金水区人防科普教育体验馆，并详细了解了金水区人防办在“5·12”防灾减灾日、“9·18”警报试鸣日和纳凉开放时开展的人防宣传教育活动情况，对金水区人防办在创新工作思路、普及人防知识、服务人民群众、提高人防宣传教育方面给予了高度的评价。同时表示金水区人防宣传进社区工作，能够因地制宜发挥各社区特色，开展形式多样、丰富多彩、寓教于乐的宣传，有许多好的做法和经验值得推广与借鉴。区人防办将进一步创新工作机制，用开拓性的工作思维做好人防“五进”宣传工作，始终与为民服务紧紧融合起来，创造出更多、更好的经验。

【机关文化建设】 通过加强单位建设管理工作，形成单位各项工作新面貌。建立加强机关纪律的长效机制，进一步严明工作纪律。完善请销假制度和外出公干备案表，还陆续制定一些符合实际的规章制度，使制度更加完善、更加健全，工作有章可循、规范有序。广泛组织干部职工进行文明礼仪教育学习，对来访群众切实做到“六个一”，即：一个微笑、一句您好、一杯水、一把椅子、一个满意的回答、一句再见，形成一股讲文明、讲礼仪的热潮。

（撰稿：陈　晨　审阅：高海歌）

农业与农村经济

农　业

【概况】 金水区农业农村工作委员会是区人民政府主管全区农业和农村经济、林业、水利、畜牧、渔业及农业机械化的工作部门。根据区委、区政府机构改革要求，2019年区农委职能配置、内设机构发生相应变动，林业部分职能划转至区自然资源局，内设科室由8个调整为9个，即：办公室、行政审批服务科、法制科、农业科、水利科、畜牧科、农村经济科、生态发展科、监督管理科。

2019年，农村居民人均可支配收入达28112元，同比增长8%。

2019年是决胜全面建成小康社会第一个百年奋斗目标的关键之年，做好“三农”工作对有效应对各种风险挑战、确保经济持续健康发展和社会大局稳定具有重大意义。金水区深入贯彻落实中央和省市涉农政策，突出抓好“三农”工作各项任务的落实，全区农业和农村经济稳步发展，“三农”工作取得良好成绩。

【农产品质量安全】 持续巩固国家和省级农产品质量安全县创建成果，筑牢筑强金水区“两级四层”农产品质量安全监管体系，做好重点时段、重要节日期间农产品质量安全工作，进一步加强属地责任和企业主体责任监管力度，不断加大宣传、培训力度，提升农产品质量安全监管水平。2019年，共抽检蔬菜、水果、水产品等农产品样品833510批次，销毁不合格农产品638公斤，总体合格率99.9%。开展畜产品质量安全整治行动，从兽用抗菌药、饲料和饲料添加剂、畜牧业投入品打假3个方面着手，向全区99家饲料、兽药生产经营企业发放告知书，并逐一签订承诺书。2019年11月，获得第二批国家农产品质量安全县（市）授牌。

【都市农业建设】 围绕农业增效、农民增收目标，金水区把工作重心放置到积极调整农业产业结构，大力培育农业龙头企业，拉长产业链条，促进一、二、三产业融合发展。2019年，农业产业结构调整面积600亩（主要种植农作物为山药）；按规拨付7家涉农企业476.34万元的支持农业企业发展专项资金；完成11家市级农业产业化龙头企业监测考核和郑州宇全食品有限公司市级农业产业化龙头企业的申报认定工作，全区28家市级以上农业产业化龙头企业销售总收入达82亿元。

【强农惠农政策】 2019年，全区夏秋粮播种面积1874亩，粮食总产量864吨，耕地地力保护补贴138789.96元、补贴面积937.77亩（148元/亩），棉花价格补贴6900元、补贴面积30亩（230元/亩），全部以“一折通”的方式兑付到农户手中。

▲ 8 月 26 日，区农委主任张福敏（右三）带领班子成员一行到金水区 2019 年玉米品种种植鉴定基地，检查指导新品种示范工作

【“大棚房”问题专项整治】 成立“大棚房”问题专项行动领导小组，制定专项实施方案，明确总体要求、整治范围、工作任务、时间节点，组织精干人员和力量，多次进行全面排查清理，切实做到逢园必进，逢棚必查，横到边、纵到底，决不允许出现盲点、空白、死角，确保专项行动扎实有效。经核查，全区共有设施农业大棚 155 个，面积 157.89 亩，接收处理各类“大棚房”疑似问题图斑 309 个，经逐一核查甄别，未发现“大棚房”问题。其中，塑料大棚 48 个，占地 31.69 亩；日光温室 103 个，占地 94.72 亩；连栋大棚 3 个，占地 29.5 亩；其他 1 个，占地 1.96 亩。

【水产养殖】 以实现渔业增长方式转变、促进农村稳定、农民增收为中心，以强化管理、检测、服务为手段，推动全区渔业健康发展，提升行业整体实力。2019 年，完成《金水区养殖水域滩涂规划（2018—2030 年）》编制发布工作，科学划定金水区渔业养殖功能区，合理布局了水产养殖生产；金水区池塘养殖面积 200 公顷，主要养殖品种为鮰鱼、鲤鱼、泥鳅和淇河鲫鱼等；观赏鱼养殖业产值达到 300 万元；旅游导向型休闲渔业营业额 7636 万元。

畜　牧

【概况】 坚持维护公共卫生安全，保障畜产品质量，促进畜牧业健康发展目标，科学防控重大动物疫病，对已关闭搬迁畜禽养殖圈舍进行消毒灭源工作，努力提高畜牧行业综合执法监管能力等。

【重大动物疫病防控】 制定科学有效的动物疫病防控措施，监督指导动物经营场所依法依规开展消毒、动物防疫及无害化处理等工作，做好流行病学调查工作，对辖区内的动物诊疗机构开展动物流行病学调查，了解疫病情况并及时处置，做好动物检疫合格证明电子出证工作。为郑州市动物园订制口蹄疫及高致病禽流感疫苗，重点调查辖区动物园等场所 18 匹马的马鼻疽、马传贫防控情况，全年共开展动物流行病学调查 44 次，出具动物及动物产品检疫证明 21 份，严格把控动物疫病传播风险。强化动物疫情防控工作部署和安排，完善重大动物疫情应急反应机制，防止流通环节出现家禽 H7N9 流感传播风险，落实各项非洲猪瘟防控措施，提高科学决策、快速反应、应急处置能力，筑牢金水区疫情防控防线。2019 年，金水区无动物疫情发生。

【禁养区排查整治】 严格按照《中华人民共和国畜牧法》《畜禽规模养殖污染防治条例》等法律法规对禁养区划定的要求，对原饮用水水源保护区进行排查（原饮用水水源保护区北郊地下水饮用水水源地保护区于 2019 年 9 月 24 日取消），对风景名胜区、自然保护区的核心区和缓冲区、基本农田、城镇居民区及文化教育科学研究区等人口集中区域进行深入摸排，决定对金水区原划定禁养区不进行调整，继续依法将金水区划定为禁养区。

水　利

【概况】全面做好金水区防汛抗旱、生态水系建设和水政水资源管理等工作，坚持水资源、水生态、水环境、水灾害统筹同治的治水新思路，落实"四水同治"各项工作部署，按照最严格水资源管理制度，全面推行河长制工作机制，保障防汛安全持续稳定，切实落实水土保持"在监管上强手段"的要求。2019年，金水区防汛抗旱形势持续稳定，水环境持续改善，水资源管理体系日益完善。

【防汛抗旱】全面落实以行政首长负责制为核心的各项防汛责任制，及时召开防汛抗旱工作会议，全面部署防汛抗旱工作。组织人员对辖区河道、涵闸、沟渠等主要防洪工程进行各项汛前隐患排查工作，并根据隐患排查情况，加紧落实整改措施，认真修订防汛方案、预案，及时更新补充防汛储备物资，积极组建全区黄河一、二、三线群防队伍共计5730人。2019年汛期，金水区多次出现短时强降雨等极端恶劣天气，上游小浪底泄洪流量持续在4000立方米/秒以上，受回流淘刷影响，9月21日晚，黄河金水区段马渡险工28护岸和29坝出现险情，区防办反应迅速，持续强化工作部署，多次启动防汛应急响应，及时协调人力、物力和发布汛情。

【河长制工作】做好金水区河湖管理与保护工作，严格落实河长制工作机制，深入开展河流清洁行动，强化河道管控能力，逐步实现河道"三清一净"。组织河长巡河，2019年区级河长巡河83人次，乡级河长巡河945人次。开展专项行动，积极打击河道非法采砂、非法捕捞等行为，协调举行"清四乱""三污一净"专项行动，进行市、区联合执法行动10次，建立黄河金水区段"四乱"问题清单台账，已全面完成整治任务。推进河道治理建设工程，按计划完成石沟综合治理工程、贾鲁河综合治理工程、河长制河道全线可视化监控系统建设项目等施工进度，截至年底，石沟综合治理工程已完成勘察、测量、设计、两岸附属物普查兑付、上游700米无河段疏挖、引水涵闸建设等多项工作，加紧进行河道全线疏挖及两岸修整；贾鲁河综合治理工程河道疏挖护砌金水区段已全部完成，两侧景观步道及两岸防汛道路已基本铺设完成；河长制河道全线可视化监控系统建设项目正在进行普查摸底，并与设计单位、河道处对接，同步推进招投标工作。

生态建设

【概况】金水区生态建设工作以生态农业建设、国土绿化建设、黄河湿地自然保护区金水段综合整治工作、森林病虫害防治等工作为重点，大力开展生态建设。

【生态农业】进一步贯彻绿色发展理念，加大农业面源污染治理力度，推进节肥节药行动，推广测土配方施肥、高效低毒农药，开展秸秆禁烧和综合利用工作，推动畜禽禁养区划定，金水区农业生态建设得到进一步夯实。2019年，推广测土配方施肥1200余亩，全区化肥使用量68吨；科学防治农作物各类病虫害面积1200余亩次；"三夏""三秋"期间金水区出动一线禁烧工作人员4000余人次，督查人员640余人次，发放各类宣传物料23000余份，秸秆综合利用率达到93.1%，未发生秸秆焚烧现象。

【国土绿化】全面贯彻落实省市国土绿化提速行动决策部署，建立健全组织机构，统筹推进土方利用、培土塑形、绿化施工等工作，明确时间节点，强化责任落实，大力推进森林氧吧和连霍高速、京港澳高速两侧绿化提升工程建设，着力构建生态宜居绿色金水。森林氧吧、连霍高速绿化提升已于4月底基本完成，绿化提升面积分别约为 9.3 万平方米、42.63 万平方米，苗木后期管护和园路、管理房建设等有序开展；京港澳高速绿化提升工程上半年既定任务已于 4 月底完成，秋冬季栽植于年底完成，累计完成绿化提升约 85.6 万平方米。

【河湖湿地综合整治】 大力实施黄河湿地综合整治工程，积极开展日常巡查巡护工作，发现问题及时下发督办通知，切实打击破坏湿地的违法活动，维护湿地生态安全。2019 年，共印发督办通知 102 次，组织联合执法行动 3 次；"绿盾 2017、2018、2019" 所查出的 53 处点位问题已逐一核查处理，全部销号完毕；2019 年市交办的 72 处人类活动点位和 7 个巡查巡护交办点位问题，已全部整改到位。贾鲁湖湿地湖区内 3 个景观岛已初具规模，贾鲁广场、码头、咖啡厅、展馆等设施建设有序推进。

【森林病虫害防治及检疫】 根据前期各类病虫害检测预报情况开展林业有害生物防治，职能移交前已完成草履蚧、美国白蛾等病虫害防治部分工作，草履蚧发生面积 650 亩，防治面积共 1950 亩，其中，人工缠胶带 650 亩，树上喷药 1300 亩，打药清除面积为 1950 亩，美国白蛾防治面积为 2000 亩，签发植物检疫证书 2328 份。

行政执法

【农资市场监管】 进一步提升行政服务能力和执法人员综合素质，加大农业综合执法力度，开展农村假冒伪劣食品、农产品质量安全等专项行动，着力构建农资生产经营环境的舒适"小气候"。积极举办金水区涉牧企业规范经营暨安全生产培训会、农资生产经营企业法律法规暨安全生产培训班及新型职业农民培训班，增强金水区涉农企业（个体）质量管控主体责任意识。2019 年，共培训人员 371 人次，累计检查农产品生产经营主体，农药、化肥、种子、兽药、饲料生产经营单位，动物诊疗机构和水产养殖户共计 1900 余家次，处理各类纠纷投诉、市长热线及违法违规案件 68 起；捣毁、取缔农药非法生产窝点 8 处，没收造假原料、成品及其他生产物资 30 多吨。

【畜牧兽医执法监管】 加强动物诊疗机构监督管理，对动物诊疗活动开展情况、注册执业兽医从业情况、处方和用药情况等方面进行监督检查。2019 年，检查动物诊疗机构 230 家（次），发放和签订相关告知书、承诺书 204 份；调查处理群众投诉、上级交办、网格交办、市长热线投诉共计 17 起；案件办理 4 起，罚没款 28415.74 元。

【水生野生动物保护执法】 切实加强金水区水生野生动物保护和管理工作，积极宣传新版《中华人民共和国野生动物保护法》，严格审核相关证件审批流程，规范水生野生动物人工繁育和经营

▲ 10 月，贾鲁湖建设实景效果

利用行为，开展水生野生动物执法检查行动，组织实地察看海洋馆、动物园、极地海洋世界、观赏鱼市场等重点区域。

【禁渔期及禁止毒鱼电鱼执法巡查】 大力打击沿黄河两岸毒鱼电鱼及禁渔期捕捞等非法捕捞行为，清理取缔涉渔“三无”船舶和“绝户网”等违规网具，按照上级行动要求，金水区联合省市沿黄河两岸开展3次执法行动，结合日常沿黄巡查监管，累计出动巡查人员210人次。

【水资源管理】 建立健全以总量控制、定额管理为核心的水资源管理体系，严厉打击擅自取水、擅自建造取水工程等违法行为，积极开展节水宣传活动，营造辖区“惜水、爱水、节水、护水”的良好氛围。2019年，对辖区372家计划用水单位建立一户一档，并依据金水区年度用水控制总量，核定用水单位年度用水指标，监督用水单位用水情况；全区共有自备井和水源热泵取用水户40户，已向税务部门移交取用水户33户（2019年度新增加3户），追缴水资源费43519元，收取污水处理费222948元，处理各类水事违法行为29起，封井21眼；县域节水型社会创建工作11月中旬顺利通过省级验收。

【水土保持备案监管】 做好上级指导单位、同级兄弟单位的对接沟通，摸排金水区在建工程和近两年内已建工程，建立项目台账，按照相关政策要求，依据法律法规，认真审核申请材料，完成水土保持备案。对生产建设项目水土保持未批先建112个项目进行查处，对19家施工单位下达限期编报水土保持方案通知书。

【行政许可事项办理】 金水区涉农行政审批事项共75项，分为农业、农业机械、农田水利、畜牧、水产5个部分。根据放管服工作“三集中三到位”要求，所有事项均进驻政务服务大厅，审批流程划分为受理、审批和送达3个环节。2019年，共受理审批通过行政许可事项224件，其中，兽药经营许可证41件，动物诊疗许可证25件，兽医执业注册82件，水生野生动物及产品经营利用许可证17件，取水许可证2件，农药经营许可证36件，林木采伐许可证9件，对调运的植物及植物产品办理植物检疫证书5件，生产建设项目水土保持方案审批2件，代办粮食收购许可证5件。

农村集体经济

【农村财务管理】 继续实行统一记账、财务公开等制度。组织开展检查，强化监督管理，要求全区各相关街道办事处坚持每月月初对村组账目进行张贴公布，接受群众监督，金水区于4月—6月对辖区内村组财务公开工作进行抽查，已抽查杨金路、兴达路、东风路、丰产路、文化路、丰庆路、经八路7个街道，占涉农街道50%，确保各村组按时公示；金水区于3月1日—5月31日对辖区内村组财务管理情况进行抽查，抽查11个街道办事处，涉及16个村37个组，共梳理12类问题92项，截至年底，已全部整改到位。严格执行“三资”中心收支把关制度，杜绝不合格票据入账，同时对一些村组存在非生产性开支较大现象，组织专项检查，并及时提出纠正意见。2019年，审批全区村级办公用品22批次，审批资金53.51万元。安排部署村组干部任中审计工作，审计工作共涉及全区10个涉农街道办事处116个独立核算的村组，审计行政村数占全区总村组数的56.8%，被审计村组干部共计100余人，审计总金额35.08亿元。

【农村集体产权制度改革】 金水区于2009年在全市率先开展农村集体产权制度改革工作（时称农村集体经济股份合作制改革工作），前期农村集体资产清产核资工作已基本结束，清产核资工作验收成绩位列郑州市第一名，并且在9月11日代表郑州市通过河南省验收，全区40个村、164个组公示核实各类资产101亿元，其中经营性资产66.2亿元。截至2019年年底，全区共有148个村组（26个村122个组）完成股改工作，占全区总村组数（40个村164个组）的72.5%。同时，通过区委、区政府大力协调，有99个股份经济合作社通过市场监管部门完成了注册登记工作。

【马李庄专项整治】 为强化农村财经纪律，结合区委第九巡察组巡察安排，专门聘请河南金毅会计师事务所，对马李庄村农村财务工作进行了专项整治，期间共梳理4大类21项问题，并向北林路街道党工委出具了开展专项整治工作的函，要求北林路党工委牵头进行专项整治，马李庄村基本完成整改工作。

【结对帮扶】 自2018年郑州市结对帮扶卢氏县深入对接活动启动以来，区农委将其作为重大政治任务来抓，围绕“产业帮扶、健康帮扶、教育帮扶、公共文化服务帮扶、劳务协调和人才培养帮扶、助残养老帮扶”六大帮扶工程，牵头组织区委领导和区直部门单位深入卢氏县官道口镇、杜关镇，察看两镇扶贫基地建设，开展脱贫攻坚工作调研，提供人员物资支持。2019年，两地共开展互访15次，召开结对帮扶推进会等相关会议5次，金水区共组织动员党政机关、企事业单位向两镇公益捐赠8次，折合人民币约427万元；提供产业发展帮扶资金200万元、扶贫支持资金100万元。

（撰稿：谢　炜　刘燕敏
审阅：张福敏）

工业和信息化

工业和信息化工作

【概况】 金水区工业和信息化局（以下简称区工信局）的前身是金水区工业和信息化委员会，2019 年 1 月金水区工业和信息化委员会更名为金水区工业和信息化局，是金水区人民政府的组成部门。内设办公室、经济运行科、信息化产业服务科、中小企业服务科、安全信访科和大数据产业发展科 6 个职能科室。

【加快传统产业转型升级】 引导企业加快转型升级，鼓励企业自主创新。区工信局依托辖区工业设计等新型业态优势，利用工业设计服务于制造业，推进企业由“制造主导”向“设计主导”转型。如引导防伪保密抓住春节销售旺季的有利时机，设计、开发支付宝扫码红包。以现代食品制造、印刷等传统行业为着力点，实施“两化”深度融合行动，实现信息技术在传统制造业的全面渗透。河南新华印刷集团搭建河南省印制资源集聚管理服务平台，打通印刷集团与出版单位、合作承印企业的信息通路，实现订单印制全程管控。

【打造信息安全产业高地】 2019 年，区工信局与北上广深地区的信息安全企业行沟通对接，起草《区工信局信息安全类招商企业目录》。截至年底，辖区共集聚省内外信息安全领域龙头骨干企业 40 余家。已初步形成信息安全产业链条，在芯片领域、安全软件领域、安全终端领域、安全平台领域、安全服务领域上，骨干企业加大研发投入，逐步将研发成果市场化，企业产品占据一定的市场份额，并获得较好收益。

▲ 10 月 12 日，市工信局一行调研郑州信大捷安信息技术股份有限公司

【稳步推进移动政务安全信息化项目】 区工信局与项目建设方进行多次沟通，在沟通中不断发现问题、整改问题，同时根据提出定制化功能的需求，对其系统进行功能优化，截至年底，项目已进入使用阶段。项目软件系统包括通知公告、公文管理、规章制度、工作动态等22项通用功能。在移动政务安全信息化系统中，后台将实时记录所有的工作数据，使全区各单位工作量及工作饱和度以图形化的方式进行直观展示，实时分析全区政务工作动态。

【着力优化经济发展环境】 2019年，帮助企业争取上级各类资金6519.21万元。编印《金水区工信局扶持政策汇编》，开展入企业送政策帮扶活动。全年累计走访企业200余家，发放《政策汇报》1000余份。同时，利用政策宣讲会、金水区信息服务平台、微信群、QQ群等方式，加大市、区相关扶持政策、“金典六策”等政策的宣传力度。开展“四项对接”服务活动24次，涉及产销对接、“产学研”对接、用工对接、银企对接及其他服务活动，为千余家企业提供优质服务。利用走访、送政策下企业、问卷调查等方式，收集解决55家企业反映的79个问题，涉及环保、经营（生产）场地、资金、人才、政策等方面，为企业缓解瓶颈制约，推动金水区企业健康发展。

【改善企业人才结构】 加大对企业管理人才的培训力度，组织辖区70多名企业家参加各类培训10次。深入企业了解人才储备状况和需求，研究省、市、区人才相关政策，积极帮助企业人才申请各类扶持与奖励，提高企业人才地位，提升企业发展的积极性。帮助8名企业科技人才申请郑州市“人工智能”专家称号，帮助5名企业家申请郑州市企业家领航计划优秀企业家称号，累计22名企业家通过公示。

中小企业服务

【概况】 工信局中小企业服务科主要职责：负责全区中小企业的宏观指导，贯彻执行国家、省、市有关中小企业发展和非国有经济发展的法律、法规及相关政策；指导服务中小企业健康发展；为企业融资搭建平台，引导各类中介组织为中小企业提供服务。

【为中小企业提供高效优质服务】 开展国家、省、市三级的中小企业公共服务示范平台和小型微型企业创业创新示范基地申报工作。2019年成，区工信局推荐12家机构成功申报郑州市中小企业公共服务示范平台和小型微型企业创业创新示范基地，其中7个平台成功获评“郑州市中小企业公共服务示范平台”，3个基地成功获评“郑州市小型微型企业创业创新示范基地”。新增23家“专精特新”优质中小企业，新增企业数创新高。

安全生产和信访工作

【概况】 区工信局作为区安委会成员单位，主要职责为负责指导

▲11月1日，金水区企业服务政策宣讲会

行业企业安全生产工作。

【安全生产和信访工作】 一是签订目标责任书。按照“关口前移”原则，认真做好系统企业消防、安全生产目标责任书的签订工作，使各项目标管理横到边，纵到底。二是化解信访难题。深入了解区属企业中职工反应的热点、难点问题，及时上报排查中发现的不稳定因素的信息，落实个人包厂、科室包点、领导包案制度。

大数据产业

【概况】 工信局大数据产业服务科主要职责：贯彻落实国家、省、市大数据产业发展的规划和政策；统筹推进数字经济，构建数字经济产业生态体系；负责全区大数据产业发展和行业管理。

【推进大数据产业发展】 行业企业发展态势良好，一批大数据技术研发实验室、工程中心、企业技术中心、产业创新平台、产业联盟及投资基金等平台相继建成，进一步加速了大数据的产业应用。如河南拓普计算机网络工程有限公司先后荣获“郑州市大数据应用企业”及“企业信用信息大数据研究及应用河南省工程实验室”称号。郑州时空隧道信息技术有限公司在2019年中国国际大数据产业博览会上荣获“领先科技成果奖”，成为河南唯一一家获奖企业。

（撰稿：刘　博　审阅：罗春阳）

商 贸

商 贸

【概况】 金水区商务局成立于2005年8月，行政单位，规格正科级，隶属金水区政府。内设党政办公室，财务室、招商科、对外经济科、商贸科、综合经济科和法规信访科7个职能科室。截至2019年年底，全区累计完成域外境内资金152.3亿元，其中省外资金累计完成107.1亿元；全区完成实际吸收外资33060万美元；全区完成外贸进出口105.8亿元；全区完成对外投资合作营业额3.23亿美元；全区累计完成社会消费品零售总额767.2亿元。

▲ 11月7日，区长魏东（右二）参观进博会思爱普（中国）有限公司展台

【招商引资】 2019年，成功引进了世界500强企业思爱普（SAP）落户金水区，并在第二届进口贸易博览会河南专场活动现场实现签约；自主举办了“金水区微纳科技产业集群系列项目集中签约仪式”，引进包括中天利国际高纯纳米材料及仿真中心、弘大科技创新及研发中心、丽晶美能高等级功率半导体芯片生产线、北斗时空导航应用技术创新及研发中心、宏瑞新能源汽车河南总部在内的一批高新技术研发项目。全区累计入库中部网络安全产业园、河南华中生物科研及创新中心、中原印象城市综合体等20个项目，完成签约金额289.3亿元；凤凰城市广场、银基风尚大厦等9个项目实现开工，总投资额171亿元。马李庄商业综合体、柳林城市综合体、银基风尚大厦、芯互联智汇城、凤凰城市广场5个项目已上报为市级“五职”项目，2019年年底已全部实现开工建设；中部网络安全产业园、思爱普中国郑州智能企业创新赋能中心、河南服务外包产业园区二期3个市级重点招商引资项目均已实现签约，其中，河南服务外包产业园区二期项目主体建设已全部完工，实际到位资金19.4亿元。

【“三外”工作】 切实做好稳外

贸、增外资、促外经工作。一是深入企业调研走访，协助企业分析形势、研究对策、解决难题，有效防范化解风险；二是深入宣传落实相关扶持政策，积极帮助符合条件的企业申报资金奖励，扶持企业发展，2019年，区商务局协助辖区24家外经外贸企业申报了2018年度郑州市对外开放专项资金奖励金额共计1352300元人民币；三是深化“放管服”改革，简化办事流程，优化营商环境，协调联动、形成合力，以优质服务保障企业健康发展。

【电子商务】 截至2019年12月底，金水区共有292家电商企业通过了河南省电子商务企业认证，数量位居全市第一；金水·“一带一路”经贸产业园先后被认定为“2019年郑州市跨境电子商务产业园区”和“河南省跨境电子商务示范园区”；金水科教园区跨境电子商务产业园被认定为“2019年郑州市跨境电子商务产业园区”；区商务局推荐辖区18家辖区企业申报2018年度市级跨境电子商务发展专项资金。

【服务外包】 2019年，辖区河南金明源信息技术有限公司、河南金鹏信息技术股份有限公司、郑州信大捷安信息技术股份有限公司等17家企业先后荣获2018年度郑州市服务外包项目奖励资金，企业数量占全市1/2。区商务局推荐2家企业申报郑州市2019年度服务外包人才培训机构认定。截至2019年12月底，金水区实现服务外包合同执行额完成1.2亿美元，同比增长23%。

【特色商业街区建设】 2019年，区商务局以国家级特色商业街区建设为标准，重点对农科路酒吧休闲一条街的街区品质进行提升，加大唐人街文化广场项目以及大观音寺中原文化集聚区项目等特色街区建设力度。11月中旬，农科路酒吧休闲一条街被国家商街委命名为“中国特色商业街”。

【市场外迁】 2019年，金水区将市场外迁列入环境污染防治工作和百城提质工作重要内容，形成合力，推进工作开展。截至2019年12月底，凤凰五金标准件市场已全部完成外迁工作；科技市场老市场已外迁80%的商户，剩余商户正在陆续外迁；天荣国际汽配建材港前期结合自贸区建设拆迁已外迁40%的区域，剩余部分外迁工作逐步推进；郑州信基黄河生活广场前期结合青少年公园建设已外迁50%区域，剩余部分外迁工作逐步推进。

【商贸流通】 一是消费市场平稳持续增长。全区累计完成社会消费品零售总额767.2亿元，同比增长5%。二是市场运行监测工作稳步开展。2019年，金水区生活必需品、重点流通市场监测系统的上报及时率、准确率均达到100%，圆满完成工作任务；2019年发布商务预报信息60余篇，被商务部网站采用46篇。三是对加油站规范管理力度进一步加大。截至2019年年底，金水区30家加油站已全部通过年检，区商务局为辖区2家加油站正常延续成品油证，为16家加油站变更成品油证。四是对全区“菜篮子”网点进行全面摸排调查，金水区共有“菜篮子”网点961个，符合郑州市平均每个社区不少于2个“菜篮子”网点的规划要求。

【安全生产】 按照“三管三必须”工作原则，2019年年初，区商务局与辖区38家大型商场超市、32家加油站点等重点商贸领域企业签订《2019年安全生产（消防）工作责任书》，要求企业安全生产责任体系做到“五落实五到位”。区商务局成立了7个安全生产检查小组，由领导班子成员带队每月定期对辖区内大型商超、加油站和物流企业进行安全生产检查。2019年以来，全局共出动检查人员300余人次，发现安全隐患70余处，所有隐患已整改完毕。区商务局分别于6月和8月组织防火宣讲及金水区2019年度商务系统安全消防工作培训，对各街道办事处、辖区大型商超、加油站、物流企业的安

▲ 8 月 20 日，区商务局组织开展金水区 2019 年度商务系统安全消防工作培训

全生产负责人进行安全生产工作培训。11 月，区商务局牵头成立了金水区商贸安全生产专业委员会，进一步强化全区商贸领域安全生产监管力度。

【其他工作】 积极参与第 11 届全国少数民族传统体育运动会工作。区商务局主要负责辖区 14 家赛事酒店相关服务工作，印制发放 3000 余套运动会宣传品，为运动会营造浓厚的宣传氛围。

全力开展创建全国文明城市工作。区商务局主要承担辖区大型商超和主要商业大街的文明城市创建工作，商务局党组明确 3 名党组成员专门负责创建工作，还抽调了 6 名精干力量配合做好创文工作。7 月以来，区商务局共开展创文检查 80 余次，发现问题 110 余处，在创文检查前全部整改到位。

深入开展大气污染防治工作。一是打击黑加油站（点）工作。2019 年，区商务局持续牵头开展全区黑加油站点专项整治工作，组织各相关单位及街道办事处人员对全区开展黑加油站（点）整治专项行动，联合有关单位对杨金路街道办事处杨槐村、兴达路街道办事处黄庄村、兴达路街道办事处干柴李村 3 个黑加油站点进行取缔。全年共开展清理清查行动 18 次，日常巡查 80 余次，出动人员 170 余人次，有效维护了辖区成品油市场的正常经营秩序。二是装卸油管控工作。2019 年以来，区商务局对加油站执行卸油管控的情况多次进行实地察看，共出动车辆 70 余次，出动人员 170 余人次，向市商务局报送管控日报 160 次，通过巡查，确保辖区加油站无违规卸油行为。三是根据《郑州市再生资源回收管理办法》，对城市建成区及建成区外 200 米范围内和市区国道、省道、高速公路两侧 200 米范围内的再生资源回收站点进行摸排，对不符合标准的一律建议取缔。

积极组织参加“迎民族盛会 庆七十华诞”合唱比赛。区商务局高度重视，积极组织人员参加合唱比赛并获得全区三等奖。

（撰稿：韩飞飞 审阅：赵 蔚）

粮食管理

【概况】 金水区粮食管理中心（原金水区粮食局，2010 年 5 月 6 日更名为郑州市金水区粮食管理中心，以下简称中心）。是金水区人民政府综合管理全区粮食工作的直属部门，办公地点位于郑州市经三路北 20 号。粮食管理中心内设办公室、业务科、综合科、监督检查科 4 个职能科室，另有 5 家国有粮食收储备企业。

【地方粮食储备管理】 2019 年，为确保储备粮安全，中心层层落实岗位责任制，建立、健全了粮食保管的各项规章制度。一是将粮食储存安全主体责任落到实处。明确各企业是安全储粮的第一责任主体，负责人是第一责任人，层层分解落实安全储粮责任制。二是继续开展“一规定两守则”全员培训，严格遵守粮食出入库、熏蒸、机械作业、用电等各项业务操作规范，做好药剂、防火等安全管理，加强安全防范，确保万无一失。三是加强粮食质量监督，2019年中心成立粮食质量检验室1个，增加检化验设备1套，并对3家轮换企业开展真菌毒素检测工作，共检测样品35份，全部达到质量要求，做到了不合格粮食禁止入库，确保金水区地方储备粮质量达标。截至年底，全区所有存粮处于安全状态。

▲ 区粮食管理中心开展安全生产检查工作

【地方粮食储备轮换】 依据《郑州市金水区人民政府关于印发金水区区级地方储备粮管理暂行办法的通知》文件对区级储备粮均衡轮换的要求，为顺利完成轮换任务，中心成立了轮换工作领导小组，一把手亲自任组长，加强对轮换工作的领导，切实做到主要领导亲自抓，分管领导具体抓，全员齐上阵的工作格局，把轮换工作做到了实处。截至6月23日，全部完成轮换任务。中心业务科结合综合科于7月9日—16日对3家企业轮换工作进行实地验收，经查看凭证、实物测量计算、样品送检等工作，8月1日轮换验收结束，2019年轮换工作3家企业全部验收合格。

【考核工作】 根据《关于认真开展2018年度郑州市粮食安全县（市、区）长责任制考核工作的通知》文件要求，中心高度重视充分发挥粮食部门的牵头协调和日常管理工作，积极分析、梳理各部门工作中存在的问题，分解落实各部门的工作任务，通过完善考核机制、细化考核内容、强化考核目标等工作措施，促进粮食工作分级负责机制的形成，推动各项保障粮食安全措施的落实，夯实了保障粮食安全的基础。

【行业管理和统计】 中心自2019年年初开始，成立调查小组深入到农户、城镇居民户、粮油经营企业和粮油加工转化企业，对农户粮油收支平衡情况、城镇居民口粮、口油收支平衡情况、国有粮油经营企业粮食收支平衡情况、非国有粮油经营企业粮食收支平衡情况、粮油加工转化企业收支平衡情况进行实地调查。共抽样农户13户，城镇居民29户，粮油企业25家。

【粮食市场监督检查】 一是深入推进“互联网+政务服务”。推进粮食系统“放管服”改革，修改完善《金水区粮食管理中心事项实施清单》，落实“最多跑一次”的改革要求。深入开展“减证便民”整治申请材料多专项行动，压缩承诺办理时限，提高了办事效率。二是有序开展监督检查。组织开展形式多样的法制宣传活动，扩大了粮食政策法规社会影响，为依法管粮营造了良好社会氛围。三是健全监督检查制度，规范执法程序，全面推行“双随机一公开”，开展最低收购价政策执行情况专项检查，严厉打击压级压价、抬级抬价、打“白条”等坑农害农行为，维护正常粮食收购秩序。

【粮食库存清查】 做好政策性粮食库存数量和质量大清查工作。按照上级的要求和统一部署，金水区从3月15日—4月30日开展全国政策性粮食库存数量与质量大清查自查工作。按照“有仓必到、有粮必查、有账必核、查必彻底”的工作原则，对全区5家国有粮食承储企业进行全面清查，并在规定时间内，按要求全面完成自查工作任务。5月13日，市粮食局普查组对金水区大清查工作进行现场抽查和督导，通过抽查，普查组认为金水区大清查工作领导重视、措施得力、工作扎实、误差精细，做到了账账相符、账实相符。

【安全生产】 2019年，中心组织安全生产工作大排查24次。出动检查人员65人次，出具日常巡查记录24份，下达责令整改通知书10份，与企业签订了消防安全生产责任书。每次检查均有记录、有图片，并将检查结果建档立卡。针对检查中发现的问题，当场下发责令整改通知书，并定期组织回头看，坚决将安全隐患消灭在萌芽状态。安全生产工作做到有专项措施、有专门班子、有专项经费。经过努力，2019年全年实现安全生产零事故。

【粮食流通统计及价格监测】 为更好地做好统计工作，当好各级领导决策的参谋，中心认真细致地开展了各项统计工作。一是积极与辖区收储企业联系，认真搞好夏粮收购统计工作。二是每周对粮食经营企业、粮油经销店进行调查，及时掌握粮油价格行情的变化，按时上报。三是按照省、市要求，认真开展居民粮油供需平衡统计调查，为政府宏观调控提供准确、可靠的数字依据。

【“不忘初心、牢记使命”主题教育】 按照区委“不忘初心、牢记使命”主题教育安排，在区委第七巡回指导组的有力指导下，中心主题教育工作全面展开。一是及时召开会议传达区委会议精神，同时制定中心主题教育实施方案，并于9月19日召开主题教育动员会，党组书记、主任李俊勇对主题教育进行动员部署，要求党员干部认真落实“守初心、担使命，找差距、抓落实”的总要求，坚持抓思想认识到位、抓检视问题到位、抓整改落实到位、抓组织领导到位，推动中心上下形成学的氛围、严的氛围、干的氛围。二是抓好学习教育。坚持将学习教育贯穿全过程，中心领导班子带头，以上率下，集中精力读原著、学原文、悟原理，紧紧围绕《习近平关于“不忘初心、牢记使命”重要论述摘编》、习近平总书记对河南重要讲话和重要指示精神，并理解其核心要义和实践要求。截至年底，已进行3期，每期都安排时间，由领导干部分章节进行领学、交流讨论，并穿插革命传统教育等方式丰富学习载体，保证学习效果。三是坚持多措并举，广泛检视问题。坚持将问题检视贯穿全过程，结合调查研究，通过发放征求意见表、个别谈话等方式，向全体党员干部及辖区企业搜集领导班子存在的突出问题，梳理问题清单，为检视反思和解决问题打好基础，在广泛征求意见的基础上，对照问题清单，联系思想工作实际，实事求是检视自身差距，把问题找准、把根源找实，并明确努力方向。截至年底，共归纳梳理出问题6条。四是紧密结合实际，开展调查研究。坚持将调查研究贯穿全过程，中心领导班子成员结合职责分工和重点、难点问题，结合企业实际与职工反映突出的问题，深入到一线进行调查研究，有针对性地选择调研课题。明确调研主题、调研内容等相关事项。截至年底，完成调研报告3篇。五是抓好整改落实，注重工作实效。坚持将整改落实贯穿全过程，突出抓好检视问题整改立行立改。根据检视出的问题，形成问题清单，并逐一进行整改落实。通过抓好整改落实，有力促进中心各项决策部署在中心落地生根，切实推动主题教育往实处走、往深里走。

（撰稿：李峰山　审阅：李亚磊）

楼宇经济

【概况】 金水区楼宇经济建设工作领导小组办公室（以下简称金水区楼宇经济办公室）是金水区委、区政府为了进一步加快推动辖区楼宇经济发展，于 2007 年 8 月成立的正科级全供事业单位，共有编制 10 人，设有综合科、发展规划科、管理服务科 3 个科室。截至年底，全区现有建成商务楼宇 263 栋，建筑面积 643.5 万平方米，闲置面积 30.2 万平方米，楼宇入驻率为 95.3%；楼宇入驻企业 2.59 万家，全区楼宇企业属地纳税率为 94.5%；完成缴纳区级（不含省直属、涉外、市直属，下同）税收百万元以上楼宇 139 栋，完成全口径税收超亿元楼宇 12 栋。

【工作要点】 对照区政府年度工作报告，研究制定《2019 年全区楼宇经济工作要点》，并对 2019 年全区楼宇经济建设工作目标任务进行量化分解，明确全年工作计划表；按照《金水区产业发展评价考核办法（试行）》有关要求，结合楼宇经济建设工作目标及发展要点，制定《金水区 2019 年度楼宇经济工作考核办法（试行）》，细化楼宇经济建设工作考核细则，加强和规范全年目标考核工作；召开 2019 年楼宇经济工作点评推进会，对工作完成情况进行点评，并安排部署全年重点工作任务。

【特色培育】 鼓励引导楼宇产权单位向专业化和高新化方向发展，通过财政、税收等手段引导相同或相关行业在一栋或几栋楼宇内聚集，错位经营，培育一批特色鲜明的金融服务楼、总部企业楼、信息科技楼、商务服务楼和教育培训楼等专业楼宇，形成强大产业优势，进一步扩大聚集效应。在有条件的街道组织开展楼宇产业分布情况调查，针对现有楼宇产业优势，主动与楼宇物管部门联系沟通，有针对性引进相同行业企业入驻，国家知识产权创意产业试点园区、世博中心、金国商厦等一批文化创意、信息科技、教育培训等特色楼宇已具规模，特色产业集群初步显现。

【政策落实】 2019 年年初组织集中申报奖补，依据扶持办法实施细则中的申报指南，按照全区“金典六策”补助申报流程安排，指导各街道引导符合条件的对象积极申报。依托网络投票机制在全社会范围内开展 2018 年度明星楼宇、明星楼宇企业和明星物管企业评选活动，评选出金水区明星楼宇、金水区明星楼宇企业、金水区明星楼宇物业管理企业各 5 家。截至年底，实地验收世博中心特色楼宇培育项目 1 个，科技市场数码港老旧改造项目 1 个，兑付专项补助资金共计 97 万元，发放楼宇联络员补助 47.5 万元。

【楼宇招商】 坚持传统招商与现代招商并举，推介活动与街道参与并进，拓宽推介渠道，进一步整合资源。一方面继续沿用传统

▲ 11 月 20 日，金水区楼宇经济办公室联合高力国际举办写字楼发展趋势论坛

▲ 10 月 11 日，苏荷中心直饮水系统给环卫工人提供便利

“以商招商”的方式，加大对落地企业的服务，及时了解企业的投资需求，另一方面充分利用电话、互联网等现代载体进行招商推介，优化升级楼宇经济网和可视化楼宇管理系统，按时发布金水区商务楼宇闲置资源资讯，宣传推介楼宇资源。探索政府、楼宇业主、物业公司及入驻企业和赢共生的新机制，拓宽沟通渠道，已与高力国际、世邦魏理仕等世界知名物管企业前期洽谈，找准下一步合作方向。充分挖掘省会城市商会、行业协会众多的优势，首创全省利用本地资源招商的先例，成功引进大童保险销售服务有限公司河南分公司、箭牌糖果（中国）有限公司等知名企业。

【公益服务】 组织公安、消防、安监等部门联合执法，集中整治楼宇内的非法经营、超范围经营和无证经营等行为，规范楼宇经营秩序，并从提升营商环境角度出发推进公益服务。一是结合平安楼宇创建活动，按照区综治委平安建设活动的要求，专门成立工作小组，根据各街道实际情况制定切实可行的工作方案，为楼宇企业打造安全和谐的办公环境。二是定期召开服务楼宇经济联席会议，开展上门服务，协助楼宇企业解决生产经营中遇到的困难和问题。三是摸排推进商务楼宇直饮水公益项目。截至年底，金水区已投放 3 个公共直饮水点，分别位于苏荷中心、璞丽中心、兰德中心。四是都针对不同培训对象举办不同层次的楼宇经济业务培训班，全方位提高楼宇经济系统人员综合素质和管理服务水平。

【异地交流】 6 月，在中国楼宇经济全球大会上，金水区获得“中国最具价值投资城区”荣誉称号；同时，金水区楼宇经济办公室做好对外宣传、人大视察以及焦作市山阳区、濮阳市华龙区、洛阳市洛龙区、南通市崇川区、西安市碑林区、高新区考察金水区楼宇经济等观摩交流工作，适时总结楼宇经济建设工作经验与存在问题。

（撰稿：程　琳　审阅：于若雨）

财政·税务

财 政

【概况】 金水区财政局内设12个职能科室，分别是办公室、组织人事科、预算科、国库科、行财科、农业科、城建科、行政审批服务科（会计科）、财政监督检查科、综合科、政府采购管理办公室、资产管理科。二级机构和局属事业单位共有11个（家），分别是区国库集中支付中心、区税源办公室、区收费服务中心、区会计管理局、区财政监督检查办公室、区政府采购管理办公室、区国有资产监督管理办公室、区财务投资管理办公室、区非税收入征收管理局、区农业税管理所、区农业开发管理办公室。局辖基层财政所17个，分别是经八路、丰庆路、国基路、杨金路、兴达路、花园路、南阳路、南阳新村、文化路、东风路、大石桥、人民路、杜岭、凤凰台、北林路、丰产路、未来路街道办事处财政所。

【财政管理改革】 深化预算管理制度改革。持续做好预决算公开，全面公开政府、部门预决算信息，提高财政信息透明度，实现公开常态化；全面推进预算绩效管理，项目经费编制绩效目标和开展绩效自评价，选取部分项目试点开展重点绩效评价，加强绩效评价结果应用。依托郑州财税金融职业学院内网数据平台，组织召开全区预算单位政府部门财务报告培训及填报工作会议，参会的152家预算单位均在当天完成报告的编报工作。在部门填报的基础上，编制出金水区2018年度政府综合财务报告。持续推进国库集中支付电子化改革。结合机构改革，及时将新成立、变更合并的预算单位按要求纳入电子化支付改革规范管理，实现国库集中支付电子化全覆盖。发挥信息应用技术在财政管理方面的积极作用，同时以动态监控为有力抓手，不断提高对财政资金支付的事前监督管理。深化政府采购改革。推行电子化政府采购，实现采购计划网上备案。全年共审核备案政府采购项目448个，采购预算110929万元，实际采购规模105799万元，节约率4.62%。

【财政收支预算执行情况】 全区各级财政部门采取积极措施，加强收入征管，完善各项机制，财政收入实现稳定增长。2019年全区一般公共预算收入完成65.76亿元，为年度预算的101.99%，同比增长7.06%。在财政收入实现稳定增长的同时，调整优化财政支出结构，合理安排各项支出，保工资、保重点、保稳定，为全区经济和各项社会事业的发展提供了坚实的财力保障。2019年，全区一般公共预算支出完成70.32亿元，较上年增长5.25%。

【街道办事处财政收入完成情况】 2019年，17个街道办事处一般公共预算收入完成61.3亿元，较上年增长5.9%，各街道办事处一般公共预算收入完成情况如下：

2019 年度街道办事处一般公共预算收入完成情况表

表 1

单位	一般公共预算收入（万元）	较上年增长（%）
花园路	23942	19.59
经八路	37443	7.30
南阳路	16033	–50.45
南阳新村	11206	–34.83
文化路	80117	19.98
人民路	31178	–9.05
杜岭	8571	10.87
大石桥	12704	7.93
丰产路	56360	–12.95
未来路	67888	12.51
北林路	35805	12.44
东风路	33016	–23.72
凤凰台	28280	15.66
国基路	45252	13.40
杨金路	34242	65.14
兴达路	26560	78.95
丰庆路	64562	20.00

【税源管理工作】 减税降费，统筹发力。2019 年，减税降费政策稳步推进，组织收入压力继续加大，在不折不扣完成减税降费该项政治任务的同时，紧抓重点项目不放松，大力发展服务业，培植涵养税源。整合金水区现有服务政策，工作重心下移，主动作为，及时解决企业的实际困难，全面解答企业生产经营中遇到的税收问题，形成常态化的“管家式服务”。科学分类，“三化管理”。选定上年区级税收 300 万元以上的 100 名纳税人作为重点税源进行跟踪服务，坚持班子成员带队定期实地走访，努力实现重点税源管理的精细化。确立区税源办、街道、社区、网格四级网络，以点带面，初步实现一般税源从发现、采集、管理，到涉税检查、涉税服务等一系列规范化管理机制。在立足社会零散税源经营规模较小、纳税意识淡薄、税收管理难度较大的特点，组织构建“政府牵头、部门参与、街道共管”的管理格局。突出重点，专项核查。联合税务、工商、公安等部门，选取教育培训、房地产建筑业等行业作为突破口，开展多次税收核查，社会化协税护税水平得到切实提高。强化宣传，优化服务。以第 28 个全国税收宣传月活动为载体，着重开展“减税降费”宣传活动，让减税降费更接地气，更有温度；与纳税人搭建更加广泛的沟通桥梁，引导纳税人全面落实税收政策，逐步形成崇尚诚信、文明经营、依法纳税的良好社会氛围。

【保障和改善民生】 坚持共享发展理念，坚守民生底线，统筹财力着力补齐民生短板，使人民群众在共建共享发展中有更多获得感和幸福感。2019 年，金水区民生支出 52.43 亿元，增长 6.8%，占一般公共预算支出的 74.56%，有效促进金水区民生事业发展。支持教育优先发展。拨付资金 11239 万元，继续免除城乡中小学生学杂费和书作费；投入学校建设资金 4.37 亿元，着力解决“大班额”问题。继续加强社会保障工作，拨付再就业补贴 1302 万元，落实再就业扶持政策；拨付退役安置和抚恤资金 16079 万元，为退役军人做好保障；拨付 80 岁以上老人高龄津贴 2864 万元、拨付重度残疾及困难残疾补贴资金 427 万元，维护好困难群众切身利益。支持公共卫生和医疗事业发展，拨付基本公共卫生服务专项资金 8114 万元，疾病防治、两癌筛查等重大公共卫生专项资金 688 万元，保障辖区居民健康；投入资金1363万元，继续支持金水总医院建设，改善就医条件；及时拨付各项医改资金，促进基本药物和综合改革制度建设。切实加强居民文化建设，投入23170万元，重点支持市民公共文化服务活动中心建设。支持打好污染防治攻坚战，投入资金7698万元，补助北方地区冬季清洁取暖；加大财政投入力度，持续支持大气污染防治、扬尘污染治理、河道治理等工作，辖区生态环境得到有效改善。

【重点项目保障】 2019年合理安排建设资金，确保全区重点项目建设，全年共投入建设资金24亿元，其中主要支出为：中国（河南）自由贸易试验区建设3500万元，市民公共文化服务活动中心建设23170万元，金水总医院建设1363万元，老旧小区综合提升整治资金3189万元，青年人才公寓建设资金6600万元，科技市场整体拆迁投入资金5400万元，市政建设投入资金29485万元，四环线及大河路快速化工程征拆补偿资金6000万元、道路拆迁建设资金7649万元、铁路沿线及城乡接合部综合整治投入资金32867万元，有力保障了区政府重点项目的顺利推进，为全区经济社会发展提供了坚实的财力保障。

【规范土地出让金管理】 2019年，金水区涉及棚户改造的项目主要有张家村、东韩砦等多个项目，共收到市局拨入土地出让金878735万元，实际支出773008万元，分别用于张家村、东韩砦、徐庄的拆迁安置补偿及城市基础设施建设，确保城中村改造项目的开展实施。

【投融资工作】 深化投融资体制改革。为适应新形势下对投融资工作的要求，打造金水区未来能够支持经济社会发展的、具有较高综合实力的投融资平台公司，根据上级政策，结合金水区实际，通过深入研究、分析探讨，初步拟定全区投融资改革方案，已进入实施阶段。强化PPP项目规范管理。组织相关单位对科教园区基础设施和绿化两个在库PPP项目开展规范性自检自查，同时定期对项目财政支出及资金到位情况进行监测；依法依规将符合条件的PPP项目财政支出责任纳入预算管理，确保履行支出责任。积极推进地方政府债券申请发行。成功发行政府债券79100万元，有效缓解金水区支出压力，保障金水区市民公共文化服务活动中心、生态廊道、棚户区改造等重点项目建设。

【会计业务管理】 认真贯彻落实《中华人民共和国会计法》《中华人民共和国行政许可法》和《代理记账管理办法》，按要求办理各项会计证相关业务，加强代理记账许可证的办理和年审，做好会计业务管理服务。2019年，共现场审核中级会计职称报名8183人、会计初级职称报名24522人，群众满意率100%；加强代理记账许可证的办理及年审，共办理代理记账机构37家，年审通过116家；召开金水区行政事业单位政府会计制度培训班，确保新旧制度顺利衔接、平稳过渡，促进新制度有效贯彻落实。

【国有资产管理】 进一步提升行政事业性国有资产管理水平，对全区行政事业单位固定资产增减变动实行备案登记制度，全年处置收入35.8万元；按要求完成2018年度行政事业单位国有资产报告、2018年公共基础设施等行政事业性国有资产报告等编报工作，进一步规范金水区国有资产管理；加强国有企业财务快报管理工作，将29家区属国有企业及所属各级子企业纳入企业财务快报编制范围，实现对区属企业运营情况的跟踪了解和动态监测；继续做好剥离企业转社会职能后续工作，积极推进已签订“三供一业”移交协议的家属区启动维修改造工作；开展国有企业职教幼教生活补贴测算工作，圆满完成对金水辖区国有企业职教、幼教、退休教师生活补贴核算工作，确保惠民政策落实到位。

【财政监督检查】 开展全区基层财政和区直预算单位财经纪律执行情况专项整治，制定出台《郑州市金水区人民政府关于进一步加强财务管理严肃财经纪律的通知》《郑州市金水区人民政府关于进一步加强街道办事处财政建设工作的通知》，进一步强化全区财经纪律。扎实开展各项监督检查工作，选取优胜路小学、文化路一小、区第一幼儿园3个预算单位，开展2018年度会计信息质量监督检查；对2018年度文化旅游局的“戏曲进校园”项目和财政局“新政府会计制度培训”项目专项资金开展绩效评价监督检查。

【干部教育培训】 深入学习贯彻习近平新时代中国特色社会主义思想，严格落实区委主题教育相关文件精神，认真组织开展“不忘初心、牢记使命”主题教育。一是以提升人民群众的获得感与满意度为导向，紧紧围绕“守初心、担使命，找差距、抓落实”的总要求，立足财政工作实际，把学习教育、调查研究、检视问题、整改落实贯通起来，有机融合、统筹推进，确保主题教育走深走实。二是结合财政工作，分别于5月、10月分批组织120名财政干部到郑州大学、济源市委党校开展教育培训。通过学习业务知识、到红色基地实地接受教育，进一步加强业务能力，切实增强财政干部的“四个自信”，牢固树立“四个意识”，内化于心，外化于形，落实到工作的各个方面。三是按照区直机关党工委要求，组织75名党员干部积极参加“万名党员进党校充电计划”。每月21日认真开展“党员活动日”活动，落实“三会一课”制度，通过邀请专家讲课、开展党性知识测试、局领导班子和支部书记讲党课、观看警示教育片、交流座谈等形式，进一步提升财政队伍干部的整体素质，营造风清气正的良好氛围。

【党风廉政建设】 推进党风廉政建设主体责任落实到位。结合财政工作实际，研究制定反腐倡廉建设目标和工作重点，组织召开财政系统2019年反腐倡廉建设工作会议，安排部署2019年重点工作；局党组书记认真履行第一责任人的职责，能够做到对重要任务亲自部署、重大问题亲自过问、重点环节亲自协调，并大力支持纪检监察机关各项工作的开展和落实。压实责任，抓好党风廉政“一岗双责”工作落实。结合财政工作实际，组织中层以上领导干部逐级签订《2019年度党风廉政建设“一岗双责”目标责任书》，严格按照“一手抓业务一手抓廉政建设”的要求，明晰责任，统筹安排，做到谁主管、谁负责、严格监督，坚持把党风廉政建设和反腐败工作与财政业务工作相结合，同部署、同督办、同考核。加强作风建设推动党风廉政建设和反腐败工作向纵深发展。抓好党员干部教育，通过学习相关法律条规、组织观看《鉴史问廉》《红色通缉》《“伞”戒》等廉政警示教育片等形式，筑牢思想道德防线，提高党员干部学纪明纪、勇于担责的意识；采取有力措施认真组织开展“天价烟”背后的“四风”问题专项整治、违反中央八项规定精神突出问题专项整治、整治领导干部利用名贵特产特殊资源谋取私利问题等专项活动。

【人大和社会监督】 认真贯彻《中华人民共和国预算法》和《河南省预算监督条例》等法律法规。年初，向区人代会报告2018年度财政预算执行情况及2019年度财政预算（草案），年中向区人大常委会报告2018年度财政决算及2019年度上半年财政预算执行情况，自觉接受人大及常委会的审议与监督，认真听取人大常委会委员、代表的建议，预算报告一经审议通过，严格按照预算执行；按要求公开预算，接受社会和人民群众监督。

（撰稿：王晶晶　李家伟
审阅：袁志刚）

国家税务

【概况】2019年，区税务局坚持法治引领、改革创新，围绕“新机构新形象新担当”主线，突出减税降费主题，聚焦税费收入主业，持续优化纳税服务工作，提升队伍建设水平。

【组织收入】强化责任落实。包片局长组织、协调、找税源；抓好房地产土地增值税清算工作，合理分配项目审核任务，实时掌握清算工作最新动态。

开展房地产行业专项整治。区税务局于10月8日启动房地产行业专项整治，抽调第三税务分局和税源管理科业务骨干组成5个评估组。10月开始主抓组织收入工作，强化所得税后续管理，结合区局下发汇算申报数据，核实疑点数据，查找收入增长点。加大欠税清缴工作力度，对例征期后形成的新欠，统一安排部署，确保应收尽收。

2019年，郑州市金水区税务局各项税费收入2505479万元，其中，组织税收收入1716221万元，组织非税收入51270万元，组织社会保险基金737988万元。

【减税降费】2019年是新机构开局第一年，也拉开了空前力度的减税降费大幕。区税务局作为全国税务系统的代表与李克强总理进行了视频连线，区税务局认真履行总局、省局、市局对减税降费工作部署，牢记“四实四硬”工作总要求，在局党委正确领导下主动提升站位，攻坚克难，狠抓落实、奋力拼搏，确保减税降费政策在金水迅速、精准、全面落地。

区税务局成立减税降费办公室，设置固定办公场所，配备专用设备，抽调3名业务熟练、素质过硬的干部进行专人专岗、常驻办公，同时安排8名业务骨干根据需要进行办公。

为确保减税降费惠民政策“最后一公里”落地执行，区税务局落实服务举措矩阵宣传模式，确保改革宣传一竿到底。对外，通过在办税服务厅设横幅展板、开展“党员先锋行”、LED大屏现场播放、宣传资料分发、税企交流群和政务公开等多渠道、多方式、全覆盖、分批次对所有纳税人开展普惠性政策宣传，力争宣传知晓率实现100%全覆盖。

【文明创建】10月，完成河南省省级文明单位标兵验收。强化组织。成立文明创建领导小组，配专职人员和办公场所，构建“一把手亲自抓、分管领导具体抓、班子成员配合抓、职能股室重点抓、相关股室协助抓、全局上下共同抓”的创建机制，形成了“条块结合、上下联动、人人参与、齐抓共建”的立体式创建格局。

周密规划。始终把文明创建工作摆在税务工作重要

议事日程，多次召开专题会议研究部署文明创建工作，把党建工作与精神文明建设一起抓，同规划、同部署、同落实、同检查，贯穿各项中心工作始终。

丰富载体。组织干部职工观看中央文明办、国家税务总局录制的《中国好税官》，开展“网上祭英烈”“明月照团圆、党群话幸福”“税法宣传进社区、雷锋精神伴我行”“温暖回乡路、共筑留守情”“共同捐书、一起阅读”“弘扬好家风、共筑中国梦”“最美家庭评选”等一系列志愿服务活动。

【正风肃纪】2019年，区税务局纪检组坚持着重强化廉政教育，继续突出纪挺法前的监督理念，努力为全局营造良好政治生态，为金水局高位发展提供坚强纪律保障。

落实一岗双责，压实管党治党责任。坚持以党建为引领。把党的政治建设摆在首位。压实政治责任。全面履行纪检监察监督职责。压实主体责任。党委成员、各单位负责人认真落实主体责任，自觉接受纪律监督。突出警示教育，坚持纪挺法前。区税务局把加强廉政警示教育作为重要手段，加大廉政提醒力度。创新监督形式，形成复合式监督格局。强化同级监督力度。确保上

级的精神和部署落实到位。延伸监督深度。用好“四种形态”，严肃开展执纪问责。为严肃工作纪律、改进工作作风，结合“不忘初心、牢记使命”专题教育以及在局内暴露出个别作风建设苗头性问题，在全局内开展“立规亮旗、正风肃纪”作风纪律专项整顿活动，着力整治执法不规范、不廉洁、违反六大纪律、违反中央八项规定精神以及“四风”方面的问题。努力实现全局干部职工“严守纪律规矩、规范执法、清正廉洁、文明服务”的总体目标。

【纳税服务】 优化税收营商环境。严格执行规章制度，进一步改进工作作风，努力让前来办事的纳税人、缴费人最多跑一次。办税服务厅充分利用自助办税服务区，指导纳税人操作自助设备，提高了纳税人的办税效率，得到纳税人的普遍认可。建设“5G+无人”智慧办税服务厅。在区局党委的大力支持下，第一税务分局积极探索“5G+无人”智慧办税服务厅建设，积极开展推行电子发票、对纳税人进行电子画像等亮点工作。同时遵循注重节约、功能优先、多元办税、纳税人体验优先4个原则，在区域布局、工作思路、功能设置等方面进行了科学设置，方便纳税人办税。10月8日，区税务局“5G+无人”智慧办税服务厅投入使用。认真做好金三并库、发票2.0上线等相关工作。在2019年全省税务系统金三并库停机升级及发票2.0上线停机升级期间，第一税务分局积极做好系统升级前业务测试，同时在升级期间做好预约登记，按照业务需求种类在应急服务区提前增设应急窗口，积极做好金三并库、发票2.0上线准备工作。

【所得税汇算】 区税务局严格按照市局汇算工作的要求，加强组织领导，全面提升汇算清缴工作的质量和效率。为做好2018年度企业所得税汇算清缴工作，区税务局陆续开展4次企业所得税汇算清缴培训会，培训业务骨干56人、办税服务大厅89人，为企业所得税年度汇算清缴工作打下了良好基础。

区税务局于4月25日举办2018年度企业所得税汇算清缴培训会，对区局重点税源及房地产、建安企业共1500多户纳税人开展现场培训。区局各个税源分局同时组织关于企业所得税汇算的培训会近40余次，培训纳税人14034人次。

2018年度郑州市金水区税务局共有企业所得税纳税人149591户，其中，应申报户数119622户，已申报119622户，非正常户17819户。申报应纳税额536523.11万元，汇算清缴入库所得税额122337.04万元。

【法治税务建设】 深入开展法治宣传教育。引导干部树牢法治思维，坚定法治信仰。以点带面，提高全体税务干部依法行政水平。深入开展税务干部普法教育，开展宪法宣传教育活动，不断增强税务干部宪法意识。强化执法监督。区税务局在审理一般程序行政处罚案件的同时，开展全面的执法监督，规范提高税务分局行政处罚的案件质量。积极组织执法资格考试。区税务局积极组织5名工作人员报名税务执法资格考试，通过集中学习、视频培训、个人自学等方式，提高个人税收政策法规知识。

（撰稿：康家宝　审阅：焦豫安）

金水投资公司

【概况】 郑州市金水投资公司（以下简称投资公司）成立于2009年，是区委、区政府大力推进投融资体制改革、增强政府经济调控能力、加快金水跨越式发展的重大举措。投资公司隶属于金水区人民政府，为财政全供事业单位。公司分为四部一室，分别为投融资管理部、财务部、资产经营部、风险控制部、办公室。

【平台公司】 以中共十九大精神为指导，以改革创新为动力，积极做好金水区投融资体制框架内各平台公司的业务协调和政策指导，进一步理顺投融资体制，加强投资项目管理。

一是进一步改革投融资体制，完善公司治理结构，真正建立起“政府引导、社会参与、市场运作”的投融资体制，运用多种融资手段，实现投资主体多元化，资金来源多渠道，投资方式多样化，项目建设市场化。二是投委会就全区重大投融资事项召开正式会议，投资公司认真做好会议的准备、记录及会议纪要的整理等具体工作，为全区投融资工作的规范运作打好坚实的基础。

【加强学习】 进一步完善《河南省金水投资管理有限公司重大事项决策制度》《河南省金水投资管理有限公司投融资管理办法》《河南省金水投资管理有限公司银行账户审批管理办法》等文件，保证公司的制度建设，公司内部管理体制得到不断加强，各项工作严格按照相应规章制度进行，从源头上预防和治理腐败。

【重点项目】 进一步深化投融资体制改革，持续强化政府投融资公司的法人治理结构和市场主体地位，充分发挥政府资金对市场资源配置的引导作用。在金水区投融资决策管理委员会的正确领导下，金水区各平台公司积极参与全区重点项目建设，运行平稳，有力地推动了全区重点项目的进度。2019 年，各只基金运转正常，投资公司在投委会办公室的指导下逐步规范基金的使用、管理、收益及还款流程，建立良好的风险防控机制，为棚户区改造的顺利推进提供资金保障。截至年底，共到位基金总规模 134.1 亿元，各只基金运转正常，在投委会办公室的指导下逐步规范基金的使用、管理、收益及还款流程，建立良好的风险防控机制，为棚户区改造的顺利推进提供了资金保障。

【PPP 运作模式】 自财政部推广运用政府和社会资本合作模式以来，投资公司高度重视并积极推进 PPP 模式，认真分析研究金水区各项重点工程，谋划储备项目，着力深化投融资体制改革，全区各项重点工程有序开展。截至年底，郑州金水科教园区 107 国道辅道以东道路基础设施 PPP 项目和科教园区绿化 PPP 项目，成功进入河南省财政厅 PPP 管理中心系统及财政部 PPP 综合信息平台系统的管理，其中 107 国道辅道以东道路基础设施 PPP 项目现处于执行阶段。同时，金水区还参与郑州市贾鲁河综合治理生态绿化工程 PPP 项目，已完成招投标采购并签订 PPP 合同，截至年底，该项目处于执行阶段。

（撰稿：马腾飞　审阅：余志钦）

经济管理与监督

综　述

【概况】 金水区计划统计局于2004年更名为金水区发展改革和统计局（以下简称区发改统计局），是区政府工作部门，为正科级。根据《中共郑州市委办公厅　郑州市人民政府办公厅关于印发〈郑州市金水区机构改革方案〉的通知》相关规定，2019年1月，原区物价局的相关职责和人员编制划至区发改统计局，区粮食管理中心承担的行政职能，区民政局、区商务局等部门的组织实施国家战略和应急储备物资收储、轮换及日常管理的职责划入区发改统计局。辖二级机构5个，即：金水区普查调查中心、金水区统计信息中心、金水区重点项目建设管理中心、金水区价格认证中心、金水区价格成本监测所。

（撰稿：马莉媛　审阅：张　喆）

【主要指标情况】 2019年，地区生产总值完成1752.5亿元，同比增长6.7%；第三产业增加值完成1487.8亿元，同比增长6.9%；一般公共预算收入完成65.8亿元，同比增长7.1%；固定资产投资同比7.2%；社会消费品零售总额完成1084.8亿元，同比增长5.0%；规模以上工业增加值同比增长2.2%；城镇居民人均可支配收入49601.3元，同比增长7.8%；农村居民人均可支配收入28223.8元，同比增长8.5%；城镇登记失业率控制在4%以内。

（撰稿：李　灿　审阅：丛东雷）

【产业发展情况】 坚持把构建现代产业体系作为关键任务，聚焦新兴产业集聚，集聚省内外信息安全领域龙头骨干企业33余家，新签约1个信息安全类占地项目和7家信息安全类企业，信息安全产业集群正式列入郑州市信息技术服务产业集群建设的“双高地一基地”，并被纳入河南省新兴战略性五大产业集群建设范围。共享生态科技产业城仓展服务中心已投入使用，和俄罗斯跨境电商“Ulmart”签订战略合作备忘录，截至年底，已签约入驻郑州瀚纳科技有限公司等50家共享应用企业，智能制造、智能物流、智能服务3个主要模块已经成形。经省商务厅认定的电子商务企业达到290家，实现交易额190亿元，同比增长20%；在商务部备案的服务外包企业达到147家，全年外包合同金额1.2亿美元，同比增长22%。引进河南省中原石油天然气管网有限公司、吉林敖东药业集团股份有限公司、国信联合保险经纪河南分公司等20家知名企业的河南区总部入驻。服务业增加值占地区生产总值的比重达到88.1%；现代服务业比重进一步提升，完成增加值1016亿元，占三产比重达到75%；金融、商贸、高技术服务主导产业完成增加值830亿元，占全区服务业增加值的比重达到61%。平台载体建设不断提速，金水科教园区以重大项目建设为引擎，河南省信息安全产业示范基地、金科智汇谷等4个项目投入使用，西亚斯国际软件园等4个项目大部分楼栋主体封顶；中科院过程所郑州分所等5个项目正在推进现场施工，成功签约引进中部网络安全产业园等重点项目75个，重点在谈国密安全芯片智能安全物联网终端等优质项目36个，科技类项目建设招引不断提速。河南科技园区主营业务收入增长15%，利用两大平台建设电子商务生态圈，河南科技市场专业市场已入驻企业超1000家，年销售额预计4800万元，IT-par新产品新技术交易平台上、下游商家共计1060家，累计交易额900万元。国家知识产权创意产业试点园区聚焦知识产权运营，中部知识产权运营中心已组建，商标运营板块已开始试运营，引进落户国际国内知识产权媒体IPRdaily、百度百家号、今日头条等优质知识产权服务类企业，新增入园企业37家。大学生创业园新增入孵项目132个，孵化出园项目89个，入园项目成活率达90%以上，累计营业额2.6亿元，纳税727万元。

（撰稿：李　灿　审阅：丛东雷）

【重点项目建设情况】 2019年，金水区省、市、区重点项目共218个，年度计划投资738.2亿元，全年完成投资745.6亿元，占年度目标的101%，圆满完成年度目标计划。其中，省重点项目26个，总投资577.7亿元，年度计划投资171.5亿元，全年完成投资172.2亿元，占年度目标任务的100.4%；市重点项目31个，总投资169.2亿元，年度计划投资46.7亿元，全年完成投资47.1亿元，占年度目标任务的100.9%；区重点项目161个，总投资3475亿元，年度计划投资520亿元，全年完成投资526.3亿元，占年度目标任务的101.2%。61个计划新开工项目中，郑州嘉里中心、河省高级人民法院办公用房改造和审判法庭建设等41个项目开工建设，河南地理信息导航产业园、郑州中科新兴产业技术研究院等113个续建项目进展顺利，汇泽时代广场等17个项目竣工投产，恒大都市广场、安尚逸品铭座大厦等44个办理前期手续的项目正在加紧完善手续。

（撰稿：张晨萧　审阅：范新芳）

【统计法治建设】 2019年，金水区发展改革和统计局制定《金水区发展改革和统计局2019年法治宣传教育和依法治区工作方案》，完善《统计机构负责人和统计人员防范和惩治统计造假弄虚作假责任制规定（试行）》《关于加强合同管理的通知》《统计执法随机抽查制度》等文件，为依法行政奠定基础。开展法治宣传，通过向区委、区政府主要领导、有关局委、街道办事处科级干部发放统计法律书籍，组织统计法律法规知识学习，达到宣传的目的，效果明显。组织企业培训，充分利用年报和定报业务培训的有利时机，通过讲解统计法律法规知识与统计执法案例，提高统计调查对象对统计法律法规的认知度，培训人员2000余人次，发放《中华人民共和国统计法》摘录、《河南省统计管理条例》摘录及案件通报宣传彩页3000余份，收到了良好的效果。开展法

▲2月，金水区2019年第一批重点项目集中开工仪式

治培训，2019 年 18 名执法人员参加全区组织的法律知识培训并全部通过考试，为发展改革、统计执法工作打下了坚实基础。开展统计法律进党校活动，聘请市局专家，分夏季、秋季 2 次，对全区 112 名科级及中层干部进行了统计法律法规知识培训。开展法律法规宣传活动，2 次集中组织统计法律法规、经济普查大型宣传活动，效果良好。认真组织完成防范和惩治统计造假、弄虚作假自查工作。认真组织配合国家统计局对金水区的防范和惩治统计造假、弄虚作假开展督察工作。认真组织完成第一、第二、第三、第四季度“领导干部违规干预统计工作自查”。开展统计执法，区发改统计局本着“用数据说话，为决策服务”的原则，及时召开会议贯彻国家、省、市统计执法会议精神，认真布置统计执法工作，配合郑州市统计局对金水区 2019 年度的统计工作巡查，共检查单位 56 家。加强统计行政指导工作，2019 年行政指导 58 起案件。同时认真做好规范性文件、合同合法性审核等工作。

市场监督管理

【概况】 2019 年 1 月 29 日，按照中央和省委、市委关于党政机构改革的统一部署，将区工商质监局和区食品药品监督管理局合并，并整合区物价局的价格与监督检查职责，区科学技术局的知识产权相关职责，组建区市场监督管理局，为区政府工作部门，位于郑州市金水区红专路 40 号。2019 年，共受理消费者投诉举报 14261 件，处理率 100%。全区实有各类市场总量 224744 家（户），其中，企业 147182 家，个体商户 77562 户；全年新增各类企业开业登记 25244 家，个体工商户登记 20339 家（户），变更登记 166040 家（户），注销登记 23979 家（户）；新办理企业股权出质设立登记 50 家，帮助企业融资 31.28 亿元。核发食品经营许可证 2943 件，发放“三小”备案证 6471 张。辖区内注册商标 104333 件，占郑州市注册商标总数的 31.7%，拥有驰名商标 5 件。全区共有食品药品生产经营企业 3.1 万余家，其中，餐饮服务单位 1.3 万余家，食品经营单位 1.4 万余家，食品生产企业 17 家，药品批发企业 12 家，零售连锁总部 5 家，药品零售企业 500 余家，二级医疗机构 19 家，门诊部、诊所等基层医疗机构 439 家，医疗机构制剂室 4 个，医疗机构制剂委托生产 3 家，化妆品生产企业 1 家，医疗器械经营使用单位 2685 家。

【注册登记】 一是一厅办理，企业登记窗口一站办齐“最多跑一次”，在企业变更窗口完善排队叫号预约系统、多媒体设备、触摸屏、自助电脑等设施，在信息网公布办事指南、实名制认证二维码和其他服务内容，提供各类示范样本，供群众与企业查阅参考，开放免费 Wi-Fi。二是一站导办，在办事大厅设置导办台，负责辅助服务。三是一窗受理，建立和完善“多证合一”，实现“一窗受理、集成服务、限

▲ 1 月 29 日，区政府领导参加郑州市金水区市场监督管理局揭牌仪式

时办结”。并由专人负责为政府招商引资项目、重大项目、特殊办事群体（如老弱病残孕）企业开辟绿色通道。四是一网通办，大力推进全程电子化登记系统的应用，申请人可选择使用无纸全程电子化登记系统申报办理相关登记。五是坚决杜绝行政审批和政务服务中“吃拿卡要”“服务不作为”“慢作为”“微腐败”问题。要完全按照“优质服务承诺”，坚持服务“三公开”“实行限时受理服务制度”“首问负责制、一次性告知制”。

【食品安全示范城市创建】 一是推动组织领导，组织召开食品安全专题会议，安排部署国家食品安全示范城市、省级食品安全示范区、国家农产品质量安全区创建工作；二是落实党政同责，学习贯彻《地方党政领导干部食品安全责任制规定》和《中共中央、国务院关于深化改革加强食品安全工作的意见》精神；三是注重协调调度，联合区农委、区教体局和各公安分局开展“不忘初心，牢记使命”主题教育整治食品安全问题联合行动；四是加强创建宣传，组织开展“3·15”、食品安全宣传周等集中宣传活动，累计将9大类、3万余份宣传资料发放至群众手中，创建示范带动效应初步显现。

【食品安全监管】 一是排查摸底，建立监管台账，金水区共有餐饮服务单位1.3万余家，食品经营单位1.4万余家，食品生产企业17家。二是加强食品安全信息化建设工作，推行“一菜一码”，逐步完善“来源可查、去向可追”的食品安全追溯体系，辖区19家农贸市场和19家大型商超信息化建设工作基本完成。三是持续推进“互联网＋明厨亮灶”建设工作，已有7977家餐饮服务单位参与明厨亮灶建设，287所幼儿园完成“互联网＋明厨亮灶”建设。四是开展食品安全大整顿大提升行动，全面推进食品安全“6S管理”标准化建设，共计发6S标识牌13000余块，已有2.9万家食品经营单位完成“6S”标准化建设。五是开展示范创建，提升食品安全质量水平，2019年共创建17家市级餐饮服务食品安全示范店、24个食品安全管理示范单位。六是完成省、市、区交办重大餐饮服务食品安全保障任务25次，累计保障人数21000余人、餐次1000余次，快速检测食品原材料6200余批次。七是深化专项整治，以“双随机、一公开”为监管手段，以学校及学校周边、14家民运会接待宾馆酒店、地铁站口、大型商超及周边辐射1公里为中心，共开展保健食品、校园及校园周边食品等38项食品专项检查。

【药械监管】 一是强化日常监管，围绕药化械生产、流通、使用各环节，严厉查处非法渠道购进、销售回收药品行为，对进入流通领域的药品进行动态监控，严防特殊药品流入非法渠道等问题发生。共计检查药品经营企业3000余家、器械经营企业2000余家。二是开展药品化妆品风险隐患大排查大整治、医疗器械生产经营企业专项检查活动14项。三是加强医疗器械注销工作，上报注销三类许可证和二类备案证共346个，注销企业273家。四是加强不良反应监测工作，上报药品不良反应报告1964份，上报医疗器械不良事件监测工作241例。

【食药抽检】 一是强化食品监督抽检工作。招标10个监督抽检单位，坚持问题导向，聚焦群众关注热点，加强人员培训，围绕民运会、时令食品、国庆等节前市场开展专项抽检活动，及时向社会公示抽检信息。截至年底，共完成食品监督抽检5806批次，合格5156批次；快速检测20128批次，合格20113批次；已公示食品监督抽检信息9期、不合格食品核查处置信息27期。二是将药物抽检与不良反应监测相结合，严控药品质量风险。截至年底，共完成基本药物抽验86批次，化妆品抽验5批次、快检26批次。

【企业信用信息】一是企业应年报120097家，已年报108623家，年报率90.45%；个体应年报61757户，已年报56879户，年报率92.10%；农民专业合作社应年报191个，已年报174个，年报率91.10%。已经完成本年度年报工作任务。二是稳步推进“双随机、一公开”监管工作，推动市场主体自我约束、诚信经营。

【市场监管执法】一是积极开展打击传销、打击不正当竞争执法行动，开展“权健”等有关涉嫌传销市场主体调查处置、“保健”市场乱象百日行动集中整治、清理查处华莱健安化黑茶涉嫌传销等专项行动，严厉打击、取缔传销和变相传销等违法行为。“百日行动”期间，金水区共立案查处32起案件，其中，金水路公安分局2起，金水区市场监管局30起，案值373.42万元，已结案28起，罚没款15.83万元。二是增设“扫黑除恶”举报箱80个，悬挂统一宣传标语条幅170副，张贴宣传海报1000余张、摆放门型展架56个，发放宣传彩页4000余张、“扫黑除恶”提醒书20000余份，摸排“涉黑”、涉恶线索4条，其中暴力抗法类1条，已移交公安机关处理。三是查处无证烟商户12户，查处涉烟案件193件，案值148.40962万元。四是金水区有效注册商标达104333件，占全市有效注册商标总数的31.7%，居全市第一，拥有驰名商标总数5件。五是认真做好广告发布登记工作。查处广告违法案件48起，罚款49.97万元。六是积极开展电子商务平台监管、指导工作。至2019年年底，辖区内共有网络交易平台（信息类）12个，网店34865个，网站17836个。七是同时积极组织推荐市级2018年度文明诚信经营企业6家、文明诚信经营市场1个、文明诚信经营商户3家，文明诚信示范街1条。八是强化联合执法，以食品、药化械以及特种设备等专项检查工作为契机，组织多部门联合执法，达到一次检查、全面体检的目标，提升监管效能，减轻企业负担。2019年，共立案559起，结案526起，罚没款共计242.39万元，移交公安机关9起，公安机关立案7起，刑拘11人。

【消费维权】“12315”消费者申诉举报中心共接待消费者咨询301510余次；接转投诉举报共计14261件，处理率达到100%；组织、部署“3·15”国际消费者权益日活动，开展“‘12315’技能大比武”活动，发布消费警示6篇，采集新闻报道4篇，被市局通报表扬12次。

【商品质量监管】一是先后开展各行业质量提升行动2次，开展加油机铅封更换行动1次，开展专项检查1次。组织13名网格执法人员利用1个月时间对辖区内32家加油站进行了铅封更换，据统计，共更换铅封825个，有效防止加油机作弊行为；二是开展品牌培育推荐和扶持工作，向上级推荐河南国基建设集团有限公司申报市长质量奖，于2019年3月20日成功获批。三是7月—8月，对辖区内第11届全国少数民族传统体育运动会各代表团入住的6家酒店及酒店周边加气站、医院、大型商超、地铁站口等27个人员密集场所开展了严格的特种设备检查排查行动。

【安全监管】先后开展节日、重要会议期间及汛期特种设备安全检查监督活动。一是扎实开展各类专项整治行动，其中包括对金水辖区人员密集场所和重点单位进行重点时段的安全大检查、大型游乐设施安全隐患、大型医疗机构特种设备安全隐患、承压类特种设备安全隐患、电梯安全隐患、高考中招考试期间特种设备安全专项监督检查；对运动会14家保障酒店和电梯维保单位落实特种设备安全生产主体责任；对保障酒店周边65家重点单位和重点景区展开专项检查。二是开展各类主题宣传活动，包括电梯救援应急演练、安全知识宣传教育、索道停电困人应急演练、“电梯安全进社区”宣传活动及“安全生产月”宣传咨询日活动等13

场主题宣传活动。查处特种设备生产经营使用单位548家次，处置率为100%。对存在严重安全隐患的特种设备使用单位开展行政执法约谈77次。

【知识产权】 持续加强知识产权工作，在突出企业创新主体、加强知识产权宣传、强化知识产权保护应用、推进管理政策体系建设等方面取得较好的成效，入选全国知识产权强县示范县（区）。全区专利申请量超过13000件，全区专利授权量达7600件，万人有效发明专利拥有量超过21件。全年有超50家企业通过国家知识产权管理体系认证。

【物价检查】 采取检查与调研双结合的工作形式，持续开展全区范围内的转供电环节加价清理工作，通过快速有效的机制对举报进行落实，切实维护消费者的合法权益，共检查价格举报投诉610起。

【大气污染防治】 充分发挥散煤治理牵头单位的职责，全力做好大气污染防治工作。共组织相关局委和街道办事处出动工作人员56676人次，检查居民户140961户，商户56025户，排查出煤炉19个，型煤500块，均已当场清理处置。

【政府信息公开】 按照“依法公开、真实公正、突出重点、注重实效、有利监督”的原则，严格执行政府信息公开条例。认真做好依申请公开工作，建立健全政府信息公开申请接收、登记、办理、审核、答复、归档等各个环节的制度规范，依法妥善做好相关工作，共处理依申请公开122件。

【人民来信来访】 始终把稳定安全信访工作作为头等大事，强化安全生产大排查，加大敏感领域、重点环节的监管力度。受理群众来信来访476件，处理率100%；受理省政府信访系统转办件24件，省长、市长热线3081件，处理率100%。

【党风廉政建设】 一是制定《2019年党风廉政建设和反腐败工作要点》；二是对党风廉政建设主要任务进行细化分解，制定《金水区市场监督管理局党风廉政建设工作要点分解台账》；三是制定《党员领导干部廉政谈话和约谈制度实施办法（试行）》；四是在全局上下开展廉政教育系列活动，组织观看警示教育片《迟到的忏悔》《伞戒》《一清二白》，集中学习6期《典型案例通报》；五是结合典型案例，从严从实做好以案促改整改工作，对在职在编的327名公务人员违规经商办企业情况进行全面排查，同时在3个机关大厅和30个基层所等醒目位置张贴《开展违规经商办企业专项治理承诺书》，设置举报箱，公开举报电话，公开接受社会监督；六是把握“不忘初心、牢记使命”主题教育总要求，制定《专项整治漠视侵害群众利益问题专项整治实施方案》，成立专项整治工作领导小组，分解任务，列出台账，全面排查问题，集中力量开展13

▲6月，金水区市场监督管理局职工参加社区志愿者服务活动

项专项整治；七是开展利用名贵特产特殊资源谋取私利问题专项整治活动。

【意识形态工作】 把意识形态工作纳入综合目标考评，与业务工作同部署、同落实、同检查、同考核。一是实行一把手负总责，班子成员各负其责，局党组会定期分析研判意识形态领域情况，辨析思想文化领域突出问题，对重大事件、重要情况、重要局情民意中的苗头倾向性的问题，有针对性地进行引导。二是狠抓学习教育。以“两学一做”学习教育、庆祝新中国成立70周年、“不忘初心、牢记使命”主题教育活动等为意识形态的主阵地，创新学习形式、丰富学习内涵，积极宣传贯彻习近平新时代中国特色社会主义思想和中共十九大精神，唱响主旋律，传播弘扬正能量，凝聚奋进力量，营造浓厚氛围。三是坚持正确舆论导向。积极开展书记上党课活动，牢牢掌控网络意识形态主导权，及时做好重要节点和敏感时期的舆论监管，及时搜集、研判、处置可能引发群体性事件及社会动荡的言论。2019年，共召开意识形态分析研判会议4次，排查存在风险点10个，建立负面清单问题8条，制定应对防范措施12条。

（撰稿：卢晓倩　审阅：王　伟）

应急管理

【概况】 金水区应急管理局成立于2019年1月，为金水区政府组成部门，根据《中共郑州市委办公厅　郑州市人民政府关于印发〈郑州市金水区机构改革方案〉的通知》的要求，由原来的区安监局改革而成。金水区应急管理内设机构9个，分别为办公室、应急指挥中心（救援协调和预案管理科）、法制和规划科（行政审批服务科）、安全生产综合协调科、宣传训练科（科技和信息化科）、危险化学品安全监督管理科、安全生产基础科、灾害应对科、调查评估和统计科，并设置安全生产监察专员和应急指挥专员各1人。

▲1月30日，金水区应急管理局挂牌仪式

【责任落实】 坚持区委常委会、区政府常务会议季度研究、安委会月总结、联席单位周例会等推进机制，进一步强化安全生产责任体系。及时分析形势、制定措施，形成重大情况定期会商、重大问题挂牌处置、一般隐患现场治理的局面。出台《金水区人民政府关于改革完善应急管理体系的通知》《金水区安委会关于成立区危险化学品等14个区级安全生产专业委员会的通知》等措施。按照“三管三必须”和“属地管理”原则，逐级逐层签订目标责任书。每季度组织对街道、部门进行考评、排名，健全完善考核机制，加大安全生产责任目标过程监控。

【专项整治】 按照省、市总体要求，区安委办制定《金水区安全生产事故隐患大暗访大排查大整治大执法攻坚行动方案》。各街道、各行业部门结合实际，实现全领域、全覆盖开展隐患排查整治。区政府9个督导组、区安委办7个督导组、区安委办暗访组，共督查暗访541次，共检查企业15563家次，查处各类隐患6396个，停产停业1家，关闭取缔5家，印发“四大攻坚”工作动态46期。深入开展“防风险、除隐患、保平安、迎大庆”攻坚行动。印发攻坚行动方案，对危险化学品、消防安全、道路交通运输领域等7个方面进行集中整治。道路交通领域：对普通货运企业、汽车驾驶培训学校、仓储物流企业进行拉网式排查，严查农村公路沿线占道经营、违规挖掘等危害行车安全的行为，对贾鲁河桥梁安全实施24小时动态监控。开展非法营运大客车综合治理工作，共排查141辆大客车，核查封存80辆。危险化学品领域：深刻汲取江苏天嘉宜化工有限公司危险化学品爆炸事故和三门峡义马气化厂“7·19”爆炸事故，按照国家应急管理部制定的《危险化学品企业安全风险隐患排查治理导则》，对辖区34家危险化学品经营、储存、使用企业进行全面深入排查，共排查隐患64处，重大隐患2处，已全部整改。加强对危化品经营许可证审批管理，共发放经营许可证19份。建筑施工领域：加大检查执法，突出深基坑、脚手架、高空作业、装饰装修等重点，做好防坍塌、防坠落、防触电工作，坚决杜绝赶工期、抢进度，超能力施工，共检查生产经营单位179家（次），排查一般隐患216处，重大隐患4处，已全部整改。消防安全领域：对全区362名重点单位负责人开展集中约谈，对辖区高层建筑、在建工地、商场市场进行全面排查整治，共检查单位699家，停产停业24家，查封38家，处罚57.65万元，督查整改火灾隐患4153处，重大火灾隐患2处，已全部整改。工矿商贸领域：开展有限空间作业治理专项行动，重点加强对粉尘涉爆、涉氨制冷等企业管控，依靠专家解决隐患排查专业技术问题，排查工贸企业314家，排查隐患59处，已全部整改。特种设备安全方面：重点对少数民族传统体育运动会18家保障酒店的电梯安全进行检查，约谈电梯维保单位，现场签订《特种设备安全生产责任承诺书》。攻坚行动期间，全区共执法检查生产经营单位5204家（次），查封停产62家，处罚金额62.75万元，排查一般隐患5489处，排查重大隐患11处，已全部整改。其他行业领域。在旅游、教育、防汛等方面，制定切实方案，强化安全防范，保障安全生产形势的持续稳定。

【联动机制】 一是防灾减灾救灾工作稳步有序。区应急管理局自1月31日挂牌成立以来，积极与相关职能部门对接，接收民政部门全部的救灾物资。5月10日，在曼哈顿商业广场举办2019年防灾减灾宣传咨询活动，10月12日在鑫苑名家开展国际减灾日宣传活动。全区共开展宣传活动近110场，设置展板230余块，悬挂条幅标语360多副，发放宣传资料40000余份。二是应急管理体系初见成效。印发《郑州市

▲ 5月8日，金水区2019年第二期名家讲坛专题讲座

金水区人民政府关于改革完善应急管理体系的通知》，成立了以区长魏东为总指挥长的金水区政府应急救援总指挥部，下设区防汛抗旱应急指挥部等12个专项应急指挥部。整合水上救援、高层建筑救援、危化品运输支援、重型机械装备支援等13支专业救援队（公司），把民兵应急力量也纳入政府应急管理体系。开展应急资源普查工作，截至年底全区建档单位272家，应急预案245个，应急队伍170支，物资仓库173个，物资装备49万笔。在应对雨雪恶劣天气方面，年初两天暴雪期间，金水区投入工作人员3000余人，动员除雪车辆80余台，投撒除雪剂200余吨，确保全区主干道和区管道路全线贯通，清冰除雪率达100%。

【宣传教育】 一是加强培训，提高从业人员安全技能。认真组织辖区内各大中微型企业节后开展复工复产宣传教育培训工作。摸查全区安全生产培训机构培训情况，督促辖区企业自行到正规培训机构进行培训。5月下旬，组织60名应急管理系统干部到中国石油大学（华东）校区进行业务能力提升脱产培训。组织开展2019年“安全生产大讲堂”共3期宣讲培训工作，就构建安全生产体系和新修订《河南省安全生产条例》等内容，对全区重点企业安全生产负责人、安全管理人员，应急管理系统干部共1100人进行培训和宣讲。二是强化参与，提高群众安全意识。以安全生产月活动为载体，广泛开展安全生产知识“七进”活动。6月16日，区应急管理局在文博广场举行以“防风险、除隐患、遏事故”为主题的第18个安全生产月咨询日活动。咨询日当天向群众发放宣传资料、纪念品、手册等4万余份，设置咨询台61个，安全体验区2个，体验人员300余人次，接受群众咨询2000余人。安全生产月期间，全区开展各类主题宣讲、安全警示教育专题活动754场，开展应急救援演练201场次，开展安全生产知识技能竞赛32场，5万余人参与了线上线下活动。联合区总工会开展2019年“安康杯”活动，组织参加第十一届“安全河南杯”知识竞赛活动。

（撰稿：牛　伟　审阅：崔红宾）

消防工作

【概况】 2019年，全区消防队伍共接出警1449起，其中火灾扑救952起、抢险救援497起，出动车辆4745辆次，出动人员23258人次，抢救被困人员53人，疏散被困人员178人，抢救财产价值约3859万元。圆满完成部队转隶转制以及以防火、灭火为中心的各项重点工作，高标准完成了第11届全国少数民族传统体育运动会、中华人民共和国成立70周年大庆等重大安保任务，全年未发生亡人火灾事故，坚决确保了全区消防安全形势的持续平稳向好。

【消防安全责任制】 突出政府主导，不断健全消防责任体系。将消防工作纳入目标管理、社会综合治理和平安建设内容，层层签订目标责任书，实行半年督导、年度考核，确保任务清晰、责任明确。区委、区政府先后6次召开常委会、政府常务会研究部署消防工作，区长魏东、常务副区长杨洁、副区长赵德武等区领导12次带队检查消防工作，积极推动各项工作得到有效落实。区防火安全委员会召开联席会议4次，层层推动落实消防安全责任。全区17个街道办事处、30家区防火安全委员会成员单位各司其职、上下联动，解决消防工作难题，推动消防工作落实，形成了齐抓共管、共除火患的良好局面。

【排查整治】 紧盯防控重点，持续强化消防安全管理。以14类场所为重点，全面推进重点行业消防安全专项治理和“防风险保平安迎大庆”消防安全执法检查专项行动，先后联合应急管理、商务、民政、文物、教育等部门，集中时间、集中人员，对大型城市综合体、商场市场、社会福利机构、博物馆文物建筑、校外培训机构等重点场所逐一进行检查，整改消除了一大批火灾隐患。明确13名消防监督员、33名文员分包联系17个街道办事处和7个公安分局，开展业务指导与培训362次。2019年，全区共开展检查活动4889次，发现隐患9369处，督促整改9306处，行政处罚354家企业，"三停"100家企业，临时查封186家企业，拘留155人，罚款417.85万元。有力改善了社会消防安全环境。

【宣传培训】 强化宣传培训，着力提升群众消防安全意识。部署开展了"电动车火灾危害警示巡展"活动。协调省电视台等15家官方"双微"推送播发火灾宣教片10万余次。在《都市报道》《百姓315》《民生大参考》《小莉帮忙》《大象直播间》《河南法制报》《大河报》以及郑州交通广播对消防大队宣传月活动进行集中报道。在省、市两级新闻媒体刊播报道共90余篇，并参加嘉宾访谈节目。辖区消防微信矩阵的78个群传发消防安全警示提示内容3万余次，165名社区消防宣传使者、200余名消防志愿者入户开展消防宣传，组织3支宣讲团深入重点场所开展宣传教育培训36次，组织多部门联合开展大型灭火救援疏散逃生演练12次，组织科普教育基地和消防队站开放46次。联合美团外卖开展"消防安全入人心"活动，在送外卖的同时额外派发消防安全提示彩页，实现消防安全宣传"最后一公里"。

【网格排查】 以消防网格化为平台，综治、应急管理、公安、消防等部门开展针对性的消防安全督导和检查，社区居委会每月对居住小区、辖区单位、沿街门店等单位开展一次全面排查，在冬春、夏季、"五一"、"十一"、元旦等火灾多发季节、重大节假日期间加强防火检查，充分发动群众自防自救力量，动员广大群众积极加入消防志愿者队伍，联合社区保安共同承担消防巡查工作。做强做实微型消防站，区政府投资3700余万元建设50个社区微型消防站，建成后的社区微型消防站将统一纳入消防支队、大队指挥中心调度，实行站与站之间区域联防，构建形成"3分钟"应急救援响应圈。各站点安排专职人员开展不间断的防火巡查，及时发现消除火灾隐患；站内均设置消防体验中心，配备各类应急救援装备；充分利用周边区域资源，常态化开展消防宣传教育，打造消防宣传一线阵地。

【机制建设】 将辖区多种形式消防力量纳入调度指挥体系，建立联勤联动、警情通告、执勤抽点等机制，实现"一键式"、精准化调度指挥。紧盯重大节日、活动，强化前置备勤、流动巡防和现场监护，快速响应、灭早打小。制定下发岗位练兵奖惩办法，建立完善执勤训练激励机制。举行季度集中比武考核4次、区域性执勤中队体能对抗12次。配齐配全专业救援器材装备，经常性开展专业技能训练和实战拉动演练。

【队站建设】 消防队站建设实现新突破。2019年，高皇寨消防站建设用地规划选址意见书已办理完毕。经五路中队营房改造工作正在加快进度有序开展，顺河路消防站已建成投勤，金基消防站和科教园区消防站建设任务基本完成。唐人街小型消防站、凤凰台小型消防站主体已建成，正在进行内部装修；2019年年初开工建设的50个社区微型消防站，截至年底已建成34座，投勤5座。

（撰稿：李真真　审阅：贾小锋）

市场发展

【概况】 郑州市市场发展中心金水市场分中心（以下简称金水市场发展中心）位于普庆路69号，是郑州市市场发展中心管理区域市场的派出机构，内设办公室、党建办、人事科、宣传教育科、效能科、市场管理科、发展规划科7个科（室），下设4个区域市场管理所。

【市场管理提升】按照市、区城市精细化管理、卫生城市管理、文明城市管理工作统一部署，全面落实《金水区集贸市场管理巩固提升工作方案（2018—2020年）》，以农贸市场为重点，积极推进市场规范管理常态化，通过采取一系列措施，取得较好成效，集贸市场整体管理水平有进一步提升。管理水平较高、成效较好的农贸市场有11个，占全区17个正常运营农贸市场的64.7%。

持续狠抓市场卫生大扫除工作。坚持组织全区农贸市场每周二、五两次开展卫生大扫除，以此强化市场和商户规范意识，逐步实现市场精细化管理的常态化；健全完善约谈制度。约谈制度常态化，坚持对问题突出，被市、区各类检查组发现问题，被媒体曝光问题或问题整改不积极的市场进行约谈警示，就确保问题整改及不再出现违规做出承诺，并将相关情况与市场奖惩挂钩；进一步健全完善市场监督管理机制。实行市场管理责任公示制度，在每个市场设置市场方责任公示牌和相关监管单位人员公示牌，公布举报电话，畅通投诉渠道，广泛接受社会监督，促使市场业主与监管人员落实自身责任。进一步明确了街道办事处管理市场的属地主体责任，修订了《2019年金水区集贸市场精细化管理工作督导考核评分细则》，对市场督查考核评分，每月公布各街道办事处及辖区市场精细化管理情况排名；不断完善激励和惩戒相结合的工作机制。一是加大对市场的资金奖励，在落实市、区星级市场奖励、专项工作奖励的基础上，依据《金水区集贸市场管理巩固提升工作方案（2018—2020年）》，设立农贸市场管理提升季度奖项，给予季度排名前三名的农贸市场资金奖励，并颁发流动奖牌，对全区市场加强管理起到较好的激励作用。同时，严格执行诚信建设“红黑榜”制度的激励惩戒机制促进市场管理水平的提高，将市场精细化管理中对市场的评分及市、区各级检查发现问题扣分分别纳入诚信建设“红黑榜”评分；加强对市场管理队伍建设的指导和教育培训。市场运营管理队伍不健全、不专业是一些市场管理成效较差的主要原因，为此，加强了对农贸市场运营管理队伍特别是新建和提升改造的标准化农贸市场管理队伍建设的监管指导，把建立规范的市场管理组织机构与队伍并经金水区市场发展中心组织的培训作为标准化农贸市场验收的必备内容。全年对新建改造的4个农贸市场进行专门培训；强化督导考核。成立4个市场精细化管理督导组，采取明察暗访、日常督导、重点督导相结合方式，对全区市场每月不少于两次的常态化巡查和督导，对督导中发现的问题，现场发放整改通知书，建立督导台账，实行销号管理；认真开展深化全国文明城市创建市场相关工作。一是把深化文明城市创建工作列入重点督导任务，市场责任到人，班子成员分包市场，主要领导、分管领导坚持每天到市场督查指导。二是不定期召开成员单位和市场方工作推进会、培训会，推进创文工作。三是聚焦环境卫生、占道经营、车辆停放、公厕管理、制度完善等，加大督查力度，强力推进市场创文治理工作。四是加大宣传教育力度，营造创建氛围，印发全国文明城市市场治理标准下发各市场和成员单位，指导市场完善各项宣传版面、文明标示牌、规范创文宣传内容等；在全区市场发放1000余册《郑州市文明行为促进条例》、800余册《公共文明基本常识通俗读本》、500余册《深化全国文明城市创建郑州商贸市场实操手册》。五是在市场招募建立志愿者队伍，开展志愿服务活动，定制700套文明志愿服务红马甲、200套红袖箍，下发全区集贸市场。

【农贸市场建设和提升改造】强力推进农贸市场建设和提升改造工作。新建农贸市场完成2家，提升改造农贸市场完成4家，全面完成区政府工作报告中新建改造6家农贸市场的目标任务，超额完成市里下达的新建改造3家农贸市场的十大民生实事任务。

加强工作组织和督导考核。根据区政府农贸市场三年改造任务两年完成的要求，在认真调查摸底的基础上，按照上级目标任务和《金水区城市精细化管理三年行动实施方案》，下达2019年全区农贸市场建设和提升改造目标任务分解，区市场发展中心深入现场对建设改造项目进行经常性监督指导，并将工作进展情况纳入区政府每月对相关办事处的城市精细化管理考核；认真开展农贸市场建设项目审核和验收等相关工作。进一步优化工作程序，细化各环节工作，分别制定相关制度文件，使农贸市场建设和提升改造各环节工作都有章可循，避免工作随意性及漏洞，保证工作质量。严格按照市、区规定和《郑州市农贸市场设置与管理规范》进行资料审核、方案评审、项目验收等各环节工作，明确参与工作的相关人员的责任，对于不符合要求的项目坚决不予通过，确保建设和改造质量。全年共审核农贸市场建设和提升改造项目申请15个，进行设计方案评审12个，开工建设8个。加强宣传学习培训。分两批组织各街道办事处和相关局委有关人员到标准化农贸市场建设先进省、市进行实地观摩学习，以增进大家对标准化农贸市场的直观认识和提高实际操作能力，取得了较好的效果；加强市场建设管理。进一步明确辖区街道办事处对农贸市场建设和提升改造的监管责任，区市场发展中心对全区新建、改造农贸市场情况进行常态化巡回检查，对私自建设、不按标准建设的农贸市场分别向辖区街道办事处与市场下发《规范市场建设通知书》，责令整改，并纳入对街道办事处的城市精细化管理考核。全年对5个私自建设的便民点和农贸市场下达整改通知书；配合街道办事处对3个违规建设的农贸市场进行关停取缔或整改。

【安全生产】 把市场安全生产特别是消防安全作为各项工作的重中之重，持续强化监管。深入学习贯彻习近平总书记关于安全生产工作重要讲话精神，按照“三管三必须”原则，多措并举，加强对全区市场消防安全监管，切实履行行业管理职责。

坚持消防安全专项治理和日常督查相结合。依照市、区统一部署，开展“安全生产事故隐患大暗访大排查大整治大执法攻坚行动”“全区‘防风险保平安迎大庆’暨第11届全国少数民族传统体育运动会消防安全执法检查专项行动”“金水区防风险除隐患保平安迎大庆攻坚行动”“全市市场2019年度今冬明春电器火灾综合治理”“全市市场冬春火灾防控百日安全行动”等专项集中整治行动。加强安全生产日常检查和隐患排查整改，重点加强消防设施、器材、用电、“三合一”现象、“二合一”现象、消控室值班、占用消防通道、堵塞疏散通道、违规动用明火等检查。全年共排查出隐患1257处，下达《整改通知书》223份，整改隐患1156处。分5批召开消防重点市场约谈会，对消防重点市场存在问题进行约谈。

加强消防安全宣传教育培训。印制发放消防安全宣传册和彩页24000余份，全年组织2次全区市场消防培训、演练，对市场负责人进行2次集中培训。持续督导市场履行主体责任。召开3次专题会，传达市、区相关文件精神，着重分析市场行业火灾风险特点和需要高度关注的高发、频发的时间节点，按照《消防安全责任制实施办法》，要求市场方高度重视，严格履行主体责任，完善消防安全工作各项制度，层层签订《防火安全责任书》。督促市场进行“三自主两公开一承诺”，建立安全生产风险隐患双重预防体系工作机制，健全安全生产管理组织机构及工作机制等，完善应急预案。加大投入，完善各类消防设施，建立专职消防队、义务消防队及微型消防站。积极推进市场电动车集中充电，独立式火灾探测报警器、简易喷淋设施和电气火灾监控等物防设施建设。同时，积极联合消防、公安等部门开展消防安全整治工作，确保全区市场消防安全，全年市场行业未发生较大以上安全生产事故发生。

【其他工作】认真按照统一部署开展市场行业大气污染防治工作，加大环保宣传，加强对市场柴油运输车辆和非道路移动机械的管理、统计工作，共统计上报柴油车373辆。有序开展集贸市场垃圾分类工作。坚持每周5次、每次42个品类菜价统计上报工作。

（撰稿：张运领　审阅：贯大志）

审　计

【概况】郑州市金水区审计局是区政府综合管理全区审计工作的职能部门，内设办公室、法制科、信息科、财政审计科、投资审计科和经济责任审计科6个科室，下设二级机构金水区经济责任审计办公室。

2019年审计局共开展审计（调查）项目66个。其中，财政审计1个，经济责任审计项目20个，政府投资审计项目45个，审计期间查处违规金额31657.67万元，管理不规范金额27685.59万元，审计核减政府投资项目资金6440.84万元，平均核减率10.12%。提出审计建议45余条，均被相关单位采纳，有效服务领导干部管理和区域经济发展。

【财政审计】重点围绕本级财政预算安排的科学性、财政资金分配的公正性、财政资金使用的效益性、行政事业单位国有资产管理情况等方面进行审计，并对多个部门的预算执行情况进行延伸审计。3月—7月，审计局财政科重点开展本级财政审计；8月—10月，督促各部门进行审计整改。2019年，本级预算执行审计以促进更好发挥财政在国家治理中的基础和重要支柱作用，推动建立全面规范透明、标准科学、约束有力的预算制度，提升财政资源配置效率为目标，在客观评价2019年金水区财政部门实施积极财政政策、促进经济社会持续健康发展成效的基础上，紧紧围绕预算安排的合理性、资金分配的公正性、财政资金的效益性等重点内容开展审计。2019年，部门预算执行审计通过金水区教育局、科技局、民政局、工信委、工商局、人劳局、创意园区、东风路街道办事处、丰庆路街道办事处、文化路街道办事处等单位，以促进区直部门单位规范预算管理、提高绩效管理水平为目标，监督检查部门预算执行的真实性、合法性和效益性，加大对重点专项资金管理使用情况的延伸审计力度，着力揭示预算执行中存在的典型性、倾向性、普遍性问题和屡查屡犯问题。

【政府投资项目审计】2019年，按照年度投资审计工作计划，金水区审计局超额完成年度计划11个项目的工作任务。截至 年底，共完成郑州市金水区黑庄路道路工程、文劳路小学建安工程、南阳路街道办事处区级便民服务中心装修工程、金水区总医院迁建项目室内装饰工程等45个政府投资项目竣工结算审计，报审结算总金额为63219.01万元，审定金额为56778.17万元，审减6440.84万元。从数量和质量上看，基本实现了审计项目“从数量规模向质量效益转变”。

【民生资金项目审计】2019年以“摸清底数、服务决策、防范风险、促进发展”为目标，对金水区国有及国有控股企业运营情况开展深入的调查审计工作，同时，对地方政府隐性债务风险防范和化解情况、减税降费财政政策落实情况、清理拖欠民营企业中小企业账款情况、就业政策落实及就业资金绩效情况等内容进行了专项审计。10月，采取异地交叉的方式，精心选派业务骨干组成审计组，到洛阳市老城区和洛阳市吉利区分别开展“放管服”改革政策措施落实情况跟踪审计与大气污染防治专项审计调查，有力地促进了相关惠民政策落到实处。

【经济责任审计】按照深化经济责任审计的有关要求，结合区经济责任审计面临的新形势，对全区党政主要领导干部经济责任审计的实施、审计评价标准、离任审计交接及成员单位联络等出台实施意见进行全面规范，2019 年共开展领导干部经济责任审计 20 个。重点检查领导干部守法、守纪、守规、尽责情况，加强对领导干部行使权力的制约和监督，推进党风廉政建设与反腐败工作，推进国家治理体系及治理能力现代化。

▲ 郑州市审计局指导区审计局平安建设工作（一）

▲ 郑州市审计局指导区审计局平安建设工作（二）

【金水区委审计委员会第一次会议】 郑州市委审计委员会第一次会议召开后，金水区成立了以区委书记陈宏伟为主任的审计委员会，并于 12 月顺利召开金水区委审计委员会第一次会议。讨论通过《中共金水区委审计委员会工作规则》《中共金水区委审计委员会办公室工作细则》《金水区审计整改联席会议及其办公室工作制度》。金水区审计局将严格遵循区委、区政府要求部署，认清新定位、适应新形势、把握新要求，创新审计方式，真正发挥好预防免疫、揭露预警、制度防范的职能作用，为全区经济社会高质量发展提供坚强保障。

【其他工作】 金水区审计局先后选派业务骨干积极参与十届省委第六轮第六巡视组巡视工作；参与惠济区原区长马军经济责任审计及管城回族区原区长虎强经济责任审计工作；参与市局组建的益民源公司借名征地问题专项工作小组，完成发现问题向相关部门移送工作；参与区委巡察办对全区开展的巡察工作；参与区纪委公款吃喝专项检查、省巡视组“回头看”检查、财经纪律检查等工作；参与世纪华庭问题楼盘专项工作组。

【审计队伍建设】 组织全体审计人员深入学习“不忘初心、牢记使命”主题教育，学习习近平总书记系列讲话，中央、省、市及区委教育实践活动重要文件、会议、领导讲话；上级审计机关相关文件；焦裕禄、黄文秀、廖俊波、陈俊勇等先进人物事迹，较大提高了全体审计人员的理想信念、从政道德、德操修养。组织收看审计厅举办的多期“审计讲坛”，积极选派人员参加上级审计机关组织的各项审计业务培训活动，使审计队伍人员的知识不断更新，综合素质不断增强。结合年度审计项目计划，以机关集中学习为载体，以全员参训的形式，由审计业务骨干轮流讲课，介绍实践经验，学习审计系统先进经验和最新成果，起到了加强沟通、资源共享、相互提高的良好效果。安排审计业务骨干对年轻同志通过“传、帮、带”方式言传身教，以老带新、相互促进，努力建设一支方式新、效率高、业务精的审计队伍，为在新的起点上高质量开展审计工作、促进审计事业持续健康发展提供人才基础和组织保障。

【党建工作】 区审计局坚持以党建为引领，注重党建与审计“双融合、双提升”，多措并举，不断提高政治站位，全面推进从严治党。一是突出政治建设，筑牢党建根基。严肃机关党内政治生活，落实“三会一课”和主题党日活动等党内生活制度，召开民主生活会、组织生活会及党员民主评议，利用到红色教育基地学习及观看党史纪录片等形式，进一步统一思想，提高政治站位，提升机关党员政治能力。局党组把学习贯彻习近平新时代中国特色社会主义思想和中共十九大精神作为党员干部思想政治建设的重中之重，以“不忘初心、牢记使命”主题教育为契机，按照“守初心、担使命、找差距、抓落实”的总目标，强化党员干部担当，提高政治站位。二是推进组织建设，坚固战斗堡垒。为深入推进“党建强审”的目标，区审计局党组在异地交叉审计组内成立临时党小组，把主题教育与工作实际相结合，继续开展学习教育及集体交流，以党建促业务，在审计一线充分发挥党建示范引领作用。三是推动作风改进，营造良好政治生态。根据上级审计机关工作要求，对标专题开展“全员大讨论”活动，找差距、谈打算、提建议。按照区委、区政府工作要求，扎实开展中央八项规定精神制度建设“回头看”和防止“四风”反弹专项活动、“强担当、抓落实、促发展”大讨论活动、作风建设突出问题专项整治活动、违反中央八项规定精神典型问题以案促改等工作。坚持在重要节假日及时间节点，结合典型案例，召开廉政工作会，多措并举着力营造风清气正政治环境。

（撰稿：王　冰　审阅：代红梅）

▲ 金水区审计局组织工作人员参观刘庄展览馆史来贺同志纪念馆

投资评审

【概况】 金水区政府投资评审中心内设四科一室，分别为办公室，项目评审一、二、三科、项目复核科。2019 年，评审中心共接收政府投资评审项目 913 个，共计报审金额 908786.47 万元。已完成评审项目 804 个，共计报审金额 519456.96 万元，审定金额 447191.32 万元，审减额 72265.64 万元，审减率 14%。进行中的评审项目 92 个，报审金额 374842.69 万元，待评审项目 17 个，报审金额 14486.82 万元。

【创新评审方法】 预算是政府安排年度投资计划的重要依据。评审项目质量高低，直接决定政府投资是否效益最大化。区评审中心在坚持评审结果三级审核的基础上，创新评审方法，全面实行

▲ 评审中心工作人员在评审现场

了“评”“审”结合，在“审”的同时加重“评”的权重，对每一个项目的初评结果，用同类项目、类似工程的经济指标进行复核验证，还采取定性与定量结合、经济性和功能性结合的办法，确保评出符合项目实际的结果。

【“不忘初心、牢记使命”主题教育】“不忘初心、牢记使命”主题教育开展以来，区政府投资评审中心牢牢把握“守初心、担使命，找差距、抓落实”总要求，始终把学习教育、调查研究、检视问题、整改落实贯穿全过程，坚持以检视问题为关键点，通过引导广大党员干部对照先进典型、对照身边榜样找自身差距等方面，查自身不足，确保主题教育取得实实在在的效果。

【巡察整改】2019年度巡察“回头看”期间，区评审中心对单位存在的具体问题进行全面梳理，明确责任领导，对问题清单建立台账，明确整改完成的时限，逐一对账销号，确保问题件件有落实，件件有回应。并力借此次巡察“回头看”契机，着力加强党的领导、强化党的建设、落实全面从严治党、狠抓党风廉政建设，用实际行动展示、聚焦巡察整改新成效。

（撰稿：刘　行　审阅：任宗军）

交通管理

交通运输

【概况】 郑州市金水区交通运输局位于东风路街道办事处群办路6号。内设机构有办公室、党建办公室、纪检监察室、安全信息科。二级机构有金水区道路运输管理局（金水区公路运输管理所由2016年8月9日更名为金水区道路运输管理局）、金水区农村公路管理所。

2019年，金水区拥有经营性运输车辆5341辆（不含客车）。总吨位74776余吨；全区有农村公路23.097公里，县（区）道13.885公里，乡道1.828公里，村道7.384公里。其中，县（区）道2条，分别是鸿宝路（G107国道至黄河大堤，全长8.26公里）与鸿苑路（黄河大堤至连霍高速，全长5.625公里），由区交通运输局农管所具体负责日常养护管理工作；剩余的乡（村）道路具体由兴达路街道办事处负责养护管理。

【地方公路建设与养护】一是加强地方公路日常养护。在日常养护工作中，努力做到经常养护、全面养护、科学养护、文明养护。2019年，金水区交通运输局共完成农村公路普修普养25.326公里。其中，修补坑槽6635.4平方米，处理沉陷翻浆1080.85立方米，整修路肩边坡45250平方米，路面病害处置3800平方米，清理清运垃圾土方299.5立方米，巡路保洁4561公里。二是紧抓农村公路改建工程。2019年区交通运局对黄金线、防汛路完成改建，改建工程全长4159米，总投资1141万元。黄金线改建工程，全长1815米，投资460万元。防汛路改建工程，路线全长2344米，投资681万元。截至年底，已经建成通车。三是做好汛期县道的养护工作。进一步加强汛期、节假日期间对农村公路桥梁的巡查，尤其是加大重点路段、事故多发路段的巡查力度，确保辖区农村公路畅通。建立防汛抢险应急预案，落实24小时防汛值班制度，加强汛期农村公路巡逻，发现险情及时上报，确保及时排除隐患，保证行人、车辆正常通行。四是积极做好农村公路路政巡查和养护管理工作。加强对农村公路畅通情况的路面监控，对影响交通安全的公路病害立即组织人员进行抢修，消除隐患，确保公路安全畅通。

【大气污染防治工作】 一是加强道路管养和路面保洁力度。针对车辆较多，扬尘污染严重的现状，对辖区13.883公里县道每天清扫4次；同时每天开展常态化工作巡查，查出问题，立即整改。二是做好道路洒水工作。2019年，新增道路清洁机械4台，坚持24小时不间断对路面进行洒水、降尘，区交通运局累计清扫路面3670余公里、洒水作业10000多公里，播撒草籽40000余平方米。三是开展常态化巡查工作。响应区政府、区大气办的号召，开展每周常态化巡查工作，对查出的问题进行整改。

【安全生产工作】一是加强安全宣传做好安全生产宣传月活动。充分利用展板、条幅、发放交通运输安全资料和彩页等宣传方式，加大宣传力度，制作宣传展板4个，悬挂条幅12副，发放安全知识手册2000余份以及大量安全生产宣传用品，逐步把安全生产向企业、向社会全面渗透。二是举办交通运输行业安全知识培训。区交通运局2019年共组织11次专题安全生产宣传培训，共计组织道路运输企业300余家，参加人员900余人次。三是做好节假日期间交通运输安全生产工作。在节假日期间，督促运输企业加强对驾乘人员安全行车教育，并杜绝无证驾驶、超速超载和疲劳驾驶，落实恶劣天气与春运期间的应急预案。四是加强水上安全监管力度，积极开展水上交通运输整治。春节、清明、端午、国庆期间抽调车辆和工作人员对辖区水域实行全天候值班，不定时巡查。采取挂横幅、发放印制水上安全资料等方式，大力宣传水上交通突发事件应急措施、突发事件应对和安全逃生常识，面对夏季出行市民的增多，及时增设警示标志牌，提醒游玩市民注意安全。补充应急救援物资，保持设备良好状态，确保关键时刻高效率运转。同时，对监管水域严把安全巡查关口，杜绝船舶非法营运及船员无证驾驶、船舶超载运输行为，期间共出动90人次。五是完善农村公路安全设施建设。加强监管公路的隐患排查，加大对公路路基、路面、标示标牌等设施的巡查及监控力度，确保公路安全畅通。共出动120人次、查出隐患7处，并当场进行处理整改。六是高度重视桥梁安全。在桥梁排查工作中，严格落实一桥一卡和定期巡查制度，针对辖区5座县乡道路桥梁建立安全台账，每周排查一次，及时反馈桥梁状况信息，发现隐患及时进行整改。七是扎实开展各项安全生产大检查暨隐患排查治理活动。2019年，共检查运输企业281家次，发现一般隐患60项，落实整改隐患问题60项；企业自查隐患和问题124个，并落实整改问题124个。通过多轮次的严查严改专项行动，进一步督促企业落实安全生产主体责任，完善各项安全防范措施，避免各类安全事故发生，促进辖区安全生产状况稳定好转。

【行业服务管理】在交通运输管理工作中，区交通运局坚持以构建和谐交通为出发点，寓执法于服务之中，寓管理于服务之中，努力在管理质量、管理细节上下功夫，全面提高行业管理水平。一是行政审批工作。认真落实服务承诺制，不断提升窗口办事效率和服务水平。截至年底，共办理审批及相关业务共3635件（受理货运运输车辆行政审批办件1335件，其中，办理运输业户经营许可185户，办理货运车辆运输证1006个，变更、过户道路运输业户77家，转出业务67件）；办理年审业务2300件（其中，个人车辆业务414件，货运公司车辆业务1886件）。二是运输企业安全监管检查工作。年初分别与辖区内备案的运输企业签订《金水区2019年道路货物运输企业安全生产目标责任书》和《2019年度道路货运站（场）安全生产目标责任书》157份。截至年底，区交通运局共走访检查辖区货运企业和运输服务行业203次，发现存在的各类问题74项，整改回复50余份。对辖区内50余家货运企业和28家物流企业开展质量信誉考核工作。三是驾培市场整治工作。2019年年初，区交通运局与辖区内机动车驾驶员培训学校签订《金水区2019年机动车驾驶员培训学校安全生产目标责任书》26份；督促辖区内驾校每月上报本校开展安全生产培训情况，不断提高教练员安全教学意识；截至年底，驾校安全生产检查62次，发现安全隐患11家，整改到位11家。积极处理市长来电、“12328”等各类投诉230余件。加大对“12328”“12345”等投诉举报的机动车驾培市场违法违规行为的查处力度，2019年区交通运局对违规经营的43所驾校抄告给市交通局高速一大队处理。四是物流行业整治工作。

开展物流开箱验证情况及易制爆、危爆物品等排查整治活动。截至年底，共检查物流企业46家，当场批评教育10家，发现隐患3家，整改到位3家。

【“扫黑除恶”工作】 为切实有力推动“扫黑除恶”工作纵深发展，区交通运局按要求开展一系列“扫黑除恶”活动。一是多种形式加大“扫黑除恶”宣传力度。督促辖区内运输企业采用横幅、墙体广告、滚动字幕等形式在道路运输站、货运物流站、驾校等公共场所的醒目位置悬挂、张贴“扫黑除恶”专项斗争标语，累计悬挂条幅200余副、张贴海报400余张；同时组织力量加大辖区监管企业、重点行业领域的“扫黑除恶”打击整治及安全监管工作，共出动执法人员120余人次，车辆40辆。二是领导带队开展“扫黑除恶”督导检查及宣传活动。严厉打击无证非法机动车驾驶员培训经营、非法运营物流网点等违规运营现象，累计带队督导检查11次，出动人数60余人，坚持对“涉黑”、涉恶行为“零容忍”态度，营造安全稳定的社会环境。

【自身建设工作】 一是法治政府建设不断深化。推行“双随机一公开”“互联网+”“四级十同”，全面梳理权利清单，明确执法依据、执法权限和执法责任，在网站上公布梳理结果，自觉接受群众、社会与媒体的监督，确保权力在阳光下运行。二是基层党组织政治功能和服务功能不断强化。区交通运局以学习习近平总书记系列讲话、中共十九大精神为重点，以“两学一做”常态化为契机，狠抓政治思想及专业技能素质教育，不断提高党员干部的综合素质和能力。2019年，共组织支部党员大会28次，支部委员会和党小组会每月不少于1次，讲党课2次，按时召开了领导干部民主生活会与党员组织生活会。三是廉政建设不断增强。全局党员领导干部全面落实党建工作责任制、党风廉政建设主体责任和“一岗双责”，加强日常及节假日期间监督检查，除上级纪检监察部门开展明察暗访外，还对局属各单位在岗在位、作风建设等方面进行了6次检查。四是强化信访调查处理力度。2019年，区交通运局共收到“12328”交通热线、市长热线、网格化平台近427起投诉案件，接到投诉后及时进行协调处理，处理解决率达到100%。

（撰稿：刘　畅　审阅：王　峥）

城区综合交通管理

【概述】 城区综合交通管理办公室成立于2012年9月，属区政府直属事业单位，位于郑州市群办路6号，下设办公室、综合整治科、宣传教育科3个科室。

2019年全区建成停车场42个，停车泊位8278个。其中，公共建筑配建停车场11个，停车泊位5118个；平面临时停车场31个，停车泊位3160个，超额完成市政府下达金水区8000个公共停车泊位的年度目标任务。

【停车场建设工作】 依照市停车场建设管理领导小组下达全区8000个公共停车泊位的年度建设任务，紧密结合区委、区政府工作部署，科学地制定全区8000个公共停车泊位的年度建设目标，并结合17个街道办事处的地域空间和经济社会发展实际，对目标任务进行合理分配。

坚持精准指导、重点建设、多元投资的原则，鼓励支持机关、企事业单位和社区楼院等利用自有闲置土地自建、合建停车场。同时协调引导对现有停车场进行升级改造扩容增量。经联合街道办事处多方协调，建业凯旋广场升级扩容原有地下停车空间，建成1640个泊位的地下机械立体泊位；协调推进正弘城地下停车库、地上停车楼建设工程进度，确保配建的1272个停车泊位与正弘商业部分同期使用、同步营运。

利用位于玉凤路仓北路东南侧的标准件市场拆迁闲置空地资源，建成300个停车泊位的平面临时停车场；利用位于聂庄路纬四路东南角的待建工地，建成300个泊位的平面临时停车场。

采取定期与随机相结合、工作督导与业务指导相结合的方式，深入现场实地，实地察看40余个新建及在建停车场项目进展情况，核查、指导各街道办事处停车场建设工作推进情况，坚持每月进行考核点评，督促街道办事处保质、保量、如期完成目标任务。

（撰稿：李超斌　审阅：张锡杰）

城乡建设与管理

自然资源

【概况】 根据金水区2018年度变更调查成果，金水区总面积为13665.23公顷，其中，耕地1327.29公顷，园地225.51公顷，林地409.28公顷，草地68.95公顷，城镇村及工矿用地8823.42公顷，交通运输用地998.42公顷，水域及水利设施用地1791.64公顷，其他土地20.72公顷。

2019年金水区街道办事处权属边界调查的土地面积一览表

表2　　　　单位：公顷

名称	面积	名称	面积
经八路街道	336.95	东风路街道	617.40
花园路街道	253.26	北林路街道	579.46
人民路街道	98.59	未来路街道	466.67
杜岭街街道	69.00	凤凰台街道	315.02
大石桥街道	148.77	兴达路街道	4878
南阳路街道	343.12	杨金路街道	2218.77
南阳新村街道	682.99	国基路街道	414.35
文化路街道	551.40	丰庆路街道	1245.16
丰产路街道	446.32		

【土地规划】 依据土地利用总体规划，结合科教园区合村并城项目实际，2019年通过省厅交易平台竞买复垦券B券4.27公顷和使用复垦券B券节余指标，完成高皇寨村项目与科教园区科技城项目用地报批资料。协调省厅与市局，完成园区龙子湖街道办事处追加城镇工矿用地规模指标40公顷，完善龙子湖规划调整相关资料工作。

【耕地与基本农田保护】 从严落实耕地与基本农田保护主体责任，金水区（含郑东新区）耕地保有量3017.5公顷（45262.5亩），基本农田保护目标952公顷（14280亩）。为落实永久基本农田核实整改补划和储备区划定工作，划定科教园区土地10.14公顷作为永久基本农田储备区。琉璃寺村项目占用耕地2.337公顷，通过省厅授权购买的存量指标，实现占一补一、占优补优。

【建设用地管理】 土地资源供给质量与效率持续提高，向上申报

▲ “6 · 25”土地日宣传

建设用地 109.36 公顷，全部获得省政府批准；自贸区、六馆等正在实施征收的重点项目用地约 45.32 公顷；完成土地供应 169.6 公顷，涉及土地出让金 143.1532 亿元，超出年度 166.67 公顷摘牌任务，再次突破历史新高。

【土地收储与处置】 收购国有土地 3 宗，面积 35.87 公顷。处置国有土地 15 宗，土地面积 86.34 公顷，其中，规划调整类 0.32 公顷，协议出让类 0.68 公顷，地下空间类 3.42 公顷，企业改制类 3.03 公顷，划拨供应类 78.89 公顷。消除疑似闲置土地 13 宗，面积 47.73 公顷。

【不动产登记】 全面深化改革取得新突破，不动产、房管、税务实行“一窗受理、并联办理、集成服务”，国土、房管、税务、财政、公证、供水、供电、供气、供暖共 9 个部门进驻大厅，办事群众仅需要提交一套资料，就能实现“一次办结”。自 7 月 20 日起，三全路大厅积极响应市政府要求，正式开始周末“不打烊”。至 2019 年，三全路大厅已实现中午“不打烊”，周末“不打烊”。截至年底，窗口共受理各类业务 106988 件，办结 106954 件，收到表扬信 42 封、锦旗 13 面，上门服务 50 次。

【土地执法监察】 开展动态巡查 200 余次（人），共下达停建通知 89 份，立案查处违法用地 15 宗，面积 20.91 公顷，涉及耕地 3.2 亩，收缴罚没款共计 156.29 万元，限期拆除新建建筑物和其他设施 3000 平方米。2018 年度卫片执法监督检查基本实现“清零”，完成整改 119 宗，面积 1962.2 亩（耕地 539.42 亩、基本农田 247.9 亩）。截至年底，不实耕地图斑已完成整改 43 宗，耕地面积 569.96 亩，完成率 97.33%。全天候遥感监测发现违法用地图斑，截至年底已完成整改 10 宗，面积 14.63 公顷，完成率 85.21%。

【信访工作】 2019 年，共收到来信来访事项 12 件，其中，上级转件 11 件，局自办件 1 件。截至年底，已结案 7 件，按时办结率 100%。

【“扫黑除恶”工作】 设立“扫黑除恶”专项斗争领导小组办公室，指定 3 名人员负责开展具体工作。设置有“扫黑除恶”举报箱、对外公开举报电话，建立开箱台账机制。局机关各部门按照工作职责及举报线索进行信息采集统计，定期巡查并填写巡查台账和月报。经排查梳理，2019 年上报线索 3 起，共接到转件 14 起，其中，省厅平台转件 1 起，市局转件 4 起，区扫黑办转件 9 起，截至年底均已现场调查并回复。

（撰稿：常文涛　审阅：王文超）

城乡规划管理

【概况】 郑州市城乡规划局金水分局成立于 2004 年 8 月，为郑州市城乡规划局的派出机构，办公地址在东风路科技市场一条街2号楼。2019年6月，机构改革和机构调整，郑州市城乡规划局金水分局更名为郑州市城乡规划金水服务中心。

【城中村、合村并城改造项目规划管理】 金水区共65个城中村、合村并城改造项目，全部完成安置区地块审查。合村并城项目控规已全部完成，城中村改造项目控规编制进入攻坚收尾阶段。城中村高皇寨一期、聂庄片区二期、黄家庵二期、司家庄、大铺一期、杨君刘一期、大铺二期、柳林一期8个项目完成控规编制及报批工作。城中村及合村并城共有39个地块已完成建设工程规划许可证的办理。柳林二期控规已通过联审联批会。按照市里关于加快安置房网签工作要求，金水区共完成9215套网签任务。

【旧城改造、重点项目规划】 为提升老城区的核心竞争力和吸引力，打造“繁荣、宜居、生态、和谐”郑州，分局积极配合区政府做好旧城改造项目规划。完成了城北路打通项目（06-534-K02地块），富凯项目（27-093-K01街坊01、02地块），财专项目（08-361-K01-01）3个旧城改造项目控规编制并完成报批。省市3个重点项目——省人民医院、关虎屯新天地、嘉里中心完成了建设工程规划许可证办理。

【规划图纸技术审查】 规划分局转变职能，缩短图纸审查时限，提高办事效率。在建设工程项目方案技术审查过程中，中心严格把关，实行“阳光规划”，追踪服务。对所审查的项目同步进行网上公示征求意见，增加透明度，并设立监督电话。

（撰稿：陶大洲　审阅：张　鹏）

住房和城乡建设

【概况】 金水区住房和城乡建设局内设办公室、法制科、行政审批服务科、建筑市场监管科、工程质量安全监管科、市政工程建设科、建设工程消防验收科，下设金水区建设安全监督站、金水区工程质量监督站。

2019年，区住建局在区委、区政府的坚强领导下，紧扣工作重点，抓实班子建设，提升作风效能，破难前行、扎实苦干，圆满完成了全年各项任务目标，为金水区领跑中部城区发展提供了有力支撑和保障。全年荣获2019年郑州市促进建筑业发展先进单位、金水区“迎民族盛会·庆七十华诞”合唱比赛三等奖荣誉，在问题楼盘信访突出问题化解攻坚、城市环境综合整治提升、拆迁清零等重点工作中收到全区通报表扬。

【道路拆迁与建设】 市政道路建设方面。2019年列入城区建设计划的道路共计45条，全年主路面建成通车道路9条，超额完成建设计划。市政道路拆迁方面。累计完成泵村等安置房项目周边道路房屋建筑拆迁2.2万余平方米、垃圾土方外运10万余立方米，拆除绿化带9100余平方米，投入拆迁资金2400万元。全力保障民运会开展，采取24小时连续施工方式，在确保质量的前提下，丰庆路辖区浩天路提前完工，杜岭街辖区华城街项目从启动到全部建成通车仅用了20天。

【建筑领域行业监管】 建设工程质量方面。全年累计质量监督抽查126次，形成监督记录118份，下发整改通知单36份，进行法律法规宣贯和业务指导130余次，有效把好工程“质量关”，为安置房居民回迁提供了质量保障。建筑安全生产方面。对96处在建工地先后开展安全、防汛、起重机械等方面的专项检查10次，累计发现安全隐患861个，已整改到位825个，整改率96%；对全区78处工地的138台塔吊和88台施工升降机进行3次全面检查，合格率100%。全年辖区区管建筑工地未发生一起安全生产事故。工地文明施工方面。通过压实“三员”责任、24小时不间断督导检查、夜间联合执法等手段，推进辖区工地文明施工水平大提升，实现全区 96% 以上的工地“8 个 100%”全覆盖，建筑工地文明施工治理真正做到从治标向治本延伸。全年共整治工地不合格围挡 28 万平方米，硬化出入口 7.8 万平方米，拆除出入口临建 10 万平方米。消防审查验收方面。自建设工程消防设计审查验收职责移交后，累计接待企业、群众来访申报建设工程消防设计审查件 485 个（咨询类 436 个，申报消防设计审查、消防验收 49 个）；49 个申报消防设计审查、消防验收项目中，必审必验项目共 12 个，经消防设计审查、消防验收合格项目 2 个，仅申报消防设计审查合格项目 10 个；消防验收备案出具受理凭证项目共 26 个，未抽中 13 个，抽中 13 个；行政处罚项目 9 个，正式处罚 4 个，免予处罚 5 个。

▲ 8 月 27 日，金水区城乡建设局工作人员到庙李安置房项目进行业务指导

【建筑业市场管理】 建设工程招投标方面。全年共办理招标文件备案项目 45 个，招投标书面情况备案项目 37 个，开评标现场监督 40 次。规范劳务用工市场方面。全年共收取保障金 1300 余万元，累计收取 5400 余万元；实名制平台录入项目 32 个，实名制完成率 85%，农民工工资专用账户落实率 90%，工人工资银行代发落实率 39%；处理工程款拖欠案件 15 起，涉及金额 1180 余万元。建筑节能改造方面，按照年度老旧小区计划改造任务 129 万平方米的目标，截至年底，已完工 87 万平方米，正在施工 42 万平方米，预计 2020 年 4 月全部完工，共投入资金 1.4 亿元。既有住宅加装电梯方面。9 月，纬五路 12 号院 2 号楼 2 单元加梯项目顺利开工建设，该项目是郑州市首个全部由业主自筹资金建设电梯的项目，对郑州市既有住宅加装电梯工作具有指导意义。

【建设工程手续审批和企业帮扶】 审批优化办理方面，深入开展“放管服”改革，持续优化建设领域施工手续办理流程，施工许可办理环节从改革前的 4 个事项合并为 1 个事项，申请材料由原 19 项精简至 9 项，审批时限由 15 个工作日缩减至 5 个工作日，房屋建筑和市政基础设施工程竣工验收备案由 21 项材料精简至 10 项，服务质量与速度明显提高。建筑企业管理方面。金水区2019年在库建筑业企业共829家，建筑业总产值约1.1亿元，全年累计走访辖区企业60余家，帮助企业解决各类疑难问题220个。企业奖励申报方面。对29家企业申报的“郑州市建筑业发展奖励资金扶持”48项奖项进行初审；对河南国基等4家企业申报的“郑州市总部企业奖励资金”进行初审，涉及奖励资金460余万元。通过一系列举措，切实为辖区企业提供良好的营商环境。

【住房保障】 棚户区改造。新开工棚户区改造安置住房3663套，基本建成棚户区安置住房7230套，完成市定基本建成任务量的189%。

保障房管理。经济适用房转商品房受理340户，办结320户。全区有140户家庭享受公共租赁住房货币化补贴保障，累计发放货币补贴672429元，完成公租房分配847户，超额完成市定任务。

公租房资格审批与管理。2019年总计录入系统3274户，发放公共租赁住房资格证4128户，受理公租房信息变更3216件，完成公租房8501～11000号段共计2507户（包含优先及重审）的配租审核工作，完成原廉租房货币补贴年审工作。

人才公寓建设。投资3.1亿元购买的396套人才公寓已基本建成，初步具备装修条件。

▲“美丽家园、我爱我家”居民楼院环境整治专项活动

截至年底，司家庄、王府坟项目即将开始桩基施工，沙口项目已建至地上3层以上。

【物业管理】 老旧小区物业管理。向各办事处拨付1—9月奖励资金781.84万元。梳理出670个老旧小区列入物业管理考核奖补范围，聘请第三方服务机构进行考评打分，每月检查评分一次。

大气污染“全城清洁”。共开展活动41次，累计清理楼院2518个，清洗更换垃圾容器9005个，清洗楼体外立面5.35万平方米，清洗地面58.4万平方米，楼体保洁35.7万平方米。

“红色物业”综合建设。突出“一核引领，三化并行”建设特色，初步将打造海南珠江、河南名门作为“红色物业”建设示范点。截至年底，全区已经建立党组织29个，18个正在筹备中。

日常业务开展。办理物业管理区域划分37件，物业服务合同备案39个，处理信访投诉及督查件3203件。

【房屋租赁】 房屋租赁登记备案。2019年共办理登记备案3041户。

房屋租赁市场监管。共处理各类投诉和纠纷705件，其中20起经下达《停止违法出租行为告知书》后到期仍未整改，已函告郑州市房屋租赁市场管理中心处理。日常巡查非住宅210处，住宅677处。

房屋租赁试点。轻工业大学高端人才住房申请已经进入协调区政府落实房源程序，中尧公司申请正在提交中。

全区住房租赁调查。成立培育和发展住房租赁市场试点工作领导小组，印制发放普查公告与宣传资料2万余份，分配各办事处普查录入账号 408 个，全区 17 个办事处共采集并录入信息 9594 条，录入量（3.3 万条）居全市各县、市、区之首。

【房屋安全】 房屋安全隐患治理。全区隐患房屋有 225 处（235 栋），其中，一般隐患 175 处，严重隐患 50 处（已鉴定为危房的有 31 处）。共下达《房屋安全隐患告知书》45 份，督促严重隐患房屋产权人采取措施，尽快消除隐患，至年底，实计消除危房隐患 20 处。

房屋安全投诉。共接到房屋安全投诉 70 件，经过现场查勘，下达《整改告知书》共计 21 份，所有投诉均已协调处理完毕，处理网络舆情 24 起。

新建房屋普查。组织各街道办事处对 2018 年 1 月 1 日—12 月 31 日，依法建成并交付使用的各类房屋开展房屋安全普查，共普查房屋 99 栋，建筑面积 256.3 万平方米。

【老旧小区综合改造】 突出老旧小区“一拆、五改、三增加”，努力为群众创造更加舒适、愉悦的生活居住环境。

全面澄清底数。对基础老化、管理缺失和环境较差的 565 个老旧小区，由政府投资进行全方位改造。截至年底，已完成 79 个，正在施工 152 个。同时对“三供一业”、产权单位小区进行引导和奖补等措施，推动施工改造。

推动共建、共治、共享。坚持把综合改造与夯实社区治理基础相结合，坚持将综合改造与提升物业管理服务相促进，坚持把综合改造与引入社会力量相对接，坚持把综合改造与激发小区活力相融合，合力打造“家园共同体”。

形成全面推进格局。先期拆违打基础，示范引领探路子，迅速开展施工和监管工作，已拆除违建 758 处，面积 15653 平方米。

【公有房屋管理】 产权产籍管理工作。全年收缴租金 670 万元，其中，住宅租金 74 万元，非住宅租金收入 596 万元。对辖区无证公房进行测量，对存在遗留问题公房承租户原始档案资料进行备案，做好已拆迁公房过渡费发放的对接转账工作。公房房改（出售）工作。共出售公房 371 间。公房防汛及修缮工作。对工人新村、东四街、东里路等区域房屋进行修缮，全年维修金额 92 万元。完善公房防汛相关制度，加强防汛值班督查。公房安全管理工作。全年组织公房安全排查 6 次。

【自身建设】 紧紧围绕区委、区政府中心工作，深入贯彻落实中共十九大精神，以“不忘初心、牢记使命”主题教育工作为主要抓手，开展理想信念和党性教育；认真落实“三会一课”、双重民主生活会、“党员活动日”等党的规章制度，丰富创新党建活动；强化意识形态工作，定期对苗头性、倾向性问题进行分析研判，不断增强“四个意识”，坚定“四个自信”，做到“四个服从”；组织开展党性党风党纪教育，加强廉政文化建设，全面落实“一岗双责”，营造风清气正的政治生态环境。

（撰稿：蒋小龙　审阅：荆云亮）

环境保护

【概况】 金水区环境保护局内设 4 个职能科（室），即：办公室、污染防治科、行政服务科、生态辐射科。主要履行对全区环境保护工作实施统一监督管理职责，组织拟定和监督实施全区环境保护规划、重点区域和饮用水水源地污染防治规划；负责环境保护目标责任制工作；负责全区重大环境问题的统筹协调和监督管理；负责从源头上预防、控制全区环境污染和生态破坏；负责全区环境污染防治的监督管理；负责全区辐射、固体废物的监督管理；指导、协调、监督全区生态保护工作；组织开展全区环境保护执法检查活动；贯彻执行国家颁布的各类环境保护标准和技术规范；组织指导和协调全区环境保护宣传教育工作。

【大气污染防治】2019年，推进市区2蒸吨以上燃气锅炉低氮改造及燃油锅炉综合整治，共完成锅炉拆改40台；加强重污染天气应急管控工作，全年实施重污染天气预警管控19次、臭氧污染天气预警管控15次；严厉打击重型柴油车尾气超标排放违法行为，建立联合执法常态化路检路查工作机制，实施“环保取证、公安处罚”的执法模式，共处罚尾气超标过境车辆105辆，责令停运整改尾气超标车辆36辆；加强非道路移动机械污染防治，加大联合执法巡查力度，对非道路移动机械实施备案登记与上牌管理，全年共检查非道路移动机械7976辆次，清退不合格非道路移动机械291辆，完成非道路移动机械登记、上牌1055辆；加强辖区加油站油气污染监管，全年对辖区31家加油站油气回收装置巡查242家次，对1家不达标加油站实施行政处罚3万元。深化涉气污染企业在线管控，按时完成辖区工业企业污染源在线监测和视频监控安装联网工作，共完成在线监测设施建设4家、视频监控建设27家，并全部完成与市、区视频监控平台联网；积极推进金水区涉气工业企业管控平台建设，顺利完成金水区涉气工业企业管控平台建设和管控平台指挥中心搭建，实现对辖区规模以上涉气企业的精准监控、实时监控。

【水污染防治】加强北郊地下水饮用水源地保护区巡查，在水源地保护区未调整前，强化水源地日常巡查，每周不少于2次，建立日常巡查日志，并引进多视角无人机倾斜摄影系统，实现动态监管。积极推进水源地保护区调整工作，组织技术单位编制完成《金水区北郊地下水饮用水源地编制可行性研究报告和环境评估项目报告》，顺利通过专家评审。2019年10月，金水区北郊地下水饮用水水源地保护区正式获批取消。加强生态水系周边工业企业监管，不定期排查辖区河流沿岸排污口，坚决杜绝偷排漏排工业废水现象。

【土壤污染防治】认真落实《金水区2019年土壤污染防治攻坚战实施方案》，督促4个疑似污染地块开展初步调查工作，组织召开金水区2019年污染地块环境管理暨建设用地土壤风险管控联席会议，强化建设用地在收储、转让、变更用途等环节中的土壤环境质量联动监管，并开展了污染地块矢量坐标信息比对工作。大力推进危险废物提标专项整治，开展辖区机动车维修、印刷等行业危险废物管理提标专项整治行动和涉重金属行业企业排查，共检查危险废物产生单位172家，立案查处5家汽修企业涉嫌违反危险废物规范化管理行为。

【工业污染排放防控】严把建设项目审批关，积极优化审批流程，对于满足环境准入要求的建设项目，简化手续、缩短审批时间；对于特殊的、关系经济社会大局以及民生工程、生态环保等符合中央投资要求的项目，实行特事特办，加快审批，全年共完成建设项目环境影响报告表审批12个，登记表网上备案835个，省、市重点项目审批9个，所审批的建设项目全部执行“环评”和“三同时”制度，投产项目全部达标排放。积极推进“放管服”改革，分阶段开展“四级四同”政务服务事项梳理录入工作，全面梳理政务服务事项及实施清单，共有15个政务服务事项完成录入，实现了审批服务一网通办。

【深化第二次全国污染源普查】建立多级审核制度，通过普查员自审、交叉审核，普查指导员和第三方工程师把控的方式对企业现场实际情况、纸质表格填报、专网录入数据依次进行核查，保证普查数据的一致性和正确性。全区工业源、移动源、生活源锅炉复核比例均已超过国家与省市标准要求。认真与第四次全国经济普查清查名录库、信访举报清单和强化监督定点帮扶检查名录进行比对核实，对需要纳入普查的工业企业进行污染源现场调查，同步完成数据采集、报表录入和污染物排放量核算等后续工作，持续核实更新污染源普查名录。梳理全区污染源普查资料，撰写金水区第二次全国污染源普查工作总结报告、污染源普查数据分析报告和污染源普查质量核查评估报告，并按照要求整理归档普查资料。

【环境执法监管】 持续加大环境监察执法力度，严厉打击环境违法行为。累计检查企业 860 余家次，发放《致辖区企业一封信》700 余份，下达行政处罚决定书 18 份，处罚金额 65.4 万元。认真调查处理上级督察转办案件。全年共接收各级督导组转办案件 105 件，其中，生态环境部“蓝天保卫战”强化督察转办案件 33 件，定点帮扶转办案件 15 件，省“三散”污染治理专项督察转办件 6 件，市、区各级督导组转办案件 51 件，均按要求处理整改到位。积极创新环保监管模式，探索利用科技手段助力环境监察。辖区共有 59 家企业安装 185 套工业企业工况与污染防治设施运行记录仪（EP、“黑匣子”），6 座搅拌站安装了智能用电监测系统，提高了智能监管水平。

【环境保护宣传】 深入开展世界环境日、世界水日等重大环保纪念日宣传活动，开展以“美丽中国，我是行动者”为主题的“6·5”世界环境日宣传活动，联合共享单车公司向市民免费发放 8000 份骑行券，联合教体局面向全区小学生开展“生态文明·美丽金水”主题少年儿童环保书画比赛，共评出 200 余副优秀环保主题书画作品并进行集中展示。

▲ 6 月 5 日，金水区环保局在国贸 360 广场组织世界环境日宣传活动

▲ 6 月 5 日，金水区环保局在区政府一楼组织世界环境日宣传活动，展出“生态文明·美丽金水”主题少年儿童环保书画获奖作品

（撰稿：郭雪雷　审阅：彭全亮）

城市管理

【概况】 金水区城市管理局成立于 2012 年 6 月，是金水区人民政府职能部门，其前身金水区市政管理局（成立于 1996 年 2 月）。根据区机构改革要求，2019 年 4 月加挂郑州市金水区城市综合执

法局牌子，下设金水区市容环境卫生管理队、金水区城市管理执法大队、金水区市政设施管理养护所、金水区绿化管理所等局属单位。

【基础工作】 2019 年，完成辖区 45 条市政道路的中修改造，改造车行道 44.9 万平方米、人行道 7.04 万平方米；对政六街等 41 条支路背街进行提升改造，完成 30 条道路改造施工，改造车行道 14.24 万平方米、人行道 2.48 万平方米，对 11 条道路进行日常养护工作。

全年完成新建绿地 214.5 万平方米，栽植乔木 5.2 万株、月季等花灌木 10.1 万株；建成 4 个区级综合性公园，面积约 21.15 万平方米；建成开放 40 个微公园、游园，总面积约 24.55 万平方米；完成京广铁路、陇海铁路、京广高铁、郑徐高铁 4 条铁路沿线绿化建设任务，实现新增绿化面积 55.45 万平方米；完成西干道铁路沿线建筑拆迁涉及金水区拆迁任务共 105 处，总面积约 6.8 万平方米；对辖区内的 107 国道辅道、文化路、北三环生态廊道提质提升，实现再绿化 18.6 万平方米，并增设广场、公厕、护栏等一系列配套基础设施；完成京港澳高速和连霍高速 2 条过境干线公路绿化提升任务，绿化面积约 128.23 万平方米；高速互通立交及出入口区域完成绿化提升面积 46.88 万平方米，栽植乔木 1.14 万株；2019 年，全区累计新创建区级园林式单位（居住区）101 个，园林式单位（居住区）达标率为 63%。

推进环卫精细化管理。做好辖区主次干道、快车道的机械化清扫作业，指导各街道办事处加强支路背街的机扫和刷洗作业力度，加强交通护栏擦洗力度，对道路附属环卫设施进行维护保养，及时清理卫生死角，确保机扫作业做到全域覆盖不留空当，全年累计出动各类型扫车和水车约 5.1 万台次，对辖区道路冲刷作业 1.76 万次。持续推进“厕所革命”。做好辖区内 248 座公厕的日常管理，圆满完成 2018 年 79 座公厕续建任务。

全新模式，垃圾分类全面铺开。截至年底，已在辖区 17 个街道办事处、136 个社区、1000 余个小区全面铺开垃圾分类工作，累计有 39 万余户居民参与垃圾分类，覆盖率达 70%，知晓率达 100%，无害化处理率达 100%，回收利用率达 30%。同时，创建 3 个街道示范片区的“双模”运行机制、推行老旧小区党建引领的“四带模式”、打造“金九模式”的模范作用在全市得到推广应用。

进一步修订和完善《金水区 2019 年城市防汛应急预案》《金水区 2019 年城市防汛工作方案》，组织相关单位对城区防汛安全隐患进行了拉网式排查，备足防汛抢险物资，明确各街道办事处和相关单位的防汛工作职责与目标任务，汛期采取 24 小时值班制度及大雨暴雨迅速应对等措施，责任落实到人，做好城市防汛工作。

集中整治黑臭水体。为持续做好河道环境的管养维护，金水区持续对建成区内包括东风渠、金水河、熊耳河等河道的雨水涵排污情况进行督察整治并做到动态管理。截至年底，金水区共发现雨水涵排污问题 24 处，通过疏通、改管、封堵等方式，全部整改完毕。

架空线缆入地改造。2019 年完成已建有地下管道和省委北部等重点区域的 29 条道路架空通信线入地改造工作，累计道路净空长度为 4 万余米。同时清理废弃架空通信线缆、线杆，归拢整理暂无条件实施入地改造的线路，有效清除“空中蜘蛛网”现象。

【工作创新】 借力“路长制”，城区形象大提升。2019 年，金水区城市管理局持续做好道路日常养护工作，开展市政设施“大排查、大整治、大提升”活动，全面解决路面坑槽沉陷、人行道缺损、盲道缺失、窨井沉降等问题，不断提升道路“颜值”，使城区道路华丽“变身”。在经六路（纬三路至金水路）改造提升工作中，金水区城市管理局

▲ 11 月 1 日夜间，金水区环卫机械化作业车辆联合作业队进行道路冲刷，实施“六步作业法”

▲ 10 月 31 日，省住建厅工作人员一行调研金水区民航小区垃圾分类工作

从“绿色扩容、以民为本、文化融入、问计于民”四个方面入手，借助办事处“路长制”工作契机，采取“滚动式”的作业模式、以“5+2”“白 + 黑”的工作方法，共计修复人行道 6800 平方米、快车道 550 平方米，疏挖疏通窨井 20 余座。在“迎民族盛会　庆七十华诞”期间，对金水区金水路、花园路等 5 条道路两侧 238 栋楼体进行夜景亮化改造提升，全长 34.68 公里，全面提升辖区城市亮化水平。

2019 年，金水区城市管理局以创建国家生态园林城市为抓手，按照“增量、增景、增色、增香”的工作思路，采取“显山、露水、见城、透绿”的工作措施，着力打造精品道路、靓丽金水。分别在东风路信息路东南角、信息学院路与文劳路交叉口东北角等 82 处推行“微景观”，面积约为 6700 平方米。同时打造经六路、政二街等 19 条卓越道路，切实改善城市生活的“硬环境”和“软环境”，进一步提升了市民的幸福感和满意度。

【其他工作】 对接区委办、区政府办，做好办公文件收发管理，定时向两办报送信息，全年累计报送 73 篇；按照要求，开展保密工作，无失、泄密事件发生。做好区委重大决策部署的贯彻落实，严格按照要求完成区委领导批示交办事项。对接区人大、政协做好代表建议、议案工作，2019 年接收并办结人大建议 19 件、区政协提案 16 件，办结及代表、委员满意率均为 100%。严明政治纪律、政治规矩，压紧压实“两个责任”，大力加强干部队伍作风建设，严格落实“一岗双责”。严肃党内政治生活，做好党员发展和管理工作，优化党员教育培训。加强政治理论学习，强化意识形态建设，认真做好宣传思想文化工作，全年完成各类宣传信息报道 350 余篇。认真落实统战、工会、妇联、综治和平安建设等其他党建工作。对照共同目标有关要求，与上级有关部门做好对接配合工作。如按照依法治区有关要求，着力培育领导干部和公职人员法治思维，定期开展领导干部职工学法用法教育；做好行政审批工作，郑州市四级联动系统与窗口办件量为 10010 件；加强干部职工科学知识普及教育，同时扩大宣传层面，面向社会群体开展垃圾分类等科学知识宣传，提升全民科学素质；与街道配合开展分包网格工作，推进城市管理工作协同管理等。

（撰稿：孙琳洁　审阅：马喜才）

城市综合执法

【概况】金水区城市综合执法局（以下简称金水区执法局），下设金水区城市管理执法大队。

金水区执法局下设办公室、法制科、执法监督科、宣传教育科、人事劳动保障科，指挥中心、五室一庭协调办、长效办、攻坚办、停管中心等科室。金水区占道经营和突店经营整治指挥部、户外广告和门头牌匾整治指挥部、中心城区道路两侧违法建筑整治工作指挥部、城区道路交通秩序综合治理联席会议办公室、金水区控尘办均由金水区执法局牵头开展工作，对17个街道办事处及相关单位进行督导和考评。

【机关党建】开展征文活动，以“我身边的党员故事”为主题，用身边故事感染人、教育人、激励人；进行走访慰问，“七一”走访慰问困难党员，送去党组织的温暖和关怀，增强党组织的凝聚力、号召力与战斗力；开展微型党课比赛，以“我和我的祖国”为主题，讲述身边人、身边事，用小故事诠释大道理，传达爱国情怀；开展“升国旗迎党旗·重温入党誓词”活动，激励党员牢记入党誓言，树立城管执法为民理念，激励他们在城市管理的平凡岗位上充分发挥模范带头作用；参加“迎民族盛会　庆七十华诞”合唱比赛活动，选派80名代表组成团队参赛，并荣获二等奖；开展“百篇争鸣”新媒体稿件征集活动，以“城心城意城事”为主题，征集100篇优秀文学作品，对基层城管的优秀事迹进行正面宣传报道；组织观看红色电影，组织全局22个党支部观看红色电影《八子》，重温了革命风雨，追忆了英雄事迹；城管宣传进校园，各执法中队党支部联合《河南商报》开展“我是小路长”系列宣传活动；加入党建“红盟”，与东风路街道办事处签订《共驻共建协议书》，传递“红盟”之火，并作为优秀代表在大会上做经验分享；持续开展“不忘初心、牢记使命”主题教育，领导班子到黄河博物馆参观学习。

【宣传教育】2019年，区执法局共发稿671篇。形成正确的舆论导向和积极的宣传效果，随着宣传工作深入开展，各项工作在全区、全市乃至全省产生了积极正面的影响。其中针对违法收取停车费现象，区执法局联合公安部门先后拘留无证收费人员11人，并通过策划宣传在全媒体推送，发布有关整治乱收费新闻报道40余篇；以“小区首家宠物乐园”为主题，精心策划，全面推广，引起媒体和社会各界广泛关注，有中央、省、市等多家媒体进行采访报道，其中《人民日报》微博客户端阅读量已近千万次，转发、评论、点赞3万余条；向市

▲3月10日，金水区城市综合执法局联合《河南商报》开展萌娃城管活动

城管局、省住建厅推荐“最美城管人”张珺，并通过多家省市新闻媒体开展宣传，展现区执法局执法人员积极向上的精神风貌和队伍形象。

【占道经营治理】 按照金水区“路长制”工作要求，依法严查占道（突店）经营，及时对发现的占道经营、突店经营问题进行清理，在容易出现占道经营反弹的路段、位置，安排人员进行盯守，防止反复。加强沿街门店门前乱堆乱放问题的治理，严要求、高标准治理市容。加大校园周边食品安全治理力度，校园周边200米范围内坚决杜绝占道、突店经营。分片联合，组织专项联合执法行动集中打击夜间占道、突店夜市行为，坚决杜绝占道露天烧烤。信用惩戒，对反复突店经营的商户加大处罚力度，将屡次违规的商户列入黑名单，合理利用征信体系进行惩戒。强化督查，督促属地部门加强管理，坚持每周开展夜间占道经营专项督察活动，查找占道经营治理薄弱环节，对问题按情况进行分类，情节轻微的及时整改，情节较重的督办立案处罚。2019年，区执法局累计清理占道经营22266处、突出店外经营23883处、乱堆乱放14591处，共35850.6平方米；登记保存人力三轮车530辆、电动三轮车675辆、占道经营机动车3辆，登记保存其他物品3128件。

【户外广告整治】 完成公交车候车亭整治工作，金水区需拆除公交候车亭1332座，在全市占比35.41%，实际拆除1467座；圆满完成配合各类大型活动协调设置户外公益广告任务，按照市局及区委、区政府活动安排，积极督促辖区商户业主在市区主要干道、重点区域、窗口地区的电子显示屏、游走字幕上发布拜祖大典、“路长制”公益宣传、中华人民共和国成立70周年、创建国家生态园林城市、第11届全国少数民族传统体育运动会等宣传画面或标语；完成高速户外广告拆除任务，积极与河南省交通厅运营管理单位和郑州市高速交警支队沟通对接，对辖区高速两侧大型广告牌迅速开展拆除工作，并按照市定时间节点完成拆除工作。2019年，区执法局共计拆除各类大型墙体广告52处，面积约5616平方米，广告架44处，道旗广告396处；清理灯箱广告3110处，清除软体条幅6874处、橱窗广告20491处、小广告44519处；清洗、整修更换门头牌匾4694处，拆除游走字幕或LED闪烁字牌6632处。对3451个号码进行追呼81014112次；同时，劝导教育举小广告牌、散发小广告违法行为5280人次。

【渣土车治理】 运用手机App分时段、地点监控车辆的运行轨迹，查找是否有违规清运的渣土车；依托“平安金水”建立数字化城管监管平台，利用平台搜集影像数据证据，无须扣车，对违规车辆进行处罚，实现“非接触性执法”；出台《金水区建筑垃圾清运公司信用管理细则》，建立信用管理制度，从日常考评、停车场管理、案卷考评、加重扣分情况四个方面对清运公司进行信用管理；强化对渣土清运公司负责人管理，建立清运公司微信群，根据市局“四大一严”活动的要求，每月召开工作例会，通报渣土运输过程中出现的违规问题；启用智慧平台系统，简化工作流程，引入办事处预先审批制度，积极调动各街道办更早地进入工地管理运行体系，同时与渣土公司形成良性的沟通渠道。2019年，区执法局共查处立案渣土车案件280起，处罚金额236.2万元。其中，擅自处置建筑垃圾案件178起，罚款174.3万元；运输垃圾未密闭、包扎、覆盖案件18起，罚款3.1万元；其他渣土车案件84起，罚款58.8万元。

【规范养犬】 实施错时执法，早上6：00至9：00，傍晚17：00至21：00，安排执法队员不间断地在游园、广场、社区和其他重点部位进行执法巡查，杜绝大型犬、烈性犬以及流浪犬只的回流与新增，依法对违规的养犬人进行教育及行政处罚；开展联合执法，每周联合办事处、社区开展2次规范养犬行为联合执法行动，对养犬人违规遛犬、携犬进入公共场所等行为进行规劝、教育。2019年，区执法局共计检查犬只3576只，劝阻不文明遛犬行为491起，批评教育当事人487人，捕获、收容流浪犬467只，下达责令整改通知书1035起，完成处罚案件319起，罚款64400元。

【大气污染防治】 精细化管理餐饮油烟。精细化分类管理。分别摸排政府企事业单位、学校、餐饮服务场所、大型商业综合体等，建立相应台账，分类制定清洗标准。将精细化理念引入餐饮油烟治理工作中，切实减少油烟污染。分区域重点管理。加强重点区域检测力度，提高抽测比例，运用“三色”文书，结合第三方检测依法依规处理。高科技智慧管理。采购便携式油烟检测仪，将现场检测与第三方检测进行有机结合，为执法人员现场执法提供有力支撑，搭建餐饮油烟在线监控平台，实时监测大型重点餐饮服务场所油烟净化设施的使用、清洗、维护等环节的落实情况。多渠道进行宣传。对辖区内的中型以上餐饮服务场所开展宣讲培训，利用新媒体平台进行有效宣传，集束式、轰炸式传播油烟防控知识，形成社会共防、共治、共识，在各级媒体发表新闻报道70余篇，开展培训课堂15期。强化考核保实绩。制定考核细则，每月对各执法中队大气污染防治工作进行考核排名，对排名后三的中队通报批评，连续三次排名后三的由局领导进行约谈。餐饮油烟治理成效显著。10月28日，郑州市餐饮服务业油烟净化专项治理工作现场观摩会在金水区隆重召开，省、市、区三级领导出席会议，现场观摩会推广金水区餐饮油烟治理工作的成效，省市等多家新闻媒体均对此次现场会进行了报道。2019年，区执法局共巡查餐饮场所49229家，发现问题1692个，全部已整改，未发现燃煤炉灶，未发现露天烧烤；印发两色油烟净化器清洗记录卡16000份，餐饮油烟防治手册10000余份；开展餐饮油烟宣讲课堂15次；各类新闻媒体报道70余篇；现场检测油烟排放2357家，开展第三方检测232家；查处“12369”平台餐饮油烟有奖举报119起；餐饮油烟在线监控平台正式运行，安装在线监控终端163台；餐饮油烟污染案件立案10起，处罚6.5万元。严格处罚工地扬尘污染。明确立案时限，接到市、区转办案件后，第一时间整理登记并转交中队，提高立案率，切实减少建筑工地扬尘污染；利用无人机对建筑工地扬尘污染违法行为进行调查取证；扩展处罚措施，针对不配合调查处理的建筑工地，将相关公司纳入失信名单，限制其生产经营活动，倒逼其落实扬尘污染防治主体责任；针对多次违法、财政扣款、影响恶劣的建筑工地，按照法律法规要求，顶格处罚。定期邀请省高院领导及法学专家对工作人员进行法治培训，答疑解惑，提高办案效率；组织执法案件业务讲评会，选取有代表性的扬尘案件进行分析讲解，交流经验，全面提升业务素质。2019年，区执法局共立案932起，(拟)处罚1954.1万元。市级交办案件509起，立案509起，立案率100%；区住建局移交案件229起，立案229起，立案率100%。

【违法建设拆除】 理顺在建违法建设工作流程，确立“执法局依法查处，区政府一次性责成，办事处组织拆除”的在建违法建设处置模式，为在建违法建设的及时、迅速处置提供了保证；积极开展违法建设执法业务培训，2019年共组织违法建设执法业务培训2次，提升执法人员的业务素质，提高案件的办理质量；继续推进依法征迁“清零”工作，违建指挥部与街道密切配合，拆除张家村遗留户3户、沙门村遗留户2户、柳林村遗留户1户，为金水区的安置区建设提供保障；科学解决住改商问题，以“劝导整改为主、行政处罚为辅”的原则，科学解决“住改商”问题。

2019年，金水区共拆除违法建设1848起，292112.64平方米。完成郑州北站铁路沿线违法建设整治任务103处，拆除违法建筑面积67296.22平方米；拆除“一环十纵十横”违法建设44起，面积16497平方米；拆除道路两侧违法建设1161处，面积49663.84平方米；拆除老旧小区内违法建设307处，面积11075.44平方米。

【交通秩序治理】 有效利用人行道空间施划停车泊位，每平方公里规划不少于100个道路停车泊位，上不封顶；大力进行经营性停车场管理整治,《郑州市停车场建设管理条例》生效后，加大宣传力度，加强执法人员法治培训，制定专案，督查经营性停车场做好备案工作；规范非机动车停放，新划非机动车停车线25万余米，同时对重点管理区域，依托三级路长，结合劝导员、文明志愿者对非机动车停放进行引导、规范；做好保障，实现警力下沉，为交警一、四、五大队招聘了150名交通协管员补充队伍，并为11个交警下沉中队提供工作场地及办公必需品；交警、城管相互配合、齐抓共管，利用“警民通”，对违章停车行为进行严格执法。经过近一年的治理，金水区交通秩序得到明显改善，道路通行能力显著提高，辖区的一大批堵点得到缓解。截至年底，金水区道路停车泊位达到15508个（包括原有停车泊位5033个，新增停车泊位10475个），率先在全市设置限时免费停车泊位，截至年底，已达到1100个；现已取得登记证的经营性停车场156家；城管执法部门张贴违规停车提示单2.2万余张，交警部门张贴违规停车提示单5.1万余张；拖离非机动车（共享单车）9.3万余辆。

【规范化建设】 提升案件指导审理工作质量，依托案件管理审批系统，建立案件初审员制度，从执法程序、调查取证、法律依据等方面严把案件审核关。2019年，区执法局共立案5062起，处罚金额2626.30万元。认真梳理执法依据，根据机构改革情况，对现有行政执法权责情况进行梳理调整、分类排序、列明目录，建立了分类清晰、编排科学的权责清单并及时公开，依据“放管服”改革要求，认领并编制监管事项目录清单，共梳理行政处罚794项，行政强制8项，其他职权5项。打击城市管理领域违法行为，在日常执法巡查过程中，查处违法运输、装卸瓶装燃气车辆，并移交公安机关处理，查处该类案件6起，移交公安机关11人。运用“五室一庭”对“黑停车场”、无证收费人员进行严厉打击，累计拘留无证收费人员11人。认真做好重大案件讨论和法制备案工作，严格执行重大执法决定法制审核及集体讨论制度，对依法做出的重大行政处罚在规定期限内及时报送、逐一备案，制定《重大案件集体审核制度》，严格执行重大执法案件集体审核。未经重大案件讨论和法制科审核或经讨论经审核未通过的，不得作出行政处罚，对执法过程中发现的违法或不当执法行为，主动予以纠正，并依法作出调查处理，共组织18次重大案件讨论。同时按照市、区法制办要求，对每月具体行政行为、合同、规范性文件、重大案件进行备案。深入落实城管执法“三项制度”，为实现执法队伍专业化、执法行为标准化、执法管理系统化、执法流程信息化，不断推进行政执法公示制度、执法全过程记录制度、重大执法决定法制审核制度，及时通过办事大厅公示栏、服务窗口等向社会公开行政执法信息，执法过程中全程开启执法记录仪，确保每件行政执法案件有记录，统一执法文书，保障执法全过程文字记录完整，案卷完整齐全，并全面系统归档保存，做到执法全过程留痕和可回溯管理。

【创新执法】 推进服务型行政执法工作。协调公安、司法、检察院、法院等部门参与城市管理执法工作，持续推进“五室一庭”司法保障机制。11月21日，住房和城乡建设部在南京召开全国规范文明执法经验交流会，区执法局作为全国唯一一家县区级城管执法部门在会上做典型发言。2019年，区执法局共向法院申请强行执行案件102件，法院下达裁定书91份。接到复议案件3起，诉讼案件15起。举行听证1件。

认真落实处罚信息公示和信用修复工作。依托案件管理审批系统，及时统计包括处罚信息等执法信息，并由专人负责，定期向区社会信用体系建设工作办公室上报，为全市社会信用体系建设提供翔实、准确、真实的数据支撑。积极探索出一套修复信用的模式，可通过完成四个规定动作进行修复，一是主动改正违法行为消除不利影响；二是提交信用修复承诺书；三是参加志愿服务活动；四是经金水区城市综合执法局审核符合条件提交书面意见，方可到市局进行信用修复。该模式受到了省会主流媒体及央广网的报道，引起国家发改委的关注。

倡导“绿黄红”三色执法，创新“互联网+执法”管理模式。同时推出金水综合执法微信小程序，记录“三色”文书下发的情况，让中队准确掌握行政相对人的违法行为程度。“三色”文书使用以来，结合“721工作法”，占道（突店）经营等80%以上城市管理问题得到有效解决，并写入省住建厅“强转树三年行动实施方案”文件，列入河南省服务型执法典型案例。

创新研发移动数字执法终端，推行收缴罚款电子支付。自主开发“移动数字执法”客户端，通过移动便携设备，能够快速拍摄取证，现场开据调查记录，生成执法文书，现场打印送达，实现执法数字化办公，缩短办案时间，规范案件文书，固定案件证据。同时推行收缴罚款电子支付，为各执法中队配备手持城管执法平板电脑，实现收缴罚款POS机刷卡支付、微信支付、支付宝支付，既实现了“一站式”服务，方便了群众缴纳罚款，又提高了办案效率。

建立风险防控机制。对照权责清单进行细分梳理，对于近年来城市综合执法过程中发现的违法行为和已办结执法案件进行梳理分析，找出行政相对人的违法风险点。并详列53个具体的风险点，通过综合分析违法行为产生的主要原因，结合实际拟定建议、疏导、警示等具体防控措施。执法人员根据风险等级，提前介入、主动提醒，及时、灵活实施行政指导，最大限度地防控行政相对人违法风险。

着力增强执法队伍综合实力。为加强执法人员培训教育，提高执法队伍软实力，邀请省高院行政庭庭长宋炉安教授、市区两级法院行政庭庭长、法学专家及法律顾问进行专题讲课，从行政执法主体和程序两方面入手，结合执法工作的重点、难点有针对性地进行分析、讲解。2019年，共组织各类培训32次。连续两年开展“业务大练兵”活动和“办案办诉大讲堂活动”，将办案办诉大讲堂的典型案例进行汇总，筛选出优秀案例及具有指导意义和推广价值的案例，以情景模拟的形式还原案件，加强局

▲1月6日，金水区城市综合执法局首次使用POS机处理业务，市民缴纳罚款更加便利

内部业务交流与研讨，提高办案能力，规范执法标准，提升执法水平。

（撰稿：张莉莉　审阅：冯江波）

城市改造

【概况】 金水区城市改造办公室（以下简称区城改办）成立于2010年11月，前身是2004年成立的金水区城中村改造指挥部，办公地址在东风路科技一条街3号楼。隶属区政府，内设办公室、综合业务科、计划规划科、土地拆迁科、建设房管科和财务科6个部门。负责城中村改造、旧城改造、合村并城等全区城市改造工作的政策宣传、业务指导、综合协调和日常管理等。

【安置房建设】 全区实施搬迁改造81个村庄和8个旧城，共需建设安置房项目65个。2019年以来，区城改办继续把安置房建设摆在首要位置，切实督促拆迁清零、垃圾清运、施工进场等关键节点的落实情况，最大限度加快施工进度。截至年底，全区65个安置房项目已全部开工建设，庙李等35个项目、1116.2万平方米已建成，胜岗等14个项目、333.7万平方米主体封顶，沙门等8个项目正在主体施工，押砦等8个项目正在基础施工。

【土地规划等手续办理】 一是控规批复。全区大棚户区改造项目应批控规（含项目一期、二期）81个，2019年共完成了柳林一期、高皇寨一期等10个项目控规批复，截至年底，安置区控规已全部完成批复，为全区安置房建设奠定坚实基础。二是土地出让。2019年，全区计划出让土地2500亩，区城改办主动加大与国土部门的对接协调，牢牢把握土地出让关键环节，土地挂牌增长10.6%，达到2544亩，为历史最高。三是“四证”办理方面。2019年，共完成张家村、庙李等6个安置地块的建设用地规划许可证、国有土地使用证办理；完成张家村等7个安置地块建设工程规划许可证办理；完成杲村等6个安置地块的施工许可证办理。

【安置房回迁】 区城改办始终坚持把“建的好、配套全、早回迁、能办证”作为基本工作原则，不断加大群众回迁力度，真正维护好、保障好群众的切身利益。全区大棚户区改造共需回迁群众14.6万人，2019年计划回迁14186人，截至年底，已完成回迁寺坡六里屯、二十里铺、庙李、大贺庄、河村5个项目，共计14203人，圆满完成全年回迁任务，群众回迁率整体达到90%。

【安置房网签】 2019年郑州市下达全区安置房网签任务9000套，在回迁任务重、难度大的情况下，区城改办聚力攻坚，主动协调，积极推进凤凰台、二十里铺、任庄、小金庄等项目安置房网签，全年累计完成安置房网签9261套、93.7万平方米，超额完成市定任务。

（撰稿：李　迪　审阅：高媛媛）

▲6月，庙李村回迁

▲ 12月，二十里铺村网签现场

房屋征收与补偿

【概况】金水区人民政府城市建设拆迁办公室成立于1993年，于2011年更名为郑州市金水区房屋征收与补偿办公室（以下简称区征收办），隶属金水区人民政府，位于郑州市东风路科技一条街3号楼。单位下设综合科、法制科、人劳财务科、群联科、档案科及5个征收科室。

【房屋征收工作】郑州市市政控制性节点（地下交通）工程。该工程作为2018年延续项目，涉及全区5个站点、4个街道办事处，需征收房屋1311户，征收面积约18.6平方米，按照市征拆指挥部2019年征迁任务台账，金水区场地移交任务剩余48处。

四环线及大河路快速化工程。涉及国有土地上建筑物34处，征收面积5.2万平方米，占地面积约19.6万平方米；集体土地上建筑物58处，占地面积约40.3万平方米。该项目在2018年全部完成主线高架任务后，2019年新增地面及管线迁改任务61个。

金水区西韩砦片区改造项目。涉及住宅822户（除去烟草公司138户、邮政58户），征收总面积约10万平方米。

金水区经五路17号院街坊片区改造项目。涉及5栋住宅，2栋办公楼，占地面积8400平方米，其中成套住宅共有179套，建筑面积1.3万平方米。

【征收系统运用及使用】按照市征收部门统一要求，探索试行征收全过程在网上进行，进一步加大房屋征收系统录入的应用，逐步提高项目管理工作效率，保障征收过程依法、高效、透明。截至年底，郑州市市政控制性节点（地下交通）工程大石桥站（新增）项目、二七路太康路道路拓宽改造工程、金水区经五路17号院街坊片区改造项目等已全部使用房屋征收与补偿信息系统操作。

【法治工作】业务学习培训情况。区征收办积极参与市征收部门组织的征收业务知识培训以及区司法局组织的行政执法培训等相关法律法规学习，定期双月邀请单位法律顾问对征收程序流程、评估公司选定流程、房屋评估报告送达及社会稳定风险评估等方面进行讲解授课，结合征收过程中的实际案例进行以案说法。

【信访工作】区征收办始终把信访维稳当作征收工作中的头等大事，明确领导责任，建立矛盾排查化解长效机制和建立矛盾问题动态管理台账以及矛盾问题化解实施动态管理机制，针对出现的不同矛盾，制定不同的化解措施。把房屋征收社会稳定风险评估工作作为核心工作来抓，始终坚持以人为本、科学决策，预防为主、统筹兼顾，谁主管、谁负责，谁决策、谁负责的基本原则，预测预判风险，积极应对。同时开展

▲ “12319”城管热线宣传活动

“扫黑除恶”专项斗争活动，切实从源头上预防和减少房屋征收工作中的隐患，为创造和谐稳定的社会环境而努力。

【征收工作思路】 区征收办以“不忘初心、牢记使命”主题教育工作为契机，牢固树立以人民为中心的服务理念，始终把服务群众贯穿征收工作全过程，把诚心诚意保障被征收群众利益作为征收工作的出发点和归宿。把服务群众贯穿征收工作的全过程，针对不同情况、不同困难的群体，开展个性化定制服务，转变观念，加强服务意识，强化人文关怀，切实转变工作作风。

（撰稿：孙　飞　审阅：贾光辉）

数字化城市管理

【概况】 金水区数字化城市管理指挥中心成立于2007年10月。2008年4月至2010年12月，与区爱卫办（区创建办）合署办公，履行城市管理大督查职能。2010年12月，区数字化城市管理指挥中心职能单列，分编后，数字化城市管理指挥中心为正科级事业全供单位，设有五科一室，分别是办公室、综合科、考评科、督查科、网络一科、网络二科。

【案件处置】 区数字化城市管理的数据采集区域覆盖市区面积60平方公里，17个街道办事处、174个社区，共有3638个万米单元网格。各街道办事处和区直有关部门设立了数字化城市管理办公室，对区数字化城市管理指挥中心负责，在区指挥中心的统一指挥与监督下，实行网格化城市管理模式，做好辖区内的城市管理工作。2019年，区数字化城市管理指挥中心共接收市数字化城市管理指挥中心派遣案件407157件，处置396336件，结案率97.34%，按期结案率92.67%。

【城市环境综合整治】 自全市城市环境综合整治提升工作开展以来，区数字化城市管理指挥中心作为综合协调组，紧紧围绕“三个提升”“四化”“五个结合”工作要求，突出“四个紧盯”，在市容环境卫生全面综合整治提升的基础上围绕全区14家接待酒店、4个商圈、14所医院以及24条道路（段）等重点区域和道路，明确分包领导及责任人，全面排查问题，建立整改台账，按照标准清单，对标开展综合整治提升。民运会期间，累计整治维修道路1.42万米，拆除违法建设1082处、5.3万平方米，对385处占道围挡进行了核查、督促，已拆除159处、37150平方米，增绿补绿7660平方米，清洗整饰立面17.86万平方米，赛事酒店300项内部问题全部整改，院内整修全部进场施工；施划道路停车泊位10385个，规范非机动车辆停放7.13万余辆；对金水路等5条道路和正弘城等61栋楼体进行亮化提升，逐步实现洁化、序化、绿化、亮化。

【“路长制”市容市貌大提升】 一是严格“路长制”考核。作为路长制区级考核部门，因地制宜对各街道实施目标管理差异化考核，通过考核评价机制，全面科学评价“路长制”工作成效，引导基层单位紧盯治理成效，不断提升城市治理水平。同时，根据《金水区深入推进“路长制”城市环境卫生精细化管理考核方案（试行）》要求，每周定期对全区纳入“路长制”管理的道路进行考核，为全区召开的14次“路长制”现场点评观摩会提供第一线的数据资料，确保“路长制”工作深入推进，城市管理提升效果明显。二是积极筹备各项“路长制”工作推进会。自全区“路长制”工作开展以来，区数字化城市管理指挥中心作为牵头部门，始终坚持把以“路长制”为载体的城市精细化管理作为各项工作的重中之重。按照区委、区政府的安排部署，专门聘请城市规划设计、平面设计专家组成评审团队，逐一把关卓越路段、极致路段规划设计方案。截至年底，已召开专家评审会13次，40条路段设计方案通过专家评审。三是加快优秀路段创建进度。从5月开始，全市启动“千路优秀、百路卓越、十路极致”创建工作，全年金水区共打造区级卓越路段32条，通过市里验收红旗路段24条、优秀路段195条、优秀红旗路段23条。7个街道办事处进入“千百十”创建前十位次；经八路、花园路街道办事处被授予“红旗街道办事处”荣誉称号。

【服务民生】 为提高应急案件处置规范性，先后为城区17个街道办事处配发了300余套应急护栏和反光锥，进一步提高了城市管理的精度与品质。突出服务群众、务实为民的目标导向，持续开展覆盖全区15个城区办事处的“不忘初心、牢记使命”主题教育暨“12319”城市管理服务热线数字城管进社区、进沿街门店系列宣传活动。通过发放宣传手册、致市民的一封信、致广大经营商户朋友的一封信，向市民群众讲解反映问题的渠道和方式，向商户宣讲应该遵守的城市管理规定，从而加大“12319”城管服务热线宣传及群众投诉案件处理力度，使广大群众和商户真正感受到城市精细化管理的成果。

【“不忘初心、牢记使命”主题教育】 为深入推进“不忘初心、牢记使命”主题教育开展，在做好规定动作的基础上，不断丰富自选动作，先后组织全体党员到经济发展成就展、黄河博物馆、中原英烈馆、八路军后方医院、廉政苑等地进行参观学习；组织观看红色影片《我和我的祖国》《中国机长》；组织召开“守初心、强担当，擦亮党员金字招牌”“传承红色基因，高品质打造现代化城区，实现人民幸福论”等专题研讨等会议，班子成员结合工作实际，展开交流发言，不断推动理论成果向实践工作的转化；精心组织“领导班子讲党课”活动、邀请省委党校专家为党员干部授课；组织开展“不忘初心、牢记使命”征文比赛等活动。通过主题教育活动，广大党员进一步增强工作的自觉性，增强党性意识、角色意识和服务意识，思想素质得到提高，工作热情空前高涨。

【队伍建设】 区数字化城市管理

▲ 金水区数字化城市管理指挥中心组织参观荥阳红色教育基地

指挥中心始终致力于建设一支团结务实的领导班子队伍，不断完善领导班子例会、党支部会议、民主生活会、中心组理论学习等各项制度，全面提升班子成员的决策力和执行力。同时，认真抓好领导干部廉洁自律、反腐倡廉建设各项工作，构建风清气正的良好工作局面。在整体队伍建设中，首先，注重抓学习，提升队伍素质。工作中不断采取集中学、个人自学、座谈讨论、调研等灵活多样的形式合理安排学习时间和学习内容，拓宽干部视野，激发创新活力，提高干部理论知识与业务水平。其次，不断完善以绩效考核为核心的干部职工激励机制，把工作业绩与年度考核、干部任用紧密挂钩，最大限度地调动干部职工的积极性。

【考评及培训】为做好各单位工作成效评价工作，区数字化城市管理指挥中心结合工作实际，进一步完善《金水区数字化城市管理工作绩效考评方案》《金水区数字化城市管理工作督查办法》等考评体系，对考核对象、评分标准、考评方式、督查方式等做出明确规定。同时，以公平、公正为原则，以推动问题及时解决为目标，定期通报各责任单位数字化城市管理工作情况，每月进行打分排名，保障数字城管工作有序开展。为保证数字化城市管理工作水平进一步提高，对各街道办事处及相关局委的信息员进行 10 次培训，定期组织内部工作人员进行业务学习，进一步强化数字化城市管理人员的工作能力。

（撰稿：李光普　审阅：郭　丹）

郑州市金达房地产开发有限公司

【概况】郑州金达房地产开发有限公司（以下简称金达公司）成立于 1994 年，2014 年经金水区政府研究决定，由国有企业改制成为国有投资的公司制法人企业。公司注册资金 1 亿元，具有房地产开发三级资质，主要负责承建金水区政府投资的金水区市民公共文化服务活动中心、郑州国际金贸港、道路、学校、保障性住房、医院等公益性项目。2019 年，公司获得“金水区‘强投资’工作现代产业体系构建工作先进单位”和“交通道路建设及建筑工地扬尘治理工作先进单位”称号。公司位于郑州市金水区东风路 3 号附 3 号 24 层，在职员工 54 人，其中具有专业职称 30 人。公司下设六部两室，分别为办公室、党建办公室、财务部、工程部、开发部、规划设计部、成本合约部、法务部。办公室负责公司政务日常性综合业务的管理；党建办公室负责制定公司年度党建工作计划及组织实施等相关工作；财务部负责公司财务核算管理；工程部负责在建项目的施工监督管理；开发部负责各种取证手续的办理；规划设计部负责项目的设计工作；成本合约部负责项目招投标、合同、审计及工程量的审核、预结算工作；法务部负责公司法律相关方面的工作。公司以提高区政府投资项目的建设效率和投资效益，严格控制投资概算，保证工程质量和工期为经营方针，以过硬的工程质量、良好的服务声誉，不断为金水区经济社会发展做出新的贡献。

▲ 市民文化公园项目航拍

【重点项目】金水区市民公共文化服务活动中心项目。金水区市民公共文化服务活动中心，是区政府全额财政投资，由郑州金达房地产开发有限公司代建管理。作为市、区重点项目，力求建成中部六省区级层面规模最大、功能最全、设施最先进的民生工程。截至年底，主体工程全部封顶，外幕墙、二次结构、钢结构工程全部完成，精装单位、智能化等配套工程已全面开工，样板间基本完成。该项目2019年计划投资42403万元，全年共完成约49000万元，当年完成比率116%，项目累计完成约104000万元。

郑州国际金贸港项目。一是土方清运4个地块已开挖到-5米的标高，累计清运土方约74万立方米。二是地质勘探已完工，待建设方案确定后出具正式报告。三是文物勘探面积15万平方米，等待出具文堪报告。四是基建电工程施工已完成，等待供电。五是形象标识牌已完成施工建设。六是控规方案已按照规划局的要求进行修改，规划分局正在审核。七是已与中建七局、豫资控股、郑发集团签订投资合作协议，正在积极推进合资公司注册等相关事宜。累计完成产值8.74亿元。

道路建设项目。一是洛阳路等9条道路已完成招投标工作，孟砦路等5条道路已完成施工许可证办理工作，汉王路等13条道路正在办理预算及可研报告手续。二是通过建立工作台账，与区住建局、相关办事处群策群力，积极配合推进道路拆迁工作，截至年底，在建道路拆迁大头落地。三是黑庄路等8条道路已完成竣工验收，燕西路准备报审，其余道路均已完成审计工作，丽水路等28条在建道路持续推进，洛阳路等5条道路已开工。道路项目2019年计划完成投资11282万元，全年共完成投资14395万元，完成比率128%，道路项目累计完成投资37275万元。

学校建设项目。公司代建的学校项目进入建设实施的共有20个，其中已竣工项目9个，在建项目8个，新开项目1个，正在进行最高限价评审的项目2个。2019年，学校建设项目计划完成投资31300万元，全年共完成33144万元，完成比率106%，学校项目累计完成97010.45万元。

金水区市民文化公园项目。该项目自2019年4月全面启动以来，完成土方清运43万余立方米，同步完成支护桩700余根，完成冠梁1000余米；主体锚杆完成2000余根，基础筏板、垫层等完成近2万平方米；完成3号、4号通道的主体建设及回填，5号通道的开挖支护等。该项目2019年计划投资16000万元，全年共完成约10300万元，当年完成比率64%，项目累计完成10300万元。

城市道路（主干道）综合改造工程项目。全市“一环十横十纵”道路综合改造工程涉及金水区共计16条道路。其中，一期全市7条，涉及金水区5条，分别是未来路、黄河路、经三路、京广路和嵩山路（涉及较少），要求2020年7月前完成改造任务。

▲ 马林小学施工现场

试验段全市7条（9公里），涉及金水区3条（3.25公里），分别是未来路（金水路—沈庄路，0.85公里）、黄河路（经二路—花园路，1.2公里）、经三路（金水路—黄河路，1.2公里）。未来路试验段东侧人行道（福元路—金水路）已完成围挡搭建并开工建设，已完成人行道铺装、行道树树穴联通等改造内容。

（撰稿：袁永香　审阅：邹会芳）

郑州市金水建设综合开发有限公司

【概况】郑州市金水建设综合开发有限公司（以下简称开发公司）成立于1988年，隶属金水区人民政府。公司位于金水区国基路106号5楼。公司下设办公室、财务部、开发经营部、成本部、工程部、总工室、物业公司7个部门。公司自成立以来，先后开发了市民新村、杜岭街、西里路综合小区、区政府大楼、金紫回民安置小区、东风路科技一条街IT企业区、金科苑、锦华苑、东区拆迁安置工程、区信访综合楼、区教育培训中心、白庙村城中村改造安置房等工程项目，累计开发近300栋楼，260余万平方米建筑面积。

【重点工程项目】公司承担金水区政府主导的10个安置房建设项目（白庙、路砦、大铺、姜砦、王府坟、司家庄、沙口、城北路、黄家庵、财专片区）。因公司承担的安置房项目数量多、地块分散，为加快建设进度且便于管理，公司将上述安置房项目按地域分布就近组合，分为4个项目部，由公司指派4名项目经理对项目的手续办理、工程质量进度、项目协调等进行总负责。具体情况如下：

白庙项目　该项目位于东风路南，文博东路西，白庙路北，文博西路东。项目总建筑面积为395713.6平方米，其中，村民安置房面积352913.6平方米，富士康集团赛博数码广场商业用房面积42800平方米。项目包括7栋住宅楼及一座3层商业裙房。2015年年底开始启动村民2424套的安置房分配工作，2016年6月中旬将剩余的公共单位部分进行分配。项目网签工作于2019年年底已基本完成。

路砦项目　该项目位于新龙路以北，连霍高速以南，渠东路以东，高皇北路以西，隶属于国基路街道办事处。项目占地面积128.29亩，总建筑面积约为43.06万平方米，地上建筑面积30万平方米，安置村民348户、1498人。预计2020年6月完成交付。

大铺项目　该项目位于文化路与双铺路交叉口向西100米，安置区在A-1地块，隶属于东风路办事处。总建筑面积约为27万平方米，地上建筑面积约为20万平方米，安置村民471户、965人，安置面积约19万平方米。预计竣工时间为2021年。

姜砦项目　该项目位于园田路东，东风路北，信息学院路西，隶属于东风路街道办事处。总建筑面积约为16.2万平方米，地上建筑面积约为12.3万平方米，项目一期安置村民157户、1551人，安置面积约11.7万平方米。预计竣工时间为2021年。

王府坟项目　该项目位于铁西路、黄河路、沙口路王府坟南街所围合区域，隶属于南阳路办事处。安置区总建筑面积约为15.8万平方米，地上建筑面积约为12.3万平方米，安置村民137户、251人，安置面积约8.9万平方米。预计竣工时间为2021年。

司家庄项目　该项目位于凌云路与东里路交叉口东南角，隶属于未来路办事处。项目占地面积3.3万平方米，总建筑面积约为25.5万平方米，地上建筑面积约20万平方米，安置村民213户、349人，安置面积约17万平方米。预计竣工时间为2021年。

沙口项目　该项目一期位于二环支路北，京广铁路西；沙口城中村改造项目二期位于金水路南，京广快速路东，隶属于大石桥办事处。项目总占地面积约3.48万平方米，总建筑面积约为22.1万平方米，地上建筑面积约18万平方米，安置村民171户、653人。预计竣工时间为2021年。

城北路项目　该项目位于紫荆山路与城北路交叉口西南角，隶属于人民路办事处。项目占地面积4027平方米，总建筑面积约为2.2万平方米，安置村民223户、636人，安置面积约2.2万平方米。预计竣工时间为2021年。

黄家庵项目　该项目位于金明路与畜牧路交叉口东南角，隶属于北林路街道办事处。项目一期土地面积约25.33亩，道路占地面积约4000平方米，项目规划建设用地面积约19.33亩，总建筑面积约16.6万平方米，安置村民149户、587人，安置面积约13.9万平方米。预计竣工时间为2021年。

财专片区项目　该项目位于俭学街与信息学院路交叉口东南角，隶属于郑州市金水区文化路街道办事处。项目占地面积约2.48万平方米，总建筑面积约14.4万平方米，地上总建筑面积约10.6万平方米，项目安置户数1200户、3968人，安置住宅面积约8.37万平方米。预计竣工时间为2021年。

2019年，公司认真落实区委、区政府的决策部署，对所承建项目抢先抓早，周密安排，明确责任，稳步推进。截至年底，路砦项目住宅地块主楼部分已基本施工完成，配套部分水、电、气、暖、绿化等施工逐步推进。商业地块主体施工至10层。大铺A2地块部分已施工至主体30层，其中一栋已封顶；A1地块部分施工至地下室负二层。姜砦正在进行主体施工，局部已建至主体33层。王府坟2#、5#楼已施工至地下室负一层，1#楼施工至夹层。司家庄项目共2个地块8栋。2#地块超高层总建筑面积约5.6万平方米，现施工至主体6层；3#地块总建筑面积约19.4万平方米，施工至基坑支护阶段。沙口一期4栋已封顶正在进行二次结构施工；二期3栋部分已建至21层。城北路项目已封顶，二次结构正在砌筑。黄家庵项目一期主体现已封顶，正在进行二次结构、装饰装修、安装工程施工。财专项目一期先行开工3栋，桩基已完成，1号楼主体工程基准面即将浇筑，2号楼筏板钢筋绑扎完成70%。

（撰稿：张晓晶　审阅：王　项）

科教文卫

科学技术

【概况】 金水区科学技术局内设办公室、综合管理科、创新创业科、行政服务审批科、高新技术科、科技成果转化科，局下设二级机构金水区生产力促进中心。2019年，科技创新工作在区委、区政府的正确领导下，以自创区建设为主线，充分发挥“双自联建”叠加优势，以“四个一批”（一批技改提升项目、一批开工建设项目、一批竣工投产项目、一批对接引进项目）培育为重点，营造创新环境，激活创新要素，充分发挥科技在支撑经济发展、促进转型升级中的作用，为全区经济社会平稳较快发展做出积极贡献。2019年，新增科技型企业371家，全区科技型企业总量达1302家；新增高新技术企业137家，全区高新技术企业总量达359家，全年高新技术产业增加值突破130亿元。

【创新引领型平台】 2019年，组织辖区14家企业申报市级工程技术研究中心、21家企业申报市级重点实验室，有11个工程技术研究中心、17个重点实验室获得市科技局认定；组织4家企业申报国家级孵化器，其中，尚合、聚方已经通过科技部公示；组织2家企业申报省级孵化器，仍在评审中；组织7家企业申报市级孵化载体，获认定3家。截至年底，辖区有市级以上工程技术研究中心211个，市级以上重点实验室106个；各类孵化载体61家，孵化面积达90万平方米，在孵企业已达到2900家（项）。

【创新引领型人才】 积极开展第四批“1125聚才计划”项目征集工作，共推荐上报涉及电子信息、生物医药、先进制造、新能源等领域的优质人才项目51个，经过现场答辩及实地察看，最终入选16个项目。截至2019年年

▲ 8月28日，区人大常委会副主任燕建华（右二）及人大代表团对金水区科技创新工作进行调研

底，“1125 聚才计划”项目累计达 75 个。新增院士工作站 3 个，2 个仍在评审中；院士工作站累计达 43 个。全年引进领军人才及高层次人才 21 人。

【创新引领型机构】组织推荐 4 家单位申报省、市新型研发机构，信大捷安申报省级新型研发机构已通过公示，中科新兴产业技术研究院申报市级新型研发机构已通过公示。同时，牵头美国弈恩公司合作成立中国中部科技互动数据中心，并规划建设虚拟增强现实示范区。

【科技成果转移转化】制定科技成果转化“一二三四”体系，即：明确一个理念，搭建两个成果库，完善三项机制，实施转化“四部曲”。截至年底，已召开专题成果转化推介活动 6 次，开通金水科技创新产品网上推介平台，搭建企业、科研院所 2 个动态成果库；对“人脸识别”“车牌智能识别”等有助于公共安全的自主创新产品予以项目落地支持。新增技术交易机构 60 家、累计达到 363 家，市级技术转移服务机构 2 家、累计达到 8 家，省级技术示范机构累计达到 6 家；完成全国技术合同网上登记系统技术合同成交总金额 11.4 亿元。

【创新创业环境】积极开展“金水创客领袖 200 加速营”活动。

▲ 8 月 12 日，金水区科技局联合 UFO 共享办公开展“金水创客领袖 200 加速营”活动

全年分 2 期对 60 个优质项目分别进行为期 12 期的课程培训，有 3 个项目获得 3200 万元风投机构投资。成功召开信息安全网络及物流服务国际大会、筹备第五届“双 12”中国创客领袖大会。深入开展走访企业服务活动，累计走访企业 600 多家，征集各类意见建议 300 多条，及时吸收转化为服务企业工作措施。全面梳理权责清单，规范行政行为。梳理市级众创空间备案推荐、科技创新券后补助等 6 项“四级四同”（“四级”为国家、省、市、县四级，“四同”指事项名称、事项编码、事项类型、设定依据相同）事项进驻政务服务大厅；“金典六策”一网通综合服务平台正式投入使用，实现“金典六策”创新类项目申报等“全程网办”和“跑一趟”。强化科技宣传。开展“金典六策”一网通申报平台宣传、高企申报、研发投入、科技成果转化等专题培训 10 场，累计培训人员 3000 余人；开展虚拟现实体验、心理健康教育、3D 打印、小创客等科普小课堂活动 5 期，进一步提升辖区青少年思维创新和实践应用能力；全面开展科技活动周科普宣传活动，千余人次进行咨询；开展“科普电影进社区、进乡村”公益电影放映活动，截至年底，已播放 67 场，丰富辖区居民业余文化生活，受到广大群众的热烈欢迎。

（撰稿：赵泽普　审阅：杨　琳）

教育体育

【概况】金水区教育体育局是郑州市金水区人民政府管理教育体育工作的职能部门，现设科室 11 个，即：办公室、党建办、人事科、宣传外事科、财务科、教育科、体卫艺科、发展计划法规科、科学技术与信息化科、行政审批服务科、党风行风建设工作办公室。全系统共有教职工

5575 人。

2019 年，金水区教育体育局团结带领全区广大教职工，坚持以习近平新时代中国特色社会主义思想为指导，深入贯彻落实中共十九大精神和全国、全省、全市教育大会精神，紧紧围绕领跑中部城区发展与打造高品质现代化城区的战略目标，坚持“强化内涵发展，提升办学品位，提高教育质量”的核心，全面落实立德树人根本任务，努力打造教育体育品牌特色，圆满完成全年既定目标任务，各项工作都取得了显著成绩。

【党建工作】 基层党建工作开创新局面。深入学习贯彻习近平新时代中国特色社会主义思想和中共十九大精神；扎实开展“不忘初心、牢记使命”主题教育，立足金水教育改革发展实际，围绕各级党委、政府部署要求和群众关心热点、难点问题，学深悟透、学以致用。组织中心组理论学习 15 次、专题讨论 4 次，组织 170 余名党员干部先后举行 3 次集中学习研讨。班子成员研究确定调研课题 8 个，先后多次深入教学一线，通过上门走访师生群众、积极开展座谈交流等方式，涉及面达 500 余人次，征集意见、建议 200 多条，并深入调研、分析研判、综合施策，拿出针对性与操作性强的解决办法。26 个党支部调整为党总支，进一步规范学校党组织设置；54 个直属学校党组织完成换届选举，党组织班子更优、更强；成立民办教育党委，进一步规范和理顺民办学校党组织隶属关系，建立 53 个民办学校党组织。不断加强干部队伍建设，采取竞争上岗方式，选拔了 106 名校级干部，持续推行校长书记“一肩挑”，新任命校长兼书记 32 人，有效完善干部任用机制，优化干部资源配置；深入实施党员、教师“双培养”，全年 36 名党员荣获各级名优骨干教师称号，40 名骨干教师光荣入党，组织 2194 名党员参加“万名党员进党校充电计划”培训班，着力提升党员教师的整体素质。大力开展“创建党建品牌”活动，命名表彰 10 个优秀党建品牌；广泛开展微党课征集活动，征集微党课 231 节；积极开展“树标兵”活动，选树各级优秀党员标兵 216 名、党员先进典型 50 余名，开展宣讲近百场次，充分发挥典型模范的引领作用。

【意识形态工作】 意识形态工作全面加强。突出责任落实，进一步明确党管意识形态主体责任，健全完善落实机制，牢牢掌握意识形态工作主动权。突出工作重点，筑牢网络舆论阵地，强化宣传队伍建设，增强网络引导力；筑牢未成年人思想道德建设阵地，加强社会主义核心价值观宣传教育，完善德育一体化体系，着力培养新时代好少年。

【党风廉政建设】 党风廉政建设不断深化。全体班子成员带头遵守廉洁自律各项规定，认真执行民主集中制，主持召开 3 次民主生活会；坚持以案促改，用好典型案例，严格按照工作程序开展警示教育，推进以案促改常态化；严格履行“一岗双责”，定期开展廉政谈话和谈心活动，抓好班子、带好队伍；严格落实问责制度，用好监督执纪“四种形态”，持续强化规矩意识，严防“四风”问题反弹，有效营造教育系统风清气正的育人环境。

【区委教育工作领导小组】 党对教育工作领导全面加强。积极推动成立区委教育工作领导小组，区委副书记李伟革任组长，区委常委、区委宣传部部长杨林，区委常委、区委组织部部长时博，副县级干部王珂任副组长，区教体局、区财政局、区发改统计局、区人社局等 29 个部门的党政正职或分管领导为成员。召开第一次全体会议，制定《中共金水区委教育工作领导小组工作规则》，在统筹推动教育改革发展方面发挥出积极作用，教育事业发展难题和发展瓶颈的解决力度进一步增强。

【教育管理体制改革】 教育管理

体制改革平稳有序。全力落实市委、市政府关于市区教育管理体制调整改革工作的决策部署，迅速成立工作专班，全面倾斜工作精力、人员力量，积极主动对接落实，强化与市、区相关部门和11所移交学校的沟通交流，密切配合，通力协作，有效做好协调、衔接和服务等组织保障工作，推动移交工作有组织、有步骤、有纪律的实施进行，推进人员移交、经费划转、资产管理等工作平稳顺利进行，确保学校教师队伍思想稳定、教学管理运行顺畅，全区教育发展体系建设更加全面，发展潜力更大。

▲ 10月15日，区委书记陈宏伟（左二）实地调研金水教育工作

【教育资源优化配置】 学校建设升级取得新进展。新建的文三长安校区、文一金桂校区和改扩建后的郑州龙门实验学校、文化绿城南校区、文化路三小等学校已投入使用，新增156个教学班、7260个优质学位。文化路一小、新柳路小学改扩建工程主体竣工；海滩北街小学、孟砦小学、枣庄小学、徐寨小学等13所新建学校正在建设；艺术小学等16所学校场地维修改造已全部投入使用。

【教育便民惠民工作】 教育便民惠民展现新作为。立足实际，创新谋划，多措并举，推动全区39所中小学校通过校内食堂供餐、校外企业配送等4种方式实现供餐服务，占全区学校总数的64%，尤其是率先在全省范围内首次采取“中央厨房+卫星厨房”的模式，有效破解学生多、厨房小的校内供餐难题，为全市加快推进午餐供餐工作贡献金水智慧、提供金水方案。全面落实义务教育经费保障机制，拨付免费教科书和免作业本费资金1548.65万元。向935名家庭经济困难学生和残疾学生发放资助金66.6万元；向321名大学生发放生源地助学贷款245.42万元。依托未成年人心理成长指导中心，为辖区2000余人提供亲子关系等心理辅导。创新开展金水教育大讲堂活动，坚持“开放、共享、引领、服务”理念，精准定位师生、家长教育需求，分4个专辑推出15期高质量金水教育大讲堂讲座，参与活动达6000余人次，金水教育高质量发展成果更大程度、更加广泛地惠及辖区群众。积极开展全民健身运动，新增健身路径20条，组织2.6万余人参与各类健身活动。

【德育工作】 德育教育工作开辟新途径。持续开展“三个一”阅读工程，全面推进阅读课程和阅读活动的序列化、主题化、常态化，成功举办“三个一”（眼离桌面一尺远，手离笔尖一寸远，胸离桌子一拳远）阅读工程学前教育系列活动，新增省、市书香校园14个。成功承办2019郑州市普通中小学德育建设会，充分展现了金水德育品牌特色，并向全市分享了全程育人、全科育人、全面育人、全员育人的德育课程一体化建设经验成果。

【师资队伍】 师资队伍建设呈现新特色。组织478名新入职教师完成岗前集中培训，并系统开展过程性研训。第一批100名种子教师完成学习任务，有效提升课堂教学水平，遴选第二批100名种子教师跟岗学习，30位名师培养对象形成教学主张。圆满完成第五期教导（德育）主任培训班，有效增强学校中层干部履职能力。举办首届班主任素养大赛，带动、提升班主任队伍的整体素质和专业水平，新增省优秀班主任4名、省市级名班主任工作室5个，新增各类省、市级名师91名。大力整合各项事务，减轻学校负担，局班子坚持每周研究拟在学校开展的各类会议、活动、比赛和检查等，能合并的合并、能取消的取消，最大限度地减少与教学活动无关的事务，切实为学校减负、给教师松绑。

【招生工作】 招生入学工作顺利完成。2019年，区属小学共招收一年级新生19092人，其中进城务工人员随迁子女4809人；小升初就近分配17680人，其中进城务工人员随迁子女5604人。圆满完成成人高招报名5901人，自考新生报名2795人，普通高招报名11998人，专升本报名17401人。

【体卫艺工作】 体育艺术品牌建设增添新亮点。聚焦大课间“提质增效”，进一步细化强化活动编排、运动强度、目标定位等，有效推进大课间活动蓬勃开展。创新实施学校体育发展联盟，通过各联盟校间的教育教学研究、教师培训研讨、竞赛体系构建等，有效提升学校体育特色发展水平。深入推进校园足球，成功承办中国足协娃娃足球实证性研究成果展示活动暨河南省第四届校园足球年度颁奖典礼；在2019年全国青少年校园足球“满天星”训练营经验交流大会上，面向全国31个省市作交流发言。金水区荣获“河南省2020年县域足球联赛试点单位”称号，区教体局荣获“河南省校园足球先进单位”称号和“郑州市校园足球突出贡献奖”，并作为优秀典型，代表全省参评全国校园足球优秀“满天星”训练营、校园足球优秀试点区、校园足球优秀试点区区长。组织全区10万余人参加阳光体育节系列竞赛活动，在2019年全国、全省两级啦啦操锦标赛上，金水区共荣获18项冠军；在河南省田径冠军赛上，共摘得13枚金牌、30枚银牌。受邀参加2019年全省体育工作会议并作经验交流，被省体育局评为“2018年度河南省青少年体育工作先进集体”。2019年9月，国家体育总局发来贺信，对区教体局和郑州市第七十六中学在2019年跳绳世界杯与第11届世界荷球锦标赛中取得的优异成绩表示祝贺及感谢，金水教育美誉度、影响力进一步增强。创意开展献礼祖国七十华诞合唱快闪活动，成功举办庆“六一”文艺展演和师生合唱教学成果展示暨新年音乐会。区教体局在教育部主办的全国第六届中小学生艺术展演活动中荣获优秀组织奖；区女子教师合唱团在第八届河南省合唱节荣获金奖。

▲5月18日，金水区师生共400余人在文博广场举行“金水师生共庆六一　献礼祖国七十华诞”合唱快闪活动

【教学管理工作】 教育教学质量再上新台阶。立足长远、兼顾当前，综合施策，持续扩容挖潜，优化资源配置，区属初中全部消除大班额和超大班额，区属小学大班额和超大班额占比分别降低10.8%与11.4%。积极推进金水区提升学校课程品质研究与实践项目，编制57个学科课程群和20个跨学科创意设计，完成20所实验学校的课程规划及课程指南设计，形成研究成果——《学校课程建设》丛书9册，在全国发行。成功承办第四届全国中小学品质课程研讨会，面向全国20多个省份2300余人，开放学校、开放课堂，展示金水课程建设的区域经验和成果。金水区被评为“全国中小幼儿园品质课程示范区”，文化绿城小学等20所学校被授予“全国品质课程联盟学校”称号。深入推进金水区基础教育质量提升项目，10所项目实验学校初步完成办学系统建构。完成第十四届“希望杯”暨第五届“金硕杯”课堂教学展评活动，进一步推进基于核心素养培育的课堂教学实践研究。在各级各类课堂教学评比中，金水区教师荣获国家级奖励10人、省级奖励305人、市级奖励549人。

【学前教育】 学前教育普惠发展获得新成效。深入开展城镇小区配套幼儿园和无证幼儿园治理，在强化上下联动与左右协同的基础上，因地制宜，精准施策，按照分阶段、分类别治理实施原则，强力推进8所幼儿园实现顺利移交。新认定普惠性幼儿园16所，全区普惠性幼儿园在园幼儿占比提高至69.58%，并向102所幼儿园发放学前教育奖补资金1241.2万元。对辖区138所各级各类幼儿园进行督导评估，进一步规范幼儿园办园行为。强化区域联盟组内交流分享，发挥示范带动作用；组织各类培训113场，参加教师7972人次，不断增加幼儿教师专业技能。

【民办教育】 民办教育实现新突破。全面落实“放管服”改革精神，新审批民办学校4所、培训机构23个，审查办理160所民办学校各类变更事项和分支教学点备案手续。顺利开展民办教育协会换届工作，组织民办学校校长参加核心素养提升培训，促进民办学校管理水平持续提高。深入开展校外培训机构专项治理“回头看”，处理违规办学行为314起，处置率达到100%，有效维护了学生的合法权益。

【教育信息化】 教育信息化建设激发新动力。优胜路小学等7所学校的未来教室、教体局中心机房和14所学校网络升级项目，以及文化路三小智慧校园项目已建成并投入使用。15所学校试点应用“腾讯智慧校园”，有效提高了学校教学、教务管理效率；四月天小学等10所学校的创新实验室已完成方案设计。组织全区教师参与2019年度全国“一师一优课、一课一名师”活动，完成晒课8663节，各项数据在全省均占首位。扎实推进编程教育普及，实现区域中小学编程课程教学常态化、全覆盖，在第十七届全国中小学信息技术创新与实践大赛中，荣获一等奖15人，占全国总数的15%。金水区被评为“2019年度河南省教育信息化2.0示范区创建区域”。文化路三小、艺术小学等学校被评为“第一批河南省中小学数字校园标杆校”。

【教育督导工作】 教育督导护航工作取得新成绩。启动并试点推进5所学校学生综合素质评价合作项目，积极探索评价改革，驱动学校管理改进和学生全面成长。完成第三届责任督学换届工作，聘请15名责任督学、75名学校督学。出台《金水区幼儿园责任督学挂牌督导实施办法》，实现全区幼儿园责任督学挂牌督导全覆盖。围绕学校管理、课程规划、德育建设、教师队伍等内容，深入实施第二轮三年发展规划过程性督导，促进学校高质量管理，助推学校高品质发展。圆满完成2019年上等级幼儿园申报复评工作和省级、市级示范园复验过程性督导工作。

【安全稳定工作】 教育和谐平安建设得到新加强。积极组织全区师生广泛开展“学宪法、讲宪法”系列活动，持续强化普法宣传教育。顺利完成全区学校章程备案工作。对辖区260多家单位进行了2轮安全专项检查，有效提升教育系统安全防范能力。组织全区各学校对校园及周边安全隐患进行全面排查，建立台账，并积极协调相关部门逐项解决。持续完善学校传染病防控四级责任人和食堂管理五级责任人制度，有效保障师生的身体健康。

【教育宣传工作】 教育宣传能力呈现新面貌。加强专题策划，做到重点报道有深度、正面报道有声势、舆论引导有成效，围绕中小学午餐供餐、大课间先进做法、校园足球改革经验、课程品质建设和德育美育成果等内容，全年策划6期专题宣传，受到了中央及省市媒体广泛关注，中央电视台、人民网、新华网、《中国教育报》、《中国教师报》、《河南日报》等主流媒体大篇幅专题报道90多篇，有效宣传了金水教育改革发展成果，大幅提升了金水教育品牌的影响力、美誉度。

（撰稿：殷翰墨 审阅：张登高）

文化旅游

【概况】 金水区文化旅游局下设办公室、纪检监察室、计财人事科、旅游产业科、社会文化科、行政审批科、法制安监科、文物科8个科室。局下属4个二级机构，即：区文化馆、区图书馆、区广电中心、区文化市场综合执法大队。其中，区图书馆设全国文化信息资源共享工程金水支中心，区文化馆设非物质文化遗产保护中心。

【特色文化活动】 2019年，区文化旅游局先后组织参加郑州市2019年民间文艺大赛舞狮展演暨狮王争霸邀请赛、2019年第七届金水群众文化艺术节暨第十九届民间艺术大赛等赛事并取得了良好成绩。圆满完成了“舞台艺术进乡村、进社区”“送文化进基层”活动任务。辖区优秀文化志愿者团队参与第11届全国少数民族传统体育运动会火炬传递沿途的文艺节目展演。

成功举办第七届中国（郑州）国际街舞大赛，该届大赛吸引了来自美、英、德、法、韩、日等20多个国家和地区20000余名选手参赛，经过七年的不懈努力，中国（郑州）国际街舞大赛已成为街舞行业赛事品牌的翘首。

此外，还积极承办“出彩金水”艺术广场舞大赛等文化活动，得到了社会各界的广泛关注和高度评价，有效提升金水区文化旅游品牌的知名度与影响力。

【文化市场管理工作】 行政审批改革工作稳步推进。实现行政审批服务事项“凡批必进，一门

▲8月9日—2日，第七届中国（郑州）国际街舞大赛总决赛在河南省体育馆举行

受理”，建立“审管分离、‘一条龙’服务”的行政审批、监督运行机制。2019年，共办理审批647件，办结率达100%，将区行政服务中心文化旅游局窗口打造成“一站式”政务超市。截至年底，金水区文化市场经营商户包括歌舞娱乐场所60家、电子游戏厅22个、互联网上网营业场所144家、演出场所10家、演出团体38个。加强文化市场监管。一是文化市场管理工作规范有序。采取日常巡查与错时检查、零点行动、交叉检查相结合的方式加强对文化市场的监管，严厉打击违法违规经营行为。先后组织互联网上网服务营业场所、演出市场、娱乐场所等专项行动。全年共出动执法人员2682人次，检查经营单位3977家次，监管演出71场次，立案21起。二是实施“辖区互联网上网服务营业场所非现场监管系统”监管。对辖区信用等级评为C级的37家互联网上网服务营业场所进行动态管理，及时掌握经营场所实时状况。

【旅游产业】 旅游市场管理工作扎实推进。一是重点开展节前旅游市场综合检查，确保节假日期间旅游市场的平稳有序、和谐安全。2019年，全年累计出动检查人员320人次，检查企业80家。受理旅游投诉案件20起，均已结案，办结率100%。二是先后组织开展“2019年金水区迎新春、送文化、送温暖、游金水”公益活动、“3·15”宣传活动、2019年中国旅游日主题活动，旨在进一步扩大旅游宣传范围，倡导全域旅游、文明旅游新风尚。三是根据要求，及时召开安全生产工作会议。通报“3·21”“3·22”事故，对安全生产工作进行安排部署，对辖区内151个旅行社租使用车辆情况进行核查，并整理归档。

【公共文化服务体系建设】 一是积极筹建“城市书房”。通过前期申报选址、实地查验、方案审核，确定7个建设任务。截至年底，4个城市书房已建设完成并开门试运行，其余3个城市书房正在装修。二是继续开展“舞台艺术进乡村、进社区”演出活动。金水区48场目标任务全部演出完毕。三是按照郑州市基层综合性文化服务中心建设方案要求，金水区已于2018年年底完成全区90%的建设目标，2019年已完成12个行政村（社区）综合性文化服务中心建设任务。对建成的文化服务中心实行“建成一个、奖补一个”措施，按照每个2万元进行奖补。四是圆满完成“戏曲进校园”演出62场。

【送文化进基层】 “送文化进基层演出”惠及全民。一是选派的优秀队伍在2019年第七届金水群众文化艺术节暨第十九届民间艺术大赛、2019年中·韩国际文化艺术节暨“中原舞蹈韩国行”活动等重大节庆、文化活动中取得优异成绩。2019年，荣获国家级二等奖1个，省级优秀个人1名，市级一等奖11个、二等奖5个、三等奖16个、优秀奖11个、优秀节目奖6个、优秀组织奖4个、优秀个人3名。文化志愿者送文化进基层演出活动被评为“省级优秀项目”。二是免费开放丰富多彩的公益课程。全年共开展合唱、舞蹈、朗诵、戏曲等30余个不同门类的培训，共计2500个班次，培训人次5.2万人次。三是2019年开展文化志愿者“送文化进基层”“红色文艺轻骑兵”“非遗进社区”演出300场。

【文物及“非遗”保护】 金水区现有文物保护单位6处，其中，省级文物保护单位5处，市级文物保护单位1处，被纳入第三次全国文物普查不可移动文物名录未定级的19处。省级“非遗”项目6项，省级传承人6人；市级“非遗”项目14项，市级传承人9人；区级“非遗”项目18项，区级传承人4人；省级传习所2个。2019年，区文化旅游局开展了多项文物保护工作。一是完善三级文物保护网络，签订《2019年度文物安全目标责任书》；

二是开展河南省第七批文物保护单位、保护区的划定工作；三是开展“博物馆日”宣传活动。启动文物保护“六入”活动，成立宣传小组32个，累计发放宣传页1169份。

【图书馆工作】 区图书馆全民阅读工作氛围浓厚。一是坚持贯彻执行国家免费开放政策，年到馆人次达28.3万人次，借阅册次22.3万册。二是以“世界读书日”为载体，先后组织开展金水区“诵读中华经典　阅享金水书香”朗读大赛、爱国爱家爱读书的快闪活动、第十一届全民读书节启动仪式等“金水区全民阅读”系列活动。三是积极打造特色品牌活动。先后组织开展了“庆祝建国70周年”“馆校合作全民推广阅读”“讲故事　扎龙舟　庆端午”连环画主题阅读推广等200余场具有金水特色的主题活动，累计参与人数万余人次。四是加强总分馆制建设。着力构建以区图书馆为中心，各街道办事处图书室为分馆的网络体系。全年累计为分馆配备盲人阅读器20台。

（撰稿：高梦露　审阅：胡长卿）

医疗卫生

【概况】 金水区卫生健康委员会（以下简称区卫健委），办公地点在郑州市金水区普庆路与国基路北200米路东，金水总医院公共卫生服务大楼，是负责金水区卫生健康工作的政府职能机构。卫健委内设9个职能科室，即：办公室、中西医综合管理科（行业作风建设办公室）、公共卫生科、法制信访监督科、行政审批服务科、疾病预防控制科（艾滋病防治工作办公室、卫生应急办公室）、人口监测与家庭发展科、老龄健康科、爱国卫生科委。委属二级机构10个，即：金水区总医院、金水区妇幼保健所、金水区卫生计生监督所、金水区疾病预防控制中心、金水区医疗保健委员会办公室、金水区健康教育所、金水区计划生育协会、金水区出生人口性别比综合治理办公室、金水区流动人口计划生育管理办公室、金水区计划生育服务站。

【思想政治建设】 委党组坚决按照中央和省、市、区委决策部署，切实履行党组主体责任，狠抓书记是第一责任人职责，坚持委领导班子先学一步、学深一层，聚焦重点课题、重点区域、重点群体，按照系统内党组织、党员特点，依托“三会一课”、党内组织生活、书记讲党课、主题党日等活动，注重党建与业务的深度融合，建立行之有效的制度机制，避免“两张皮”现象。同时，在不折不扣落实“规定动作”基础上创新创优“自选动作”，在系统内开展“先锋党建”评比创建工作，重点整治后进支部，打造“堡垒工程”“头雁工程”。在主题教育期间，委党组充分发挥党建引领作用，重点围绕完善基层卫生服务体系，聚焦巡视、巡察中群众反映强烈和辖区公共卫生服务中亟待解决的问题，建立重大工作部署台账，研究制定全区社区卫生服务体系建设三年行动方案，在扎实推动主题教育落实落地中，实实在在地解决了一批重点、难点问题，群众感知度、获得感不断提升。

【党风廉政建设】 一是签订《党风廉政建设目标责任书》，完善纵向到底、横向到边、定向到人的推动落实体系，定期对党风廉政建设工作进行分析研判和安排部署。二是按照巡察反馈会议精神要求，集体研究反馈意见中所提及的整改事项，制定整改工作方案，明确整改内容、整改措施、责任领导和完成时限。三是主动要求纪检监察部门对“三重一大”事项决策过程进行“嵌入式”监督。四是认真落实中央八项规定精神，全年发文数量和会议数量同比分别下降26%、11%。开展超标准配备办公用房、公车私用、“天价烟”背后“四风”问题等专项整治。五是聘请51名监督员，对民生领域腐败和作风专项整治、专项整治漠视侵害群众利益问题等工作进行督查，有效解决违反规定行使公权力及服务中冷硬横推、推诿扯皮、“吃拿卡要”等问题。六是推出“国学养正 廉洁毓德”主题廉政宣教微信课堂，组织党员干部集中观看警示教育片，参加郑州市儿童医院设备科副科长崔某受贿案的现场庭审。七是健全谈话提醒制度，督促领导干部履行党风廉政建设“一岗双责”，坚持和树立正确的选人用人导向，集体研究决定干部任免事项。八是全力配合区纪委监委、派驻纪检组监督执纪，做好各项工作。

【宣传舆论引导】 一是传递行业正能量。以挖掘行业典型、讴歌基层医务人员无私奉献为切入点，以鲜活事例诠释卫生健康系统依法行政、无私奉献的公仆情怀，进一步引导行业人员遵守行业规范，提升为民服务意识。制作的以查处非法行医真实执法案例改编的微视频《较量》在全国“第四届健康中国微视频大赛”中获得优秀剧情奖；制作的《致敬，平凡生活中爱的行动与坚持》公益视频片入选全国妇联第二届新时代巾帼志愿者暖心故事展播活动“十大暖心故事”；微视频《巾帼志愿者》在金水区第二届“金水好故事”微视频评选活动中获得“最佳作品奖”。二是落实好意识形态工作责任制。按照意识形态一岗双责的要求，将意识形态工作细化分解，定期开展专题研究，全年召开联席会议4次，分析研判5次，及时分析研判卫生健康系统意识形态方面的安全隐患，并制定相应的应对措施。同时，邀请省委党校教授对全体干部职工进行意识形态工作专题培训。三是广泛开展健康文化宣传。建立花园路省水利厅社区和丰庆路瀚宇社区2个心理健康服务中心，邀请专家帮助辖区群众解答缓解职场压力、心理健康、子女教育等方面问题。共组织开展活动8期，帮助100余名群众解答心理健康和子女教育方面的问题。

【社区卫生服务机构建设】 围绕社区卫生服务机构在全区各类医疗机构的占比较低，服务网络存在空白点等问题，以高质量打造公共卫生服务体系为主线，构建了以“政府领导、卫生实施行业管理、各部门及街道办事处协同参与”的社区卫生服务建设管理体制，在实施城市新建、扩建，旧城改造，撤村建居时，从各类公共服务设施中规划出免费用房提供给社区卫生服务机构，预计到2022年新建9个社区卫生服务中心、60个社区卫生服务站。2019年，已完成丰庆路、北林路、国基路、兴达路、杜岭5个社区卫生服务中心和32个社区卫生服务站的选址规划，丰庆路办事处杲村安置小区新建1个社区卫生服务中心，已开始装修设计；人民路工二街社区卫生服务站已开始装修建设；杜岭党群服务中心、花园路甲院党群服务中心、国基路路砦党群服务中心、丰产路党群服务中心内设的社区卫生服务站已出具设计方案，南阳路纺机前街2号院老旧小区改造项目内设置的社区卫生服务站已进场开展前期设计。

【多样化医养结合服务】 确定金水区总医院南院区和杨金路、丰庆路2个社区卫生服务中心医养结合项目。截至年底，南院区医养结合已投入运营；杨金路正在进行内部装修；丰庆路已进入项目招标阶段。推进签约式医疗服务，确定东风路、丰庆路2个社区卫生服务中心开展托老站签约式医疗服务试点建设。

【分级诊疗体系建设】 召开分级诊疗联席会议，开展远程会诊、双向转诊、预留专家号源、健康档案和就诊信息共享及电子居民健康卡推广等研讨，推动建立基层医疗卫生机构与二、三级医院的预约挂号、优先就诊、优先检查、优先住院的双向转诊绿色通道。开展二、三级医院带教培训、科室建设、技术支持、业务指导等技术帮扶，组织完成5次慢性病规范管理和中医技术培训。实施家庭医生签约服务精细化管理，突出老年人、慢性病人、妇女儿童等重点人群的签约服务。2019年，共签约居民61.35万人，签约率47.12%，其中重点人群签约23.4万人。

【全国基层中医药先进单位复审】按照2019年全国基层中医药先进单位复审工作要求，先后组织召开相关区直部门联席会、推进现场会，对全国基层中医药先进单位的准备情况进行通报，安排、部署、督促整改内容。开展中医科标准化建设督导检查，每周召开专题会议通报督导整改情况，确保外部形象、区域划分整齐、合理。组织专家对各社区卫生服务中心（站）、部分村卫生所处方、治疗记录、收费记录等进行督查，确保备查资料规范有序。7月，全国基层中医药先进单位复审督导组到实地检查，对金水区工作给予了充分肯定，全国基层中医药工作先进单位复审顺利通过。

【"优质服务基层行"活动】在辖区21个社区卫生服务中心全面启动"优质服务基层行"活动，制定了活动实施方案和社区卫生服务中心服务能力标准，各社区卫生服务中心按照标准积极开展达标建设，提升服务能力与改善服务质量。辖区东风路、丰产路林科等4个社区卫生服务中心达到基本标准，东风路园田社区卫生服务中心达到推荐标准，并通过了省卫健委社区医院建设验收。

【疾病综合防控】扎实做好传染病防控、免疫规划、慢性病防治等工作，有效开展和应对各类突发公共卫生应急事件。2019年，共报告乙丙类传染病24394例，处置率100%；接种各类疫苗1615744剂次；处理学校传染病10463例，流行性感冒预警33起，流行性腮腺炎预警15起；严重精神障碍患者管理治疗工作患者信息排查4586条，金水区在册患者1808人，在管患者1642人。圆满完成全国第11届少数民族传统体育运动会卫生应急保障工作。

【省市民生实事】2019年，完成适龄妇女宫颈癌筛查人数8011人，乳腺癌筛查人数8023人；早中期孕妇超声筛查人数22014人，血清学标本采集（唐氏筛查）人数21731人；新生儿耳聋基因筛查人数21099人，新生儿听力障碍初筛人数24222人，新生儿苯丙酮尿症、先天性甲状腺功能减低症检测共筛查人数23997人，新生儿35种遗传代谢病筛查人数20720人。开展市民生实事"脑卒中"筛查项目，已完成筛查人数5035人，确定高危1582人，复筛651人。

【奖励扶助政策落实】围绕全面落实计划生育家庭在奖励扶助保障政策等方面开展工作，在落实9项国家、省、市奖励扶助政策的基础上，拓展区级奖励扶助政策3项。2019年，累计投入奖励扶助资金9204.118万元，奖励、帮扶符合政策计生群众98346人次，各项工作目标圆满完成。

（撰稿：王中灵　审阅：陈晓清）

医疗保障

【概况】郑州市金水区医疗保障局于2019年1月30日挂牌成立，为区政府工作部门，正科级规格。区医疗保障局内设4个机构，即：办公室、法规科、医疗保障科、综合监督科。主要职责是完善统一的城乡居民基本医疗保险制度、大病保险制度和困难群众大病补充医疗保险制度，建立健全覆盖全民、城乡统筹的多层次医疗保障体系，不断提高医疗保障水平，确保医保资金合理使用、安全可控，推进医疗、医保、医药"三医联动"改革，更好保障人民群众就医需求、减轻医药费用负担。

2019年12月，成立郑州市金水区医疗保障事务中心，为公益一类事业单位，隶属区医保局。区医疗保障事务中心主要职责是执行上级医疗保险、生育保险、离退休人员医疗保障、移交政府安置的军队离退休干部医疗保障、医疗救助等服务保障工作；

负责辖区医疗保障信用评价体系和信息披露等服务工作；负责医疗保障经办机构、公共服务体系和信息化建设；配合做好药品、医用耗材招标采购的服务保障工作；为区医疗保障局提供支持保障等事务性工作。

【主题教育】“不忘初心、牢记使命”主题教育开展以来，区医保局聚焦深入学习贯彻习近平新时代中国特色社会主义思想，坚持把学习教育、调查研究、检视问题、整改落实贯穿始终，抓紧抓实主题教育各项工作。一是加强组织领导。迅速成立以党组书记为组长的主题教育领导小组，结合单位实际，制定主题教育实施方案，并于9月18日召开“不忘初心、牢记使命”主题教育动员会，对主题教育工作进行安排部署。二是注重学习教育。制定“不忘初心、牢记使命”主题教育集体研讨活动方案，并于9月23日、10月22日和11月8日分别召开3次集中研讨交流活动，提升学习效果。同时，个人自学补不足，在集中学习的基础上，对个人自学进行了安排，明确学习内容、学习要求，每天每人结合自身实际自学1小时，针对薄弱环节补实补强。三是深入调查研究。在理论学习和交流研讨的基础上，区医保局领导干部联系岗位实际，立足于区委十一届九次全会部署，围绕习近平总书记视察河南时的重要指示精神，每人均选定了调研课题，并深入一线开展调研。10月21日，区医疗保障局领导班子到金水区总医院调研“就医一卡通”工作，对“就医一卡通”开展情况进行详细了解。10月23日，区医保局领导班子到玖桥大桥护理院调研欺诈骗保工作。此外，区医保局党组书记、局长吕志献于9月29日带头讲授专题党课，强调全体党员干部要不忘初心、牢记使命，勇于负责、敢于担当。四是强化检视整改。按照边学边检的原则，区医保局坚持将检视问题贯穿主题教育始终，通过设置征求意见箱、发放调查问卷、座谈走访等形式广泛征求党员干部、群众意见与建议。共发放调查问卷70余份，梳理出6项问题，其中有3项为民生领域问题。针对已梳理出的整改问题，逐一建立台账，制定整改清单，明确责任科室，确定整改措施，划定时间节点。对短期能完成整改的限期整改，对短时期不能整改完毕的，建章立制，跟踪整改。

【组织建设】2019年，区医保局党组严格落实“三会一课”制度，认真开展好党员理论学习、主题党日等，深入推进党组织建设和“两学一做”学习教育常态化、制度化、规范化，把学习贯彻习近平新时代中国特色社会主义思想、中共十九大精神融入全局工作的各个方面，强化思想认识，提高政治站位。同时，积极开展多种形式的机关党建活动，组织全体党员干部观看《流浪地球》《我和我的祖国》等爱国电影，赴中原豫西抗日纪念馆、董天知将军故居、河南豫西抗日纪念馆、黄河博物馆等地接受革命传统教育，组织参观省档案局和省博物院联合展出的“不忘初心、牢记使命”文献展，通过活动提高党内组织生活参与度，强化党员干部学习培训与实践锻炼。

【廉政建设】为进一步推进党风廉政建设，牢固树立思想防线。一方面，区医疗保障局严格落实区委、区政府《贯彻落实中央八项规定实施细则》，坚持标本兼治推进以案促改工作，增强“四个意识”，坚定“四个自信”，持之以恒正风肃纪，防止“四风”回潮，切实把全面从严治党引向深入。另一方面，局党组成员切实履行“一岗双责”，在抓好本职业务工作的同时，抓好分管部门的党风廉政建设工作，定期对分管部门党员干部进行提醒教育等，并认真做好记录。同时，要求全体党员干部提高政治觉悟，强化自身修养，组织集中学习《坚持稳中求进、勇于担当作为，加快推动新时代纪检监察工作高质量发展》《关于推进以案促改制度化常态化的实施意见》等文件精神，做到懂法纪、明规矩，知敬畏、存戒惧，进一步增强全局党员干部的纪律意识、规矩意识，使铁的纪律真正转化为党员干部的日常习惯和自觉遵循，以实际行动推动条例各项规定落到实处。

【基金安全】 为确保医保基金的安全使用，按照工作安排和部署，区医保局通过对辖区居民开展政策宣传，对定点医药机构进行监督检查，积极推进打击欺诈骗保专项治理工作。一是宣传工作全面铺开。根据国家、省、市医疗保障局统一部署，区医保局以贴近和服务群众为着眼点，在辖区公共场所积极开展“打击欺诈骗保，维护基金安全”宣传月活动。除在单位门前集中设置政策咨询台、悬挂宣传条幅、摆放展示展板、发放宣传彩页和宣传手册等方式外，还在郑州公交医院、河南丽康医药连锁超市、老百姓大药房等定点医药机构，长期向辖区群众集中宣传医疗保障相关政策法规以及打击欺诈骗保举报途径。区医保局按照区政府“文明迎盛会　服务我先行”活动要求，在文博公园积极开展医疗保障新政策宣传活动。10 月 23 日，区医保局联合区社保分中心、区税务局，携手郑州人民医院、亚太骨病医院以及张仲景大药房，在杨金路街道办事处新庄社区开展医疗保障政策、打击欺诈骗保宣传活动。活动通过发放医保相关宣传品、城乡居民医保现场征缴与咨询、跨地区就医报销、专家进社区巡诊等多种形式，向群众面对面、零距离宣传医疗保障最新政策。二是监督检查有序开展。深入开展打击欺诈骗保行为，确保医疗保障资金安全，维护参保人员合法权益。按照市医疗保障局定点医药机构检查全覆盖的要求，联合郑州市社保金水分中心对 119 个医疗机构和 390 个药店开展全覆盖检查。建立问题线索集体约谈机制，集体约谈定点医药机构 30 个，深入查摆问题，限期整改完毕，并提交整改报告。同时开展飞行检查，不定期对定点医药机构开展监督检查，重点检查落实医疗保险政策法规情况、履行服务协议情况。

【队伍建设】 为更好地适应医保工作新形势，及时掌握国家关于医保工作的有关法律法规和政策规定，4 月，区医保局积极组织全体人员参加市医保局举办的医保业务工作培训会，全面把握各类医保政策，进一步提高工作人员自身业务素质。在平时工作中，区医保局着力抓好干部职工的思想、作风和廉政建设，强化教育及学习，注重加强政治理论与业务政策知识学习相结合，固定每周二为全局集中学习日。同时，充分利用共产党员网、“学习强国”App、业务书籍、上级文件精神等学习平台，使学习常态化、制度化、标准化，通过不断的学习充电，进一步提高干部职工的业务素质和工作能力。为进一步提升全区医疗保障业务水平，增强基层医保队伍建设，更好地服务基层群众，11 月中旬，区医保局组织全区医疗保障业务相关单位分 2 批开展为期 3 天的医疗保障业务培训班，全面提高了全区医疗保障业务水平。

【医疗救助】 稳步推进全区医疗救助工作，切实保障贫困群体基本权益。一是加快职能转移。积极对接区民政局，第一时间到区民政局学习熟悉医疗救助业务流程，并于 6 月底完成医疗救助工作的划转移交。二是做好医疗救助档案的移交。接收区民政局医疗救助档案（2004 年—2019 年）共计 112 盒，全部档案完成数字化扫描处理，并安装独立档案查询软件，不仅实现了档案的双轨制保存，还提高了查询与利用效率。三是严格审批程序。根据医疗救助实施意见规定，严格审批，分类施救。救助对象在定点医疗机构就医后，符合医疗救助条件的，凭相关证明材料到办事处申请救助，由办事处审核后统一向区医保局报送救助申请和有关资料，按月领取医疗救助金。截至年底，全区共救助困难群众 465 人次，累计发放医疗救助资金 1321587 元。

（撰稿：陈　云　审阅：宋小康）

社会事业

人力资源和社会保障

【概况】 金水区人力资源和社会保障局（以下简称人社局）是金水区政府的职能部门，主管全区人力资源和社会保障工作。设置有9个职能科室，即：办公室、人事财务科、行政审批科、就业促进科、人力资源科、人才开发科、工资福利科、社会保障科、考核奖励科；7个二级机构，即：金水区人才人力资源管理服务中心、金水区劳动监察大队、金水区劳动人事争议仲裁院、金水区培训中心、金水工伤认定办公室、金水区劳动保障服务管理中心、金水区社保中心。

2019年，先后获得“2019年度中国劳动保障报新闻宣传工作先进单位”“2018年度全省人力资源社会保障系统信访维稳工作先进集体”“2018年度郑州市人力资源和社会保障工作先进单位”“金水区目标考核优秀单位”等省、市、区级荣誉称号。

【城镇就业再就业】 超额完成各项就业工作任务。2019年，新增就业29556人，占年目标任务的124%；下岗失业人员实现就业4304人，占年目标任务的116%；就业困难人员实现就业1017人，占年目标任务的101%；城镇登记失业率控制在4%以内。城镇“零就业家庭”动态为零。全年共发放贷款2.1亿元，占全年任务（1.3亿元）的162%。为更好地完成任务，人社局科学部署、精准发力，多措并举开展就业工作。一是结合各街道办事处的实际和2018年就业目标任务的完成情况，对承担的就业任务进行分解，对各办的目标任务予以明确。二是通过组建日常考核小组，定期对各街道办事处工作情况进行检查，不断加强对各街道办事处劳保所工作任务完成情况的考核，推进工作扎实开展。三是通过定期召开工作总结会，帮助各办事处劳保所工作人员理清思路、总结经验，进而创新工作方式，提高工作效能，使整体工作在经验累积中有条不紊地推进。

全力开展就业困难人员认定与帮扶。全年共认定困难人员813人，共帮扶937名困难人员实现就业。人社局以高校未就业毕业生、就业困难人员、被征地农民为重点帮扶对象，通过组织工作人员入户上门、建立就业对象援助台账、帮助不同诉求就业群体与用人单位建立联系等举措，提高就业比例。同时，将就业困难人员全部纳入认定范围，应登尽登，应办尽办，经认定的就业困难人员全部享受帮扶政策。

持续加强技能培训工作。失业人员就业技能培训全年完成3107人，占年度目标的102%；农村劳动力职业技能培训全年完成930人，占年度目标的116%；职业技能提升全年完成3.5万人次，占年度目标的104%；返乡农民工创业辅导全年完成180人，占年度目标的150%。其中，补贴性培训883人，共补贴资金

619700 元。在该项工作中，人社局通过建立三项措施保障工作成效。一是健全制度，加强对区级职业培训机构的规范化管理和业务服务。通过资料审查与实地考察相结合的方式，对区级审批的 9 所民办职业培训学校进行年度审验和教学能力评估，对存在问题的学校下达了限期整改通知书，并与学校签订了安全责任书，在严格规范各培训学校的招生宣传和收费行为的同时，积极为学校提供各项政策服务。二是联合各办事处社区进行辖区居民培训意愿调查，根据辖区居民培训需求确定培训专业。全面整合辖区培训资源，以培训中心为主导，通过在办事处设立的社区培训教室，联合学校、办事处、社区，充分利用社区资源，将培训工作延伸到办事处，方便群众参加培训。三是全面实行河南省“互联网＋就业创业”系统管理，提升金水区就业技能培训工作水平。按照《河南省就业创业培训管理办法》《河南省公共就业创业业务经办规程和办事流程》的规定，落实职业技能培训管理制度。

大力推进职业介绍工作。2019 年，完成求职登记 5500 余人，用人单位登记 723 个，提供工作岗位 6000 余个。中部就业网发布求职人员信息 455 人次，收录用人单位信息 315 家。为做好招聘工作，人社局联合各办事处共举办招聘会 40 场，其中，大学生专题招聘会 1 场，农民工专场招聘会 4 场，大型综合招聘会 4 场，与办事处联合举办招聘会 29 场，卢氏扶贫招聘会 2 场。为辖区企业和求职者提供可靠、真实的职介对接平台。

【大学生创业园建设】 2019 年，金水区大学生创业园新增入孵项目 132 个；孵化出园项目 89 个，入园项目成活率达 90% 以上。截至年底，共有 402 个大学生创业项目在园区茁壮成长，创业人数 1390 人，带动就业人数 2930 人。通过大学生创业工作的不断推进，截至年底，园区入孵项目累计营业额 2.6 亿元，累计纳税额达 727 万元，出园项目 2019 年纳税额达 293 万元，各园区培育孵化能力得到提升，所有入孵项目都得到了较好的扶持和发展。人社局积极作为，在做好园区管理工作的同时，还注重提升大学生创业工作水平。一是对园区所有入孵项目经营情况进行调查、收集、汇总、分析，为辖区大学生创业提供基础信息；及时掌握各园区入孵项目经营中遇到的问题，帮助园区解决问题并制定发展计划。二是指导园区发掘、培育、引入优质创业项目，确保创业园经营场地得到充分利用。园区活力充分激发，项目入驻发展势头强劲。三是全年组织召开以“创赢未来”为主题的“创客年会”、政策解读等各类创业活动，锻炼大学生创业者创业能力。协助入孵企业申请商标、专利、软件著作权等，助力园区企业提升品牌价值。同时，为在孵项目对接风险投资资金，为在孵项目发展提供有力的资金支持。通过各类帮扶政策落地，各园区培育孵化能力得到提升。

▲ 4 月 25 日，金水区大学生创业园华水园区举办第五届“华彩杯”大学生创新创业大赛

▲ 10 月 27 日，组织第二届中国 · 河南招才引智创新发展大会金水专场活动

【人才服务】 完成高层次人才、青年储备人才申报认定。积极落实“智汇郑州”人才工程，初审上报第二批高层次人才 52 人，审核认定高层次人才 33 人，办理青年人才补贴 1135 件。

参与第二届中国·河南招才引智创新发展大会工作。组织辖区 130 多家规模以上企事业单位积极参与，发布线上岗位招聘 1500 个、项目 12 个。结合金水区产业特点、发展现状和招才引智方向组织好金水区专场活动，为金水区实现打造高品质、现代化城区，加快实现领跑中部城区发展战略目标，提供坚强有力的人才保障和智力支撑。

组织实施全区事业单位公开招聘工作。规范公开招聘流程，坚持公开、公平、公正原则，全年招聘 662 人，充实了机关事业单位队伍建设。

【构建和谐劳动关系】 人社局以企业年审、主动监察、处理投诉举报和开展专项检查为工作重点，全年共受理日常投诉举报 503 件，结案 451 件，为劳动者追讨工资、工程款 1067 万元，涉及劳动者 1230 余人，法定期限内结案率 100%。其中，受理通过 ZZIC、心通桥热线、区长热线及区信访局等转办案件 1380 件，案件均在规定时间内回复，无重访案件发生。全区共受理工程建设领域拖欠农民工讨薪投诉案件 52 件，涉及金额 1382.84 万元，涉及人数 659 人。人社局创新工作方法，不断提高劳动监察工作效能。一是强化服务意识，提升服务水平。把服务用人单位和维护劳动者合法权益作为工作重点，依托街道社区服务平台，通过张贴宣传海报，发放“便民联系卡”、维权手册等方式，指导用人单位规范劳动用工。同时，推进劳动关系协调工作进社区工作制度，转变劳动监察监管模式，建立监察队、街道、社区共同服务劳动者的联动机制。二是建筑工地实时监控，做好治欠保支工作。将全区在建工地实时监管纳入日常工作，建立全区工程项目台账、工程项目拖欠农民工工资问题排查台账。三是落实长效机制，深入开展服务企业工作。把企业劳动保障守法诚信等级评价与企业服务相结合，对全区用工单位按 ABCD 四级评价标准评定劳动保障诚信度，建立企业诚信档案，结合平时年审，及时掌握企业劳资方面存在的问题。主动了解企业需求。与企业建立日常沟通联系机制，针对企业存在的共性及个性问题，采用部门联动的形式组织工作经验丰富的监察人员面对面为企业提供劳资服务，旨在为企业化解用工管理方面的难题，并指导企业规范用工，为企业发展提供保障。

仲裁院全年接待劳动仲裁来访人员 8000 余人次，立案案件 3553 起。面对集体案件频发、案件总数激增的新形势，不断改进工作方法，高效处理劳动争议。一是充分利用信息化手段，提高仲裁案件立案和审结效率，严格执行限时办结制，在规定时间内结案率达 100%；简化办案程序，对于争议数额较小的案件适用简易程序审理，提高办案效率。二是探索巡回仲裁工作，把仲裁庭搬到当事人身边，不仅减轻了当事人诉累，还能以庭审代替培训，提升基层调解水平，带动基层调解组织发展，对进一步提升仲裁工作的社会影响力起到了积极作用。三是坚持把宣传劳动法律法规、增强企业遵法守法意识作为一项长期性、基础性工作来抓。2019 年，仲裁工作变被动为主动，开展送法进企业活动，通过和企业面对面讲解劳动法律法规，探讨在实际管理中存在的劳动争议，帮助企业完善管理制度，使劳动争议化解在企业内部，为构建和谐劳动关系发挥积极的作用。

人社局全年接待工伤认定方面群众来电、来访 2500 余人次，调解撤案 1 件，工伤认定网上申报并受理案件 712 件。在工伤认定工作中，人社局积极改进工作方法，提升工作效率。一是在办案的同时注意对申请人、企业进行政策宣讲，法律普及，保证工伤事故案件能够严格按照流程处理。二是积极参加郑州市组织的工伤保险相关政策培训，增强业务知识，提高业务技能。三是严格按照流程开展调查取证工作，通过前往实地召集证人做询问笔录，深入企业，深入事发现场，拍照、录像、录音等办案模式，打好案件相关证据基础，保证得出公平、公正的认定结果。

【党建工作】 2019 年，金水区人社局在区委、区政府的领导下，以习近平新时代中国特色社会主义思想为指导，统筹推进基层党建、党风廉政建设、意识形态工作落实。扎实开展“不忘初心、牢记使命”主题教育，成立主题教育领导小组和办公室，以中心组集中学习、开展专题研讨、个人自学、参观红色基地等方式，组织全体党员干部读原著、学原文、悟原理，提升学习成效，筑牢理想信念。结合实际工作，认真开展调查研究，围绕群众关心的热点、难点问题，确立了困难群体帮扶、建筑领域拖欠农民工工资、高层次人才服务、职业技能培训 4 个调研课题，并多次实地调研，制定就业困难群体帮扶、农民工维权、高层次人才服务、领导班子下基层 4 项制度。广泛征求各类意见建议，认真开展自查，根据群众反映强烈的突出问题，建立重大部署落实工作台账，实际解决“解民忧、纾民困、暖民心”问题 6 个，真正实现了理论学习有收获、思想政治受洗礼、干事创业敢担当、为民服务解难题、清正廉洁作表率的总目标，为人社事业发展提供坚强的政治保障，真正把党建工作优势转化为促进人社事业发展的活力之源。

（撰稿：袁文蕊　审阅：刘培哲）

民政工作

【概况】 金水区民政局下设办公室、社会科、基层政权科、社区建设科、民间组织管理办公室、区划地名科、婚姻登记处、社工科、社区服务中心、老龄办和行政服务科（法制科），共 11 个科室。

2019 年，先后被评为“郑州市社会工作先进单位”“郑州市 2019 年度社会组织管理工作先进单位”“郑州市 2019 年度社会组织信息宣传工作单位”“郑州市社会组织‘双随机一公开’抽查工作先进单位”“郑州市社会组织评估工作先进单位”“郑州市居家和社区养老服务改革试点工作先进单位”等荣誉称号。

【社区建设】 金水区共有 17 个街道办事处、174 个城市社区；在 2018 年第六届社区居委会换届选举结束后，共选举产生新一届社区居委会工作人员 1248 人，平均年龄 35 岁。书记、主任“一肩挑”106 人，占社区主任总数的 65%。为做好社区建设，金水区民政局创新了多项举措。一是积极探索创新以居民自治为基础、多元共治为导向的社区治理工作机制。二是积极尝试将社区建设与发展社会工作和社区社会组织相结合，通过推进社工服务进社区与培育社区社会组织等方式，实现了社区建设、社会组织和社会工作的良性互动及有效衔接，逐步探索出一条符合金水区实际又具特色的社区治理现代化道路。

【社会救助】 一是扎实推进城市低保工作。2019 年 7 月 1 日城市低保标准由 630 元提高至 700 元，城市孤儿、艾滋病患者以及符合相关条件的重度残疾人都已纳入城市最低保障范围。全年累计救助城市低保家庭 22868 人次，累计发放低保资金 15127582 元。二是积极开展低收入家庭救助。凡是被批准的低收入家庭均可享受住房、医疗、教育和法律援助四项救助政策。教育救助全年救助学生 63 人，发放教育救助金 14.1 万元。截至年底，全区共有低收入家庭户 96 户、233 人。三是进一步提高特困人员供养水平。2019 年 7 月 1 日起特困供养人员基本生活标准按照最低生活保障标准的 1.5 倍执行，新调整的特困人员供养基本生活金由每人每月 945 元提高至 1050 元；照料护理标准依据特困人员生活自理能力和服务需求分为具有生活自理能力、部分与完全丧失生活自理能力三档，分别按照不低于本地当年最低工资标准的 10%、25%、60% 确定。截至 2019 年 12 月，全区共有特困人员 53 户、56 人，其中，集中供养 17 人，居家供养 39 人，集中供养率 30%，全年累计发放特困人员救助供养金 1204765 元。四是完善社会救助体系。建立困难群众的临时救助制度，全年临时救助 91 人次，发放临时救助金 39.8 万元，着力缓解辖区困难群众突发性、临时性生活困难。五是开展社会救助收入认定工作。民政局承担着全区救助申请家庭的经济状况核对工作，全年累计核对救助申请家庭 11427 户、17735 人。

▲ 11 月 9 日，在郑州文博广场举办 2019 年金水区社会组织展览交流会

【慈善事业】 大力宣传扶贫济困、诚信友爱、互帮互助、奉献社会的良好风尚。一是做好慈善宣传与救助工作。2019 年，区慈善总会累计募集善款 475 万余元，用于慈善救助的资金共计 311 万元，累计救助困难户、孤寡老人、孤儿、贫困教师、贫困学生等困难群众 7000 人次。二是更好地推进慈善事业快速健康发展，继续开展“善行金水”慈善创投大赛，面向金水区招募优秀慈善公益项目，重点涵盖老年人、留守儿童、城市流动人口领域等。

【社会组织管理】 2019 年全年共审批成立社会组织 12 家，变更 98 家，注销 2 家，撤销 40 家。全区现有社会组织 382 家，民办非企业单位 361 家、社会团体 21 家；备案社区社会组织 157 家。

【社会工作】 开展政府购买专业社工服务工作，投入经费 1520 万元购买 40 个社工服务项目和 50 个社工服务岗位；推动辖区街道办事处使用社区服务专项经费购买 100 余名社工，深入社区一线开展民生服务；做好社工机构培育和监管，同时对管理运营不规范、不按时到业务主管单位参加年检的2个民办社工机构予以注销处理，全区现有民办社工服务机构23个、街道级社工站11个、行业协会1个；加强社工人才队伍建设，全区社工从业人数620人，选拔产生金水首批“社工讲师人才”培养对象；推进全区社工行业标准化、规范化、专业化发展，制定出台《金水区党群服务中心指引手册》《金水区社会工作从业者继续教育管理办法》《金水区民政局关于政府购买社工服务使用专用资金账户的通知》等一系列文件，针对2019年政府购买社工服务资金，使用专用账户，并建立月度财务预算备案制度，加强资金使用的过程监督，保障政府购买资金安全、规范使用，健全组织机构设置，完成金水区社会工作指导中心硬件装修、装饰及办公设施购置工作。

【老龄事业建设】 一是探索“家庭、社区、社会和医养结合”养老模式，实现社会化养老服务的多样化。针对老年群众“养老不离家”的传统观念和主要活动区域在社区的特点，探索出以“居家养老为主，社区养老为辅，机构养老为补充、医养融合”的发展模式。截至年底，全区正在提供服务的居家养老服务对象137户、184人，在岗服务员107人，有社区托老站108个，敬老院1所，养老服务机构5家（医养结合2家），可安置老人450人。二是开展政府购买养老服务。分为两大类：第一类是居家养老专项服务，向符合条件的老年人发放“金水区政府购买养老服务爱心卡”。老人通过爱心卡可以享受包括助餐、助浴、助洁、助行和助医在内的“五助”服务，每月按照老人实际消费金额和第三方评估结果进行结算。投入资金1349.37万元，服务人数为3527人。第二类是社区日间照料中心公共服务，主要针对60岁以上的所有老年人，开展包括文体娱乐、主题活动、专题讲座、兴趣娱乐、志愿者服务、巡视服务、健康管理在内的7项服务。投入资金546.53万元，日均服务6200人次。三是认真落实金水区高龄津贴的发放工作。通过一年来的申请登记、逐级审核，申请并符合享受高龄津贴的老人2.2万余人，累计发放资金2864.63万元。四是精心组织敬老爱老系列活动。分别开展“孝亲敬老和健康寿星”评选和“敬老月”活动，全区有3000多位老人参加，弘扬了中华民族敬老、爱老、助老传统美德，增强全民敬老、爱老、助老意识，在全社会树立良好的道德风尚，营造敬老、爱老、助老良好社会氛围。

【婚姻登记】 2019年，婚姻登记处紧紧围绕开展“不忘初心、牢记使命”主题教育活动，以高度的政治觉悟和党性修养作为服务群众的出发点，打造政治业务过硬的婚姻登记队伍；工作中坚持推行“互联网+政务服务”，贯彻“最多跑一次”群众服务理念，严格纪律，树立窗口形象，实施依法登记，更大力度地促进婚姻登记窗口服务的便民、利

▲7月19日，“迎民族盛会 庆七十华诞”——金水区民政救助志愿服务活动启动仪式

民，使婚姻登记处成为一个展示民政工作的文明窗口，体验政府关怀的一个服务平台，荣获金水区巾帼文明岗称号。全年共办理婚姻登记22905对，其中，结婚登记11205对，离婚登记8523对，补领结婚证2329对，补领离婚证848对。免费颁证服务3898对，婚姻调解82对。

【区划地名界管工作】 一是多形式开展新修订《行政区划管理条例》宣传工作。二是认真进行区划调研，为领导进行新区划决策提供有力的科学依据。三是完成金水区不规范地名清理整治工作，"曼哈顿""罗马假日"等影响大的不规范地名完成了更名及拆除工作。其中，完成新居民区名称备案15处，完成清理不规范居民点29处，协调完成道路路牌安装30余处，协调错误公交站牌更换2处，协调完成交通指示牌更正2处。四是完成地名普查档案的立卷归档。收录6889条地名。共整理出成果类46卷、42盒，业务类5057卷、205盒，其他类9卷、9盒，文书类13卷、21册，共计305盒。已分类分册存放。同时，完成报送省、市地名普查成果15册。五是完成新版地图的编印工作。六是完成道路命名10条，起止变更2条；完成"国家地名信息库"1409条信息的比对和修改。七是完成上报《金水区地名文化保护名录》。高皇寨、关虎屯、燕庄、凤凰台、金水河等9处被列入郑州市（第一批）地名文化遗产保护名录。八是按照平安边界创建工作要求，按时完成界线纠纷隐患排查月报、界桩管护季报和边界线巡检等数据的上报工作。未发生因行政区域界线认定引发的边界纠纷，更没有引发恶性刑事案件、群体性械斗事件和集体上访事件。九是高质量、按时完成界线联检工作。3月，完成金水惠济、金水管城线联合检查实施方案的制定和上报工作。8月—10月，完成界线、界桩及标志物的实地踏勘与检查、维护。10月底，全面完成双方政府联合检查报告等资料的汇总会签上报工作。

（撰稿：章雪娇　审阅：袁菊娜）

爱国卫生运动

【概况】 金水区爱国卫生运动委员会办公室、金水区创建国家卫生城市指挥部办公室、金水区城市管理考评办公室位于群办路6号。单位内设办公室、城区科、病媒科、宣教科、秘书科、考评科及督导科。

2019年，区爱卫办认真贯彻落实市、区两级爱国卫生工作会议精神，紧紧围绕爱国卫生工作目标管理任务，大力开展爱国卫生运动，狠抓"四害"防制工作，不断强化市容环境卫生综合整治，积极开展全民健康教育，全面推进健康城市建设工作，各项工作取得了新的成绩。

【爱国卫生】 爱国卫生组织机构不断加强。2019年，区委、区政府十分重视爱国卫生工作，将其纳入重要议事日程。根据金水区爱国卫生工作的实际需要，重新调整了区爱卫会组织机构。年初及时召开全区2019年爱国卫生工作会议，对爱卫工作进行全面总结、安排和部署。完善了区、街道、社区三级管理体系，使爱国卫生工作层层有人抓、事事有人管、人人有责任，从而保证了各项目标任务的落实。充分发挥爱卫会组织协调作用，每月定期召开爱国卫生工作例会，对每个时期、各个阶段爱国卫生工作进行总结、安排和部署，及时研究分析、协调处理爱卫工作中出现的新情况、新问题，提出新要求。为加强对城区市容环境卫生长效管理，区爱卫办先后制定下发了《金水区爱卫办开展"城乡环境大扫除干干净净过新年"活动督导方案》《金水区2019年病媒生物预防控制工作方案》《金水区区爱卫办关于开展越冬蚊蝇集中防制活动的通知》《金水区区爱卫办关于在全区统一开展春季灭鼠工作的通知》《关于开展第32个世界无烟日活动的通知》《金水区爱卫办关于转发〈郑州市卫生健康委关于印发第十一届全国少数民族传统体育运动会重点区域、重点部位卫生城市管理工作督导检查方案的通知〉的通知》《金水区爱国卫生运动委员会关于开展第31个爱国卫生月和第70个世界卫生日活动的通知》等一系列文件通知，召开爱国卫生工作例会、协调会，编发爱国卫生信息简报，协调解决爱国卫生方面的各类问题，受理办结群众来信、来访和投诉电话，办结率达99%以上。

病媒生物防制工作扎实有效。组织修补和增设防灭鼠设施1000余处，重点灭鼠场所的防鼠设施完好率达到95%以上，投药率达到90%。加大投入，解决难点。针对全区一些基础条件差、管理薄弱的家属区、杂居院等，无偿发放药物、器械。全年共发放鼠药1700公斤、粘鼠板8500张、菊酯类药品1632公斤、杀虫气雾剂102件、手提式喷雾器340台、电动喷雾器85台、灭蟑胶饵1700支、粘蟑板8500张、灭蟑烟雾弹5100个，按照市爱卫办统一部署，先后发放专项补助资金40万元，全力保障第11届少数民族传统体育运动会期间接待宾馆重点区域病媒生物防制工作。持续开展病媒生物防制市场化服务，参照市爱卫办相关标准，结合金水区实际情况及日常检查中发现的问题，对服务内容、标准进行进一步讨论、修改，并按照有关标准每月组织人员对各标段进行监督检查。利用“爱国卫生月”“世界无烟日”在社区、楼院、集中宣传“四害”的危害及防制方法，同时结合季节性集中防制活动对专干进行4次集中培训。

健康教育和控烟工作全面开展。每季健康教育专栏更换技术支持及日常检查。4月4日，在文博广场开展以“维护人人健康，迈向全面小康”为主题的爱国卫生月和世界卫生日集中宣传活动，向广大群众宣传健康城市创建及“健康素养66条”等相关知识，区爱卫办制作桁架展板宣传喷绘及主题背景墙，辖区17个街道办事处也制作了相关主题的宣传展架，向群众广泛宣传环境卫生整治行动、病媒生物防治、疾病预防、健康保健和控烟健康等知识，积极引导群众自觉革除乱扔、乱吐、乱贴、乱画陋习，倡导科学、健康、文明的生活方式，养成良好卫生习惯，提高广大群众的“社会大卫生”意识及自我保健能力。金水区卫计委联合河南省职工医院、社区门诊设置义诊台开展义诊、卫生咨询、健康问题解疑活动。该活动区爱卫办、区卫计委及各街道办事处共参与工作人员100余人，现场发放垃圾袋、塑料水杯、洗碗工具、宣传页等宣传品5000余份。5月31日，在河南省少年儿童图书馆开展以“烟草和肺部健康”为主题的控烟宣传活动。加强烟草危害和控烟政策宣传，维护人民群众健康。开展公共场所禁烟和《郑州市卫生城市管理办法》《郑州市文明行为促进条例》宣传，推进禁烟执法和无烟单位创建等活动。活动现场区爱卫办设置烟草和肺部健康主题背景墙、左右桁架宣传喷绘、活动宣传品发放台、展棚、条幅、凳子，各街道办事处共设立34块宣传展板，现场宣传烟草与肺部健康相关知识，发放相关宣传品及宣传手册，提供了群众测量血压、血糖等医疗服务。该次宣传活动群众参加达1000余人次，进一步提高全社会对吸烟危害的正确认识，保护和促进人民群众健康。以民运会为契机，全面开展公共场所禁止吸烟活动，从组织领导、宣传教育、监督检查等方面入手扎实开展工作，得到辖区群众的积极响应，吸烟率和吸烟人群逐步减少，创造良好的公共场所环境卫生，在非吸烟区吸烟、乱扔烟头等现象大幅减少。

【健康城市、健康村镇建设】 健康城市、健康村镇建设工作全面推进。结合全区实际制定健康城市、健康村镇建设工作重点和关于申报健康单位的通知等相关文件，鼓励各有关单位、各街道办事处积极申报健康单位。2019年共有70余家企事业单位申报创建“健康细胞”。2019年，开展4次健康城市建设工作集中培训活动，就健康城市、健康村镇建设相关业务知识进行讲解；指导申报单位设置健康小屋，配备健身器材，组织健康活动，使各申报单位在软硬件方面都得到极大的提升，对达到标准的22家单位命名为“区级健康单位”，其中8个成绩突出的单位予以申报市级健康单位。

【市容环境卫生督查】 做好市容环境督导检查常态化管理。始终以“卫生城市管理”为中心，加强卫生城市管理日常督导力度。2019年，全年累计发现问题3000余处，下发督查通知单234份，通过口头告知和微信通知1000余次，及时督促辖区内各办事处和相关局委限时整改回复，有效的促进市容环境卫生工作，在全市评比中夺得区组红旗一面、区直局委组红旗一面的好成绩。持续做好城乡环境综合整治工作，城市面貌整洁有序。对辖区城乡接合部地区市容环境卫生进行督导检查，2019年全年共发现问题264处，问题全部整改完毕。大气污染防治工作。按照市爱卫办、区大气污染防治工作部署，持续开展全城清洁行动，给居民营造干净卫生、健康舒适的生活环境。全年开展“全城清洁”行动、雨后和大风过后清洁行动共65次，累计整治楼院、公共单位及道路卫生1.5万余处，出动人数22万余人次，出动车辆2万辆次，清理各类垃圾5万余立方米，明显地改善了辖区卫生状况。公厕卫生管理提升工作。按照郑州市爱卫会关于公厕卫生管理提升工作要求，建立公厕卫生管理提升工作台账，截至年底，金水区共统计公厕10445座，其中，一类公厕1206座，二类公厕7154座、未达标公厕2085座，公厕卫生管理提升工作正在有序推进。

【城市管理考评及城市精细化管理】 健全城市管理考评机制。按照“定人、定岗、定责、定时段、定标准”的五定原则，撰写《金水区2019年城市精细化管理工作方案》，进一步健全城市精细化管理工作机制，提升城市精细化管理工作水平。完善月考核机制，每月依据整治情况，对各街道办事处进行打分排名，并作为年度考核的重要依据。通过专业的第三方调研公司，参与城市精细化管理考评工作，有效避免了“人情分”现象，实现“裁判员、运动员、管理员”分离目标。严格奖罚兑现。对考核中排名靠前的进行奖励，靠后的进行处罚，对连续出现排名靠后的单位和个人进行约谈、诫勉谈话或停职处理。明确第三方检查考评采取闭环措施；调动相关单位主动性、积极性，及时解决所发现的各种问题。2019年，对全区17个街道办事处及相关局委考评10次，同时金水区在郑州市区（管委会）组（共8个）考评中，金水区在2019年郑州市区（管委会）组（共8个）的10次月考评中，夺得了3次第一名，3次第二名，4次第三名的好成绩。有效推进金水区的城市精细化管理工作。推行“五星级商户评定”制度。以落实“门前四包”责任为主要内容，推行“五星级商户评定”制度，对沿街商户开展“卫生干净、秩序规范、绿化美观、立面整洁、诚信守法”五星评定，通过“路长月评定星，街道季评典型、全区年评示范”，实行动态管理。坚持“精神鼓励为主、物质奖励为辅、宣传教育与依法严管相结合”的原则，推动沿街商户实现由“要我创五星”到“我要创五星”的转变。2019年，金水区共安装“五星级商户”评定公示牌2.5万余个，评选出“五星级优秀商户”1616个，发放“五星级商户”评定工作宣传手册3万册，开展“五星级商户”评定各类宣传及表彰共计268次。

做好精细化宣传工作。在每月的精细化宣传服务日，紧紧围绕“门前四包我做起、干净整洁有秩序”等主题开展宣传活动。对门前四包“五个一”“文明交通”“路长制”“拒绝车窗抛物”等进行宣传，全面提升城市管理水平和服务能力。向辖区居民发放宣传彩页和宣传品，现场解答辖区居民疑问，并请辖区居民认真填写城市精细化管理工作调查问卷，收集宝贵的意见及建议，受到在场群众的一致好评。对媒体曝光、市民投诉等重点难点问题进行汇总上报，让广大市民群众了解并参与到城市管理工作中来。4月以来，每天根据市精细办发布的中原网大数据研究中心监测涉及郑州市城市管理局舆情信息，及时落实回复相关舆情工作。积极联系媒体，与办事处衔接，为一级路长拍摄短视频，依托郑州新闻综合广播优秀主持人，在新媒体平台进行融合式宣传报道。

支路背街小巷改造提升工作有序开展。2019年，郑州市支路背街小巷改造提升工作任务中金水辖区道路共46条，涉及全区11个街道办事处和区城管局、区执法局等相关单位。区爱卫办作为督导协调部门，及时将市精细办关于支路背街整治的方案、标准、要求下发到各整治单位，并组织人员深入整治道路进行督查指导，对检查出来的问题以通报和整改形式督促整治单位进行整改。全年上报市精细办支路背街日报144期，周报48期，周统计表48期，回复市下发督导单11期，整改问题累计4494处。

（撰稿：王　进　审阅：徐海伟）

退役军人事务

【概况】金水区退役军人事务局于2018年11月26日挂牌成立，12月24日正式开展工作。内设综合办公室、思想政治和权益维护科、拥军优抚科、军休管理科、就业创业科、移交安置科6个科室。围绕就业创业扶持、帮扶解困、走访慰问等五大职能，为退役军人提供专业化、亲情化服务。

为进一步提升服务质量和服务水平，2019年5月，金水区退役军人事务局按照省、市工作要求，成立退役军人服务中心，抽调了区级街道部门业务骨干力量充实到工作第一线，把服务平台进一步前沿、服务内容进一步充实、服务质量进一步提升。设立了综合服务、就业创业、拥军优抚、权益维护、移交安置、军休管理等服务窗口，明确专人对接、“一站式”办理全套服务流程，为专业化、精细化做好退役军人服务工作打下坚实基础。在此基础上，全区17个街道、203个社区（村）已全部成立退役军人服务站，工作人员、办公场所、办公设备基本配备到位，现已规范运行。在服务流程上全程菜单化，人员配备要求各街道书记兼任退役军人服务站站长，各社区书记担任本级服务站站长。通过服务保障体系构建、人员定岗定责、对口业务高效衔接3种方式，努力搭建政策咨询、帮扶救助、沟通联系、学习交流服务平台，初步形成横向到边、纵向到底、全覆盖、无缝隙的高效运转工作网络格局。

2019年，区退役军人事务局坚持以习近平新时代中国特色社会主义思想为指导，深入贯彻落实习近平总书记关于退役军人工作重要论述精神。以让退役军人和其他优抚对象满意、让军人成为全社会尊崇的职业为目标，坚持为经济社会发展服务、为国防和军队建设服务的方向，以思想政治统领、党的建设引领、全面落实政策、强化帮扶救助、依法开展工作为抓手，坚持问题导向、计划导向、立足当前、着眼长远，破解难题、标本兼治，综合施治、持续发力，努力开创全区退役军人事务工作新局面。

【双拥优抚工作】利用春节、“八一”、“9·30”等重大节日对辖区部队和优抚对象进行广泛的走访慰问。通过走访活动的开展基本达到全覆盖，使辖区广大优抚对象及驻军官兵充分感受到党和政府的关心与关怀，起到良好的社会效果。全面落实好各项优抚政策建立优抚对象自然增长机制，全面落实各类优抚对象的抚补助、优抚标准，按时足额发放。2019年，慰问辖区驻军，送去慰问金（慰问品）累计199万元；走访重点优抚对象2561人次，无军籍退休退职职工635人，共送去慰问物品价值207.3万元；召开全区涉核、参战、重点优抚对象新春座谈会6场。为“两属”困难企业军转干部发放春节慰问金累计198.5万元；2019年度义务兵家属优待金发放共计2255万元；为428名重点优抚对象医疗二次报销109.555万元；为48名立功受奖人员发放慰问金3.7万元；为428名重点优抚对象医疗二次报销109.56万元；为206名重点优抚对象解决临时困难救助金233.5万元；为优抚对象发放伤残金、“两参”人员生活补助金、60周岁农村籍义务兵生活补助金、在乡复员军人生活补助金、带病回乡军人生活补助金、因公牺牲军人遗属补助金、病故军人遗属补助金等各类优抚款2815.09万元；为16名病故的现役军人发放抚恤金685.5万元；为293名一至六级伤残军人医疗减免182.49万元。

组织烈士遗属陈虎山到沈阳抗美援朝烈士陵园参加退役军人事部组织的认亲仪式，在新中国成立70周年大庆之际为中华人民共和国成立前入伍并健在的和新中国成立后参战荣立一等功以上奖励回到地方工作并健在的老战士，发放中共中央、国务院、中央军委颁发的“庆祝中华人民共和国成立70周年”纪念章，共计91人。

【军休管理工作】 2019年组织军休、军工观看红色电影，举行“庆七十华诞，与军工同行”文艺会演，开展“百家宴”、趣味运动会、“《红色记忆》人生之旅实录”等系列活动，营造了尊崇关爱军休干部和军工的良好社会氛围。积极落实政治和生活待遇政策，确保工资津贴、医疗等待遇按时足额发放。共发放军休干部工资549万元，军休干部医疗补助费23.58万元，军离休干部住院伙食补助费1795.6元，军休干部降温补助费5760元。为625名军工发放工资4116.84万元，军工年度医疗费用314.09万元，健康休养费用253万元，物业补贴322.04万元，发放病故一次性抚恤金103.78万元。并为12名军休干部、625名军工进行健康体检。

【退役军人服务工作】 建章立制，努力做好退役军人服务工作。2019年，针对梳理出的问题，按照省、市重点人员“四包四定”的要求，先后制定了《领导挂牌督办制度》等相关制度，及时成立了金水区委退役军人事务工作领导小组与金水区双拥工作领导小组。定期组织有关部门召开联席会议，听取汇报，分析研判当前形势，领导班子带头深入基层、深入一线，登门帮扶解困、宣讲政策、及时排查解决困难。

【就业创业工作】 加强教育培训。构建退役军人培训实训基地，鼓励退役军人参加学历教育，支持大学生士兵复学教育，落实退役军人免费培训政策，开展“定向式”“定岗式”“订单式”教育培训，提高实训实效。建立就业创业基地。发挥政策优势，建立一个退役军人就业创业

▲ 5月13日，郑州市金水区为烈属、军属和退役军人等家庭悬挂光荣牌启动仪式在文博广场举行

园区，联合一批就业创业重点企业，开拓一批就业创业新业态和新领域。加强与国有大型企业和民营骨干企业对接，为退役军人提供就业岗位 2500 余个。

【移交安置工作】 贯彻执行党和国家军队转业干部、复员退伍军人安置政策和安置计划，负责复员退伍军人、军队转业干部及随调配偶档案的移交、接收及管理工作；协调推动计划分配军队转业干部待遇落实；协调推进符合政府安置条件退役士兵待遇落实；组织指导军供服务保障工作。

（撰稿：姚　军　审阅：季向东）

园区建设

科教园区

【概况】 郑州金水科教园区原名金水科教新城，成立于2011年10月，由原金水杨金产业园和金水北区合并而成，2013年年初更名为郑州金水科教园区。园区位于郑州市东北部，南接郑东新区龙湖和龙子湖区域，北至黄河南岸，西起中州大道，东至京港澳高速辅道，规划面积56平方公里，下辖2个街道、16个行政村、33个自然村。

2019年，园区完成固定资产投资163.2亿元。园区成功纳入国家大数据（河南）综合试验区建设范围；河南省涉密专用信息设备应用示范基地正式在园区落户；园区作为郑州市重点打造的信息安全产业核心，被列入郑州市信息技术服务产业集群建设“双高地一基地”和郑州市信息安全产业规划“一核两区一带”核心区布局，并被纳入全省新兴战略性五大产业集群建设范围。

【招商引资】 园区以重大项目建设为契机，紧紧围绕建设信息安全、共享经济两大千亿级产业集群，扩充项目储备，引入优质项目，抓好项目落地投产运营。2019年，成功签约引进中部网络安全产业园、思爱普金水企业智能制造云平台、中国信息通信研究院中部创新中心等重点项目75个，总投资达30亿元。

【项目建设】 园区共有占地类产业项目31个，其中，已投入运营共10个，投用面积达82万平方米。2019年，河南省信息安全产业示范基地、共享生态科技产业城仓展服务中心、金科智汇谷、聚方科技园二期4个项目已投入使用；西亚斯国际软件园、河南外包产业园二期、河南新科技市场二期、河南省地理信息导航产业园4个项目大部分楼栋主体已封顶；中科院过程所郑州分所、北大国际创业孵化中心、朗驰智能机器人科研中心、太极文化健康产业园、榕基软件园5个项目正在推进现场施工；中以科技城、清华启迪科技城、863物流软件与电商孵化器、兴科安全信息总部基地、三强公司科研生产基地、华中生物技术研究院、金科智汇城等12个项目正在办理相关手续。

【产业集群打造】 2019年园区紧盯特色产业，加快培育核心业态。全年新签约1个信息安全类占地项目和7家信息安全类企业。园区信息安全产业集群内优质链条企业增至36家。依托河南拓普、信大捷安新增2个国家级研发中心、2个省级研发中心、1个市级研发中心。郑州市信息化促进会及名下七大产业联盟已入驻园区，并成立郑州金水科教园区信息安全产业专家组、郑州信息化专家委员会区块链技术专委会。河南信息安全产业示范基地于8月19日举办了开园仪式，落地了安天河南区域总部、网络空间拟态防御安全产业基地、东软河南信息安全研发试验中心等

▲ 12 月 3 日，河南省政府副省长霍金花（左二）到园区信大捷安调研

▲ 8 月 18 日，科教园区主办第七届中国创业者大会

多个重大项目。山谷网安等 3 家企业获批“省级专精特新企业”，信大捷安等 2 家企业被认定为“郑州市总部企业”。信大捷安入选 2016—2018 年度郑州市先进科技型企业名单，2019 年正在进行科创板上市的准备工作。共享生态科技产业城仓展服务中心已投入使用，并进行试运营。海关监管仓项目已完成监管仓材料申报并得到批复。和俄罗斯跨境电商“Ulmart”签署了战略合作备忘录。签约入驻郑州瀚纳科技有限公司、郑州橄榄枝供应链服务有限公司、河南西鹿物联科技有限公司等 50 家共享应用企业，智能制造、智能物流、智能服务三个主要模块已经成形。

【科技创新】 2019 年，园区突出以创新引领型企业、平台、人才、机构为内涵的“四个一批”计划，积极培育“开放式创新、内生式发展”两大动能，推动创新能力实现跨越式提升。全年新增郑州华拓信息科技有限公司等科技型企业（备案）85 家；新增河南维京电子科技有限公司等高新技术企业 12 家；新增省级新型研发机构 1 个，市级新型研发机构 1 个，市级院士工作站 1 个，新增市级以上研发平台 5 个（国家级 2 个、省级 2 个、市级 1 个）；尚合、聚方 2 个孵化器被认定为国家级孵化器。围绕区域产业名片打造，从产业载体链条、政务保障环境、创新创业氛围、科技金融结合等方面，实施了双创载体提档升级等一系列建设工程。金科智汇谷项目在全市政府投资建设的 20 个创新创业综合体运营考核中被评定为优秀等次并给予奖励。园区相继举办各类创新创业和招商交流会议等 30 余场。其中，由园区承办的 2019 年第七届 IHCH 中国创业者大会吸引了国内外 62 个城市、100 余位业界知名人士、500 余家企业、2000 余名政商界精英及创业者参会；2019 郑州市“招才引智”全球高端人才科技成果转化对接会，吸引了美国提诺科技产业集团等多个海外企业到郑州交流，会上与 20 余家企业签订了合作意向书。

【基础设施建设】 2019 年，园区实现新庄街、明哲路等16条道路建成或部分建成通车，通车里程18.5公里；金科智汇谷、区艺术小学分校周边道路实现通车；金科智汇谷项目水电正式接通。龙源路、龙津路与连霍高速立交（下穿）工程完成保通辅道建设并实现高速改道，北侧匝道或桥梁完成施工，进行桩基建设。杨槐小学建成并投入使用，科教园区第一小学、鸿兴路中学、杨金路公交场站、马林消防站建设完成，姚店堤小学等7所学校开工建设。园区大力推进生态建设，完成科教园区绿化PPP可研性批复，精细化整理绿化面积12万余平方米，加快新建成道路和杨金路两侧绿化建设，新种植行道树3500余株，新增绿化面积1万余平方米。

【合村并城】 园区按照“以建为主、提升品质、扩大成效”的总要求和“建的好、配套全、早回迁、能办证”的工作思路，确保园区新型城镇化建设形成突破性态势。2019年，杨槐二期、河村西地块、马头岗、周庄一期4个安置区项目约66万平方米已实现封顶；马林、徐庄、小金庄、北录庄、姚店堤、大贺庄、小贺庄7个安置区项目约163.4万平方米已完成回迁，回迁人数约1.9万人；河村安置区东地块已达到分房条件。同时，完成杨槐项目安置房和开发区混合用地、姚店堤项目安置区用地、小贺庄项目开发区用地等共计7宗、4612004亩土地出让工作。

【规划编制】 围绕“扩空间，增后劲”发展目标，园区启动新一轮调整工作，总体规划实施评估及调整论证报告已通过专家评审会，调整方案基本确定。68条道路管线综合专项规划、园区重点区域城市设计规划、公共服务设施和综合交通等专项规划方案已编制完成。金科智汇城等产业项目控制规划、金达变电站等基础设施项目控制规划、新庄等合村并城项目控制规划编制报批全部完成。

【土地报批】 2019年，园区注重建设发展要素，土地报批、供应工作取得新突破。完成中科院过程研究所郑州分所、西亚斯国际软件园等产业项目和北录庄、大贺庄、小贺庄、徐庄、马林等合村并城项目约1116亩土地的报批工作。完成中以科技城、河南省地理信息导航产业园等产业项目和徐庄、马林、大贺庄、北录庄、姚店堤、马头岗等合村并城项目约1170亩土地的征收工作。完成北大国际创业孵化中心等产业项目和小贺庄、任庄、杨槐、马林、姚店堤、北录庄等合村并城项目约923亩土地的供应工作。

（撰稿：赵　佳　审阅：庞　浩）

河南科技园区

【概况】 河南科技园区（原河南科技市场）建成于1993年，是由金水区政府兴办的中部地区最大的电子信息技术与产品集聚区。园区占地0.98平方公里，入驻企业、商户3300余家，从业人员3.2万人。2019年，园区重点项目完成固定资产投资15.86亿元，营业收入132亿元，同比增长15%；税收3.3亿元，同比增长10%。

园区内企业主要从事各类品牌计算机及零配件、外设、数码、通信、元器件、监控等相关配套产品及技术的研发、调试、销售，其产品已辐射到全省及周边近20个省市，部分软件产品辐射到全国乃至国外，辐射人口达1.2亿人。

河南科技园区被河南省发展和改革委员会批准为河南省服务业特色园区——“河南省电子信息产业园区”，被中国电子商会批准为“中国中部电子信息产业集聚区”，被河南省商务厅批准为“河南省电子商务示范基地”，被河南省发改委批准为“金水区特色商业区”。2019年，河南科技园区在建设规模、企业数量、知名度、成交额等综合指标方面对比国内同行业，位居前列，已成为中部地区电子信息产品集散中心和技术贸易中心，被誉为

“河南的中关村”“中原硅谷”。

近年来，河南科技园区加快产业升级，拓展产业集聚发展空间，形成了完整的产业链条。园区企业重点发展电子产品展示交易、电子商务、软件和信息技术；在金水科教园区开发建设的新科技市场作为园区仓储、物流、高新技术企业和规模企业的承接地，主要建设集智能化集成、电子商务、IT 物流仓储、创业孵化、产品发布展销中心于一体的研发中心及配套设施。努力打造成为中西部地区规模最大、综合实力最强、可持续性发展活力最强的电子信息产业集聚区和物流商务密集区。

【产业发展规划】为优化园区规划和产业布局，园区委托河南省地理研究所组织编制《河南科技园区产业发展规划（2019—2025年）》，通过详细调研及数次讨论修改，已完成并通过专家验收，确定发展定位为“两中心一基地”，即着力于打造全省重要的虚拟现实产业基地、中部地区智能消费电子产品新零售中心和中部地区重要的创新创业孵化中心。

【产业经济效益】 全年主营业务收入 132 亿元，同比增长 15%；税收 3.3 亿元，同比增长 10%；引进省外资金 11.4 亿元，同比增长 28%。园区现有 6 个重点项目，除恒大都市广场项目外，其他项目均进展顺利。

【经济普查】 园区共清查 4569 家，其中，录入登记法人单位 2756 家，产业活动单位 48 家，限上联网直报 247 家，个体工商户 1518 家。已打省级标识的法人单位合计 1217 家，其中，限上 195 家，限下 1022 家。

▲ 3 月 29 日，智汇城 · 中国儿童智能产品展销会

【企业拆迁安置】 经详细排查，拆迁共涉及企业、商户 1269 家（户），其中，“四上”企业 46 家，法人企业 619 家，个体商户 604 户。园区通过排查闲置资源，征集意见，协调满足企业安置需求，确保优质企业不流失。对比第四次经济普查数据，虽面临拆迁，但企业数不降反升，为产业转型升级和高质量发展奠定了基础。

【虚拟现实产业】 利用“河南省虚拟现实产业联盟”“河南省电子商务示范基地”两块牌子，吸引更多优质企业入驻园区，全年 VR 企业由 5 家增加到 9 家，初步形成聚集。众诚公司已完成众诚 VR 编辑器正式版的开发。央赫科技公司被省科技厅认定为科技企业，全年项目合同额超 500 万元。微阿科技公司大河锦江饭店全景项目已验收，国家粮食局 VR 二期项目开发完毕。灵境科技公司被认定为科技企业，虚拟现实体验中心被省科协评定为河南省科普教育基地。慕华教育科技公司完成销售额 839.7 万元，被评为河南省科技雏鹰企业、国家高新技术企业，成功引进郑州大学李学相教授专家团队，并通过郑州市“1125 聚才计划”创新领军人才评审。

【双创工作】 园区现有创新创业载体 9 家，国家级孵化器、众创空间 2 家。2019 年，新增在孵企业 69 家，累计达到 374 家，同比增长 22.6%。新成立创新创业载体 1 家（扶万佳孵化器），1 家创新载体升级（三体孵化器被认定为市级众创空间）。

【电子新零售】 利用两大平台为园区中小企业提供线上服务，建设电子商务生态圈。“河南科技市场专业市场”已入驻企业超 1000 家。“IT-par 新产品新技术交易平台”上、下游商家共计 1060 家，累计交易额 900 万元。智汇城项目承办了“第十届中国中西部消费电子博览会”，展馆面积 3 万平方米，展商超过 500 家。2019 年郑洛新国家自主创新示范区金水片区科技成果推介会也在智汇城成功举办。

【科技创新】 创元公司自主研发的“创元佰卓教育云软件”获得河南省软件协会颁发的“2018 年度河南省优秀软件产品”称号并被国家信息技术服务标准工作组授予“ITSS 全权成员单位”称号；四通公司获得“2019 全国电子信息行业优秀企业”称号；大有作为公司被省科技厅认定为“河南省技术成果示范机构”等。全年新增科技型企业 15 家，累计达到 121 家；新增高新技术企业 6 家，累计达到 21 家，同比增长 40%。技术合同登记站共完成技术合同登记额 3.4 亿元，被省科技厅评为 2018 年度技术市场先进单位。

【政策申报引进资金人才】 2019 年，协助申报知识产权软件著作权共 260 件，共组织相关政策专题解读会、创业培训会等培训活动 84 场次，指导企业申报省、市、区各类补贴共 1045.4 万元，组织企业外出学习交流 10 余次，走访企业 80 余次。结合人才政策，做好企业引进人才的政策落实和服务跟踪，为园区 9 家企业引进高端人才 17 人，组织 8 人通过了郑州市高层次人才评选。

【生产经营环境整顿】 联合工商等部门开展专项检查，打造园区良好形象，停业整顿不诚信经营企业 2 家，处理 40 起商户投诉事宜。开展安全生产、消防、治安、环境卫生综合排查，共检查 150 人次，发现各类问题 120 处，其中，当场整改 100 处，20 处下达了责令改正通知书，组织开展消防演习培训活动 10 余次。

【营商环境优化】 依托园区金创企业平台，组织起草《河南科技园区促进重点产业扶持办法》《金创企业资金管理办法的补充意见》等政策文件，通过股权、债权等多种投资方式逐步缓解企业融资难的问题，扩展了扶持的方式和范围，确定了监管企业资金使用的方式。依据政策持续对已投资项目进行调研走访、派驻审计。完成对央赫科技扶持投资 100 万元，针对业之峰公司申请研发费用扶持资金 300 万元、众诚科技公司申请科创板扶持资金 1000 万元，正在论证准备中。

（撰稿：刘志成　审阅：刘　昭）

国家知识产权创意产业试点园区

【概况】 金水区国家知识产权创意产业试点园区是国家知识产权局于 2011 年 10 月批准建设的全国唯一一个创意产业试点园区，也是全省首个工业设计园区，由郑州市金水区人民政府具体承建。园区围绕知识产权创造、保护、运用，以发展知识产权经济为引领，以“知识产权服务、工业设计、软件研发、文化创意”四大产业为主体，坚持知识产权与工业设计相结合，工业设计与实体产业相结合，市场导向与政府推动相结合，项目带动与整体推进相结合，专利运营与资本运营相结合，形成涵盖前端研发设计、中端生产加工、末端代理销售的设计创意产业链，促进了产业集聚发展，增强了园区竞争力和辐射带动力。

2019 年，园区作为金水区经济结构调整和产业转型升级的重要支撑，始终坚持贯彻知识产权强国、强省、强市战略，抢抓“双自区”建设机遇，积极打造

▲4 月 23 日，河南省市场监督管理局局长唐远游（中）一行到园区调研

▲9 月 11 日，国家知识产权局副局长何志敏（前排中）到创意园区调研

国家知识产权服务业集聚发展示范区、国家知识产权创意产业示范园区，取得了显著成效。

【中部知识产权运营中心建设】按照“跨界、融合、创新、协作、共赢”的思路，以知识产权联盟的形式，开展涵盖专利、商标、版权等各类知识产权的运营工作。中部知识产权运营中心空间设计及场地装修已完成，知识产权生物农业运营联盟和知识产权运营社会服务联盟已组建，商标运营板块开始试运营。同时，积极探索知识产权价值实现新举措，委托河南拍卖行于 12 月 13 日对 10 项专利和技术成果开展河南省首次高价值专利拍卖，成交金额 549 万元，努力打通知识产权市场化通道，实现知识产权更大的商业价值。

【招商引资】2019 年，园区洽谈对接企业 142 家，列入招商项目库企业 80 家，正式入驻企业 37 家。其中，引进落户了国内顶尖内容创作中心百度百家号、今日头条两个重点项目；引进落户了全球有影响力的知识产权媒体 IPRdaily 等优质知识产权服务类企业 8 家；引进落户了河南大象数字传媒等创意设计企业（项目）11 家；引进落户了河南省杰仁科技有限公司等科技研发类企业 16 家。

【知识产权保护】加强与司法、公安、检察、维权援助、市场监管等职能部门协同合作，出台《知识产权协同保护机制方案》，形成司法审判、快速维权、纠纷调解等知识产权纠纷多元化解决机制；发挥国家知识产权局复审委第九巡回审理庭、河南省知识产权社会法庭、郑州市中级人民法院知识产权巡回法庭作用，郑州市中级人民法院在园区开庭审理了 4 起专利纠纷案件，河南省知识产权局在园区行政调处了 6 件专利纠纷案件；大力推进国家知识产权局知识产权出版社郑州原创认证保护中心建设，为作品提供原创认证服务。2019 年，中国郑州（创意产业）知识产权快速维权中心（以下简称快维中心）完成外观设计专利申请预审1143件，授权473件，授权率100%；备案企业367家，服务企业1100多家，知识产权保护工作取得了良好社会效果。

【世界知识产权组织（WIPO）技术与创新支持中心（TISC）建设】 对接TISC项目要求，围绕郑州市的重点发展产业和战略新兴产业，建设了创意产业、信息安全、装备制造等专题专利数据库/专利信息服务平台，面向企业提供佰腾、中国知网等20多个数据库及检索分析工具的服务。全年开展各类专利检索服务30余次，完成专利检索报告24份，产业导航报告4份。

【河南省重点产业知识产权专项运营基金】 强化河南省首支、也是唯一一支重点产业知识产权专业运营基金作用，引导基金更多投向金水区主导产业，推动知识产权向科技成果转化。基金与新加坡知识产权局、国立大学、南洋理工大学等机构开展战略合作，与金惠科技签署投资协议，投资金额1000万元。

【知识产权宣教中心建设】 以建设"全省唯一，全国一流"知识产权主题展厅为目标，利用剧场式全景沙盘、光雕展示等表现方式，在园区B座一楼高标准建设知识产权宣教中心，着力呈现知识产权的历史和价值，演绎园区最新发展理念。正在对宣教中心项目方案进行深度设计。

【HPC好莱坞泛娱乐国际文化创意产业园建设项目】 以影视制作、IP创造输出为核心，依托河南思念集团运作经验，打造文化创意产业集群和省内外最大的文化创意基地，预计总投资约110亿元。项目已进入预招商阶段，500多家影视娱乐相关企业意向入驻。

【营商环境】 最大化释放"金典六策""园区十条"政策红利，帮助企业争取各级各类奖补资金400余万元；建立企业动态信息化综合服务平台，动态发布IPR拥有量475件，免费为园区企业办理著作权登记112件，组织知识产权规模培训4次、500余人次，帮助企业融资500余万元。一系列惠企政策的实施，促进了驻园企业发展壮大，爱瑞特生物科技荣获"创新创业工作先进单位"称号；一诺设计荣获"中国工业设计奖优秀奖"；采知孵化器获得"郑州市科技创新工作先进单位"称号；猎鹰消防自主研发的产品"猎鹰100型无人机灭火救援装备"，填补了100米以上高层建筑无室外空间灭火的空白

（撰稿：苏智睿　审阅：王　刚）

滨水产业带

【概况】 金水区滨水产业带位于郑州市城区东北部，金水区中间地带，其规划范围为金水区境内东风渠和魏河两侧各约600米，以及文化路（北三环至魏河段）西侧约600米，即东风渠与魏河十字交叉形成的稀缺滨水地带。规划总长度17.2公里，其中，东风渠为贾鲁河至中州大道段，长11.6公里；魏河为惠济区与金水区交界处至中州大道，长5.6公里。

金水区滨水产业带管委会成立于2013年1月，隶属区政府，内设一室两部，分别为办公室、土地规划部、项目部。主要职能为统筹区域范围内规划编制报批、产业发展和用地空间布局以及基础设施建设。

2019年，金水区滨水产业带管委会紧紧围绕区委、区政府"实现两个率先、领跑中部城区发展"目标，加大与相关部门招商协作力度，加强更新、完善区滨水产业带项目库，加快辖区相关规划提升优化，适时掌握辖区土地动态，为推进滨水产业带长远发展打下坚实的基础。

【项目招商推介】 结合辖区招商资源情况，积极与区商务、楼宇部门及相关街道办事处进行沟通协调，审时度势地确定了更加符合滨水实际的招商策略。在共享

招商平台的基础上，深挖细分招商资源，灵活运用招商形式，由粗放型引资招商、土地招商等逐步转变为以滨水环境、交通便利、政策优势为主的商业楼宇租赁招商。主动与瀚海北金、金水万达中心、华润数码公园地下商业、瀚宇天悦、正弘城等在建以及现存商务楼宇业主对接，摸清招商资源基数，建立翔实的楼宇资源台账。

【项目库台账管理】 加强与相关街道的沟通联系，对滨水产业带项目库进行了更新和完善，实行台账管理。建立了辖区重点项目库定期联系制度，通过电话沟通、现场调研，建立了项目库，新储备了未来金水天奕、豫发豫园、中冶大厦、瀚海思念城等项目。按照项目滚动运作机制，进一步强化了项目的筹划、建设和储备工作。

【完善相关规划】 滨水产业带管委会组织协调土地规划部、辖区单位对《金水区滨水产业带中长期战略发展研究》等相关规划进行讨论研究，主要是通过实地勘察、走访和座谈等方式开展。随着滨水开发建设的进一步推进，辖区规划的提升和优化将为滨水产业带的长远发展提供支撑。

【土地技术支持服务】 实地走访徐寨、枣庄等城中村改造项目、汽车北站改迁项目等，掌握项目进展情况，为项目单位做好土地、规划方面的技术支持和服务，为需要协助办理土地、规划手续的项目单位提供帮助，加快项目进度。召集职能部门、相关办事处、辖区项目单位召开座谈会，对《金水区滨水产业带中长期战略发展研究》及相关规划的可发展性、持续性等进行讨论研究，为滨水产业带的长远发展提供支撑。定期走访徐寨、枣庄等城中村改造项目、汽车北站改迁项目等，跟进郑州市渠北公园等新建项目，为项目单位做好土地、规划方面的技术支持和服务，为需要协助办理土地、规划手续的项目单位提供帮助，加快项目进度。

（撰稿：郭伟科　审阅：史忠华）

金水区自贸办

【概况】 中国（河南）自由贸易试验区郑州片区管理委员会金水区办事处是为进一步加强对中国（河南）自由贸易试验区郑州片区金水区块建设工作的协调管理，于 2017 年 7 月成立，设有综合协调科、政策创新科、投资贸易科、科技服务科（知识产权科）4 个科室。

河南自贸试验区郑州片区金水区块位于郑州中心城区北部核心区，是郑州片区的三大板块之一，西至花园北路，南至柳林东路，北至新龙路，东至中州大道，面积 0.28 平方公里。

【总体思路和战略定位】 金水自贸区块按照“强化双自联动、聚焦三大重点、推进四创融合、构建五个体系”的总体思路，着力打造“一区三中心”。即：强化自贸试验区和自主创新示范区“双自联动”协同发展，聚焦政府管理改革、主导产业培育和区块开发建设三大重点工作，大力推进制度创新、产业创新、科技创新与开放创新相互融合，积极构建政务服务体系、国际贸易运行体系、科技创新生态体系、知识产权运营体系、新经济发展体系，着力打造总部经济集聚区和“一带一路”经贸交流中心、知识产权运营保护中心、国际协同创新中心，培育产业发展新引擎，促进经济结构转型升级，为内陆地区扩大开放探索新模式，为国家全面深化改革积累新经验，发挥示范带动、服务全国的积极作用。

【总体布局】 为充分发挥自贸试验区溢出效应，促进区块内外联动发展，按照三个层次进行功能布局。一是核心区。依托国家批复的金水自贸区块 0.28 平方公里范围，积极推进制度创新和政策创新，营造国际一流的营商环境，搭建国际经贸合作平台，培育发展新技术、新产业、新业态、新模式，打造总部经济集聚核心区。二是联动发展区。在金水科教园区、国家知识产权创意产业试点园区、河南科技园区等范围内，大力发展信息技术、服务外包、知识产权服务等产业，与核心区建立联动发展合作机制，为核心区提供产业、空间和功能支撑。三是辐射带动区。以自由贸易试验区建设为契机，在全区探索地方政府管理体制创新，进一步优化政务环境和营商环境，全面提升对外开放水平，推动产业结构调整升级。

【规划建设】 金水区块整体拆迁工作全部清零，项目概念性方案设计、控规初步方案设计、土地报批、文探、地勘等工作基本完成，区域航空限高正式获批，高压线入地完成总工程量的2/3，土方清运93万立方米。同时，经过前期招商谈判，与郑州发展投资集团、中原豫资投资控股集团、中建七局达成合作意向，按照政府引导、市场化运作的模式共同推进区块开发建设和招商运营工作，项目建设进入实质性推进阶段。

【产业集聚】 在全省率先出台了《金水自贸区块企业集群注册管理办法》，并挂牌设立“河南自贸试验区郑州片区（金水）企业服务中心”，金水自贸集群注册线上服务平台即将上线。截至2019年年底，累计注册企业436家，注册资金135亿元。同时，加大对自贸区的宣传推介力度，积极参加河南投洽会、河南招才引智大会、上海进博会等各类经贸节会，自主举办海关自贸区政策宣讲会、进出口企业业务培训会、“金孵讲坛”和人才政策宣讲会等活动。

【投资贸易便利化】 围绕“最多跑一次”目标，在企业注册环节推行多证合一、企业登记全程电子化、企业住所（经营场所）申报承诺制等改革措施，简化登记流程，压缩事项办结时限，提高企业登记注册效率。进一步拓宽企业融资渠道，联合交通银行，依托自贸区企业一码通系统，试点探索企业信用在融资授信方面的创新，打造“跨境贸易融资授信平台”。优化创新创业环境，

▲ 郑州市委副书记、市长王新伟（前排右四）调研金水自贸区块建设项目

▲ 自贸区建设项目（鸟瞰图）

▲ 金水·“一带一路”经贸产业园近照

首创“四免+定制”服务模式（即：办理业务免预约、企业法人免到场、注册地址免核查、开户费用免收取、金融服务“量身定制”的服务模式），解决企业开户难问题，实现企业开户“不见面”“零成本”。

【对外开放与国际合作】 积极拓展自贸区发展物理空间，建设金水·“一带一路”经贸产业园，引进河南省涉外商事服务中心和林德物流等103家知名跨境企业，先后成功获批了市级众创空间、市级跨境电子商务园区和省级跨境电商示范园区。积极拓展海外运营体系，依托林德物流德国帕希姆国际机场及保税经济合作区、天府盛物流中俄电商海外仓搭建中欧、中俄自由贸易合作平台，在德国、俄罗斯、塞拉利昂、南非等重要经贸往来国家和地区布局超过10万平方米的海外仓与21个境外办事处。2019年，园区整体产值17.7亿元，其中，一般贸易进出口额7.2亿元，跨境电商交易额4.5亿元，外贸综合服务营业额6亿元。截至2019年年底跨境电商专业从业人员达812人。同时，还开展了大学生就业、创业指导培训活动，安排推荐优秀应届生到园区企业实习、就业，搭建毕业生与企业双向选择桥梁。

（撰稿：徐　琳　审阅：杨宁可）

街 道

丰庆路街道

【概况】 丰庆路街道办事处位于金水区西北部，南临北环快速路，北靠大学城，西接省体育中心，东邻国基路街道办事处，总面积13.8平方公里，总人口约42万人，北窄南宽，形如金三角，地理位置优越，交通便利。郑州市三大水系贾鲁河、魏河横贯东西，东风渠纵穿南北；北环快速路、国基路、三全路、连霍高速横穿东西，东风渠路、文化北路、丰庆路、索凌路纵贯南北，形成“四纵四横”的道路网络。办事处下辖陈砦村、庙李村、西史赵村、张家村、二十里铺村、琉璃寺村、杲村7个行政村和中方园、瑞丰、北晨、四月天、安泰、丰庆佳苑、普罗旺世、水晶城、泰和、瀚宇、呈祥、九锦台、泰苑、天悦城、青年城、观澜苑16个社区。

2019年，丰庆路街道办事处积极推进经济社会高质量发展，全年地区生产总值完成63亿元，社会消费品零售总额完成26.03亿元，全社会固定资产投资完成87.78亿元，重点项目建设完成投资93.56亿元，财政收入完成6.46亿元，引进域内外资金12.09亿元。

【重点项目建设】 瀚海思念城项目取得建设工程施工许可证，住宅部分主体施工，商业部分土方施工；杲村财富中心三层主体结构施工；海洋馆二期主体施工；青年人才公寓龙门苑主体施工；轻科大厦完成主体施工；汇泽时代广场竣工开业。庙李村一期安置房（1273套）近16万平方米完成回迁，一期商业地块已出正负零，二期安置房地块正在进行基坑开挖；陈砦村一期安置房（1115套）近13万平方米完成回迁，二期安置房地块正在进行基坑支护；张家村一期安置房建至地上4层；二十里铺村安置房（3942套）30万余平方米完成回迁，已网签3092套；杲村安置房全部完成回迁，已网签4433套；琉璃寺村安置房发放不动产权证150本，是郑州市所有城中村改造项目中首个拿到不动

▲ YOYOPARK优悠购物公园——16万平方米的“大体量”森系主题型购物中心一期试营业

▲ 9 月 27 日，琉璃寺村安置房发放第一个不动产权证书

▲ 4 月 2 日，丰庆路街道开展“路长制”市容市貌大提升活动

产权证的安置房项目。

【城市精细化管理】 城市管理细中求实，排查各类安全生产经营单位 1062 家、安全隐患场所 213 家，整改各类安全隐患 517 处；处理各类数字化案卷 32000 余件；新规划停车位 1400 个；打造城市“微景观” 7 处；创建金杯路等 5 条郑州市“千百十”优秀路段；完成博远路、索凌路、渠东路、宏安路、洛阳路、丽水路、园田路 7 条道路的附属物拆迁工作，整修道路 380 余处、30000 多平方米，拆除违法建设 86 处 28828 平方米，整治门头牌匾 528 处，拆除违规双门头 635 平方米，整饰城市家具 5000 多处，美化树穴 1400 多个，治理占道、突店经营 1400 余起，清理乱贴乱画 8000 余处，清理拖运乱停乱放非机动车 18000 余辆，拖离“僵尸车” 128 辆；垃圾分类分步实施，着力打造“整洁、有序、舒适、愉悦”的城市环境。

【民生服务】 全年共受理办结各类行政审批事项 2463 件，办理生育登记服务证 1623 本，实现新增就业 1199 人。统计退伍军人 2700 余名，受理退役军人养老保险接续 90 人，为烈属、军属和退役军人等家庭悬挂光荣牌 2630 多个。发放低保金 1119215 元，发放低保医疗救助金 63535 元，发放优抚优待款 1158844.83 元，救助困难群众 85 人次，救助金额累计 112500 元，为群众提供实实在在的便民服务和社会救助。

【平安建设】 开展“扫黑除恶”、反邪教、禁毒、防溺水等宣传活动 10 余次；开展矛盾纠纷大排查活动 8 次，调解各类纠纷 532 件；举行应急救援演练 29 次，开展安全生产培训 34 次，培训学员 3000 余人次；积极开展“人民满意窗口”创建工作，接待来访群众 160 人次，处理各类来信来访 1198 件。

【大气污染防治攻坚】 加强工地扬尘治理，对辖区 61 个工地加强监管，按照“8 个 100%”标准整治达标，待建及停工工地采取绿化、硬化、覆盖等措施，严格执行带班领导、夜查人员、工地

▲3月16日，区委书记陈宏伟调研枲村党群服务中心

“三员”的值班值守制度，出动检查执法人员600余人次，巡查工地900余次，下达整改通知书245份。加强“小散乱污”企业整治，对104个汽修店、2个印刷厂和2座搅拌站加强日常巡查，发现问题反弹立即查处，不断巩固“小散乱污”企业整治成果。严控餐饮油烟污染，不断更新完善餐饮场所油烟治理台账，对餐饮店进行逐一排查，对未使用清洁能源和未安装油烟净化装置或装置运行不正常的餐饮店依法依规查处。

【基层党建】 深入开展“不忘初心、牢记使命”主题教育活动，组织开展各类学习实践91次。开展陈砦村党总支作风整顿工作，枲村党群服务中心实现运营，高标准打造普罗旺世、瑞丰、观澜苑等社区党群服务中心。同时，通过招聘党务工作者为基层党建注入新的活力。

（撰稿：冯世营　审阅：薛劲云）

国基路街道

【概况】 国基路街道办事处地处郑州市金水区北部，辖区总面积12.48平方公里，常住人口14.3万，辖沙门、柳林、路砦、高皇寨、刘庄、杓袁、杨君刘7个行政村，21世纪、风雅颂、新田、琥珀名城、金印阳光、魏河、康苑居、国基、新龙、宏康10个社区，党（总）支部33个。

2019年，国基路街道办事处公共财政收入完成4.5亿元，地区生产总值完成60.12亿元，全社会固定资产投资完成72亿元，社会消费品零售总额完成131.07亿元，城乡居民可支配收入完成36231元。

【城市品质提升】 安置房建设。路砦村安置区14栋楼均已封顶，正在进行收尾施工；杓袁村安置区19栋楼已封顶，门窗、电梯等内部施工完成90%；杨君刘村安置区6栋楼全部封顶，二次结构施工完成90%；小刘庄村安置区部分主体已封顶，花园路东安置区正在土方清运；高皇寨村2号安置区桩基施工等已完成，4号安置区部分地块文探地勘完成；柳林村1号安置区正在进行桩基施工；沙门村A-01-4地块安置房最高主体建至17层，4号安置区文探地勘已完成，正在清运土方；自贸区金水区块累计清运土方91.43万立方米，4个地块文探地勘已完成，高压入地整体施工完成85%。

深入推进“路长制”。结合街道实际，将网格化与“路长制”深度融合，采取全方位持续宣传、多部门联合整治、打造精品路段等举措，全面推进城市管理提升、功能提升、品质提升。共维修整治花园路、中州大道西侧、三全路路面问题320余处，新建微景观6处、5000余平方米。

大气污染防治。依托“散乱污”企业整治、汽修市场集中整治、非道路移动机械普查登记等专项工作，持续抓好大气污染防治，各建筑工地严格落实“8个100%”标准，全辖区待建空地防尘网全覆盖；完成连霍高速绿化提升工程，排查整治河道排污口5处，新增绿地9万余平方米、新植乔木灌木1.4万余株，重点路段铺设草皮8000余平方米。丽水路、龙门路等20条道路建设推进有序。完成公共服务商业配建泊位及平面临时泊位570个。

老旧小区改造。对邙山三建老旧小区进行整治提升，楼道窗户更换、墙体粉刷、扶手油漆等工程已完成，对雨污水管道进行修缮。强化巡查宣传，依法严厉打击违法建设行为，共拆除违法建设1.2万余平方米。

【社会事业】 新增就业619人，完成就业创业等培训248人；调解农民工工资纠纷事件113起、涉及金额4000余万元。积极落实低保“放、管、服”工作，发放低保金44.7万余元、优抚金72万余元、临时救助和慈善救助金8万余元。办理城乡居民医疗保险2613人、城乡居民养老保险212人、公租房申请257户。通过公开招标方式购买10个社区服务项目，包括9个专业社工岗位和1个督导评估项目，各社区专业岗位社工已派驻到位并开展工作。加大利益导向机制投入，强化优生引导，开展“预防出生缺陷”等主题宣传活动20余次，发放计生宣传资料及宣传品1.4万余份。抓好抓实意识形态工作，加强文明宣传力度，推进公共文化服务体系建设，围绕“我们的节日”“快乐星期天”等主题，组织开展各类活动80余场。

【平安稳定建设】 认真落实综治和平安建设领导责任制，依托“扫黑除恶”、社会治安重点地区排查整治、人民调解化解矛盾纠纷、法律援助等专项工作，筑牢稳定底线不松懈，共开展“扫黑除恶”、反邪教、普法等宣传活动30余次，发放宣传资料1万余份；调处各类社会矛盾纠纷223件。严格落实领导接访、包案制度，深入开展各类特殊利益群体人员排查稳控及矛盾纠纷排查化解工作，加大信访事项办理力度，接待群众来访83起、920余人次。进一步规范落实安全生产责任主体，加大宣传培训力度，对1103家单位进行安全检查，整改隐患问题647处。

▲“辉煌七十载　筑梦新时代”文艺演出

【基层党建】 开展“党的创新理论宣讲进社区活动”40余场，辖区1500余名党员全部完成“学习强国”App注册并开展学习。强化组织领导，精心统筹安排，聚焦学习教育、调查研究、检视问题、整改落实四项重点措施，有力有序推进“不忘初心、牢记使命”主题教育，班子成员沉入基层讲党课32次、完成调研文章12篇，整改问题199项。严格对照“四个一”要求，统筹区派和街道工作力量，通过加强组织领导、建明工作机制、规范组织建设、严格决策程序、化解重点矛盾5项措施，积极推进路砦村软弱涣散党组织整顿工作。切实抓好党建阵地建设，新田社区党群服务中心已建成，路砦党群服务中心设计方案确定。持续推进非公党建“321”工程，新建立非公企业党组织2个、社会组织党组织1个。

（撰稿：马莹莹　审阅：田　波）

经八路街道

【概况】 经八路街道办事处位于

金水区中南部，始建于1954年，是省委、省军区及众多省直机关办公、生活所在地。辖区东起花园路，与丰产路街道办事处、花园路街道办事处相邻；西至东三街、黄河北街，与大石桥街道办事处、南阳路街道办事处相连；北承红专路，与文化路街道办事处相依；南临金水河，与杜岭街道办事处相望。总面积3.44平方公里，共有11个社区、53个网格，总户数35301户，常住人口94738人，暂住人口29986人，共124724人。辖区公共单位119家，两新党组织50个，自管党员2406名，流动党员450名。

辖区地理位置优越、人文资源丰富、政治昌明、经济繁荣、文化丰富、环境优美，金水河由西至东流经辖区南部。交通便利、出行便捷，金水路、花园路、文化路、黄河路等25条市主次干道交错构成辖区道路交通网，38条公交线路穿梭其中。现代服务业、新兴第三产业发达，已形成润华商务、明辉大厦等多个集中的高档商务区。餐饮、休闲、娱乐设施完善，各地名吃汇聚一堂、竞相争艳。商业服务环境良好，正道中环百货等大型商场及各小型超市和百货店极大方便了居民群众的日常生活。

2019年，经八路街道办事处完成公共财政预算收入3.74亿元，同比增长7.3%；社会消费品零售总额29.2亿元，同比增长2.3%。

▲3月5日，省委组织部副部长王忠梅（右一）一行到省委社区参与志愿服务活动

【发展建设】 完成第四次经济普查任务，普查单位数8164家、个体户3457户。任砦城中村改造二期工程正在办理建设工程规划许可证；地铁7号线郑州人民医院站5.8万平方米地上建筑物拆除完毕；辖区10个建筑工地严格落实“8个100%”“两个禁止”要求和“三员”24小时现场监管机制；辖区2吨以上18台锅炉10台已完成低氮改造；9家涉气汽修印刷企业全部安装在线监控系统，并实行“一厂一策”。

【城市管理】 开展以“路长制”为载体的城市精细化管理市容环境大提升工作。动员辖区商户抬高空调室外机930余个，修整破损台阶800余处、2124平方米，违章外封拆除65处，对辖区894处、2786平方米不合规范的门头进行更换；拆除“一环十纵十横”示范道路两侧的违建10处、870平方米，院内违建29处、约500平方米，1处砖木结构危房、350余平方米；安装道路硬隔离1962米，施划非机动车停车位1655处、30500平方米；粉饰变电箱、通信箱331个，捆扎线缆8000余米；修复道路病害2530处；美化树穴4050个，设置5处文化墙、1条近百米长的阅读宣传长廊，打造微景观20处、城市书屋1个，增加绿植、景观树木、休闲座椅等；铺设塑胶跑道800米，在有限的空间里为居民提供休闲、健身和娱乐场所，受到辖区群众的欢迎与好评。59条路段中已有31条创建成优秀路段；集中人力、利用有效时间，对经八路沿线的“住改商”全部恢复为原来的房屋用途性质，将经八路打造成新的精品街道；整治纬五路改变房屋使用性质的29家商户，同时协调教育学院拆除围墙，利用最大化的公共空间打造2000平方米的街头景观；结合群众意愿和需求，对18个老旧小区实施改造，完善便民服务设施，为居民提供优质居住环境。

【信访工作】 全年共办理各类信访案件28件，其中，受理28件，27件已办结。调解矛盾纠纷186起，开展各类法治宣传活动50余次，排查各类生产经营单位1640家，排查隐患548家，整改520家。在全国第11届民族运动会期间，发出“我们需要您，一起温暖这座城市”的行动倡议，组建11支志愿者巡逻队，396名志愿者分成51个组按照区域自发进行日常巡查，形成了共管共治的良好氛围。

【民生服务】 全面实行无节假日社区及错时上班工作制度，填补社区工作“空档”，着力解决在职职工“下班后或者节假日、周末才有时间到社区办事”的问题；建立单位联络员制度，即为每个单位明确一名联络员，提供“一对一”服务，“无事定期走访、有事随叫随到”，让单位职工办事更方便。同时，深入挖掘单位资源，与单位携手共建，为辖区群众提供更周到、更全面、更深入的服务。超额完成“一年十一万就业计划”任务，帮助解决外来务工人员工资拖欠问题17起，共计5.8万余元；为小微企业提供创业贷款1800万元，举办大型户外招聘会共8场，提供就业岗位10000余个，达成就业求职意向人数达4500人。为辖区119名生活困难残疾人发放生活补贴17万余元；受理、初审新申请公租房480件，保障性住房实物配租480户，经济适用房变更12件。为11个社区托老站配备专职工作人员，负责托老站的日常工作；为每个社区安装直饮水机，为群众提供贴心服务；发放政府购买养老服务爱心卡400余张，帮助有需求的老年人开展“助餐、助浴、助洁、助医、助行”服务。

▲ 省委第一巡视组视察经六路精品街

【基层党建】 2019年召开了街道第二届党建工作代表大会第一次会议，做实党建“三项清单”，与119家（个）单位、企业党组织签署年度共建协议，逐步形成“街道吹哨　单位集合”的工作格局；通过问计于民、问需于民、问政于民，推进民生实事，打造“5分钟便民生活圈”，满足群众“柴米油盐酱醋茶”的便民需求；实行“党建+志愿服务”机制，建立红色账户，链接爱心商户进行积分兑换，实现政府主导与居民自治的良性互动。

“不忘初心、牢记使命”主题教育走深走实，通过组织观影、观展、红歌会、答题赛、讲党课、志愿者表彰会、“八个一”等活动形式，推动主题教育入脑入心，进一步坚定了理想信念。

广泛听取意见建议，持续深入走访征集问题，将“民情面对面”走访工作常态化，深入楼院、单位、企业，了解需求、解决困难，对76家公共单位，特别是40个省直厅局委进行专题走访，制定“单位联络员制度”和“错时上班制度”，实现调查研究务实务效。

通过“奔着问题去、瞄准难

点改、敢从痛点抓”实现突出问题立行立改，街道班子成员深入社区开展调查研究68次，征集意见建议66条，解决群众最急、最忧、最盼的实际问题17项，“解民忧、纾民困、暖民心”行动解决问题24项。119个共建单位提供8大类、133项年度“资源清单”，形成55项“需求清单”、制定10大类、70项推荐服务项目清单，基本涵盖了群众最急、最忧、最盼的紧迫问题。28个党组织的36名党员志愿者积极认领需求“菜单”，为73名困难群众实现了微心愿，营造了争领、预定“微心愿”的浓厚氛围。

成立了10个社区流动党员临时党支部，为流动党员参加主题教育搭建了良好平台，让主题教育全覆盖。12月27日上午，全国城市基层党建创新论坛暨创新案例颁奖仪式观摩团到街道观摩城市基层党建工作，受到观摩团领导的一致好评。

（撰稿：章　艳　审阅：房建设）

文化路街道

【概况】 金水区文化路街道办事处位于金水区中北部，辖区面积约5.57平方公里，下辖14个社区居民委员会，1个行政村（关虎屯村），常住人口6.9万人，流动人口1.3万人。辖区内共有54家公共单位，河南农业大学、郑州大学工学院等8所大中专院校，河南省农科院、河南省社科院等5家科研单位，居民文化程度相对较高，文化特色优势突出，是金水区科研文教中心。

2019年，实现地区生产总值完成131.48亿元，同比增长9.5%；地方公共财政预算收入7.8亿元，固定资产投资21.58亿元。

【经济建设】 优化营商环境，激发经济发展活力，简化企业办事流程，提升办事效率，为企业发展提供“保姆式”“零距离”跟踪服务，持续推进“支柱产业带动新兴产业”战略。

全面落实招商引资优惠政策，辐射带动农科路、动物园、万达金街、省博物院等周边形成集商务楼宇、特色街区、餐饮服务、商贸百货于一体的四大产业，为辖区经济高质量发展注入强劲内在活力。统筹发挥东风路正弘城、花园路丹尼斯两大商圈在产业布局、营商业态方面的区位优势，积极推进产业链招商、行业招商、协会招商、联盟招商共同发力。

大力发展特色街经济，实现经济总量新突破、经济发展再提速。辖区现有8个省级、区级重点项目，其中，省重点项目3个、区重点项目5个，项目总投资160亿元，年度总投资30.46亿元。

361街坊片区改造项目、胜岗改造项目、东关虎屯改造项目各项工作稳步推进，经五路17号院改造项目协议签订超前完成。

【城市管理】 协调多部门联合行动，推动城市管理有序化。调动交警、执法、物业等形成整治合力，共拆除违建5637平方米，整治门头80余处，修整道路病害2000余平方米，规范违停机非车辆4万余辆次，增设非机动车停车位5000余个，新建停车场2个，提供停车位1645个。

持续开展“全城清洁”行动，清理小广告、乱贴乱画等18000余处，较好地完成了市容环境整治工作，实现了城市面貌、市容环境大提升、大变样。

高质量推进城市生态系统建设，全力打造天蓝地绿水净、生态宜居的美丽城区。坚持标本兼治、治建并举、综合施策、科学治理，加大工地道路扬尘、餐饮油烟、特种车辆等重点领域治理力度，督促建筑工地按照“8个100%”标准整改达标，强化重污染天气应急应对，坚持24小时督查、零点夜查、随机暗访、督导追责等工作机制，确保空气质量持续改善提升；全面加强生态环境建设，牢固树立“绿水青山就是金山银山”理念。加大宣传教育力度，倡导低碳生活、绿色消费，增强群众生态环保意识，倡导居民形成绿色发展方式和生活方式。

▲ 7 月 13 日，市文化旅游局检查城市书房建设

加快推进园林绿化建设，打造街景游园 1 个、微景观 8 处，完成新建游园选址 3 处，全年新增绿化面积 6 万平方米，不断增强辖区绿化的生态功能和景观效应。

【社会管理】 持续深化安全生产、“扫黑除恶”、矛盾隐患排查等工作，严格落实重点人员“四包一”责任，深入走访，积极协调，发挥群防群治优势，努力为群众排忧解难，共接待群众来访 300 余人次，调处各类矛盾纠纷 250 余起，调处成功率达 100%，为 300 余名外来务工人员追回薪资 700 余万元，实现全国两会、民运会、国庆节等重要时间节点“零”非访。将定期排查与重要时间节点检查相结合，联合公安分局、消防大队检查重点企业、门店等，共计排查隐患 188 处，并督促全部整改到位；开展楼院电动车充电专项整治行动，为辖区 160 个楼院增设电动车充电桩，不间断开展飞线充电清理活动，累计清理整治 2000 余处，营造安全稳定的居住环境。

【社会民生事业】 坚持以创业带动就业，发挥辖区人才集聚区位优势，积极搭建创业、就业平台，创业就业态势持续向好。实现就业再就业任务 2379 人，完成全年任务 119%，其中，失业人员再就业 419 人，困难人员转就业 57 人，城镇登记失业率控制在 4% 以下。

通过开展入户宣传，摸清人员入保情况，优化经办服务，完善救助台账，实现动态管理等举措，积极推进城乡社会保险工作，民生保障工作不断加强。全年新增参保 1873 人，发放城乡居民医疗保险社保卡 1282 张，落实城乡居民养老保险各类低保、特困重残人员参保工作 181 人，超额完成了各项目标任务。

争取辖区 360 国贸、花园路丹尼斯、郑州市动物园、正弘城商场等单位的支持，创新设置母婴场所 5 个，并成功申报郑州市公共场所优秀母婴室 2 个。围绕“健康老人”和“失能老人”服务项目，组织开展各类关爱帮扶活动，3 万余人次老人受益；扎实做好 80 岁以上老人高龄津贴发放工作，整合便民服务设施累计提供服务 4 万余次。

开展“郑州慈善日”募捐活动，募集善款 31 万元，使各类困难群体得到及时的救助和帮扶。让群众得到更多看得见、摸得着的实惠，进一步增强群众的获得感、幸福感和安全感。

【基层党建】 第二批“不忘初心、牢记使命”主题教育开展以来，街道党工委围绕经济社会发展和群众关注、急需解决的问题，对标初心使命、党章要求和党性宗旨，开展以“解民忧、纾民困、暖民心”为主要内容的实地走访、调查研究，开展座谈调研、征集民意，列出问题清单，查找差距不足，梳理整改问题，建立台账，明确整改责任人与整改时限，确保整改成效。针对辖区老旧小区和无主管楼院多、治安隐患多情况，街道对辖区 6 个老旧楼院进行了全面整治提升，为老旧小区加装监控设施与人脸识别系统，人工智能及大数据的引入对辖区居民人身、财产安全起到更好的保障，进一步增强了群众幸福感、获得感、认同感。

建立社区书记党建工作月例会制、党务周例会制度，压实科级干部分包社区党建工作“一岗双责”和社区党组织书记主体责任。在全区率先实行党务工作者高级、中级、初级资格认证。2019 年，认证高级党建工作师 1 名，认证中级党建工作师 4 名，认证初级党建工作师 5 名。打造了一支专业强、有活力的党务工作者队伍，有效推动基层党组织管理迈台阶、上水平。狠抓基层党组织工作规范，严格落实党内组织生活各项制度，按期召开“三会一课”，丰富主题党日活动，组织开展好辖区各党组织组织生活会及民主评议党员工作，推动基层党组织建设的全面进步。

加强“两新”党组织党建工作制度化、规范化建设，引领促进辖区“两新”组织实现企业发展和党建工作“双强共赢”。2019 年，新组建“两新”党组织 6 家，辖区“两新”党组织已达到 34 家，涉及各行各业多个领域，基本实现了“两新”组织党建工作全覆盖。同时，积极探索商圈党建工作，吸引众多商场商铺党员参与到服务群众活动中，取得了较好的社会效应。构建以街道党工委为核心、以社区党组织为基础、驻区单位党组织共同参与的区域化党建工作体系，通过召开党建联席会、共同组织文体活动、依托院校组织学雷锋志愿者服务、动员党员职工向困难群众募捐善款、举办各类主题活动等形式，营造区域内“条块融合、资源共享、优势互补、共驻共建”的党建工作新格局。

【特色亮点】 建成全区首家公益性城市书房——俭学街社区郑品书社，开设俭学街社区志愿活动“四点钟课堂”和心理咨询健康读书沙龙，诗词品鉴等活动，成为附近学生们和居民学习阅读的好去处和集知识熏陶与精神涵养为一体的特色文化阵地。2019 年，市长王新伟到俭学街郑品书社调研，得到了市区主要领导、辖区居民、社会各界的广泛关注和高度认可。农科路酒吧休闲一条街荣膺“中国特色商业街”称号，跻身“国”字头“大家庭”。农科路酒吧休闲一条街，打破时间限制，紧扣打造夜间消费经济的主脉，已成为中原首席风情酒吧街区。

（撰稿：陶奇昌　审阅：赵　静）

人民路街道

【概况】 人民路街道办事处成立于 1961 年 9 月，地处金水和管城两区交界处，由辖区主干道人民路而得名。辖区面积 1.519 平方公里，有常住人口 3.7 万余人，流动人口 4000 余人。除汉族外，辖区有回族、满族、维吾尔族、壮族等少数民族居住。下辖 9 个社区居民委员会，分别为：人民路社区、紫荆山路社区、工人新村社区、顺河路第一社区、顺河路第二社区、顺河路第三社区、水文局社区、东里路社区和金紫伊苑社区。辖区内驻国家直属单位有水利部黄河水利委员会、中国建筑第七工程局；驻省属单位有河南省环境保护厅、河南省中医学院第一附属医院、河南省话剧团等。其中，位于人民路的丹尼斯总店是在郑州出现较早、营业模式较为成功的量贩式大型百货超市。辖区交通便利、基础设施完善，北依紫荆山公园和金水滨河公园，是比较理想的人居地带。

2019 年 1—10 月，完成财政收入 2.68 亿元，占总目标的 72.98%；完成固定资产投资 1.9 亿元，占总目标 62.6%；完成社会消费品零售总额 142.86 亿元，占目标 82%；完成重点项目投资 1.91 亿元，占目标 77.5%；地区生产总值完成 96.7 万元。

【重点项目建设】 全年完成重点项目投资 2.47 亿元。其中，110 千伏南仓变电站工程正在进行主体施工。城北路打通及棚户区改

▲7月6日，区委书记陈宏伟（前排左一）、区长魏东（二排左二）调研工人新村

造项目已顺利封顶。东里路34号院旧房改造项目文物挖掘结束，已报国家文物局等待批复。商都历史文化区宫殿区工程金水区项目，考古大棚立项手续已完成，可研性报告正在编制中。

【老旧小区改造项目】 街道把老旧小区改造和城市有机更新，把居民反映强烈的工人新村老旧小区改造列为头等大事，以得力的措施，解决群众的迫切需求。一方面，深度落实“最多改一次”的工作原则，坚持设计引领，问需于民，共建共享。聘请浙江南方设计院进行工人新村改造整体规划设计，从“上改下”、“白改黑”、建筑外立面节能改造、道路综合改造、绿地改造、增设公共服务用房和安防设施等方面实施改造。另一方面，坚持倒排工期，挂图作战，统筹协调，耐心细致做群众工作，让群众充分参与改造的全过程，合力推进片区改造方案实施。截至目前，集中对工三街以西的车棚和违建进行拆除，腾出公共空间。清理楼体外立面，拆除防盗网600余个，空调移机500余台，推进片区内38栋楼体外立面整治全面施工。联合城管执法、市场监督、卫健等职能部门，170户“住改商”全部恢复房屋原有性质。强力推进工二街道路改造以及强、弱电缆入地施工。协调工一小、农行等单位用房千余平方米，建设社区党群服务中心和社区医疗服务站，彻底改变人居环境，提高居民生活品质。

【城市管理提升】 深化落实“道路”向“街道”转变的理念，坚持建管并重，以“绣花”的精神，全面深入推进以“路长制”为载体的“迎民族盛会　庆七十华诞”市容市貌大提升活动。一方面，扎实做好最基础工作，常态化每天对道路路面、城市家具、树穴等冲洗、擦拭、清理，确保道牙无尘、路见本色、城市家具干净、车辆整齐有序，实现了卫生保洁全覆盖、无死角。另一方面，注重细节上增加颜值，按照“一街一景、一路一色”的要求，结合各路段实际，统一商户门头店招，实施架空线缆入地，以各类文化为主题制作彩绘墙，对顺河路道路连廊双侧实施绿化，打造街头口袋公园，基本实现城市环境“整洁、有序、舒适、愉悦”的目标。全年，创建顺河路等2条卓越路段、城北路等13条优秀路段，道路全域优秀率已过半；获得郑州市精细化管理月考核“红旗路段”称号2次。严格做好扬尘治理、“小散乱污”整治、餐饮油烟治理、河长制等工作，新建公厕1座，新增绿地20000平方米，新植乔木、花灌木2000株，辖区工地按照“8个100%”标准整治达标。

【网格化为民服务】 依托网格开展为民服务工作，对辖区93户低保、低收入家庭进行审核，上报申请公租房451件。新增劳动力2144人，完成小额担保贷款1300万元，分别占年目标任务的102%和160%。解决6件拖欠劳动者工资纠纷案件，为40名劳动者挽回拖欠工资、社会保险费等经济损失12万元。持续推进

“扫黑除恶”专项斗争，扎实做好重点人员稳控、不稳定因素排查、突出问题化解等各项工作。积极开展依法信访、安全生产等主题宣传活动61次，排查化解矛盾纠纷32起。组织检查生产经营企业1285家次，排查各类隐患501个，下发责令整改通知书22份，全部整改到位，实现了各级两会、民运会和新中国成立70周年等重大节点“零非访”“零上访”“零干扰”的目标。

【基层党组织建设】 强化理论学习，筑牢思想根基。扎实开展“不忘初心、牢记使命”主题教育，采取专家授课、主题党课、演讲比赛、红色观影、应知应会测试、先进典型宣讲等多种形式，开展理论武装和思想教育，组织集体学习6次、专题研讨3次、测评会1次。班子成员聚焦“解民忧、纾民困、暖民心”，深入调查研究，听民意、解民情，收集意见、建议，形成调研报告11篇。强化阵地建设，夯实基层基础。完成工人新村社区等6个社区党群服务中心的改扩建；持续发挥区域化党建优势，以紫荆山UFO.WORK共享办公为平台，针对企业集聚、结构复杂、规模微小、党员分散问题，进一步完善街道大党建“智库”，实现资源共享，搭建区域联动平台。新建“两新”党组织2个。加强党建经费保障，确保党建经费、服务群众专项经费专款专用。全年，党建经费使用34.7万元，服务群众专项经费使用73.44万元。

（撰稿：王鹏飞　审阅：张晓戈）

花园路街道

【概况】 郑州市金水区花园路街道办事处位于金水区东部，辖区东起东明路，西至花园路，南起金水路，北至黄河路，面积3平方公里，是河南省人大、省政协等省级机关和省直机关所在地，辖区共有人口76904人，其中，常住人口50525人，流动人口16139人，由10个社区组成，分别是省供销社社区、通信花园社区、省卫生厅社区、甲院社区、农业院社区、工业院社区、省民航社区、戊院社区、省水利厅社区、省银行社区。

花园路街道办事处位于省直单位行政区，地理位置特殊，土地稀缺，可利用资源少，辖区经济以第三产业为主。辖区各项基础设施和城市功能比较完善，金融、商务、商业等现代服务业和生活性服务业有机交融。辖区内有省建设银行、省人保等金融、保险机构总部，各类商业银行分支、网点密集分布，西北角的金融广场可以提供方便、快捷、高效、集中的金融服务。广汇国贸、经纬大厦、新闻大厦等一批商务楼宇业务发达，对辖区经济发展起到了十分重要的支撑作用。

花园路辖区还是郑州市高端餐饮、高档住宿及各类高档消费的核心集聚地，有全省星级最高、服务设施最完善、服务水平最高的中州皇冠假日酒店、索菲特国际饭店、民航大酒店等高档酒店群，有以西湖春天、威威娱乐广场、space酒吧为代表的高档餐饮娱乐场所，山河宾馆、长城饭店、府苑食府、知青村、国旅、中青旅等不同层次的酒店、餐饮、旅游休闲、娱乐场所和服务机构星罗棋布，还有迁到郑州后最早成立的正道花园商厦以及纬四路服装市场、纬四路农贸市场等，生活条件十分便利。

2019年，花园路街道社会消费品零售总额41.09亿元，同比增长7.4%；完成一般财政预算收入2.39亿元，同比增长19.6%；固定资产投资完成4.25亿元，占目标任务102.4%；省、市、区重点项目完成4.02亿元，占目标任务108.6%

【区域经济】 税源清查暨企业大走访。共走访各类重点纳税企业61家，楼宇物业10个，重点项目3个。通过税源清查及时对“税源综合利用系统”进行更新、补充，实现动态管理。

税源核查。配合税务部门对临近起征点个体工商户、教育培训行业、酒店行业进行专项核查，确保应收尽收，颗粒归仓。做好第四次全国经济普查工作。共普查出法人单位 3696 家，产业活动单位 305 家，个体 1956 家。

重点项目工程建设。花园路街道辖区共有省、市、区重点项目 3 个。其中，嘉里中心项目建筑工程开工许可证已办理，开始一期基坑建设；河南影视大厦项目建筑规划许可证已办理，正在办理施工许可证。轨道 5 号线花园路站已正式通车运营；轨道 2 号线黄河路站安置房项目基础及维护结构全部施工完毕，地下工程已完成总工程量的 80%。

【城市精细化管理】 切实提升道路环境。以“路长制”为载体，通过打造街头小景、景观廊道、城市书屋等举措，不断提升街道道路环境品质。全年共打造市级优秀红旗路段 2 条、红旗路段 4 条、优秀路段 31 条。7 月，荣获全市“路长制”工作“红旗办事处”称号。以“迎民族盛会 庆七十华诞”城市环境综合整治提升工作为契机，粉刷墙体立面 32000 平方米，拆除违法建设 43 处 4585 平方米，利用拆违腾挪空间建设口袋公园、道路微景观 30 处 889 平方米，新增绿地面积 65000 平方米。

打造“三行系统”。以经一路为试点，按照“两优先、两贯通”的理念，贯通“三行系统”，通过抬高原废弃慢车道标高，使人行道慢车道平齐，以及移除占道弱电箱和线杆，实施树穴联通，拆除违建、违法外封、整治建筑立面、建设微景观等一系列措施，改善了市民出行环境。

打造城市书屋。在纬二路省实验小学附近建设 1 个面积 260 平方米的“功能齐全、便民利民、温馨舒适”的城市书房，配备了党建、社科、课外阅读类图书 3000 余册，满足群众的阅读需求。

做好第 11 届全国少数民族传统体育运动会赛事服务保障工作。抽调环卫、市容、执法、网格巡查等路队人员充实到宾馆周边开展日夜班不间断巡查，并组织街道、社区志愿者每天开展早 7：00 至晚 11：00 外围保障服务，全力营造整洁清新、秩序井然的赛事服务环境。10 月，被郑州市委、市政府授予“第 11 届全国少数民族传统体育运动会筹备工作集体三等功”。

交通秩序整治。围绕省医周边、紫荆山立交、地铁口等重点区域，联合市容、交警、城管、公安等职能部门开展“一体巡查 联合执法”，每天对乱停放机动车、非机动车进行拖离；结合主次干道车流量、停车泊位需求、市民意见等实际情况，科学施划机动车停车位 763 个；联合省人大、省政协等 30 余家单位设置文明交通岗，持续开展行人逆行闯红灯治理活动，推动交通环境持续优化。

提升老旧院区品质。2019 年，在纬二路 26 号院试点改造成功的基础上，又启动 10 个老旧小区改造工程。深入运用“一征三议两公开”工作法，精准做好老旧小区改造的“加减法”，做到有违必拆，新建党群服务中心、小区游园等公共服务设施，全市首台经全体业主同意、自愿筹资加装的电梯顺利建成，切实改善居民生活环境。除纬五路 12 号院外，其他院区施工已完成近 90%。

【公共服务】 党建阵地建设取得突破性进展。甲院社区 2100 平方米党群服务中心主体已完成，即将进行室内装修，工业院社区 1000 平方米党群服务中心已签订协议，街道党群服务中心（黄河路与政六街）已开工建设，正在进行混凝土浇灌，戊院社区 600 平方米党群服务中心已正式入驻使用。

提升为老服务水平。进一步丰富街道老年大学课程内容和形式，探索与开发远程多媒体老年教育课程，积极尝试体验式学习、在线学习、直播学习等模式。建立通信花园社区日间照料中心服务试点，为老年人提供生活照料、保健康复、文体娱乐等综合服务，提高老年人获得感和幸福感。

推进打造“一社一品”。完善社区服务的功能，构建街道党工委领导、社会协同、公众参与的社会治理格局，探索特色社区治理新模式，初步塑造了10个特色社区品牌。

【民生保障服务】 加大劳动和社会保障力度。全年实现城镇新增就业再就业人数2242人，完成小额担保贷款2670万元，新办理居民养老保险21人，居民医疗保险400人。

做好卫计管理与服务。2019年度共办理生育登记服务证405个，独生子女父母光荣证120个，新增城镇奖扶对象700人，新增国家特扶对象13人。

做好退役军人管理服务工作。街道、社区两级建成11个退役军人服务站，完成退役军人及其他优抚对象信息登记工作，为退役军人及优抚对象悬挂光荣牌5610户，发放优抚金515.72万元。

全力维护辖区安全。与辖区2320家生产经营单位签订《目标管理责任书》，认真开展百日攻坚行动、节后复产复工、安全生产谈心谈话、电动车集中整治等活动，筑牢安全防线。

做好信访稳定工作。发挥街道、社区、基础网格三级矛盾化解网络作用，全面做好重点人员的稳控和矛盾排查化解工作，全年未发生赴省进京非访现象。

深入推进"扫黑除恶"专项斗争。通过构建街道大联防群，开展"扫黑除恶"暨平安创建集中宣传活动，积极营造"扫黑除恶 人人参与；平安建设 人人满意"的浓厚氛围，进一步提升公众安全感。

创新矫正教育形式。创新开展"三社联动、合力助矫"的社区矫正工作法。全面推进社会力量参与社区矫正教育，得到司法部、省司法厅、市政法委的肯定。扎实开展人民调解工作。全年，共调解纠纷322起，制作卷宗103份。

【基层党建】 开展"不忘初心、牢记使命"主题教育活动。围绕"守初心、担使命，找差距、抓落实"总要求，成立街道主题教育宣讲团，开展"专家讲、街道领导班子讲、实地参观学、向身边先进学"等学习活动共21次。在抓好学习教育的基础上，坚持问题导向，按照"四个对照""四个找一找"要求，班子成员对照党章党规及分管领域查找差距，梳理问题清单43个，涉及党建、养老、老旧小区改造、干部素质提升等方面，由班子成员逐项认领，有的放矢开展专项调研活动，撰写调研报告及成果转化材料10篇，将主题教育工作落到实处。

扎实做好巡察整改工作。按照区委关于巡视巡察整改工作的整体安排，街道对照区委第二巡察组反馈的问题，按照"主动认领、领导带头、立行立改、统筹兼顾"的整改原则，建立整改台账，实施挂图作战，对有条件立即整改的，即知即改，务求成效；对情况较复杂的，明确时限，有序推进整改，确保整改一个，销号一个，不留死角。对反馈的4个方面15类问题，已全部整改到位。

有序推进街道机构改革。按照区委、区政府确定的改革意见，通过竞争上岗、双向选择，优化街道机关内设机构和干部队伍结构，推动人员向社区下沉，机关科室由15个调整到10个，街道中层干部的平均年龄由原来的42.6岁下降到37.5岁，本科以上学历达到97.5%，进一步激发了干部职工的干事创业热情；组织社区干部赴上海、成都等先进地区学习，提升综合能力；结合"两学一做"学习教育活动，开设"书记讲坛""读书分享会"，举办微党课比赛，开展"党员干部素能大练兵"活动，有效提升干部队伍为民服务的能力和水平。

推动党建工作再提升。依托"契约化、项目化、常态化"的区域党建工作机制，推动成员单位间组织共建、资源共享、党员共管、活动共办、事务共商，实现各方力量和资源的互联、互补、互动、互助。坚持围绕中心抓党建，结合路长制、文明城市创建、城市环境综合整治提升等中心工作，把党组织建在路上、

▲ 3 月 25 日，花园路街道与辖区共建单位共同开展捡跑活动

建在志愿组织里、建在商户联盟中，采取召开区域党建联席会、垃圾“捡跑”志愿服务、评定“五星级商户”等方式，打通党组织联系服务群众“最后一米”。深化星级楼组创建活动，建立健全由 497 名居民骨干组成的“三长一队”基层自治队伍，带动社区居民、公共单位共同参与创建，推动区域共建共治共享，持之以恒开展“星级楼组”创建，推进党建引领下的居民自治；成功召开花园路街道召开第一届社区代表大会第二次会议，会议表决通过了《花园路街道高质量发展三年行动计划（草案）》和《花园路街道老旧小区综合改造工程实施方案（草案）》，并形成了花园路街道第一届社区代表大会第二次会议的决议，扩大了街道工作影响力，形成推进街道各项工作的合力。

（撰稿：李英豪　审阅：崔海东）

杜岭街道

【概况】 杜岭街道办事处成立于 1961 年 8 月，地处郑州市繁华的商业中心地带，是金水区的南大门，辖人民路以西、西太康路以北、铭功路以东、金水河以南，成不规则的多边形，辖区内有大小街道 9 条，其中，西里路、北二七路和西太康路为主干道，辖区内交通便利，公交路线四通八达，总面积 0.9 平方公里，下辖 7 个社区，大小楼院及平房区 46 个，居民户数 5764 户，在辖区居住的人口数 17310 人，2010 年人口普查户籍人口数 18640 人。

街道办事处办公地址设在杜岭街 119 号，辖区内有公共单位 18 家，其中主要有郑州市政协、郑州市公安局、金水第一公安分局、郑州幼儿师范高等专科学校、郑州师范附属小学、金水区新建幼儿园、郑州百货大楼、郑州市购书中心、天河大酒店、广州大酒店等。

2019 年，在区委区政府的正确领导下，杜岭街道领导班子认真贯彻中共十九大精神，紧扣区委、区政府“实现两个率先、领跑中部城区发展”奋斗目标，坚持“目标争先、品牌创优”工作理念，转作风，勇创新，谋发展，为金水区全面形成领跑中部城区发展决定性态势贡献杜岭力量。

【项目建设】 2019 年，完成西太康旧城改造项目安置房户型确认工作，户型确认率达 94%，剩余拆迁户正在积极做工作。张砦街片区改造项目安置房区域，2 月 14 日完成控规公示，已完成文物勘探工作，现正在办理文物发掘手续。二七商业区综合管廊及地下空间开发项目，涉及的 26 处拆除任务，已顺利拆除完毕 22 处，共征收并拆除地上附属物及建筑物 4350 平方米，完成征收拆除任务的 85%。

【城市精细化管理】 着力打造对“三横一纵”道路升级改造。对杜岭街、杜岭中街、市民新村北街、张砦街、彭公祠街 5 条道路重新铺设柏油路面，其中，杜岭街、华荣街等道路被上级评为优秀道路，西里路被上级评为卓越道路；拆除辖区不规范或破损门头牌匾193个商户，精细化治理各类橱窗广告、软体广告和小广告。根据市政府要求继续推进道路两侧户外广告整治，治理率达到100%。全面提升道路市容市貌。

着力提升老旧楼院改造。着手对北二七路76号院、张砦南街一号院、彭公祠68号院进行改造工作，重点实施西里路周边的无主管楼院燃气管网铺设，空中线缆的集中入地，楼院大门、窗户等破损公共设施的换新，新增花卉景观池、座椅及重新涂装楼体外立面工程。与此同时，为方便居民电动车安全充电及停放，分别在小区入口处规划了非机动车停车棚及智能充电桩等便民设施。

着眼长远抓城市精细化管理。全面完善城市管理长效机制，落实“为人民管理城市”的工作理念，深入开展“路长制”工作。充分发动群众参与城市精细化管理工作，严格落实“门前四包”责任制，与沿街单位和商户签订“门前四包责任书”500余份，签订“清除冰雪责任书”500余份，签订率均达到100%。定期组织多职能部门开展联合执法活动，共组织交通秩序联合整治25次，集中治理突店、占道经营行动30次，拆除各类违建共80余处，完成非机动车停车线施划3850米，出动交警、路长、城市管理员、志愿者对违规停放车辆进行处置，治理率达到100%。

持续加强生态建设。一是辖区内所有施工工地按照“8个100%”整治达标，健全扬尘在线监测设备，待建及工地全部采取绿化、硬化、覆盖等措施。已完成新建绿地120平方米，新植灌木83株。二是推进辖区全覆盖垃圾分类示范片区建设，做好辖区黑臭水体雨水涵排污治理、道路扬尘治理、河长制、餐饮油烟污染治理等工作，截至目前，PM_{10}、$PM_{2.5}$平均浓度控制在国家和省定目标以内，大气环境质量持续改善，优良天数明显增多，重污染天气大幅减少。

街道整改辖区各类环境、秩序、卫生等存在问题180余个，修复路侧石5500平方米、人行道27500平方米；清洁整饰公交站亭4个、隔离护栏3800米、果皮箱120个；清洁沿街墙体立面4000平方米、粉刷23000平方米（含设置文化墙2处260平方米），清除楼顶垃圾7处310立方米；规范捆扎架空线缆3800米；增设便民椅98个，新建口袋公园、街头游园2个，约60平方米；整治沿街绿化带黄土裸露4处，补栽绿植380余株。

【民生保障事业】 齐抓共管，切实为民办实事好事。对群众日常服务审批事项、收费标准、资料目录、办事流程、办理地点等，通过政务公开、发放便民服务卡等形式向群众进行了广泛宣传，基本实现了群众“事先准备、一趟办结”的便民服务目标。2019年街道上门登记各类代办事项30多件，便民服务大厅工办理审批业务和服务事项90多件，接待服务群众300多人（次）。

夯实群众基础，打造全新阵地品牌。2019年，二七路党群服务中心开设歌舞、太极拳、绘画等兴趣班300余次，服务辖区居民1000余人次。杜岭街道彭公祠党群服务中心已开工建设，面积约2475.29平方米，服务项目包括党员活动服务、体育健身、医疗保健、助老养老、图书阅览室、兴趣爱好室、市民学校等，计划形成“社区、社工、社会组织、社会志愿者、社会企业”五社联动的共建、共治、共享的大格局。

严格落实惠民政策。2019年，街道医疗救助21人、27次，发放救助资金62103元；学生救助3人、3次，发放救助资金4000元；慈善救助16人次，发放救助资金32000元；最低生活保障家庭62户、74人，共发放最低生活保障金503714元；符合特困供养的共7人，其中，分散供养5人，集中供养2人，发放补助金92400元；特困人员照料护理金共发放117415元；老龄津贴发放1726人次，津贴约65万元；精神残疾监护人以奖代补人员共8人，发放奖金24000元；为25

名残疾人办理绿城通关爱乘车卡；为多重一级残疾 1 人和 1 户多残家庭 2 户、4 人，发放补助 9600 元；为低保家庭精神残疾人 7 人，发放补助金 8400 元；重度残疾人和精神、智力三级残疾人共 29 人，发放特殊生活补贴 229790 元；重度残疾人护理补贴 998 人次，发放补助金 99800 元；享受低保残疾人困难生活补贴 307 人次，发放补贴 36840 元；为 28 名残疾人，申请轮椅、沐浴椅、拐杖、盲杖等辅助器具 35 件；为 56 名视力、听力、语言残疾人，申请残疾人通信补贴，发放补贴 20160 元；为辖区 4 名残疾人申请服药补贴共 4000 元。受理公租房新申请 127 户，191 人。经济适用房变更 1 户、2 人，共审核配租材料 110 户，其中 103 户审核合格。公租房年审工作已开始，其中，1 ~ 8500 号段动态审核 52 户，公租房年审 124 户。共募集慈善捐款 61208.9 元。

【社会管理服务】 2019 年，杜岭街道办事处排查化解矛盾纠纷 68 起，接访 350 人（次），受理人数 100 人次，辖区全年社会稳定，群众安居乐业，有力地促进了经济社会的和谐稳步发展。同时，街道共建立公共法律服务工作站 1 个，公共法律服务工作室 7 个，共有法律顾问 3 人，全年为群众提供专业的法律意见 185 条，开展讲座 27 次，提供现场法律服务 129 次。另外，为强化措池，整治安全生产，培植“平安细胞”，街道全面落实各级安全管理责任制，分别与各个社区、辖区企业、门店签订《2019 年度安全管理目标责任书》1886 份，禁放目标责任书 561 份。为扎实开展“扫黑除恶”专项斗争工作，通过在醒目位置张贴悬挂条幅 50 余副、张贴宣传用品 3000 余份，发放宣传页、宣传品 5000 余份，制作“扫黑除恶”宣传版面 24 块，在公园、广场、居民楼栋、学校等人口密集地举办法治宣传咨询活动 5 场次，形成“扶正祛邪、弘扬正气”的良好社会氛围，为开展“扫黑除恶”专项斗争营造良好的法治环境和社会舆论环境。

【全力保障“一节一会”】 为更好地迎接第 11 届全国少数民族传统体育运动会，杜岭街道紧盯辖区道路、重要商圈、赛事宾馆酒店周边等重点区域，立足为民服务抓整改，立足管理抓长效，多措并举，发动干部职工、居民、公共单位开展服务活动，全面保障民族盛会顺利进行。一是积极探索“党建 + 志愿”服务新模式，在李志平党员志愿者工作室总队旗帜下，各社区分别组建了社区党员志愿者服务队，并根据志愿服务内容，组建了星火志愿队、红光志愿队、朝阳志愿队等 8 支党员志愿服务队，注册志愿者共有 2000 余名，党员志愿者 450 余名，开展楼院清扫、“全城清洁”、文明交通、“小手拉大手”、宣传交通法规等志愿服务 60 余次。二是坚持标本兼治。街道设立了城市环境综合整治提升指挥部，成立了以班子成员为组长的整治专项小组，以二七路交通秩序整治为切入口，高起点规划、高标准建设、高强度投入、高效能管理，在道路修缮、停车施划、秩序管理、文化展示、绿化栽种和日常维护等方面取得了显著效果，实施了线缆整理、墙体美化、围挡拆除等工程，规划了停车位，将道路管理作为城市有机更新的重要工作，有步骤地推进城市有机更新。重新施划停车泊位 200 余个，有效缓解了大卫城商圈、天河大酒店赛事宾馆周边机动车的停放问题，保证了交通井然有序。三是营造宣传氛围。街道依托二七商圈、天河大酒店赛事宾馆，在辖区内安装第 11 届全国少数民族传统体育运动会、习近平新时代中国特色社会主义思想、中共十九大精神等公益广告，充分利用建筑围挡，在辖区主要交通干道二七路制作宣传喷绘 800 平方米，张砦街片区建筑工地制作宣传喷绘 2700 平方米，设置文化墙 2 处、260 平方米，楼院内设置宣传展板 46 块，宣传海报 92 张，为迎接全国少数民族运动会、提升城市环境营造浓郁氛围。经过努力，在保障第11届全国少数民族传统体育运动会中街道荣获“市级集体三等功”。

为庆祝中华人民共和国成立70周年，弘扬爱国主义精神，全面推进街道党的建设和文化建设，杜岭街道精心组织庆祝中华人民共和国70华诞文艺会演、“党群联谊庆华诞　邻里有爱齐欢畅”、“国庆吃面　国泰民安”等主题活动20余场，惠及辖区居民600余人。同时，为营造浓厚节日氛围，在辖区二七路、西里路、杜岭街、太康路等主要干道沿街门店悬挂国旗500余面，充分利用宣传栏、建筑围挡、LED屏等开展庆祝中华人民共和国70华诞宣传活动，共制作喷绘3000平方米，宣传展板60个。

【创新和亮点】 实施“民意乐享”居民提案工作。结合辖区特点，制定了居民提案工作方案，通过居民自主发现问题、自主解决问题，形成社区治理新模式。居民提案评审优秀提案10个，项目类别涵盖了志愿服务、文艺团体、公益慈善等提案项目，以提案项目的运行带动辖区群众参与社区事务的积极性，拉近群众与社区的关系。其中，烟草院社区爱心理发、西里路新唱响艺术团、张砦街社区水电维修服务队、彭公祠社区杜岭社区大学、中医院社区夕悦红艺术团、八栋楼社区四点半课堂等已全部运行，杜岭中街社区缝纫社项目物资配备中，预计12月初运行。

继续推进老旧楼院治理工作。围绕“一居一品、一院一景”目标，采用“一征三议两公开”工作法，持续推进老旧楼院改造升级工作，街道通过民意调查、专家组评定等措施，推进楼院改造，改善人居环境，获得居民群众的积极认同。

稳步推进道路改造工作。围绕打造高品质现代化城市为主线，以“路长制”为载体，成立以建筑、绿化、设计等专业人员组成的专家团，并邀请辖区公共单位、商户、居民等参与研讨，通过问卷调查、设置意见箱、现场问需等多种形式，征集了道路改造意见及建议百余条，完善了设计方案，实现辖区道路被上级评定出1条卓越路段、5条优秀路段的成绩。

【基层党建】 加强干部队伍组织建设。深入贯彻区委机构改革工作部署，以坚持和加强党的全面领导为统领，本着精简机构、提高效率的原则，按需设岗、注重实绩、选拔任用、双向选择，规范科室设置，净化选人用人风气，通过竞争上岗，选拔任用中层干部20人，给街道、办事处提供更科学的人才保障。进一步健全社区支委干部队伍，3月，街道从面向社会公开选拔2名优秀大学生补强到社区支部队伍，6月新任命社区党支部副书记2名，落实党务队伍激励机制，切实优化队伍结构，为街道社会发展提供了坚强的组织保障。为推动街道实现高质量发展提供坚强有力的体制、机制保障。

扎实推进“两学一做”。坚持“两学一做”学习教育常态化制度化，全年督导辖区各级党组织制定年度“两学一做”学习计划，定期抽查党员学习笔记；举办“万名党员进党校”培训班，200余人次参加培训，切实提升党员政治性。

切实发挥辖区大工委影响力。通过每季度召开街道大工委会议，定期通报街道党建工作进展，并听取大工委单位抓党建工作情况，研究辖区区域化党建工作中遇到的问题和解决办法；定期组织辖区“两新”党组织座谈，听取“两新”党组织工作汇报，帮助解决“两新”组织发展中遇到的问题与困难，实现区域内党建信息互通、要事共商、服务共抓，进一步提升党组织统领全局能力。

“党建+志愿服务”落地开花。李志平党员志愿者工作室挂牌运行，进一步规范各社区党支部志愿者服务队，节日走访、帮困扶贫、治安巡逻、文艺会演等活动的开展，有效提升了群众参与度，进一步扩大了“党建+志愿服务”的覆盖率。

认真开展“不忘初心、牢记

使命”主题教育。坚持目标和问题导向相结合、坚持领导班子和领导干部带头、坚持与当前正在做的事相结合，高标准、严要求、促实效。全年开展集中学习研讨10次，走访调研30余次，征求意见建议10次，收到意见建议91条，归纳整理班子及成员视察问题清单46个，征集街道班子“解民忧、纾民困、暖民心”问题过程中，共征集各类问题14个，如期整改到位。开展党员教育活动29次，为辖区群众提供公益慈善、文体活动、讲座义诊、志愿服务4大类21次活动，服务居民1000人次。

（撰稿：杨 洁 审阅：张尧鹏）

南阳路街道

【概况】 南阳路街道办事处隶属于郑州市金水区，位于金水区西部，东三街北段16号，因临近辖区主干道南阳路而得名。辖区东至黄河北街，西至二环道及朱屯以东，南至岗杜街，北至寺坡村、孟砦南街，面积3.42平方公里，地势西北高东南低。南阳路街道前身是1960年成立的金水区人民公社郑纺机分社，1962年，撤销郑纺机公社，以辖区主干道南阳路命名，成立南阳路街道办事处。南阳路街道辖区共有10个社区，56个网格，174个居民楼院，3.5万余户，常住人口8.8万人，流动人口1.1万人。

2019年，南阳路街道办事处完成地方一般公共预算收入1.6亿元；完成社会消费品零售总额12.54亿元，同比增长3.5%；完成固定资产投资11.73亿元，占全年目标的109%；完成省、市、区重点项目15.33亿元，占全年目标的102%。

【重点项目建设】 寺坡、六里屯城中村及连片改造项目。A-01地块安置房1$^{\#}$、2$^{\#}$、3$^{\#}$、5$^{\#}$楼已竣工，四证齐全，2019年12月16日至18日，村民安置房分房工作顺利完成；A-03地块连片安置区9$^{\#}$楼主体已封顶，7$^{\#}$楼已建至26层，8$^{\#}$楼已建至31层。

大孟砦城中村改造项目。安置房已全部封顶，其中，F-01地块3栋安置住房内外粉刷已完成，外墙保温已完成；G-01地块安置开发混合地块，7栋住房二次结构砌体已完成，内外粉刷已完成，外墙保温已完成80%；I-01、Ⅱ-02地块为开发地块，5栋楼主体封顶，外墙粉刷全部完成，内墙粉刷完成80%，外墙保温完成40%，外墙涂料完成20%。

王府坟城中村改造项目。规划、控规已批复，文本已取得，资料组卷完成，改造方案编制已完成。A3安置地块1$^{\#}$、2$^{\#}$楼负一层验收完成，3$^{\#}$楼电梯井施工；4$^{\#}$楼北侧地库筏板浇筑完成；5$^{\#}$楼负一层顶板钢筋完成

红专路市政管网铺设征迁项目。已全面施工，雨污水管网、水管网完成70%。

【城市精细化管理】 城区环境整治。以“一环十横十纵”整治为战略，完善主干道综合环境。南阳路街道结合辖区实际设立4个重点整治区域，共清理乱堆乱放

▲3月，联合辖区单位开展“路长制”宣传工作

杂物 86 处、整治拆除违法建设约 160 处、沿街建筑立面粉刷约 600 平方米、设划非机动车线 2000 多米。

道路提升整治。以“千百十”道路提升改造工作为抓手，打造“路长制”示范街。在贯彻落实区“1+2+N”独创模式的基础上，创新出了“三级路长”“门前四包”“五星级评定”工作法。已打造完成 2 条卓越路段，7 条优秀路段验收完成。

老旧小区改造。以“三项工程、一项管理”为契机，推动老旧小区综合改造。按照“一拆五改三增加”原则，2019 年辖区同步推进整治提升的 36 个楼院，整治方案设计及工程预算基本完成，10 个楼院评审已完成。

垃圾分类管理。以改善人居环境为目标，规范垃圾分类管理。制定《南阳路街道办事处垃圾分类工作方案》，并成立了领导小组，通过多种多样的形式向辖区居民宣传垃圾分类知识。48 个院已进入专业分类公司实施垃圾分类，其他楼院和公共单位按照垃圾分类要求对标全面开展垃圾分类工作，为实现垃圾减量化、资源化、无害化奠定了基础。

【生态环境治理】“散乱污”治理。严格按照省、市、区要求，分门别类实施“淘汰一批、整合一批、提升一批”，着重在背街小巷、铁路沿线等地方开展联合

▲ 9 月 17 日，第 11 届全国少数民族传统体育运动会火炬传递志愿服务

执法行动，防止疑似“散乱污”的企业死灰复燃；针对辖区 15 个建筑工地建立 24 小时巡查机制，确保出现扬尘问题第一时间发现、治理和上报，严格督促施工工地落实“8 个 100%”、开复工验收、“三员”管理、建筑垃圾处置核准等制度。

高排放移动源污染控制。加强非道路移动源污染防治，共统计辖区非道路移动机械 33 辆，均已上报并完成上牌工作；同时加大对施工领域非道路移动机械巡查力度，对不符合环保标准的机械责令清理或者暂扣。

餐饮油烟、燃煤锅炉治理。对辖区各单位（门店）的油烟净化器安装使用情况进行不间断的排查并登记造册、更新台账，辖区 360 家单位餐饮店油烟净化器安装使用率达到 100%；对燃煤锅炉开展联合执法行动，发现有违规使用燃煤锅炉的单位（门店），立即没收、销毁和责令整改，南阳路街道禁燃区域已覆盖全辖区，完成了禁燃区域目标任务。

【平安建设】 落实“党政同责、一岗双责”制，与社区、村组及所有生产经营单位分别签订了 1865 份《安全生产、消防安全目标责任书》，将目标层层分解，分片包干，责任到人；同时将辖区 89 家人员密集场所列为重点监管单位，建立了一企一档，针对重点单位以网格为单元，实行一对一安全监管责任。

开展安全生产事故隐患“大暗访大排查大整治大执法”四大攻坚行动，对辖区重点单位、重点领域以及重点部位等进行全面暗查暗访，督促相关单位完善安全事故应急预案。专项行动期间，排查企业 2000 余次，查出隐患 1500 余处，下发安全整改指令书

432份，取缔问题企业4家。

认真落实“分级负责，归口管理”和“谁主管，谁负责”的信访工作原则。2019年，领导班子共接访320余人次，受理信访案件6起，当场解决的案件3起，有效地把上访群众稳定在基层。

群防群治体系建设。进一步加强基础防范工作，沿街门店、商场、宾馆等单位的治安志愿人员立足岗位防范，落实“门前三包”，及时报告治安（消防）隐患。

【民生建设】 党群服务机制。南阳路街道采取“社工＋志愿者”的服务模式，积极发掘辖区居民骨干和居民志愿者，逐步建立党群工作人员、社工、社会组织、志愿者和辖区爱心单位等多方联动的服务机制，共同为辖区群众提供优质、高效、贴合需求的服务。

社会保障体系。全年实现新增城镇就业再就业2613人，帮助失业人员实现再就业372人，就业困难人员再就业110人，农村劳动力职业技能培训完成12人，新增高技能人才50人；小额担保贷款完成4080万元，均超额完成全年目标任务。

退役军人服务。南阳路街道以创建全国双拥模范城市为主要目标，建立健全工作台账，开展采集退役军人信息工作，收取606套退役士兵社保补缴申请材料，安置17名退役军人参与公益性岗位。

住房保障及物业管理。全年受理公共租赁住房申请申报538户，已审批完成年审工作380户；辖区已有91栋无主管楼院先后引入7家物业公司进驻管理，实现了物业管理公司的有机更新，推进无主管楼院物业管理发展更规范、更全面。

▲5月16日，焦作市民政系统各部门到南阳路街道晖达社区托老站进行参观学习

【党组织建设】 一是坚持用习近平新时代中国特色社会主义思想武装头脑。深入推进“两学一做”，高标准高质量开展“不忘初心、牢记使命”主题教育，领导干部学习研讨6次，召开调研成果交流会1次、“对照党章党规找差距”专题会议1次，加强基层理论学习督促指导，确保党的创新理论入脑入心。二是培养高素质干部队伍。认真贯彻落实党建工作领导责任制和领导班子民主集中制，在机构改革中坚持好干部标准，规范干部管理。分3期开展“党组织书记谈党建”交流会，每季度进行党建知识考试，党员干部队伍建设得到全面加强。三是持之以恒推进党风廉政建设和反腐败斗争。完善反腐倡廉宣传教育工作机制，利用多种新闻媒体开展廉政宣传教育。定期召开党风廉政建设和反腐败工作专题会议，研究部署街道党风廉政建设工作，为街道的全面发展提供政治保障。

（撰稿：轩冰冰　审阅：任红伟）

大石桥街道

【概况】 大石桥街道办事处成立于1984年，位于金水区西南部，东与经八路街道办事处接壤，南隔金水河与二七区相接，西与中原区相望，北与南阳路街道办事处为邻，办公地址设在优胜南路3号院11号楼。面积约1.9平方公里，呈不规则的东西长方状，下设9个社区。

2019年，街道完成公共财政预算收入1.27亿元，占全年任务100.87%，同比增长7.93%。地区生产总值57.94亿元，同比增长6.9%；第三产业增加值完成57.69亿元，同比增长6.9%；省、市、区重点项目完成26357万元，占目标131.1%；社会消费品总额累计完成239858万元，同比增长12.5%。

【平安稳定建设】 社会治理深入推进。推动“扫黑除恶”专项斗争宣传全覆盖，开展平安建设各项宣传活动60余次，累计发放宣传页、宣传品16000余份。社会治安综合治理工作表现突出，社区巡防队协助公安机关抓获各类违法犯罪嫌疑人21名，破获案件10起。持续开展安全生产大检查及专项整治行动，街道全年未发生重大群体性事件、突出信访事件及安全生产事故，社会大局安全稳定。

开展“文明交通从我做起”“基层平安倡议”“交通法规入校园”“做好东道主、办好民运会”等活动30余次，出动平安志愿者3000余人次、交通岗2000余人次、绿城啄木鸟志愿者4000余人次。扎实做好民运会及重要节日安全稳定保障工作。

▲ 6月24日，在河南省体育场开展夏日送清凉活动

【民生工程】 民生保障稳步改善。建成社区托老站3家，帮助困难居民申请落实大病救助等各类救助补贴149.09万元，采集退役军人和其他优抚对象信息2580人，“光荣之家”光荣牌挂牌工作已基本完成，为辖区6名新中国成立前入伍的老兵发放70周年大庆纪念章，采集4名烈士的英名录信息；发放生育登记服务证352人，开展“新家庭计划——家庭发展能力建设”项目试点工作宣传活动9次，二级培训讲座2次；实现城镇新增就业1868人，发放小额担保贷款2280万元。通过招投标的方式，为社区购买社区服务专业社工10名。

【城市管理】 城市环境综合整治整体提升。优化管理方式，合理利用人员力量，组织城管、执法、环卫、交警等人员采取“分工合作、守巡结合”的方式，严厉整治违章占道、店外经营等行为，着力解决卫生死角、道路破损等问题；开展星级商户评定，严格落实“门前四包”责任，维护城市清洁，打造宜居环境。全年打造优秀路段11条，更换“路长制”公示牌78个，五星商户评定牌1200余个，“路长制”工作马甲300个。打造文化墙21处，美化行道树穴280个、街头微景观8处、窨井盖32个、变电箱70个，修复道路545处、人行道836平方米。清洁沿街墙体立面4300平方米、粉刷6450立方米，清除楼顶垃圾22处、32立方米，规范捆扎架空线缆3800米，施划非机动车停车线5150米，清除规范阻车桩35个，设置硬隔离1600米，取缔非法停车场5个。发放宣传页3200余份、宣传品1200余份。拆除道路两侧违建10处，面积约1226平方米；院内违建32处，面积约1680平方米，确保违建数零增长。建设垃圾分类示范点2个，辖区垃圾分类覆盖率100%。顺利通过南阳路309、313号院老旧小区改造工作验收，已完成18个老旧小区的资金预算，其中17个楼院已开始施工改造。完成停车场建设2处，停车泊位80个。

【大气污染防治】 人居环境生态化推进。一是大力推进全域增绿，本年度绿化任务为1万平方米，全年共计完成绿化面积2万平方米，完成率200%；二是严控工地扬尘，以政府购买服务的方式聘请第三方公司与社区网格员一起分时段24小时驻守工地，确保所有工地严格按照“8个100%”的标准施工作业，目前共发现问题260处，下达整改文书260份，完成整改258件，整改完成率99%。三是联合执法中队、食药所等部门成立餐饮油烟专项治理夜查小组，每天对辖区餐饮行业进行夜查。目前共出动检查人员356人次，发现问题85处，完成整改84处。

【市政节点工程】 省、市、区重点项目有序推进。河南宾馆改造项目中大公产及平房协议已经签订完毕，个人住房已签订协议22户。铁路沿线综合整治工作，场地已全部移交区绿化所。市政控制性节点（地下交通）工程，已拆除房屋面积约30000平方米，剩余5户个人住房已走法律程序。节点工程房屋所有权证已注销480余份。

【组织建设】 加强党内学习。组织带领各社区书记赴江浙地区学习基层党建工作的先进经验及好的做法，创新党建思维，改进工作方法。通过“学习强国”App每天必学、微信党建知识每周推送等形式，开展“政治学习天天见，党建知识周周学”学习活动，定期通报、检测学习效果。举办“万名党员进党校充电计划”培训班，对辖区党员进行轮训。组织开展“不忘初心、牢记使命”主体教育，结合工作实际进行学习研讨。通过讲好“四个故事”，丰富主题教育载体，提升主题教育的多样性、参与性和实效性。

严格党内生活。认真落实组织生活会、双重组织生活制度，积极开展批评和自我批评，领导干部以普通党员身份参加所在党支部组织生活；认真落实“党员活动日”制度，通过党员集中过“政治生日”、迎“七一”系列主题党日、建党98周年庆“七一”文艺会演等活动强化党员日常教育，增强党员身份意识；挖掘群众身边党员先进典型，拍摄制作优秀共产党员先进事迹微视频，通过微信公众号推送评比、在辖区公开播放等形式，充分发挥榜样力量，使教育深入人心。同时，将意识形态工作纳入党的工作重要议事日程、重要学习内容、年度工作计划以及年底考核。对于在公众平台发布的信息严把审核关。2019年，街道在舆论方面积极向上，未发生不良事件。

深化“不忘初心、牢记使命”主题教育活动，组织党员干部深入学习领会习近平总书记在河南考察时的重要讲话精神，激发全体党员干部攻坚克难、干事创业的巨大热情，把初心使命变成党员干部锐意进取、开拓创新的精气神和埋头苦干、真抓实干的自觉行动；不忘初心对表对标，着力提升主题教育实际成效。以正视问题的自觉和刀刃向内的勇气，把“改”字贯穿始终，聚焦群众关心的热点、难点问题，主动瞄准老旧小区这一基层治理的难题，聚焦解决居民最关心、最直接、最现实的问题，精准发力、用好用活服务群众专项经费。

深化以案促改活动。制定“打通全面从严治党最后一公里”学习计划，采取集中与自学相结合、观看警示教育片、通报典型案例等形式，明确纪律和规矩。同时，围绕省、市纪委公开曝光的典型案例，组织街道全体党员干部开展自我剖析，查找存在的问题，明确整改措施，逐步落实整改。

（撰稿：杨　崇　审阅：宋　锋）

南阳新村街道

【概况】 南阳新村街道办事处位于金水区西北部，成立于1961年10月，东至丰庆路，南至南阳路38号太极公馆小区，西至嵩山路北段，北至兴隆铺热电厂刘寨工业园区，呈不规则的南北长方块状，总面积约7.5平方公里，常住人口5.28万余户、14.2万余人，辖群英、小孟砦、翠花、富田、三北、大桥、荣华、丰二、东风、丰乐、新村和南丰12个社区。农业路高架横穿东西，京广快速路、南阳路纵贯南北，交通便利，地理位置优越。街道党工委有12个社区党组织，其中包括8个社区党委，4个社区党总支，18个“两新”党组织，直管党员2822人。

2019年，南阳新村街道办事处完成区级财政收入1.12亿元；社会消费品零售总额完成15.7亿元，同比增长4.3%；固定资产投资完成13.4亿元，占全年任务的119.6%。省、市、区重点项目完成13亿元，占全年总任务的115%；地区生产总值完成51.91亿元，同比增长9%；第三产业增加值完成49.53亿元，同比增长7.1%，城镇居民人均可支配收入同比增速7.8%。

【城市建设与管理】 安置房建设。7月，小孟砦村安置房完成网签；8月26日，岳砦村安置房1#地块取得土地使用权。

大气污染防治。按照“8个100%”、“六个到位”和“两个禁止”标准对工地进行实时监控；加强涉VOCs企业的巡查监管；完成辖区非道路移动机械上牌贴标及监控安装工作；按照新增“散乱污”标准加强日常巡查，做到动态清零；完成天然气锅炉低氮改造工作；完成第二次全国污染源普查工作。

“路长制”管理。构建党建引领下的“1名专业社工+1个社区路段工作团队+5类参与力量”联动助力“路长制”的工作机制，打造群众满意的“暖心路”。整修路面、路侧石、窨井盖、雨箅子120余处，清理卫生死角700多处，清理积存垃圾600余立方米；规范门头牌匾、橱窗广告，整治空调外机，装饰建筑立面5000余平方米；拆除违法建设和私搭乱建483平方米；持续开展联合执法，全面铺开交通整治，出动人力2100余人，查处非机动车交通违法行为3600余起，暂扣车辆460余辆，摆放共享单车3500余辆；新增机动停车位300余处，规划非机动车停车线469处，安装隔离栏1431米；做好病媒生物防制工作，完善设施1500余处，投入药品900公斤，使用器械800余个，有效控制了无主管楼院内病媒生物的密度；铁路沿线专项整治出动300余人，拆除违章建筑86处39730平方米。

老旧小区改造。对38个老旧楼院进行改造，总投资5200万元左右，全部完成改造；新增物业公司入驻老旧小区43个，小区管理取得明显成效。

【社会民生】 就业再就业完成105%；企业、个体户贷款完成1320万元；办理就业失业登记证206个，认定困难人员92人；收集用工单位115家，用工岗位500余个；失业人员培训完成241人次，占全年任务的120%，其他各类培训均已完成全年任务；接管省市退管人员9536人；办理离退休人员省内外异地认证21人；新接管企业离退休人员41人；新增全民养老20人，成功追缴居民养老职工养老死亡冒领3万余元，办理全民医保655人；接受安置退伍士兵52人；更新企业台账1557家。

受理公租房申请430份，年审584户；落实最低生活保障待遇253人，为411人申报残疾人两补，申请医疗救助金20.6万元、低保金188.89万余元、高龄津贴209.38万元、困境儿童及各项社会救助37.73万元。

申请城镇居民奖扶人员6832人，涉及资金765.18万元；申报独生子女死亡或伤残特别扶助对象110名，涉及资金166.49万元；申请独生子女父母奖励3215人，

▲ 3 月 6 日，金水区委书记陈宏伟（左一）观看爱心时间银行操作

涉及资金 77.16 万元；为 259 名育龄妇女开展孕前培训，为 256 名待孕夫妇进行免费 19 项孕前优生检查；办理一孩生育证 535 个，二孩生育证 426 个，三孩生育证审核 10 个。

退役军人服务。核算上报 153 名优抚对象的抚恤金和护理费；做好优抚对象医疗报销和临时救助工作；采集退役军人信息，悬挂光荣牌 4712 个；走访慰问伤残军人、两参、军属烈属、烈士子女等 153 人，发放国庆纪念章 10 枚；设立保险接续工作办理点 12 个，发送短信 5200 条，系统录入 182 人；安置退役军人公益性岗位 5 个。

便民服务中心。打造红色精神高地，真正把便民服务中心打造成党员教育的新平台、联络党员的新载体，党建工作的新品牌。全年接待服务居民 99000 余人次，开展“红色天际线”党建活动 50 余场，志愿活动 20 余场，“特色主题汇”活动 32 场，“公益学堂” 1100 余场，日常文化活动 5600 余场，开展“311 空巢老人帮扶” 11 期，服务空巢老人 538 户；爱心时间银行储户达 5440 人；益惠卡商户合作 90 余家；爱心课堂开展 28 期，累计服务 12600 人次。

【党组织建设】 组织开展“不忘初心、牢记使命”主题教育，安排学习 60 次，组织开展活动 13 次，选定调研课题 14 个，开展调研 35 次，街道领导共检视问题 34 个，全部整改到位；开展“新中国成立 70 周年”系列庆祝活动 14 次，组织慰问离休干部 1 人、新中国成立前老党员 7 人；组织开展书记重点培训、党员全员轮训深化“支部建设提升年”活动；举办“万名党员进党校”培训班 6 期，参加培训人员共计 2000 余人次。

（撰稿：窦希艳　审阅：王帅亮）

丰产路街道

【概况】 丰产路街道办事处成立于 2000 年 5 月 18 日，地处郑州市城区东北部，辖花园路、政七街以东，东风渠、农业路以南，中州大道以西，黄河路、纬五路以北，东与郑东新区相连，南临花园路街道办事处，西接文化路街道办事处，北连北林路街道办事处。2019 年，辖区共有主次干道及背街小巷 23 条，总面积 8 平方公里。辖 17 个社区、1 个村民委员会和 14 个村民组，总人口约 10 余万人。

办事处地理位置优越，区位优势明显。辖区拥有河南省财政厅、粮食厅、质量技术监督局、国税局、烟草专卖局、河南报业集团等 51 家省直单位。综合服务设施完善，拥有中国工商银行河南省分行、国家开发银行、农业发展银行河南省分行等众多金融机构和省人民医院、省胸科医院、黄河路第三小学、34 中、61 中等科教文卫设施。明鸿新城、德亿时代城、正弘旗、非常国际、天裕小区、君悦城等有规模的高层住宅生活区星罗棋布；以金成时代广场、苏荷中心、璞丽中心、思达数码大厦、财富广场、索克大厦等为代表的写字楼容纳了众多的公司企业，极大地促进了辖区经济的稳步增长。

2019 年，丰产路街道办事处完成财政收入 5.64 亿元，完成固定资产投资占全年目标 81.3%；完成重点项目投资 67.6 亿元，占全年目标 108.4%。完成社会消费品零售总额 34.86 亿元，同比增长 7.2%；完成规模以上工业增加值同比增长 30.0%。

【重点项目工程】 2019 年，丰产路街道办事处共有 1 个市级重点项目，8 个区级重点项目。其中，续建项目 5 个，新开工项目 3 个，前期项目 1 个。

押砦城中村改造项目。2019 年年度投资目标 12 亿元，全年累计完成投资 10.62 亿元，完成全年任务的 88.53%。

枣庄城中村改造项目。2019 年年度投资目标 3.05 亿元，全年累计完成投资 3.05 亿元，完成全年任务的 100%。

常砦城中村改造项目。2019 年年度投资目标 5 亿元，全年累计完成投资 4.37 亿元，完成全年任务的 87.45%。

天境广场建设项目。2019 年年度投资目标 6.4 亿元，全年累计完成投资 5.66 亿元，完成全年任务的 88.49%。

东韩砦城中村改造项目。2019 年年度投资目标 12.08 亿元，全年累计完成投资 26.74 亿元，

▲ 11 月 12 日，中央统战部副部长邹晓东（右二）一行到姚砦社区调研新阶层人士统战工作

完成全年任务的 221.37%。

西韩砦城中村改造项目。总建筑面积 95 万平方米，2019 年年度投资目标 11.55 亿元，全年累计完成投资 7.95 亿元，完成全年任务的 68.87%。

张砦村、杜岭村城中村改造项目。2019 年年度投资目标 8.52 亿元，全年累计完成投资 7.17 亿元，完成全年任务的 84.14%。

姚砦城中村改造项目。2019 年年度投资目标 3.80 亿元，全年累计完成投资 2.56 亿元，完成全年任务的 67.37%。

河南省人民医院地下智能停车及综合开发建设项目。该项目总建筑面积 56892.15 平方米，计划总投资 8.65 亿元，全年累计完成投资 1.30 亿元。

【城中村改造】 2019 年，丰产路街道辖区城中村改造工作全面推进，安置房建设和各项手续办理加快进行。

常砦城中村改造项目。安置区建筑垃圾清运完成，支护完成，桩基完成，筏板基础正在进行，安置房部分已出正负零。土方清运已完成 65%，2 栋遗留烂尾楼已爆破。

押砦项目。A–02 地块、A–03 地块已拿到建设用地规划许可证；B–01 地块已完成土地注销，正在进行土地收储工作，安置区基坑支护工程已完成，桩基施工完成 70%。

东韩砦城中村改造项目。B–02 地块已取得项目控制性详细规划，改造方案批复。基本完成项目现场拆迁，取得安置区开工手续并完成土地评估，正在办理土地出让手续。二次清运已完

▲ 3月31日，举办“把爱传出去　我们在行动”活动

成，土方清运完成80%。

枣庄安置区建设。土方清运完成68%，1#、2#楼塔吊基础已经完成，安置区1#、2#、3#、5#楼CFG桩基施工已完成，护坡、支护桩、止水帷幕桩、冠梁已完成。

张砦、杜岭城中村改造项目A-01地块、B-01地块土地确权已完成，两宗地块正在对接区储备中心，办理土地收储组卷工作。项目控规已批复，A-01地块修规递交区规划局审核，地块文探、地勘、环评、人防已完成。基坑支护方案完成设计，桩基合同已签订，桩基支护方案已会审确定。二次清运已完成，土方清运完成25%。

西韩砦城中村改造项目。冰熊大厦爆破完成，集体用地拆迁完成约95%，集体土地垃圾清运完成。国有用地拆迁完成约80%。建筑垃圾清运完成60%，土方清运完成16%。

姚砦城中村改造项目。3期项目用地地上剩余房屋拆迁已完成，二次清运完成70%。

【城市精细化管理】 优化城市管理队伍，以南、北两片物业为基础，提升管理人员业务水平，精炼管理队伍。2019年，组织开展联合执法，由城管科、执法中队、食药、工商、文明劝导员组成联合执法队伍，累计出动500余人次，车辆150余台次，对辖区重点难点区域，“四乱”问题进行集中治理，累计治理占道经营300余起，突店经营180余起，非机动车乱停乱放12000余辆。加强沿街垃圾杂物的清理监督力度，建立日巡查、日督查、日处理的处理机制，7月至9月累计清理杂物垃圾120余辆。组织人员对辖区“僵尸”车辆进行集中治理，累计清理拖离“僵尸”车10余辆。拖离违停非机动车辆、共享单车140余车次。

每周对辖区道路进行督查30余次，共发现处理问题700余处。建立区路长制工作整治提升群组，按照“迎民族盛会　庆七十华诞”工作要求，针对辖区省人民医院周边，天地粤海酒店周边、经三路商圈等重要路段进行专项整治提升。经一路（红旗路至纬五路）、东明路（红旗路至纬五路）2条卓越道路已基本完工。治理支路背街5条，路面整修维护14处，城市家具整治30处，架空线缆整治2000余米。

【民生事业】 发放独生子女父母光荣证99人，国家特别扶助享受总人数63人，其中失独36人，伤残27人。独生子女计划生育养老计生补贴享受总人数105人。城镇独生子女父母奖励扶助共计6046人。发放高龄津贴2128人，金额合计69.57万元。退役军人信息采集工作采集53人，悬挂2609个光荣牌。发放困难生活补贴金436人次5.23万元；发放重度残疾人护理补贴937人次9.37万元。审批低保户7户，共发放低保金41.23万元。

【安全生产和信访工作】 落实安全生产责任制，组成16个检查组对辖区商场市场、批发市场、人员仓储混合居住等“多合一”场所、劳动密集型企业、公共娱乐场所、学校、医院、养老院、群租房等13类场所消防安全突出问题进行检查。共检查单位365家，发现隐患73处，整改隐患73处。由办事处领导带领安监办、城管科、城改办、环保所等部门组成检查组，对辖区所有在建项目进行检查，及时消除施工工地的安全隐患，确保施工安全。共检查建筑工地隐患8处，现均已整改到位。做好居民住宅楼院、老旧小区等消防安全宣传工作，街道办事处制作消防安全知识宣传栏500个，并不定时的更换宣传栏内的消防安全宣传内容。进一步做好新中国成立70周年暨第11届全国少数民族传统体育运动会期间的安全生产工作，共开展消防安全演练5次，共记1000人次参加，发放宣传手册2000余份。对辖区楼院私拉乱扯充电、杂物堵塞消防通道、群租房、地下室违规住人、“三合一”“二合一”等场所开展安全隐患夜查整治工作，共清查整治电动车私拉乱扯充电及清理楼道杂物隐患共212处，群租房13处，地下室违规住人3处，“三合一”“二合一”11处，下达整改指令书27份，责令限期整改。

信访工作接访36起，在正常接待处置的同时，注重化解积案，积压近3年的反映拆迁遗留问题案件，经过不懈努力，得到成功化解并取得信访人满意的评价，同时街道采取“信息先行、提前介入、积极化解、维护稳定”的工作办法，全面而有效的化解各类矛盾点60余起，街道社会安全稳定大局基本保持稳定。

【党建水平提升】 开展逐村（社区）观摩活动3次，发展积极分子95人，发展对象26名；街道对辖区非公有制经济组织和新社会组织进行再次摸底调查，对符合组建支部条件的，加大指导力度，共成立“两新”党支部10家。大力开展“支部强堡垒，党员争先锋”活动，辖区优享创业孵化器有限公司党支部荣获“郑州市先锋党支部”荣誉称号。

由姚砦社区党总支牵头，万厦物业党支部、UFO党支部、姚砦村党支部、胸科医院党支部为成员的金成时代广场“红色联盟”；依托UFO共享办公党支部的组织孵化和场地优势，提高楼宇内支部组建率，结合企业实际定期组织楼宇内企业共同开展内容丰富、形式多样的党建活动，通过党建活动常态化将楼宇企业凝聚起来，实现楼宇党建经济效益双创双赢目标。围绕“不忘初心、牢记使命”这一主题，组织开展党员活动日、“七一”表彰大会、荷映初心书画展、“经三商圈”党建视频交流会等丰富多彩的党建活动。

（撰稿：张　蕊　审阅：姚文波）

东风路街道

【概况】 东风路街道办事处位于金水区西北部，东临渠西路，南到双铺路，西至南阳路，北接北三环，辖区总面积6.5平方公里，下辖17个社区，3个行政村，71家公共单位，143个居民楼院，辖区人口接近15万。街道共有正式人员147人，直管党员1906人，基层党组织58个。辖区公共资源丰富，有河南财经政法大学文北校区、郑州轻工业学院等多所高等院校，有河南省中医院第二附属医院、河南省煤炭医院等多家综合医院，拥有科技市场、百脑汇、硅谷广场等高端IT产业汇集地，是金水区科研、文化、信息、物流相对聚集的中心区域，同时也是金水区委、区政府、金水区人民检察院等区级机关所在地。辖区环境优美，拥有郑州市最大的公共绿地——中州绿荫广场。交通便利，28条道路、30余条公交线路纵横交错，为市民出行创造便利条件。

2019年，东风路街道办事处公共财政预算收入完成3.32亿元；固定资产投资完成2.48亿元，社会消费品零售总额完成57.32亿元。

【重点项目建设】 郑州市市政控制性节点（地下交通）工程白庙站周边：林河大酒店和华信宾馆

已拆除完毕，场地已移交中铁七局集团有限公司；天成苑和万发小区已人工拆除四层，剩余部分因4户业主提起诉讼而暂停，待诉讼程序结束后再继续拆除；科技市场部分商户已搬迁完毕，等待下一步签订拆迁补偿协议。

棚改项目。小铺：8栋安置房均已封顶，其中，安置区5、6、7号楼已完成外墙装饰施工，水电安装完成，装修物料已运至各户，竣工预验收已完成；9、10号楼门窗安装施工完成、外墙装饰及水电安装施工完成，正在准备竣工预验收相关资料；安开混合区A、B、C座门窗安装施工完成、外墙装饰、门窗及水电安装基本完成。分房方案正按“四加二”工作程序稳步推进。姜砦：A2地块安置房均已出正负零，最高建至32层。大铺：A2地块3栋安置房均已出正负零，最高建至27层；A1地块正在进行桩基施工、地下车库施工及土方外运工作。十二里屯：天伦锦城安置房9号楼主体已封顶，紫檀华都项目主体已封顶。

【城区建设与管理】以“路长制”为抓手，持续加大环境卫生、道路设施、车辆秩序、街头景观等整治提升力度。在丰庆路、文劳路、信息学院路等路段打造了“清”“竹”“雅”“韵”园林精品口袋微景观，将“生态美”送到了居民家门口；昔日“蓬头垢面”的变电房变成了《东风赋》彩绘墙，人迹罕至的荒地变成了“百姓心语亭”，升级后的“最后一公里”便民服务圈，免费Wi-Fi、热饮水、针线包等服务暖心备至，得到群众广泛赞誉。2019年，街道共打造信息学院路、文劳路等卓越路段5条，优秀路段15条，因地制宜新建口袋公园（微景观）15处，采用生态透水石美化树穴2719个，修复人行道、非机动车道8331平方米，使用沥青复浇美化道路两侧各小区破损出入口51个、约2529平方米，增设道路隔离护栏9665米，便民休闲椅25个，城区硬件设施不断加强。

按照“洁化、序化、亮化、绿化”的总要求，清洁沿街墙体立面2360平方米、粉刷5800平方米，清除楼顶垃圾37处、151立方米，规范捆扎架空线缆2300米；组织市容管理员、三级路长、环卫工人加强对道路两侧杂物、卫生死角的清理力度，加大对城市家具、果皮箱、公交站亭、隔离护栏的擦拭频次；配合交警部门清除地锁45处、阻车桩137个，增划非机动车停车线38000米、1154处，给机动车贴罚单7761张，拖移机动车1064辆、非机动车5727余辆，城区环境持续优化。

老旧小区改造。按照“党建引领、设计先行、问计于民”的方法，坚持“三查三验”，即通过检查改造项目、验好群众意见落实，检查施工程序、验好工程质量，检查施工细节、验好群众满意度，对辖区园田路3号院等16个老旧小区实施改造提升，确保改造施工进度快、质量好、群众满意度高；在改造过程中注重因地制宜，因院施策，着力解决好老旧小区存在的公共空间、公共设施、公共服务不足问题，着力解决好改造后的小区管理问题，确保小区不仅改得好，还要管得住、管得好。化纤厂家属院作为区政府打造的试点改造工程，得到了群众及省、市、区有关领导的好评，也为2020年的改造工作积累了经验。

【社会民生事业】全年实现新增城镇就业再就业2562人，失业人员再就业401人，农民工返乡创业34人，城镇登记失业率控制在4%以内；开展3场招聘会，达成签约意向1000余人，现场签约500余人；家庭医生签约18318户，惠及群众51136人。

加强群防群治，巡逻抓获犯罪嫌疑人17人，开展便民服务、做好事209件，调解各类纠纷31起，收缴邪教宣传单270多份，上报媒体信息125篇，收到锦旗2面；通过网上信访系统共办理案件2140起，正在办理220起，完成率89.7%；开展“扫黑除恶”宣传30多场，发放宣传礼品3600多个，张贴宣传海报

2500余份；开展禁毒宣传30多场，发放禁毒宣传品2400个。

积极开展消防安全排查，涵盖单位、门店、楼院等；对飞线充电等安全隐患进行整改，先后发放宣传页6000多份；组织消防演练43次，成功扑救初期火灾9起；组织开展专项检查12次，发现安全隐患461处，立即整改414处。

【基层党建】 开创党建共建新局面。新成立5家“两新”党组织；发布街道2019年区域化党建“六大核心项目”；携手区域党建“红盟”单位建立需求、资源和项目“三个清单”制度，整合资源清单123项，需求清单107项，项目清单101项；依托党建“壹号工厂”政治生活馆等红色阵地，为党员开展党性体检、上“情景式党课”、举办“东方风来枫叶红”——“两新”党组织宣讲会、“红色家书”诵读等活动；“红盟”单位轮值举办9场“红色会客厅”交流活动，实现资源共享、组织联建、活动共办，开创了区域化党建共驻、共建、共享新局面。

严守党风廉政主阵地。街道党工委、纪工委扛稳抓牢党风廉政建设主体责任和监督责任，在春节、清明、中秋等关键节点，通过召开集体廉政谈话等形式，提醒党员干部严防节日腐败；与各级领导层层签订《党风廉政建设“一岗双责”目标责任书》，督促各级领导履行好党风廉政“一岗双责”主体责任，对分管人员开展廉政提醒谈话，严守党风廉政“主阵地”，打好党风廉政“主动仗”，确保街道党风政风风清气正。

抢占文明宣传新高地。借郑州创建全国文明城市、街道创建省级文明单位之机，指导各社区、村、银行、学校、医院、农贸市场等单位积极开展文明宣传，在辖区楼院、主次干道、单位设立大型精神文明宣传栏、增设宣传版面，内容涵盖中共十九大精神、社会主义核心价值观等内容，宣传氛围营造浓厚；先后组织开展文明交通、夜间巡逻、全城清洁等各类志愿服务；针对移动终端普及率高的现实，大力推广如“郑道”“中国反邪教”“中原盾”“平安金水”等微信公众号，进一步扩大宣传覆盖面；督促辖区各级党组织先后开展“快乐星期天”、“红色轻骑兵”、音乐党课、红色宣讲团等红色文化活动，积极抢占文明宣传高地，筑牢意识形态思想根基，防止有毒有害思想渗透。

（撰稿：栾振涛　审阅：郝书文）

未来路街道

【概况】 未来路街道办事处辖区内有郑州市红色景观毛主席视察燕庄纪念亭；有国家审计署驻郑州特派员办事处、河南出入境检验检疫局、河南省高级人民法院、武警河南省消防总队、《人民日报》驻河南记者站等党政群机关；有全省最大的中医高等学府——河南中医药大学，全省专业肿瘤医院——河南省肿瘤医院和河南省老干部康复中心。

2019年，街道地方公共财政预算完成6.79亿元，同比增长12.5%；社会消费品零售总额完成34亿元，同比增长7.3%；地区生产总值完成126亿元，同比增长9.6%；全社会固定资产投资额完成30.6亿元，占目标112.9%。

【区域经济发展】 完成了全国第四次经济普查任务，共登记一套表单位214家，非一套表单位9937家，抽样登记个体经营户58户，全面摸清了街道第二产业和第三产业家底；通过全国第四次经济普查，新发现符合“四上”单位标准企业44家，已全部申报入库；在全区率先打造了未来大厦楼宇党建服务站，搭建起了政企、企企沟通交流的服务平台；创新开展了“未来路街道‘规上’企业精准服务活动暨第一期创新发展微论坛”，为辖区20家规上企业实施“一对一”“点对点”科技政策定制服务，引导、鼓励企业加速科技创新、转型发展，打通了政策落地“最后一公里”，打造了企业家资

▲3月9日，区委书记陈宏伟（右一）带队观摩调研“路长制”工作

源共享生态圈；加快“最多跑一次”改革，联合UU跑腿，探索采取信息化手段实现“一次办”和“零跑动”目标；顺利迎接了党中央国务院统计造假督察组督察；建立与工商、税务等部门数据共享、服务共提、执法共抓的机制，持续深化法律服务进楼宇、消防安全进楼宇、知识产权进楼宇等“七进楼宇”活动和企业大走访系列活动，切实加大统计法律法规宣传力度，逐步形成重营商环境优化的良好氛围。

【城市精细化管理】 坚持以“路长制”为载体，以序化、活化、绿化、亮化为路径，着力打好三大战役，构建组织、责任、考评、保障四大体系，创新组建“五队一组”，大力推进九个专项治理，深入开展交通秩序“铁拳行动”、环境整治“雷霆行动”等十大行动，辖区面貌焕然一新，居民群众高度赞誉。

2019年，52条路段已有21条进入优秀行列，19条优秀路段验收，新建口袋公园游园19个，新增绿化面积6万平方米；修复道路2.4万平方米，冲刷护栏累计36000米、路牙64000米，规范捆扎架空线缆1600余米，美化树穴4500余个，规整空调外机1500余个，施划非机动车停车线21350米；拆除违法建设243处、12000多平方米，下达拆除通知89个，处理督办案件2处，整治背街小巷5处。推进“一环十纵十横”未来路试验段建设，高标准、高质量改进城市管理和改善人居环境工作。

【民生保障服务】 深入开展“多元参与、精准服务”，12个社工项目竞相推进，专业化服务水平不断提高；创新开展托幼、托老服务，托幼中心、养老餐桌、绿城妈妈、四点钟课堂作用发挥明显；积极实施党建引领下的“五民工作法”，14个老旧楼院改造初见成效，美丽楼院建设有力推进；以莲花嘉园为代表的老旧小区以“一核两引三治多元”为抓手，推行社区楼院党组织引领、业委会共治、红色物业服务“三位一体”管理，有效推动基层民主，不断改善人居环境。精准落实各类奖扶、救助、补贴、认证等惠民政策，办理生育登记服务1018人，生育登记服务下沉完成年度目标100%，发放计生补贴奖励400余万元；对高龄老人、困境儿童、低保、低收入、特困、残疾人及大病人员开展慈善救助、慰问和各类帮扶，发放各类补贴、津贴近200万元；认定就业困难人员62人，实现城镇新增就业再就业人数2332人，帮助困难人员再就业51人，帮助失业人员实现再就业320人，帮助辖区企业申请政府贴息贷款1000万，居民医疗保险新增参保890人，养老保险新增127人。

【平安建设】 开展“大暗访、大排查、大整治、大执法”攻坚行动，创新建立双重预防机制和智慧安监大数据云平台，着力构建“1+4+N”安全体系，持续深化安全检查飓风行动、“七进楼宇”、“十进社区”活动，开展集中宣传180多次，巡查隐患680余处，处置区域内外各类险情42次，间

▲ 11 月 8 日，未来路街道与 UU 跑腿共同筹建的“未来 · U 宝之家”在未来路党群服务中心正式挂牌成立

接或直接避免经济损失 1000 多万元，有力保障了群众生命财产安全；扎实开展禁毒、反邪教、“扫黑除恶”等宣传 40 余次，落实“六员进校园”制度，完成 75 名困难企业军转干部的救助工作；以深入开展“矛盾纠纷化解年”活动为载体，突出矛盾化解，以主题教育为契机，解决了一批信访积案，同时聘请金博大事务所 11 名副主任级律师分别与和 11 个社区签约，免费为辖区居民开展法律服务。

【基层党建】 通过“未来大家谈”“万名党员进党校”党务专题工作培训移动党校等，培训党员 3500 人次。开通“智慧党建”云平台，成立未来大厦联合党委，建立楼宇党建服务站，开展“支部联建引领”系列活动，定制党建资源地图，召开“三代会”，实现了基层党建大联合、大整合、大融合。

开展庆祝建党 98 周年暨群众文化嘉年华活动；创新成立“未来群众文化剧院”，筹划城市书房，创作《毛主席来俺燕庄》《心愿》《杠头亲家》《我们的未来》4 部作品，极大丰富群众精神文化生活；在全省率先成立街道志愿者联盟，组建 15 支志愿服务队伍，开展“绿城小红象”“绿城啄木鸟”等各具特色的志愿服务活动。

（撰稿：张超凡　审阅：华　凯）

北林路街道

【概况】 北林路街道办事处于 2002 年 8 月 9 日成立，位于金水区城区东北部。所辖区域为北环路、八一路以南，东风渠以北、以东，中州大道以西，东西长、南北窄，呈不规则扇形，花园路、经三路、环城快速路交错期间，交通便利，素有郑州北大门之誉。辖区面积 6.7 平方公里，下设 11 个社区居民委员会，1 个行政村（马李庄村），4 个自然村（马李庄、桑园、徐砦、黄家庵）；人口 10 万余人，其中流动人口 3 万人。

2019 年，北林路街道办事处完成财政收入 3.18 亿元，完成率 100%；实现地区生产总值 97.59 亿元，同比增长 10%；第三产业增加值 75.78 亿元，同比增长 9.5%；固定资产投资 47.9 亿元，完成率 116.7%，同比增长 60%；引进域外境内资金 11.24 亿元，完成率 107%；实际吸收外资 1800 万美元，完成率 112%；外贸进出口 9400 万美元，完成率 103%；社会消费品零售总额 43.53 亿元，同比增长 11.1%；重点项目建设 81.88 亿元，完成率 100.6%，同比增长 173%；建筑业总产值 237 亿元，完成率 124%，同比增长 45%；培育区级税收百万级以上楼宇 7 栋。

【城市管理】 以“路长制”为载体，以“全城清洁”活动为抓手，以正在开展的“绣花”行动为契机，举全办之力，不断创新工作方法，深化长效管理机制，强化巡查力度，持续开展占道及突出门店经营、户外广告门头治理、违章建筑、生活垃圾清运等市容市貌综合整治，辖区面貌得到明显改善。4 个城中村率先完

▲ 9月18日，河南省退役军人事务厅厅长刘国栋（右二）慰问全国“最美退役军人”李步建

成全区拆迁清零目标，拆除面积达64632平方米；安置区均已完成建筑体量的30%，各项手续办理基本完成，其中，马李庄村安置房全部封顶。完善生态环境污染防治、重污染天气应急处置长效机制，围绕银行、学校环境改善区，开展24小时全天候、无缝隙动态监控，常态化监管，辖区空气质量在严管严控中明显好转。

【社会民生】 以保障和改善民生为重点，加大资金向民生倾斜力度。广电社区养老服务中心投入使用，服务老人800人次；申请低保户41户，办理各类特殊人群生活补贴670余人，年审绿城通老年卡2000余个，办理公租房申请212件，新增城镇就业1662人，再就业培训268人，办理小额担保贷款410万元。

【社会治理】 严格落实领导日接访等制度，完善矛盾纠纷多元化解机制，以“共建共治共享 平安和谐北林”活动为主线，以信访积案化解“春风行动”为载体，引导群众依法、理性、有序、文明信访，有效化解了徐砦村239号院电网改造、省教育学院家属院物业收费不一等8起矛盾纠纷。完善沟通机制，加强与检察、公安、司法等部门的协作配合，做好“涉黑”、涉恶宣传和线索摸排收集。注重安全意识宣传，坚持网格长日巡查、安监办周抽查、多部门不定期联合整治的措施，重点做好电动车飞线充电、占压消防通道、建筑工地施工等各类安全隐患排查整治工作，安全目标责任书、消防目标责任书签订率达100%，群众安全感和满意度不断提升。

【党组织建设】 始终把基层党建摆在突出位置，完善党管意识形态责任制，通过开展年度支部书记述职、中层干部述职述廉、廉政谈话等形式，不断把全面从严治党引向深入。依托“三力支撑、六联齐动”机制，通过开展建党97周年“九个一”主题系列活动、召开中共北林路街道第一届党建代表大会、构建党建“智库”服务体系、实施“一支部一特色”党建品牌工程、“逐社区观摩、整街道推进”活动，进一步健全完善街道“大工委”和社区“大党委”工作机制，努力实现“组织建设共抓、党员人才共育、辖区发展共谋、困难群众共帮、党建资源共享”的共建共享目标。11个党（总）支部基本完成硬件升级。

【党风廉政建设】 认真贯彻落实党工委主体责任，全面落实党委主体和纪委监督“两个责任”，在抓好各项工作的同时，时刻紧绷“廉洁从政，廉洁用权”这根弦，将党风廉政建设与个人述职述廉相结合、组织考核与党员干部评议相结合，积极与科室、社区（村组）负责人签订党风廉政建设责任书，构建人人有责、一级抓一级、层层抓落实的党风廉政建设责任网络。

强化督促检查，深入落实中央八项规定，严格执行党内监督各项制度，持之以恒地纠正“四风”，坚持不懈地加强作风建设，狠抓廉洁从政教育，

▲ 7 月 15 日，河南省接待办一行参观亚卫社区峥嵘岁月红色纪念馆

队、郑州市公安局特殊警务支队等多家公共单位；有凤凰城建材市场、陈砦花卉市场、金泰城等多个专业批发市场。

2019 年，凤凰台街道办事处完成地方一般公共预算收入 2.83 亿元，同比增长 15.7%；社会消费品零售总额完成 23.1 亿元，同比增长 11.8%；全社会固定资产投资完成 6.82 亿元，占目标 155%；重点项目建设完成 13.89 亿元，占目标 134.2%；地区生产总值累计完成 24.9 亿元，同比增长 8.2%。

在中秋节、元旦、春节等重大节日及重要工作开展前，分别与分管领导、中层干部进行廉政谈话，不断强化党员干部的廉洁自律意识。

成立巡视整改领导小组，并下设 10 个专项小组，坚持周例会制度，对巡视反馈的 4 个方面 47 项问题，分类制定整改措施，逐项建立整改台账，对已完成的整改任务，适时组织“回头看”，巩固整改成果，防止问题反弹；对没有彻底解决的问题，严格按照整改方案，加强督促检查，确保按时整改到位；对需较长时间整改的事项，加力、加劲、加措施，坚持一抓到底，坚决完成整改，取得了阶段性成效。

（撰稿：张 骅 审阅：李 科）

凤凰台街道

【概况】 凤凰台街道办事处位于郑州市金水区东南部，东靠中州大道，北到熊耳河，西南至管城区界，与未来路相接，郑汴路穿境而过，总面积 4.5 平方公里，常住人口 3.7 万人，流动人口 2.2 万人。办事处下设 5 个社区（建业城市花园社区、英协社区、省检察院社区、南航新村社区、凤凰城社区）和 3 个村工作组（张庄村工作组、王庄村工作组、凤凰台村工作组），10 月机构改革后，调整为 8 个社区（建业城市花园社区、英协社区、省检察院社区、南航新村社区、凤凰城社区、张庄社区、王庄社区、凤凰台社区）。辖区内有河南省人民检察院、武警河南公安边防总

【新型城镇化建设】 大棚户区改造工作及重点项目建设。辖区三个村安置房建设正有序推进，其中，王庄城中村改造项目 A-5-1、A-5-2 等 6 个地块已交房，B-9-1 等 3 个地块及幼儿园已封顶；清华城 1 号院建成建筑面积约 35 万平方米；张庄城中村改造项目 3 个地块“中华人民共和国不动产权证书”和“建设用地规划许可证”已办完，一号院 1 号楼已封顶，2~5 号楼正在施工；凤凰台二期项目已完成高压线入地改造工程施工图纸设计，土地挂牌工作正有序推进。王庄安置房祥和苑小区、凤凰台村一期改造项目已完成安置房的网签工作。

城市精细化管理。新增路边停车位 1100 个，做好停车位管理工作。督促辖区 13 个经营性停车场按照停车场规范化工作要求

▲ 3月3日，“党建引领，助力路长——志愿总动员，全城大清扫”大型城市清洁志愿服务活动

进行整改，已完成10个。先后整治共享单车4500余辆、非机动车730余辆、机动车960余辆。发动全体机关干部及辖区公共单位、商户、志愿者齐抓共管，共创优秀道路，累计投入300余万元，全年修补破损道路1300平方米，新覆盖绿草皮约5000平方米，创建优秀路段10条、卓越路段1条，对辖区铁路沿线进行综合整治，整治面积30107平方米，已全部绿化。根据群众需求，在辖区设置便民座椅36个、更换果皮箱160个，在王庄24户小区安装健身器材、充电桩等便民设施，改善群众生活质量；对凤台西街、博览路、凤仪路进行全幅整修，对凤仪路、玉凤路南段进行复浇，筹措资金近800万元顺利打通了青年路西段，居民出行更加便捷高效；规范辖区公厕管理，已整改完成90座，剩余153座正陆续整改、销号；依法拆除违章建筑，共拆除辖区违法建设62处，总面积2226平方米；规范综合整理，重点加强日常监管，对辖区脏乱点等进行集中整治提升，推动城区环境、品质全面提升，完成第11届全国少数民族传统体育运动会及新中国成立70周年前后环境保障工作，累计清理占道经营和突店经营1600余处，清理凤凰茶城和永恒理想公元等大型广告21处。建立群众问题综合协调机制，对群众反映比较突出的安置房建设、信访、劳动保障等问题，组织专门力量，采取有效措施，妥善加以解决。已完成上悦城商场安全生产双重预防机制建设工作，辖区5座微型消防站已建设基本完工；累计处理各类问题案卷（件）20457件，排查并整改隐患434处；推进陇海快速路遗留问题解决，对90套个人住宅、8套商业档案资料进行归档；协调解决轨道交通施工过程中的问题，推进工程建设。

市政重点工程建设。轨道交通地铁3、4号线处于持续施工中，地铁5号线金水区范围内已施工完毕，并且已交付轨道公司，继续做好各轨道交通工地施工环境保障；青年路（燕凤路—未来路）断头路已正常通车。

【产业发展】 规模以上企业新增已入库3家，6家已提交入库材料；完成清华城华贸中心重点产业项目投资7.97亿元；新签约郑州有家装饰总部大厦项目和凤凰幸福城项目，均已开业。

辖区楼宇企业共缴纳区级税收7305万元，其中升龙环球广场缴纳4058万元、英协广场缴纳1282万元、建业置地广场缴纳1170万元、省检综合楼缴纳328万元。已完成年初制定的年缴纳区级税收百万元以上楼宇4栋（含千万元楼宇1栋）。

【开放创新】 积极摸排辖区科技型企业，加快创新人才（团队）的引育，定期走访“四上”企业，向企业宣讲各项奖补政策；召开企业税收减免政策和专项资金奖补政策宣讲、服务业、建筑业统计工作人员知识培训会等，为中小企业引培创新创业优惠政策，累计发放《金水区建设项目手续办理指南》和《激励引导企业加大研发投入政策选编》70余份，优化创新创业环境，减少企业发展忙盲区。

市场外迁。针对郑州建材大世界东建材市场的外迁工作，凤凰台街道办事处按照区政府的工作部署，制定了具体的工作方案及“一场一案”工作计划；同时积极与市场管理方进行沟通，掌握工作动态。

▲ 4月27日，郑州市委副书记、市长王新伟（右一）一行到凤凰台街道党群服务中心调研基层图书馆建设工作

▲ 9月29日，省检察院社区开展第二届“金婚银婚迎重阳，美好家风永传承”金婚主题活动

【生态建设】 突出扬尘治理、“散乱污”整治取缔等重点领域治理，强化日常宣传及督查，推动绿色发展。累计印发环保宣传册（页）2.8万份，墙体宣传长廊200多平方米；处理市、区环境督导组交办案件89起；14个建筑工地均认真落实“8个100%”要求；开展散煤排查，共排查商户2700多户，居民1800多户；开展2019年度环保宣传示范社区申报及督导验收工作，共印发环保宣传册1.8万余册、宣传页1万余份，悬挂条幅190余副，摆放宣传展板50块，墙体宣传长廊200多平方米。在全区上半年空气质量排名中获第一，PM_{10}、$PM_{2.5}$平均浓度月综合排名累计5个月保持前三。

构建生态空间格局，综合施策控制辖区生态污染，提升绿色生态空间比重，已完成新建绿地10万平方米，新植乔木5000株，新植月季等花灌木4000株；完成新建游园（不小于667平方米）选址3处，园林式居住区（单位）达标率≥60%，完成陇海铁路沿线绿化建设工作；垃圾分类达到本辖区内70%覆盖率，加大宣传力度，提升群众自觉意识，组建辖区督导员队伍；严格落实“河长制”管理机制，对河道排污口建立台账管理制度，做好辖区黑臭水体、雨水排污治理工作，形成常态化管理；抓好“一河一策”方案，积极开展“清四乱”“三污一静”等专项行动，构建河通、水清、岸美的城区

▲ 陇海铁路沿线绿化

环境。

【社会事业】 卫生和计划生育。全面推进家庭健康促进行动，广泛开展“三减三健”、“送烟 = 送危害”专项行动，组织开展健康教育讲座 4 场；在省市媒体上发表新闻 16 篇；联合区卫生监督所对辖区重点场所月巡查、不定期督查；办理生育服务证 522 个，党群母婴室被评为“市级优秀母婴室”；奖励扶助对象信息数据上报及时率、准确率 100%，利益导向录入及时率、准确率 100%，计划生育特别扶助家庭“五定两包”工作落实到位率达 100%；加强出生缺陷干预，规范药具管理；目标人群参加免费孕前优生健康检查参检率 100%，叶酸服用率 80%，随访完成率 100%。

城镇新增就业。全年共实现就业再就业 842 人、再就业人员 85 人、困难人员就业 16 人、失业人员培训 152 人、农村劳动力职业技能培训 51 人、高技能人才培训 51 人、技能人才培训 50 人、小额贷款任务完成 1000 万元，均超额完成全年任务。

提升全民科学素质。以世界环境保护日、节能减排宣传日、安全宣传月等节日为契机加强宣传引导，累计发放科普知识宣传资料 5000 余份，解答咨询群众 300 余人，拉条幅 40 余副，摆放展板 5 块；播放“红色记忆”影片 3 场，组织养生健康讲座 3 场；每周三下午组织学员在英协社区教室学习；开展课外实践活动 4 次，并创建示范平台，鼓励科普大学学员展示自己的优秀作品，从而提升整体的科学素质。

【社会大局和谐稳定】 社会管理。围绕全年目标任务，扛起责任，主动作为，完成金盛物资家属院、市政家属院、凤凰台东花园等老旧小区改造工作，完善居民居住功能，提升小区文化氛围；搭建青年服务平台，并被团省委定为现场教学示范基地。

信访稳定。共接待处理群众来访案件 24 起，网上信访信息系统办理各类案件 36 件次，排查化解稳控不稳定隐患问题 5 起，排查稳控重点人员 12 人；妥善处理优途车城经济纠纷和世纪豪阁项目不稳定问题。

安全生产。累计检查各类生产经营场所 579 家，发现并整改隐患 434 处，整改率 100%；上悦城商场双重预防机制建设工作基本完成；5 座微型消防站已建设完工，等待区消防大队配备人员和器材，1 座大型消防站 12 月底全部完工；全年共开展各类消防安全知识宣传活动以及组织演练 23 次，开展消防培训 12 次，培训人员 1300 余人。

社会综合治理。每月开展大排查、大化解活动，开展专项集中整治 11 次，共调处各类矛盾纠纷 72 件；开展治安防范常识教育宣传活动及便民服务活动 245 次，积极主动组建群防群治平安志愿者 1050 名；张贴“扫黑除恶”内容的宣传标语 3000 条，墙体宣传 13 处，宣传漫画彩页 2000 余份，发放《扫黑除恶专项斗争致辖区广大人民群众的一封信》1000余件；累计为群众办好事400余件，调解矛盾纠纷78起，开展巡消宣传活动110余次。

防范和处置非法集资。严格落实领导分包和工作组推进机制，明确责任，强化宣传，基本实现处非宣传“全覆盖”、处非教育“零距离”。

依法治区。落实“七五”普法规划，联合相关部门开展以普法为主题的法律宣传咨询活动，累计接待群众法律服务咨询72次，来电69次，开展大型法律宣传活动12次，印发宣传资料6500余份，制作法制宣传横幅8副，发放“七五”普法宣传书籍1500余套；积极组织参与“12·4”全国宪法日宣传等集中宣传活动，组织全体干部职工参加机关工作人员普法知识考试等活动；共调解各种矛盾纠纷152件，调解成功152件，调解成功率达100%。上交书面调解卷宗98份。

【创新和亮点】凤凰爱心驿站项目：街道斥资100余万元，打造凤凰爱心驿站，设置爱心超市、爱心理发店、爱心粥屋、老年人配餐中心及老年人助浴点五部分，为辖区老人、困难群众提供免费早餐、免费理发、低偿配餐及助浴等服务，有效缓解了辖区困难群众的生活压力，全年累计服务群众300余人。

（撰稿：杨 璐 审阅：李朝欣）

杨金路街道

【概况】杨金路街道办事处成立于2011年7月，位于中州大道以东，连霍高速以北，北临贾鲁河。辖区面积20.88平方公里，常住人口约2.5万人。地理环境优越，交通发达便利，中州大道贯通南北、杨金路连接东西，贾鲁河自西向东横穿境内。辖区由9个行政村构成（马头岗村、徐庄村、马林村、新庄村、周庄村、河村、小贺庄村、杨槐村、大贺庄村），并被划分9个二级网格，48个三级网格；其中有郑州铁路局动车段等公共单位，还有一大批高新技术公司在辖区内落户（河南省信息安全产业示范基地、河南外包产业园、河南新科技市场、聚方科技园、嘉阳科技广场等商务楼宇，信大捷安、山谷网安、金惠网络等）。2019年，基层党支组织共有18个，其中机关党支部1个、综合党支部1个、行政村党支部9个、“两新”党支部7个；共有党员1326人，其中机关党员99人、行政村党员1029人、综合党支部党员67人、“两新”党员297人。

2019年，街道地方一般公共财政预算收入完成3.43亿元，圆满完成全年目标任务；省市区重点项目完成202.5亿元，占全年目标任务的101%；固定资产投资完成94.1亿元；地区生产总值完成15.6亿元；三产增加值完成14.8亿元；社会消费品零售总额完成9.32亿元；建筑业总产值完成1.9亿元。

【重点项目建设】大棚户区改造。2019年，街道按照区委、区政府下达的安置房建设及群众回迁的进度时间表，多次召开安置房分配保障工作协调会，研究设置科学合理的工作程序和实施办法，耐心入户讲解安置房分配相关政策，最终赢得辖区村民的理解与支持。先后完成了大贺庄村、河村、小贺庄村的第一批安置房分配工作，共涉及辖区群众1487户、7749人，共分配安置房屋6015套、54万平方米。至此，街道已完成7个行政村第一批次安置房回迁工作，实现安置区回迁大头落地。

产业项目建设。2019年街道共承担26个产业项目，其中，共享生态科技城一期仓展中心、河南省信息安全产业示范基地招商中心等项目已建成投入使用；河南省新科技市场二期、河南外包产业园二期等10个项目正在进行主体施工，其余各项产业项目有序推进中。

基础配套设施建设。郑州东动车运用所改扩建工程、马头岗污水处理厂升级改造项目、杨金路公交场站、晴翠变电站已基本完工；杨金明渠西段已建成，东段正在进行附属物清理工作，金水一中、河村小学、金水区垃圾分拣中心及辖区的32条道路推进顺利。

【党群服务中心建设】 以“经济引领展杨金新貌、党群助力建金水新城”为宗旨，强力推进辖区党群服务中心建设，力争早日解决“服务群众最后一公里”的问题。新庄党群服务中心装饰展板工作进展顺利，即将投入使用，马林党群服务中心设计工作正积极推进，河村党群服务中心、大贺庄党群服务中心正在筹备中。

【民生服务】 全面落实优待抚恤政策，为42名享受低保待遇人员发放低保金25万余元，为困境儿童发放慈善救助金额3500元，为23名大病困难群众发放救助金85000元，为29名残疾人发放慈善救助金29000元。不断强化劳动保障体系，完成城乡居民基本养老保险新参保缴费590人，完成城镇新增就业人数112人，完成失业人员技能培训153人，再就业22人，返乡农民工创业28家。签订2019年落实“文化惠民”工程目标责任工作会议，并积极开展各类文艺活动，共举办元旦、春节、农历正月十六、端午等各类群众文化活动8场。

【城市精细化管理】 扎实做好以“路长制”为载体的城乡接合部环境综合整治工作，设立一级路长1名，二级路长8名，三级路长9名，完善巡查员、监督员、清扫员等队伍，沿街商户、单位“门前四包”责任书签订执行率100%，加大对道路可视范围内环境综合整治，共划分机动车和非机动车停放泊位1.1万余米，泊位700余个，累计硬化泥土道路8.1万平方米，通过优秀路段验收7条，黄土裸露区域苫盖土工布12.6万余平方米、铺撒草籽3.9万平方米，有效促进了辖区整体面貌提升。

【大气污染防治】 街道以建筑施工扬尘治理和道路湿化为重点，配合非移机械整治、黄土裸露治理、散乱污企业治理等，下大力气开展环境综合整治工作，全年安装远程监控和PM_{10}设备的建筑工地41个，登记上牌非移机械280余台，覆盖土工布约50万平方米，完成整改中央、省、市督导组交办问题94个，办理开复工手续工地40个，81个在建工地均按照市管控要求施工作业，坚决打好蓝天保卫战。

【生产安全与信访工作】 扎实推进社会治安综合治理深入开展，共接待受理群众来访107起、795人次，协调解决600余名农民工工资共计4300余万元，排查安全隐患141处，整改141处，整改率100%。

【基层党建】 2019年，杨金路街道办事处高度重视基层党建工作，围绕“不忘初心、牢记使命”主题教育，坚持把理论学习摆在突出的位置，不断增强旗帜鲜明讲政治的思想自觉和行为自觉，牢固树立“四个意识”，统筹各领域党建工作，推动党建宣

▲ 5月9日，中央网信办副主任刘烈宏（左一）一行到信大捷安调研互联网企业党建工作

传调研工作，促进经济社会协调发展。

抓实学习教育，筑牢思想根基。以中心组学习为依托，按照区委要求，认真开展“不忘初心、牢记使命”主题教育，深入学习领会《中国共产党廉洁自律准则》等党内法规、习近平新时代中国特色社会主义思想，积极引导党员进一步加强党性教育、提升党性修养，补足“精神之钙”。全年共组织中心组集中学习12次，党风廉政建设专题会议2次，书记专题党课2次，专题研究党建工作会议32次。

强化队伍建设，激发干部活力。积极响应全面深化机构改革号召，完成街道中层干部的重组优化，在工作推进中坚持发挥考核指挥棒的作用，形成能上能下、拉开差距的良性竞争态势；以“不忘初心、牢记使命”主题教育为契机，积极开展谈心谈话，在班子成员之间、班子成员与干部职工之间沟通思想，交换意见，有效提升了街道整体团结协作能力；加强街道党员教育管理，坚持政治标准，培养入党积极分子45名，新发展党员19名，为党员干部队伍注入新鲜血液。

强化基层党建，完善党内政治生活。严格落实“三会一课”等组织生活制度，召开高质量的民主生活会、业务工作研讨会、党风廉政建设主体责任情况汇报会等各类会议；深入开展软弱涣散党组织整顿，全面落实基层减负专项整治，以实际行动将党的方针政策转化为推动发展的生动实践；严格落实“党员活动日”，每月第一个周五，各支部以“重温入党誓词”“传承红色基因”“党员承诺践诺”等为主题，围绕缴纳党费、学习教育、志愿服务等，开展形式多样的主题党日活动，充分发挥党员的先锋模范作用，为辖区经济社会发展添砖加瓦。

（撰稿：谢江艳　审阅：金　郃）

兴达路街道

【概况】兴达路街道办事处位于金水区东北部，北依黄河，东临中牟，南接郑东新区，西连金水区杨金路街道办事处、惠济区花

▲ 北录庄安置分房拾号现场

▲ 开展黄庄村拆迁入户动员工作

园口镇，下辖7个行政村、19个自然村、2个社区、52个村民组，常住人口1.9万人，区域面积39.07平方公里。

2019年，兴达路街道办事处经济建设成效明显，地方一般公共预算收入完成2.66亿元，增速79%；固定资产投资完成66.62亿元，完成全年目标的86.1%，同比增长73.7%；省、市、区重点项目完成104.6亿元，占目标的100.9%；地区生产总值完成13.14亿元，同比增长7%；第三产业增加值完成11.76亿元，同比增长6.3%；社会消费品零售总额完成6.38亿元，同比增长1.6%；全年引进境外资金8.1亿元，同比增长4.5%；规模以上工业增加值同比增长0.1%。

【重点工程建设】 安置房建设。任庄、小金庄、北录庄、姚店堤等村第一批安置房分配工作圆满结束，共安置拆迁群众1282户、6089人，分配住房5421套、48.56万平方米；顺利完成任庄、小金庄安置区房屋网签工作。

合村并城。黄庄村合村并城项目顺利启动，完成黄庄整村拆迁，涉及约500户、2500余人；居民安置区建设等相关工作正稳步推进。

重点项目。2019年，兴达路街道承担的23个省、市、区重点项目，其中，金科·智汇谷项目全部完工，各相关企业已陆续入驻；雅美软件园等10个续建项目建设平稳推进；中以科技城等12个新开项目顺利进场施工。

【社会大局安全稳定】 2019年，街道进一步深化网格内问题排查处置机制，认真贯彻落实例会研判、联合执法工作制度，加快促进条块深度融合，对重大、疑难问题进行重点、专项整治。

信访稳定和安全生产。坚持科级干部接访等有效机制，强化源头治理理念，重排查、重研判、重化解、重稳控，全年共接访145起，立案22起，结案21起，剩余1起正在调查办理；中巡、省巡交办3起案件，均已办结，办结率100%；排查整治各类隐患174处，全部整改到位，整改率100%，安全生产保持平稳运行态势。

和谐社会建设。全面落实“放管服”和“五单一网”改革任务，街道便民服务内容不断优化升级，全年共受理并成功办结便民事项1347件。深入开展社会管理服务，全年共完成新增城镇就业登记107人，占全年任务的107%；办理新参保城乡居民养老保险146人，居民医疗保险新参保212人；协调农民工维权事件57起，涉及人数1741人，协调处理农民工工资2973.3万元。开展“法律六进”主题活动，将普法宣传融入网格化管理、与社会矛盾化解有机结合，全年共完成135起法律咨询服务，代写法律文书50余份，调处矛盾纠纷168起，涉及金额33.76万元，调成率100%。社会救助工作，兴达路街道共有低保户10户10人，特困人员7户7人，40%社会救济5人，全年共发放社会救助金16.18万元，做到应保尽保。

【生态环境综合治理】 大力开展生态环境综合整治工作，多策并举，奖惩并行，加班加点开展各项检查，及时发现解决问题，重点紧抓源头防范治理，有效改善辖区生态环境质量。

建筑工地管控治理。将辖区38个建筑工地和24个绿化工地全部纳入“三员”管理及“8个100%”动态监管范畴，狠抓日常巡查与零点夜查，全年共下达整改通知单490余份，坚持罚改并重原则，对发现的问题紧盯不放，保证及时发现问题、及时整改到位；常态化开展“散乱污”排查整治，下达整改通知93份，持续巩固“散乱污”整治成果；397个上级督查转办件全部整治到位；重点领域污染得到有效治理。

绿化景观。按照国土绿化“九廊道多节点”总体部署，2019年，兴达路街道重点开展了京广高铁、郑徐高铁、生态廊道以及连霍、京港澳高速公路两侧

▲ 区委书记陈宏伟（中）带队督导辖区黄河防汛和黄河湿地综合整治工作

▲ 3月1日，区委书记陈宏伟（中）督导辖区国土绿化工作

绿化提升工程，累计栽植雪松、银杏、栾树、石楠等乔木7万余株，铺设地被约18万平方米，累计绿化提升面积230余万平方米，辖区国土绿化面积大幅增加。

黄河湿地综合整治。2019年，兴达路街道辖区24个黄河“清四乱”点位和58个黄河湿地保护区人类活动点位全部拆除清理完毕，清理拆余垃圾2.8万余立方米，建立长效巡查、监察、问责机制，确保治理成效。

启动城乡接合部环境综合改造提升工程，制定完备的实施方案，突出民意征集，突出先行先试，突出发挥群众力量，确定马渡为试点村，已完成村庄外围小饭店的拆除清理工作。

【党组织建设】 完成街道机构改革，紧扣上级指示精神，制定科学合理的实施方案，坚持公开、公平、公正原则，倡树正确选人用人导向。持续强化中心组学习，对机关、农村、“两新”党组织党员进行全覆盖培训，涉及1000余人次，服务居民3600余人次。认真落实党风廉政建设“一岗双责”责任制，结合工作实际，突出以案促改警示教育作用，促进监察职能向村组延伸。适时制定并贯彻实施了《兴达路街道2019年度以案促改专项工作实施方案》，结合辖区发生的违纪案件，及时在全办范围内召开了“以案促改”警示大会。

（撰稿：宋建庆、胡贵舟
审阅：路　莹）

附　录

组织机构

中共金水区委

书　记　　陈宏伟
副书记　　魏　东
　　　　　李伟革
常　委　　陈宏伟
　　　　　魏　东
　　　　　李伟革
　　　　　赵惠玲（女）
　　　　　杨　林
　　　　　付建峰
　　　　　卢书选
　　　　　杨　洁
　　　　　时　博
　　　　　曹可艳
　　　　　周学军（12月任）
　　　　　李继东（12月免）

区委工作机构

区委办

主　任　　曹可艳
常务副主任　刘智勇
副主任　　和　琛（女，1月任）
　　　　　拜　祎
　　　　　王　飞

机要保密局

局　长　　王建锋（1月任）
副局长　　郭　磊（女，1月任）
　　　　　吴　巍（女，1月任）

督查室

主　任　　刘英杰
副主任　　苏　鹏
　　　　　于　鹏

党史研究室

主　任　　杨艳芳（女，5月免）

目标考评办

主　任　　刘　兵
副主任　　曹晓燕（女）

区委组织部

部　长　　时　博
常务副部长　周纪斌
副部长　　任拉拉（女）
　　　　　魏虎山
区绩效办主任
　　　　　周　丹（女）
区绩效办副主任
　　　　　张　静（女）
党员电化教育中心主任
　　　　　刘　茜（女）
干部信息管理中心主任、区委组织部干部科科长
　　　　　王大勇
干部信息管理中心副主任
　　　　　牛晓帆
大学生村官管理办公室主任、区委组织部组织科科长、非公办主任　　张　浩
干部监督室主任
　　　　　王洁莹（女）
人才工作办公室主任
　　　　　翁翔宇
人才工作办公室副主任
　　　　　李　成（1月免）
区委组织部办公室主任
　　　　　张兴学
公务员登记办公室主任
　　　　　彭新建

区委宣传部

区委常委、宣传部部长

杨 林

区委宣传部常务副部长

赵伟峰

区委宣传部副部长

王珺洁（女）

李志强（1月任）

原区文明办主任

赵 蔚（女，1月免）

原区文明办副主任

尹瑞山

区委外宣办主任

余志贞（女）

区委外宣办副主任

董 礼（女）

区文产办主任

王志勇

区文产办副主任

张 爽

区网信办主任

董湘芸（女）

统战部

部 长 付建峰

常务副部长 沈建忠

副部长 杨洁琛（女，1月任）

陶建莉（女，1月任）

李 莉（女）

政法委

书 记 卢书选

副书记 潘夕泉

张卫国（1月免）

姬松洲（1月任）

李朝辉（1月任）

黄昌平（1月任）

政工科科长 禹建伟

督促检查室主任

沈季惠（1月免）

付 嵩（1月任）

巡防办主任 朱 华

巡防办副主任

刘琳琳

燕 勇

原综治办副主任

王 熠

原维稳办副主任

郭文洋

区委机构编制委员会办公室

主 任 刘 敏（女，1月任）

副主任 陈占胜（1月任）

耿恩强（1月任）

区委老干部局

局 长 张 敏（女）

副局长 郑福海

关工委办公室主任

岳子琳（女）

城乡社区发展治理委员会

主 任 时 博（1月任）

常务副主任 袁小培（女，1月任）

副主任 敖 娜（女，1月任）

李 成（1月任）

中共金水区纪律检查委员会、金水区监察委员会

区委常委、区纪委书记、区监委主任 赵惠玲（女）

区纪委副书记、区监委副主任

刘建伟

张红梅（女）

区纪委常委、区监委委员

刘艳萍（女）

区纪委常委、区监委委员

段建飞

区纪委常委 赵建英（女）

黄利华（女）

区监委委员 胡 睿

曹 振

办公室主任 张春霞（女，1月任）

调研法规室主任

李安明

组织部部长、正科级纪检监察员

徐丽敏（女）

宣传部部长 王美琪（女）

党风政风监督室主任

郑军伟

党风政风监督室副主任

徐晶晔（女）

张春霞（女，1月免）

信访室主任 吕志坡

纪检监察干部监督室主任、正科级纪检监察员

姚战丽（女）

案件监督管理室副主任

杨 楠（1月免）

第一纪检监察室主任

丁海骧

第二纪检监察室主任、正科级纪检监察员 王明军

第三纪检监察室主任

杨 楠（1月任）

第四纪检监察室主任

韩 洁

第五纪检监察室主任

洪　涛（1月任）
第六纪检监察室主任
崔华伟
案件审理室主任
黄利华（女，兼任）
信息技术保障室主任
吴英超（女）
机关党委书记
刘艳萍（女，兼任）
机关党委副书记
吴英超（女，兼任）
姚战丽（女，兼任）
驻金水区城市管理局纪检监察组组长　来　涛
驻金水区人民检察院纪检监察组组长　赵　宇（女）
驻中共金水区委宣传部纪检监察组组长　李田中
驻中共金水区委统战部纪检监察组组长　张凤玲（女）
驻金水区人大常委会机关纪检监察组组长　刘利辉（女）
驻政协金水区委员会机关纪检监察组组长　王　铁
驻金水区发展改革和统计局纪检监察组组长　刘亚蕾（女）
驻金水区教育体育局纪检监察组组长　王昳方
驻金水区财政局纪检监察组组长
陈　琳
驻金水区人力资源和社会保障局纪检监察组组长
谷　健（女）
驻金水区住房和城乡建设局纪检监察组组长　吴亚红（女）
驻金水区卫生健康委员会纪检监察组组长　聂晓玥（女，1月任）
驻金水区市场监督管理局纪检监察组组长　常浩锋（1月任）
驻金水区人民法院纪检监察组组长　吴深磊
驻中共金水区委办公室纪检监察组组长　任海霞（女，1月任）
驻金水区人民政府办公室纪检监察组组长　牛曼丽（女，1月任）
驻中共金水区委组织部纪检监察组组长　刘东洋（1月任）
驻中共金水区委政法委员会纪检监察组组长　柴丽萍（女，1月任）
中共金水区委巡察工作领导小组办公室主任　孟培武
中共金水区委巡察工作领导小组办公室副主任
张可歌
区委巡察组组长
张军伟
武巧玲（女）
孙志立
孙　辉
区委巡察组副组长
杨　光
吴艺钦（女）
汪　琳（女）
副科级巡察专员
王　洋
陈　娟（女）
徐正皓
崔　巍

区委直属各单位

党　校

校长、区委副书记
李伟革
常务副校长　秦历源（女）
副校长　马国卿（女）

档案局

局　长　吕志献（1月免）
副局长　曾笑卫（女）
孙俊美（女）
档案馆馆长　王爱红（女）

金水区人大常委会

主任、党组书记
薛　燕（女）
副主任　李贻忠
许贵舟
燕建华
杜艳洁（女）
张　涛
党组成员　张　华
冯景义
杨　旗
李慧敏（女）

区人大常委会工作机构

办公室

主　任　李慧敏（女）
副主任　陈　冰（女）
朱治斌

财经工作委员会

主　任　单广州
副主任　梁新宇

法制工作委员会

主　任　林宇峰
副主任　赵　炜

城建工作委员会

主　任　　李军彦

代表联络工作委员会

主　任　　臧跃鹏

副主任　　马　骅（女）

教科文卫工作委员会

主　任　　李　涛

副主任　　田　森

信访办公室

主　任　　周淑娟（女）

副主任　　单丽霞（女）

老干部管理办公室

主　任　　邱　媛（女）

副主任　　李建生

金水区人民政府

区　长　　魏　东

常务副区长　杨　洁

副区长　　赵高翔

赵德武

竞新宇

张　川（女）

闵武杰

副县级干部　何守华

段庆洲

王　双（女）

王　珂

许　忠

江　涛

毛国安

党组成员　　杨宇峰

区政府工作机构

区政府办公室

主　任　　杨宇峰

党组专职副书记

史慧丽（女）

副主任　　高媛媛（女，兼）

单丙星（1月任）

张　申

邹会芳（兼）

吕　馨

（女，5月任，兼）

刘宇晓

李　剑（5月任）

地方史志办公室

主　任　　向天燕

副主任　　冯丽萍（女）

督促检查室

主　任　　王松洋

副主任　　陈　华

王　红（女）

电子政务中心

主　任　　武丽娜（女）

副主任　　李书乐（1月免）

金融服务办公室

（地方金融监管局）

主　任（局长）

黄国建（1月免）

副主任（副局长）

吴周水

杨涵媛（女）

区政务服务办公室

党组书记、主任

黄国建（1月任）

党组成员、副主任

王燕平（1月任）

李书乐（1月任）

区政务服务中心主任

刘洪超

区政务服务中心副主任

杨彦峰

赵佳滨（女）

社会公共管理办公室

主　任　　李学谦（5月免）

副主任　　李彦坤

陶　冶（女）

区发展改革和统计局

党组书记、局长

段亚丽（女）

党组成员、副局长

王松乾（1月任）

党组专职副书记

李遂山

党组成员、副局长

贺淑霞（女）

马映军

党组成员　　刘　粤（女，1月任）

贾　佳（女，1月任）

副局长　　王伯渠

重点项目办主任

范新芳（女）

重点项目办副主任

王　沛（女）

普查调查中心主任

丛东雷

价格认证中心主任
张　娜（女）
成本监测所所长
樊江涛

区教育体育局

党组书记、局长、区政府教育督导室主任　李　正
党组专职副书记
田彩霞（女）
党组成员、副局长
王德峰
高德圆
胡培林
区政府教育督导室副主任
李荣成
区高招办主任
曹鹏举

区科学技术局

党组书记、局长
郝庆丰
党组专职副书记
杨　琳（女）
副局长　张　戈
陈贞希（女）
李　洋
外国专家局局长
王　博

区工业和信息化局

局　长　李　敏（女，1月任）
党组书记　吴红梅（女，1月任）
党组专职副书记
罗春阳（女，1月任）
党组成员、副局长
宋有军（1月任）
崔　英（女，1月任）

区民政局

党组书记、局长
王金城（5月免）
刘　楠（5月任）
党组成员、副局长
王建德
副局长　赵学峰
社区服务中心主任
范　雷
社会工作指导中心副主任
阮晓祥

区司法局

党组书记、局长
郭　冰
副局长　黄敬胜
陈　瑜（女）
薛永明
鲍红丽（女）
依法治区办公室主任
张新建

司法所所长

丰庆路司法所所长
叶国梁
国基路司法所所长
张龙娟（女）
杨金路司法所所长
王艳杰（女）
丰产路司法所所长
闵岩锋
南阳路司法所所长
刘慧敏（女）
南阳新村司法所所长
胡品晶（女）
花园路司法所所长
郑燕涛（女）
人民路司法所所长
范　青（女）
经八路司法所所长
张婷婷（女）
文化路司法所所长
梁俊丽（女）
杜岭司法所所长
徐爱凤（女）
大石桥司法所所长
蔡松伟
东风路司法所所长
李湧涛
未来路司法所所长
华　凯（女）
北林路司法所所长
张艳丽（女）
兴达路司法所所长
张伟奇
凤凰台司法所所长
闫　寒

区财政局

党组书记、局长
袁先锋
党组专职副书记
袁志刚
党组成员、副局长
齐慧茹（女）
党组成员、副局长、金水投资公司经理　余志钦
党组成员、副局长
胡　昕（女）

总会计师　　轩兆伟
区国库集中收付中心主任
　　　　　　赵俊平(女)
区国库集中收付中心副主任
　　　　　　乔延杰
　　　　　　江发林
区国有资产监督管理办公室主任
　　　　　　魏　欣(女)
区国有资产监督管理办公室副主任　　刘晓静(女)
　　　　　　王晶晶(女)
区税源办公室主任
　　　　　　周艳红(女)
区税源办公室副主任
　　　　　　王　臻(女)
　　　　　　张　杰
区收费服务中心主任
　　　　　　娄保霞(女)
区收费服务中心副主任
　　　　　　李晓杰
区政府采购管理办公室主任
　　　　　　郁　凯
区财务投资管理办公室主任
　　　　　　张大勇

区人力资源和社会保障局

党组书记、局长
　　　　　　鞠　卫
党组副书记　郑湘梅（女）
副局长　　　张志刚
　　　　　　张　颖（女）
　　　　　　常小飞（女）

区自然资源局

党组书记、局长
　　　　　　梁新生（1月任）
党组副书记　陈伯磊（1月任）
党组成员、副局长
　　　　　　张志峰（1月任）
　　　　　　陈晓霞（女，1月任）
　　　　　　李　剑（1月任，5月免）
　　　　　　弓鸿勋（1月任）
党组成员、执法监察队队长
　　　　　　齐瑞鹏

区住房和城乡建设局

党组书记、局长
　　　　　　刘　辉
党组专职副书记
　　　　　　弓　俊
副局长　　　朱定强
　　　　　　王华杰
　　　　　　张爱民
　　　　　　荆云亮

区保障性住房管理办公室

主　任　　　弓　俊
副主任　　　周琰伟
　　　　　　贾　慧（女）
　　　　　　杨　华

区交通运输局

局　长　　　郭　峰
党组专职副书记
　　　　　　王　峥（女）
副局长　　　靳爱花（女）
　　　　　　刘晓南（女）
　　　　　　苑春营
运管局局长　万建奇
农管所所长　孟慧勇

区城市管理局

党组书记、局长
　　　　　　王延军
党组专职副书记
　　　　　　马喜才
党组成员、副局长、执法大队队长　　张家俭
党组成员、副局长
　　　　　　录军胜
　　　　　　邢爱玲（女）
　　　　　　史　进
金水区市容环境卫生管理队队长
　　　　　　聂思民
金水区市政设施管理养护所所长
　　　　　　刘红旗
金水区市容环境卫生管理队副队长　　张永庆
金水区绿化管理所所长
　　　　　　韩宏强

区城市综合执法大队

金水区城市管理局副局长、城市管理执法大队大队长
　　　　　　张家俭
金水区城市管理执法大队副大队长　　李化付
　　　　　　高延军

区农业农村工作委员会

党组书记、主任
　　　　　　张福敏
党组专职副书记
　　　　　　李会建
副主任　　　程俊红（女）
　　　　　　胡广华（女）
　　　　　　李俊锋

区农开办主任
周 军
区农开办副主任
屈泽华
区绿化办主任
张岱昕（5月免）
区绿化办副主任
苏 攀（回族）
区水资办主任
魏建平（女）

区环境保护局

党组书记、局长
胡 冰（女）
党组副书记 彭金亮
党组成员、副局长
袁永忠
王留政
王东亮
环境监察大队大队长
孟慧丽（女）

区商务局

党组书记、局长
赵 蔚（女，1月任）
党组专职副书记
邵 燕（女）
副局长 刘慧文（女）
马 超（回族）
张金萍（女）

区文化旅游局

党组书记、局长
许孔安
党组专职副书记
胡长卿
副局长 周新忠
宋柯薇（女）
郭小红（女）
区文化馆馆长
海 静（女，回族）
区图书馆馆长
贺秋艳（女）
区广电中心主任
俎姗姗（女）
区综合执法大队队长
庞 礴

区卫生健康委员会

党组书记、主任
李 东（1月任）
党组专职副书记
张 龙（1月任）
党组委员、副主任
高俊杰（1月任）
白志霞（女，1月任）
刘常红（女，1月任）
袁瑞辰（女，1月任）
金水区总医院党委书记、院长
屈燕鸣（女）
金水区妇幼保健所所长
石俊阁（女）
金水区卫生计生监督所所长
石 华（女）
金水区疾病预防控制中心主任
王慧敏
金水区医疗保健委员会办公室主任 窦春燕（女）
金水区健康教育所所长
杨殿庆
金水区计划生育协会会长
陈晓清（女）
金水区出生人口性别比综合治理办公室 赵能霞（女）
金水区流动人口计划生育管理办公室主任 黄 丽（女）

区退役军人事务局

党组书记、局长
解小杰
副局长 周法宪
季向东
自主择业中心主任
崔 杰
自主择业中心副主任
丁贵红

区应急管理局

党组书记、局长
库光耀（1月任）
党组专职副书记
邢宝丽（女，1月任）
党组成员、副局长
孙朝阳（1月任）
杨中军（1月任）
王金祥（1月任）
监察大队大队长
王金州

区审计局

党组书记、局长
黄 涛
专职副书记 代红梅（女）
副局长 马晓辉
巴成杰（回族）
经济责任审计办公室主任
牛秋沣（女）

区市场监督管理局

党组书记、副局长

李国强（1月任）

党组副书记、局长

彭　涛（1月任）

党组专职副书记

李红霞（女，1月任）

党组成员、副局长

胥亚鹏（1月任）

副局长　赵　阳（1月任）

党组成员、副局长

卢建国（1月任）

耿德涛（1月任）

赵　凯（1月任）

区医疗保障局

党组书记、局长

吕志献（1月任）

副局长　白利民（1月任）

宋小康（女，1月任）

区信访局

党组书记、局长

单红杰（1月任）

党组成员、副局长

杨增伟（1月任）

吴小芳（女，1月任）

郑　洁（1月任）

区人民防空办公室

主　任　周志伟

党组书记　刘艳亮（女）

党组专职副书记

岳彦华

党组成员、副主任

高海歌（女）

党组成员、副主任

许春颖（女）

区政府直属事业单位

区城市改造办公室

主　任　郭俊伟（5月免）

高媛媛（女，5月任）

党组专职副书记

马自芹（女）

副主任　高　珂

狄淦龙

张　舰

区爱卫办

主　任　芦燕宇（女，5月任）

副主任　庾蔓莉（女）

徐海伟

区房屋征收与补偿办公室

党组书记、主任

王林伟

党组副书记　沈百栋

副主任　李鸿涛

张小涛（女）

金水投资公司

经　理　余志钦

副经理　党卫军

赵　慧（女）

区楼宇办

主　任　李保超

副主任　于若雨（女）

宋广森

区直属机关事务管理局

党组书记、局长

鲁晓华（女，5月免）

谢　丹（5月任）

专职副书记　李宏建

副局长　宋海军

范红浩

区数字化城市管理指挥中心

主　任　吕　馨（女）

副主任　张耀伟

李士秀

杨伟生

张　燕（女）

金水建设综合开发有限公司

经理、党支部书记

王　项

副经理　孔颜可

张晓晶（女）

郑州金达房地产开发有限公司

经　理　邹会芳

副经理　赵志浩

张报峰

区接待办

党组书记、主任

谢　丹

党组成员、副主任

赵俊涛

赵灵妮（女）

区政府采购中心

党组书记、主任

王　丽（女）

专职副书记　缑花梅（女）
副主任　岳　娜（女）
陈泽辉

区政府投资评审中心

党组书记、主任
周保民
党组专职副书记
孙　奎
党组成员、副主任
孟保英（女）
任宗军

区粮食管理中心

党组书记、主任
李俊勇（5月免）
党组专职副书记
李亚磊
副主任　陈　丽（女）
党组成员、副主任
李培岩
党组成员　常胜男（女）

区城区综合交通管理办公室

党组书记、主任
翟华风
副主任　张锡杰

区滨水产业带管委会

党工委书记、管委会主任
郑长林（1月退）
办公室副主任
李　静（女）
史忠华
项目部部长　马　涛

中国（河南）自由贸易试验区郑州片区管理委员会金水区办事处

主　任　刘文奇
副主任　杨宁可（女）

政协金水区第九届委员会

主　席　武建民
副主席　王居良
宋红霞（女）
王　静（女）
刘凌云（女）
党组成员　徐建军
李劲松（女，满族，1月任）
享受上一级非领导职务生活待遇
赵海叶（女，5月退）
张建民（1月退）
秘书长、党组成员
张书林

区政协工作机构

办公室

主　任　张学亮
副主任　高超新

城建环保委员会

主　任　彭　英（女）
副主任　常　春（女）

民主法制委员会

主　任　赵竞生（回族）
副主任　王雁玲（女）

经济科技委员会

主　任　徐　工
副主任　魏华亮

学习文史提案委员会

主　任　王彩虹（女）
副主任　王　瑜（女）

港澳台侨委员会

主　任　邢惠娟（女）

委员管理联络委员会

主　任　王建伟（女）
副主任　宋　林

文教卫生委员会

主　任　白平坤
副主任　臧学庆

老干部管理办公室

主　任　袁永平（女）
副主任　田　恬（女）

区人民武装部

区委常委、部长
周学军
政　委　李继东（5月退）
曹红学（12月调离）

区人民检察院

党组书记、检察长
王　青（女）
党组副书记、副检察长
谷伟东
党组成员、副检察长
王　水（女）
李　斌
梁运芳（1月任）
党组成员、驻院纪检组组长
赵　宇（女）

专职检委会委员
甄菁华（女）
孙 刚

区人民法院

党组书记、院长
蔡理亮
党组副书记、副院长
王 琴（女）
党组成员、副院长
常 青（女）
赵 阳
李春强
党组成员、政治处主任
邓现民
党组成员、执行局局长
张启明
审委会专职委员
王松鹤
张春尧
崔 雷

群众团体

总工会

党组书记、主席
李劲松（女，满族）
党组成员、常务副主席
原晓青（女）

共青团

书 记 王 倩（女）
副书记 沈季惠（女，1月任）

妇女联合会

主 席 马晓宇（女）
党组书记 刘 泉（女）
副主席 王 晓（女）
区妇儿工委办主任
程钰娇（女）

科学技术协会

党组书记、主席
冯晓翠（女）
副主席 李军霞（女）
党组成员、副主席
刘 欣（女）
党组成员 左献伟
王 娜（女）

工商业联合会

会 长 李江波
党组书记 张祖卿（女）

残疾人联合会

党组书记、理事长
席秀卿（女）
副理事长 江 涛
党组专职副书记
青小丽（女）

红十字会

会 长 张 川（女）
常务副会长 王 炜（蒙古族）
副会长 张红丽（女）

派出机构

河南科技园区管理委员会

党工委书记、主任
张双喜
党工委副书记、常务副主任
梁振国
副主任 何 剑（回族）
刘 昭（回族）
张成军
综合科科长 王永飞
科技技术交易科科长
吴运峰
硬件建设管理科科长
魏 婧（女）

郑州金水科教园区管理委员会

党工委书记 魏 东
党工委副书记、管委会主任
李小虎
党工委委员、管委会副主任
杜保民
王 浩（女）
唐成山
党工委委员 郭文博
副县级干部 时军亮
党工委委员、管委会副主任
郝俊昌
党工委委员 徐 工
梁新生
规划建设局局长
杨建军
招商科技局局长
录青霞（女）
招商科技局副局长
索艳钊
产业发展办公室主任
崔 琦
产业发展办公室副主任
庞 浩（回族）
企业服务中心主任
孙建力
企业服务中心副主任
张铁军
韩 宁（女）

市政环保局副局长
张国辉

郑州市金水区国家知识产权创意产业试点园区管理委员会

主　任　王爱辉（女）
副主任　刘运泽
高学峰
崔文修
办公室主任　史金奎
知识产权服务局局长
郝国胜
招商局局长　许士柯
产业发展局局长
朱振华（女）
快速维权中心主任
姚　琳（女）
办公室副主任
王　刚
招商局副局长
张　鹤
产业发展局副局长
肖会珍（女）
快速维权中心副主任
吴　洋
杨　帆

丰庆路街道

党工委书记
郑迎波
党工委副书记、办事处主任
乔战峰
党工委副书记
胡香荣（女）
人大工委主任
刘启锋
纪工委书记
史金霞（女）
办事处副主任
王天柱
牛建民
谢晓飞
党工委委员　王　震
党工委委员、武装部部长
郭　伟
党工委委员　张笑倩（女）

杨金路街道

党工委常务副书记
秦　伟
党工委副书记、办事处主任
王　刚
党工委副书记
李彦松
人大工委主任
韦　伟
纪工委书记　杨关勤
办事处副主任
武明辉
杨伟松
李坚明
党工委委员、武装部部长
姚伟强
党工委委员　邢慧敏（女）
马　焜

国基路街道

党工委书记　孔之见（5月免）
党工委副书记、办事处主任
孙大志
党工委副书记
田　波
人大工委主任
王德峰
纪工委书记　王建华
办事处副主任
靳战峰
张　柯
田宇飞
党工委委员　刘春光
鲁庆华
党工委委员、武装部部长
孙立中
司法所所长　张龙娟（女）
食药所所长　李　凯
执法中队队长
赵永刚

丰产路街道

党工委书记　王　展
党工委副书记、办事处主任
郭俊伟（1月任）
党工委副书记
王　喆（回族）
人大工委主任
吉智勇
纪工委书记　胡传雷
办事处副主任
白新国
韩　冰
沙广森
党工委委员　汪亚琴（女）
党工委委员　徐新峰
党工委委员、武装部部长
翟　凯
工商质监所所长
魏跃武
食药所所长　鲁银环（女）

南阳路街道

党工委书记　李国梁
党工委副书记、办事处主任
　　　　　　吴　昊
党工委副书记
　　　　　　李　杰
人大工委主任
　　　　　　王　莉（女）
纪工委书记　关　磊
办事处副主任
　　　　　　杨顺利
　　　　　　池晓东
　　　　　　李俊霞（女）
党工委委员　王艳平（女）
　　　　　　郑　宏（女）
党工委委员、武装部部长
　　　　　　祁　帅

南阳新村街道

党工委书记　连　卿
党工委副书记、办事处主任
　　　　　　王　东
党工委副书记
　　　　　　李　昕
人大街道工委主任
　　　　　　李宗昌
纪工委书记　郑顺英（女）
办事处副主任
　　　　　　徐清朴
　　　　　　贾建立
　　　　　　李建强
党工委委员、武装部部长
　　　　　　张进福
党工委委员　赵　宇（女）
　　　　　　孟马成
司法所所长　胡品晶（女）

花园路街道

党工委书记　张俊英（女）
党工委副书记、办事处主任
　　　　　　曾　辉
党工委副书记
　　　　　　崔海东
人大工委主任
　　　　　　曹建刚
纪工委书记　师建义
办事处副主任
　　　　　　宋延军
　　　　　　冯　燕（女，5月免）
　　　　　　荆小娣（女，5月任）
党工委委员　荆小娣（女，5月免）
　　　　　　刘立平（女）
司法所所长　郑艳涛（女）

人民路街道

党工委书记　董青丽
　　　　　　（女，回族）
党工委副书记、办事处主任
　　　　　　徐峰杰
党工委副书记
　　　　　　邵金安
人大工委主任
　　　　　　王青峰
纪工委书记　赵　亮
办事处副主任
　　　　　　陈志立
　　　　　　陈东洲
　　　　　　丁　剑
党工委委员　谈振丽（女）
党工委委员、武装部部长
　　　　　　张晓戈（女）
党工委委员　刘国民

经八路街道

党工委书记　李　华（女）
党工委副书记、办事处主任
　　　　　　赵　聪
党工委副书记
　　　　　　冯　燕（女，5月任）
人大工委主任
　　　　　　赵建凌
纪工委书记　钱东方（女）
办事处副主任
　　　　　　袁书强
　　　　　　王利伟
　　　　　　姚　淼
党工委委员　王　燕（女）
党工委委员、武装部部长
　　　　　　胡志爽
党工委委员　姚丽华（女）

文化路街道

党工委书记　王麟乐
党工委副书记、办事处主任
　　　　　　杨正杰
党工委副书记
　　　　　　谭　丽（女）
人大工委主任
　　　　　　田保松
纪工委书记　王雪萍（女）
办事处副主任
　　　　　　吴　颖（女）
　　　　　　李一丁
　　　　　　方雅蕾（女）
党工委委员　张士朝
　　　　　　贾江华
党工委委员、武装部部长
　　　　　　沈　辉

杜岭街道

党工委书记　花　磊
党工委副书记、办事处主任
　　鲁晓华（女，1月任）
党工委副书记
　　朱其明
人大街道工委主任
　　王　莉（女）
纪工委书记　史卫萍（女）
办事处副主任
　　金　凤（女）
　　杨晏涛
　　王爱东（女）
党工委委员　周宝芝（女）
党工委委员、武装部部长
　　段咏鹏
党工委委员　刘　楠

大石桥街道

党工委书记　刘继峰
党工委副书记、主任
　　李存保（女）
党工委副书记
　　赵子名
人大工委主任
　　宋　锋
纪工委书记　张静燕（女）
办事处副主任
　　方　亮
　　宋永胜
党工委委员　沈　荣（女）
党工委委员、武装部部长
　　邓森赫
党工委委员　陈宇旸

东风路街道

党工委书记　张双喜
党工委常务副书记
　　梁振国
党工委副书记、办事处主任
　　王　栋
党工委副书记
　　王广敏
人大工委主任
　　周桂荣（女）
纪工委书记　郝书文
办事处副主任
　　黄振营
　　史　锘（女）
党工委委员、武装部部长
　　王　勇
党工委委员　董丽霞（女）
　　付庆彬
执法中队长　耿　亚

未来路街道

党工委书记　聂思军
党工委副书记、办事处主任
　　汪守景
党工委副书记
　　任景刚
人大工委主任
　　魏　航
纪工委书记　韦丽云（女）
办事处副主任
　　钱其旺
　　葛　宁（女）
　　张卫民
党工委委员　岳振华
党工委委员、武装部部长
　　李　占
党工委委员　刘　倩（女）

北林路街道

党工委书记　牛　易
党工委副书记、办事处主任
　　石中亮
党工委副书记
　　王建锋
人大工委主任
　　孙士先
纪工委书记　刘雅丽（女）
办事处副主任
　　张云丽（女）
　　吴焕军
　　廖　啸
党工委委员　李　科（女）
　　徐　洋
　　许小伟（1月任）
党工委委员、武装部部长
　　吴　巍（女，1月免）
司法所所长　张艳丽（女）

凤凰台街道

党工委书记　翟俊杰
党工委副书记、办事处主任
　　魏建鹏
党工委副书记
　　李朝欣
人大工委主任
　　杨立伟
纪工委书记　刘　冲
办事处副主任
　　周　凯
　　张　波
　　杨永杰

党工委委员 敖 娜（女，1月免）
贾海涛
党工委委员、武装部部长
樊文广
党工委委员 冯 雷（1月任）

兴达路街道

党工委书记 刘 楠（5月免）
孔之见（5月任）
党工委副书记、办事处主任
崔 辉
党工委副书记
路 莹（女）
人大工委主任
夏伏军
纪工委书记 李 鹏
办事处副主任
杨 振
姚国庆
刘晓攀（12月任）
党工委委员 姚建永
王 莉（女）
党工委委员、武装部部长
冯可攀
司法所所长 张伟奇
执法中队中队长
李 华
食药所所长 刘奎斌
工商所所长 周亚辉

垂直管理单位

国家税务总局郑州市金水区
税务局

党委书记、局长
焦豫安
党委副书记、副局长
王丁虎
党委委员、副局长
李红卫
李伟锋
李 莉（女）
陈建新
丁郑强
薛新辉
王国胜
张春晖（女）
党委委员、纪检组长
巴 郁
党委委员 黄海清（女）

金水规划服务中心
（金水规划分局）

主 任 葛 咏（7月任）
副局长 张 鹏

金水市场发展中心

书记、主任 贾大志
副主任 明 涛

金水路公安分局

局 长 冯献彬

东风路公安分局

局 长 丁配杰

丰产路公安分局

政 委 陈建平
局 长 （空缺）

柳林公安分局

局 长 姬勇斌

未来路公安分局

局 长 刘卫民
政 委 魏建青

南阳路公安分局

局 长 赵书文
政 委 吴天军

文化路公安分局

局 长 王 浩
政 委 张 进（女）

区消防救援大队

教导员 贾小锋
大队长 李伟峰
副大队长 朱 华

荣 誉

2019 年度综合工作考核
优秀单位（34 家）

街道组：凤凰台街道、未来路街道、北林路街道、花园路街道、经八路街道

区直一组：区委办公室（区委机要保密局）、区人大常委会机关、区政府办公室（区自贸办）、区政协机关、区纪委监委（区委巡察办）、区委政法委、区委组织部（区直机关党工委、区绩效办）、区委宣传部（区文明办）、区人武部（区国教办）、区委统战部（区民宗局、区工商联、区台办）、区总工会、区人民检察院、区人民法院、区委编办

区直二组：郑州科教园区管委会、区教体局、区城管局、区人社局、区市场监督管理局、区信访局、区执法大队、区农委、区发改统计局、区保障性住房管理办公室、区住建局、区城改办、区财政局（金水投资公司）、区自然资源局、区事管局

2019 年度综合工作考核
先进单位（32 家）

街道组：丰庆路街道、人民路街道、文化路街道、东风路街道、国基路街道、杨金路街道、兴达路街道

区直一组：区科协、团区委、区妇联、区委老干部局、区委党校、区委社治委

区直二组：区应急管理局、区卫健委、区科技局、区文化旅游局、国家知识产权创意园区管委会、区商务局、区司法局、区征收办、区接待办、区审计局、河南科技园区管委会、区工信局、区民政局、区数字化、区爱卫办（城考办）、区政府投资评审中心、区社管办、市生态环境局金水分局、金达房地产开发有限公司

优质服务奖单位（17 家）

国家税务总局河南省税务局第三税务分局

国家税务总局郑州市税务局第一税务分局

国家税务总局郑州市税务局第一稽查局

国家税务总局郑州市金水区税务局

金水规划分局

金水区消防救援大队

金水路公安分局

东风路公安分局

丰产路公安分局

柳林公安分局

未来路公安分局

南阳路公安分局

文化路公安分局

市场管理处

郑州交巡警一大队

郑州交巡警四大队

郑州交巡警五大队

2019 年度全区各单位获奖情况

全区各单位获得市委、市政府及以上奖励共计 190 项。

一、经八路街道办事处

河南省三八红旗集体荣誉称号（河南省妇女联合会）

第 11 届全国少数民族传统体育运动会郑州市服务保障工作集体三等功（中共郑州市委、郑州市人民政府）

2018 年度依法行政示范单位（郑州市人民政府）

二、人民路街道办事处

河南省三八红旗集体荣誉称号（河南省妇女联合会）

2018 年度市级文明社区（紫荆山路社区）（中共郑州市委、郑州市人民政府）

2018 年度“爱国卫生杯”先进单位（郑州市人民政府）

三、丰庆路街道办事处

河南省五星规范化司法所（河南省司法厅）

先进基层武装部（中共郑州市委、郑州市人民政府、郑州警备区）

2018 年度新型城镇化工作先

进单位（中共郑州市委、郑州市人民政府）

2018 年度市级园林小区（普罗旺世波特兰小区）（郑州市人民政府）

四、南阳路街道办事处

2018 年度环境污染防治攻坚先进单位（中共郑州市委、郑州市人民政府）

2018 年度市级文明单位（中共郑州市委、郑州市人民政府）

五、南阳新村街道办事处

优秀志愿服务组织（河南省精神文明建设指导委员会）

六、杜岭街道办事处

第 11 届全国少数民族传统体育运动会郑州市服务保障工作集体三等功（中共郑州市委、郑州市人民政府）

2018 年度市级文明单位（中共郑州市委、郑州市人民政府）

2018 年度“爱国卫生杯”先进单位（郑州市人民政府）

七、花园路街道办事处

2018 年全省老干部工作优秀调研成果（中共河南省委老干部局）

河南省五星规范化司法所（河南省司法厅）

第 11 届全国少数民族传统体育运动会郑州市服务保障工作集体三等功（中共郑州市委、郑州市人民政府）

2018 年度市级文明单位（中共郑州市委、郑州市人民政府）

2018 年度百城建设提质工程工作先进集体（郑州市人民政府）

2019 年度“爱国卫生杯”竞赛先进集体（郑州市人民政府）

八、未来路街道办事处

省级园林小区（天佑小区）（河南省住建厅）

第 11 届全国少数民族传统体育运动会郑州市服务保障工作集体三等功（中共郑州市委、郑州市人民政府）

市级文明社区（升龙社区）（中共郑州市委、郑州市人民政府）

2018 年度“爱国卫生杯”金杯（郑州市人民政府）

2019 年度“爱国卫生杯”竞赛先进集体（郑州市人民政府）

九、北林路街道办事处

智慧养老示范街道（中华人民共和国工信部、中华人民共和国民政部、中华人民共和国卫生健康委员会）

河南省级文明单位（中共河南省委、河南省人民政府）

河南省“绿色社区”（国泰花园社区、金基社区）（河南省生态环境厅）

河南省综合减灾示范社区（金基社区）（河南省减灾委员会、河南省民政厅）

第 11 届全国少数民族传统体育运动会郑州市服务保障工作集体三等功（中共郑州市委、郑州市人民政府）

2018 年度“爱国卫生杯”先进单位（郑州市人民政府）

2018 年度城区道路交通秩序综合治理工作先进单位（郑州市人民政府）

2019 年度“爱国卫生杯”竞赛先进集体（郑州市人民政府）

十、凤凰台街道办事处

武装工作基层建设先进单位（中共河南省委、河南省人民政府、河南省军区）

河南省“绿色社区”（检察院社区）（河南省生态环境厅）

河南省农业科普宣传工作先进单位（河南省科学技术协会）

河南省五星规范化司法所（河南省司法厅）

2019 年度“爱国卫生杯”竞赛先进集体（郑州市人民政府）

十一、杨金路街道办事处

河南省农村科普宣传工作先进单位（河南省科学技术协会）

2018 年度新型城镇化工作先进集体（中共郑州市委、郑州市人民政府）

十二、文化路街道办事处

中国特色商业街（农科路）（中国城市商业网点建设管理联合会步行商业街工作委员会）

第 11 届全国少数民族传统运动会筹办工作突出单位（中共河南省委、河南省人民政府）

省级星级充分就业社区（农西社区）（河南省人社厅）

河南省五四红旗团委（共青团河南省委）

2019 年度河南省基层工会规范化建设示范点（河南省总工会）

第 11 届全国少数民族传统体育运动会郑州市服务保障工作集体三等功（中共郑州市委、郑州市人民政府）

先进基层武装部（中共郑州市委、郑州市人民政府、郑州警备区）

十三、东风路街道办事处

省级星级充分就业社区（丰乐花苑社区）（河南省人社厅）

第 11 届全国少数民族传统体育运动会郑州市服务保障工作集体三等功（中共郑州市委、郑州市人民政府）

十四、丰产路街道办事处

综合减灾示范社区（德亿社区）（国家减灾委员会、中华人民共和国应急管理部）

第 11 届全国少数民族传统体育运动会郑州市服务保障工作集体三等功（中共郑州市委、郑州市人民政府）

十五、大石桥街道办事处

河南省农村科普宣传工作先进单位（河南省科学技术协会）

河南省全国科普日优秀特色活动（河南省科学技术协会）

河南省科普示范社区（中亨社区）（河南省科学技术协会）

河南省优秀志愿服务团队（河南省文化和旅游厅）

2018 年度市级文明单位（中共郑州市委、郑州市人民政府）

十六、区委办公室

2018 年度综合工作优秀单位（中共郑州市委、郑州市人民政府）

2018 年度目标工作先进单位（郑州市人民政府）

十七、区人大常委会机关

2019 年度河南省人大宣传工作先进单位（河南省人大常委会办公厅）

十八、区政府办公室

2018 年郑州市政府决策研究优秀成果（郑州市人民政府）

2018 年度政务督查工作先进单位（郑州市人民政府）

2017—2018 年度全市金融工作先进集体（郑州市人民政府）

十九、区政协机关

2019 年度《协商论坛》宣传工作先进单位（政协河南省委员会办公厅）

二十、区纪委监委

2018 年度全省纪检监察信息工作先进单位（中共河南省纪委办公厅）

二十一、区人武部

全面停止军队有偿服务工作先进单位（中华人民共和国人力资源和社会保障部、中央军委政治工作部、中央军委后勤保障部）

深化民兵调整改革先进单位（河南省军区）

征兵工作先进单位（中共郑州市委、郑州市人民政府、郑州警备区）

二十二、区委组织部

2018 年度综合工作优秀单位（中共郑州市委、郑州市人民政府）

二十三、区委宣传部

第 11 届全国少数民族传统运动会筹办工作突出单位（中共河南省委、河南省人民政府）

河南省第三届社会主义核心价值观主题微电影征集、展示活动好作品奖《老谷》（中共河南省委宣传部）

二十四、区委统战部

中国统一战线宣传工作先进单位（中央统战部）

中国统一战线宣传标兵（中央统战部）

2019 年度中央台办“两刊宣传工作先进单位”（中央台办）

第 11 届全国少数民族传统运动会筹办工作突出单位（中共河南省委、河南省人民政府）

二十五、区委政法委

新中国成立 70 周年大庆全省安全稳定工作突出集体（中共河南省委、河南省人民政府）

第 11 届全国少数民族传统运动会筹办工作突出单位（中共河南省委、河南省人民政府）

2018 年度平安建设先进集体（中共郑州市委、郑州市人民政府）

二十六、区法院

全国法院“基本解决执行难”工作先进单位（最高人民法院、中华人民共和国人力资源和社会保障部）

第一届全国法院审判管理优秀业务单位（最高人民法院审判管理办公室）

2018年度人民法院审判管理重大研究课题《法官业绩考核评价体系研究——以河南省金水区人民法院为视角》被评审为优秀课题（中国法学会审判理论研究会审判管理理论专业委员会）

第八届河南省“青少年维权岗”（共青团河南省委、河南省高级人民法院）

2018年度全省法院信息工作表现突出基层法院（河南省高级人民法院）

集体二等功（河南省高级人民法院）

2019年全省优秀行政裁判文书评选活动三等奖（河南省高级人民法院）

二十七、区检察院

未成年检察社会支持体系建设工作十大案例（最高人民检察院）

全国检察机关刑罚执行监督精品案件（最高人民检察院第五检察厅）

全国检察机关羁押必要性审查精品案例（最高人民检察院第五检察厅）

2016—2018年全国“青少年维权岗”（中国共产主义青年团中央委员会维护青少年权益部）

“图说河南检察”新闻摄影比赛一等奖（河南省人民检察院）

检察机关转型工作集体二等奖（河南省人民检察院）

综合考评先进基层检察院（河南省人民检察院）

全省检察机关创新品牌奖（河南省人民检察院）

全省检察机关信息直报点工作先进单位（河南省人民检察院办公室）

二十八、区总工会

2018年度基层职工互助保障工作优秀单位（中国职工保险互助会）

2018年度工会财务工作先进集体（河南省总工会办公室）

二十九、区委老干部局

2018年全省调研工作先进单位（中共河南省委老干部局）

2018年重点调研课题成果三等奖（中共河南省委老干部局）

第七届全省青少年素质教育手抄报系列活动优秀组织奖（河南省关心下一代工作委员会办公室）

三十、团区委

第11届全国少数民族传统运动会筹办工作突出单位（中共河南省委、河南省人民政府）

《中华人民共和国红十字会法》暨红十字青少年自救互救知识竞赛活动单位组织奖一等奖（中国红十字会总会办公室）

三十一、区妇联

巾帼志愿者十大暖心故事（中华全国妇女联合会）

第七届中国公益慈善项目交流展示会（第七届中国公益慈善项目交流展示会组委会办公室）

宣传工作先进单位（河南省妇女联合会）

2018—2019年全省妇联读书活动最佳组织单位（河南省妇女联合会）

三十二、区科学技术协会

河南省第十三届青少年科学素质大赛优秀组织单位（中央宣传部、共青团河南省委、河南省教育厅、河南省科学技术协会）

2019年全国科普日活动优秀组织单位（中国科协办公厅）

2019年全国科普日优秀活动（中国科协办公厅）

河南省农村科普工作先进单位（河南省科学技术协会）

2019年全民科学素质网络竞赛优秀组织单位（河南省科学技术协会、河南省教育厅、河南省科学技术厅）

2019年河南省全国科普日优秀特色活动（河南省科学技术协会）

河南省青少年科技创新大赛优秀组织单位（河南省科学技术协会、河南省教育厅、河南省科学技术厅）

三十三、区红十字会

第11届全国少数民族传统运动会筹办工作突出单位（中共河南省委、河南省人民政府）

《中华人民共和国红十字会法》暨红十字青少年自救互救知识竞赛活动单位组织奖一等奖（中国红十字会总会办公室）

三十四、区信访局

新中国成立70周年大庆全

省安全稳定工作突出集体（中共河南省委、河南省人民政府）

2018 年全市信访工作先进单位（中共郑州市委、郑州市人民政府）

第 11 届全国少数民族传统体育运动会郑州市服务保障工作先进集体（中共郑州市委、郑州市人民政府）

三十五、区城改办

2018 年度新型城镇化工作先进集体（中共郑州市委、郑州市人民政府）

2018 年度百城建设提质工程工作先进区（中共郑州市委、郑州市人民政府）

三十六、区卫健委

第 11 届全国少数民族传统运动会筹办工作突出单位（中共河南省委、河南省人民政府）

第四届健康中国微视频大赛优秀剧情作品（国家卫健委人口文化发展中心）

全国妇联第二届新时代巾帼志愿者暖心故事展播活动“十大暖心活动”（全国妇联宣传部）

2018 年度改善医疗服务示范单位（国家卫生健康委员会医政医管局健康报社）

2019 年河南省基层工会规范化建设示范点（河南省总工会）

2018 年全国“家庭健康促进行动”试点单位（河南省计划生育协会）

2019 年河南省计划生育协会宣传工作先进单位（河南省计划生育协会）

三十七、区农委

国家农产品质量安全县（中华人民共和国农业部）

县域节水型社会（河南省水利厅）

郑州市依法行政示范单位（郑州市人民政府）

三十八、区人社局

中国劳动保障报新闻宣传工作先进单位（中国劳动保障报社）

2018 年度全省人力资源社会保障系统信访维稳工作先进集体（河南省人社厅）

中国河南招才引智创新发展大会筹办工作先进单位（郑州市人民政府）

全民技能振兴工作先进单位（郑州市人民政府）

三十九、区教体局

2019 年全国校园篮球冠军赛（小学组）总决赛女子组季军（中华人民共和国教育部）

第 11 届全国少数民族运动会筹备工作通报表扬（中共河南省委、河南省人民政府）

全国第六届中小学生艺术展演活动优秀组织奖（中华人民共和国教育部办公厅）

全国第六届中小学生艺术展演活动艺术表演类小学甲组二等奖（纬五路第一小学）（中华人民共和国教育部办公厅）

“新时代好少年”主题教育读书活动“我为祖国点赞”先进集体（中华人民共和国教育部关心下一代工作委员会）

“新时代好少年”主题教育读书活动“我为祖国点赞”示范学校（郑州市第七十七中）（中华人民共和国教育部关心下一代工作委员会）

河南省科技活动特色学校（艺术小学）（河南省科学技术协会、河南省教育厅、河南省财政厅）

2018 年度河南省生源地信用助学贷款工作考核优秀单位（河南省教育厅）

2019 年度河南省教育信息化 2.0 示范区创建区域（河南省教育厅）

河南省 2017—2019 年度家教工作卓越区（河南省教育厅）

河南省中小学书香校园（文化绿城小学、沙口路小学）（河南省教育厅）

第一批河南省中小学数字校园标杆校（文化路第三小学、艺术小学）（河南省教育厅）

第二批河南省中小学创客教育示范校（郑州市第七十一中学）（河南省教育厅）

2019 年河南省中小学德育工作先进集体（文化路第一小学）（河南省教育厅）

河南省第二批中小学知识产权普及教育示范基地（郑州龙门实验学校、文化路第一小学、文化路第三小学、工人第一新村小学、沙口路小学）（河南省知识产权局）

第六批省中小学知识产权普及教育实验基地（郑州市第七十六中学、黄河路第三小学、未来小学、郑州市第七十一中学、黄河路第一小学、南阳路第二小学、农科路小学、文化路第二小学）（河南省知识产权局）

2018 年度河南省青少年体育工作先进集体（河南省体育局）

四十、区发改统计局

2018 年度郑州市生态建设先进单位（中共郑州市委、郑州市人民政府）

2018 年度郑州市产业发展工作先进单位（郑州市人民政府）

四十一、区工信局

2018 年度郑州市产业发展工作先进单位（郑州市人民政府）

四十二、区文化旅游局

第 11 届全国少数民族传统运动会筹办工作突出单位（中共河南省委、河南省人民政府）

“大爱金水 志愿同行”金水区文化志愿者走基层系列活动荣获全省优秀文化志愿服务项目称号（河南省文化和旅游厅）

2018 年度市级文明单位（中共郑州市委、郑州市人民政府）

四十三、区保障办

2018 年度住房租赁工作先进集体（中共郑州市委、郑州市人民政府）

2018 年度百城建设提质工程工作先进集体（郑州市人民政府）

四十四、区城管局

2019 年度环卫工作先进集体（郑州市人民政府）

2019 年度市级园林小区（经三名筑小区、英地天骄华庭小区、邮政家属院小区、金成时代广场）（郑州市人民政府）

四十五、区执法大队

服务型行政执法标兵（河南省法治政府建设领导小组办公室）

行政执法责任制示范点（河南省法治政府建设领导小组办公室）

第 11 届全国少数民族传统体育运动会郑州市服务保障工作先进集体（中共郑州市委、郑州市人民政府）

四十六、区应急管理局

第 11 届全国少数民族传统运动会筹办工作突出单位（中共河南省委、河南省人民政府）

2017—2018 年度河南省青年文明号（共青团河南省委、河南省高级人民法院）

2019 年度河南省综合减灾（安全）示范社区（蓝堡湾社区、晖达社区）（河南省应急管理厅）

2018 年安全生产先进单位（河南省人民政府安全生产委员会）

四十七、区商务局

中国特色商业街（中国城市商业网点建设管理联合会、步行商业街工作委员会）

四十八、区司法局

全国“七五”普法中期先进集体（全国普及法律常识办公室）

人民调解宣传工作先进集体（中华全国人民调解员协会）

河南省 2017—2018 年度法律援助优秀案件（河南省法律援助中心）

四十九、区科技局

2016—2018 年度郑州市科技创新管理工作先进集体（中共郑州市委、郑州市人民政府）

五十、区审计局

2018 年度全省地方政府性债务审计调查先进集体（河南省审计厅）

2017 年度保障性安居工程跟踪审计先进集体（2019 年颁发）（河南省审计厅）

五十一、区市场监督管理局

国家知识产权强县工程示范区（国家知识产权局）

第 11 届全国少数民族传统运动会筹办工作突出单位（中共河南省委、河南省人民政府）

2018 年度市场主体年报先进集体（河南省市场监督管理局）

五十二、区事管局

第 11 届全国少数民族传统体育运动会郑州市服务保障工作先进集体（中共郑州市委、郑州市人民政府）

五十三、区楼宇办

金水区获得“中国最具价值投资城区”荣誉称号（中国楼宇经济全球合作大会组委会）

五十四、区接待办

第 11 届全国少数民族传统运动会筹办工作突出单位（中共河南省委、河南省人民政府）

五十五、郑州金水科教园区管委会

国家级孵化器（聚方孵化器、尚合企业孵化器）（中华人民共和国科技部）

国家企业技术中心（信大捷安）（中华人民共和国国家发展和改革委员会）

纳入国家大数据（河南）综合试验区核心区（河南省人民政府）

2017—2018年河南省服务外包示范园区综合评价第一名（河南省商务厅、河南省发展改革委、河南省科技厅、河南省教育厅、河南省工业和信息化厅、河南省财政厅、河南省人力资源社会保障厅、河南省税务局、国家外汇管理局河南省分局）

郑州市信息技术服务产业集聚群（郑州市人民政府）

五十六、国家知识产权创意产业试点园区管委会

世界知识产权组织第三批技术与创新支持中心筹建机构（国家知识产权局办公室）

2018—2019省级工业设计产业园（河南省工业和信息化委员会）

2019年度知识产权政务信息报送工作先进集体（河南省知识产权局办公室）

2018年度郑州市服务业发展先进单位（郑州市人民政府）

2019年常委会文件

金水区人民代表大会常务委员会任命名单

金人常〔2019〕1号

2019年1月29日

金水区人民代表大会常务委员会任命名单

金人常〔2019〕2号

2019年1月29日

金水区人民代表大会常务委员会关于印发《金水区人大常委会2019年工作要点》的通知

金人常〔2019〕3号

2019年3月20日

金水区人民代表大会常务委员会关于确定2019年度向区人大常委会述职并接受评议的我区选举产生的郑州市十五届人大代表的决定

金人常〔2019〕4号

2019年3月20日

金水区人民代表大会常务委员会关于批准金水区人民政府2019年政府投资项目年度计划的决议

金人常〔2019〕5号

2019年3月20日

金水区十三届人大常委会第十八次会议对区人民检察院《关于公益诉讼工作情况的报告》的审议意见

金人常〔2019〕6号

2019年5月31日

金水区十三届人大常委会第十八次会议对区人民政府《关于金水区卫生健康工作情况的报告》的审议意见

金人常〔2019〕7号

2019年5月31日

金水区人民代表大会常务委员会任命名单

金人常〔2019〕8号

2019年5月31日

金水区人民代表大会常务委员会任免名单

金人常〔2019〕9号

2019年5月31日

金水区人民代表大会常务委员会任命名单

金人常〔2019〕10号

2019年5月31日

金水区人民代表大会常务委员会任免名单

金人常〔2019〕11号

2019年5月31日

金水区十三届人大常委会第十九次会议关于批准金水区2018年度财政决算的决议

金人常〔2019〕12号

2019年7月26日

金水区十三届人大常委会第十九次会议对区人民政府《关于金水区2019年上半年国民经济和社会发展计划执行情况的报告》的审议意见

金人常〔2019〕13号

2019年7月26日

金水区十三届人大常委会第十九次会议对区人民政府《关于金水区2018年度财政决算和

2019年上半年财政收支预算执行情况的报告》的审议意见

金人常〔2019〕14号

2019年7月26日

金水区十三届人大常委会第十九次会议对区人民政府《关于金水区2018年度本级预算执行和其他财政收支的审计工作报告》的审议意见

金人常〔2019〕15号

2019年7月26日

金水区十三届人大常委会第十九次会议对区人民政府《关于“七五”普法工作情况的报告》的审议意见

金人常〔2019〕16号

2019年7月26日

金水区十三届人大常委会第十九次会议对区人民政府《关于金水区环境保护工作情况的报告》的审议意见

金人常〔2019〕17号

2019年7月26日

金水区十三届人大常委会第十九次会议对区人民政府《关于金水区社区文化活动中心建设情况的报告》的审议意见

金人常〔2019〕18号

2019年7月26日

金水区十三届人大常委会第二十次会议关于区人民政府《关于金水区十三届人大四次会议代表建议办理情况的报告》的审议意见

金人常〔2019〕19号

2019年9月29日

金水区十三届人大常委会第二十次会议关于区人民政府《关于金水区楼宇经济工作情况的报告》的审议意见

金人常〔2019〕20号

2019年9月29日

金水区十三届人大常委会第二十次会议对区人民政府《金水区科技创新与科技成果转化工作情况的报告》的审议意见

金人常〔2019〕21号

2019年9月29日

金水区人民代表大会常务委员会关于实施民生实事项目区人大代表票决制工作的决定

金人常〔2019〕23号

2019年11月28日

金水区人民代表大会常务委员会关于对2019年度人大代表优秀建议批评和意见进行表扬的通报

金人常〔2019〕24号

2019年11月28日

金水区人民代表大会常务委员会关于对2019年度办理代表建议批评和意见先进单位进行表扬的通报

金人常〔2019〕25号

2019年11月28日

金水区人民代表大会常务委员会任免名单

金人常〔2019〕26号

2019年11月28日

金水区人民代表大会常务委员会任免名单

金人常〔2019〕27号

2019年11月28日

金水区十三届人大常委会第二十二次会议关于批准金水区人民政府调整2019年度财政收支预算的决议

金人常〔2019〕28号

2019年12月2日

金水区十三届人大常委会第二十二次会议对区人民法院《关于刑事审判工作情况的报告》的审议意见

金人常〔2019〕29号

2019年12月2日

金水区十三届人大常委会第二十二次会议对区人民政府《关于金水区市政道路建设与管理工作情况的报告》的审议意见

金人常〔2019〕30号

2019年12月2日

金水区十三届人大常委会第二十二次会议对区人民政府《关于金水区大棚户区改造安置房建设工作情况的报告》的审议意见

金人常〔2019〕31号

2019年12月2日

金水区人民代表大会常务委员会关于接受黄保卫辞去郑州市第十五届人民代表大会代表职务的决定

金人常〔2019〕32号

2019年12月19日

关于接受黄保卫辞去郑州市第十五届人民代表大会代表职务的报告

金人常〔2019〕33号

2019年12月19日

郑州市人民政府令

第223号

《郑州市地方志工作规定》业经2017年11月2日市人民政府第76次常务会议审议通过，现予公布，自2017年12月22日起施行。

市长　程志明

2017年11月21日

郑州市地方志工作规定

第一条　为了继承和发扬中华民族优秀文化传统，全面、客观、系统地编纂地方志，规范和加强地方志管理，科学、合理开发利用地方志资源，发挥地方志服务经济社会发展的作用，根据国务院《地方志工作条例》和《河南省地方志工作规定》，结合本市实际，制定本规定。

第二条　本市行政区域内地方志的组织编纂、管理、开发利用和宣传推广工作，适用本规定。

第三条　本规定所称地方志，是指市、县（市、区）、乡镇（街道）编纂的地方志书和地方综合年鉴。

地方志书，是指全面客观系统记述本行政区域自然、政治、经济、文化和社会的历史与现状的资料性文献。

地方综合年鉴，是指系统记述本行政区域自然、政治、经济、文化和社会等方面情况的年度资料性文献。

第四条　市、县（市、区）人民政府应当加强对本行政区域地方志工作的领导，将地方志工作纳入国民经济和社会发展规划、政府年度工作任务，所需经费列入本级财政预算。

第五条　市、县（市、区）地方史志编纂委员会由本级有关领导及相关部门负责人组成，负责本行政区域地方志工作的统筹规划、组织协调、督促指导。

市、县（市、区）地方史志工作机构在本级地方史志编纂委员会的领导下，主管本行政区域的地方志工作，负责对承担编纂任务的单位进行业务指导和督查。

第六条　市、县（市、区）地方史志工作机构应当根据省地方志编纂总体工作规划，拟定本行政区域地方志编纂工作规划，经本级人民政府批准后组织实施，并报上一级地方史志工作机构备案。

市、县（市、区）地方史志工作机构按照本行政区域地方志编纂工作规划制定编纂方案，确定编纂体例、编写分工、资料收集等内容。

第七条　以市、县（市、区）行政区域名称冠名的地方志书、地方综合年鉴，由本级地方史志工作机构组织编纂，其他组织和个人不得编纂。地方志书每二十年编纂一次，地方综合年鉴每年编纂一次，均应公开出版。

以乡镇（街道）行政区域名称冠名的地方志书、地方综合年鉴，由乡（镇）人民政府、街道办事处适时组织编纂。

第八条 按照编纂方案承担编纂任务的国家机关、人民团体、企事业单位和其他社会组织，应当将地方志工作列入年度工作计划，明确负责编纂工作的机构和人员，保障工作条件。

承担编纂任务的单位，应当在规定的时间内按照要求完成地方志初稿编纂任务，并对所编纂的地方志稿件的质量负责。

第九条 编纂地方志应当全面客观，存真求实。地方志书、地方综合年鉴应当观点正确、体例严谨、资料翔实、文风端正。

第十条 地方志编纂人员实行专兼职相结合。专职编纂人员应当具备相应的专业知识和文字能力，并可以依照国家规定参加专业技术职称评定。兼职编纂人员应当由有关方面专家、学者和其他适合从事地方志编纂的人员担任。专职兼职编纂人员应当经过地方志编纂业务培训。

科研单位、高等院校和其他组织应当支持科研人员、专家学者参与地方志编纂。

第十一条 地方志的编纂内容和过程应当公开。

地方史志工作机构应当广泛听取公民、法人和非法人组织对地方志编纂工作的意见、建议。

地方志的编纂内容涉及争议事项的，地方史志工作机构应当征求有关专家、学者或者单位的意见，提出修改方案，报本级人民政府审定。

第十二条 以市、县（市、区）行政区域名称冠名的地方志书，由本级地方史志工作机构组织评审，报上一级地方史志工作机构审查验收合格后，方可公开出版。乡镇（街道）志由乡（镇）人民政府、街道办事处组织评审，经县（市、区）地方史志工作机构审查验收合格后，方可公开出版。

以市、县（市、区）、乡镇（街道）行政区域名称冠名的地方综合年鉴，经本级人民政府批准后方可公开出版。

第十三条 已通过审查验收的地方志书和经批准的地方综合年鉴，未经审查验收机构或者批准机关同意，任何组织和个人不得擅自更改。

第十四条 地方志书、地方综合年鉴应当在出版后三个月内向上一级地方史志工作机构备案，并向市、县（市）方志馆无偿提供馆藏书。

第十五条 鼓励国家机关、人民团体、企事业单位和其他社会组织编纂部门志、行业志、专业志及相应年鉴。市、县（市、区）地方史志工作机构应当给予业务指导。

部门志、行业志、专业志及相应年鉴应当在出版后三个月内向本级地方史志工作机构备案。

鼓励有条件的村（社区）编纂村（社区）志书、年鉴。村（社区）志书、年鉴由乡（镇）人民政府、街道办事处负责组织评审，报县（市、区）地方史志工作机构审查验收。

第十六条 市、县（市、区）人民政府应当建立地方志资料年报制度和大事月报制度。

市、县（市、区）地方史志工作机构负责确定地方志资料年报和大事月报承报单位，并根据工作需要进行调整。

第十七条 地方志资料年报和大事月报承报单位，应当按照有关规定，向市、县（市、区）地方史志工作机构报送相关资料。

地方志资料年报承报单位提供的地方志年报资料，应当包括主体资料、人物资料、专题资料、图片资料和附录资料等，资料内容应当客观真实、全面系统。

大事月报承报单位提供的月报资料，应当包括自然、经济、政治、文化、社会等方面发生的月度大事、要事。

第十八条 市、县（市、区）地方史志工作机构可以向国家机关、人民团体、企事业单位和其他社会组织以及个人征集文字、图表、照片、音像、电子文本、实物等各种地情资料，有关单位和个人应当对所提供资料的真实性负责。

征集的资料应当由市、县（市、区）地方史志工作机构集中统一管理，妥善保存。

第十九条 市、县（市、区）地方史志工作机构应当将已出版的地方志通过网络、电视、广播、报刊等媒体向社会推介。

市、县（市、区）地方史志工作机构应当建立本级地情网站和地方志数据库，开拓社会用志途径。

公民、法人和非法人组织可以免费利用地情网站、数据库查阅地方志资料。

第二十条 市、县（市）人民政府应当建立方志馆，用于地方志和其他地情文献的收藏保护、展览展示、信息服务、宣传教育、文化交流等，并将其纳入本级公共文化服务体系，向社会免费开放。

鼓励单位和个人向方志馆捐赠地情资料。

第二十一条 在地方志工作中作出突出成绩和贡献的单位和个人，根据国家、省政府有关规定给予表彰和奖励。

地方志成果可以依照有关规定参与优秀社会科学成果评奖。

第二十二条 市、县（市、区）地方史志工作机构应当建立健全目标考核责任制度和督查通报制度，对本行政区域地方志工作进行考核和督查，并通报考核和督查情况。

第二十三条 违反本规定，有下列行为之一的，由本级人民政府地方史志工作机构督促限期改正；逾期不改正的，由本级人民政府通报批评：

（一）承担编纂任务的单位不按照规定完成编纂任务的；

（二）承担资料年报、大事月报任务的单位不按照规定完成任务的；

（三）擅自编纂、出版地方志书和地方综合年鉴的；

（四）未按规定将已出版的志书、年鉴报送备案的。

第二十四条 地方史志工作机构及其工作人员违反本规定，有下列行为之一的，由所在单位或者其他有权机关责令改正，对直接负责的主管人员和其他直接责任人员依法给予行政处分：

（一）故意在地方志编纂中加入虚假资料的；

（二）故意将征集的地方志资料和编写的地方志文稿据为己有的；

（三）将地方志稿作为个人著作发表的；

（四）地方志书和地方综合年鉴经审查验收合格后，擅自更改其内容的。

第二十五条 郑州航空港经济综合实验区、郑东新区、郑州经济技术开发区、郑州高新技术产业开发区等区域内地方志的组织编纂、管理、开发利用和宣传推广工作，由其管理委员会参照本规定执行。

第二十六条 市、县（市、区）地方史志工作机构应当将地方史编写纳入工作范畴，统一规划、统一管理。地方史的编写工作，参照本规定执行。

第二十七条 本规定自 2017 年 12 月 22 日起施行。

索 引

说 明

1. 本志索引采用主题分析法编制。

2. 全部标引词按首字的汉语拼音音序排列，同音字按声调排列，首字相同按第二字音序排列，以此类推。

3. 标引词后的阿拉伯数字表示内容所在的页码。

C

D

F

G

H

J

K

L

R

S

T

W

X

Y

Z